KB060286

사회복지법제와 실천

백윤철 · 이준복 · 문재태

박영사

머리말

최근 사회복지사업법이 개정되면서 사회복지법제라는 과목명이 '사회복지법제와 실천'으로 변경됨에 따라 책 제목을 바꾸고, 내용도 새롭게 집필하였다. 사회복지법제는 그 특성상 매년 많은 조항이 개정되므로 과목명의 변경 여부 뿐만 아니라 현행법 중심으로 내용을 수정·보완하는 작업은 꼭 거쳐야 하는 과정이다.

본서는 사회복지에 관련된 제반 법제의 개론서이면서 법학을 처음 접하는 사회복지에 관심이 있는 학생 모두를 대상으로 집필하였다. 이를 위해 법학 일반론과 사회복지분야와 관련한 헌법상 사회권을 다루고, 이를 구체화한 사회보장기본법을 중심으로 내용을 구성하였다.

현재 우리나라는 경제위기로 인해 실업률증가, 저출산·고령화 등으로 복지 사각지대가 증가하면서 도시가구의 10%가 절대 빈곤층으로 전락하는 등 국민의 소득분배가 악화되고 있는 실정이다. 소득불평등에 의한 빈곤율의 증가는 경제협력개발기구(OECD) 회원국 중 상위권에 해당하여 소득분배 제고를 위한 구체적인 정책개발과 실효성 있는 시행이 시급한 상황이다. 이러한 문제는 국민의 퇴직 이후의 삶을 보장해 줄 국민연금과 같은 사회보장제도가 제대로 정착되지 못하고 수급연령이 점차 높아지면서 고령에도 생계 활동을 해야만 현재의 실태에서 확인할 수 있다.

인간의 욕구는 다양한 형태로 표출되고 충족되지만, 인간의 욕구를 충족시키기 위한 사회전반의 매커니즘은 인간욕구보다 느리게 작동하므로 인간은 항상 욕구 충족을 갈망하게 된다. 이처럼 인간이 사회복지에 대한 욕구가 증대되고 점차 복잡·다양해짐에 따라 사회복지가 담당해야 할 영역도 갈수록 확대되고 있다. 이에 따라 국민의 욕구충족을 위한 사회복지서비스의 내용은 질과 양적인 측면에서 확장되어야 한다. 사회복지법제는 이러한 국민의 변화하는 복지 욕구를 잘 파악하고 제대로 실현할 수 있도록 구성되어야 한다.

그러나 국민의 방대한 복지욕구를 본서에서 모두 상세히 다루는 것은 지면 의 제약상 한계가 존재한다. 따라서 본서에서는 우리나라 제도를 중심으로 저술 방향을 설정하였다. 즉 우리나라 사회복지 내지 사회보장제도를 주된 도구로 이 해하고, 외국 사회복지제도는 우리 사회복지 내지 사회보장을 이해하는데 필요 한 참고자료로 활용하였다. 우리나라의 사회·문화적 특성을 간과하고 선진 외 국제도를 맹신하는 풍조는 바람직하지 않은 자세이기 때문이다.

이상의 방향과 내용이 반영된 저술을 위해 오래전부터 준비해 왔음에도 예 상보다 더 많은 시간과 노력이 투여되었음을 미리 밝혀두고자 한다. 저자들이 전체적인 내용을 법학을 처음 접하는 학생이나 일반인을 기준으로 서술하였기 때문에 비록 사회복지법제의 심오한 깊이까지는 아니더라도 세세한 내용까지 담기 위해 힘썼지만 여전히 아쉬움은 남는다.

본서는 다른 사회복지법제 교재와 달리 다음과 같이 편재하였다.
먼저 제1편에서는 법에 대한 기초 이론이라 할 수 있는 법학일반론을 다루 었고, 제2편에서는 헌법과 사회복지를 중심으로 복지국가, 사회권 등으로 구성 하여 사회복지가 헌법상 복지국가원리와 인간다운 생활을 할 권리를 기반으로 하고 있음을 밝혔다. 제3편에서는 사회보장기본법을 중심으로 사회복지법제 개 별법에 대한 내용을 각각 정리하였다.

본서는 사회복지법제를 위한 기본적인 내용을 소개하고 있지만, 독자들이 본서를 잘 활용한다면 사회복지법제에 대한 시각을 넓히고 새로운 법률문제를 탐구하는데 도움이 될 것으로 믿는다. 본서가 나오기까지는 어려운 경제 상황임에도 물심양면으로 호의를 베풀어 주신 도서출판 박영사 사장님과 편집부 직원들께 감사의 마음을 전한다.

마지막으로 저자들의 연구환경 조성을 위해 힘써 주시는 대구사이버대학교와 학생들에게 감사의 말을 전하며, 진정한 복지국가로 탈바꿈할 한국의 미래상을 기원한다.

2020년 3월

저자 씀

제1편 법일반론

제1장 법의 의의 ··· 3

제2장 법과 사회규범 ··· 5

제1절 사회규범의 의의 ·· 5

제2절 법과 도덕 ··· 5
  Ⅰ. 서설 ··· 5
  Ⅱ. 법과 도덕의 구별 ·· 10
  Ⅲ. 법과 도덕의 차이점 ··· 12
  Ⅳ. 법과 도덕의 관계 ·· 24

제3절 법과 종교 ··· 26
  Ⅰ. 서설 ··· 26
  Ⅱ. 역사적 고찰 ··· 27
  Ⅲ. 법과 종교의 차이 ·· 28
  Ⅳ. 조화 ··· 29

제3장 법의 분류와 체계적 질서 ································· 30

제1절 서설 ··· 30
  Ⅰ. 들어가는 말 ··· 30

Ⅱ. 법규의 개념 ……………………………………………………… 31

제2절 전통적인 법의 분류방법 …………………………………… 32
Ⅰ. 서설 ……………………………………………………………… 32
Ⅱ. 자연법과 실정법 ……………………………………………… 32
Ⅲ. 고유법과 계수법 ……………………………………………… 34
Ⅳ. 국내법과 국제법 ……………………………………………… 34
Ⅴ. 속인법과 속지법 ……………………………………………… 35
Ⅵ. 실체법과 절차법 ……………………………………………… 36
Ⅶ. 공법과 사법·사회법 ………………………………………… 37

제3절 법의 내용에 의한 법의 분류 …………………………… 40
Ⅰ. 일반법과 특별법 ……………………………………………… 40
Ⅱ. 원칙법과 예외법 ……………………………………………… 41
Ⅲ. 강행법과 임의법 ……………………………………………… 41

제4절 실정법간의 저촉과 우선원칙 …………………………… 43
Ⅰ. 법의 체계적 통일성 ………………………………………… 43
Ⅱ. 상위법은 하위법에 우월하다. ……………………………… 43
Ⅲ. 특별법은 일반법에 우선한다. ……………………………… 43
Ⅳ. 신법은 구법을 폐지한다. …………………………………… 44

제4장 법원(법의 연원) …………………………………………… 46

제1절 법원론 ………………………………………………………… 46
Ⅰ. 법은 어떻게 인식되는가? …………………………………… 46

Ⅱ. 법원의 종류 ·· 46

Ⅲ. 형식적 법원과 실질적 법원과의 관계 ························· 47

Ⅳ. 형식적 법원과 역사적 법원 ······································· 48

Ⅴ. 형식적 법원론 ·· 48

Ⅵ. 성문법의 의의 ·· 49

Ⅶ. 법전과 단행법 ·· 49

Ⅷ. 성문법과 불문법 ·· 50

제2절 성문법 ··· 50

Ⅰ. 성문법의 종류 ·· 50

Ⅱ. 헌법 ·· 51

Ⅲ. 법률 ·· 54

Ⅳ. 명령 ·· 57

Ⅴ. 규칙 ·· 58

Ⅵ. 조례 ·· 60

Ⅶ. 조약 ·· 61

제3절 불문법 ··· 63

Ⅰ. 불문법의 의의와 종류 ··· 63

Ⅱ. 관습법 ··· 63

Ⅲ. 판례법 ··· 68

Ⅳ. 조리 ·· 71

제5장 법의 적용 ··· 74

제1절 법의 적용이란 무엇인가? ··· 74

제2절 법의 해석 ·· 75
  Ⅰ. 법의 해석이란 무엇인가? ······························· 75
  Ⅱ. 법해석의 방법 ·· 77

제2편 사회복지와 구제

제1장 헌법과 사회권 ·· 85

제1절 생존과 사회복지 ·· 85
  Ⅰ. 서설 ··· 85
  Ⅱ. 사회복지과 사회권의 실현 ······························ 86
  Ⅲ. 사회복지의 개념 ·· 86
  Ⅳ. 사회복지와 복지국가 ···································· 88

제2절 사회복지와 사회권 ······································ 93
  Ⅰ. 사회권의 의의와 연혁 및 내용 ·························· 93
  Ⅱ. 사회권의 사회적 필연성 ································· 96
  Ⅲ. 사회권론의 전개 ·· 98
  Ⅳ. 사회권의 현대적 의미 ·································· 100
  Ⅴ. 사회권의 실정법화 ····································· 101
  Ⅵ. 사회권의 법적 성질 ···································· 102

제2장 사회보장수급권과 사회복지법 ··· **110**

제1절 인간다운 생활을 할 권리와 사회복지 ·· 110

　Ⅰ. 인간다운 생활을 할 권리의 의의 ·· 110

　Ⅱ. 법적 성격 ··· 111

　Ⅲ. 주체 ··· 111

　Ⅳ. 내용 ··· 111

제2절 사회복지법의 의의 ··· 118

　Ⅰ. 사회복지법의 개념 ·· 118

　Ⅱ. 대한민국시대의 사회복지 ··· 121

제3장 사회복지법제와 구제 ·· **126**

제1절 권리구제의 개념 ·· 126

제2절 권리구제의 절차 ·· 129

제3편 사회복지법제

제1장 사회보장기본법 ·· **135**

제1절 사회보장기본법의 제정과 연혁 ·························· 135

제2절 목적과 기본이념 ·· 140

제3절 사회보장의 의의와 범위 ·································· 140

제4절 국가 및 국민의 사회보장의 책임 ························ 142
　Ⅰ. 국가 및 지방자치단체의 책임 ························· 142
　Ⅱ. 국민의 책임 ······································· 143

제5절 사회보장의 주체와 대상 ································ 143

제6절 사회보장을 받을 권리-수급권 ·························· 144
　Ⅰ. 급여수준 ··· 144
　Ⅱ. 급여의 신청과 보호 ······························ 144
　Ⅲ. 수급권의 제한과 포기 ···························· 145
　Ⅳ. 구상권 ··· 145

제7절 사회보장제도의 운영 ···································· 146
　Ⅰ. 운영원칙 ··· 146
　Ⅱ. 역할의 조정원칙 ································· 146

Ⅲ. 전달체계 ……………………………………………………… 147

Ⅳ. 전문인력의 양성 …………………………………………… 147

Ⅴ. 정보의 공개 ………………………………………………… 147

Ⅵ. 비용의 부담 ………………………………………………… 148

제8절 사회보장심의위원회 ………………………………………… 148

Ⅰ. 성격 …………………………………………………………… 148

Ⅱ. 구성 …………………………………………………………… 149

Ⅲ. 직무 …………………………………………………………… 149

Ⅳ. 관계행정기관의 협력 ……………………………………… 150

제9절 권리구제 및 개인정보 등의 보호 ……………………… 150

제2장 사회보험법 …………………………………………………… 151

제1절 사회보험법의 의의와 특성 ……………………………… 151

Ⅰ. 사회보험법의 의의 ………………………………………… 151

Ⅱ. 사회보험법의 기본원리 …………………………………… 152

Ⅲ. 사회보험과 사보험의 차이 ……………………………… 153

Ⅳ. 사회보험법의 구성체계 …………………………………… 154

Ⅴ. 사회보험법의 특성 ………………………………………… 155

Ⅵ. 사회보험법의 형태 ………………………………………… 156

제2절 국민연금법 …………………………………………………… 157

Ⅰ. 국민연금법의 의의 ………………………………………… 157

Ⅱ. 입법 배경 …………………………………………………… 158

Ⅲ. 내용 ··· 162

Ⅳ. 문제점 및 개정방향 ·································· 180

Ⅴ. 판례요약 ·· 184

제3절 국민건강보험법 ································· 186

Ⅰ. 의의 ··· 186

Ⅱ. 입법 배경 ·· 187

Ⅲ. 내용 ··· 189

Ⅳ. 문제점과 개정방향 ·································· 198

Ⅴ. 판례요약 ·· 200

제4절 산업재해보상보험법 ······················· 203

Ⅰ. 의의 ··· 203

Ⅱ. 입법 배경 ·· 204

Ⅲ. 내용 ··· 206

Ⅳ. 문제점 및 개정방향 ·································· 209

Ⅴ. 판례요약 ·· 211

제5절 고용보험법 ····································· 214

Ⅰ. 의의 ··· 214

Ⅱ. 입법 배경 ·· 216

Ⅲ. 내용 ··· 219

Ⅳ. 문제점과 개정방향 ·································· 223

Ⅴ. 판례요약 ·· 226

제6절 노인장기요양보험법 ······································· 228

   Ⅰ. 의의 ··· 228

   Ⅱ. 입법배경 및 연혁 ··· 229

   Ⅲ. 목적 ··· 230

   Ⅳ. 수급자 ··· 232

   Ⅴ. 급여 ··· 235

   Ⅵ. 장기요양기관 ··· 238

제3장 공공부조법 ·· 242

제1절 국민기초생활보장법 ··· 243

   Ⅰ. 의의 ··· 243

   Ⅱ. 입법과정 ··· 245

   Ⅲ. 내용 ··· 246

   Ⅳ. 관련사례 ··· 252

제2절 의료급여법 ··· 259

   Ⅰ. 의의 ··· 259

   Ⅱ. 입법과정 ··· 259

   Ⅲ. 내용 ··· 262

제3절 재해구호법 ··· 265

   Ⅰ. 의의 ··· 265

   Ⅱ. 입법과정 ··· 266

   Ⅲ. 내용 ··· 268

Ⅳ. 개선점 ·· 270

Ⅴ. 관련사례 ·· 271

Ⅵ. 법령해석례 ··· 274

제4장 사회서비스법과 평생사회안전망 ····································· 281

제1절 사회서비스법과 평생사회안전망의 의의와 특성 ················· 281

Ⅰ. 의의 ··· 281

Ⅱ. 특성 ··· 282

제2절 노인복지법 ·· 283

Ⅰ. 의의 ··· 283

Ⅱ. 입법배경 및 연혁 ·· 284

Ⅲ. 용어의 정의 ·· 290

Ⅳ. 총칙 ··· 291

Ⅴ. 보건 · 복지조치 ·· 296

Ⅵ. 노인복지시설의 설치 · 운영 ··· 301

Ⅶ. 비용 ··· 324

Ⅷ. 보칙 ··· 326

Ⅸ. 벌칙 ··· 328

제3절 아동복지법 ·· 332

Ⅰ. 의의 ··· 332

Ⅱ. 입법배경 및 연혁 ·· 332

Ⅲ. 총칙 ··· 335

Ⅳ. 아동복지정책의 수립 및 시행 등 ······································ 339

Ⅴ. 아동에 대한 보호서비스 및 아동학대의 예방 및 방지 ·················· 345

Ⅵ. 아동에 대한 지원서비스 ··· 362

Ⅶ. 아동복지시설 ··· 370

Ⅷ. 보칙 ·· 377

제4절 장애인복지법 ··· 382

Ⅰ. 의의 ·· 382

Ⅱ. 입법배경 및 연혁 ·· 382

Ⅲ. 목적 및 의무 ··· 387

Ⅳ. 중증장애인의 보호, 차별금지, 책임 ···································· 388

Ⅴ. 기본시책의 강구 ·· 389

Ⅵ. 복지조치 ·· 394

Ⅶ. 장애인 복지시설 및 시설운영의 개시 ································· 400

Ⅷ. 장애인보조기구(제65조) ··· 402

Ⅸ. 장애인복지 전문인력 ·· 402

Ⅹ. 보칙 ·· 404

제5절 한부모가족지원법 ·· 405

Ⅰ. 의의 ·· 405

Ⅱ. 입법배경 및 연혁 ·· 406

Ⅲ. 목적 ·· 408

Ⅳ. 복지의 내용 등 ·· 410

Ⅴ. 한부모가족 복지시설 등 ·· 417

Ⅵ. 비용 ·· 419

제6절 영유아보육법 ·· 420

　Ⅰ. 의의 ·· 420

　Ⅱ. 입법배경 및 연혁 ··· 421

　Ⅲ. 목적, 보육정책조정위원회 ·· 425

　Ⅳ. 어린이집의 설치 ··· 429

　Ⅴ. 보육교직원 ·· 434

　Ⅵ. 어린이집의 운영 ··· 438

　Ⅶ. 건강·영양 및 안전 ·· 446

　Ⅷ. 비용 ·· 448

　Ⅸ. 지도 및 감독 ··· 451

　Ⅹ. 보칙 ·· 459

제7절 정신보건법 ·· 461

　Ⅰ. 의의 ·· 461

　Ⅱ. 입법배경 및 연혁 ··· 462

　Ⅲ. 총칙 ·· 464

　Ⅳ. 건강증진정책의 추진 등 ··· 468

　Ⅴ. 정신건강증진시설의 개설·설치 및 운영 등 ······································ 475

　Ⅵ. 보호 및 치료 ··· 481

　Ⅶ. 퇴원등의 청구 및 심사 등 ··· 490

　Ⅷ. 권익보호 및 지원 등 ·· 501

제5장 사회복지 관련법 ·· **506**

제1절 사회복지공동모금회법 ·· 506

   Ⅰ. 의의 ··· 506

   Ⅱ. 입법배경 및 연혁 ··· 507

   Ⅲ. 사업 ··· 509

   Ⅳ. 재원조성 및 배분 ··· 509

제2절 국가유공자등 예우 및 지원에 관한 법률 ·························· 512

   Ⅰ. 의의 ··· 512

   Ⅱ. 연혁 ··· 513

   Ⅲ. 목적 및 정부시책 ··· 517

   Ⅳ. 적용대상 ··· 517

   Ⅴ. 신체검사 ··· 522

   Ⅵ. 보훈급여금 ··· 524

   Ⅶ. 교육지원 ··· 529

   Ⅷ. 취업보호 ··· 532

   Ⅸ. 의료보호 ··· 540

   Ⅹ. 대부 ··· 543

제3절 근로복지기본법 ·· 548

   Ⅰ. 의의 ··· 548

   Ⅱ. 연혁 ··· 548

   Ⅲ. 총칙 ··· 551

   Ⅳ. 공공근로복지 ··· 554

　　V. 기업근로복지 ·· 559

　　VI. 근로복지진흥기금 ··· 570

제4절 청소년보호법 ·· 572

　　I. 의의 ··· 572

　　II. 연혁 ·· 572

　　III. 목적 및 책임 ·· 576

　　IV. 청소년유해 매체물의 청소년대상 유통 규제 ···················· 578

　　V. 청소년의 인터넷게임 중독 예방 ····································· 581

　　VI. 청소년유해약물등, 청소년유해행위 및 청소년유해업소 등의 규제 ·············· 583

　　VII. 청소년보호사업의 추진 ·· 586

　　VIII. 청소년보호위원회 ·· 589

제5절 장애인고용촉진 및 직업재활법 ·· 590

　　I. 의의 ··· 590

　　II. 연혁 ·· 590

　　III. 목적, 책임 등 ·· 595

　　IV. 장애인 고용촉진 및 직업재활 ······································· 599

　　V. 장애 기능경기대회 개최 등 ··· 604

　　VI. 장애인고용 의무 및 부담금 ··· 605

　　VII. 한국장애인고용공단 ·· 611

　　VIII. 장애인고용촉진 및 직업재활기금 ··································· 612

　　IX. 보칙 ·· 614

제6절 고용상 연령차별금지 및 고령자고용촉진에 관한 법률 ········· 617

　　I. 의의 ··· 617

Ⅱ. 연혁 ·· 617

Ⅲ. 목적, 정의, 책무 ·· 619

Ⅳ. 정부의 고령자 취업지원 ··· 621

Ⅴ. 고령자의 고용촉진 및 고용안정 ······································· 622

Ⅵ. 정년 ·· 625

제7절 사회복지사업법 ·· 628

Ⅰ. 의의 ·· 628

Ⅱ. 연혁 ·· 628

Ⅲ. 총칙 ·· 633

Ⅳ. 사회복지법인 ·· 640

Ⅴ. 사회복지시설 ·· 647

Ⅵ. 재가복지 ··· 654

Ⅶ. 보칙 ·· 655

제 1 편

법일반론

제1장 법의 의의
제2장 법과 사회규범
제3장 법의 분류와 체계적 질서
제4장 법원(법의 연원)
제5장 법의 적용

제1장   법의 의의

지금 이 순간에도 우리들은 느끼지는 못하지만 수많은 전파 속에서 생활을 하고 있다. 이와 같이 우리들은 일상생활에서 무수히 많은 법규범 속에서 생활하고 있다.

전파의 경우 레이더, 전화중계용의 마이크로파, 텔레비전용의 초단파, 원거리통신용의 단파·중단파, 국내방송용의 중파, 선박통신용의 장파와 같은 다양한 전파가 각각의 용도에 따라 그물처럼 우리나라는 물론 전 세계의 하늘을 덮고 있다. 그렇지만 이러한 전파는 용도에 따른 수신기가 없으면 인간의 감각기관으로는 보지도 듣지도 못하기 때문에 그 존재를 알 수 없다.

법도 어떤 의미에서는 이러한 전파와 같은 존재라고 할 수 있다. 우리들은 직접 피부로 느끼지는 못하지만 국내법에서 국제법에 이르기까지 각양각색의 법이라는 그물 속에서 생활하고 있다.

예를 들면 우리들이 지금 책을 읽고 있다고 할 때, 일반적으로 그 책은 서점과의 매매계약에 따라 구입한 것이다. 그 결과 우리들은 이 책에 대한 소유권을 취득하게 되고, 법령에 반하지 않는 한 이것을 사용·수익·처분할 수 있는 자유라는 민법상의 법률관계 속에 들어가는 것이다.

또한 산책을 하기 위해서 외출하면 도로교통법에 따라야만 한다. 즉 보행자는 보도를 따라 좌측 또는 길 가장자리구역을 통행하여야 한다(도로교통법 제8조). 지하철이나 버스를 타면 각각 지하철공사나 도시철도공사 혹은 버스회사와 여객운송계약을 체결한 것이 되고 상법이나 민법 기타 각종 특별법상의 법률관계에 서게 된다.

집에 있다고 해도 그 집이 자기의 집이면 소유권관계가, 빌린 집이면 집 주인과의 사이에 임대차계약관계가 존재한다. 그 집에 부모나 형제자매 기타 친족과 함께 생활을 하지 않아도 그들 사이에는 서로 친족상속법상의 법률관계라는 눈에 보이지 않는 끈으로 묶여 있다. 집에서 수돗물을 마시는 것은 수도법에 따른 수도공급계약이라는 법률관계가 존재하고 있기 때문이다. 그리고 가전제품을 이용할 수 있는 것도 한국전력공사와의 전력공급계약이라는 법률관계가 성립하였기 때문이다. 뿐만 아니라 우리들은 그 전기 덕택에 TV를 볼 수 있다. 그것은 시청자와 KBS와의 사이에 방송법에 기초한 수신계약의 체결이라는 법률관계가 존재하고 있기 때문이다. 더구나 그 화면이 인공위성중계에 의한 외국의 뉴스라면 우리들은 국제법 속에서 생활하는 것을 의미하게 된다.

이와 같이 우리의 일상생활을 보더라도 그 대부분은 법적인 관계로서 성립하고 있다. 이것을 사회인·직업인으로서 근무하는 장소까지 확대하여 국가나 각종 공공단체·기업·학교·종교단체·노동조합 등에 우리 자신이 들어가는 경우 우리들이 관계를 갖지 않으면 안 되는 법과의 관계가 필연적으로 어떠한 형태로든 복잡하게 관련되어 있다는 것을 알 수 있다.

우리들은 개인적 존재임과 동시에 사회적 존재이기도 하다. 사적 존재이면서도 공적 존재이기도 하다. 그 결과 우리들은 공법·사법, 사회법·국제법이라는 여러 가지 법체계가 서로 얽혀있는 복잡한 법관계 속에 존재하고 있다. 우리들은 법이라는 그물 속에 둘러싸여 있고, 그 그물을 벗어나서는 우리의 생활 자체를 할 수 없다. 따라서 인간은 법만으로 생존할 수 있는 것은 아니지만 법 없이는 생활할 수 없는 것이다.

제2장 법과 사회규범

제1절 사회규범의 의의

사회를 규율하는 사회규범에는 법, 정치, 도덕, 종교, 관습 등이 있다. 여기서 법은 인간 생활을 규율하는 하나의 사회규범으로서 정치, 도덕, 종교, 관습과 같은 다른 사회규범들과 밀접한 관련을 갖는다. 이하에서는 법과 도덕, 종교를 중심으로 사회규범의 전반적인 특징을 알아보고, 법과 관습에 대하여는 법원론에서 알아보기로 한다.

제2절 법과 도덕

 I. 서설

1. 법과 도덕은 사회규범

법은 사회규범이다. 도덕도 사회규범이란 점에서 동일하다. 법과 도덕은 가장 밀접한 상호관계를 가진 사회규범이다. 법과 도덕의 구별과 법과 도덕에 관한 문제는 지극히 어려운 문제이다. 예링이 이 문제를 가르켜 "법철학의 케이프 혼"이라고 했다. 법은 도덕의 일부로서 최소한의 도덕이라고 하는 것도 법과 도덕의 구별과 그 관계의 문제의 어려움을 표시하는 것이다. 법의 개념을 명확히 파악하기 위해서는 법과 도덕은 어떤 차이가 있으며, 또 법과 도덕은 어떤 관계가 있는지를 고찰해 볼 필요가 있다.

2. 관련 사례

(1) 안데스 성찬사건

일본의 '반짝이끼'라는 소설이 있다. 소화 19년 12월 북해도에 있던 단선부대소속의 제5청환의 난파와 선장의 구조 그에 따른 인골 있는 상자의 발견, 선장의 인육섭취를 둘러싼 재판 그리고 재판의 결과 사체손괴·사체유기의 죄명에 의한 선정의 복역 등을 내용으로 하는 작품이다. 여기에서는 사람을 살해하지는 않았지만 죽은 자의 고기를 먹지 않을 수 없는 극한상황에 선 인간의 심리와 이에 대한 도덕이나 법에 의한 규범적 규제가 훌륭히 그려져 있다.

이와 같은 사건은 소설에 세계에서의 단순한 허구의 사건이 아니었다. 1972년 10월 칠레의 안데스산중에 비행기가 추락하여 절망에 빠진 사람들이 2개월이상 눈 속에서 기적적으로 살아남아 12월 22일 구출되었다. 비행기가 추락해서 구출되기까지 2개월간 생존자의 생활은 어떠했었는가? 그들은 우선 비행기에 남았던 음식을 먹었고, 그 후 눈과 얼음 속에서 보존된 사체를 5일마다 한 사람씩 모두 5인의 사체를 먹었던 것이었다. 귀국 후 생존청년들은 다음과 같이 기술한다. "그리스도가 인류의 구제를 위해서 그 육체와 피를 주었던 것처럼 우리의 친구들은 그 육체와 피로 우리의 생명을 구제했다."라고 그리고 가톨릭교회의 대세는 청년들을 지지하고 사자의 사체를 부득이하게 생존을 위해서 활용한 것은 심장이식의 윤리와 같이 허용된다고 하는 결론을 내린 것으로 전해지고 있다.

확실히 법의 세계에 있어서는 사람을 살해해서는 안 된다고 하는 규범은 있지만, 사람의 고기를 먹어서는 안 된다고 하는 규범은 없다. 배 혹은 비행기가 조난해서 승객이 굶어 죽는 극한 상황에 빠졌을 때 생명유지를 위해서 사자의 인육을 먹었다는 것은 도덕적·종교적으로는 허용되지 않는다고 해도 법적으로는 어떻게 생각해야 하는 것인가?

(2) 스펠런스 동굴사건

현대에서 약 2300년 전인 기원적 4300년의 사건이다. 뉴카스재판소에 있어서 '스펠런스동굴사건'이라고 불리는 살인피의사건에 관해서 상고심의 재판이 행해졌다. 사건은 스펠런스동굴의 탐험대원이었던 4인의 피고인이 동굴의 입구에서 산사태로 조난하고 동굴에 갇히게 되었기 때문에 동료 중 1인을 살해해서 그 고기를 먹어버린 것이었다. 하급심에서는 피고인들은 교수형에 의한 사형의 판결을 받았다.

최고재판소 5인의 재판관의 의견은 각기 다른 결과를 주장했다.

튀르페니수석재판관은 법문의 문자도 정신도 손상시키지 않고 법을 무시하는 정신을 조장하지 않고 정의를 실현함에는 배심원이나 지방재판소의 수석재판관도 요청하고 있는 것처럼 특사가 가장 타당하다고 기술했다.

훠스타재판관은 원심을 파기하고 피고인무죄의 판결을 언도해야 한다고 주장했다. 그 이유로서 첫째로 본 건에서 적용해야 할 법은 실정법은 아니고 자연법이다. 둘째로 가령 실정법을 적용한다고 해도 피고인은 법조의 문구를 파괴할지도 모르지만 법은 정신까지는 파괴하고 있지 않다. 법의 정신을 파악한다는 것은 입법자의사를 훌륭하게 치환하는 것이 아니라 그것을 유효하게 하는 것이어야만 한다.

탓팅구재판관은 본건을 합리적으로 해석해서 장래의 판례로 함에 어울리는 판결을 내리는 것이 불가능하다고 기술, 재판관의 직무위반이라는 것은 이해하지만 본 건 판결에 참가하는 것에는 기권하지 않을 수 없다고 주장한다.

깅재판관은 원심의 유죄판결을 지지하고, 상고를 기각해야 할 것이라고 주장한다. 본 건에서는 법과 도덕을 혼동하고 있으므로 문제를 곤란하게 하고 있다. 도덕적 판단과 법률적 판단과는 다르고, 피고인들의 한 행위가 정당한가 어떤가는 재판소의 문제는 아니라는 것이다.

마지막으로 한디재판관에 의하면 피고인에게는 무죄의 판결을 언도해야 할 것이라고 주장한다. 재판에 있어서 필요한 것은 상식이다. 이 관점에 서면 여론의 90%까지는 피고인에게 동정적이므로 이러한 여론의 동향을 존중해야만 한다고 한다.

이와 같이 5명의 재판관의 주장은 각각 달랐지만 최고재판소는 협의를 거친 후 3대 2로 원심의 유죄판결을 지지하고, 상고를 기각했다. 피고인들에게는 4300년 4월 2일 금요일 오전 6시에 교수형의 집행을 행해야 한다는 명령이 내려졌다.

2300년 후 가공의 재판에 대해 약간 다루기로 한다. 여기에서는 인육섭취에 관련한 사건을 예로써 드는데 지나지 않는다. 그러나 도덕이라든가 종교와 법이 갈등하고 있는 이러한 사건에 임해서 법과 도덕의 문제에는 위의 5인의 재판관의 의견 중 상징되고 있는 것처럼 어떻게 복잡하고 심각하게 곤란한 문제를 내포하고 있는가를 이해할 수 있을 것이다.

3. 입법에 있어서 법과 도덕과의 관계

지금까지는 재판에 있어서 법해석의 차원에서 법과 도덕이 문제였다. 이것이 입법의 차원에서 법의 영역에 도덕을 받아들이는 것의 가부 혹은 그 타당성의 범위라는 것이 되면 질적 문제는 별도로 해도 사회에 주는 영향이라는 양적 문제의 점에서는 재판의 차원의 경우보다 훨씬 결정적인 의미를 가지는 것이 된다.

(1) 미국의 금주법

미국에서는 1919년 헌법을 개정해서 합중국 내에서 주류의 제조·판매·운반·수출·수입을 금지하는 '금주법'이 존재했다. 그러나 금주법은 그 후 법목적의 달성이 불가능해서 1933년 12월 결국 폐지되었다.

그러나 금주법이 폐지됨으로써 사회는 건전한 방향으로 나아간 것은 아니다. 사태는 오히려 그 반대였다. 미국 사회는 이번에는 금주법의 폐지로 일자리를 잃은 밀주업자·판매업자 일단이 갱단이 되어 은행강도나 유아유괴라는 집단범죄로 바뀌는 새로운 사회문제에 고민하게 되었다. 어떻든 금주법의 제정과 폐지는 모두 미국 사회에 심각한 영향을 주었던 것이었다.

미국의 금주법의 경험은 도덕의 영역에 그치는 규범이 일정한 한도를 넘어서 법영역으로 까지 확대되어 입법화되었을 때는 그 법률은 법으로서의 기능을 상실하고 사회질서의 유지 그 자체에 중대한 장해를 일으킨다고 하는 것이다. 본래 도덕의 영역에서 처리되어야 할 문제를 법률로 금지 혹은 강제한다고 하는 것이 사회에 얼마나 위험한가를 이 금주법은 보여주고 있다.

거기에서는 도덕영역의 것은 엄격히 도덕에 맡기고 법영역에서 배제하여 법과 도덕을 교섭치 못하게 하는 쪽이 좋은가? 이에 대한 대답은 이전 나찌의 여러 입법 특히 반유태주의의 제입법에서 마련되어 있다.

(2) 나찌의 뉘렌베르크법

1933년 정권을 쥔 히틀러는 과학적 인종이론을 표방하고 단지 아리아인만이 그중에서도 독일민족을 형성하고 있는 노르딕지족이 문화적 가치를 창조할 자격을 가진다고 하여 그 인종적 순수성의 유지야말로 국가의 주요한 임무임을 선언했다.

이와 같은 배경하에서 1935년 9월 이른바 뉘렌베르크법이 제정되었다. 이 법률에 있어서 '유태인'이란 조부모 적어도 3명이 순수유태인이라고 규정된 이외에 유태교를 신봉하는 자, 유태인과 결혼한 자도 유태인으로 취급되고, 그 중 '유태혼혈자'가 되는 개념도 마련되었다. 그리고 유태인과 아리아인과의 결혼은 불법으로 되어 이것에 위반한 당사자에게 중한 형벌을 과했지만 유태인과 아리아인과의 성교를 인종오염으로 처벌했다. 또 유태인인 남자는 35세 이하의 가정부를 두는 것을 금지당한 후에 '유태혼혈자'도 자기의 인종과의 결혼이 금지되어 아리아인과의 혼인이 허용됨에 그쳤다. 더 나아가 유태인은 공민권을 박탈당하고, 관직은 물론 의사·변호사·교사와 같은 직업, 연극·영화·문예·미술·거래소 등의 세계로부터 법률적으로 배척당하고 마지막으로는 전 유태인의 학살까지 진행되었다.

이러한 반유태주의의 입법정책은 독일의 외교에까지 채용되었다. 그 결과 유태인근절정책은 나찌가 점령한 인근제국에까지 파급되어 독일국내에 그치지 않고, 폴란드의 아유슈비쯔 등의 수용소에서 수백만인의 유태인이 살해되기에 이르렀던 것이다.

뉘렌베르크법은 나찌의 고유의 독선적인 비인도적 입법이고, 인류보편의 정치도덕을 완전히 부정하는 것이었다. 이 의미에서 뉘렌베르크법의 경험은 이와 같이 입법도 도덕의 요청을 무시하면 법이 얼마나 두려운 흉기가 되는가를 보여주는 것이라고 할 것이다.

(3) 정리

이상에 있어서 우리들은 미국과 독일 두 개의 입법의 경험에서 법과 도덕과는 결코 무관계할 수 없지만, 또 동일시할 수도 없다는 것을 이해할 수 있을 것이다. 문제는 도덕과 법이 어떻게 서로 보완하고 도와서 사회의 질서있는 발전을 촉진해 가는가 하는 것이다. 바꾸어 말하면 사회의 건전한 발전을 위해서는 무엇을 도덕의 영역에 남겨놓고, 무엇을 법의 영역으로까지 포함해야 하는 것인가? 만약 도덕의 영역에 속하는 사항을 법적 규범이라고 하는 것이 타당하다고 한 경우, 그 정도·범위는 어느 한도까지 적절하다고 하는 것인가 하는 것이다.

 Ⅱ. 법과 도덕의 구별

1. 구별부인설

자연법론자들은 법과 도덕의 구별을 부인한다. 자연법은 실정법을 초월한 영구불변의 인륜의 대도라고 보기 때문에 법과 도덕의 구별을 부인한다. 즉 현실계의 실정법이 반영된 것으로 보는 자연법론자의 입장에서 법은 자연법을 뜻하고 도덕과 일치하는 것으로 본다. 그러나 칸트는 자연법론자이면서도 법과 도덕을 구별하고 있다.

2. 구별긍정설

대개의 실정법론자들이 주장하고 있는바, 그 근거는 같지 아니하다.

(1) 내용에 의한 구별

슈타믈러나 라드브르흐는 법은 외면성을 다루고 도덕은 내면성을 다루는 점에서 구별이 된다고 한다. 그러나 외면적 행위와 내면적 의사는 분리할 수 없을 정도로 밀접한 관련을 가지고 있다. 예컨대, 민·형사상 책임능력, 형법상 고의과실의 차별적 책임부과 등이 그것이다.

(2) 형식에 의한 구별

예링과 켈젠은 법은 강제성, 도덕은 비강제성에 의하여 구별하려는 입장이다.

(3) 경험적, 실험적

법은 국가적 권력이 제정한 경험적인 규범을 의미하나, 도덕은 인간이성에 뿌리박은 실험적인 규범을 의미하고 있다. 그러나 법은 물론 도덕도 사회현실의 반영이며 경험적인 것으로도 볼 수 있다.

(4) 실천과 이상

법은 최소한으로 실천할 수 있는 것만을 내용으로 '평균인'을 대상으로 하나, '도덕'은 인간 누구나가 손쉽게 실천할 수 없는 이상인을 요구하고 있다고 한다. 그러나 법에서도 높은 이상이 존재하고, 도덕에서도 현실적인 내용이 있으므로 규범의 내용을 보고서 양자를 구별할 수 없다.

(5) 문자표시 여부

법은 문자로 표시되나, 도덕은 그러하지 아니하다. 그러나 관습법의 존재와 각종 윤리요강 등을 볼 때 문자로 표시된 경우도 많다.

(6) 합법성과 도덕성

칸트는 합법성과 도덕성을 구별하여 법은 동기의 여부와 상관없이 법칙에 일치하면 합법성으로 만족하고, 법칙에 따른 의무감이 행위의 동기가 될 때, 즉 도덕성까지 요구한다고 하였다.

III. 법과 도덕의 차이점

1. 서설

법과 도덕은 같은 목적을 추구하지 않는다는 점에 유의해야 한다. 조직사회에서 살아가는 사람들의 관계를 지배하는 규칙들의 집합으로 구성된 법은 어떤 사회적 관계를 확립하려는 경향이 있는 반면 도덕은 완벽성의 추구를 개개인의 양심에 호소한다. 또한 법규의 위반은 제재가 가해지는데 반해 도덕은 개인적 양심(종교, 내적 신념, 사회적 생활양식과 관련된 의식들)이 제약하는 범위 내에서만 강제성을 띤다. 예를 들면, 서울의 오페라 공연에 정장차림으로 갈 것을 강제하는 어떠한 법규도 없지만 양심이 당신이 단정치 못한 셔츠와 청바지 차림으로는 그러한 대공연을 가지 못하게 한다. 이에 대한 구체적인 차이점은 다음과 같다.

2. 법과 도덕의 구별의 역사적 의미

(1) 법과 도덕과의 구조관계의 모습

법과 도덕과는 구조상 어떤 차이가 있는가? 이에 관해서는 지금까지 셀 수 없을 정도로 무수한 논의가 전개됐다. 법과 도덕과의 구조관계의 모습은 일응 다음의 세 가지로 대별할 수 있을 것이다.

첫째는 법과 도덕과는 근본에 있어서 동일하다고 하는 견해이다.

둘째는 법과 도덕과는 전혀 다르고 병존관계에 있다고 하는 견해이다.

셋째는 법은 도덕의 일부라고 하는 견해이다. (1) 법은 도덕 속에 존재의 기반을 두고, 도덕의 어느 부분을 법규범으로서 강제하고 있다고 생각할 뿐이다.

다만 이 견해는 사람에 따라서는 피라미드형을 예로 설명하는 경우도 있다. 즉 이에 의하면 법은 그 저변에 있어서 도덕과 접합함과 동시에 사회질서의 유지를 위해서 강행을 필요로 하는 최소한도의 사회도덕규범을 법의 내부, 피라미드의 지면에 가까운데 있다. 그리고 피라미드의 저변에서 상부로 올라감에 따라 도덕적 색채는 약해져 이윽고 정상 가까이는 도덕적 무색의 영역이 된다.

또 법만의 영역, 도덕만의 영역 그리고 법이 동시에 도덕의 문제가 되는 영역이 존재한다고 생각하는 견해도 있다. 즉 법과 도덕과는 교차하고, 교차한 부분이 예를 들면 형법 등과 같이 도덕적 기반에 근거한 법영역이고, 따라서 교차하고 있지 않은 부분은 법만이 그리고 도덕만이 문제되는 영역이라는 것이 된다. 이러한 견해가 오늘날 지배적 견해라고 해도 좋을 것이다.

그런데 이상과 같은 법과 도덕과의 관계만은 단지 초역사적인 이론상의 문제로서 생각되고 있는 것만은 아니다. 인간생활에 있어서 법과 역할에 대한 기대도, 혹은 도덕의 역할에 대한 기대도라는 것은 각각의 시대의 각각의 나라 또는 사회의 정신적·문화적 제조건이라든가, 사회적·정치적·경제적 제조건의 제약을 받아 여러 가지로 다르다. 따라서 이러한 기대도가 다르면 법과 도덕과의 관계의 모습은 다른 것도 당연하다. 앞에서 대별한 법과 도덕과의 관계에 관한 모습은 구체적인 역사과정에서 각각 특수한 개성을 가지는 사회의 요청의 결과로서 나타난 사회적인 소산이었다.

(2) 역사적 사례

1) 유태법의 경우

고대에 있어서 법과 종교·도덕·관습 등이 밀접하게 결합되었다는 것은 많은 민족에 공통적으로 보여지는 현상이다. 예컨대 유태법의 가장 중요한 법원인 모세법의 중심을 이루는 십계를 보자. "당신은 나 이외에 무엇이든 신으로 해서는 안 된다."로 시작, "당신은 살인해서는 안 된다." "당신은 간음해서는 안 된다." "당신은 훔쳐서는 안 된다." "당신은 이웃에 관해서 위증해서는 안 된다." "당신은 이웃의 처, 하녀, 소, 또 모든 이웃의 물건을 탐해서는 안 된다."는 것으로 끝나는 이 법률은 기본적으로는 도덕규정이다.

2) 프로이센일반란트법의 경우

이와 같은 법과 도덕의 결합에 관해서는 고대에서만 보이는 현상은 아니다. 예를 들면 1794년의 '프로이센일반란트법' 제2편 제1장의 부부에 관한 규정의 일부를 보기로 하자. 제174조 "부부는 어떤 경우이든 그 능력에 따라 서로 부조할 의무를 진다." 제175조 "부부는 동거해야만 하고 그 결합은 일방적으로 이것을 파기해서는 안 된다." 제176조 "또 혐오를 이유로 부부는 서로 유기해서는 안 된다." 제177조 "공적 직무, 긴급의 사용 및 보양여행은 부정을 면책한다." 제178조 "부부는 서로 부부인 의무를 장기간에 걸쳐 거부해서는 안 된다." 제179조 "이 의무의 이행이 부부 중 어느 쪽이 일방의 건강에 해가 있을 때는 이것을 요구할 수 없다." 제180조 "수유중 처도 정당하게 동침을 거부할 수 있다." 제181조 "부부는 서로 정조의무를 진다." 이러한 법조는 본래 도덕과 밀접한 관계를 가진 가족법의 영역에 속하는 것이라고 할 수 있고, 가족생활의 개인적 사항을 법적 구속의 테두리 속에 포함시켜 가족관계의 윤리화를 목적으로 하는 입법태도는 매우 특징적이다.

3) 제 입법에서 볼 수 있는 법과 도덕의 일체화

이러한 제 입법에서 볼 수 있는 법의 파토스는 역사적인 소산이었다. 우선 모세법을 보기로 하자. 모세법에서 보여지는 법과 도덕의 일체화는 이집트의 압제로부터 탈출하였지만 여전히 정치적·도덕적으로 곤란에 직면하고 있는 유태인들에 대해 여호와신의 믿음하에서 선민임의 반성과 자각을 촉구하고, 엄격한 도덕적·종교적 생활을 현실화하기 위한 당연한 국가적 요구였다.

프로이센일반란트법은 계몽전제군주 프리드리히대왕이 계몽자연법의 통치윤리에 의해서 보다 좋은 사회를 포괄적으로 창조하기 위한 준비요강이라고 해야 할 것이었다. 보다 좋은 사회를 창조함에는 인간관계를 규율하는 여러 사회규범을 체계적이고 망라하여 정비한 새로운 질서가 필요해서 그 사명을 담당한 이 법전은 실제 생활의 모든 경우에 적용할 수 있도록 조문 수 17,000개 이상의 규범이 매우 카즈이스틱한 형태로 편찬되었던 것이었다.[1]

---

1) 일본의 성덕태자 헌법 17조의 경우: 일본에서 가장 오래된 성문법이라고 하는 성덕태자의 헌법 17조에 관해서도 이야기할 수 있다. 이 헌법은 신민이 준수해야 할 훈계와 동시에 제도로서의 천황주권주의를 지지하는 국민도덕과 밀접하게 결합, 근본에 있어서 이것 또

(3) 근대자연법론에 의한 법과 도덕의 구별

1) 서설

도덕과 법의 구별을 명확하게 이론화한 것은 근대자연법론, 특히 17~18세기에 체계화된 독일자연법학이었다. 그 단서는 자연법학의 확립자였던 푸펜도르프에서도 보여지는데, 법과 도덕과를 단순히 구별하는 것만이 아니라 이것을 완전히 분리하는 이론을 명확한 표현으로 전개한 것은 토마지우스의 업적이었다.

2) 토마지우스의 업적

토마지우스에 의하면 법의 대상이 되는 것은 인간의 외면적 행동만이고, 도덕의 대상이 되는 것은 내면적 행위에 한정된다. 법은 외면적 구속력만을 도덕은 내면적 구속력만을 가지는데 불과하다. 법적 의무는 외면적이므로 강제에 의해서 이행가능하다. 도덕적 의무는 내면적이므로 강제를 배제하고, 단지 충고만이 문제되어 자기의 양심에 따라서만 강제되는 데 불과하다. 그러나 그는 단순히 법과 도덕을 구별한 것만은 아니었다. 그에 있어서는 법과 도덕은 한편으로 구별되면서도 다른 한편으로 양자는 광의의 자연법에 의해서 총괄되어 있었다. 그는 자연법론자였던 것이다.

이와 같이 해서 그에 있어서 처음 법의 외면성과 도덕의 내면성, 법의 강제적 계기라는 그 후 법과 도덕과의 구별의 전통적 기준이 명확하게 제시되었던 것이었다. 토마지우스는 무엇 때문에 법과 도덕을 완전히 분리하는 이론을 제기해야만 했던 것인가.

토마지우스의 이론도 시대의 소산이었다. 그가 살았던 사회는 국내의 프로테스탄트와 가톨릭 양파의 제후의 내전에 휩싸였고, 이어서 국제전쟁화했던 30년전쟁(1618~1648)으로 국토가 황폐하고, 더 나아가 붕괴위기에 직면했던 독일이었다. 토마지우스는 중세 이래 역사적 연구를 통해서 독일구제의 길은 통일이었다고 보아 그것을 위해서 이것을 저해하는 교회 및 교황의 세속적 지배를 배제해서 내면적 사항은 교회의 권한으로 귀속시키지만, 외면적 사항은 군주의 권

한 사회도덕규범이었다. 이러한 성덕태자의 헌법 17조의 경우는 씨족사회말기의 정치적·사회적 혼란을 바로잡기 위해서는 사람들의 윤리성을 높여 정치에 도의와 평화의 기초를 부여해야만 한다는 국가적 요청에서 도래한지 얼마 안 되는 선진문화인 불교를 중심으로 유교나 법가의 정신문화의 힘으로 국가혁신을 하려는 것이었다.

한으로 전속시켜 시민의 행위에 대해 전권을 가지는 군주의 지상권을 확립하려고 했던 것이었다. 그리고 여기에서 국가의 권력적 지배는 법에 의해서 행해져야 하고 국가적·공적 관계에 종교적·도덕적인 것을 포함시켜서는 안 된다고 했던 것이었다. 여기에서 근대국가에서 '법의 지배', 독일적으로는 '법치국가'의 이론적 원형이 마련되었다.

(4) 법실증주의에 의한 법과 도덕의 구별

1) 서설

법과 도덕과의 완전분리는 근대자연법론의 전매특허는 아니었다. 근대자연법론의 대표라고 할 수 있는 19세기 후반의 법실증주의적 개념법학도 같은 태도를 취했었다. 개념법학이 전제한 법체계는 말할 필요도 없이 근대시민법이라고 불리는 것이다. 근대시민법이야말로 사람과 물건을 봉건적 질서에서 해방시키고 개인주의적 자유주의의 원리위에서 자본주의적 시민사회를 전개하는 법적 지주였다. 그것은 시민사회의 상품교환경제를 원활하고 안전하게 하고 시민 개인의 자주적·능동적 활동의 여지를 가능한 한 넓게 보장하는 것을 최대목적으로 하여 사적 소유권의 절대성·계약의 자유·과실책임을 축으로 하는 사적 자치의 원칙의 기반 위에서 자본주의경제의 발전을 약속하는 것이었다.

2) '가진 자'에게 봉사하는 사적 자치의 원칙

19세기 후반 이후 자본주의경제의 고도의 발전은 부의 편중과 무산대중(無産大衆)을 낳았다. 그에 따라 당연하게 근대시민법이라고 해도 실정법규의 자족완결성의 법적 세계관하에서 형식논리적으로 법을 운용하는 것만으로는 처리할 수 없는 사회문제가 누적되고, 자본주의의 원활한 운영에 봉사하는 시민법도 필연적으로 모순을 들어냈다.

예를 들면 사유재산은 신성불가침의 절대적 권리라고 하고, 토지의 소유자가 그 토지 위에 어떤 건물을 세워 집주인이 타인에게 빌려준 경우, 집주인이 언제 어느 때나 임차인을 내쫓을 수 있는 자유가 무제한하게 인정되어서는 안 된다. 즉, 만약 집주인에게 이러한 자유가 무제한 인정된다면 소유권이란 사회적 약자에게 있어서는 나쁜 제도 이외에 아무 것도 아닌 것이 되게 된다.

계약의 자유에 관해서도 같다고 할 수 있다. 계약이란 시민법상 자주적인 의사에 근거하는 평등주체자간의 자유로운 의사의 합치이다. 그러나 학교를 졸업한 취직희망자는 회사·은행·관청 등이 제시하는 조건에 따르지 않고, 자기가 바라는 조건을 제시하여 취직할 수 있는가? 지하철매표소에서 지하철의 운임교섭을 할 수 있는가? 전기나 가스 또는 수도에서도 규정요금에 불만을 가진 이용자에게 요금을 포함해서 공급계약의 조건에 관한 교섭이 허용되는가? 이와 같이 상대방의 일방적인 조건에 따를 수밖에 없는 계약은 과연 자유로운 계약이라고 할 수 있는가? 여기에는 대기업 등의 경제적 우월자의 계약의 자유는 있을 수 있더라도, 자기의 생활에 관해서 스스로 배려하지 않으면 안 되는 무력한 개인에게는 실질상 계약의 자유를 갖지 못하게 된다.

더욱 또 근대시민법하에서는 개인이 타인에게 손해를 가한 경우라도 자기의 행위로 책임을 지는 것은 '고의' 또는 '과실'의 경우에 한정되고, 개인의 자유로운 경제활동이 최대한 보장되고 있다. 따라서 대기업이 공장이나 광산에서 유해한 폐수나 가스 등을 배출해서 주민에게 손해를 가해도 가해자인 기업이 가해방지에 최선의 주의를 기울였으면 무과실이기 때문에 배상책임을 지는 것은 아니다. 이 경우 가해자인 기업은 그 가해행위에 의해서 이익을 얻을 수 있는데 피해자인 주민은 과실책임의 원칙을 고집해서 단념하는 것 외에는 아무 것도 할 수 없는가? 여기서도 과실책임의 원칙을 정한 시민법은 사회적·경제적 약자에게 악법 이외의 아무 것도 아닌 것이 된다.

3) 법의 도덕에의 귀의

이와 같이 자본주의의 고도의 발달에 따라 사회구조도 크게 변화하고, 제정법과 사회현실과의 간격도 점차 커지게 되면 법이나 법학의 모습도 결정적인 변혁을 거치지 않을 수 없다는 점도 당연하다. 국가의 제정법규를 유일 또는 압도적으로 우월한 법원으로 하고, 그 제정법의 논리적 완결성을 믿어 법관에게는 기계적으로 법을 적용하는 말하자면 '법을 말하는 입' 이외의 기능을 기대하지 못하는 종래의 개념법학에서는 사회의 진보발전에 따른 법의 불비·결함의 문제에는 대처할 수 없을 뿐이어서 시민법의 자기모순을 점점 더 크게 했다.

이러한 상황하에서 자본주의의 발전과 동시에 가속적으로 증대하는 사회의 어두운 면을 법률적으로 해결하기 위해서는 종래와 같이 법과 도덕을 무관계한 규범으로 분리할 수 없게 되었다. 자본주의의 에고이즘에 봉사하는 근대법에 빠지지 않기 위해서 법과 도덕과의 적극적인 결합, 법의 윤리화·사회화가 급속하게 요청되게 되었다. 그래서 새삼스레 '법이란 무엇인가' '법을 법답게 하는 것은 무엇인가'하는 법의 본질에 관련한 논의가 다뤄지고 있다. 이러한 논쟁의 기수가 된 것이 이미 기술한 것처럼 자연법론의 주장이었다. 법과 도덕과의 관계의 문제는 이와 같이 격동하는 사회에서의 법의 본질에 관한 문제였던 것이다.

3. 법과 도덕과의 구체적 구별

(1) 법과 도덕과의 관계를 검토할 때의 두 가지 전제조건

법도 도덕도 사회생활에 있어서 우리들의 행위를 규율하는 객관적인 사회규범이다. 양자는 서로 의존하는 밀접불가분의 관계에 있다고 할 수 있다고 해도 결코 동일한 것은 아니다. 물론 법과 도덕과는 인간의 공동생활의 규범으로서 밀접한 관계에 있음은 누구도 부정할 수 있는 것이다.

그러면 이 양자의 근본적인 차이점은 어디에 있는가? 이에 관해서는 물론 여러 가지 견해가 있지만, 이하에서 그 주된 것을 검토하기로 한다. 그러나 이 검토에 들어가기 전에 이 검토를 보다 생산적으로 하기 위한 전제조건이라고 할 수 있는 것을 생각해 볼 필요가 있다. 여기서는 다음 두 가지 전제조건을 제시한다.

1) 법과 도덕을 동일한 차원에서 파악하는 것

종래 법과 도덕과는 반드시 동일차원에서 파악되고 있지 않았다. 도덕은 자칫하면 개인의 양심문제로 환원되는 경향이 있었다. 그러나 도덕도 사회규범이다. 사회규범인 이상 개인의 양심으로 동일시되는 것과 같은 주관적인 것은 아니고, 사회생활에 있어서 개인의 행위를 규율하는 객관적인 사회성이라는 것을 가지고 있다. 법도 도덕도 사회에 존재하는 객관적인 규범이라고 하여 이 공통의 차원에서 처음 양자의 관계를 비교하는 것이 가능할 것이다.

2) 법도 도덕도 경험적 · 상대적인 사회규범으로 파악하는 것

일반적으로 말해서 도덕은 항상 보편성을 가지고, 그러므로 절대적으로 올바른 규범이라고 생각하는 경향이 있다. 확실히 도덕은 보편성이라는 점은 다른 규범보다 비교적 높은 것은 부정할 수 없지만 결코 절대적인 규범이라고는 할 수 없다.

예를 들면 고대에서 당연시되었던 노예제도가 오늘날에는 인권에 반하는 용서할 수 없는 비인도적 제도라고 생각되고 있다. 그리고 도덕이 현실에서 사회적 행위를 규율하는 바의 구체적 내용을 가진 사회규범인 이상 도덕은 법과 같이 경험적이고 상대적인 것으로 되지 않을 수 없다. 그리고 도덕을 경험적 · 상대적 존재라고 하는 인식은 일정한 사회에 있어서 도덕은 지배계급의 도덕과 피지배계급의 도덕, 새로운 도덕과 오래된 도덕이라는 것처럼 다원적으로 존재하지 않을 수 없다는 사실을 또 승인해야만 한다. 당연히 가치관의 분열이 매우 현저한 현대사회에 있어서는 도덕의 다원화현상도 당연하다. 이와 같은 현대사회의 현실에 있어서 어느 특정 도덕을 강조하는 것은 다른 가치관에 근거한 도덕에 사는 사람을 압박할 위험성을 수반하는 점을 충분히 인식해야만 한다.

(2) 법과 도덕과의 관계를 논하는 제견해

이상의 두 가지 전제조건을 동등의 조건으로서 법과 도덕과의 관계에 관한 제설을 검토하도록 하자.

1) 법의 외면성과 도덕의 내면성

첫째는 법과 도덕의 구분을 법의 외면성과 도덕의 내면성에서 구하는 견해이다. 즉 법은 인간의 외면적 행위에 관련하는 규범이지만, 도덕은 인간의 내심에 관계하는 규범이라고 하는 것이다. 확실히 "무엇을 생각하는가는 벌을 받지 않는다."고 하는 로마법원칙이라든가, "사상에는 관세가 부과되지 않는다."고 하는 독일의 법언을 기다릴 필요 없이 내심에 있어서 사람을 살해할 의사를 가졌다고 해도 외면적인 행위로 나오지 않는 한 도덕적으로는 비난되더라도 법률상의 책임을 물을 수는 없다.

그러나 법의 관심이 외면성에만 향해지고, 도덕의 그것은 단지 내면성에만 향하는 당위규범이라고는 단언하기 어렵다. 법도 인간의 내심의 의사에 관련을 가지는 것이 적지 않고, 다른 한편 도덕의 경우도 인간의 외면적 행동과 관계를 가지는 것이 적지 않기 때문이다.

예컨대 형법에서는 법률에 특별한 규정이 있는 경우 과실치사죄와 같은 경우를 제외하고 죄를 범할 의사 = 고의 있는 경우만이 처벌의 대상이 된다. 또 민법이나 상법에서 '선의'·'악의'라는 말이 사용되고 있는 것이 많다. 여기서 말하는 '선의'란 당해사실을 알지 못했다는 것이고, '악의'란 그것을 알고 있었다는 것이므로 내심의 知·不知가 민사책임의 존부를 결정함에 중요한 문제가 된다.

다른 한편 도덕에서도 예컨대 '네 적을 사랑하라'고 하는 경우, 그 '사랑하라'는 내면의 의사가 외면적인 행동으로 나타남으로써 처음으로 평가의 대상이 되는 것이고, 심중에서 사랑하고 있는 것만으로는 자기만족에 빠져버릴 것이다. "아무리 기아의 극한상황에 빠져도 사람의 사체를 먹어서는 안 된다."고 하는 도덕규범은 단지 마음의 내면에 향해져 있는 것은 아니다. 왜냐하면 그와 같은 특정한 사회적 상황 중에 있어서 사체를 먹는다고 하는 행위·행동을 객관적으로 규율함에 사회규범으로서의 가치가 있기 때문이다.

2) 법적 의무의 양면성(쌍무성)과 도덕적 의무의 일면성(편무성)

둘째는 양자의 구별을 법적 의무의 쌍무성과 도덕적 의무의 편무성에서 구하는 견해이다. 즉 법적 의무는 특정 권리자를 상대방으로 해서 예정하지만, 도덕적 의무의 경우는 의무이행의 상대방으로서 특정한 사람이 없고, 말하자면 신이라든가 부처에 대한 의무, 양심에 대한 의무와 같은 추상적인 상징적 존재를 상대방으로 한다. 예를 들어 책을 사는 사람의 대금지불의무에 대한 책주인의 대금지불청구권에서 법적 의무의 양면성이 나타나게 된다. 이에 대해 도덕적 의무의 경우 '네 적을 사랑해도 좋다'고 해서 '사랑하라'는 의무가 발생했다고 해도 적의 쪽에서 '사랑 받는다'고 하는 청구권을 가지는 것은 아니다. 즉, 도덕적 의무는 일면성만 가지게 되는 것이다.

그러나 이 견해도 완전하지 않다. 법적 의무의 경우에도 그 대응하는 권리자가 항상 특정화되었다고는 할 수 없고, 사회일반에 대한 막연한 의무로 존재하는 것이 있기 때문이다. 예컨대 "국가는 모든 생활면에 관해서 사회복지, 사회보장 및 공중위생의 향상 및 증진에 노력해야만 한다."고 하는 국가의 의무나

"모든 국민은 근로의 권리를 가지고 의무를 진다."고 하는 국민의 근로의 의무는 특정 상대방에게 구체적 권리를 주는 것은 아니다.

도덕적 의무의 경우라도 도덕이 사회생활에 있어서 객관적인 사회규범으로서 나타날 때 항상 의무의 상대방이 예정되지 않으면 안 된다. 이러한 의미에서 보게 되면 도덕적 의무도 결코 편무적인 것은 아니다.

3) 강제의 유무

첫째, 둘째 견해는 어느 것이나 앞서 제시한 기본적 전제조건 중 첫째조건을 무시하는 것이었다. 그러므로 법과 도덕의 본질적인 차이를 파악할 수 없었다. 그래서 제3의 견해로서 양자의 구별근거를 강제라는 제재에서 구하는 이론이 있다. 이 견해는 오늘날 지배적인 것이라고 해도 좋다. 그러나 이 견해도 문제가 없는 것은 아니다.

확실히 도덕영역에는 법의 경우와 같이 정치적으로 조직된 사회에 의한 강제라는 것은 없다. 이에 대해 법은 사회질서를 유지하는 규범으로서 사회의 구성원에 대해 그 준수를 강하게 요구한다. 만약 위반이 행해졌을 때는 형법적으로는 사형·징역·금고·벌금·구류·과료·몰수 등의 형에 의해서 법은 강행된다. 또 사법적으로는 강제집행·손해배상·명예훼손에 대한 사죄광고 등의 강제방법에 의해서 법의 강제가 행해진다.

도덕영역에서는 확실히 이러한 법적 강제는 존재하지 않는다. 그러나 모든 법적 규정은 반드시 강제가 따르지 않는다는 것도 사실이다. 과형이나 강제집행에 의해서 법을 강행하는 것은 법규범의 본질에 있어서 빠질 수 없는 근본적인 문제는 아니다.

국제법에는 국가법에 보여지는 것처럼 중앙권력에 의한 강제라는 것은 없다. 이러한 강제적 요소가 희박하다는 것을 이유로 국제법은 법이 아니고, 단순한 실정적인 도덕에 불과하다고 단정할 수 없다. 실제로 국제법은 제국가의 행동을 구속하는 법적 기준으로서 수용되고 있다. 예를 들면 한국 헌법 제6조 제1항은 "헌법에 의하여 체결·공포된 조약과 일반적으로 승인된 국제법규는 국내법과 같은 효력을 가진다."고 규정하고 있고, 또한 일본헌법 제98조 제2항은 "일본이 체결한 조약 및 확립된 국제법규는 이것을 성실하게 준수할 것을 필요로 한다."고 규정하고 있고, 독일기본법도 "국제법의 일반원칙은 연방법의 구성부분이다. 그것은 법률에 우선해서 연방영역의 주민에 대해 직접 권력과 의무를 발생시킨다."고 규정하고 있다.

국제법은 그 구조·기능·내용의 점에서 국내법과 다를 것은 없다. 국제법은 그 강제성이라는 점에서는 확실히 약하고 국제법의 법적 성질에 대한 불신의 한 요인이 되고 있지만, 이것은 궁극적으로는 국제사회의 조직적 미성숙성에 기인하는 것이라고 할 것이다.

그러면 국가법의 경우는 어떤가? 국가법의 경우에도 강제의 유무라는 점에서는 법에 따라서 매우 다양하고 동일하게 논할 정도로 단순하지 않다. 법규는 위반에 대한 제재의 강약의 정도의 관점에서 고도완전법규(lex plus quam perfecta), 완전법규(lex perfecta), 저도완전법규(lex miunus quam perfecta), 불완전법규(lex perfecta)로 나뉜다. 특히 불완전법규는 법적 제재를 완전히 결여한 법규이다. 예를 들면 헌법규정 중 생존권이나 사회권을 정한 규정은 국가에 대해 정책의 방침·목표, 즉 정치적·도덕적인 노력의무를 부과하는데 불과하고, 그것에 위반해도 법적 의무위반은 생기지 않는 것이 된다. 그러므로 이와 같이 법적 구속력을 갖지 않는 헌법조항은 '프로그램규정'이라고 부른다. 국민은 이 규정만을 근거로 구체적인 요구를 재판상 청구하는 것은 허용되지 않는다.

이와 같이 이러한 제재를 결한 법규에서도 국가법체계에 있어서 그 불가분적인 일부를 구성하고 있다. 이것은 강제의 계기만이 법의 본질을 결정하는 것이 아님을 보여주고 있다. 이미 기술한 것처럼 사람들이 법을 준수하는 것은 법이 가지는 물리적 강제력을 두려워하기 때문이 아니라, 본능적으로 또는 관습적으로 준수한다든가 이성에 기해서 승인하고 있기 때문이다. 즉 법 중에 법을 준수할만한 정당한 가치·이념이 있기 때문이다.

이상 법과 도덕과의 구별에 관해서 가장 대표적이라고 생각되는 세 가지 학설을 검토했다. 법과 도덕의 관심방향이 전자는 외면성으로, 후자는 내면성으로 대조적인 경향을 보이는 것은 사실이지만, 그것에 의해서 법의 강제성과 도덕의 비강제성이라는 다른 속성이 부정되는 것은 아니다. 오히려 도덕이 내면적인 양심의 문제라는 것에 의해서 권력에 의한 외면적 강제나 규율에 적합하지 않은 영역이 형성되는 것이고, 법이 외면적인 행동에 관심을 향하는 것에 의해서 처음 강제의 효과가 나타나는 것이다.

이러한 법과 도덕의 구별에 대한 제 견해를 정리하면 다음과 같다.

4. 정리

1) 한도

법은 옐리네크가 말한 바와 같이 도덕의 최소한이라 하여, 도덕이 그 최대한인 것과 구별된다. 그러나, 법은 단순히 도덕의 일부분은 아니며, 경우에 따라 중복이 되면서도 서로 독자적인 영역을 가진 것이다.

2) 목적

법은 질서의 유지를, 도덕은 인격의 실현을 목적으로 한다.

3) 규율의 대상

법은 행위를 중심으로 한 외면성을, 도덕은 동기 · 의사를 중심으로 한 내면성을 그 대상으로 한다.

4) 강제성

법은 강제성이 있으나 도덕에는 강제성이 없다.

5) 질서와 의무

법에는 국가와 국민, 권리와 의무, 채권, 채무 등과 같이 대립되는 양면을 가진 사회사실을 규제하는 양면성이 있다. 이에 대하여 도덕은 권리없는 의무의 세계이며, 도덕상 의무는 자기자신의 인간성 내지 내심에 대한 의무인 일면성만을 가진다.

6) 자율성

법에는 권리자나 의무자 등 사람 상호간의 관계를 근절하기 위하여 모든 법률상의 이해관계인 위에 초연한 입법자와 그 법률을 선언하여 법관 등에 의하여 운용되는 타율성(他律性)이 있다. 이에 대하여 도덕은 사람의 내심 속에서 갈등과 대결에 대한 결단이라는 자기입법, 즉 자율성을 그 특징으로 한다.

Ⅳ. 법과 도덕의 관계

1. 법과 도덕의 유사점

법과 도덕은 유사점을 찾을 수 있다. 이러한 예는 특히 사법과 도덕에서 많이 나타나게 된다.

즉 민법상 손해배상의 요건인 타인에게 손해를 입히지 않아야 한다든지, 계약을 준수하고 동시에 이행해야 한다는 것이 바로 그것들이다. 그리고 이유 없이 남에게 피해를 줘가며 부당하게 재산을 축적하지 않아야 한다는 도덕도 법으로 명시화되어 있다.

도덕 또는 종교는 법률에 대한 중요한 지침으로서 나타날 수 있기 때문에 단호히 법과 윤리를 대립시키지 않도록 주의해야 한다. 어떤 일을 종결시키는데 상대방을 끌어들이기 위해서 상대방을 속이는 것을 도덕은 금하고 있다. 도덕에 반하는 이러한 행위는 민법상 사기라고 규정되어 있다. 사기는 계약무효 원인이 되는 데 그때에는 당사자 중 한 사람에 의해 실현된 부정한 행위가 없었을 경우 상대방이 계약을 체결하지 않았을 것이라는 확실함이 추측이 아니라 증명돼야 한다.

그리고 몇몇 가정하에서 법률은 도덕적 의무에서 영향을 받은 어떤 행위들을 예외적으로 인정하고 있다. 민법상 자연채무가 그것이다. 반환청구는 자발적으로 이행된 자연채무에 관해서는 허용이 되지 않는다. 예컨대 만약에 소멸시효가 지나서 빚이 면제된 채무자가 자진해서(법률적으로 강제되지 않았음에도 불구하고) 채권자에게 돈을 지불했다고 해보자. 그는 그 후에 민법상 시효를 문제삼아 채권자에게 그 돈의 환불을 요구하는 것이 금지되어 있다.

2. 법과 도덕과의 관계에 관한 통설적 견해

법과 도덕과의 구조관계의 모습에 관해서는 이미 세 가지 유형으로 대별되는 것을 보았다. 그리고 법은 이미 기술한 것처럼 물리적 강제력에 의해서만 존립하는 것은 아니다. 뷔노그라도프가 말한 것처럼 "법의 존립에 관해서 결정적인 의미를 갖는 것은 물리적 강제가 가해질 가능성이 있다고 하는 것보다도 오히려 사회적 권력에 의해서 부과된 규범을 승인한다는 정신적인 관습이다.” 강제라는 실력만으로 법을 준수시키는 것은 불가능하다. 법 중에 사람들이 자발적으로 준수하는 의식을 일으키게 하는 것, 준수를 의무지우는 것이 없으면 안 된다. 강제는 강제시킬 뿐이고, 사람들을 의무지우는 것은 아니다. 사람들이 법을 준수하는 것은 법 중에 준수할 가치, 정당한 이념이 있기 때문이다. 여기에서 법은 도덕 중에서 받아들여지고, 도덕의 일부여야만 한다는 견해가 나타난다.

이 견해의 시비를 생각하는 경우에 우리는 다시 한번 법과 도덕을 구별함에 있어서 앞서 제시한 두 개의 기본적 전제조건을 상기해 보자. 즉 (1) 법과 도덕을 동일차원에서 파악하는 것, (2) 법도 도덕도 경험적·상대적인 사회규범으로서 파악하는 것. 이 전제조건에 비추어 볼 때 모든 법률을 도덕의 문제로 생각하는 (3)의 견해에 대해서는 어떻게 평가가 행해질 수 있는가.

3. 도덕의 관념의 불명확성과 상대적 다원성

법은 도덕의 일부로 하고, 모든 법률의 도덕의 문제로 생각하는 (3)의 견해는 제1의 조건인 법과 도덕과를 동일차원에서 파악한다는 조건을 충족하고 있다고 할 수 있을 것인가? 예컨대 유태법의 기본법인 십계를 보자. 현대에 사는 이교도에 있어서 “당신은 나 이외에 무엇도 신으로 섬겨서는 안 된다.”라든가, “당신은 이웃의 처를 간음해서는 안 된다.”고하는 도덕원리와 “당신은 살인해서는 안 된다.”나 “당신은 절도해서는 안 된다.”고 하는 도덕원리와는 반드시 동일차원에서 존재하지 않는다. 후자의 도덕원리는 사회질서의 강행적 유지의 관점에서 살인죄나 절도죄로서 그 법적 영역 속에 포함되었지만, 전자의 경우는 즉시 이것을 법의 영역에 포함하는 것이 가능할 것인가? 여기에서 법을 그 일부로 하는 A'와 법을 포섭하지만 반드시 법과는 일체화하지 않는 도덕 A와는 같은 것인가 하는 문제가 생긴다. 다음에 여기에서 법과 대비되는 도덕은 A인가 그와 함께 A'인가 하는 문제도 파생할 것이다.

어떻든 도덕이라는 관념은 법의 경우보다도 훨씬 복잡하고 다의적이고, 그 범위도 애매해서 막연하다. 단지 관념 속에서 법은 도덕의 일부라고 생각하고 허용되면서도 실제로는 그 도덕이란 무엇인가, 도덕이라는 말로 불리는데 적당한 영역은 어떻게 결정하는가 하는 문제에 직면하게 될 것이다.

그리고 법을 도덕의 일부로 하여 모든 법률은 도덕의 문제라고 하는 (3)의 견해는 확실히 법의 강제적 계기를 부정하고, 법을 의무지우는 가치로서의 도덕을 강조하는 점에서 뛰어나다고 할 수 있다. 그러나 그럼에도 불구하고 도덕의 관념의 불명확성과 도덕의 상대적 다원성의 부정이라는 점에서 아직 완전하다고는 말하기 어렵다.

4. 법과 도덕의 융합관계

사회생활의 영속적 유지를 위해서는 법 자체가 서로 배반되어서는 아니 될 뿐만 아니라 융합되지 않으면 안 된다. 현재 문화국가의 사명은 법을 도덕으로부터 분리시키는 것이 아니라 법을 도덕에 침투시키고 도덕을 법 가운데 섭취하여 양자로 하여금 융합하게 하는 것이다. 이 융합을 가져오게 하는 원리로서 신의성실의 원칙, 공공의 질서와 선량한 풍속 등이 있다.

———

제3절 법과 종교

 I. 서설

종교는 초인격적인 신을 대상으로 하고 이에 대한 개인적인 내심적 신앙(內心的 信仰)을 기초로 하여 절대자에게 귀의하기 위하여 성립하는 규범이다. 그리하여 영혼의 구혼을 목적으로 하는 종교는 신자에게 일정한 계율을 제시한다.

종교의 사회성이라는 것은 종래 부정되고 또 무시되는 일이 때때로 있었으나 종교는 사람의 사회성격을 규율하고 있는 것이 많으므로 관습도덕과 같은 사회규범의 하나라고 볼 수 있다.

이렇듯 종교는 현실을 초월하는 신비한 신앙적 규범인데 대하여, 법은 국법질서를 위한 강제적 규범이라는데 본질적 차이가 있다. 법은 국가라는 권력에 의하여 실현되지만 종교는 개인의 의식속에 있는 것이며, 또한 법질서와는 달리 신앙의 자유가 인정되는 한 국가질서 내에서 신앙은 다원적인 양상으로 나타날 수 있다. 또한 종교에서 도덕이, 도덕에서 법이 발생하는 것은 하나의 진화과정이다.

 ## II. 역사적 고찰

1. 원시사회

원시사회에 있어서도 종교와 법이 분화되어 있지 아니하여 제정일치사상에 의하여 법과 종교가 혼동되어 종교적 금기(Taboo)가 동시에 법적규범으로 되어 있었다. 즉 울피아누스가 "법학은 신사와 인사에 대한 지식이다."라고 하였듯이 양자가 미분리상태였다.

2. 중세

중세 서구에서는 기독교와 법이 혼합되어 국교가 최고권위의 가치기준이어서, 평등사상, 이자금지, 혼인 등에 관한 종교적 계율이 교회법(canon law)이라는 이름으로 일반사회를 규율하였다.

유럽 각국의 법전은 기독교적 영향을 받지 않은 것이 거의 없었으며 오늘날 실정법 가운데 국교에 관한 규정이 여러 곳에 남아 있다. 일찍이 레프고우(Repgow)는 "신은 기독교의 보호를 위하여 두 자루의 칼을 지상에 주었다. 하나는 황제에게, 다른 하나는 교황에게 주었다."고 하여 국가권력의 세속권(世俗權)과 신의 세계인 종교권(宗敎權)을 구분하였다. 중동은 종교적 생활규범, 동방은 도덕적 생활규범, 서방은 법률적 생활규범으로 되었다.

3. 근세

근세 이래 교회의 세속화와 함께 정교분리가 이루어지고 법은 국가법을 의미하고, 교회법은 종교 내부에서만 적용되는 자치법적 효력을 갖는다. 그러나 오늘날에도 서구에서처럼 국가와 교회가 밀접한 관계에서 교회법이 적용되는 국가도 있으며, 이탈리아, 스페인과 같은 가톨릭교회가 사실상의 국교로 되어 있는 국가, 태국같이 불교를 종교로 인정하는 국가, 중동의 여러 나라와 같이 회교를 국교로 하는 국가들도 있다.

 Ⅲ. 법과 종교의 차이

1. 강제력

법은 사회에 의하여 인정되고, 국가 강제력에 의하여 유지되는 규범으로서 사회질서의 유지를 꾀하는 것을 목적으로 함에 반하여, 종교는 전지전능하신 신을 절대적인 가치판단자로 믿는 각인의 신앙에서 찾음을 그 목적으로 한다.

2. 적용범위

법은 그 적용범위가 모든 국민에게 미침에 반하여, 종교는 신자들에게만 미친다.

3. 외면 · 내면

법은 인간의 외부적 행위를 규율하는데 반하여, 종교는 도덕과 같이 내면적 의사를 규율하는 것이다.

4. 신앙

법은 신앙의 요소가 없으며 종교에는 신앙의 요소가 있다. 이러한 신앙이 없는 자에게는 규범적 가치가 없다.

5. 규범 준수정도

규범준수의 난이정도가 종교에 있어서는 평균인의 표준을 월등히 능가, 이 것은 사회생활상 규범이 종교규범을 정점으로 하여 그 하위에 도덕규범이 있고, 그 하위에 법규범이 있어 전체적으로는 하나의 원추형도형으로서 하나의 사회 질서를 이루고 있다는 설명에서도 명료하게 나타난다.

Ⅳ. 조화

법과 종교는 차원을 달리하는 개념이지만 그 속성이 어떤 권위에 대한 복종이 공통적이며, 법학과 신학을 절대적 가치추구와 교조적인 성격을 갖는다는 점에서 유사한 점이 있다. 법과 종교는 사회정의와 평화의 실현을 위한다는 점에서 궤도를 함께하고 있기 때문에 서로 협력하고 그 조화점을 모색하여야 한다.

예컨대 법과 종교의 관계는 차이도 있지만 동일한 경우도 있다. "죽이지 말라. 훔치지 말라."라는 규범의 내용은 동일한 경우이고, "사람을 심판하지 말라"라는 기독교 교리는 차이가 나는 경우이다.

요컨대 법은 종교와 일치할 때는 잘 지켜지지만 일치하지 아니할 때는 잘 지켜지지 않는다.

제3장 법의 분류와 체계적 질서

제1절 서설

▌I. 들어가는 말

법이라는 용어는 개개의 법규 또는 법규범을 의미하는 것으로 사용되는 경우와 복수의 법규가 하나로 통합되어 체계적 전체를 형성하고 있는 법질서의 의미로 사용되는 경우가 있다. 그런데 동일한 법질서의 법률하에 성립하는 사회적 집단은 법적 공동체라고 불린다. 따라서 하나의 법적 공동체의 존립을 가능하게 하는 제 법규의 체계적 전체가 법질서라는 것이 된다.

이러한 법질서는 각각 개별적 법적 공동체와 대응해서 존립하고, 그 법적 공동체를 규율한다. 법적 공동체의 가장 대표적인 것이 국가이지만, 이 국가가 정립한 법질서가 소위 국가법이라는 것이 된다. 이 국가법이라는 법질서 중에서도 그 부분적인 법적 공동체로서 존재하고 있는 것이 예를 들면 상인의 공동체를 규율하는 법질서는 상법이 되고, 이것이 근로자공동체 = 노동조합이면 노동법이 이것을 규율하는 법질서가 된다. 또 이러한 국내법에 비해서 보다 고차원적인 법질서로서 국가를 구성원으로 하는 국제적인 법적 공동체를 규율하는 국제법이 존재한다. 더 나아가 오늘날에는 국제인권법과 같이 국가주권을 넘는 보편적인 인류적 기반에 선 세계법이라고 할 법질서가 이미 형성되어 있다.

법질서는 시간적 관점에서 고대로마법, 중세봉건법, 근대법과 같이 과거의 어느 시기에 나타났던 점에 착안하거나 혹은 장소적 견지에서 독일법, 프랑스법, 영국법, 미국법, 중국법, 일본법과 같이 구별할 수 있다.

또 법질서는 법규의 타당성의 관점에서 헌법, 법률, 명령, 조례라는 부분적 법질서로 구분할 수 있고, 법규의 대상인 생활관계의 실질적 관점에서 헌법, 행정법, 형법, 민법, 상법, 노동법, 소송법 등 부분적 법질서로도 분류된다.

더욱더 다양한 법규 중에서 어느 것이 현실로 유효하게 통용되고 있는 실정법규범인가를 인식하여 이른바 법원의 견지에서는 성문법, 관습법, 판례법, 조리, 학설과 같은 분류가 성립한다.

II. 법규의 개념

법규의 개념은 협의, 광의 그리고 최광의로 분류할 수 있다. 일반적으로 협의의 법규란 국민의 자유와 재산권을 침해하는 규범 또는 사회적 한계를 설정하는 규범을 의미한다. 따라서 협의의 법규란 국회에서 제정한 형식적 법률만으로 이해된다.

광의의 법규란 국민의 자유와 재산권 등에 한정하지 않고, 국가와 국민 사이의 법률관계를 규율하는 규범으로서 국민의 권리와 의무와 관련이 있는 일반적 규범을 의미한다. 따라서 광의의 법규는 국가와 국민에 대하여 일반적 구속력을 갖게 된다. 이러한 광의의 법규는 의회만에 의해서 법이 제정되는 것이 아니라, 행정부 내지 기타 국가기관도 이러한 법규를 제정할 수 있게 된다.

최광의 법규란 국가와 국민 사이의 법률관계를 규율하는 규범에 한하지 않고, 윤리규범이나 도덕규범과 구별되는 의미에서의 모든 일반추상적 법규범을 의미한다.

결론적으로 법규는 국민의 권리와 의무를 규정한 것으로서 국가와 국민 모두를 구속하는 광의의 법규로 정의하는 것이 현대적 의미의 법규 개념이라 할 수 있다.

제2절 전통적인 법의 분류방법

Ⅰ. 서설

오늘날 법 또는 법률이라고 불리는 것은 신법이나 자연법에서 시작해서 개개의 구체적인 실정법에 이르기까지 실로 다양하고 대상을 실정법에 한정해서 보아도 그 종류는 다양하고 무수히 많이 존재한다. 따라서 법질서를 조정, 체계화하고 법규범에 관한 분석적 고찰을 시도하는 경우에는 개개의 법(법률)이 차지하는 지위와 그것들이 가지는 의미를 이해하고 법률 상호간의 관계를 명확히 해야만 한다.

Ⅱ. 자연법과 실정법

1. 의의

이것은 법의 성립과정(성립의 절차·형식)에 의한 분류이다. 자연법은 그 내용인 자연의 시대에 따라서 혹은 논자에 따라서 우주, 자연, 신, 이성 혹은 사물의 본성과 같이 각각 다르게 이해하지만, 시간과 공간을 넘어 변화하는 것이 아니라 보편적으로 타당한 법이라고 불리고, 형태는 당연히 불문법이다. 자연법에 대립하는 개념이 실정법이다. 실정법이란 국가기관에 의해서 정립 또는 인정되고 사회에서 현실적으로 사회생활의 규범으로서 효력을 가지는 법이다. 실정법에는 제정법, 즉 성문법은 물론 관습법이나 판례법도 포함된다.

자연법은 모든 실정법의 기초로 존재하고, 따라서 실정법은 자연법에 반하지 않는 한 그 효력을 가진다고 하여 법학의 임무는 이와 같은 자연법을 발견하는 것에 있다고 하는 입장이 '자연법론'이라고 불린다. 이에 대해서 실정법 이외에 법은 없다고 하는 입장이 '법실증주의'라고 불린다. 인류의 법사상은 자연법론과 법실증주의를 두 축으로 하여 여러 가지 변화를 보이면서 어느 것은 자연법론에 가깝고 어느 것은 법실증주의에 근접하면서 오늘에 이르고 있다.

2. 연혁

우선 아리스토텔레스에 의하면 언제 어디서나 일성하고 어떤 면에서 정의를 상징하는 자연법과 개인과 사회에 따라 다양하고, 반드시 공통의 선에 봉사해야 하는 실정법과는 구별이 된다고 한다.

그리고 성 토마스 아퀴나스(1225~1274)에 따르면 규범기준단계는 위로부터 다음과 같다. 즉, ① 신비한 자연의 영원불멸의 법, ② 구약, 신약성서에 의해 인간에게 계시된 신성한 법, ③ 자연법(그것은 인간의 지각과 사물본연의 이치 속에서 조물주에 의해 들여보내졌기 때문에 인간의 이성에 의해 찾아낼 수 있다. 또한 자연법은 공정한 법이며, 인간의 법이 공공의 안녕을 추구하기 위해 따라야 한다. 또한 자연법은 신의 권한에 의해 지정된 것이다)이 있다.

그리고 자연법학파(16~17세기) 대표자인 그로티우스(1583~1645)에 의하면 자연법은 보편적이고 확고부동한 인간의 이성적 분석의 산물이기 때문에 보편적이고 확고부동하다. 그러나 거기엔 인간의 자유의지라는 것이 기본적으로 작용한다. 그 이유는 자유의지는 특별히 인간에게 특유한 것이기 때문이다. 사회의 국가의 이익을 위해 수많은 이득을 포기하게 만드는 사회계약을 개인들이 경정한 것으로 완전히 자의적이다.

법실증주의자들은 자연법론에 다음과 같은 반론은 제기한다. 법은 사회적 소산물이다. 이러한 관점에서 우리는 한편으로는 법률상, 사회학상의 실증주의와 또 다른 한편으로는 마르크스의 실증주의를 구분한다.

법규는, 법실증주의(또는 국가실증주의)에 의하면, 그 자체로 존재한다. 말하자면 그 존재 자체로서 그 권위를 이끌어내는 것이다. 그래서 예링(1818~1892)에 의하면, 법규는 자연적으로 강제성을 띠게 된다. 힘을 통해서 쟁취된 권리는 스스로 강제시 된다. 그리고 법은 국가라 불리는 권력과 관련된 것이기에, 유일하게 효력을 발생시키는 강제성은 국가의 그것뿐이다. 강제성을 띠는 사회의 어떤 내부집단에서, 국가의 강제력은 다른 모든 강제력보다 우선한다. 따라서 법규에 필요 불가결한 강제적인 힘의 원천은 국가에 있다. 법규의 강제적인 성격은, 최종적인 분석으로, 국가로부터 비롯되는 것이다. 그 방면에서, 켈젠(Kelsen)

또한 법과 국가 사이에 밀접한 관계가 존재한다고 생각하였고, 그들을 혼동하기에까지 이르렀다. 그의 규범이론(순수법학)은 법의 강제적 지배가 국가를 바탕으로 하여 그러나 그 해석을 위해서 독자적인 절차를 통하여 생겨난다는 것을 증명하려 한다. 즉, 켈젠의 법단계설에 의하면 명령은 합법성의 범위에서 법률에 의해야만 하며, 법률은 헌법에 의해야만 한다. 이를 위계적 질서라고 한다.

Ⅲ. 고유법과 계수법

이것은 법의 성립근거에 의한 분류이다. 고유법이란 그 국가에서 고유한 사회적 기반에 근거해서 발생한 사회규범을 근거로 하여 성립한 법을 말하고, 계수법이란 외국 등의 다른 사회에서 발달하고 성립한 법을 계수해서 이것을 근거로 성립한 법을 말한다. 법의 계수가 행해진 경우 그 모체가 된 법을 모법이라고 하고 계수된 법을 자법이라고 한다.

우리나라에서는 신라시대 이후 중국의 법령을 계수하여 중국법의 영향을 강하게 받았고, 그 이후 고려시대와 조선시대에 들어서면서 우리나라에 고유한 법령을 정립했다.

Ⅳ. 국내법과 국제법

이 분류는 법의 내용에 근거하는 것으로, 그 성립과 적용범위에 따른 구별이다. 국내법이 하나의 국가 내부에서 성립하여, 그 영역 내에서만 적용되는 법임에 대해, 국제법은 국제사회에서 성립하여, 그 국제사회에 속하는 일체의 국가에 적용되는 법이다.

국내법과 국제법이 중복하여 양 법이 충돌한 경우, 어느 법이 우선해서 적용되어야 하는가에 관해서는 국제법(조약)우위설과 국내법(헌법)우위설의 대립이 있다. 이것은 국제법우위설이 법학적으로 실증된 기초에 근거를 둔 이론이라기보다도 국제법규범과 국내법규범에 관한 윤리적·정책적 선택이라는 가치이데올로기에 근거하고 있는 점에서도 엿보이는 것처럼 세계주의인가 국가주의인가,

이상주의인가 현실주의인가의 세계관에 근거한 논쟁이라고 볼 수 있다.

또 여기서 말하는 국제법과 국제사법과는 구별되어야만 한다. 국제사법은 국적·혼인·매매거래 등 섭외적 법률관계에 관해서 자국법이나 외국법의 어느 쪽이 적용되어야 하는가를 정하는 것으로 그 성격상 국내법에 속하고 있다. 예컨대 국적을 달리하는 남녀(일본국적의 남성과 한국국적의 여성)이 혼인하는 경우에 혼인성립의 요건에 관해서 어느 쪽 국가의 법률이 적용되어야 하는가 등을 정하고 있는 것이 국제사법이고, 우리나라에서는 1962년에 제정된 '섭외사법'이 이에 관하여 규정하고 있다.

V. 속인법과 속지법

이것은 어떤 법률관계에 적용되어야 될 준거법에 의한 분류이다. 속인법이란 사람이 있는 장소가 어디인지를 불문하고 그 사람이 속하는 종족·주소·국적 등의 법을 준거법으로 해서 적용되는 법을 말한다. 이에 대해서 속지법이란 그 사람이 속하는 종족·주소·국적 등이 어디인지를 불문하고 한 국가의 영토 내에 체재, 거주하는 모든 사람에게 적용되는 법을 말한다.

법의 역사 속에서는 속인법주의로부터 속지법주의로 변화되어 왔다. 고대 로마의 시민법(ius covile), 중세게르만의 프랑크법·이탈리아의 도시법 등이 속인법주의를 채용하고 있었다.

다른 한편 속지법주의는 이미 유럽중세중기 봉건법시대에 있어서 "영지 내에서 발생한 것은 영지법에 따른다."고 하는 원칙에서 나타나는 것처럼 영역 외의 법률의 효력을 전혀 인정하지 않는다는 의미로 존재하고 있었다. 그 후 근대 국가의 형성과 함께 국가주권의 한 내용으로서 불가침의 영토주권이라는 법관념이 확립되면서 자국민이든 외국인이든 불문하고 소재지·행위지·사실발생지·법정지 등의 장소적 요소에 착안해서 그 지역의 법률을 준거법으로써 적용하는 속지법주의가 우세하게 되었다.

우리 법률도 이 경향에 따라 속지법주의를 원칙으로 하면서 속인법주의를 예외적으로 채용하고 있다. 예컨대 형법은 대한민국 영역 내에서 행해진 범죄에 관해서 자국민이 외국인을 구별하지 않고 일률적으로 한국의 형법을 적용하는 것을 원칙으로 하고 있다.

현행법에 있어서 이와 같은 속지법주의의 원칙의 예외로서의 속인법주의는 다음의 경우에 찾아볼 수 있다. 첫째로 기본적 인권은 원래 인간고유의 권리이고, 보편적으로 보장되어야 할 것이므로 그 보장은 한국 국민에게 한정되는 것은 아니다. 그러나 권리의 성질상, 예컨대 참정권·청원권·생활보호법상의 권리·입국의 자유 등의 권리는 외국인에 대하여 제한된다. 이것과 관련해서 공무원이 되는 결격사유를 정한 국가공무원법·지방공무원법에서는 외국인을 결격사유로 들고 있는데 '공무에 관한 당연한 법리'로서 공권력의 행사 또는 공적 의사의 형성에 참가하는 직원에는 한국 국적을 필요로 하는 것으로 이해되고 있다. 단, 조사·교육적인 직무를 담당하는 공직의 경우에는 그렇지 않다.

둘째로 조약 기타 재판권이 미치지 않는 결과 생긴 예외로서 외국군주·대통령 등 국가원수나 외교사절 등의 국제법상 치외법권이 인정된 외국인에게는 한국법률은 적용되지 않는다.

셋째로 외국에서 한국의 이익을 해치는 행위를 한 외국소재의 한국 국민에게 한국의 형법이 적용된다.

넷째로 헌법 및 형법의 규정의 일부가 외국에 거주하는 한국인에게 적용되는 경우가 있다. 예컨대 헌법상 납세의무의 규정 등은 외국에 있는 한국인에게도 적용되지만 이 경우 당해 외국의 세법과의 관계에서 이중과세의 문제가 발생한다. 또 한국인으로서의 행동기준에 따라서 행동하는 것이 상당하다고 인정되는 약간의 죄의 경우에 외국소재의 한국 국민에게 한국 형법이 적용된다.

 ## VI. 실체법과 절차법

이것은 법이 규정하는 내용의 성질에 의한 분류이다. 실체법은 법률관계의 실체 즉 권리의무의 발생·변경·소멸·효력 등을 규정하는 법이다. 이에 대해서 절차법은 이 실체법을 구체적으로 실현하는 수단·방법절차를 규정한 법이다. 실체법에 속하는 법으로서는 헌법·민법·상법·형법 등이 있고, 절차법에 속하는 법으로서는 호적법·민사소송법·부동산등기법·가사소송법·행정소송법·형사소송법 등이 있다.

이전에 절차법은 실체법실현을 위한 법이었기 때문에 실체법을 주법, 절차법을 보조법이라고 하여 주법이 우위에 선다는 견해가 있었다. 그러나 아무리 완비된 실체법이 존재해도 그에 관한 절차법이 존재하지 않으면 그 실체법은 현실에서 법으로서의 힘을 실현할 수 없다. 그리고 절차법이 존재하지 않는 것을 이유로 재판을 거부하는 것도 허용되지 않는다. 다른 한편 법원은 실체법이 존재하지 않는다는 이유로 재판을 거부하는 것도 허용되지 않는다. 양자는 서로 도우면서 비로소 완전한 법으로서 기능을 가지는 것이고, 양자에 우열의 차는 없다고 해야 한다.

최근에는 사회의 복잡화와 가치관의 다양화에 따라 환경보호소송·의료과실소송·제조물책임소송 등 사회문제에 관한 다양한 소송이 발생함에 따라서 실체법과 소송법의 교차가 인식되어 절차법의 비중이 커지고 있다. 예컨대 하자있는 상품이라든가 비밀카르텔에 의한 가격인상에 의해서 다수의 소비자가 피해를 받은 경우, 개개의 피해자의 손해액이 비교적 경미한 경우, 다수의 소액피해자가 어떻게 해서 효과적인 구제를 확보하는가가 중대한 문제가 된다. 물론 피해자는 실체법인 민법에 의해서 불법행위에 따른 손해배상을 청구할 수 있다. 그러나 피해액이 소액이기 때문에 피해자 1인은 여간해서 소송을 제기할 수 없다. 절차법인 민사소송법에 의해서 선정당사자제도를 이용할 수 있지만, 이 경우 공동이익자에 의한 수권행위가 필요하게 된다. 기존의 실체법인 민법이나 절차법인 민사소송법의 범위 내에서는 이러한 다수의 소액피해자구제의 실현을 기대할 수 없다. 그래서 오늘날 소비자구제에 도움이 되는 대표자소송이 구상되고 있다. 이것은 실체법과 절차법의 구별 그 자체보다도 양 법의 교차영역을 검토하는 중에서 각각의 법영역이 수행하는 역할을 정리할 필요가 있다는 점을 말해 주는 것이다.

 VII. 공법과 사법 · 사회법

1. 공법과 사법

공법과 사법이라는 분류는 이미 로마법에 존재하여, 법의 분류의 안에서도 가장 전통적이다. 공법과 사법을 구별하는 기준에 관해서 종래부터 학설은 법의 목적에 주목해서 공익과 사익에서 구분기준을 구하는 이익설, 법의 규율을 받는 당사자의 성격에서 구별의 기준을 구하는 주체설, 권력과 복종의 관계가 대등자 간의 관계인가에서 구별기준을 구하는 법률관계설 등으로 나누어져 있고, 오늘날 확정된 견해는 아직 없다. 이러한 제설은 각각의 문제점을 내포하고 있고 따라서 전체를 종합적으로 파악할 수 있을 뿐이다. 그러나 이러한 전체를 완전무결하게 파악할 수 있는 견해를 제시하는 것은 불가능하고 오히려 이들의 기준에 관한 논의를 종합해서 어떤 사항에 관한 공법적 성격 혹은 사법적 성격을 명확하게 하는 쪽이 합리적일 것이다.

원칙적으로 공법에 속하는 법에는 국가의 기본법인 헌법, 행정권의 조직 및 작용에 관한 행정법, 범죄 및 형벌에 관한 형법, 법원의 소송절차를 정한 소송법, 국가간의 법률관계를 규율하는 국제법 등이 있다. 이에 대해서 사법에 속하는 법에는 사인의 일상관계에 관한 법으로 주로 재산관계와 가족관계를 규율하는 민법·호적법·부동산등기법·주택임대차보호법·공탁법 등 또한 상인과 상행위에 관한 상법·어음법·수표법 등과 같은 섭외적 사법관계에 적용되는 섭외사법 등이 있다.

2. 사법의 공법화로서의 사회법

공법과 사법의 구별은 공과 사, 국가와 개인인 시민의 입장이 명확하게 구별되는 것이 전제된다. 그 의미에서 모든 개인을 자유·평등·독립한 시민으로서 인정함과 동시에 그 자유로운 사회활동을 최대한으로 보장하는 것을 원칙으로 하는 근대시민사회에서 공법과 사법이 준별되게 된 것은 당연하였다. 이와 같이 개인의 자유로운 활동이 최대한으로 보장되고 있는 사회에서는 개인의 사회활동의 자유로운 전개를 용인하는 사법이 중요한 지위를 차지하고, 반대로 국가에는 개인의 자유로운 활동을 보장한다는 소극적 역할밖에 주지 않고 따라서 공법은 필연적으로 사법의 배후로 쫓겨나고, 부득이한 경우에만 사법에 간섭하는 것이 허용된다는 소극적 지위밖에 인정되지 않았다.

확실히 개인에게 자유로운 법률관계의 형성을 허용하는 사적 자치의 원칙은 자유주의적 자본주의경제체제의 요구에 적합한 것이고, 그 발전에 대해서 위

대한 공헌을 수행한 적극적인 역할을 행하였다. 그러나 자본주의의 자유주의경제의 발전·융성에 따라 일방에 있어서 자본에 의한 기업의 집중·독점화를 초래했고, 다른 한편에서 빈곤·열악한 노동조건·실업·질병으로 고생하는 무산노동자계급을 만들어 내게 되었다. 원래 자유·평등·독립이어야 할 사람들간에 지배와 종속의 관계가 생기고, 종속이 부득이한 무산노동자는 그 사회적 생존을 위협받게 되기에 이르렀다.

이와 같이 원래 개인의 최대한 자유로운 활동의 보장이라는 소극적 역할밖에 기대되지 않았던 국가는 경제적 강자의 자유로운 활동에 대해 간섭 내지 통제를 가하여 사회적 약자에 대하여 건강하고 문화적인 생활을 보장해서 그 실질적 평등의 확보를 지향한다는 적극적 역할을 담당하지 않을 수 없게 되었다. 이결과 시민사회에 대해서 국가적 입법의 개입이 증대해 가면 필연적으로 사법에 공법적 색채가 가해지지 않을 수 없게 되고, '사법의 공법화' '법의 사회화' '법의 윤리화'라고 불리는 현상이 생기게 되었다. 이 '사법의 공법화'에 따른 공법과 사법이라는 전통적 구별이 점차 완화되고 공법과 사법의 어느 쪽에도 속하지 않는 독자적인 법영역이 탄생했다. 이것이 사회법이라고 불리는 것이다.

3. 사회법

사회법은 공법 및 사법의 어느 쪽에도 속하지 않는 법영역을 형성하는 것이지만, 결코 사법을 부정하는 것은 아니다. 사회법은 사법의 원리·사법의 질서를 존중하면서 이것을 공공복리·국가의 복지의 입장에서 사회정책으로서 통제·수정을 가하여 국민경제의 정상적인 운영과 사회적 약자의 보호와 실질적 평등의 실현확보를 목적으로 하는 법체계이다.

이러한 사회법의 대표적인 사례가 사회복지법인데, 사회복지법은 다른 법과 달리 매우 최근에 전개, 발전된 법으로서 그 자체의 법리와 체계, 특징 및 내용을 지니고 있다. 사회복지법은 사회법으로서 시민법의 한계에 대한 비판적 견지에서 독립된 법영역으로 자리를 확보해 오고 있다고 하겠다.

사회법에 속하는 법에는 사용자와 노동자의 관계를 중심으로 하는 노동관계를 규율하는 노동법, 기업의 경제활동에 대한 국가의 규제라든가 국가에 의한 소비자보호 등의 경제관계를 규율하는 경제법, 실업자·연소자·고령자·장애자

등에 대한 공적 부조·사회보험에 관한 사회보장법 등이 있다. 기타 토지거래·이용, 소비자보호, 환경보호, 의료과오 등의 문제를 다루는 법영역도 단지 공법이나 사법의 어느 쪽으로도 대처할 수 없고, 하나의 법학만으로도 대처할 수 없는 경제학이나 사회학 등의 인접의 사회과학의 제영역은 원래 인문과학이나 자연과학 등의 협력이 필요한 것이다.

제3절 법의 내용에 의한 법의 분류

 ## I. 일반법과 특별법

이 분류는 사람·장소·사항에 관하는 효력범위의 광협에 따른 것이다. 일반법은 그 효력이 사람·장소·사항에 관해서 일반적이고 넓은 범위에 미치는 법을 말한다. 이에 대하여 특별법은 일반법보다 특수하고, 좁은 효력범위를 갖는 법을 말한다.

우선 인적 범위를 보면, 헌법·민법·형법 등과 같이 널리 일반의 사람에 대하여 적용되는 법이 일반법에 속한다. 이에 대하여 국가공무원법 등과 같이 특정한 신분 또는 지위 등 한정된 사람에게만 적용되는 법이 특별법에 속한다.

다음으로 장소적 범위에서 전국적으로 시행되는 민법이나 상법 등이 일반법에 속한다. 이에 대하여 한정된 지역에만 적용될 것을 목적으로 하는 것, 예컨대 지방자치법이나 도시계획법 등은 특별법에 속한다.

더 나아가 사항에 관해서 말하면 일반적으로 광범위한 사항에 적용되는 법은 일반법이고, 특정한 한정된 사항에 관해서 적용되는 법은 특별법이다. 따라서 이 구별은 절대적인 것은 아니고, 상대적이다. 예컨대 민법과 상법과의 관계에서는 전자는 일반법에, 후자는 특별법이다. 그러나 상법과 은행법·신탁법·보험업법 등과의 관계에서는 전자는 후자에 대한 일반법이 된다.

일반법과 특별법의 관계는 서로 다른 법령 간에 관계에 한정되는 것은 아니고, 동일법령 속의 조문상호간에도 이것을 찾아낼 수 있다. 예컨대 채권의 소멸시효에 관해서 민법 제162조는 "① 채권은 10년간 행사하지 아니하면 소멸시효가 완성한다. ② 채권 및 소유권 이외의 재산권은 20년간 행사하지 아니하면 소멸시효가 완성한다."고 규정하고 있다. 이에 대해서 동법 제163조는 "다음 각호의 채권은 3년간 행사하지 아니하면 소멸시효가 완성한다."고 규정하고 있다. 소멸시효에 관해서 전자의 제162조가 일반법이고, 후자가 특별법의 관계에 서게 된다.

 ## Ⅱ. 원칙법과 예외법

이 분류는 특정 사항에 관한 원칙·예외를 기준으로 하는 것이다. 원칙법은 어떤 사항에 관해서 원칙적으로 적용되는 법을 말한다. 이에 대하여 예외법은 그 원칙법으로부터 제외되는 경우를 정한 법을 말한다. 예컨대, 민법 제3조의 "사람은 생존한 동안 권리와 의무의 주체가 된다."고 하는 규정에서 보면 민법 제762조의 "태아는 손해배상의 청구권에 관하여는 이미 출생한 것으로 본다."고 하는 규정은 민법 제3조의 예외법이고, 전자가 원칙법이 되는 것이다.

또 법문중의 단서규정은 대체로 예외법이다. 예컨대, 민법 제5조 1항의 "미성년자가 법률행위를 함에는 법정대리인의 동의를 얻어야 한다."고 하는 규정에 대하여, 그 단서의 "그러나 권리만을 얻거나 의무만을 면하는 행위는 그러하지 아니하다."는 규정은 예외법이 되고, 본문의 규정이 원칙법이 된다.

 ## Ⅲ. 강행법과 임의법

이 분류는 효력의 강행성의 절대성·임의성에 따른 구별이다. 강행법이란 당사자의 의사와 관계없이 강행적으로 적용되는 법을 말한다. 예컨대 헌법·행정법·형법·형사소송법·민사소송법 등 공법의 영역에 속하는 법은 강행법이 많다. 이에 대하여 당사자의 의사에 의해서 그 적용이 배제될 수 있는 법은 임의법이다. 따라서 사법에 속하는 법은 대체로 임의법이 많다.

공법에 강행법규가 많고, 사법에 임의법규가 많다는 것은, 상대적인 것으로 이해해야만 한다. 예컨대 민사소송법은 공법에 속하지만, 민사소송법 제26조 제1항에 의하면, 제1심에 한해서 당사자의 합의에 의하여 관할법원을 정할 수 있도록 하고 있다. 이에 대해서 사법의 경우에도 공익상의 이유에서 당사자의 합의에 의해서 법규정의 적용을 면제할 수 없도록 되어 있는 것, 예컨대 친족관계·물권관계·무능력자제도 등이 있다.

법규가 강행법인가 임의법인가는 그 규정 자체에서 명확하게 되는 경우가 있다. 예컨대 법문중에 민법 제42조 제1항의 "다른 규정이 있는 경우에는 그 규정에 의한다."나, 민법 제408조의 '특별한 의사표시가 없으면'이라고 규정되어 있는 경우에는 그 규정이 임의법이라는 점에는 의문이 없다. 그러나 많은 경우 강행법인가 임의법인가는 법문중에 표시되지 않고, 따라서 규정 그 자체에서는 반드시 명확한 것은 아니다. 그 경우에는 그 규정의 목적이나 내용이라든가 입법이유 등에서 판단해서 당사자의 의사와 관계없이 강행시켜야 할 성질을 가지는 것인가 아닌가에 따라서 결정할 수밖에 없다.

강행법과 임의법에 관해서 특히 주의해야만 하는 것은 반드시 강행법은 강제를 수반하는 법이고, 임의법은 강제를 수반하지 않는 법이 아니라는 점이다. 예컨대 보행자의 도로좌측통행을 정한 도로교통법 제8조를 보면 좌측으로 통행하는가 우측으로 통행하는가는 '공적 질서'라든가 '공익'에 관한 문제이므로 이 규정은 강행법이고 임의법은 아니다. 그러나 이 규정을 위반해서 우측으로 통행해도 이것에 제재를 가하는 규정은 없다.

이에 대하여 임의법일지라도 한번 적용되면 이에 위반하면 재판에 의한 강제가 이루어진다. 예컨대 당사자 사이에 물품의 인도장소와 다른 곳에서 대금지불을 약속하더라도 그것은 공적 질서에 반하는 것이 아니므로 임의법에 해당한다. 그럼에도 불구하고 당사자간에 대금의 지불장소를 물품의 인도장소가 아니라 매도인의 은행구좌로 결제할 것을 약속하면 그것이 유효하고 이를 이행하지 않으면 재판으로 다투어지는 경우 법원은 그 약속위반에 대해 이행의 강제를 판결하게 된다.

제4절 실정법간의 저촉과 우선원칙

 I. 법의 체계적 통일성

하나의 법질서를 구성하는 법규범은 무수히 많고 매우 다양하게 존재한다. 그래서 제정법 상호간에 충돌·저촉이 일어날 수 있게 된다. 그러나 제정법의 표면적인 의미내용에 저촉이 있어도 제정법은 법적으로 전체로서 통일적이고 체계적 질서 아래에서 정리되어야만 한다. 따라서 제정법 상호간에 저촉이 있는 경우 무엇이 우선적으로 적용되어야 하는가를 확정해 둘 필요가 있다. 그것은 다음의 세 가지 원칙에 의해서 확정된다. 즉 "상위법은 하위법에 우선한다.", "특별법은 일반법에 우선한다.", "신법은 구법을 폐지한다."는 것이 그것이다.

 II. 상위법은 하위법에 우월하다.

근대법 특히 성문법주의를 채용하는 실정법체계하에서는 법의 형식은 필연적으로 다양하게 세분되기 때문에 각각의 법형식 간에 헌법 – 법률·조약 – 명령 – 자치법규라는 효력의 우열관계를 정하고, 상위의 법은 하위의 법에 우월하고 상위의 법에 저촉되는 하위의 법은 효력을 갖지 못한다는 원칙이 확립되어 있다. 이것이 "상위법은 하위법에 우월하다."는 원칙이다.

 III. 특별법은 일반법에 우선한다.

법형식상 동등한 법령, 예컨대 두 개의 법률간에 저촉되는 경우 그 제정의 시기와는 무관하게 특별법은 일반법에 우선해서 적용된다. 물론 이것은 일반법의 효력을 모두 부정하는 것은 아니고 특별법과 저촉하지 않는 범위에서 일반법은 여전히 효력을 가지는 것이다.

예컨대 채권의 소멸시효기간은 민법상 10년, 상법상으로는 5년으로 되어 있다. 이 경우 사인간의 채권 중 상거래에 의해서 생긴 채권에 관해서는 상법이 우선적으로 적용된다. 또 하나 해고에 관해서 민법과 근로기준법간의 관계를 보자. 민법에 의하면 당사자가 해고의 기간을 정하고 있지 않을 때는 언제든지 해고의 고지를 할 수 있다고 하고, 해고의 고지 후 2주가 지나면 고용관계는 종료한다. 이에 대해서 근로기준법은 해고는 30일 전에 예고하든가 혹은 30일분의 평균임금을 지불함으로써 종료한다. 이 경우 노동관계에서는 항상 특별법인 근로기준법이 우선적으로 적용되게 된다.

물론 국제법에서는 "특별법은 일반법을 깨뜨린다.(lex specials derogat lege generali)"의 원칙이 널리 인정되고 있다. 국제사회에 타당한 일반국제법의 대부분은 국제관습법으로 존재하여 임의법규의 성질을 가지고 특정국가 사이에서 그것과 다른 내용의 조약을 체결하면 조약체결의 당사국간에서는 그 조약이 국제사회의 일반국제법에 우선해서 적용된다. 그러나 '조약법에 관한 비엔나조약' 제53조는 "체결시에 일반국제법의 강행법규에 저촉되는 조약은 무효이다."라고 규정하고, 제54조는 "일반국제법의 새로운 강행법규가 성립한 경우에는 당해 강행법규에 저촉하는 기존의 조약은 효력을 상실, 종료한다."고 규정하고 있다. 이 경우 무엇이 '강행법규'인가에 관해서는 다툼이 있지만 국제연합헌장에 반하는 무력에 의한 위협이나 무력의 행사 그리고 집단학살 등을 금지하는 규범은 '강행법규'의 성질을 가지는 것에는 견해가 일치하고 있다.

 ## Ⅳ. 신법은 구법을 폐지한다.

일반적으로 법의 효력은 시행시부터 폐지 또는 소멸시까지 효력을 가진다. 법은 그 시행기간 중에 발생한 사항에만 적용되고, 폐지되기까지 법으로서의 효력을 가진다. 따라서 법은 폐지에 의하여 소멸한다. 그 경우 법의 폐지원인으로서 다음과 같은 것이 있다. 첫째로 법령에 미리 시행기간이 정해져 있으면 그 기간의 만료로 당연히 폐지된다. 기한부입법 또는 한시법이 여기에 해당한다. 둘째로 법령이 정한 목적사항이 소멸하면 그 법령은 폐지된다. 셋째로 신법이 구법의 전부 또는 일부를 폐지할 것을 명문으로 규정하고 있으면 그것에 의해서 구법의 전부 또는 일부는 그 효력을 상실한다.

　문제는 동일사항에 관해서 구법의 규정과 저촉되는 새로운 법령이 제정된 경우이다. 이러한 경우 국가의사의 통일을 위해서 저촉되는 부분에 관해서 항상 신법이 구법을 폐지하는 것이 원칙으로 되어 있다. 이 경우 신법과 구법이 동등한 효력을 가지는 경우에 한정되는 것이고, 일반법과 특별법의 관계에 있는 경우에는 특별법우선의 원칙에 따라 효력이 결정된다.

제4장 법원(법의 연원)

제1절 법원론

 I. 법은 어떻게 인식되는가?

우리의 일상생활은 법의 그물 속에 둘러싸여 있다. 그러나 오늘날 어떤 법이 존재하여, 그리고 그 법이 어떤 내용을 가지고 있는가 하는 점에서는 무엇도 상세하게 이것을 알고 있다고는 한정하지 못한다. 예컨대 자식의 부양의무에 관한 법은 어떻게 되어 있는가, 혹은 절도죄에 관한 법은 어떻게 되어 있는지가 문제된다. 그 경우 전자에 관해서 말하면 민법 제974조는 "다음 각 호의 친족은 서로 부양의 의무가 있다."고 하는 규정 속에서, 후자에 관해서는 형법 제329조 "타인의 재물을 절취한 자는 6년 이하의 징역 또는 1천만원 이하의 벌금에 처한다."고 하는 규정 속에서 각각 법을 인식할 수 있다. 즉 자식의 부양의무에 관한 법원으로서는 민법 제974조이고, 절도죄에 관한 법원은 형법 제329조가 되는 것이다.

 II. 법원의 종류

법원(sources of law, sources du droit, Rechtsquellen)이라고 하는 경우 통상

법의 존재형식, 법의 인식근거 내지 법의 연원, 즉 법은 어떤 형태로 존재하는 것인가, 법의 존재는 어떤 것에 의해서 인식될 수 있는 것인가 하는 이른바 형식적 법원의 의미로 이해되고 있다. 앞에서 든 아이의 부양의무에 관한 법원으로서의 민법 제974조, 절도죄에 관한 법원으로서의 형법 제329조는 확실히 이 형식적 법원의 의미로 이해되고 있다.

그러나 이른바 법원은 이 형식적 법원의 의미만으로 존재하는 것은 아니다. 법원에는 이 형식적 법원 외에 역사적 법원, 철학적 법원의 세 종류의 의미가 있다. 역사적 법원이란 법의 발생·형성의 연원이고, 법의 발전을 거슬러 올라가 그 연원을 찾는 것이다. 이것을 규명하는 것이 법사학의 임무이다. 철학적 법원이란 법의 규범으로서의 가치가 연유되는 근원, 즉 법의 효력 내지 구속력의 근원이고, 표현을 바꾸면 실질적 법원이라고 할 수 있다.

법은 어디에서 유래한 것인가? 법은 사회조직의 의사 표시, 즉 성문법은 표현하는 것이기 때문에 표현한다는 것은 법이 속하고 있는 그 계통의 근본적인 근원(식물학적 용어로는 곧은 뿌리)이 될 수밖에 없다.

또, 불문법 중에 관습법은 법의 출현에 있어 중요한 역할을 하고 거의 성문법 중 법률과 같은 자격을 가지고 있다. 이는 법의 간접적인 근본으로 보아야 한다. 그러나 법률과 관습법과는 별도로 법의 해석학적인 근원(식물학적 용어로 잔뿌리)이 있는데, 이것은 보다 덜 중요하다고 할 수 있는 법의 간접적 근원으로 판결이 있다. 이 문제는 오늘날 논쟁의 대상이 되고 있다.

 ## III. 형식적 법원과 실질적 법원과의 관계

법을 법답게 하는 가치의 근원, 즉 법의 실질적 근원은 무엇인가 하는 것의 규명은 법철학의 문제이다. 이것이야말로 논자에 따라서 혹은 정의 혹은 자연법 혹은 사물의 본성 혹은 주권자 혹은 인민의 총의 등 그 논자의 입장에 따라서 다양한 모습을 법의 역사에서 나타남은 분명하다. 따라서 형식적 법원이 사회적 사실로서의 법의 차원에서 그 발현형식에 관계되는 것이라고 하면 실질적 혹은 철학적 법원은 가치로서의 법의 차원에서의 법의 준수·복종의 규범적 내용에 관계되고 있는 것이라고 할 것이다.

그러나 이 양자는 결코 서로 무관계하다고 할 수 없다. 법의 해석에 있어서 그것이 법의 본질적인 것, 예컨대 제니(Geny)가 말한 '법 자체(droit en soi)'라든가, 콜러(Kohler)가 말한 '법의 정신(Gottheit des Rechts)'이 인식에 있다고 하면 형식적 법원과 실질적 법원과는 분리할 수 없는 관계에 있다. 혹은 재판에 있어서 예컨대 '법관이 만약 입법자라면 제정했을 것인 규칙', '명문 및 관습이 없을 때는 자연법에 의해야 할 것이다', '법의 일반원칙', '문명국이 인정한 법의 일반원칙'이라고 하는 것처럼, 조리가 재판규범으로서 작용하면, 실질적 법원은 그대로 형식적 법원의 일부를 이루고 있다고 이해할 수 있을 것이다.

따라서 형식적 법원과 실질적 법원과는 표현상 별개로 취급되지만, 법을 동태적으로 볼 때 이 양자는 내면적으로 서로 밀접한 관계에 서서 결합되어 있는 것이다. 단 이 구별은 법원을 규범적 가치의 관점에서 보는가 그와 함께 법의 발현형식이라는 존재사실의 관점에서 보는가 하는 관점의 차이문제로 돌아간다고 해도 좋다.

Ⅳ. 형식적 법원과 역사적 법원

형식적 법원과 역사적 법원도 결코 무관계하지는 않다. 예컨대 성문헌법을 갖지 않는 영국의 경우 실질적 의미의 헌법의 대부분은 헌법관습이다. 그것에 왕위계승법(Act of Settlement 1701)이나 양원관계법(Parliament Act 1911, 1949), 인신보호법(Habeas Corpus Acts 1679, 1816, 1862) 같은 법률 외에, 마그나 카르타(Magna Carta 1215), 권리청원(Petition of Right 1628), 권리장전(Bill of Rights 1689) 등의 역사적 문서도 더해진다. 또한 후술하는 남아프리카공화국의 경우와 같이 16~17세기의 법학자의 저서가 법적 구속력을 가진 학설로서 법원의 지위를 차지하고 있다.

Ⅴ. 형식적 법원론

형식적 의의의 법원에서는 이미 기술한 것처럼, 어떤 법적 판단을 내리는 경우에, 그 준거해야 할 법을 단서로서 인식하는가 하는 것이 문제된다. 이 의미의 법원으로서는 통상 성문법과 불문법으로 대별되고 전자에는 성문헌법·법률·명령·규칙·각종 자치법규 및 조약 등이 있고, 후자에는 관습법·판례법·조리혹은 경우에 따라 학설이 여기에 포함된다.

 ## VI. 성문법의 의의

성문법(written law, geschriebenes Recht, droit ecrit)이란 문장에 의해서 표현되고, 법에 정해진 일정한 절차와 형식에 의해서 제정된 법을 말한다. 성문법은 권한 있는 입법기관에 의해서 일정한 절차를 거쳐 정립되고, 일정한 형식을 가지고 공포되기 때문에 '제정법(statute law)'라고 불린다. 제정법은 또 '법규'라고도 불린다.

 ## VII. 법전과 단행법

성문법은 그 분량과 외형에서 법전과 단행법으로 나뉜다. 법전이란 예컨대 헌법·민법·형법과 같이 조문의 분량이 비교적 많아서 편·장·절·관 등의 체계적인 편별로 구성된 성문법을 말한다. 단행법이란 예컨대 실화의책임에관한법률과 같이 특정한 사항에 관해서 규정한 비교적 적은 조문으로 구성된 성문법을 말한다.

성문법은 고대 바빌로니아왕 함부라비가 제정한 '함무라비법전'과 같이 고대로부터 존재하고 있지만, 대체로 옛날에는 불문법이 많았다. 그러나 근대에 이르러서 시민사회가 형성되고, 중앙집권적인 근대시민국가가 확립되어 가면서 유럽대륙의 제국가에서 일련의 성문법전이 편찬되었다. 더욱 유럽대륙 이외에도 이러한 제국가의 법질서를 모법으로 하는 국가들에서 제정법을 법원의 기본으로 하고 불문법은 성문법을 보충하는 것으로 하는 '성문법주의'가 채용되었다. 우리의 법도 그 계통에 속하는 법질서의 하나이다. 이에 대해 영국이나 미국과 같은 영미법계제국가의 경우 보통법(common law)이라고 불리는 불문법을 기본으로 하고, 제정법은 이것을 수정·보충하기 위해서 만들어진 것이라고 하는 '불문법주의(판례법주의)'가 채용되어 있다. 그러나 이러한 제국가에서 오늘날 법적 규제의 모습은 복잡화·기술화함으로써 성문법의 제정이 현저히 증대하고, 제정법의 비중이 점점 더 높아지고 있다.

 ## VIII. 성문법과 불문법

오늘날 법원에서 성문법이 차지하는 위치는 불문법에 비교해서 각별히 커지고 있다. 그러나 성문법은 결코 만능이 아니라, 불문법은 오늘날에도 그 중요성을 잃지 않았다. 성문법과 변동해 가는 사회의 현실생활과의 틈은 성문법의 고정성과 그 제정·개폐의 지체성에서 나오는 필연적인 숙명이다. 따라서 사회의 변화발전에 따라 항상 적절한 재판기준을 확보하고, 국민 각층의 의견이나 요구, 바라는 바를 충족하는 법질서를 형성해 가기 위해서는 성문법은 관습법·판례법·조리 등의 불문법에 의한 보완을 불가결한 것으로 한다.

제2절 성문법

 ## I. 성문법의 종류

성문법은 국가의 법형식으로서 성문법과 지방자치단체의 법형식으로서의 성문법으로 대별된다. 전자에게 속하는 것으로서는 '헌법', 국회에서 제정된 '법률', 국회에서 정한 '국회규칙', 대법원에서 정한 '대법원규칙', 국가간 또는 국가와 국가기관과의 합의로 문서로 표현된 '조약'이 있고, 후자에게 속하는 것으로 지방자치단체 등의 의회에서 제정된 '조례'가 있다.

II. 헌법

1. 헌법의 의의와 종류

일반적으로 헌법이란 국민의 권리와 의무 그리고 통치기구의 조직과 작용에 관한 국가의 최고법을 의미한다. 즉, 헌법은 국가의 근본법이고, 실질적 의미에서 국가의 영토·국가의 통치주체·국민의 기본적 권리·국가의 통치조직·운영 등에 관한 기본적 사항을 정한 법규범의 총체이다. '헌법'을 의미히는 'Constitution', 'Verfassung', 'Grundgesetz' 등의 명칭으로 정리된 법전을 형식적 의미의 헌법이라고 한다.

헌법에도 성문헌법과 불문헌법이 있다. 최초의 성문헌법으로는 1776년부터 1789년에 걸쳐서 제정된 미국 13개 주의 헌법이나 1788년의 미국헌법, 1791년의 프랑스헌법 등이 있다. 그 후 19세기에 걸쳐 입헌국가의 성립에 따라 각 국에서 헌법전이 제정되었다. 다만 영국은 입헌국가이지만, 성문의 헌법전을 가지고 있지 않다.

우리의 경우 최초의 성문헌법은 1948년에 제정되고 9차에 거쳐 개정된 현행 헌법이 있다.

사회복지법의 법원으로서 헌법은 헌법 제10조의 인간존엄가치와 행복추구권과 헌법 제34조의 인간다운 생활을 할 권리가 주된 근거 규정이며, 부수적 근거규정으로 헌법 전문, 제32조 근로의 권리, 제33조 근로3권, 제35조 환경권, 제36조 혼인권, 모성권, 보건권 등이 있다.

여기에서 특히 사회복지법의 법원으로서 헌법의 혼인권, 모성권, 보건권 등은 현대에 와서 중시되었다.

(1) 보건권

보건권이란 국민이 국가에 대하여 건강을 유지·향상시키는 데 필요한 정책의 수립·실시 등을 요구할 수 있는 권리를 말한다. 이를 건강권이라고도 한다. 보건권은 소극적으로는 국가권력에 의해 건강생활을 침해받지 아니할 권리를, 적극적으로는 국민보건을 위해 필요한 시책을 국가에게 강구할 수 있는 권리를 의미한다. 보건권은 아직 '형성중인 권리'로서 국가의 적극적인 보건정책의 수립·실시가 있어야 그 실효성을 담보할 수 있다.

(2) 가족권

가족권이란 국가에게 혼인과 가족생활에 대하여 개인의 존엄과 양성의 평등을 기초로 대우할 것을 청구할 수 있는 권리를 의미한다. 이는 소극적으로는 국가권력의 부당한 침해에 대한 방어권을 의미하고, 적극적으로는 개인의 존엄과 양성의 평등을 바탕으로 성립·유지되는 혼인·가족제도를 보장하여야 할 국가의 의무를 부여하는 것이다.

(3) 모성권

모성권이란 국가에 대하여 모성에 대하여 보호를 청구할 수 있는 권리를 의미한다. 모성의 국가적 보호는 1차적으로는 그 건강을 특별히 보호하는 데 있으며, 모자복지법과 모자보건법이 이것을 규정하고 있다.

2. 경성헌법과 연성헌법

헌법은 그 개정절차의 난이에 따라 경성헌법(rigid constitution)과 연성헌법(flexible constitution)으로 나뉜다. 후자는 보통법률과 같은 절차로 개정될 수 있는 것이고, 성문헌법전을 갖지 않는 영국헌법이 그 전형적이 예이다. 전자는 보통법률의 경우에 비해서 신중한 개정절차를 필요로 하는 것으로 근대 제 국가의 성문헌법의 원칙으로서 여기에 속한다.

현행 헌법은 그 개정절차로서 대통령과 국회의 발의와 국민투표에 의한 국민의 승인을 거치도록 하고 있다. 즉 헌법개정의 발의는 대통령과 국회의원재적 과반수에 의해서 하고, 국회의원 재적 3분의 2 이상의 찬성으로 의결한 후 국민투표에 회부하여 국회의원선거권자 과반수의 투표와 투표자과반수의 찬성을 얻어야만 한다.

3. 헌법변천론

우리 헌법과 같은 경성헌법하에서는 헌법개정절차에 따라 헌법규정을 변경하는 것은 매우 곤란하다. 그래서 헌법규정과 그것에 적합성을 잃고 있는 현실의 헌법관습과의 조정을 위해서 당해 헌법규정이 그 위헌의 헌법관습을 승인함으로써 헌법규정의 객관적 의미를 변경하는 이론이 주장되고 있다. 그것은 헌법개정절차에 의하지 않는 헌법개정론으로서 독일에서는 '헌법변천론', 프랑스에서는 '헌법관습론'으로 논해지고 있다.

일본헌법 제9조와 관련해 변천론이 주장된다. 이 이론에 의하면 헌법제정 당시와 오늘날에는 (1) 국제정세도 현저하게 바뀌었고, 일본의 국제적 지위도 크게 변화되었다. (2) 그 결과 비무장은 현실적으로 불가능한 정책이 되었다. (3) 방위문제에 관해서 국민의 헌법의식도 매우 변화하고 있다. (4) 헌법규범은 사회생활의 규범이므로 사실의 세계를 무시해서 헌법전의 문자에만 구속되는 태도를 취해야 하는 것은 아니다. (5) 따라서 헌법 제9조는 변천했다. (6) 그러므로 자위대도 주일미군도 합헌이라고 하는 이론이다.

그러나 입헌주의·경성헌법하에서는 국가기관에 의해서 창출된 위헌의 헌법관습에 헌법적 가치를 인정하는 것은 헌법의 자기부정을 의미한다. 위헌의 헌법관습은 어디까지나 위헌이다. 따라서 그 위헌의 헌법관습을 정당화하기 위해서는 헌법소정의 개정절차에 의하는 것 외에는 없다고 이해해야 할 것이다.

4. 최고법규로서의 헌법

헌법은 국가의 최고법규로서 국가법 안에서 최고의 지위에 있고, 그 형식적 효력은 법률, 명령 기타 모든 법형식보다도 우월하다. 즉, 헌법조항에 반하는 법률, 명령, 규칙 및 국무에 관하는 그 밖의 행위의 전부 또는 일부는 그 효력이 없다. 그리고 헌법의 이 최고법규성을 실질적으로 보장하기 위해서 헌법은 헌법재판소에 합헌성심사권을 주고 있다.

Ⅲ. 법률

1. 법률의 의미

'법률'이라는 용어는 광협의 두 가지 의미가 있다. 넓은 의미의 법률은 다시 두 가지로 나뉜다. 가장 넓은 의미에서 법률은 성문법은 물론 불문법도 포함한 법일반, 즉 법규범과 같은 의미로 사용되는 것이다. 예를 들면 헌법상 "법관은 헌법과 법률에 따라서 재판한다."고 하는 경우 '법률'은 이 의미의 법률에 해당한다. 이에 대해 넓은 의미에서의 법률은 협의의 법률은 물론 명령·조례·규칙 기타 일체의 성문법(법규)을 의미하는 경우이다. 예를 들면 형법상 "법률을 알지 못해도 그것으로써 죄를 범할 의사가 없었다고 할 수 없다."고 하는 경우의 법률은 그 예라고 할 수 있다.

협의의 법률은 국회의 의결을 거쳐 제정된 성문법을 의미하고, 형식적 의의의 법률이라고도 한다. 법률은 입법권을 전유하고 있는 국회의 의결을 거쳐 확정되고 성립한다.

일반적으로 '법률'이라고 하는 경우 넓은 의미의 법률인가, 좁은 의미의 법률인가, 그 내용이나 사용방법에 따라서 판단할 필요가 있다.

사회복지법의 법원으로서 법률은 헌법을 구체화한 규범으로서, 무수한 독립의 개별 법률이 사회복지와 연관되어 있다. 예컨대 민법, 세법, 행정법, 노동법, 경제법 등 제반 법률 중 사회복지법과 관련되는 규정이 무수하게 확산되어 있어 이들에 대한 깊은 연구와 체계화가 요구되고 있다. 사회복지법 분야가 더 확산되고 복잡해질 전망인데, 이 시점에서 사회복지법의 체계화와 전문적인 연구가 시급하다.

2. 법률의 공포와 시행

국회에서 의결된 법률안은 정부에 이송되어 15일 이내에 대통령이 공포한다. 그러나 대통령이 거부권을 행사하여 국회에서 확정된 법률이나 대통령이 거부도 하지 않고 공포도 하지 않아 확정된 법률은 지체없이 공포하여야 한다. 법률이 확정된 후, 확정법률이 정부에 이송된 후 5일 이내에 대통령 공포하지 아니할 때에는 국회의장이 공포한다. 공포는 성립한 법률을 국민 일반에게 주지시키기 위한 공시행위이고, 관보에 게재하여 행해진다.

그러나 법률은 공포에 의해서 즉시 법률로서의 효력이 발생하는 것은 아니다. 법률이 현실적으로 효력을 발생하는 것은 그 법률의 '시행일'로부터이다. 따라서 공포는 시행의 전제조건이고 시행하기 위해서는 적어도 동시에 공포되어야만 한다. 대법원판례도 법령은 공포하지 않는 한 법령으로서의 효력을 발생하지 않는다고 하고 있다.

법률이 실제로 법률로서의 효력을 발휘하는 시행일은 법률 스스로 그 법률의 부칙에서 정하는 경우 ―최근 법률은 거의 예외없이 이 형식을 취하고 있다― 도 있고 명령에 위임해서 정하는 경우도 있다. 만약 법률에 별도의 규정이 없을 때는 "법률은 공포한 날로부터 20일이 경과하면 법률로써 효력을 발생한다."는 법령등공포에관한법률에 의해서 효력을 발생한다. 최근에는 인터넷을 통하여 법률을 공포하고 있기 때문에 대부분의 경우, 부칙에 법률의 효력 시기를 정하는 것이 보통이다.

조례에 관해서도 지방자치법에 동취지의 규정이 있고, "조례는 특별한 정함이 있는 경우를 제외하고 공포일부터 10일을 경과한 날부터 이것을 시행한다."고 한다.

3. 법률의 공포와 법의 지배

근대국가는 '법의 지배'의 원리 위에 성립하고 있다. 즉 입법자에 의해서 제정된 법령은 그 입법자 자신은 물론 행정·사법권담당자, 더 나아가 그 대상인 일반 국민도 구속하는 이상, 법령이 국민으로 하여금 알 수 있도록 일반에게 공시되는 것은 민주주의의 대원칙이다.

그리고 우리의 경우 공포는 관보에 의함으로써 국민 일반에게 공시한다고 하는 방식이 채용되고 있다. 즉 법령은 국민이 알 수 있는 곳에 게시되어야만 하고, 관보판매소에 진열되지 않으면 공포되었다고 할 수 없다. 법령의 공포는 법령을 국민 일반에게 널리 알린다고 하는 단순한 절차의 문제가 아니라 '법의 지배'라는 근대국가 및 근대법의 근본원칙과 관련된 문제이다.

4. 법률의 공포의 효력발생시기를 둘러싼 판례이론

법률은 특별한 규정이 없는 한 공포한 날로부터 20일이 경과함으로써 효력을 발생한다. 법률에 그 시행기일이 규정되어 있는 경우에도 그 공포가 시행기일 이후에 되었다면 그 법률은 공포한 날로부터 20일을 경과함으로써 효력이 생긴다. 그런데 실제로는 공포와 동시에 효력을 발생하도록 규정하고 있는 법률이 많다.

종래 법령공포의 효력발생시기에 관하여 다음과 같은 학설이 대립하고 있다. 관보를 발행한 날을 기준으로 하는 '관보발행일설', 당해법령을 게재한 관보가 인쇄를 완료하고 각 지방으로 발송의 절차를 종료한 때를 기준으로 하는 '관보발송절차완료설' 그리고 관보가 도착하는 날로 보는 '관보도착일설'과 거주자가 그 거주지 또는 그 관보판매소에 도달하고 관보게제의 법령을 할 수 있는 때를 기준으로 하는 '관보각 지방구매가능시설'로 나뉘었다. 그러나 여기서 중요한 것은 '관보발송절차완료설'과 '관보각 지방구매가능시설'인데, 전설에 의하면 서울에서 멀리 있는 자는 관보를 보려고 해도 공포일에 이것을 입수하는 것이 불가능하고, 또 후설에 의하면 현실로 국민이 관보를 볼 수 있는 시기는 서울에서 거리가 먼 각 지방마다 다른 결과가 되어 법령의 공포, 시행시기가 일정하지 않다는 등 불합리가 생기게 된다.

이러한 학설의 상황에서 법령공포의 효력발생시기에 관하여 대법원은 공포한 날로부터 시행하기로 한 법령 등의 시행일에 대하여 최초구매가능시설의 입장을 취하고 있다.[2] 그러나 이러한 학설과 판례도 정보화시대에 발맞추어서 인터넷을 통하여 공포하거나, 부칙에 대부분의 경우, 법률의 효력 발생시기를 정하고 있는 것이 현재의 추세이다.

---

2) 대판 1970. 10. 23. 선고, 70누126 판결.

Ⅳ. 명령

1. 명령의 의의와 종류

　　성문법을 제정하는 것은 원칙적으로 입법기관인 국회의 권한에 속하지만 예외적으로 입법기관 이외의 국가기관에도 입법권이 부여될 수 있다. 입법기관 이외의 국가기관에 의해서 제정되는 입법형식을 광의의 명령이라고 한다. 입법기관 이외의 국가기관 중 특히 행정기관에 의해서 제정되는 입법의 형식을 협의의 명령이라고 한다.

　　협의의 명령에는 그 제정목적에 따라서 집행명령과 위임명령의 두 가지 종류가 있다. 집행명령은 법률규정 또는 상급관청의 명령의 규정을 집행하기 위해서 발해지는 명령으로 통상 시행령 또는 시행규칙이라고 불린다. 위임명령은 대강을 정한 법률의 구체적 세부사항에 관해서 법률 또는 상급관청의 명령의 개별적 위임에 따라서 발해지는 명령이고, 법률에 대한 예외규정이나 세부규정을 정하는 경우의 명령이다. 위임명령은 그 성질상 위임된 법률이 정하는 범위를 넘을 수 없다. 따라서 백지위임이나 본질적 부분의 위임은 인정되지 않고, 법률을 시행하기 위한 절차적인 것에 한정되어야 하는 것으로 되어 있다.

　　명령은 법률과 함께 종종 '법령'이라고 불린다. 명령은 국회의 의결을 거치지 않는 점에서 법률과 다르지만 국가의 법령인 점에서는 양자에 차이는 없다. 명령의 형식적인 효력은 모두 법률의 하위에 있고, 따라서 명령으로 법률을 개폐하는 것은 불가능하다.

　　사회복지법의 법원으로서 명령은 보통 개별 법률의 시행령이라는 존재형식으로 표현되며, 여기서는 개별 법률의 실행을 위한 구체적인 사항이 규정되어 행정적 지침으로 삼게 된다. 예컨대 아동복지법을 구체화한 것이 아동복지법시행령이 바로 그것이다.

2. 대통령령

　　대통령령이란 명령 중 가장 최고의 법형식으로서 원칙적으로 헌법 및 법률

규정을 시행하기 위해서 제정되는 명령이다. 대통령령에는 그 집행하려고 하는 법률의 위임이 있는 경우를 제외하고는 벌칙부과, 의무부과, 권제를 제한하는 규정을 둘 수 없다. 대통령령은 법률과 같이 국무총리와 관계 국무위원이 부서하고, 공포한다.

3. 총리령

총리령이란 국무총리가 법률 혹은 대통령령을 집행하기 위해서 또는 법률 혹은 대통령령의 특별한 위임에 근거해서 발하는 명령이다. 총리령에는 법률이나 상위법령의 위임이 없으면 벌칙규정을 둘 수 없고, 의무를 부과하거나 국민의 권리를 제한하는 규정을 둘 수 없다.

4. 부령

부령이란 행정 각부 장관이 법률 혹은 상위명령의 집행을 위해서 또는 그러한 것의 위임에 의해 발하는 명령이다. 부령에는 총리령과 같이 법령의 위임이 없으면 벌칙을 두거나 의무를 과하고 국민의 권리를 제한하는 규정을 둘 수 없다.

▌V. 규칙

1. 규칙의 종류

규칙의 종류는 국회규칙, 대법원규칙, 헌법재판소규칙, 중앙선거관리위원회규칙, 감사원규칙 등이 있다.

그리고 사회복지법의 법원으로서 규칙은 보통 개별 법률의 시행규칙이라는 존재형식으로 표현되며, 여기서는 개별법률의 실행을 위한 구체적인 사항이 규정되어 행정적 지침으로 삼게 된다. 예컨대 아동복지법과 아동복지법시행령을 구체화한 것이 아동복지법시행규칙이 바로 그것이다.

여기서는 국회규칙과 대법원규칙에 대하여만 설명하면 다음과 같다.

2. 국회규칙

입법기관에 의한 입법원칙의 중요한 예외의 하나로서 헌법상 직접 명문을 두고 있는 법원의 하나에 국회규칙이 있다. 즉 국회는 '법률에 저촉되지 않은 범위 안에서 의사와 내부규율에 관한 규칙을 제정'할 수 있다. 국회규칙은 입법기관인 국회의 자율권에 근거하는 것이므로 법률에 위임이 없어도 헌법상 당연히 제정할 수 있는 것이다.

국회규칙은 국회의 운영에 관한 규율을 정하는 것이므로 국회 내부에서만 효력을 가지고, 일반 국민에 대해 구속력을 미치지 않는다. 그러나 국회의 내부에 있어서는 국회의 직접 관계자뿐 아니라 외부인, 즉 국무위원, 방청인 및 진술인 등도 그 구속을 받는다. 일반 국민을 구속하는 통상의 법규와는 다르므로 법률과 같이 공포절차를 필요로 하지 않고, 필요에 따라서 관보에 공시하는 방법이 취해진다.

3. 대법원규칙

대법원도 국회규칙과 마찬가지로 법률의 위임에 의하지 않고 직접 헌법규정에 근거해서 '소송에 관한 절차, 법원의 내부규율과 사무처리에 관한 규칙'을 제정할 수 있다. 이 헌법규정은 3권분립의 원리를 채택한 헌법의 입장에서 사법기관인 법원의 자주독립성에 근거한 자율권으로 법원내부 및 사법작용을 하는 데 필요한 규율을 자주적으로 규정할 권한을 인정한 것이다.

대법원규칙은 단순히 법원의 내부사항에 한하지 않고, 소송에 관한 절차, 변호사에 관한 사항에 관해서도 정하는 것이므로 법원직원이라든가 방청인과 같이 법원의 운영에 직접 관계하는 자뿐만 아니라 일반소송관계인을 구속한다. 이 점에서 대법원규칙은 국회의 운영에 관한 내부사항을 정한 국회규칙과는 현저히 다른 특색을 가지고 국민에 대해서 일반적 구속력을 가지는 소송에 관한 법률에 가까운 성격을 가지고 있다.

따라서 대법원규칙은 이와 같은 내용에 있어서는 법률과 같이 국민을 일반적으로 구속하는 것이므로 이것을 관보에 공포하도록 하고 있다. 우리의 실정법 질서에서 대법원규칙과 법률이 규정상 저촉하는 경우 그 제정시기의 전후를 불문하고 법률의 규정이 상위법으로서 대법원규칙에 우월한 효력을 가지는 것이라고 이해되고 있다. 다만 이것은 법원의 국법상의 지위와 깊은 관계가 있고, 특히 미국과 같이 법원이 최고의 지위를 차지하는 점에서는 대법원규칙이 법률에 우월한 효력을 가진다는 견해도 있다.

▌ VI. 조례

1. 조례의 의의와 종류

조례란 지방자치단체가 정하는 법형식을 말한다. 즉 헌법상 지방자치단체는 "법령의 범위 내에서 자치에 관한 규정을 제정할 수 있다."고 규정하고 있다.

2. 법령과 조례

조례의 제정에 관해서는 '법령의 범위 안에서' 조례를 제정할 수 있다고 규정하고 있다. 헌법에서 조례제정의 한계범위로 하는 '법령'에는 법률과 광의의 명령을 포함한다고 이해하는 것이 일반적이다. 따라서 조례는 법률이나 대통령령 또는 총리령·부령과 같은 국가의 명령에 위반하지 않는 범위에서 그 효력을 가지는 것이고, 그 형식적 효력을 국가의 법령보다도 하위에 있다.

다만 조례가 법령에 저촉하고 있는가 어떤가의 판단이 곤란한 경우가 있다. 법률의 근거가 없는 규제적 조례가 헌법상의 인권보장이나 죄형법정주의에 반하는 것은 아닌가 하는 것이 재판으로 다투어 질 수 있고, 또 그 조례의 목적이나 규제사항이 법령과 동일한 경우에 법령이 정한 것보다 엄격한 규제기준·수단을 조례로 정할 수 있는지 여부도 다투어지고 있다. 이러한 경우 조례가 무효라고 하는 것이 종래의 일반적 경향이었다. 그러나 이에 대해 "조례가 국가의 법령에 위반하는지 여부는 양자의 대상과 문언만이 아니라 각각의 취지·목적·

내용·효과를 비교해서 결정한다. 따라서 예컨대 특정사항을 규율하는 국가의 법령과 조례가 병존하는 경우에도 후자가 전자와 다른 목적에 근거해서 규율할 것을 의도하고, 그 적용에 있어서 전자가 의도하는 목적과 효과를 저해하지 않는 때나 양자의 목적이 동일해도 국가의 법령이 전국에 걸쳐 일률적으로 동일 내용의 규제를 실시하는 취지가 아니고, 지방의 실정에 따라서 별도의 규제를 실시하는 것을 허용하는 취지의 것일 때는 조례는 국가의 법령을 위반하지 않는다.”고 판시했다.3) 그 이후 법령은 국가적 견지에서 전국에 걸쳐 일률적으로 적용되는 최소한의 규제기준·수단을 정한 것일 뿐이고, 지방자치단체가 각 지역의 제반사정을 고려해서 보다 엄격한 규제기준·수단을 정해도 적법하고, 오히려 법령에 의해서 여기에 제약을 가하는 쪽이 지방자치 본래의 뜻에 반하여 위헌이라고 하는 견해가 지배적이다.

 ## Ⅶ. 조약

1. 조약의 의의

조약은 국가간 또는 국가와 국제기관간의 문서에 의한 합의(계약)이다. 조약은 관계 국가를 구속하는 것이지만 공포에 의해서 국내법으로서의 효력을 발생하는 것이므로 국내법의 한 형식이다. 조약은 반드시 ‘조약’을 지칭하는 것일 뿐 아니라 협약(convention), 협정(agreement), 의정서(protocol), 선언(declaration), 합의(arrangement), 교환문서(exchange of note) 등으로 불리는 것도 원칙적으로 조약이다. 즉 조약이란 형식상 조약만이 아니라 실질적인 조약을 말하는 것이다.

2. 조약과 법률

조약의 제정절차는 국회에 관한 한 통상 법률보다 쉽다. 조약의 경우 다른 나라의 동의가 없으면 이것을 체결할 수 없지만, 법률은 국내의 입법기관만으로

---

3) 일본 최고재판소, 소화 50년 이른바 ‘덕도시공안조례사건’ 참조.

제정된다. 그리고 일본헌법은 제98조 2항에서 조약준수의무에 관한 특별규정을 마련하고 있으므로 조약은 당연히 법률에 우월한 형식적 효력을 가진다고 이해되고 있고, 독일기본법도 제25조에서 조약의 법률우위성을 명문으로 선언하고 있다. 우리나라에서는 조약과 법률의 관계를 다음과 같이 보는 것이 타당하다고 생각된다. 즉, 조약이 대통령의 비준만 통과한 경우는 국제법상의 효력만 발생하는 것으로 보고, 대통령의 비준과 국회의 동의를 얻는 경우는 국제법상의 효력과 국내법상의 효력이 발생한다고 본다. 이 경우 국제법이 법률과 동일한 효과가 발생하는 것으로 보는 것이 타당하다고 생각한다. 그리고 국가 간의 한·미 행정협정과 같은 국제법은 국회의 동의를 얻지 않아도 되므로, 이 경우의 행정협정은 법률에 하위하는 것으로 보는 것이 타당하다고 생각한다.

3. 조약과 헌법

조약과 헌법과의 관계에 관해서는 조약우위설과 헌법우월설이 있다. 헌법과 조약과의 관계를 어떻게 보는가는 당해 국가의 헌법에 관한 문제다. 예컨대 미국헌법 제6조는 "이 헌법, 이에 준거해서 제정된 미국의 법률 및 미국의 권한에 근거해서 체결된 모든 조약은 국가의 최고법규이다. 각주의 법관은 각주의 헌법 또는 법률 중에 반대의 규정이 있는 경우라도 여기에 구속된다."고 규정하고 있다. 연방우위의 원칙을 정한 본조에 의해서 주의 헌법·법률 등은 조약에 저촉하는 경우에는 그 효력을 갖지 않게 된다. 조약과 미국헌법과의 관계에 관해서 말하면 미국의원 및 공무원은 헌법수호의 의무를 지는 이상 미국헌법이 조약에 우월하는 것은 당연하다.

우리의 경우 국제협력주의에 입각한 헌법정신 및 헌법 제6조 제1항의 규정에 비추어 헌법우위설에 서 있다고 할 수 있다.

제3절 불문법

 ## I. 불문법의 의의와 종류

불문법(unwritten law, ungeschriebenes Recht, droit non ecrit)이란 문장에 의해서 제정된 것이 아닌 법을 말하고, 비제정법(unenacted law)이라고도 불린다. 성문법을 가지고 문장에 의해서 표현된 법이라고 규정할 수 있다고 하면, 이것은 문자로 표현되지 않은 법이라고 할 수 있다. 그러나 그것만으로는 불문법의 정확한 개념규정이라고는 할 수 없다. 왜냐하면 양자의 차이는 법이 문자로 표현되어 있는지 여부에 있는 것이 아니고 그것이 일정한 절차와 형식에 의해서 제정되고, 공포된 것인지 여부에 있기 때문이다. 사실 예를 들면 불문법에 속하는 판례법은 판례집에 기재됨으로써 문자로 표현되어 있다.

우리나라에서 불문법의 법원으로서는 일반적으로 '관습법' '판례법' 및 '조리'를 들 수 있다. 다만 과거에 '학설'을 법원으로 하는 법체계가 존재했고, 현재에도 존재하고 있다. 그러나 적어도 우리에게는 학설이 실질적으로 법원으로서의 역할을 수행하는 경우가 없는 것은 아니지만, 제정법이나 관습법이 법원이라는 것과 같은 의미에서 그대로 법이라고 인정할 수는 없다.

 ## II. 관습법

1. 관습과 관습법의 의의

관습법이란 사회생활상의 관습을 내용으로 하는 불문법이다. 이 경우 관습이란 일정한 사회에서 그 사회의 구성원에 의해서 반복계속적으로 행하여지는 사실적 행동양식을 말한다. 이러한 관습은 그 사회의 구성원간에 이것에 의해서 상호의 행동관계를 규제하고, 분쟁을 해결한다는 의식, 즉 그 사회에 의해서 이러한 관습이 법이라고 하는 일반적 신념이 생겼을 때, 관습법이 된다. 이러한 일반적 확신은 통상 법적 확신이라고 불린다.

관습은 무엇인가? 개략적으로 설명하자면, 관습은 문서로 기록되지 않은 채 항상 같은 의미로 사용되는 관례가 반복되어 국민의 의식에 의해 받아들여질 때 생기는 것이다. 따라서 국민의 동의와 어떤 행위의 반복은 관례로, 이 관례가 관습, 다시 말해 관습이 관습법으로 되기 위해서는 우선 어떤 행위의 반복과 국민의 동의를 필요로 하는 것이다. 따라서 관습법이란 같은 사실이 관행(慣行)으로서 반복되고, 국민 일반의 법적 인식(法的 認識) 즉, 확신(確信)으로 이루어진 법규범을 말한다. 그리고 이러한 관습법의 개념적 요소로서 국가에 의한 승인(承認)이 필요한가에 대해서 국가승인불필요설(國家承認不必要說)[4]과 국가승인필요설(國家承認必要說)로 견해가 나누어져 있다.

관습은 때로 입법자의 위탁의 대상이 된다. 예컨대 프랑스 민법 제663조로서 예측되는 전형적인 경우가 있다. 도시와 변두리 지역의 모든 사람은 그 이웃에게 그들의 집과 들과 정원의 구분을 짓는 울타리를 짓거나 수리할 때 협력해 달라 요청할 수 있다. 울타리 높이는 특정한 규칙 또는 항구적으로 인정받는 관례에 따라 정해진다.

법률이 침묵하고 있는 경우, 관습이 존재할 수 있을까? 법률이 이러저러한 영역에 개입되지 않는다면 그것은 이미 잘 확립된 관례가 있기 때문이라는 사실로 긍정의 대답을 끌어 낼 수 있다. 관습은 또 안전의 표시, 거주자들이 입법자가 침묵할 때에 따를 수 있는 행동의 표본을 이룬다.

어떤 경우에 있어서 판사는 문서화된 조항에 위배되는 관습의 유효성을 용인한다. 이러한 것은 우리가 관습헌법, 성문헌법, 성문화된 관습(헌법관습)을 알아보면 더욱 명확하게 알 수 있다.

그러면 사회복지법으로서 법원인 관습법은 기술한 바와 같이 관습법으로 인정될 만한 사실상의 관행이 계속되고, 국민이 승인하고, 이를 국가가 승인하는 사회복지법은 존재하지 않지만, 현재 사회복지법 규정이 미비한 것이 많아

---

4) 대판 1983. 6. 14. 선고, 80다3231 판결 "관습법이란 사회의 거듭된 관행으로 생성한 사회생활규범이 사회의 법적 확신과 인식에 의하여 법적 규범으로 승인 강행되기에 이른 것을 말하고, 사실인 관습은 사회의 관행에 의하여 발생한 사회생활규범인 점에서는 관습법과 같으나 다만 사실인 관습은 사회의 법적 확신이나 인식에 의하여 법적 규범으로서 승인될 정도에 이르지 않은 것을 말한다."

법해석상 보충적인 것으로 관습법을 활용하지 않을 수 없으며 또한 사회복지법에 대한 소송이 앞으로는 많을 것으로 예상되기 때문에 관습법이 사회복지법의 법원으로서 중요한 성격을 가질 수 있다.

2. 관습헌법, 성문헌법, 헌법관습

(1) 의의

헌법을 관습헌법과 성문헌법으로 분류할 수 있고, 성문헌법국가에서는 성문헌법전과 헌법관습으로 헌법을 분류할 수 있다.

우선 관습헌법은 공식적으로 성문화되지 않는 전통과 실제 경험의 결과에서 온, 국민의 기본권과 통치기구와 관련된 헌법이다. 이는 공권력이 부과되는 성문화된 헌법과 같은 효력이 발생한다. 그리고 이러한 관습헌법의 대표적인 예에는 영국헌법이 있다. 영국에는 몇몇 정치기구와 관계된 성문법이 분명 존재한다. 실례로 1215년의 대헌장, 1628년의 권리청원, 1689년의 권리장전, 1701년에 창설된 법령, 1911년, 1949년, 1958년의 의회 법령이 바로 그것이다.

그러나 영국의 정치체제의 기본적 규율은 문서화되어 있지 않다. 예컨대 수상 중심의 영국 내각은 의회의 하원 앞에서 책임을 지거나, 군주(왕이나 여왕)가 국회의원 선거에서 승리한 정당의 리더를 수상(政府首班)으로 임명하는 데에 적용되는 원리는 영국이 의회체제와 양당제를 실시한 이래 성문전에는 없다.

그리고 성문헌법은 국민의 기본권과 통치기구의 조직과 작용에 관련된 조항들이 성문화된 헌법이다. 한국, 미국, 독일, 프랑스 등 대부분의 국가는 모두 성문화된 헌법을 가지고 있다.

(2) 헌법관습

헌법관습은 성문헌법국가에서만 존재한다. 또한 이러한 헌법관습은 성문헌법의 범위 내에서, 실제 적용이 많이 됨으로써 의무적으로 간주되는 법이 되는 것이다. 그래서 그 실제 적용은 헌법관습이라는 이름을 획득한다. 그리고 헌법관습은 성문헌법을 갖고 있는 국가이며, 관습헌법은 불문헌법을 갖고 있는 국가를 의미한다.

성문헌법 국가인 프랑스의 헌법에 헌법 관습의 예가 많이 있다. 즉, 제3공화정하에서 1875년 성문 헌법의 범위 내에서 다음과 같은 헌법관습이 있다. — 정부의 수반인 내각 총리실의 존재, —1877년 이래, 즉 Mac Mahon에 의한 의회 해산 실패 이후 관습에 따라 폐지된 의회 해산권, —1896년부터 정부를 전복할 수 있는 상원 앞에서의 정부가 지는 책임 등이 있다. 그리고 제5공화정하에서(1958년 10월 4일의 성문 헌법 범위 내에서)에서는 공화정 대통령은 1958년에서 1986년까지 실제로 두 가지 기능, 국가수반과 정부수반 기능을 맡는다.

(3) 헌법관습의 특징

헌법관습은 원칙적으로, 불충분하거나 모호한 헌법전을 보충하거나 해석하는 것을 목적으로 삼을 때에만 효력이 있다. 헌법관습은 헌법전을 수정하는 것을 목적으로 삼아서는 안 된다. 예를 들어 프랑스 제3공화국에서 국회에 대한 정부의 책임이 문제 시 되었을 때, 그 일체의 소송절차 양식은 관습법에 의해 제정되었는데, 헌법에는 "내각은 의회에 대해 국정 전반에 관하여 연대책임을 진다."라고만 명시되었을 뿐이었기 때문이었다(1875년 2월 25일 헌법 제6조). 그러나 헌법전과 위헌적인 헌법관습이 법적 충돌을 일으킬 때, 헌법전이 우선된다. 예를 들어 프랑스 제3공화국하에서 누군가 의회의 뜻에 반해 헌법에 보장된 의회 해산권을 행사했다고 하더라도 아무도 헌법관습을 내세워 대통령의 국회해산 의지를 꺾을 수는 없었을 것이다. 이는 곧 대통령의 권한을 없애는 것을 뜻하기 때문이다.

실제 있었던 또 하나의 예를 들어보자. 프랑스에서 1986년 3월 16일의 국회의원선거 이후 프랑수아 미테랑(François Mitterrand) 대통령이 Chirac을 정부수반으로 임명함으로써 좌파의 국가 수반과 우파 국회의 지지를 받는 우파 정부 수반이 공존하는 동거 정부가 탄생했다. 이는 대통령이 국가 수반과 정부 수반을 동시에 맡아온 1958년에서 1986년까지의 관행(관습법이 된) 성문헌법 조문으로의 복귀가 있었다. 프랑수아 미테랑 대통령이 1986년 4월 8일에 국회에 보낸 교서는 이 점을 잘 보인다. 그리고 프랑스의 공법학자인 브델은 관습법이 성립하기 위한 두 가지 필수조건으로 첫 번째 조건은 반복되는 관행이고, 두 번째 조건은 합의 혹은 국민의 전반적이 승인이 필요하다고 한다.

3. 관습의 법원성에 관한 학설

통설 및 판례는 관습법과 사실인 관습을 구별하는 지표를 법적 확신의 유무에서 구한다. 즉, 법적 확신이 있는 것이 관습법이고 법적 확신이 없는 것이 사실인 관습이다. 또 민법 제1조의 '법률에 규정할 사항'의 '법률'에는 강행법규 외에 임의규정을 포함하는 것으로 이해하고, 따라서 임의법규와 다른 관습법은 성립할 수 없다고 한다. 더 나아가 민법 제106조는 '사실인 관습에 관한 규정' 즉 임의규정과 다른 관습이 있는 경우, 당사자가 그것에 따를 명시적 의사표시를 하고 있지 않을 때에도 '의사가 있다고 인정돼야 할' 것이면, 사실인 관습은 임의법규에 우선한다는 뜻을 정한 것이라고 이해하고 있다.

그러나 관습법과 사실인 관습을 법적 확신의 유무에 의해서 구별하는 것은 사회학적으로 보아 실제상 매우 곤란하다. 또 법적 확신을 갖지 않는 단순한 사실인 관습이 임의법규에 우선하는 것은 법적 확신을 갖고, 보다 안정된 관습법이 임의법규에 반해서 성립할 수 없다고 하는 민법 제1조의 규정과 모순된다. 그러므로 관습법과 사실인 관습을 구별해도 민법 제1조와 민법 제106조를 어떻게 조정적으로 해석해서 관습의 법원성을 인정하는가 하는 학설이 유력화 되고 있다.

이미 기술한 것처럼 민법 제1조에서 말하는 관습법과 민법 제106조에서 말하는 관습 사이에는 사회적으로 구별할 의미는 없다. 또 양 법조는 관습이 법률과 같이 재판규범으로서 기능하기 위한 요건을 정하고 있다고 하는 점에서 다르지 않다. 따라서 양 법조의 차이는 민법 제1조의 관습법이 '법률상 동일한 효력을 가지는' 것에서 법률에 규정이 없는 사항에 관한 관습에 관해서는 법관은 당사자의 주장·입증을 기다릴 필요 없이 직권으로 이것을 적용해야 함에 대해, 민법 제106조의 관습은 법률행위에 관한 것으로 법관은 당사자의 주장·입증이 없는 한 임의법규를 적용해서 재판해야 한다는 점에 있다고 이해하는 것이 타당할 것이다.

그리고 관습법의 법원성을 인정한다고 할 때, 그 효력에 대해서 법률을 개폐(改廢)하는 효력이 있다는 견해와 법률을 보충(補充)하는 효력이 있다는 견해의 대립이 있다. 대법원은 "본조의 규정(가정의례준칙 제13조)과 배치되는 관습법의 효력을 인정하는 것은 관습법의 제정법에 대한 열후적·보충적 성격(劣後的·補充的 性格)에 비추어 본조의 취지에 어긋나는 것이다."고 한다.[5] 성문법주의를 채택하고 있는 우리나라에서는 성문법에 반하는 관습법의 효력은 인정할 수 없고, 성문법이 없거나 그 규정이 제대로 갖추어져 있지 않아서 법의 흠결이 있으면 관습법이 있다면 보충적으로 적용될 수 있을 뿐이다. 즉, 관습법이 적용되는 경우는 성문법의 흠결(欠缺)이 있는 경우이다.

Ⅲ. 판례법

1. 판례와 판례법

판례란 무엇인가? 간략하게 말해서 법을 표현하는, 즉 법을 해석하고 적용하는 임무를 가진 법원들이 내린 판결의 총체를 의미한다. 판례는 단지 법의 해석적 수준의 연원이 될 수 있을 뿐이다. 왜냐하면 헌법, 법률, 그리고 규칙들 내에 있는 즉 성문화되고 정부조직과 관련된 직접적인 법원들은 공권력에 의해 생겨나기 때문이다.

그러나 여러 가지 이유로 법에서 판례의 중요성이 설명되는데, 행정법의 경우 그 법안을 마련하는데 걸리는 시간이 길기 때문에 판례의 역할이 중요한 것이다. 우리는 법에 명문이 없고, 모호하다거나 불충분함을 구실로 법관이 재판을 거부할 수 없다고 한다. 즉 판사는 (1) 입법기관이 논쟁의 여지가 있는 문제에 대해 아무런 규정이 없는 경우에도, (2) 입법기관이 그것을 미리 대비했으나 그 방식이 모호하거나 여전히 결함이 있는 경우에도 판결을 내려야 한다는 결과를 낳게 된다.

이러한 가정하에 법률상 규칙의 불명확성은 확실한 것으로 보인다. 그렇지만 판사는 재판하는 임무를 완수했다는 이러한 상황을 방패로 삼아 재판을 거절할 수는 결코 없다.

우리나라에서는 판례가 공식적으로 인정하지 않음에도 판사는 그가 법률의

---

5) 대판 1983. 6. 14. 선고, 80다3231 판결.

불명확성 때문에 곤경에 빠졌을 때에는 그와 동일한 사건에 내려진 판결을 참조하는데 주저하지 않는다. 즉, 판사는 유사한 논쟁점에 만족할 해석을 한 선례의 판결을 따르게 되는 것이다.

그리고 일단 대법원이 동일한 분야의 일련의 사건들에 명확한 입장을 취하면, 이 입장은 일종의 법규가 된다. 따라서 그것은 법적 구속력을 지닌다고 하고 하급법원들은 법률로는 아니라도 사실로 인정하게 된다.

판례란 법원의 판결의 선례이다. 법원의 판결은 개개 구체적 사건에 관해서 행해진다. 따라서 그 확정판결의 법적 구속력 즉 '기판력'은 당해사건의 판결주문에 포함된 범위에만 미친다. 그러므로 확정판결의 기판력은 당해사건에 관한 효력이므로 유사한 내용의 사건이라도 다른 사건을 구속하는 것은 아니다.

우리나라의 법원조직법 제8조는 "상급법원의 재판에 있어서의 판단은 당해사건에 관하여 하급심을 구속한다."고 규정하고 있다. 이것은 당해사건에 관해서 상급심이 이것을 하급심에 환송한 경우에 하급심은 상급심이 보인 판단에 따라서 심리해야만 함을 정한 것이고, 이 경우는 동일 사건에 관한 판단이고, 당해사건에 한정되고 있다.

그러나 법원의 판결도 일반의 사회적 현상과 같이 동종의 내용의 사건이면 같은 판단이 내려질 수 있다. 선례가 존중되는 것은 당연한 일이다. 이와 같이 어느 판결이 이후의 다른 동종의 사건에 관한 법원의 판결형성에 선례로서의 가치를 가지고 판결규준으로서 일정한 구속력을 가지게 되었을 때 그 판결은 '판례'라고 불리는 것이다.

특정한 판결이 그 후의 동종의 사건의 재판에서 존중되고 또 그 법원의 판결을 구속한다는 것만으로는 단순한 재판의 선례, 즉 판례이고, 판례법은 아니다. 판례법은 단순한 판례의 선례가 아니라 법관을 구속하는 법규범이고 법 그 자체이다. 판례가 판례법이 되기 위해서는 법원의 판결에 있어서 같은 판단이 어느 정도 되풀이되고, 동종의 사건에 대한 국가적 판단의 선례로서 일반적으로 동종의 사건에 관해서 동취지의 판결이 내려지는 것이 필요하다고 법적 확신을 가지고 그 판례가 일반적으로 법적 규범성을 인정받아야만 한다. 이러한 객관적인 규범적 효력을 갖는 선례가 '판례법'이라고 불릴 수 있는 것이다.

사회복지법의 법원으로서 판례법은 기술한 관습법과 같이 축적된 판례는 없지만, 대법원, 각급 법원, 헌법재판소 등에서 사회복지법을 기초로 한 복지권 내지 사회보장권이 구체적 권리로 일반 국민에게 인식되면 될수록 판례는 점차 늘어날 것이며 또한 법원으로서의 중요성도 재인식될 것이다.

2. 사실상의 법원으로서의 판례법

우리나라에서는 법관은 헌법 및 법률에만 구속되고, 또 재판은 그 당해 사건에 관해서 하급심을 법률상 구속할 뿐 다른 사건에 관해서는 법원을 구속하지 않는다고 하고, 더 나아가 법원은 언제나 판례를 변경할 수 있다고 되어 있으므로 판례의 선례적 구속력은 제도적으로 보장되어 있지 않고 법제도상 판례의 법원성은 인정되지 않는다고 이해된다.

그러나 실정법상 판례의 구속력이 완전히 부인되고 있는 것은 아니다. 왜냐하면 대법원이 종래의 판례를 변경할 때는 전원합의체에서 해야만 하고, 또 대법원의 판례위반이 상고이유로서 인정되고 있기 때문이다. 이것은 법적 안정성과 판례의 통일성을 유지하기 위해서 판례가 쉽게 변경되어서는 안 된다는 것을 보여주고 있다. 실제 제도적으로 보아도 판례변경은 쉽지 않다. 대법원은 쉽게 판례를 변경하지 않고 있고, 실제로 전원합의체에서 과반수의 동의에 의해서 자신의 판례를 변경하는 것은 매우 곤란하다. 또 하급심법원이 상급심법원 특히 대법원의 판례에 반하는 판결을 내려도 파기되는 경우가 압도적으로 많으므로 상급심법원의 판례가 잘못되었다든가 또는 시대의 요청에 따를 수 없음이 명백한 경우를 제외하고 실제상 판례는 거의 변경되지 않는다. 이와 같이 판례에는 사실상의 구속력 내지 사실상의 법원성이 인정되고 있다.

3. 형식상 법원으로서의 판례법

판례법의 법원성이 문제되는 것은 오히려 '법의 결함'이 있는 경우, 즉 성문법의 규정이 전혀 존재하지 않는 경우라든가, 성문법의 규정이 있어도 시대의 변화에 대응하지 못하여 실제 생활과의 거리가 크게 되어 성문법의 해석운용의 한도를 넘어서 새로운 법원리를 정립하지 않을 수 없는 것과 같은 경우에 형성된 판례법에 관해서 이다. 이 경우야말로 앞의 사실상의 법원으로서의 판례법과 형식상의 법원으로서의 판례법과를 명확하게 구별하고, 후자의 의미에서의 법원성이 논의되어야 할 것이다. 종래 판례법의 법원성을 논의하는 경우에 이른바 판례법 중에 이 2종류의 판례법이 있는 것이 간과되고 혹은 혼용되어 취급되었기 때문에 판례법의 법원성의 문제가 미로에 빠져 있는 경우가 적지 않다.

　　법의 흠결이 있는 경우에 형성된 판례법에 관해서는 그 법원성은 시인되어야 할 것이다. 실제로 이 종류의 경우에 형성된 판례법은 때로는 강행법규에 반하는 많은 권리의무를 만들고, 제정법에 대한 중요한 지위를 차지 또 판례법상 하나의 제도가 되어 있는 것도 적지 않다. 예컨대 입목 및 미분리과실에 대한 소유권이전에 관한 명인방법에 관한 판례, 동산의 양도담보 및 내연에 관한 판례 등의 그 현저한 예이다.

 IV. 조리

1. 법원으로서의 조리

　　조리란 일반적으로 '사물자연은 도리'라고 부른다. 이러한 조리는 사회일반의 정의감, 사물의 본질적 법칙, 법의 일반원칙, 등을 본질적 요소로 한다. 그러나 조리가 구체적인 법이나 재판의 세계에서 문제된 때는 당해 사회에서 그 조리가 구체적으로 법적 가치가 있다고 인정될 수 있는 것이어야만 한다. 즉 이 의미에서의 조리는 학설상 실정법체계의 기초적 가치체계, 당해 사회에서 법적 규범의식으로서 승인된 사회생활의 원리, 사회적 법질서에서 도출된 사물의 본질적 원리 등으로 정의된다. 그러나 재판기준으로서의 법원성이라는 보다 구체적 의미에서 조리는 법관의 법률전문가로서의 정신적 활동으로 논리적인 법적 구성을 통해서 명제화되고, 당해사건의 재판규범으로서 발견되는 것이다.

　　따라서 조리는 단순히 구체적 사인의 타당한 해결을 꾀할 뿐만 아니라, 법질서 전체의 취지에서 법의 흠결을 보충하기 위한 것이므로 이 점에서 다른 법원인 성문법이 관습법과는 성질을 달리하고, 이들과 동일한 평면상에서 논할 수 없다. 오히려 조리는 형식적 법원과 실질적 법원의 일치라는 면에서 나타난다고 하는 특수한 성격을 가지고 있는 것이라고 이해해야 할 것이다. 이것을 단적으로 표현하고 있는 것이 민사조정법 제1조이다. 본조에서 "이 법은 민사에 관한 분쟁을 간이한 절차에 따라 당사자 사이의 상호양해를 통하여 조리(條理)에 맞게 해결함을 목적으로 한다."고 규정된 것처럼 조리는 사건의 구체적 타당한 해결을 도모하기 위한 구체적 형평으로서 평가되고 있다.

일반적으로 성문법주의를 채용하고 있는 법체계하에서 어떻게 법의 무결함성을 갖춘 성문법이 갖추어져도 더 나아가 이것을 보완하는 기능을 갖는 관습이 존재한다면 변화발전하는 복잡다기한 사회현상의 모두에 대응해서 이것을 완전하게 규율할 수 있는 것은 도저히 불가능하다. 이 경우에 법원은 어느 특정한 구체적 사건에 관해서 적용해야 할 재판기준으로서의 성문법이나 관습이 존재하지 않음을 이유로 재판을 거부할 수는 없다. 물론 우리의 경우 프랑스 민법 제4조의 "법률의 불비, 법률의 결함을 구실로 재판을 거절하는 법관은 재판을 하지 않은 죄로서 처벌된다."고 하는 규정은 존재하지 않지만 헌법 제27조의 "누구도 법원에서 재판을 받을 권리를 박탈당하지 않는다."는 것의 반대해석에 의해서 프랑스법과 같이 법원에 의한 재판의 거부를 인정하는 것은 불가능하다.

사회복지법에서도 조리법은 중요한 법원이 되는데, 그것은 현행 사회복지법이 대상자들의 욕구를 적절히 수렴하지 못하고 있고, 또 법체계가 미비한 점이 많기 때문에 조리에 의해 판단 내지 해석할 수밖에 없는 규정 및 용어가 많기 때문이다. 즉 최저한도, 유효, 적절 등의 용어는 불확정 개념이기 때문에 그 판단은 조리에 의할 수밖에 없는 것이다. 따라서 조리법은 사회복지법의 문제점을 보충해 주는 법원으로 중요시 될 것이다.

2. 외국의 입법례

프랑스민법 제4조는 이와 같은 경우에 조리에 의한 재판을 인정한 입법례라고 볼 수 있지만, 더욱 성문법의 결함성을 인정하고 관습이나 조리의 법원성을 인정한 것이 1907년의 스위스민법 제1조 제2항이다. 즉 "법률상 아무런 규정이 없을 때는 법관은 관습법에 따라 재판하고, 관습법도 없을 때는 법관은 만약 자기가 입법자였으면 제정했을 것이라는 규준에 따라서 재판해야 한다." 이와 같은 취지의 규정은 이탈리아 민법 제3조 제2항에도 있고, 사건에 의문이 있는 경우에는 '법의 일반원칙'에 의해서 결정하도록 규정하고 있다. 또 프랑스민법의 영향을 받았다고 이야기하는 시리아민법도 제1조 제2항에서 "적용가능한 규정이 없는 때는 법관은 이슬람법의 원칙에 따라서 판단한다. 이슬람법의 원칙이 없을 때는 관습에 따르고 관습이 없을 때는 자연법 및 공정한 원칙에 따라서 판단을 한다."고 규정하고 있다.

3. 재판에 있어서 조리

재판에 이상과 같은 여러 외국의 입법례나 국제인권규약이라든가 국제사법재판소규정의 제 규정은 "재판에 성문의 법률이 없으면 관습에 의하고 관습이 없을 때는 조리에 의한다."는 취지의 것이라고 이해될 수 있는 것이고, 어느 규정도 재판의 본질에서 보면 당연한 것을 정한 것이라고 할 것이다.

국제사법상의 사건 하나를 들어보자. 국제사법상 섭외관계사건에서 준거법이 되는 외국법의 내용에 관해서는 당사자나 감정인의 협력을 얻어 법원의 직권에 의한 조사의 노력이 이루어져야만 하지만 그래도 그 내용이 불명확한 경우에 준거법의 처리에 관해서는 설이 나뉘고 있다. 즉 (1) 청구기각설, (2) 내국법적용설, (3) 유사법설, (4) 조리설이 그것이다. 최근 학설에서 유사법설이 유력하지만 조리설이 학설, 판례에서 다수설이라고 이해해도 좋을 것이다.

어떻든 현실의 재판에서 조리 그 자체에 직접 준거한 판결의 예는 결코 많지 않다. 오히려 오늘날 현실의 재판에서는 조리는 '권리남용'·'공서양속'·'신의성실'·'정당사유' 등의 일반조항 혹은 '사회통념'이라든가 '사회적 상당성' 등 개념의 구체적 내용을 확정하는 기준으로서 큰 기능을 수행하고 있다고 해도 좋을 것이다.

제5장 법의 적용

제1절 법의 적용이란 무엇인가?

법은 원칙적으로 일반적·추상적인 규범이므로 그것을 실효성 있는 것으로 하기 위해서는 구체적 사실에 적용시켜야만 한다. 이것을 '법의 적용'이라고 한다. 법의 적용은 모든 법적 생활관계에서 항상 행해지는 것이고, 반드시 재판에만 한정되는 것은 아니다. 사회생활이 이른바 '법의 지배'에 의해서 행해지고 있는 이상 개인의 일상적인 법적 생활이나 국가나 지방자치단체의 행정이나 항상 법의 적용이라는 법적 작용이 행해지고 있다. 그러나 3권분립의 원칙에 입각한 근대국가에서도 행정심판·해난심판·공정거래위원회의 심결 등 행정부에 의한 법의 적용이라는 예외는 있지만, 법의 적용을 주된 임무로 하는 기관은 법원이다. 국가생활에서 궁극적인 법의 적용은 재판에 의해서 실현된다고 할 수 있으므로 여기서는 사법에 있어서 법의 적용을 중심으로 살펴본다.

법의 적용은 두 단계를 거쳐 행해진다. 첫째는 생활관계에서 생긴 구체적 사실을 확정하고, 둘째로 그 확정된 사실에 적용시켜야 할 법을 발견한 후에 이 법을 해석하며, 마지막으로 당해 사실에 대해 이 법을 적용시킴으로써 구체적 타당성을 가지는 법적 판단을 도출하는 일련의 과정을 거친다. 첫 번째 단계가 '사실의 인정'이고, 두 번째 단계가 '법의 해석'인 것이다.

예를 들면 형법 제250조 제1항은 "사람을 살해한 자는 사형, 무기 또는 5년 이상의 징역에 처한다."고 규정하고 있다. 이 규정은 외형상 간단명료하다. 그러나 실제로 이 규정을 적용함에는 범인이 과연 살인을 했는지 여부, 살인의 사실이 있다거나 범인이 살해하려고 했으나 사실은 피해자가 이미 부상을 당해서 그로 인해서 사망에 이른 것은 아닌지 여부, 또는 피해자의 사망이 범인의 과실에 의한 것인지 여부 등을 검토하고, 이러한 경우에 해당하지 않을 때에 여기에서 확정된 사실에 적용되어야 할 법으로서 형법 제250조 제1항이 발견되게 된다.

여기에서 형법 제250조의 해석이라는 작업이 시작된다. '사람을 살해한 자는'라는 것은 사람이 사망했다는 결과를 범인의 고의에 기초한 행위에 의해서 이루어진 경우를 말하고, 과실에 의한 경우라든가 상해치사 등의 경우는 여기에 해당하지 않는다.

이렇게 해서 적용되어야 할 법이 해석되면 다음으로 사실에 대해 이 법을 적용한다. 즉 살인행위에 대해서 제250조 제1항이 적용되는데, 이것은 3단논법에 의해서 행해진다. 3단논법은 적용해야 할 법을 대전제로 하고, 구체적 사실을 소전제로 하여 그 추론에 기초해서 법적인 판단을 도출하는 논리의 법칙이다. 즉 결론으로서의 판결은 대전제인 법과 소전제인 사실과의 조합으로 나타나는 것이다. 그러나 실제로 법의 적용은 이와 같은 간단한 과정을 거쳐 행해지는 것은 결코 아니라고 하는 점을 기억해야만 한다.

제2절 법의 해석

 ## Ⅰ. 법의 해석이란 무엇인가?

법은 원칙적으로 일반적·추상적인 규범이므로 그것을 실효성 있는 것으로 하기 위해서는 구체적 사실에 적용시켜야만 한다. 이것을 '법의 적용'이라고 한다. 법의 적용은 모든 법적 생활관계에서 항상 행해지는 것이고, 반드시 재판에만 한정되는 것은 아니다. 사회생활이 이른바 '법의 지배'에 의해서 행해지고 있는 이상 개인의 일상적인 법적 생활이나 국가나 지방자치단체의 행정이나 항상 법의 적용이라는 법적 작용이 행해지고 있다. 그러나 3권분립의 원칙에 입각한 근대국가에서도 행정심판·해난심판·공정거래위원회의 심결 등 행정부에 의한 법의 적용이라는 예외는 있지만, 법의 적용을 주된 임무로 하는 기관은 법원이다. 국가생활에서 궁극적인 법의 적용은 재판에 의해서 실현된다고 할 수 있으므로 여기서는 사법에 있어서 법의 적용을 중심으로 살펴본다.

법의 적용은 두 단계를 거쳐 행해진다. 첫째는 생활관계에서 생긴 구체적 사실을 확정하고, 둘째로 그 확정된 사실에 적용시켜야 할 법을 발견한 후에 이 법을 해석하며, 마지막으로 당해 사실에 대해 이 법을 적용시킴으로써 구체적 타당성을 가지는 법적 판단을 도출하는 일련의 과정을 거친다. 첫 번째 단계가 '사실의 인정'이고, 두 번째 단계가 '법의 해석'인 것이다.

예를 들면 형법 제250조 제1항은 "사람을 살해한 자는 사형, 무기 또는 5년 이상의 징역에 처한다."고 규정하고 있다. 이 규정은 외형상 간단명료하다. 그러나 실제로 이 규정을 적용함에는 범인이 과연 살인을 했는지 여부, 살인의 사실이 있다거나 범인이 살해하려고 했으나 사실은 피해자가 이미 부상을 당해서 그로 인해서 사망에 이른 것은 아닌지 여부, 또는 피해자의 사망이 범인의 과실에 의한 것인지 여부 등을 검토하고, 이러한 경우에 해당하지 않을 때에 여기에서 확정된 사실에 적용되어야 할 법으로서 형법 제250조 제1항이 발견되게 된다.

여기에서 형법 제250조의 해석이라는 작업이 시작된다. '사람을 살해한 자는' 이라는 것은 사람이 사망했다는 결과를 범인의 고의에 기초한 행위에 의해서 이루어진 경우를 말하고, 과실에 의한 경우라든가 상해치사 등의 경우는 여기에 해당하지 않는다.

이렇게 해서 적용되어야 할 법이 해석되면 다음으로 사실에 대해 이 법을 적용한다. 즉 살인행위에 대해서 제250조 제1항이 적용되는데, 이것은 3단논법에 의해서 행해진다. 3단논법은 적용해야 할 법을 대전제로 하고, 구체적 사실을 소전제로 하여 그 추론에 기초해서 법적인 판단을 도출하는 논리의 법칙이다. 즉 결론으로서의 판결은 대전제인 법과 소전제인 사실과의 조합으로 나타나는 것이다. 그러나 실제로 법의 적용은 이와 같은 간단한 과정을 거쳐 행해지는 것은 결코 아니라고 하는 사실을 기억해야만 한다.

1. 법해석의 기술

개념법학적 법해석론을 취하든 자유법학적 법해석이론을 취하든, 법률의 해석을 통해서 법률이 가지는 진정한 의미를 객관적이고 현실적으로 확정하고 자 하는 경우에 그 해석방법은 다양하게 존재할 수 있다. 일반적으로 법의 해석 은 그 해석의 주체에 착안해서 우선 유권해석(有權解釋)과 학리해석(學理解釋)으 로 나눌 수 있다. 학리해석은 또한 문리해석과 논리해석으로 구분된다. 그리고 논리해석에는 확장해석·축소해석·반대해석·유추해석·물론해석 등의 다양한 해석방법이 있다.

(1) 유권해석

유권해석은 법의 적용을 받는 사람은 물론이고, 그 법을 집행하는 행정부 나, 소송이 제기된 경우의 법원도 그 해석에 구속된다는 점에서 '강제해석'이라 고 하고 또 국가기관에 의한 공적 해석이라는 점에서 '공권해석'이라고도 한다. 이것은 국가에 의해서 이루어지는 해석이고, 해석을 하는 주체인 국가기관에 따 라서 입법해석·사법해석·행정해석의 세 가지로 나눌 수 있다.

1) 입법해석

이는 입법의 형식으로 행해지는 해석을 말한다. 즉 해석하는 사람에 따라서 그 해석이 다양하게 나타날 수 있는 법령의 의미를 명확하게 하기 위해서 법률 자체에 별도의 규정을 두는 것을 말한다. 민법 제98조가 "본법에서 물건이라 함 은 유체물 및 전기 기타 관리할 수 있는 자연력을 말한다."고 하여 물건의 정의 를 내리고 있는 것이 그 대표적인 예이다. 이것 이외에도 실정법에는 이러한 입 법해석을 두고 있는 경우가 많이 존재하는데, 이것들은 통상 '정의' 또는 '용어 의 정의'라고 표시되어 있다. 예컨대 행정소송법 제2조의 이 법에서 사용하는 용어의 정의는 다음과 같다. 1. "처분 등이라 함은 행정청이 행하는 구체적 사실에 관한 법집행으로서의 공권력의 행사 또는 그 거부와 그밖에 이에 준하는 행정작용 및 행정심판에 대한 재결을 말한다(이하 생략)."나, 도로교통법 제2조와 같은 그것이다.

2) 사법해석

이는 법원에 의해서 이루어지는 해석이고, 통상은 판결의 형식으로 행해진다. 판결은 당해 사건에 한해서 최종적 구속력을 가지는데 불과하고, 게다가 하급법원의 판결은 상급재판소에 의해서 파기될 수 있으며, 또한 대법원의 판결(=선례)도 후에 다른 사건에서 파기되기도 한다. 이러한 의미에서 사법해석은 입법해석과는 달리 절대적으로 불변하는 것은 아니다.

3) 행정해석

이는 행정청에 의해서 이루어지는 해석을 말한다. 행정청이 스스로 법을 집행함에 있어서 행하는 해석 또는 하급행정청으로부터의 조회에 대한 회답이나 훈령·통첩의 형식으로 행해지는 해석이 그것이다. 행정해석에 관해서는 국회나 법원은 구속되지 않고, 그 법률의 적용을 받는 국민도 법률적으로 그 해석에 구속되는 것은 아니기 때문에 그것에 이의가 있는 사람은 법원에 소송을 제기해서 그 해석을 다툴 수 있다.

(2) 학리해석

학리해석이란 학문상 이론에 따라서 법령의 의미를 명확하게 하는 해석을 말한다. 학리해석은 유권해석과 달리 강제력을 갖지 않고, 반대의 해석도 가능하므로 유권해석과 비교해서 '무권해석'이라고도 한다. 학리해석은 강제력이나 구속력을 갖지는 않지만 이것이 사법해석이나 행정해석 더 나아가 입법해석으로 수용되는 경우도 있으므로 매우 중요한 역할을 수행한다. 학리해석은 다시 문리해석과 논리해석의 두 가지로 나뉜다.

1) 문리해석

문리해석이란 법문의 문자가 가지는 의미에 중점을 두고 행해지는 해석을 말한다. 이것은 '문자해석' 또는 '문언해석'이라고도 한다.

문리해석을 함에는 다음의 세 가지를 주의해야만 한다.

첫째로 법문의 용어는 일반인이 이해하는 것과 같은 의미에서 해석해야만 한다.

둘째로 일상용어와 명확히 구별되어 사용되고 있는 법률용어의 경우 그 용어의 해석에는 일정한 법기술상의 관례가 있으므로 그 관례에 따라서 해석해야만 한다. 예를 들면 '이상'과 '초과', '이하'와 '미만', '이전(후)'와 '전(후)', '추정'과 '간주', '폐지한다'와 '폐지하는 것으로 한다' 등의 용어는 일상용어의 의미와는 달리 법령상 엄격하게 구별되는 의미로 사용되고 있으므로 그것이 의미하는 바에 따라서 해석해야만 한다. 또 법령에서 정의된 특별한 용어의 경우는 해석상 그 정의된 의미에 따라야만 한다.

셋째로 문리해석은 법령의 문구를 중심으로 해석하는 것이지만 융통성 없이 행하는 것은 주의해야만 한다. 예컨대 "마차의 통행을 금지한다."는 경고문이 있는 경우 문구에만 충실하여 "소나 코끼리의 통행은 허용된다."고 하는 해석은 법문의 문언을 무시하는 것이 된다.

그러면 법문의 문자·문언을 해석함에 있어 그 법령을 제정할 당시의 입법자의 의사에 따라서 해석해야만 하는 것인가 아니면 사회의 발전을 감안해서 해석함으로써 현재의 실정과 일치하도록 해석해야 하는가가 문제된다. 전자의 입장을 '연혁적 해석설'이라고 하고, 후자의 입장을 '진화적 해석설'이라고 한다. 진화적 해석설에 의하는 것이 일반적이다. 그러나 어느 입장을 취할 것인가는 일률적으로 정하기 곤란하다. 법영역에 따라서는 진화적 해석이 적합한 경우도 있고 연혁적 해석을 취할 필요가 있는 경우도 있기 때문이다.

2) 논리해석

논리해석이란 법문의 문구만으로 파악하는 것이 아니라 논리법칙에 따라서 행해지는 해석을 말한다. 논리해석은 일반적으로 두 가지 범주로 분류된다.

하나는 법령이 규정하는 용어를 그것이 사용되고 있는 의미보다도 확대하거나 축소해서 해석하는 방법이다. 이 해석방법은 논리해석에 중점을 두면서도 문리해석과 논리해석과의 조화를 목적으로 한 해석방법이라고도 할 수 있다. 여기에는 확장해석·축소해석이 있다.

다른 하나는 어느 법령의 규정을 근거로 하여 그 법령에 직접 규정되어 있지 않은 다른 경우를 행간을 읽으면서 해석하는 방법이다. 여기에는 반대해석·유추해석·물론해석이 있다.

확장해석은 법문의 자의(字意)·문의(文意)를 법의 목적에 비추어 보통 사용되는 것보다 확대시켜서 해석하는 것을 말한다. 따라서 확장해석은 법문의 문언을 형식적으로 이해하는 것이 아니라 그 제도의 입법취지나 목적을 고려하면서 합리적인 범위로 확대시키는 해석방법을 말한다.

축소해석은 확장해석과는 반대로 법문의 자의·문의를 법의 목적에 비추어 보통 사용되는 것보다 좁게 해석하는 것을 말한다. 예컨대 민법 제828조는 "부부간에 계약은 혼인 중 언제든지 부부의 일방이 이것을 취소할 수 있다."고 규정하고 있다. 이때 '혼인 중'이라 함은 이 제도의 입법취지에서 보아 형식적으로 혼인관계가 계속되고 있는 상태를 의미하는 것이 아니라, 형식적으로는 물론 실질적으로도 원만한 혼인관계가 계속되고 있는 상태를 의미하는 것이라고 한정적으로 해석하는 경우가 여기에 속한다.

반대해석이란 법문이 규정하는 요건과 반대의 요건이 존재하는 경우, 법문에 규정된 것과 반대의 효과가 있는 것이라고 해석하는 방법을 말한다. 예컨대 민법 제808조 제1항은 "미성년자가 혼인을 할 때에는 부모의 동의를 얻어야 하며 …"라고 규정하고 있지만 '성년의 자'에 관해서는 별도의 규정을 두고 있지 않다. 이 경우 동조의 법문에 비추어 '성년의 자'가 혼인을 함에는 부모의 동의를 필요로 하지 않는다고 해석하는 것이 그것이다.

유추해석이란 어느 사항에 관한 명문의 규정은 없지만 유사한 사항을 규율하는 다른 규정이 있는 경우에 그 다른 규정을 명문의 규정이 없는 경우에 적용시켜서 해석하는 방법을 말한다. 예컨대 민법 제393조 제1항은 "채무불이행으로 인한 손해배상은 통상의 손해를 그 한도로 한다."고 규정하여 채무불이행으로 인한 손해배상의 범위를 정하고 있다. 이에 대해 불법행위(§750)에 의한 손해에 관해서는 여기에 상당하는 규정이 없다. 그러나 채무불이행에 의한 손해배상이나 불법행위에 의한 손해배상이나 성질상 유사한 것이므로 민법 제393조 제1항의 규정을 불법행위에 의한 손해배상의 경우에도 적용해서 해석하는 것이다.

유추해석은 특히 형법상 문제된다. 죄형법정주의의 대원칙에 입각하는 형법에서 유추해석은 법이 정한 가치를 상실시키는 것으로 허용되지 않는다고 이해되고 있다. 그러나 최근에는 행위자에게 불이익한 유추해석은 허용되어서는 안 된다고 이해하면서도 다른 한편 타당한 범위내의 논리필연적이고 합목적적인 해석이면 형법상으로도 인정할 수 있다고 하는 견해도 있다.

'준용한다'란 법이 일정한 규정을 유추적용할 것을 명문규정으로 명확히 한 경우이고, 이는 법의 여러 곳에서 찾아볼 수 있다. 예컨대 민법 제11조는 "한정치산의 원인이 소멸한 때에는 법원은 제9조에 규정한 자의 청구에 의하여 그 선고를 취소하여야 한다."고 규정하고, 동법 제14조의 금치산선고의 취소에서 "제11조의 규정은 금치산자에 준용한다."고 규정하고 있는 것이 그것이다. '준용'과 '유추해석'의 차이는 전자가 명문의 준용규정을 두고 그에 의해서 적용되는 것임에 반해서 후자는 법에 명문의 규정은 없지만 논리적 추단에 따라 이것을 적용한다는 점에 있다.

물론해석이란 어느 사항에 관해서 명문의 규정은 없지만 명문이 있는 규정의 입법취지나 목적에 비추어 명문이 있는 경우와 같은 법이 존재하는 것으로 추정해서 해석하는 방법을 말한다. 물론해석은 유추해석의 한 종류라고 이해되고 있다. 예컨대 민법 제150조는 조건성취·불성취에 대한 반신의행위(反信義行爲)가 있는 경우 상대방은 그 조건이 성취, 불성취한 것으로 주장할 수 있도록 규정하고 있는 반면 기한성취·불성취에 대한 반신의행위에 관한 규정은 없다. 그러나 본조는 당연히 기한에도 적용되는 것으로 해석하는 것이 당연하다고 보는 경우가 물론해석이다.

의제(擬制)는 일정한 사실인 A를 그것과 다른 사실인 B와 동일하게 취급하여 B에서 인정된 법률효과를 A의 경우에도 발생토록 하는 것을 말한다. 이것은 입법기술상 법문의 간소화하기 위해서 사용되는 경우가 많고, 통상 법문 중에 "간주한다...본다."고 하는 자구가 사용되는 것이 그것이다. 의제는 법정책상 혹은 사실을 다른 사실과 동일하게 취급하는 것이므로 실제로 그것이 사실에 반하는 경우라도 당사자의 반증에 의해서 이것을 부정하는 것은 불가능하다.

2. 소결

국가기관이 행하는 해석으로서, 입법해석(입법부가 법률제정으로 하는 해석), 사법해석(사법부가 판결의 형태로 하는 해석), 행정해석(행정부가 명령이나 행정처분으로 하는 해석)이 있으며 유권해석의 최종적 권한은 헌법재판소가 갖고 있다. 그리고 학리해석(무권해석)이라 함은 개인의 학설로서 학리를 바탕으로 행해지는 해석이다. 이러한 해석을 종합하여 모면 사비니의 4단계 해석방법이 법해석에 있어서 중요하다고 생각한다. 사비니에 의하면 법해석은 1단계로 문리적 해석을 해야 되는데, 이는 문법적·어학적 방법을 통하여 헌법조문의 진정한 의미내용을 명백히 하는 방법을 의미하고, 2단계인 논리적 해석은 헌법이나 법률조문들을 각기 분리되고 고립된 것으로서가 아니라 헌법적 또는 법률 질서 전체와의 논리적 관련성 등을 고려하면서 논리적 사유법칙에 따라 해석하는 방법이다. 그리고 3단계 해석방법으로 목적론적 해석은 법제정 목적이나 법에 내재하는 가치가 무엇인가를 찾아내어 개개의 법조문을 이것에 합치되도록 해석하는 방법이고, 마지막으로 4단계 해석방법인 역사적 해석은 법 제정 당시의 상황이라든가 제정자의 의도가 어떤 것이었는가를 탐구하여 그에 따라서 하는 해석방법이다.

제 2 편

사회복지와 구제

제1장 헌법과 사회권
제2장 사회보장수급권과 사회복지법
제3장 사회복지법제와 구제

제1장 헌법과 사회권

제1절 생존과 사회복지

 I. 서설

인간은 통상 자연에서 존재하는 동시에 사회에 있어 공동생활을 영위하기 때문에 서로 생활을 합리화하여 보다 좋은 생활을 유지하기 위해서는 모든 일에서 적극적인 활동이 필요하다. 그것을 위해서는 끊임없이 새로운 지식과 기능을 필요로 한다. 그래서 인간이 인간으로서 생존하기 위해서는 필연적으로 최소한의 사회보장을 전제로 하지 않으면 안 되는 것이다. 더욱이 생활이 성립되기 위해서는 그 사이에 사회보장이 있어야 하고, 사회보장이 만들어 내는 것에 의해 다음 세대의 사회생활 관계가 이루어지게 되는 것처럼 사회보장과 생활은 밀접 불가분의 관계에 있는 것이다. 그러므로 인간을 사회보장하고 사회보장을 받는 것은 자연법에 존재하는 권리이다. 그러나 권리는 본래, 법률상의 개념인 것으로 그것이 국가에 의해 권리로서 인정되고, 보장되는 것에 의하여 처음으로 그것은 실제적이고 확실한 것으로 되고, 단지 그것이 자연법적인 것인 이상, 아무리 강하게 주장되고, 요구되더라도 그것만으로는 현실적인 권리로서 실현되는 것은 아니다. 그렇지만 자연법적인 그러한 권리는 기본권의 역사에서 사회적 제 조건의 변화에 수반하여 결국 기본적 인권의 구체적 내용으로서 각국의 헌법에서 보장되는 것으로 되었다. 일반적으로 그러한 권리를 헌법상 사회보장권이라

하고, 이를 구체화한 법률을 사회복지법 내지 사회보장법이라 한다6).

 ## II. 사회복지과 사회권의 실현

현대국가에 있어서 사회보장은 국가가 개인의 인간다운 생활을 보장하기 위한 의무로서 이루어진다. 이러한 점에서 우리나라의 헌법 제34조 제1항은 "모든 국민은 인간다운 생활을 할 권리를 가진다."고 하여 국민의 생활권에 관하여 일반적 규정을 두고 있다. 그리고 헌법은 이러한 국민의 생활권을 보장하기 위한 조치로서, 국가는 '사회보장·사회복지의 증진에 노력할 의무' 같은 조 제2항 '여자의 복지와 권익의 향상을 위한 노력', 같은 조 제3항 '노인과 청소년의 복지향상을 위한 정책의 실시의무' 같은 조 제4항 '신체장애자 및 질병·노령 기타의 사유로 생활능력이 없는 국민에 대한 국가의 보호', 같은 조 제5항을 규정하고 있다. 이러한 헌법 제34조의 국가책무의 이행을 위하여 다수의 개별법이 제정되어 있으며, 이러한 기본법이 사회보장기본법, 국민연금법, 산업재해보상보험법, 의료보험법, 생활보호법, 의료보호법, 아동복지법, 모자보건법, 노인복지법, 장애인복지법 등 우리나라에도 불완전하기는 하지만 사회복지제도가 도입·실시되고 있다.

 ## III. 사회복지의 개념

1. 법학적 정의

사회복지의 관념에 관해서 각국의 실정법이나 국제조약에서도 이를 명확하게 규정하고 있지 아니하고, 어느 나라에서나 성장과정에 있는 분야이다. 그것은 사회복지가 특히 2차대전 이후에 계속 확대·발전되고 있는 이러한 사회적 위험은 질병, 임신, 폐병, 노령, 노동재해, 직업병, 사망, 동적인 제도라는 사실에

---

6) 원칙적으로 사회보장 속에 사회복지라는 개념이 포함되어 있는 것이지만, 문맥상 의미로 보아 사회보장과 사회복지를 같은 개념으로 사용하기로 한다.

기인하는 것으로 보인다. 그러나 사회복지제도는 '사회적 위험'에 대한 보상제도로써 사용되고 있기 때문에, 사회복지는 사회적 위험에 대한 보상을 위한 특수한 행정분야라고 할 수 있다.

따라서 사회복지를 법학적 개념으로 보면 "국가 또는 공공단체가 사회적 위험으로부터 개인의 생활을 보호하는 것을 직접적 목적으로 하는 것."이라고 개념정의할 수 있을 것이다. 이러한 사회복지의 개념은 행정법상 급부행정의 일종으로서 협의의 사회복지와 같은 개념이다.

그런데 오늘날의 사회복지제도의 제1차적 목적은 각자의 경제적 안정의 보장에 있기 때문에, 사회복지행정을 사회적 위험의 보상제도로 한정하여 파악할 것이 아니라, 사회복지에 대한 사회정책적 관념을 포함하는 것이 바람직하다.

2. 사회복지학적 정의

사회복지란 말은 일반적으로 하나의 이상적인 목표적 개념으로 사용되고 있다. 바람직한 사회, 즉 빈곤이나 불행이 없는 국민 대다수가 자유롭고 평등한 생활을 영위할 수 있는 사회를 말한다. 그러나 현실사회는 이상과는 달리 불행과 불우에 빠지는 사람들이 그치지 않으므로 사회전체의 공동 책임하에 불행을 제거하려고 하는 하나의 목표적 개념이 요청되는 것이다. 복지란 '안정된 생활'이라든가, '생활욕구의 충족상태'를 나타내고 있으며, ill—fare에 대치되는 말로 사용되고 있다. 그리고 19세기 말부터 20세기에 걸쳐서는 well—being의 상태 또는 조건의 동의어로서 사용되어 왔다. 사회복지(social welfare), 사회사업(social work)이란 용어는 같은 의미로 사용되기도 하지만 때로는 여러 면에서 서로 다른 의미로도 사용된다. 어원적인 면에서 고찰하면 'welfare'란 'well'과 'fare'의 복합명사로서 '평안히 잘 지내는 상태'를 의미한다. 사회복지(social welfare)라는 용어는 협의의 의미로는 어떠한 특정의 활동을 지칭하여 구체적인 정책, 제도, 서비스 내지 실천프로그램을 의미하고, 광의로는 복지실현을 위한 공공적시(公共適示)로 전반을 사회정책 내지 공공정책과 동의어로 사용되기도 한다. 사회복지의 개념에는 다음과 같은 속성(屬性)이 있음을 알 수 있다.[7] 이러한 사회복지의 개념도 사회보장기본법에서는 사회보장 속에 들어가 있는 하나의 개념이다.

---

7) 박송규, 사회복지법제론, 법문사, 2003, 33~36면 참조.

즉, 사회보장이란 사회보험, 공공부조, 사회복지를 통치하는 개념이다. 따라서 사회복지는 사회보장이라는 개념보다는 좁은 개념이라는 것을 알 수 있다.

① 사회복지제도는 인간이 만들어 낸 사회제도의 하나이다.
② 사회복지제도는 사회구성원의 복리를 추구한다.
③ 사회구성원의 복지는 그들의 사회적 욕구를 충족시킴으로써 증진된다.
④ 사회복지는 인간 생활을 향상시키는 제반 시책과 노력을 포함한다.
⑤ 사회복지는 사회질서를 유지하고 사회안정을 도모하는 수단이 된다.

 Ⅳ. 사회복지와 복지국가

1. 복지국가의 의의

복지국가의 개념은 다의적이다. 즉, 국가에 따라서 그 내용은 다르고 학자에 따라서 그 이론이 달리 제시되고 있다. 우리나라의 학자들은 대체로 사회국가와 복지국가의 개념을 구별하지 않고 혼용하는 경향이 있지만, 이들은 개념적으로 구별되어야 한다. 여기서는 정치적으로는 민주주의를 실천하면서 국민 생활을 보장하기 위해 일련의 사회보장제도를 채택한 현대국가의 체제를 '복지국가'라고 부른다. '사회보장'이라는 용어는 미국에서 1935년의 사회보장법(Social Security Act)에서 최초로 사용되었고, 1942년에 영국에서 발표된 '사회보험 및 관련 서비스'라는 제하의 버버리즈보고서에서 그 내용과 성격이 드러났다. 이 보고서는 종래의 사회보험과는 달리 전 국민을 대상으로 '궁핍으로부터의 자유'와 '위험으로부터의 안전'을 보장하기 위한 포괄적인 사회보장계획을 제시하였는데, 그 내용에는 완전고용을 추구하는 고용정책, 광범한 공영의료서비스, 각종 사회보험의 정비, 이를 보완하기 위한 공적 부조와 임의보험 등이 포함되었다. 그리하여 복지국가는 모든 국민 생활의 안정을 도모하기 위해 기본권 영역에서는 복지권(welfare right), 이른바 사회보장수급권 내지 사회보장을 받을 권리를 보장하고 있으며, 권력구조면에서는 국가기관, 특히 의회가 입법을 통해 이를 실현할 의무와 책임을 지고 있다.

우리 헌법은 국민복지의 유지 및 향상을 위하여 사회권의 보장을 통한 복지국가를 채택하고 있다. 우리 헌법은 사회보장 및 사회복지의 증진의무를 규정하고 있다. 헌법상의 경제질서는 경제활동을 개인의 자율에 일임하던 자유시장경제질서로부터 국가의 규제를 수용하는 사회적 시장경제질서로 발전되었다. 또한 현대 복지국가는 사회정의의 확대·구현을 위해 경제질서의 구조와 성격이 더욱 변모하게 되었다. 이와 같은 경제질서의 변화는 국가성격을 자유국가로부터 사회국가로, 나아가 복지국가로 변질시킴으로써 헌법의 기본원리에 근본적인 변화를 초래하였다.

근대헌법하에서 경제질서는 자유민주적 정치질서에 대응하는 자본주의적 자유시장경제질서를 의미하였다. 즉, 근대헌법은 국가와 사회의 구별을 전제로 하여 국가는 경제영역에 대하여 간섭·규제하지 않고 중립을 지키는 '자유방임주의'를 원칙으로 채택하였다. 경제발전이 '보이지 않는 손(invisible hand)'에 의해 '예정조화'되어 있기 때문에 국가가 방임할 때에 경제가 균형발전할 수 있다는 가설위에 서 있었다. 따라서 경제활동은 개인에게 방임되었으며, 국가적 개입은 원칙적으로 금지되었다. 그 결과 근대헌법은 재산권을 신성불가침의 자연권으로 보장하는 한편, 경제활동에 대한 국가적 규제를 승인하는 경제조항은 두지 아니하였다.

초기에는 이와 같은 자본주의는 사유재산제의 보장, 계약의 자유, 자유경쟁과 같은 사적 자치와 과실책임의 원칙이 그 법적 기초를 이루고 있었다. 재화의 생산·교환·배·소비의 모든 경제활동이 경제적 자유에 기초를 둔 시장경제원리에 의해 운영되었다. 경제의 국가로부터의 독립, 경제에 대한 국가의 중립성 보장과 사적 자치에 의한 경제활동 등으로 인해 초기의 자본주의는 급속한 발전을 할 수 있었다. 국가목적은 자유의 보장을 통해 인간의 존엄성을 실현하는 데 있었으며, 이를 위해 엄격한 권력분립원리를 채택하였으며, 국가의 성격은 '자유국가(liberal state)' 또는 '소극국가(negative state)'이었다. 수정·보완 그런데 경제발전이 보이지 않는 손에 의해 예정조화되어 있다는 가설은 빗나갔고, 자본주의는 극단적인 자유방임주의가 만연된 결과 여러 가지 결함을 나타내게 되었다. 즉, 사회적으로는 자본가와 노동자 간의 심각한 계급의 대립을 초래하여 사회적 불안요인이 조성되었고, 경제적으로는 자본주의의 불가피한 결과로 실업·독점·황 등의 경제적 난국이 초래되었으며, 국제적으로는 시장의 쟁탈을 위한 선진열강 사이에 제국주의전쟁이 불가피하게 되어 순수한 자본주의 경제체제 －낙관적 사고— 에 대한 회의와 반성이 일 게 되었다. 이와 같은 자본주의의 모순과 폐단을 극복하기 위한 방법으로서 사회혁명을 통한 사회주의경제체제의 수립과 사회개혁에 의한 사회적 시장경제질서의 채택이 이루어졌다.

자본주의국가들은 개인의 자유와 창의의 존중을 기본으로 하는 자본주의를 원칙으로 하면서도, 인간다운 생활의 보장과 사회정의의 구현을 위해 그 폐해를 시정함에 필요한 합리적인 범위 안에서 국가의 규제와 조정이 가하여지는 수정자본주의, 즉 사회적 시장경제체제를 선호하게 되었다. 이제 경제는 '보이는 손(visible hand)', 즉, 국가에 의한 적극적인 개입·해결을 통해 균형발전을 이루려는 '창조된 조화'의 철학이 경제정책의 기초를 이루게 되었다. 그 결과 국가성격은 실질적 평등의 실현을 국가목표로 하는 '사회국가(social state)' 또는 국가의 경제에 대한 적극적인 간섭·통제를 수용하는 '적극국가(positive state)'로 변모하였다. 이러한 경향은 제1차 세계대전 이후 1919년의 바이마르헌법에서 비롯되었으며, 이 경제조항은 그 후 각국 헌법의 모범이 되어 왔다.

산업화가 고도화됨에 따라 국가의 임무가 사회적·경제적 약자에 대한 생존배려에 만족하지 않고, 나아가 모든 국민에 대한 광범한 사회보장과 완전고용 등의 실현을 국가의 책임으로 하는 이른바 '복지국가(welfare state)'가 등장하게 되었다. 사회정의의 실현을 목표로 하는 사회적 시장경제질서에서 나아가 '사회보장(social security)'을 광범하게 실시하기 위해 국가의 적극적인 규제·조정이 인정되는 복지국가에 있어서의 경제질서를 여기서는 '복지국가적 경제질서'라고 관념한다. 오늘날 한 나라의 경제질서는 사회적 시장경제질서와 사회주의적 계획경제질서, 즉 경제질서에 있어서 자유와 통제를 어떻게 수렴 내지 조합하느냐에 따라 상이하게 된다.

2. 복지국가의 법적 성질

독일에서는 사회국가원리를 헌법에서 언급하고 있는바, 사회국가원리가 단순한 정치적 선언이나 프로그램에 불과하다고 보거나, 내용 없는 백지위임으로 이해하면서 규범적 효력을 부인하는 견해가 있으나 사회국가원리는 사회국가실현의 헌법지침적 성격 또는 수권규범적 성격을 지니는 것으로서 국가권력담당자에게 일정한 과제를 부과한 것으로 보는 견해가 다수설이다. 우리 헌법상 복지국가원리는 규범력이 없는 것으로 사실상 이해되어 왔으나, 헌법의 복지국가원리를 하나의 선언적이고 단순한 프로그램으로 보아서는 안 되고, 규범력이 있는 헌법규정으로 보아야 할 것이다.

3. 복지국가의 내용

우리 헌법은 전체적으로 볼 때 기본적으로는 사회국가원리를 채택하고 있으며, 더 나아가 복지국가적 요소를 추가하고 있다. 즉, 헌법은 기본권조항에서 경제적 자유를 기본으로 하면서 사회권과 함께 복지권을 보장하고 있으며, 이 목표를 달성하기 위해 경제에 대한 적극적인 관여와 통제를 인정하는 복지국가적 경제질서를 채택하고 있다. 우리 헌법상 복지국가의 구성요소로는 사회권의 보장, 재산권의 사회적 구속의 강조, 경제질서에 대한 규제와 조정 등을 들 수 있다.

(1) 사회권의 보장 내지 사회보장제도의 확대

헌법 제31조에서부터 제36조에 걸쳐 일련의 사회권을 보장하고 있다. 즉, 헌법은 '국민 생활의 균등한 향상'을 선언하고 나서 기본권 조항에서는 모든 국민의 '인간다운 생활'의 보장을 그 이념으로 규정하고, 사회보장·사회복지를 실현해야 할 국가의 의무를 부과하고 있고, 근로자의 고용의 증진과 최저임금제의 보장, 여자·노인·청소년의 복지향상, 생활무능력자에 대한 국가보호, 국가의 재해예방의무 등을 규정하고 있다. 경제조항에서는 완전고용의 실시, 최저생활의 보장, 적정한 소득의 재분배, 사회보험제의 도입 등을 위해 국가가 적극적으로 사회정책·경제정책을 실시할 수 있도록 하고 있다.

우리 헌법상 이들 조항은 국가가 특정한 목표달성을 위해 직접적으로 경제과정에 간섭·통제할 수 있도록 하고 있으므로 우리나라의 경제질서가 논리적으로는 사회적 시장경제질서라기 보다는 복지국가적 경제질서에 속한다고 할 수 있다. 사회보장제도의 특징은 그 대상을 사회적·경제적 약자가 아닌 '전 국민'으로 확대하였고, 그 목표를 인간다운 생활의 실현을 위해 '위험으로부터의 안전과 예측가능성'에 두고 있다는 점을 들 수 있다. 그 구체적인 내용과 범위는 입법을 통해 구체화되는데, 우리 법제상 최저임금법, 의료보험법, 생활보호법, 사회보장기본법 등을 비롯하여 많은 사회보장입법이 제정되고 있다.

(2) 재산권의 사회적 구속성의 강조

우리 헌법은 모든 국민의 재산권을 보장함으로써 경제질서가 사유재산제에 입각하고 있음을 규정하고 있다. 그리고 재산권의 내용과 한계를 법률로 정하도록 하고 있고, 재산권 행사의 공공복리적합성을 규정하고 있다. 이는 재산권의 사회적 구속성을 강조한 규정이다. 그리고 헌법은 재산권 보장의 만전을 기하기 위해 저작자·발명가·과학기술자와 예술가의 권리를 보장하는 한편, 소급입법에 의한 재산권의 박탈을 금지하고 있고, 복지국가의 이념을 실현하기 위해 재산권의 내용과 한계는 법률로 정하고, 재산권의 행사는 공공복지에 적합하도록 하여야 하며, 국토의 효율적이고 균형있는 이용·개발·보전을 위해 법률에 의한 제한과 의무를 과할 수 있도록 함으로써, 법치주의에 입각한 '재산권의 사회적 구속'을 예정하고 있다.

(3) 경제질서에 대한 규제와 조정

현행 헌법의 경제질서는 사유재산제를 바탕으로 하고, 자유경쟁을 존중하는 자유시장경제질서를 기본으로 하면서도, 이에 수반되는 갖가지 모순을 제거하고 또는 사회복지를 실현하기 위해 국가적 규제와 조정을 채택하는 사회적 시장경제질서의 성격을 지니고 있다. 즉, 사유재산제와 함께 시장경제의 원리에 입각하고 있다. 이와 같은 자유경쟁은 경제적 자유의 보장을 그 전제로 하고 있다. 헌법은 경제적 자유를 보장하기 위해 직업선택의 자유, 거주·이전의 자유, 소비자의 권리와 함께 경제상의 평등권, 알 권리, 집회·결사의 자유 등을 규정하고 있다. 경제적 자유가 다른 자유의 실현을 위한 조건이 되므로 시장경제원리는 민주주의의 실천을 위한 유일한 경제체제를 의미한다. 그러나 헌법은 근로자의 적정임금의 보장과 최저임금제의 실시, 근로조건의 기준의 인간존엄성에의 적합, 여자와 연소자의 근로의 특별보호, 근로3권의 보장 등을 규정함으로써 시장경제에 대한 수정을 위해 국가가 합리적인 범위 안에서 예외적으로 규제·조정할 수 있도록 하고 있다.

4. 복지국가원리의 한계

복지국가원리의 실현은 국가의 결제적 급부능력과 밀접한 관계를 지니고 있으므로 경제력 향상에 저해되는 제 경제정책이 허용될 수 없다. 복지국가는 행정부의 비대화를 초래하게 되므로 권력분립에 중대한 위협이 아닐 수 없으며, 구체적 상황에 맞는 실체적 정의실현을 전면에 내세우게 되므로 법의 일반원칙의 손상이나 자유권의 위축을 초래할 수 있다. 각종의 사회보장제도는 장기적 성격으로 인하여 쉽게 변경할 수 없으므로 국가복지정책의 시행에 있어서 단계적으로 시행하여야 할 것이다.

제2절 사회복지와 사회권

 ## I. 사회권의 의의와 연혁 및 내용

일반적으로 사회권이란 '생존 또는 생활을 위하여 필요한 모든 조건의 확보를 요구하는 권리', '살아갈 권리', '인간으로서 건강하고 문화적인 최저생활을 영위하는 것을 국가에 대해 요구할 수 있는 국민의 권리', '인간이 마땅히 누려야 할 생존의 보장을 요구하는 권리' 등으로 말하여진다. 최근에는 공해의 발생에 따라 국민이 국가에 대해 '건강하고 문화적인 생활에 필요한 생활환경의 보전을 요구하는 권리'라는 의미도 가지고 있다고 말하여진다. 즉 이것은 바이마르 헌법 제151조의 "인간으로서 마땅히 가져야 할 생존이다.", 세계 인권선언 제22조의 "자기의 존경과 자기의 인격의 자유스러운 발전에 없어서는 안 될 경제적, 사회적, 문화적 권리"와 같은 의미라고 말할 수 있다. 또 이처럼 해석되어지는 사회권은 생활권이라고도 말하지만, 그 차이는 반드시 명확하게 구분되지 않고 대체로 사회권은 "생활권"보다 좀 더 긴급 긴요한 강도와 의미를 가진다고 이해되어지는 것이 일반적이고 헌법상의 문제가 되는 것도 이런 의미의 사회권이다. 그래서 이 사회권은 단지 개인만의 문제가 아니고 국가, 가족 등과 같은 단체에 관해서도 말하여지는 경우도 있다.

그런데 이 같은 사회권은 무엇보다도 우선, 인간의 생존 본능에 기초한 것이다. 이 생존 본능 자체는 물론 권리가 아니다. 하지만 인간은 다른 동물과 달리 자연의 구성요소임과 동시에 사회의 구성요소이기도 하다. 그런 의미로서 인간은 자연적, 사회적인 존재이고 따라서 사회관계 속에서 공동생활을 영위하고 있다. 여기에서 인간은 그 사회의 평화와 질서 그리고 발전을 꾀하기 위해서는 무엇보다 자기의 생존을 타인에게 주장함과 동시에 다른 사람의 생존을 침해하지 않도록 해야 한다. 이 같은 상호관계에 의해 사회는 만들어지고 유지되어 갈 수 있게 된다. 그러나 근대국가의 조직이 충분히 발전하지 못하고 개인과 국가와의 관계도 오늘날처럼 명확하지 못했던 시대에 있어서는 이러한 상호관계도 명확하지 못했다.

어떠한 사회에서도 반드시 자신의 힘으로 생활할 수 없는 사람, 즉 생활불능자가 있기 마련이다. 이러한 사람들은 사회공동체로써 씨족제도의 사회에 있어서는 씨족의, 또 가족제도의 사회, 즉 가족 공동체에서는 가족의 부담이 되는 것이 일반적이었다. 생산기술이 발전한 후에도 적어도 가장이 절대적 힘을 가지고 있던 가부장제도에 있어서 그 힘의 반대 급부인 가족에 의한 부양이라는 것은 근세에 이르기까지 당연시되어 왔다. 따라서 근대적 의미에 있어서 사회권이라고 하는 것이 개인에 관한 문제가 되는 일은 없었다. 그런데 생산관계의 발달 및 근대국가의 발전과 더불어 종래의 가족제도가 붕괴되기 시작했고 사람들은 차츰 가족 공동생활에서 떨어져 나가 독립생활을 하는 경우가 많아졌다. 그에 따라 가장은 점차로 가족에 대한 절대적 지배권을 잃어가기 시작함과 함께 가족의 부양의무를 지는 것을 싫어하게 되었다. 가족은 서서히 가장의 지배에서 해방되어 가지만, 한편으로는 근대국가의 성립에 의해 국가에게 세금을 바쳐야 했고 새로이 국가적 지배를 받게 되었다. 그 반대 급부로서 개인들의 국가에 대한 사회권이 제기되기 시작했던 것이다.

사회권의 사상은 이미 중세의 스콜라 철학에 있어서 인정되고 있었다. 당시의 대표적인 학자였던, 토마스 아퀴나스는 "가난 때문에 도둑질한 것은 용서받을 수 있는가?"라는 질문에서 "극도로 빈곤한 상황에 처해서 몰래 취득한 타인의 물건을 사용하는 것은 원래 강도의 성질을 가지고 있지 않다. 아무것도 없는 빈곤에 처해서 사람이 자기의 생명을 유지하기 위해 취득한 물건은 그 자신의 물건이 되기 때문이다."라고 말하며 긴급상태에 있어서 자기의 생존을 위하여 타인의 소유권을 침범하는 것을 긍정하고 있다. 여기에서 아퀴나스가 말하고 있는 소유권이란 프랑스 인권 선언 제17조에 나온 것처럼 시민사회에 있어서 '절대 불가침이며 신성한 권리'로 상정되어진 근대적 소유권이 아니라 "신의 섭리에 따라 설정되어진 자연의 질서에 따르면 인간보다 하등(下等)한 모든 것들은 그것들에 의해 인간을 빈궁에서 구하도록 정해져 있다. 따라서 인간법(人間法)에 기초한 모든 것들의 구분과 사유(私有)는 인간을 빈곤에서 구하도록 정해져 있다고 하는 사실을 방해할 수 없다."란 의미의 소유권이다.

이 같은 토마스 아퀴나스의 사회권 사상의 특징은 첫째로 아퀴나스의 사회권은 동등한 인격의 생존에 가치를 인정하면서 현대에 있어서 사회권이 근대자유권의 사상을 거쳐서 소위 인간주의적인 가치로서 파악되는 것과는 달리 어디까지나 신의 뜻에 기초한 자연의 질서를 전제로 하는 신이 만든 구성의 일환에 지나지 않는다고 하는 점이다. 둘째로 그것은 소유권 질서 내에서의 한계적이고 예외적인 '극도의 빈곤'이라고 하는 특수한 경우에 한정되어진 긴급피난권 혹은 단지 구조권이기 때문에 현대의 사회권과는 다른 관념이다. 따라서 근세에 있어서 최초로 명확한 사회권을 파악하고 이것을 주장한 것은 자연법론자들이었다. 그들에 의하면, 자연상태에 있어서 인간은 무제한적인 생명자유의 권리를 가지고 있다. 따라서 자연상태에 있어서는 필연적으로 생존을 위하여 격렬한 투쟁상태에 놓이게 되고 다윈의 학설과 같은 적자생존과 약육강식의 원칙이 지배하게 된다. 이런 상황에서 각 개인들은 생존을 위하여 계약을 맺고 국가를 조직하게 되었다고 한다. 그래서 이 같은 근세 자연법론자들에 의하여 자연권 속에서도 가장 기본적인 것으로 간주되는 사회권은 근세 초기에 많은 헌법적 선언으로서 명기되기에 이르렀다. 버지니아주의 '권리장전' 제1조에서는 일정의 "생활의 권리는 재산을 취득, 소유하고, 행복과 안전을 추구하여 획득하는 수단과 함께 생명과 자유를 누릴 권리이다."라고 되어 있고, 매사추세츠주의 '권리선언' 제1조에서는 "인간의 생명 및 자유를 누리고, 방위할 권리, 재산을 취득, 소유, 유지할 권리, 즉 안전과 행복을 추구하고 유지할 권리가 태어날 때부터 가지고 있고, 불가양의 권리이다."라고 되어 있다. 또 미국 '독립선언'에서도 "⋯⋯만인은 평등하게 태어났고⋯⋯창조주에 의해 일정불가양(一定不可讓)의 권리를 부여받았다. 이 권리 중에는 생명, 자유 및 행복추구도 포함되어 있다."라고 규정했다. 인간으로서 무엇보다도 중요한 것은 살아간다고 하는 것이다. 그래서 살아간다고 하는 것은 독립적이고 자유이며, 그렇게 살아가는 것은 안전하고 행복하지 않으면 안된다. 이를 위해서는 재산을 취득하여, 소유하지 않으면 안 된다. '재산을 취득하고 소유해서 유지함'에 의해서만 인간은 독립적이고 자유이며 안전하고 행복하게 살아가는 것이 가능한 것이다. 이러한 의미로서 재산의 취득, 소유, 유지는 행복 및 안전을 추구, 획득하는 수단이다.

그런데 이 같은 사회권의 내용으로서의 생존, 생활을 위해 필요한 조건으로서 적극적인 생존의 유지 발전에 유용한 것과 소극적으로 생존자체에 대한 위해 및 장해를 제거하는 것에 유용한 것이 있다. 자연권으로서의 사회권이 현실에 실현되기 위해서는 무엇보다도 개인의 활동에 국가가 간섭하지 않을 것, 즉 '국가로부터의 자유'가 보장되어야만 하는 것이 소위 18~19세기의 '자유방임주의'의 원리였던 것이다. 따라서 한편으로는 재산권의 불가침 성을 명확히 함과 동시에, 다른 쪽으로는 개인의 생명, 신체, 그 외의 자유를 일반적으로 보장하고 있는 18~19세기의 헌법도 소극적 의미의 사회권을 보장하고 있다고 말할 수 있을 것이다. 그러나 그 후 자본주의경제의 진전이 현실적인 모순을 심각하게 하고, 국민들 사이의 빈부의 차가 심해지면서 무산계급의 생활고가 증대함에 따라 사회권은 중대한 사회문제가 되었다. 그래서 특히 마르크스주의에 기초한 무산계급의 공세가 격렬해짐에 따라 자본주의 측에서도 자본주의 자체의 영속화를 위하여 사회권 보장의 필요를 인정해야만 했다. 이렇게 해서 "자유방임주의"의 원리는 결국 무너지게 되었다. 그리고 새로이 종래의 사회권을 이용하면서 여기에 적극적인 의미를 부여해서 개인의 생존의 유지, 발전에 유용한 조건에 관해서도 나라의 공공적 배려가 있어야 한다는 이론이 주장되게 되었다.

II. 사회권의 사회적 필연성

자연법에 기초한 사회권은, 한편으로는 국민에게 권리의 취득에 관해서는 단지 추상적인 권리능력을 보장함과 동시에 다른 쪽에서는 형사소송법, 경찰법규 등에 의한 나라의 보호를 예정하는 것에 머물러 결국은 사회권도 자유권의 하나로서 생각되었다.

따라서 원칙으로서 개인이 독립하여 자유롭고 안전하고 행복하게 살아가는 것은 전부 자유다. 그렇기 때문에 이 자유를 위해서는 생활자료를 얻는 것도 역시 자유이지 않으면 안 된다. 여기에서 이를 위한 수단이 필요하게 되는데 그것은 역사적으로는 무엇보다도 우선 재산이 필요하고 시간이 흐름에 따라 생기게 되는 생산관계의 발달과 경제생활의 복잡화는 노동과 교육도 필요한 수단이 되기에 이르렀다. 그렇기 때문에 생활의 자유라고 하는 것은 동시에 개인이 재산과 노동에 의해 스스로의 생활을 해나가는 자유를 외부로부터 방해받지 않는다고 하는 것, 즉 사유재산의 자유와 노동의 자유가 포함되어지는 것은 당연하지만 거기에서 중요한 것은 사회의 발전은 끊이지 않고 새로운 지식과 기능을 요구하고 있기 때문에 사회의 낙오자가 되지 않기 위하여 그것에 대응할 수 있는 지식과 기능을 획득하는 자유, 즉 인간다운 생활권도 포함되어지는 것이 또한 당연하다고 할 수 있다. 이 인간다운 생활권이 인간의 생활에 있어서 극히 중요하여 없어서는 안 될 것이라는 것에 대해서는 이미 1793년 6월 24일의 프랑스 산악당(montagnards, mountainward) 헌법의 권리선언, 1848년의 프랑스 헌법 전문 제8단 규정을 보더라도 명백하다.

17~18세기라고 하는 시대의 권리선언이나 규정의 본질은 인간의 자연권적 자유의 주장이고, 국가권력에 의한 여하한 제한을 배척하고 '국가로부터의 자유'를 확보하려 한 것이다. 이렇게 각 개인의 자유를 최대한으로 보장하는 것이야말로 개인에게 자유와 행복한 생활을 가져다줄 수 있다고 생각하였던 것이다. 이러한 근대국가에 있어서 인권의 보장은 무엇보다도 우선 자유권의 보장이나 다름 아니었다. 이렇게 해서 보장되기에 이르렀던 자유권은 기본적 인권으로서 널리 신앙, 사상, 언론, 출판, 집회, 결사, 교육, 주소, 이전, 신체 등의 자유를 구체적으로 보장하였던 것이다. 그런데 이 '자유'야 말로 자본주의적 생산의 내재적 법칙의 의식적 표명에 다름 아니다. 그것은 일체의 봉건적 속박에서의 해방을 의미했다. 이러한 중세의 모든 귀족적 특권은 폐지되고 길드의 제한도 파기되고 농노는 그 토지에서 해방되었다. 이것은 한편으로는 재산증식의 자유를 확보함과 동시에 다른 면으로는 빈곤의 자유도 확립했다. 더구나 자유는 자유경쟁

을 의미했다. 즉, 생산의 자유, 노동의 자유를 갖고 개인은 자유롭게 스스로의 능력에 따라 돈을 버는 것이 가능하게 되어 자본가는 스스로의 생산품을 이용하여 서로 무한경쟁을 벌이는 것도 가능하게 되었던 것이다. 그러나 무엇보다도 중요한 지위를 가지고 있었던 것은 소유권 및 계약의 자유였다고 말할 수 있다. 특히 그것은 시민의 생활을 지탱하는 지주(支柱)로서 중요할 뿐만 아니라, 경제사회에 있어서도 자본주의적 생산에의 기반을 확립시켰다. 이러한 자유권은 자본주의적 생산의 원동력이라는 의미에 있어서 자본주의 경제의 근본적 요건이기도 하다. 그래서 특히 자본주의경제를 상징한다고 할 수 있는 자유경쟁은 순기능과 역기능의 두 가지의 측면이 생각될 수 있다. 전자는 생산, 노동 등의 자유와 자본주의적 발전의 박차를 가하게 되어, 자본주의적 생산의 사회적 기능을 가능하게 하는 등 소위 자본주의 경제의 밝은 면이다. 후자는 빈부의 차가 격화되어 무산계급의 생활고가 증대한다고 하는 자본주의경제의 어두운 면이다.

19세기의 전반에 이르기까지의 자본주의경제의 발전기에 있어서는 자유경쟁의 역기능은 화려한 순기능적인 면에 가려져 있었다. 그러나 산업혁명 이래 급격히 발달해 온 자본주의 체제는 자본과 기업의 집중이 이루어져 소수의 유산자와 다수의 무산자와의 격차를 점점 더 증대시켜가기에 이르렀다. 즉 그 순기능은 자취를 감추고 그 대신 역기능의 면만이 점점 더 커져갔다. 여기에서 심각한 사회문제가 발생하게 된다. 이러한 자유경쟁은 그 자체에 내재하는 부정적인 요소에 근거하여 이윽고 스스로를 부정하지 않으면 안 되었다. 여기에서 사회권의 주장이 생겨나게 되었다. 다시 말하면 사회권의 문제는 헤겔의 지적을 열거할 필요도 없이 자본주의 사회에 있어서 자유경쟁이 가져온 필연적인 현상이었다고 말할 수 있다.

Ⅲ. 사회권론의 전개

근대적 의미에 있어서 사회권의 개념은 오히려 일반적으로 적극적인 의미 내용을 가진 것으로 이해되고 있었다고 말해야만 한다. 어차피 이 사회권의 사상은 본래는 무산계급의 보호를 계기로 하여 착안되어진 것이었다. 따라서 그것은 주로 사회주의, 공산주의의 경향에 속하는 사상가에 의하여 주장되어졌고 그 가장 대표적인 사람은 오스트리아의 사회법률학자 안톤 멩거(anton menger)였다. 그는 자기의 유명한 저서 '노동전수권 사론(勞動全收權 史論)'에서 인간은 욕망 충족을 위하여 노동을 하는 존재이다. 따라서 노동과 노동수익, 욕망과 충족이라는 것은 인간의 경제생활에 있어서 두 가지의 인과의 계열(kausalreihen)을 이루고 있다. 만약 오늘날의 법률질서가 노동자에게 그 전수익을 부여하고 현존물자에 따라서 욕망을 충족시키는 것이라면, 재산법의 사상은 달성시킬 수 있다. 그런데 현재의 재산법은 이 목적에 반하여 첫째로, 노동자에게 전노동수익을 보장하지 않고 불로소득에서 생긴 재산을 보장하고 둘째로, 현존물자에 따른 욕망의 충족을 측정하지 않고 개인의 생활유지에 필요 불가결한 물자와 노동조차도 부여할 것을 규정하고 있지 않다. 여기에서 이 두 가지의 경제목적을 이루기 위하여 세 가지의 '경제적 기본권'을 주장한다. 그 첫째는 노동전수권, 둘째는 사회권, 셋째는 노동권이다. 전노동수익권이란 노동의 전수익을 그 노동자에게 귀속시킬 것을 요구하는 권리이다. 사회권이란 개인의 생존에 필요한 물자를 현재물자에 따라 나누어 줄 것을 요구하는 권리이다. 노동권은 사회권의 특수한 변형이다. 여기에서 중요한 것은 각 권리의 성질상 두 번째의 사회권이라는 것은 당연하다. 그래서 그는 생존욕망을 배분의 표준으로 하면서 "사회권이란 사회의 각 사회원들이 그 생존에 불가결한 물자와 노동을 타인의 필요성이 보다 적은 욕망이 충족되어지기 전에 현재물자에 따라서 자신에게 나누어 질 것을 요구할 권리이다."라고 하면서 "이것은 개인에게 무조건적으로 인정되어져야 할 권리이지만, 구체적으로는 개인에 의해 내용이 달라진다. 즉 미성년자는 부양 및 인간다운 생활권, 성년자는 단지 부양을 받을 권리를 가지고 성년유권자는 그에 상당한 노동의무를 져야 하며 노인, 병자, 그 외의 불구자를 위하여 노동불능이 된 사람들은 구호를 받을 권리를 가지게 된다."라고 하였다. 그러나 이 같은 적극적인 내용을 가진 사회권의 사상은 사회주의와 공산주의 사상가뿐만이 아니라 비젤 및 휠칸트 등은 자연법학의 입장에서 소위 프롤레타리아 자연법의 개념에 기초하여 적극적인 의미내용을 가지는 사회권을 인정하고 있다. 이러한 근대적인 의미의 사회권은 원래 무산계급의 보호를 목적으로 생각되어진 것이지만 현재에 있어서는 모든 사람에게 공통적인 문제로서 일반화돼 생각되고 있다. 그래서 사회권은 단지 소극적인 것이 아니라 모든 사람에게 '인간이 마땅히 누려야 할 생활'을 적극적으로 보장하자고 하는 주장이다. 이 사회권론에 대해

맬서스는 '인구론'에서 식량과 인구의 증가율의 불균형을 주장하고 부모에게서 유산을 받지 못했거나 사회에서 노동을 얻을 수 없는 사람은 생존의 권리를 가질 수 없다고 하였으나 사회권은 사회의 구성원인 개인의 필연적인 요구권(要求權)을 승인한 것이다.

Ⅳ. 사회권의 현대적 의미

오늘날 자유권과 사회권은 국가에 대한 개인의 관계를 규정하는 중추개념이다. 사회권의 문제는 곧 인간의 존엄과 불가분적으로 결합되어 있는 자유권의 문제라고 할 수 있다. 그 이유는 사회권에서 문제되고 있는 것은 자유의 실질적 실현가능성, 곧 자유권을 현실화할 수 있는 외적 조건과 전제에 대한 것이기 때문이다. 어떤 사람이 항상 타인의 자비를 구해야 하고 언제나 타인의 자비에 의탁하여 생활을 영위하여야 한다면, 그는 자유롭지 못할 뿐만 아니라 존엄하다고 할 수도 없다. 따라서 '사회적 안전과 사회적 정의는 우리 시대의 중대 관심사(Soziale Sicherheit und Gerechtigkeit sind die großen Anliegen der Zeit)'라는 지적은 바로 한 사람의 자유가 다른 사람의 자유와 함께 성립되지 않으면 안 된다는 것, 곧 자유는 모든 인간을 위해서 존재해야지 소수의 인간을 위해서만 존재해서는 안 된다는 자연법적 원리의 논리적 결과 이외의 다른 것을 가리키는 것이 아니다. 오늘날 이 시대를 살고 있는 사람들은 국적이나 이념에 관계 없이 국가와 법이 점점 더 절실해져 가고 있는 사회적 문제를 책임지고 해결해야 한다고 생각하고 있다. 이러한 사정은 우리나라의 경우에도 그대로 적용된다. 이와 동시에 아시아와 아프리카 그리고 라틴 아메리카의 여러 나라들에서는 사회권이 자유권보다 한층 더 기본적이며, 그렇기 때문에 사회권을 실현시키기 위해서는 자유권은 등한시되어도 무방하다는 견해까지 표명되고 있다. 그러나 경험에 따르면 복지국가가 실현된 곳은 다른 곳이 아닌 민주적 헌법국가들이며, 따라서 현실적으로 자유권은 사회권을 실현하는데 저해요인으로 작용하는 것이 아니라 촉진요인으로 기능하고 있음이 입증되고 있다. 왜냐하면 자유권은 모든 종류의 인권침해를 공개할 수 있게 하고 인권침해에 대하여 정치적 비판과 통제를 가능하게 함으로써 무능하고 부패한 정권을 선거를 통하여 교체시키고 민주적 견해들을 정부의 시정방침과 법률에 반영시킬 수 있게 하는 전제조건이기 때문이다. 따라서 현대국가에서 사회권과 자유권의 관련성과 상호관계의 복합성은 고도로 현실성을 띤 주제라고 할 수 있다.[8][9]

V. 사회권의 실정법화

근대 자본주의의 발달에 따라 자유방임주의의 원리는 결국 무너지게 되었다. 즉 자유경쟁의 순기능이 후퇴하고 그 역기능이 전면에 떠오르게 되었던 것이다. 그 결과 무산계급의 생존 또는 생활의 가능성이 박탈당하여지고 박탈당하지는 않더라도 그러한 가능성에 커다란 불안을 가지는 것과 함께 본능적인 생존에의 요구가 정당하다고 하는 의식을 불러와서 그 의식이 일반적인 사회의식이 되고 결국에는 실재적인 사회의 힘을 배경으로 하여 사회권은 차츰 실정법으로서 규정되어지게 되었다. 특히 20세기가 되면서 제1차 세계대전을 계기로 하여 이 경향이 세계적으로 강해지게 되었다. 그러나 이 같은 사회권의 개념은 20세기의 산물이 아니고 이미 전술한 시에예스 초안외에 1793년 4월 24일에 로베스피에르가 국민공회에 제출하였던 초안에서도 살펴볼 수 있다.

이 같은 사회권적인 규정이 인권선언에 명확한 형태를 가지고 나타난 것은 처음이었다. 그래서 이 사회권 규정에서는 후에 1848년의 프랑스 헌법에 의하여 계승되지만, 사회권의 보장을 널리 받아들인 전형적인 헌법은 말할 것도 없이 바이마르 헌법이다. 이 헌법은 제2편에 '독일인의 기본권 및 기본의무'라는 제목

---

8) 홍성방, 헌법, 현암사, 2007, 172~173면 참조.
9) 자유권과 사회권의 관계

	자유권	사회권
이념	소극적 · 방어권, 인간의 권리	적극권, 국법상 권리, 국민의 권리
주체	원칙(자연인), 예외(법인과 외국인)	국민(자연인)
권리내용	개인의 자유로운 생활영역 확보	인간다운 생활을 위한 급부와 배려
효력	직접 국가권력 구속, 헌법규정만으로 재판규범, 제3자적 효력이 많음	구체적 입법시 재판규범, 입법기관구속, 예외적으로 제3자적 효력
법률유보	직접 국가권력 구속, 헌법규정만으로 재판규범, 제3자적 효력이 많음	권리형성적 법률유보
제한기준	국가안전보장, 질서유지(소극적 목적)	공공복리(적극적 목적)

으로 개인(109~118조), 공동생활(119~134조), 종교 및 종교단체(135~141조), 교육 및 학교(142~150조), 경제생활(151~165조) 로 나뉘어져 있지만, 프랑스 제4공화국 헌법은 그 전문 제2단에서 "프랑스 국민은, 특히 우리 시대에 있어서 필요한 존재로서, 이하에서 말할 정치적, 경제적, 사회적 제원칙을 선언한다."고 하여 제3단 이하에 각종 사회권에 관한 규정을 만들고, 프랑스 제5공화국 헌법도 또한, 이것을 신봉한다고 하였고, 이탈리아 헌법은 '기본적 인권' 그리고 제1편 '시민의 권리 및 의무' 중에 제1장 '시민관계', 제2장 '윤리, 사회관계', 제3장 '경제관계'에 관한 각각의 사회권에 관한 규정이 들어있다. 일본의 헌법도 제25조, 제26조 및 제27조, 제28조에 있어서 각각 구체적인 규정이 들어있고, 세계인권선언은 제22조 이하에서 일반적이고 구체적인 규정이 들어있다.

1917년의 러시아 혁명은 자본주의적 사회구조를 근본적으로 변혁하여 사회주의체제 아래에서 실질적인 사회권을 보장하기에 이르렀다. 그래서 제2차 세계대전 후에는 이 체제를 모델로 하는 많은 인민민주주의 국가가 성립되었다. 소비에트의 헌법도 각 인민민주주의 국가의 헌법도 모두 사회권의 보장에 관한 규정을 가지고 있지만 그 모양과 내용은 그 헌법이 따르는 원리가 자본주의국가와 완전히 다르기 때문에 자본주의 국가의 규정과는 그 성격을 달리하는 것은 당연하다.

 ## VI. 사회권의 법적 성질

이하에서는 사회권의 법적 성질에 대하여 학설과 판례의 견해를 상세히 논의하고자 한다.

1. 학설

헌법 제34조 제1항은 "모든 국민은 인간다운 생활을 할 권리를 가진다."고 규정하고 있다. 사회권에는 국민 각자가 스스로 건강하고 문화적인 최저한도의 생활을 유지할 자유를 가지고, 국가는 그것을 저해해서는 안 된다고 하는 자유권적 측면과 국가에 대해서 그와 같은 영위의 실현을 구하는 사회권적 측면이 있지만 논의의 중심은 물론 후자의 법적 성격쪽에 있다. 이 점에 관한 학설은 대별하면 다섯 가지 입장으로 나뉜다.

(1) 프로그램규정설

우선 프로그램규정설은 헌법 제34조 제1항은 단순한 프로그램이고, 국가에 대한 정치적 의무 이상의 것은 정하고 있지 않다고 이해한다.[10] 이 설에 의하면 사회권에 관한 헌법규정은 모든 국민들의 인간다운 생활을 실현하기 위한 국가의 사회정책적 목표 내지 입법의 방향을 선언한 것으로 그 권리성을 부인하고 단지 국가에 대하여 이것을 구체화할 정치적·도덕적 의무를 선언한 프로그램적 규정이라고 한다. 이것은 바이마르헌법하의 통설이었지만 오늘날에는 추종자가 없다. 사회권이 구체적인 권리가 되기 위해서는 이것을 구체화하는 입법이 있어야 하고 또한 재정적 능력이 구비되어야 그 실효성을 기대할 수 있는데 이들 조건이 결여되어 있는 경우에 이 헌법규정은 어디까지나 입법자에 대하여 사회정책의 기본방향을 제시하는 프로그램적 규정에 불과하다고 한다.[11] 따라서 국가의 의무는 단지 개인의 생존을 보장하기 위한 입법을 할 정치적·도덕적 의무에 불과하며, 구체적 입법이 없으면 그 권리를 재판을 통해 주장할 수 없고, 입법을 하지 않는다고 입법부작위에 대한 위헌확인소송을 제기할 수 없다.[12]

(2) 추상적 권리설

이에 대해서 추상적 권리설은 이것은 입법자에 대해서 입법 기타의 조치를

---

10) 法協編, 註解(上) 488面 參照.

11) 바이마르시대의 프로그램規定說은 日本과 우리나라에도 그대로 도입되어 종래 헌법학의 통설로 되어 왔다. 日本의 경우 헌법 제25조의 「社會權」을 비롯한 일련의 社會權的 基本權 규정은 「국가가 社會權 실현의 필요한 立法이나 적당한 시설을 행하지 않는 때에는 아직 국가에 대하여 구체적인 請求權을 인정할 수 없고, 또한 그 立法의 태만이 헌법위반이라 하더라도 법원의 法令審査權으로 시정할 수 없으나, 社會權의 自由權的 측면에 있어서는 그것을 적극적으로 침해하는 立法·行政은 법원에 의해 效力이 否定될 수 있다」. 그리고 프로그램규정설을 日本에 최초로 도입한 학자인 我妻榮, 基本的 人權(1947), 民法研究 Ⅷ(1970), 85면 참조.

12) 윤명선, 헌법학, 대명출판사, 2009, 참조.

요구할 권리를 규정한 것이고, 그에 대응해서 국가에 법적 의무를 부여하고 있다고 이해한다. 이 설중에서도 다양한 뉘앙스를 가지는 것이 있지만 사회권은 헌법상 이미 구체적 권리로서 인정되고 있는 권리는 아니기 때문에 직접 헌법 제34조 제1항을 근거로 국가의 입법이나 행정의 부작위의 위헌성을 재판으로 다투는 것까지는 인정되지 않지만 이 규정을 구체화하는 법률의 존재를 전제로 하여 그 법률에 근거한 소송에 있어서 헌법 제34조 제1항 위반을 주장하는 것은 허용된다는 점에서 공통된다.13) 그리고 이 설에 의하면 사회권이 헌법에서 명시적으로 규정되고 있는 이상 '법적 권리'이며, 국가는 입법 등을 강구할 법적 의무를 가진다고 한다. 사회권의 경우에 그 보장수단이 불완전하다는 점에서 '불완전한 권리'라고 할 수 있지만, 그 권리성마저도 부정하는 것은 부당하다. 다만 사회권은 구체적인 입법을 통하여 비로소 보장·실현될 수 있는 '추상적 권리'라고 한다. 따라서 구체적인 입법이 없으면 사회권은 사법절차를 통해 그 구제를 주장할 수 없으며, 단지 헌법이 법률에 유보하고 있는 경우에는 입법부작위위헌확인소송을 통해 입법을 촉구할 수 있다. 그러나 구체적인 입법이 없는 한 사회권 규정만으로는 사법적 구제가 인정되지 않으며, 구체적 청구권의 인용 여부는 입법정책의 문제로 보고 있다는 점에서 프로그램규정설과 구별할 실익은 거의 없다. 헌법재판소도 기본적으로는 이 입장에 서 있다14).

(3) 구체적 권리설

또 구체적 권리설은 헌법 제34조 제1항의 권리내용은 헌법상 행정권을 구속하는 정도는 명확하지 않지만 입법부를 구속하는 정도는 명확하고 그 의미에서 구체적인 권리를 정한 것이고 이것을 실현하는 방법이 존재하지 않는 경우에는 헌법재판소의 부작위입법의 위헌성을 확인하는 소송을 제기할 수 있다고 주장한다. 그리고 이 설에 의하면 사회권을 보장·실현하기 위한 구체적인 입법이 없는 경우에도 현실적으로 국가에 대하여 일정한 급부를 청구할 수 있는 '구체적 권리'이며, 국가는 이를 적극적으로 보장할 법적 의무가 발생한다고 한다. 즉 사회권을 구체화하기 위한 입법이 없더라도 현실적으로 효력을 가지는 '완전한

---

13) 橋本, 憲法(改訂版) 392面; 橫川博, 社會權의 保障, 淸宮他編, 憲法講座(2) 219面 以下 等.
14) 윤명선, 전게서, 522면 참조.

권리'라고 본다. 사회권을 구체적 권리로 이해하는 한 이것은 자유권적 기본권과 마찬가지로 구체적 입법이 없이도 헌법규정 그 자체에 의해 재판상 구제받을 수 있는 권리가 되어야 한다.[15]

(4) 불완전한 구체적 권리설

불완전 구체적 권리설에 의하면 사회적 기본권이 오늘날에는 불완전하나마 구체적 권리로서의 성격을 지니고 있고 또 사회적 기본권, 특히 인간다운 생활을 할 권리가 정신적 자유에 못지않게 중요한 의미를 가지고,[16] 이러한 사회적 기본권은 다음과 같은 특징을 갖는다. 첫째, 모든 헌법규정은 공동체구성원들의 헌법생활과정에서 그 내용이 반드시 실현되어야 할 재판규범이라는 점이다. 어떠한 헌법조항은 재판규범이고, 어떠한 헌법조항은 프로그램규정이라는 해석은 헌법에 그에 관한 명문의 규정이 존재하지 아니하는 한 독단적·자의적 해석일 수밖에 없기 때문이다. 둘째, 경제적으로 열악한 상황에 처한 절대빈곤층[17]과 사회적 빈곤층에게는 자유권적 기본권이나 정치적 기본권보다 사회적 기본권의 실질적 보장이 더욱 절실한 의미를 가지기 때문이다. 셋째, 우리나라와 같이 사회국가의 원리를 지향하는 사회국가적 성격을 가진 국가의 경우에는, 국가의 과제와 목표는 무엇보다도 사회적 기본권의 실현에 중점을 두는 것이 아니면 아니되기 때문이다. 국가적 성격을 사회국가로 규정하고 국가목적을 사회국가원리의 구현이라고 규정하면서, 사회적 기본권을 프로그램적인 것 내지 추상적인 권리로 이해한다는 것은 논리적 모순이 아닐 수 없다. 넷째, 헌법재판제도가 확립된 경우에는 헌법재판이라는 방법을 통하여 헌법불합치·입법촉구결정을 하는 것이 헌법규범구조상 반드시 불가능하지 않다고 보기 때문이다. 이러한 의미에서 사회적 기본권은 자유권적 기본권처럼 직접효력을 가지는 완전한 의미에서의 구체적 권리일 수는 없다 할지라도 적어도 청구권적 기본권이나 정치적 기본권의 일부와 동일한 수준의 불완전하나마 구체적인 권리로서의 성격은 가지고 있

---

15) 윤명선, 전게서, 522면 참조.
16) 사회적 기본권의 헌법적 실현가능성과 보장형식에 관해서는 특히 한병호, 인간다운 생존의 헌법적 보장에 관한 연구, 서울대학교 박사학위논문(1993), 129면 이하 참조.
17) 1999년 12월 1일의 보건복지부 발표에 의하면 1인당 월 최저생계비는 26만 8천 3백 8원이고, 1997년 현재 월 10만원 생계비지급대상자는 37만 2천명이라고 한다.

다고 보아야 할 것이다[18].

(5) 헌법적 위임설

헌법적 위임설에 의하면 우리 헌법에 규정되어 있는 사회적 기본권은 주관적 공권이 아니라 일차적으로 기본전제를 형성하라는 입법자에 대한 구속적인 헌법위임규정으로 이해할 수 있다. 그러나 개별적 사회권들이 입법위임규정 외에도 다른 것을 뜻하는지는 구체적인 경우를 따져 개별적으로 판단하여야 할 것이다.

입법위임규정은 입법자에게 구체적 규율정립의 의무를 부과하고 있는 헌법규정을 말한다. 입법위임규정은 특수하고 구체적으로 표현되기 때문에 국가목표규정보다 더 강하게 입법자를 구속한다. 곧 입법위임규정은 국가목표규정보다 더욱 법정립을 의무화시키며 그 이행을 더욱 잘 감시할 수 있다. 뿐만 아니라 부분적이긴 하지만 우리 법에는 그에 대한 헌법적 통제수단이 마련되어 있다. 곧 입법자가 내용과 범위가 정해져 있는 법정립에 대한 명시적인 헌법위임을 이행하지 않을 뿐만 아니라 또한 이러한 위임이 특정범위의 사람들의 개인적 이해관계와 관련이 있는 경우 개별시민은 입법부작위에 대하여 헌법소원을 제기할 수 있다. 또 헌법재판소는 그러한 헌법소원에 대한 판결에서 입법자에게 헌법적으로 요구되는 법률을 정립할 기간을 정하거나 그 기간이 지나도 입법이 행해지지 않으면 요구되는 법률을 정립할 기간을 정하거나 그 기간이 지나도 입법이 행해지지 않으면 법원이 입법부를 대신하여 헌법명령을 집행할 수 있다.[19]

이러한 제설 중 우선 초기에 가장 유력하게 제창된 설은 프로그램규정설이었다. 프로그램규정설이란 원래는 바이마르 헌법의 각종 사회권적 헌법규정의 해석으로서 통설의 입장을 차지했던 독일학설의 호칭이었는데 그 영향을 강하게 받아 한국헌법의 해석론으로서 주장되었던 것이었다. 그 논거로서는 권리의 구체적 내용과 그 실현방법이 명확하지 않다는 점, 자본주의체제하에서 그것을 실현하는 실질적인 전제를 결여하고 있는 점, 구체적인 실시에 필요한 예산이 국가의 재정정책 등의 문제로서 정부의 재량 등에 맡겨져 있는 점 등을 들었

---

18) 권영성, 헌법학원론, 법문사, 2010, 참조.
19) 홍성방, 앞의 책, 183~184면 참조.

다.[20)]

　학설은 우선 이상과 같이 분류할 수 있지만 사실은 추상적권리설과 구체적
권리설의 실질적 내용에는 큰 차이는 없다. 양설은 직접 헌법 제34조 제1항에
근거해서 구체적인 생활부조의 청구를 하는 것은 불가능하다고 이해하는 점, 동
조항은 입법 기타 조치를 요구하고 있다는 점, 구체적으로 제정된 법률에 관해
서 헌법 제34조 위반을 주장할 수 있다고 하는 점에서 일치한다. 그것에서 우선
입법부작위에 관한 소송이 가능한가 어떤가의 점만이 다른데 그것은 사회권에
고유한 실체문제는 아니고, 소송절차상의 문제일 것이다. 다른 한편 프로그램적
규정설의 입장을 순수하게 고수하는 학설은 오늘날 거의 찾아볼 수 없다. 그러
니까 적어도 오늘날의 시점에서는 사회권의 법적 성격에 관한 학설의 기본적인
대립은 없고 소송절차나 심사기준의 문제만이 남아있다고 해도 좋을 것이다.

　그리고 소수설에 의하면 불완전한 구체적권리설[21)]을 주장하는데 이는 표현
만 바뀌었을 뿐 구체적 권리설과 내용은 동일하다.

2. 판례

　헌법재판소는 자본주의경제의 발달과정에 있어서 빈곤은 더 이상 개인적인
물질적 결핍의 문제가 아니라 사회의 안정을 위협하는 사회 전체의 문제이고,
경제의 성장에 의하여 자연적으로 해결될 수 있는 것도 아니라는 인식이 자리
잡아 가면서, 빈곤문제는 국가의 과제로 인식되었다. 이러한 인식에서 현대의
여러 국가는 모든 국민에게 생활의 기본적 수요를 충족시켜 줌으로써 건강하고
문화적인 생활을 보장하는 것이 국가의 책무라고 하는 사회국가원리를 헌법에
규정하게 되었고, 우리 헌법도 제34조 제1항·2항에서 모든 국민은 인간다운 생
활을 할 권리를 가지며 국가는 사회보장·사회복지의 증진에 노력할 의무를 진
다고 규정하고 여러 가지 '사회적 기본권'을 폭 넓게 규정함으로써 사회국가원
리를 헌법적으로 수용하고 있다. 그리고 국가가 행하는 생계보호가 헌법이 요구

---

20) 일본에서는 최초의 사회권소송으로 유명한 朝日訴訟을 계기로 추상적권리설의 입장이 점
　점 유력하게 되고, 오늘날에는 최유력설이 되어 있다.
21) 인간다운 생활권 중 자유권적 측면은 구체적 권리성을 가지는 것이지만, 사회권적 측면은
　불완적한 구체적 권리성을 가지는 것으로 이해해야 할 것이다. ―권영성, 전게서, 612~613
　면 참조.

하는 객관적인 최소한도의 내용을 실현하고 있는지의 여부는 결국 국가가 국민의 '인간다운 생활'을 보장함에 필요한 최소한도의 조치는 취하였는가의 여부에 달려있다고 할 것인바, '인간다운 생활'이란 그 자체가 추상적이고 상대적인 개념으로서 그 나라의 문화의 발달, 역사적·사회적·경제적 여건에 따라 어느 정도는 달라질 수 있는 것일 뿐만 아니라, 국가가 이를 보장하기 위한 생계보호 수준을 구체적으로 결정함에 있어서는 국민 전체의 소득수준과 생활수준, 국가의 재정규모와 정책, 국민 각 계층의 상충하는 갖가지 이해관계 등 복잡하고도 다양한 요소들을 함께 고려하여야 한다. 따라서 생계보호의 구체적 수준을 결정하는 것은 입법부 또는 입법에 의하여 다시 위임을 받은 행정부 등 해당기관의 광범위한 재량에 맡겨져 있다고 보아야 한다.[22] 이러한 결정문에 근거하면 헌법재판소는 사회권을 추상적 권리로 보고 있는 것 같다.

3. 소결

이를 정리하면 다음과 같다. 우선 추상적 권리설에 의하면 인간다운 생활권은 사회보장 기타 국가의 적극적 시책에 의하여 실현되어질 권리이나, 인간다운 생활에 필요한 비용을 청구할 구체적인 청구권은 아니라고 보고, 구체적 권리설에 의하면 모든 국민의 물질적, 문화적으로 국가에 대하여 적극적인 조건정비를 요구할 사회권적 기본권이라고 보아 구체적 청구권이 발생한다고 본다.[23]

이에 대하여 현 헌법재판소제도를 갖고 있는 시점에서 인간다운 생활을 할 권리를 침해당하게 되면, 헌법재판소에 헌법소원이나 위헌법률심사제도를 이용하여 권리구제가 가능하다고 보면 구체적 권리설이 타당하다고 본다.[24][25]

---

22) 헌재 1997. 5. 29. 94헌마33.

23) 신현직, 교육기본권에 관한 연구, 서울대학교 박사학위논문, 1990 참조.

24) 교육을 받을 권리은 문화적 사회권이나 예를 들어 교육의 자유는 학문의 자유, 수학권은 인격형성권·행복추구권, 교육시설요구권은 청구권적 기본권, 균등교육은 평등권, 정치교육에 관한 권리는 참정권, 교육의 자치는 자치제도보장, 사학교육의 보장 등은 제도보장으로 분리해서 보아야 한다. 이 모든 것을 통합하여 교육기본권이라고 할 수는 있겠으나 헌법 제34조가 이 모든 것을 다 포용하고 있다고는 할 수 없다.

25) 안용교 교수도 구체적 권리설을 취하고 있다. "교육에 필요한 재정의 공여, 시설·제도의 정비 등 교육의 외적 제조건의 정비를 국가에 요구할 수 있는 구체적 권리를 보장하고 있다는 구체적 권리설이 있다. 구체적 권리설이 타당하다. 왜냐하면 인간다운 생활권은

따라서 사회권적 기본권은 법적 권리이지만 그 권리의 내용이 직접 헌법규정에 의해 구체화되는 것이 아니라 그 헌법규정을 구체화하는 법률에 의해 확정되는 추상적 권리성을 특질로 하고 있다. 따라서 국가는 사회권적 기본권을 구체화할 입법의무를 지고 있으며, 그 구체화입법에 의해 비로소 사회권적 기본권은 현실적으로 실현되는 것이다. 그러나 만일 사회권을 구체화하는 입법(立法)이 존재하지 않거나 불충분한 경우에 현행법상 어떠한 구제방법으로 그 권리를 실현시킬 것인가가 문제된다. 우선 우리 헌법은 헌법의 실현을 보장하기 위한 헌법재판소제도를 채택하고 있으므로 헌법소송적 구제방법을 생각할 수 있다. 현행헌법은 공권력의 행사 또는 부행사에 의한 국민의 기본권침해에 대한 헌법소원을 인정하고 있으므로 사회권에 관한 입법부작위에 의하여 국민의 사회권이 침해된 경우에는 헌법소원을 통하여 입법부작위 위헌확인을 구할 수 있으며, 나아가 헌법재판소는 입법자로 하여금 사회권을 구체화하기 위한 법률을 제정하도록 입법촉구결정을 할 수 있다고 본다. 그리고 사회권을 구체화하는 입법이 존재하나 그 내용이 불충분한 경우에도 헌법소원을 통해 당해 법률의 헌법불합치결정과 입법촉구결정을 내릴 수 있다고 하겠다. 또한 사회권을 구체화하는 충분한 내용의 법률이 존재하는 경우에는 국민은 헌법과 법률에 따라 구체적 권리를 주장할 수 있다. 따라서 국가는 당해 법률에 의하여 보장되는 권리에 대응하는 구체적 의무를 이행하여야 하며 그 행정권의 행사 또는 불행사로 인한 권리의 침해에 대하여는 행정쟁송에 의하여 그 구제를 구할 수 있다.[26]

입법권·사법권에 대하여 직접 그 규범의 작위명령의 내용을 실현하도록 의무지우는 것, 즉 입법권은 그 규범내용에 적합한 입법·예산조치를 하고 사법권은 그 규범을 재판기준으로 유지할 것을 헌법상 의무지우고 있다고 생각되기 때문이다."

26) 정만희, 社會權的 基本權의 法的 性格, 考試研究 1995. 10, 27~34면 참조.

제2장 사회보장수급권과 사회복지법

제1절 인간다운 생활을 할 권리와 사회복지

 I. 인간다운 생활을 할 권리의 의의

인간다운 생활을 할 권리란 인간의 존엄성에 상응하는 건강하고 문화적인 생활을 영위할 권리를 의미하고, 이는 헌법 제10조를 보완하는 규정이다. 즉, 헌법 제34조 제1항의 인간다운 생활을 할 권리는 헌법 제10조의 인간으로서의 존엄과 가치를 사회적 기본권에서 구현하기 위한 수단조항인 동시에 사회적 기본권에 있어서는 목적조항을 의미한다. 근대 서구사회는 자유방임주의사상을 배경으로 발전하여 왔으므로 근대헌법에 있어서 기본권은 곧 자유권을 의미하였다. 그런데 자본주의의 파행적 발전은 사회적·경제적 약자의 생존 그 자체에 대한 위협을 초래하여 자유권은 공허하게 되었고, 생존 그 자체를 보장하기 위하여 사회권사상이 출현하게 되었다. 그리하여 국가의 성격은 야경국가로부터 사회국가로 전환됨과 동시에 인간다운 생활을 보장하기 위한 사회권이 현대헌법의 불가결한 요소로 등장하게 되었다. 이와 같은 사회권이 헌법에서 최초로 규정된 것은 1919년의 바이마르헌법이었다. 그 후 각국 헌법은 이러한 진보적 경향에 따라 사회권에 관한 규정을 두게 되었으며, 제2차 세계대전 후에 제정된 헌법들은 이것을 보다 구체적으로 규정하고 있다. 세계인권선언도 제22조에서 인간의 존엄성과 인격의 자유로운 발달에 불가결한 경제적·사회적 권리를 선언하고 있다. 그리고 1966년에 채택된 경제적·사회적·문화적 권리에 관한 국제규약(A규약) 제9조도 사회보장에 관한 권리를 규정하고 있다. 제34조 제1항은 "모든 국민은 인간다운 생활을 할 권리를 가진다."라고 선언하여 '인간다운 생활을 할 권리'를 보장하고, 이것을 실현하기 위해 2항 내지 6항에서 여러 가지의 사회보장제도를 규정하고 있다.

 ## Ⅱ. 법적 성격

이에 대해서는 기술한 바와 같이 사회권이 입법의 방침이라는 입법방침설, 사회권이 어디까지나 추상적 권리에 불과하며, 구체적인 입법조치가 있어야 비로소 국가에 대하여 소구할 수 있다고 하는 추상적 권리설, 사회권이 구체적인 입법조치의 유무를 불문하고 국가에 대하여 인간다운 생활의 보장을 청구할 수 있는 구체적인 권리라고 보는 구체적 권리설 등이 대립되어 있으나, 현재 헌법재판제도가 완비되어 있는 점에 비추어 구체적 권리설이 타당하다고 본다.

 ## Ⅲ. 주체

인간다운 생활을 할 권리의 주체는 국민이다. 이 경우의 국민은 자연인만이 포함되고 법인은 포함되지 않는다.

 ## Ⅳ. 내용

1. 서설

인간다운 생활의 의미는 인간의 존엄성 유지에 상응하는 건강하고 문화적인 생활을 말하고, 그 수준 최저생계수준을 의미한다. 그리고 사회보장에 의한 인간다운 생활 보장은 건강하고 문화적인 생활을 보장하기 위한 제 급여제도를 의미하는데, 우선 사회보험은 국민의 생활안정, 위험의 분산을 위한 공공적 보험제도와 의료보험, 연금보호, 재해보상보험, 실업보험 등을 의미하고, 공적부조는 생활불능, 생계유지 곤란 자에게 무상으로 최저생계유지를 위한 급여하는 것을 의미한다.

그리고 사회보상이란 국가유공자 등의 생활보장을 위한 제도를 의미하고, 사회복지란 요보호자의 자립에 필요한 지원을 위한 국가적 활동을 의미한다. 이하에서는 사회보장으로서 사회보장수급권에 대하여 상세히 설명하기로 한다.

2. 사회보장수급권

(1) 사회보장수급권의 의의

1) 개념

헌법상 사회보장수급권이란 사회적 위험으로 말미암아 요보호상태에 있는 개인이 인간의 존엄에 상응한 인간다운 생활을 영위하기 위하여 국가에 대해 일정한 내용의 적극적 급부를 요구할 수 있는 권리를 의미한다.[27] 이러한 사회보장수급권은 사회보장권 혹은 사회보장청구권이라는 용어를 본 책에서는 혼용하여 사용한다. 그런데 정확한 표현은 사회보장수급권이라는 표현이 정확한 표현이라고 할 수 있다. 그리고 사회복지법상 사회복지서비스를 받을 권리를 의미하며, 사회복지서비스를 받을 권리는 금전적 급여를 통한 최저한도의 생활보장과 자립을 목적으로 하는 국민기초생활보장과 비금전적 급여를 통한 재활, 생활의 안정과 복지의 증진을 목적으로 하는 사회복지서비스에 대한 통합적인 급여청구권을 말한다. 이에 대한 우리 헌법은 인간다운 생활의 보장방법의 일환으로 제34조 2항에서 국가가 사회보장·사회복지의 증진에 노력할 의무를 규정하고 있다. '사회보장'이라 함은 불의의 사고·질병·실직·노령·사망 등의 사회적 위험으로 인해 보호상태에 있는 개인이 인간다운 생활을 누릴 수 있도록 국가에 대하여 일정한 급부를 청구할 수 있는 제도를 말한다. 국가나 공공단체는 그 경비의 전부 또는 일부를 부담하며, 국민은 국가의 사회보장을 실시할 의무에 대응한 사회보장을 받을 권리, 즉 사회보장수급권을 가진다. 이 권리는 모든 국민

---

27) 권영성, 헌법학원론, 법문사, 2010, 606면.

들이 인간다운 생활을 위해 누리는 것이지, 사회적·경제적 약자에게만 인정되는 권리가 아니다. 이 권리는 사회적 기본권 중에서 가장 핵심이 되는 권리이다. 사회보험은 그 권리형성의 원인관계에 있어서 반대급부를 전제로 하고 있기 때문에 그 재산권적 보호를 논의할 정도로 권리성이 강하다. 국가·지방자치단체는 최저생계비와 최저임금을 고려하여 사회보장급여의 수준을 정하되, 국가는 모든 국민이 건강하고 문화적인 생활을 유지할 수 있도록 사회보장급여 수준의 향상에 노력해야 한다. 또한 사회보장수습권을 실질적으로 보장받기 위한 절차적 권리로서 '사회보장쟁송권'과 '사회보장행정참여권'이 보장되고 있다.[28]

그리고 사회보장수급권상 '사회보험'이란 국가 또는 공공단체가 보험담당자가 되고 특정한 국민을 피보험자로 하여 일정한 사고가 발생한 경우에 그 손실 또는 손해를 보상하는 제도인데, 그 재원은 조세와 보험료이다. 여기에는 의료보험, 실업보험, 연금보험, 재해보상보험 등이 있다.

또한 사회보장수급권상 '사회복지'라 함은 모성·아동·노령자·심신장애자 등 일부 국민의 건강과 복지를 보장하기 위한 제도인데, 사회구호시설에는 양로원, 고아원, 무료진료소, 직업훈련원 등이 있다. 헌법은 특히 여자, 노인과 청소년의 복지향상을 위해 국가가 노력할 의무를 규정하고 있다. 사회복지제도는 보건, 교육, 고용, 주택, 사법제도 등의 영역으로 확대되어야 하는데, 국가가 이를 실천하기 위해서는 막대한 재정적 뒷받침을 전제로 하기 때문에 사회보장의 내용은 당연히 제약을 받고 있다.

또한 자유권 사상을 기초로 한 시민법 모순과 한계를 들어내게 됨에 따라 국민 대다수의 사회권을 확보하기 위해서 노동법, 사회보장법, 사회서비스법이 입법되었다. 이러한 사회관계법체계가 확립됨으로써 사회보장수급권이 법적 청구권으로 인정받게 되었다. 현대 사회에 있어서 거의 모든 국가는 사회보장수급권을 법적 권리로 인정하고 있고 이를 보장하기 위하여 입법조치를 강구하고 있다.

2) 법적 성질

기술한 바와 같이 현재 헌법재판제도가 완비되어 있는 점에 비추어 사회보장수급권은 구체적 권리설이 타당하다고 본다. 그리고 사회보장수급권은 공법주체인 사회급여 관리운영 주체와 수급권자에 존재하는 사회법 관계에서 발생

---

28) 신섭중 외 5인, 사회복지법제, 대학출판사, 2003, 68~69면 참조.

하는 사회복지급여의 지급을 청구할 수 있는 권리로서 공법상의 쟁송방법을 통하여 실현 할 수 있는 수급권자의 개인적 공권이다. 즉 사회보장수급권의 법적 성질은 공법상의 쟁송방법을 통하여 실현할 수 있는 법적 청구권인 것이다.

사회보장수급권은 하위법규를 통해서 헌법에 규정된 사회권을 구체적으로 실현하는 것이다. 즉 구체적 사회권의 보장은 헌법의 하위 법인 각종 법률이나 명령, 규칙 등에 규정되어 있는 행정행위에 의해서 실현되는 것이다.

그런데 사회복지수급권의 성격에서 볼 때 사회권은 자기의 생활유지라고 하는 수급자의 사적 이익에 관한 측면이 대사회적 청구권으로서의 공적 성격이 결함되어 있는 것이다. 그러므로 사회복지수급권은 이러한 이중성으로 인하여 사적 측면에서는 사회복지행정의 재량권의 소극적인 특성으로 인하여 권리의 확보를 방해하고 있다.

사회복지는 국민기초생활보장법, 아동복지법, 노인복지법, 장애인복지법, 모자복지법, 국민건강보험법, 국민연금법 등 개별 사회복지법 전체를 통하여 실현되고 있다. 그러므로 모든 사회복지법에 규정되어 있는 사회복지서비스를 받을 권리, 즉 사회보장수급권은 헌법에 명시되어 있는 사회권, 혹은 협의의 복지권을 실현함으로써 궁극적으로는 현대 자본주의사회에서 스스로 자신의 생활을 유지하지 못하는 사회적 취약계층을 포함하여 모든 국민의 인간다운 생활을 보장하는 수단이라고 할 수 있다. 이런 점에서 사회복지법상의 수급권과 헌법상의 사회권은 내적으로 상호 연결되어 있다.[29]

(2) 사회복지서비스급여 수급권의 취약성

사회복지법의 분야 중에서 사회복지서비스 수급권이 권리로서 취약성을 지닐 수밖에 없는 이유는 사회권 내용자체에서 찾아볼 수 있다. 사회복지급여는 현물이나 현금급여 이외에 이른바 사회복지서비스라고 할 수 있는 비금전적 전문기술적 급여가 포함되므로 이러한 급여내용 자체를 법규범으로 규정하기 곤란한 점이 있다는 것이다[30].

---

29) 신섭중 외 5인, 전게서, 70~71면 참조.
30) 신섭중 외 5인, 전게서, 72면 참조.

(3) 사회보장수급권의 규범적 구조

사회복지법상의 수급권의 규범적 구조란 수급권의 내용과 형식을 체계적으로 정리하는 것을 의미하는데 이러한 사회보장수급권은 국가와 학자, 시대에 따라 다양하게 분류되고 있다. 국민의 사회권과 인간다운 생활을 실현하기 위한 권리로서 사회복지서비스를 받을 권리가 사회의 발전 정도나 시대에 따라 다르게 나타났는데 그 이유는 수급권의 내용과 형식이 발전하게 된 이유는 복지대상자들의 요구가 적극적으로 표명되고, 사회가 경제적으로 성숙함에 따라 국민의 복지욕구를 충족시킬 재정적 역량이 커져 수급권의 내용과 형식을 발전시켰고, 도시화·산업화에 따른 급격한 사회변화가 국민의 복지욕구를 다양화하게 만들었고, 한편으로는 욕구의 질적 변화를 초래했기 때문에 이에 대응하기 위하여 수급권의 내용과 구조가 발전하게 되었다. 그리고 권리로서의 사회복지서비스는 국가가 최종적으로 법적·행정적 조치에 의하여 실현하는 성격을 가짐으로써 사회복지서비스에 대한 행정행위의 재량이 증대되었다.

(4) 사회보장수급권의 내용

사회보장수급권 내지 사회보장청구권은 개인이 현실적인 사회보장급여를 해당 사회보장법에 따라 청구할 수 있는 실체적이고 구체적인 권리이다.[31] 이러한 사회보장수급권은 사회권 중에 인간다운 생활을 할 기본권의 구체적 보장으로 실체적 권리와 절차적 권리로 분류할 수 있다.

1) 실체적 사회보장수급권

실체적 권리에서 사회보장 청구권이란 사회보장을 받을 권리를 구체화하는 입법이 제정되었을 때 해당 사회보장법률에 의하여 현실적인 사회보장급여를 청구할 수 있는 구체적 권리이며, 이에는 사회보험, 공공부조, 사회보상, 사회복지 청구권이 있다.

사회보험이라 함은 경제적 약자에게 인간다운 생활을 위협받을 정도의 질병, 사망 기타 상당한 재산상 부담이 되는 사고가 발생한 경우에, 그 위험부담을

---

31) 권영성, 전게서, 607면.

국가적인 보험기술을 통하여 다수인에게 분산시킴으로써, 경제적 약자의 인간다운 생활을 사회보장적 작용을 의미하여, 그 유형은 의료보험, 연금보험, 재해보상보험, 실업보험청구권 등으로 분류된다.

그리고 공공부조의 의미는 생계의 유지가 곤란한 사람에게 국가가 최종적으로 최저생활비를 지급하는 것을 의미하고, 사회보상은 국가와 민족을 위하여 활동한 국가유공자가 상해 또는 사망하거나 노동능력을 상실한 경우, 본인이나 유족의 생활을 보장하는 것을 의미하고,[32] 마지막으로 사회복지라 함은 공공부조대상자, 아동, 장애자 등 기타 요보호자가 자립의 생활능력을 계발하는 데 필요한 수용보호, 생활지도, 갱생보호 등을 하는 국가적 활동을 의미한다.[33][34]

2) 절차적 사회보장수급권

절차적 권리인 사회보장수급은 사회보장쟁송권, 사회보장행정참여권, 사회보장입법청구권이 있다. 사회보장쟁송권이란 위법 또는 부당한 행정기관의 조치에 의해서 침해되었을 때 이의 구제를 신청할 수 있는 권리이다. 사회보장 행정참여권은 사회보장행정이 전문적, 기술적으로 행정기관의 재량에 의하여 급여수준의 결정 등에 있어 불공평한 경우가 있을 때 사회보장 행정절차에 지역주민이나 이해 당사자가 참여를 청구할 수 있는 권리이다. 그리고 사회보장 입법청구권은 사회보장을 실현할 구체적 법률이 제정되지 않았거나 또는 제정된 법률이 불충분한 경우 사회보장의 입법 또는 그 개정을 청구할 수 있는 권리이다.

(5) 사회보장수급권의 상대방

사회보장수급권의 상대방은 원칙적으로 국가이지만, 사회보장매개기관이나 사인(私人)도 될 수 있다.

---

32) 이에 해당하는 법률이 국가유공자등예우및지원에관한법률이 있다.
33) 이에는 윤락행위등방지법, 아동복지법, 노인복지법, 사회복지사업법 등이 있다.
34) 권영성, 전게서, 608면 참조.

(6) 사회보장수급권자의 권리와 의무

1) 사회보장수급권자의 권리

사회복지법에서 사회보장수급권을 권리로서 인정하고 있는 가장 중요한 이유는 사회권에 입각하여 인간다운 생활의 보장이 현대사회 복지국가의 존립의 근거가 되고 있다는 점과, 현대사회에 있어서의 국민전체의 사회권 보장은 국가사회의 보편적, 기본적 가치가 되고 있다는 점과, 국민전체의 경제적·사회적 생활보장은 사적 부양이 아닌 공적인 사회적 책임이라는 점이다.

2) 사회보장수급권자의 의무

사회복지 대상의 전 국민으로 확대되고 사회복지정책이 보편적으로 실시되는 현대사회에서는 사회복지수급권은 권리로서의 성격도 강하지만 그에 따른 의무도 중요한 문제로 부각되고 있다. 특히 국민기초생활보장법과 같이 최근에 제정 또는 개정된 법률은 의무조항이 강화되고 있는 실정이다. 구체적으로 살펴보면 신고의무와 협조의무이다.

(7) 제한

사회보장수급권도 무제한적으로 인정되는 것은 아니다. 따라서 사회보장수급권도 헌법 제37조 제2항에 의하여 제한될 수 있다. 사회복지수급권은 헌법상 보장된 인간다운 생활을 영위할 수 있도록 하는 것이므로 근본 목적에 어긋나면 일정한 제한을 가할 수 있다. 사회복지법의 목적은 스스로 사회생활을 유지할 수 없는 상태에 처한 사회적 약자에게 인간다운 생활을 영위할 수 있도록 사회가 보호하는데 있다. 그러나 사회복지급여가 정상적으로 이루어지지 않아 본래의 목적을 달성하지 못할 경우에는 평등의 원칙에 의해 제한을 하여야 한다. 이와 같은 사회보장수급권의 제한은 여러 가지 사정에 의하여 수급권이 적정하지 않다고 인식될 때 여러 가지 형식으로 제한을 하여야 한다. 공공부조수급자의 경우 수급조건에 따른 의무를 성실하게 이행하여야 하는데 공공부조수급 사유 및 조건을 고의 또는 악의 있는 행위를 통해 발생시키거나 수급사유 및 조건이 허위로 판명된 경우 등은 수급권을 제한하거나 금지한다.

(8) 국가의 사회보장 실현의무 및 그 한계

헌법 제34조 제2항 및 제6항은 국가에 대하여 사회보장의 실현의무를 규정하고 있는데, 즉 국가는 ① 사회보장·사회복지를 증진시킬 의무, ② 생활무능력자에 대한 생활보호의 의무, ③ 노인과 청소년의 복지향상을 위한 정책실시의무와 ③ 재해예방과 위험으로부터의 보호의무를 지고 있다. 인간다운 생활을 할 권리는 국가의 이와 같은 의무의 이행을 통해서만 보장될 수 있다. 그러나 국가가 모든 국민의 인간다운 생활을 할 권리를 보장·실현하는 데에는 일정한 한계가 있다. 첫째, 국가의 재정능력이 미흡한 경우에 실제로 건강하고 문화적인 생활을 영위할 수 있는 수준의 생활보호를 할 수 없다. 둘째, 국가의 생활보호는 보호대상자가 자신의 생활유지·향상을 최대한 노력하는 것을 전제로 자활이 불가능할 때 보충적으로 생활보호를 하는 것이다. 후기산업사회에서 고복지의 요청에 따른 고부담으로 복지국가가 위기에 처하여 있으므로 '자조정신'에 입각한 '적정선'의 복지제도가 채택되어야 한다.

제2절 사회복지법의 의의

 I. 사회복지법의 개념

1. 일반적 정의

사회복지법(social welfare law)은 사회복지에 관한 법이다. 즉, 사회복지를 그 대상으로 하는 법이다. 사회복지가 무엇이냐에 관한 법적 정의가 존재하지 않기 때문에 그 실질적 논의를 위하여는 사회복지에 관한 학계의 일반적 정의에 의존할 수밖에 없다. 사회복지(social welfare)는 기술한 바와 같이 어의적으로 사회구성원 다수가 평안하고 만족스럽게 잘 지내는 상태(welfare=well + fare: fare well)를 의미한다. 사회복지법이란 어의적으로 사회구성원 다수가 평안하고 만족스러운 상태를 유지하며 잘 지낼 수 있도록 규정하는 제반 법규를 의미한다. 구체적으로 정의하면 사회복지법이란 모든 국민과 적법한 외국인의 욕구를 충족시키고, 생활상의 곤란과 문제를 개인적, 집단적, 지역사회적, 국가적, 국제적 수준에서 예방, 보호, 치료, 회복시킴으로써 그들의 인간다운 생활을 보장하고 사회적 정의를 실현하기 위한 공적, 사적 제도와 정책 등을 규율하기 위한 제반 법규를 의미한다.[35)]

(1) 실정법적 의미의 사회복지법

실정법상의 사회복지법은 형식적 의미의 사회복지법이라고도 한다. 실정법상의 사회복지법은 법의 존재형식이 있고, 법의 명칭이 있는 사회복지와 관련된 법이다. 형식적 의미의 사회복지법은 실정법상 사회복지에 관한 내용을 포함하고, 하나로 통일된 사회복지법 또는 사회복지의 각 분야에 관한 개별적인 법의 명칭을 독자적으로 가지며, 법전이라고 하는 외적 형식을 갖추고 있는 법을 의미한다. 그러나 사회복지법은 역사적으로 개별적인 사회문제를 해결하기 위해 산발적으로 생성되었을 뿐만 아니라 복지국가가 발전되어감에 따라 새로운 사회복지법이 제정되고, 기존의 사회복지법도 내용적으로 수시로 변화하기 때문에 헌법이나 민법과 같이 통일된 형태의 사회복지 법전을 갖고 있지 못하다. 형식적 의미의 사회복지법의 예로는 우리나라의 경우 사회보장기본법, 사회복지사업법, 아동복지법, 장애인복지법, 노인복지법, 국민연금법, 의료보험법, 국민기초생활보장법, 의료보호법 등이 있다.[36)]

(2) 이념적 의미의 사회복지법

이념적 의미의 사회복지법은 사회권을 실현하기 위한 법이다. 사회권이란 국민이 인간다운 생활을 하기 위해 필요한 제반 조건을 국가권력이 적극적으로 개입하여 형성해줄 것을 요청할 수 있는 권리로 생활권적 기본권, 사회권적 기본권 또는 사회적 기본권이라고도 부른다.

---

35) 김기원, 사회복지법제론,. 나눔의 집, 2002, 49면.
36) 김기원, 전게서, 50면.

이념적으로 사회복지법은 헌법에서 규정하고 있는 사회권 이념과 내용을 구체화하기 위한 법으로서 국가가 국민들의 인간다운 생활을 적극적으로 확보해줌에 있어 필요한 제반 조건을 규정한 법규를 의미한다.[37]

(3) 법규범적 의미의 사회복지법

법규범적 의미의 사회복지법이란 사회복지와 관련된 행위규범이자 강행규범이고 조직규범으로 실질적 의미의 사회복지법이라고도 한다.[38]

2. 형식적 의미의 사회복지법

(1) 형식적 의미의 사회복지법

사회복지법의 개념정의는 법의 존재 형식에 따라 형식적 의미의 사회복지법과 실질적 의미의 사회복지법으로 나눌 수 있다. 형식적 의미의 사회복지법이란 사회복지법이라는 외적 형식을 갖춘 제반 법규를 개념규정하는 것으로 주로 각국의 실정법상 사회복지와 연관된 법규의 모든 법들이 이에 포함된다. 실질적 의미의 사회복지법이란 법적 존재의 형식과 명칭에 관계없이 법규범의 내용, 목적, 기능에 따라 그 법규범에 내재하는 공통된 법원리를 도출하고자 하는 점에서 중점을 둔 개념규정 방법이다.[39]

(2) 실질적 의미의 사회복지법

실질적 의미의 개념규정 방법은 이러한 한계와 관계없이, 법규범에 내재한 규범내용이나, 규범 목적 또는 그 기능에 따라 그 규범의 공통된 특징을 도출하고, 그것을 그 규범의 개념 정립에 기초로 삼는다.

---

37) 김기원, 전게서, 50~51면 참조.
38) 김기원, 전게서, 50~51면 참조.
39) 현외성, 한국사회복지법제론, 양서원, 2016 참조.

1) 광의의 사회복지법

이 견해에 의하면, 사회복지법이란 사회복지정책 혹은 사회정책의 실현과 관련된 제반 법률을 의미한다. 물론 이때 사회복지의 개념이 중요한 요인이 되는데, 이것 역시 광의로 해석되고 이와 관련된 법규범을 사회복지법이라고 한다. 그러므로 광의의 사회복지법이란 사회복지의 넓은 개념, 즉 현대사회에서 인간다운 생활을 유지하기 위해 필요한 물질적·비물질적인 사회서비스를 제공하는 공사의 노력의 총화를 규율하는 법규정이라고 볼 수 있다.

2) 협의의 사회복지법

사회복지법이란 현대사회에서 스스로 자신의 생활을 영위하지 못하는 사회적 약자들에 대해서 제한적으로 도움을 제공하는 노력의 총화와 관련된 법규범이다. 협의의 의미의 사회복지 개념이 중심이므로, 결국 협의의 의미의 사회 복지적 의미를 지닌 제반 제도와 정책의 실천을 표현한 법률이 바로 여기에 포함될 것이다.[40]

II. 대한민국시대의 사회복지

지난 1960년대 이후 우리 경제의 지속적 성장에 힘입어 국민 생활수준은 크게 향상되었다. 그러나 고도성장에 따른 부산물로서 소득격차의 심화와 부의 편재로 상대적 빈곤의식이 증가하고, 도시화·산업화에 따른 실업, 산업재해 등 각종 사회적 위험이 증대하고 있으며, 인구구조의 노령화와 핵가족화 등 사회구조의 변화로 인하여 전통적 윤리관이 퇴조되어, 노인문제·비행청소년문제·장애인문제·부랑인문제 등 여러 가지 해결하여야 할 사회문제가 크게 대두되고 있다.

이하 공공부조와 사회보험을 근간으로 하는 사회복지에 관하여 다음과 같이 4기로 나누어 그 법제의 변천을 살펴보고자 한다.[41]

---

40) 현외성, 전게서, 58면 참조.
41) 현외성, 전게서, 120~124면 참조.

1. 정부수립 이후부터 1960년대 초까지

일제로부터의 해방과 6.25동란 등으로 인하여 피난민·고아 등의 급증으로 사회구호의 수요는 방대하였으나, 동원 가능한 물자와 자금의 부족으로 인하여 극히 긴급한 구호가 필요한 노인·유아 등을 대상으로 양곡 및 각종 물자의 공급, 난민정착사업, 고아보호사업, 양로사업 등 임시적·단기적 응급구호에 급급하던 시기로서 구호행정체제도 정비되지 못하였고 법제적 기초도 빈약하였던 시기이다. 이 당시의 법률로는 6.25동란 전 1950년 4월 13일 제정·공포된 재해부흥조합법(1962. 9. 24. 폐지됨)과 동란 중인 1950년 8월 4일 제정·공포된 피난민수용에 관한 임시조치법(1962. 9. 24. 폐지됨) 등이 있는데, 전자는 천재지변과 기타 비상사태로 인하여 가옥과 재산의 재해를 당한 이재자의 재해복구와 그 생업에 필요한 자금을 융자하여 재해복구에 대한 공동사업을 하도록 재해부흥조합을 설립·운영하고자 한 것이며, 후자는 전시와 같은 비상사태 아래서 임시로 피난민을 수용하고 구호함을 목적으로 하였는데, 사회부장관의 명령으로 피난민을 귀속재산중 수용에 적합한 주택, 여관 등에 수용 조치할 수 있도록 하는 법적 근거를 마련한 것이다.

2. 1960년대 초부터 1960년대 말까지

구호행정의 체제가 정비되고 기본법제가 형성된 시기인데, 행정의 방향도 일시적 응급구호에서 보다 장기적인 자활구호로, 무상구로호부터 유상구호(건설사업에의 동원에 대한 반대급부로 지급됨)로 전환되었다.

이 시기에 제정된 법률로는 윤락행위를 방지하여 국민의 풍기정화와 인권존중에 기여하도록 한 윤락행위등방지법(1961. 11. 9. 제정), 노령·질병 기타 근로능력의 상실로 인하여 생활유지의 능력이 없는 자 등에 대한 보호와 그 방법을 정하여 사회복지의 향상에 기여하도록 한 생활보호법(1961. 12. 30.), 아동이 그 보호자로부터 유기 또는 이탈되었을 경우, 그 보호자가 아동을 양육하기에 부적당하거나 양육할 수 없는 경우, 아동의 건전한 출생을 기할 수 없는 경우 등에 있어서 아동이 건전하고 행복하게 양육되도록 그 복리를 보장하고자 한 아동복리법(1961. 12. 30.), 비상재해가 발생하였을 때에 응급적인 구호를 행함으로써 재해의 복구, 이재민의 보호와 사회질서의 유지를 기하고자 한 재해구호법 (1962. 3. 20. 제정됨), 사회보장제도의 확립과 그 효율적인 발전을 도모하고자 사회보장심의위원회의 설치·운영과 관계행정기관의 협력 등에 관하여 규정한 사회보장에관한법률(1963. 11. 3. 제정됨), 의료보험사업을 행함으로써 근로자의 업무 외의 사유로 인한 질병, 부상, 사망 또는 분만과 근로자의 부양가족의 질병, 부상, 사망 또는 분만에 관하여 보험급여를 실시하고자 한 의료보험법(1963. 12. 16. 제정됨), 근로능력이 있는 영세민에게 근로구호를 실시하여 그들의 자활을 조성하고, 지역사회개발에 기여하도록 한 자활지도사업에 관한 임시조치법 (1968. 7. 23. 제정, 1982. 12. 31. 폐지됨) 등이 있는데 이 기간에 공공부조와 사회보험을 근간으로 하는 사회보장제도의 수립을 위하여 상당한 노력을 기울였으나 국가재정의 제한과 경제개발이라는 우선적 과제에 밀려, 이 분야의 정책은 아직 사회복지라는 차원보다는 구휼 내지 구호라는 차원에서 사회경제적으로 취약한 계층에 대한 소극적인 하루조치로서 이재민, 극빈자, 영세민 등에 대한 구호사업과 고아시설, 영아원, 양로원 등 제한된 특수시설에 대한 운영비보조, 양곡지급 및 지도감독 등이 그 주요내용이었다.

3. 1970년대

1970년대에 이르러서는 그간 경제개발의 성과에 힘입어 종래의 '구휼' 내지 '구호'라는 차원을 벗어나, 한편으로는 사회적 취약계층 또는 낙오계층의 생활의 욕을 일깨워 이들을 자주적으로 갱생시켜 자립·자활할 수 있도록 하고 다른 한편으로는 일반자활가정들이 불의의 사고 또는 재난 등으로 인하여 구호대상가정으로 낙오되는 것을 예방하고 보호하여 보다 건강하고 안정된 생활을 영위하도록 사회복지사업을 추진하고자 하였다. 이러한 노력의 일환으로서 사회복지사업에 관한 기본적 사항을 정하여 그 운영의 공정, 적절을 기하고자 1970년 1월 1일 사회복지사업법이, 국민의 노령·폐질 또는 사망 등에 대하여 연금급여를 실시함으로써 국민의 생활안정과 복지증진에 기여하게 하고자 1973년 12월 24일 국민복지연금법이, 국민복지연금특별회계를 설치하여 국민복지연금사업과 동 연금기금을 효율적으로 운용하고자 1973년 12월 20일 국민연금특별회계법이 각각 제정되었다.

그러나 당초 1974년부터 실시할 예정이던 국민복지연금제도는 석유파동 (Oil Shock)에 따른 경제불안 등 그 실시여건이 좋지 않아 1974년 1월 국민 생활 안정에 관한 대통령긴급조치 제3호에 의거, 그 시행을 1년간 유보하였다가, 1975년 12월 종래 법률사항이던 제도의 시행시기를 대통령령 사항으로 하여 그 실시가 유보되었다. 그 후 1986년 국민복지연금법은 국민연금법으로 전문 개정 되어 1988년 1월 1일부터 시행되었고, 국민복지연금특별회계법은 1986년에 폐 지되었다.

전술한 의료보험법(1963. 12. 16.에 제정됨)은 국민개보험주의에 입각 1976년 12월 22일 전면 개정하여 사업장에 종사하는 근로자뿐만 아니라 모든 국민의 질병, 부상, 분만 또는 사망 등에 대하여 보험급여를 실시함으로써 국민보건을 향상시키고 사회보장의 증진을 도모하고자 하였는데, 이 개정에 의하여 의료보 험조합을 사업장 단위의 제1종조합과 지역단위의 제2종조합으로 구분하고, 업 종에 따라 일정 수 이상의 근로자를 고용하는 사업장에서는 의무적으로 제1종 조합을 설립하도록 법제화함으로써 점차 의료보험사업이 활성화되었다.

이외에도 1977년 12월 13일에는 공무원, 사립학교교직원 및 그 부양 가족 의 질병, 부상, 분만 또는 사망 등에 대하여 보험급여를 실시하고자 공무원및사 립학교교직원의료보험법이 제정·공포되었으며, 1977년 12월 31일에는 생활유 지의 능력이 없거나 생활이 어려운 자에게 의료보호를 실시하고자 의료보호법 이 제정·공포되었다.

4. 1980년대 이후

80년대에는 종래 계속되어 온 경제개발 5개년계획을 경제사회발전 5개년계 획으로 개편하여 추진하고 있는데, 이후 복지사회의 건설을 위하여 사회발전분 야에 대해서도 더욱 많은 투자가 이루어졌고, 이에 따라 관련 법제도 더욱 정비· 개선되었다.

80년대 초에 제정된 중요한 법률로는 사회복지사업을 효과적으로 추진할 수 있도록 사회복지사업기금을 설치·운영하고자 한 사회복지사업기금법(1980. 12. 31.), 노인의 심신의 건강유지 및 생활안정을 위하여 필요한 조치를 강구할 수 있도록 한 노인복지법(1981. 6. 5.), 심신장애발생의 예방과 심신장애인의 재활 및 보호에 대하여 필요한 사항을 정한 심신장애자복지법(1981. 6. 5.) 등이 있으며, 중요한 법개정으로는 전술한 아동복리법(1961. 12. 30. 제정)과 생활보호법(1961. 12. 30. 제정)의 개정을 들 수 있는데 전자는 1981년 4월 13일 아동복지법으로 그 명칭이 개정됨과 동시에 그 내용에 있어서도 고아 등 보호를 필요로 하는 아동의 구호라는 차원을 넘어서서 모든 아동이 건전하게 출생하여 행복하고 건강하게 양육될 수 있도록 아동복지라는 차원에서 전문 개정되었으며, 후자는 1982년 12월 31일 개정되었는바, 그 동안 확대, 발전된 생활보호사업에 맞추어 보호의 종류에 교육보호와 자활보호를 추가하고, 보호의 기준을 연령, 세대구성, 거주지역 등을 고려하여 정하는 등 생활보호사업의 내실화를 기하고자 하였다.

제6공화국에 들어서는 사회복지에 관한 법률이 대폭 제정되거나 개정되었다. 1989년에는 노인복지법과 장애인복지법(종전의 심신장애인복지법)을 대폭 개정하였고 모자복지법을 제정하였으며, 1990년에는 장애인고용촉진등에관한법률이, 1991년에는 영유아보육법, 고령자고용촉진법이 각각 제정되었고, 1996년에는 재해구제로인한의사상자구호법이 의사상자예우에관한법률로 제명을 변경하면서 전문 개정되었으며, 1995년에는 갱생보호법이 폐지되고 보호관찰등에관한법률로는 전문 개정되었고, 무엇보다도 사회보장에관한법률을 폐지하면서 사회보장기본법을 제정하였으며, 생활보호법을 폐지하고 국민기초생활보장법을 제정함으로써 우리나라 사회보장에 관한 법률의 정비를 거의 완벽하게 하였다고 할 수 있다. 그리고 이러한 사회보장의 일환으로 노인장기요양보험도 도입이 되었다. 그러나 아직도 우리나라의 사회보장에 대한 법체계나 내용은 유럽보다 빈약한 법제도와 내용을 갖고 있다고 생각한다.

제3장 사회복지법제와 구제

제1절 권리구제의 개념

1. 권리구제의 의의

사회보장법 제39조는 권리 구제에 대하여 "위법 또는 부당한 처분을 받거나 필요한 처분을 받지 못함으로써 권리 또는 이익을 침해받은 국민은 「행정심판법」에 따른 행정심판을 청구하거나 「행정소송법」에 따른 행정소송을 제기하여 그 처분의 취소 또는 변경 등을 청구할 수 있다."라고 규정하고 있다. 즉 법치국가에 있어서 행정은 적법·타당하게 행해져야 하며, 개인의 기본권을 존중하여 행해져야 한다. 그럼에도 불구하고 행정이 위법·부당하게 행해져 개인의 권리·이익이 침해되었을 경우, 이에 대한 구제가 이루어져야 함은 당연한 일이다. 이러한 경우에 피해자 측에서 행정청을 상대로 구제를 청구할 수 있는 일체의 제도를 행정구제라 한다.[42]

2. 권리구제의 유형

권리구제의 유형에는 크게 사전적 구제와 사후적 구제로 나눠 볼 수 있다.

---

[42] 박종국·장교식, 행정구제법, 율곡출판사, 2006, 643면 이하 참조.

사전적 행정구제란 행정작용의 적법·타당성을 기하고 개인의 권리침해를 예방하기 위하여, 행정작용이 행하여지기 전에 행정기관과 국민과의 사이에 진행되는 절차를 말한다. 이에 해당하는 것으로는 행정절차제도가 있다.

행정절차에는 보통 고지·청문·결정의 3단계를 내용으로 하며, 상대방에게 의견진술·권리주장의 기회를 부여하고, 사실조사의 절차를 거쳐 결정에 이르도록 하고 있다.

사후적 행정구제는 행정청의 위법·부당한 행정작용으로 권리·이익을 침해당한 자가, 그 작용의 취소·변경을 요구하고, 권한있는 기관이 이를 심리·판단하는 권리구제제도이다. 위법·부당한 행정작용의 계속적인 효력을 제거하여 그 구속력으로부터 해방됨으로써 권리구제를 받는다. 여기에는 행정심판과 행정소송이 있는 바, 전자는 행정기관에 대하여 위법 또는 부당한 행정작용의 취소·변경을 요구하고, 행정기관이 이를 심리·판단하는 제도이며, 후자는 법원에 대하여 위법한 행정작용의 취소·변경을 요구하고 법원이 이를 심리·판단하는 권리구제제도이다.[43]

행정심판의 종류로는 취소심판, 무효등확인심판, 의무이행심판이 있으며 행정소송의 종류에는 항고소송(행정청의 처분등이나 부작위에 대하여 제기하는 소송), 당사자소송(행정청의 처분등을 원인으로 하는 법률관계에 관한 소송 그 밖에 공법상의 법률관계에 관한 소송으로서 그 법률관계의 한쪽 당사자를 피고로 하는 소송), 민중소송(국가 또는 공공단체의 기관이 법률에 위반되는 행위를 한 때에 직접 자기의 법률상 이익과 관계없이 그 시정을 구하기 위하여 제기하는 소송), 기관소송(국가 또는 공공단체의 기관상호간에 있어서의 권한의 존부 또는 그 행사에 관한 다툼이 있을 때에 이에 대하여 제기하는 소송. 다만, 헌법재판소법 제2조의 규정에 의하여 헌법재판소의 관장사항으로 되는 소송은 제외한다)이 있으며 항고소송에는 취소소송, 무효등확인소송, 부작위위법확인소송이 있다.

이러한 행정소송은 사회복지 관련법상 규정되고 설치되어 있는 각종 심사위원회 혹은 재심사위원회의 과정을 통하여 결정된 결과에 대하여 이의가 있는 경우에 제기 할 수 있다.

또한 권리구제로는 민사소송과 헌법소원이 있다. 민사소송은 일반적으로 손해배상청구소송을 의미하는데 사회복지 관련법상 민사소송은 일반적으로 피

---

43) 박종국·장교식, 앞의 책, 645면 이하 참조.

보험자의 사회복지급여의 발생 원인이 제3자에 의해 발생하는 경우 보험자는 즉시 피보험자의 생활안전과 복지를 위하여 사회복지급여를 제공하고 피보험자를 대신해 불법적으로 급여를 발생시킨 제3자에게 손해배상청구를 제기하는 것이다.[44]

헌법소원에는 두 가지 종류가 있다. 하나는 공권력의 행사 또는 불행사로 인하여 기본권이 침해된 경우에 기본권을 침해받은 자가 제기하는 권리구제형 헌법소원이고, 다른 하나는 법원에 위헌법률심판의 제청신청을 하였으나 기각된 경우에 제청신청을 한 당사자가 헌법재판소에 제기하는위헌심사형 헌법소원이다. 이 중 행정구제수단으로서 중요한 것은 권리구제형 헌법소원이다. 헌법소원에서는 공권력의 행사 또는 불행사가 다투어지는데, 여기에서의 공권력에는 행정권도 포함된다. 헌법소원이 인정되기 위하여는 기본권 침해의 자기관련성·직접성 및 헌재성이 인정되어야 한다.[45]

사회복지법상의 권리구제는 전심절차유형으로는 이의신청과 심사청구가 있다. 이의신청과 심사청구는 주로 그 처분을 한 행정청에 신청하여 처분의 시정으로 요구하는 것이며 재심사청구는 처분을 한 행정청의 상급기간에 제기하여 처분의 시정을 요구하는 것이다.

두 번에 걸친 심사청구의 결정에 불복하여 각종 처분이나 조치를 해결하는 방법으로는 위에서 살펴 본 바와 같이 행정소송과 민사소송, 헌법소원으로 나누어 볼 수 있다.

---

44) 김수정, 앞의 책, 77면.
45) 박균성, 행정법강의, 2012, 623면 이하 참조.

제2절 권리구제의 절차

1. 권리구제 청구 기간

행정심판은 처분이 있음을 알게 된 날부터 90일 이내에 청구하여야 한다. 청구인이 천재지변, 전쟁, 사변(事變), 그 밖의 불가항력으로 인하여 정한 기간에 심판청구를 할 수 없었을 때에는 그 사유가 소멸한 날부터 14일 이내에 행정심판을 청구할 수 있다. 다만, 국외에서 행정심판을 청구하는 경우에는 그 기간을 30일로 한다. 행정심판은 처분이 있었던 날부터 180일이 지나면 청구하지 못한다. 다만, 정당한 사유가 있는 경우에는 그러하지 아니하다. 행정청이 심판청구 기간을 규정된 기간보다 긴 기간으로 잘못 알린 경우 그 잘못 알린 기간에 심판청구가 있으면 그 행정심판은 규정된 기간에 청구된 것으로 본다. 무효등확인심판청구와 부작위에 대한 의무이행심판청구에는 적용하지 아니한다.[46]

행정소송 중 취소소송은 처분등이 있음을 안 날부터 90일 이내에 제기하여야 한다. 다만, 행정심판청구를 할 수 있는 경우 또는 행정청이 행정심판청구를 할 수 있다고 잘못 알린 경우에 행정심판청구가 있은 때의 기간은 재결서의 정본을 송달받은 날부터 기산한다. 취소소송은 처분등이 있은 날부터 1년(제1항 단서의 경우는 재결이 있은 날부터 1년)을 경과하면 이를 제기하지 못한다. 다만, 정당한 사유가 있는 때에는 그러하지 아니하다.[47]

민사상 불법행위로 인한 손해배상청구권의 소멸시효는 그 손해 및 가해자를 안 날로부터 3년, 불법행위가 있었던 날로부터 10년이다.

권리구제형 헌법소원의 심판은 그 사유가 있음을 안 날부터 90일 이내에, 그 사유가 있은 날부터 1년 이내에 청구하여야 한다. 다만, 다른 법률에 의한 구제절차를 거친 헌법소원의 심판은 그 최종결정을 통지받은 날로부터 30일 이내에 청구하여야 한다.

---

46) 행정심판법 제27조.
47) 행정소송법 제20조.

2. 사회복지법제상 권리구제 절차

사회복지법제상의 권리구제절차의 몇 가지 예를 보면 아래와 같다.

"국민기초생활보장법"상 시장·군수·구청장으로부터 이의신청서를 받았을 때(특별자치도의 경우에는 특별자치도지사가 직접 이의신청을 받았을 때를 말한다)에는 30일 이내에 필요한 심사를 하고 이의신청을 각하하거나 해당 처분을 변경 또는 취소하거나 그 밖에 필요한 급여를 명하여야 한다. 시·도지사는 처분 등을 하였을 때에는 지체 없이 신청인과 해당 시장·군수·구청장에게 각각 서면으로 통지하여야 한다.

이러한 처분 등에 대하여 이의가 있는 사람은 그 처분 등의 통지를 받은 날부터 60일 이내에 시·도지사를 거쳐 보건복지부장관에게 서면 또는 구두로 이의를 신청할 수 있다. 이 경우 구두로 이의신청을 접수한 보장기관의 공무원은 이의신청서를 작성할 수 있도록 협조하여야 한다.

시·도지사는 제1항에 따른 이의신청을 받으면 10일 이내에 의견서와 관계 서류를 첨부하여 보건복지부장관에게 보내야 한다.

이에 대하여 보건복지부장관은 이의신청서를 받았을 때에는 30일 이내에 필요한 심사를 하고 이의신청을 각하하거나 해당 처분의 변경 또는 취소의 재결 (裁決)을 하여야 한다.[48]

"국민연금법"상 가입자의 자격, 기준소득월액, 연금보험료, 그 밖의 이 법에 따른 징수금과 급여에 관한 공단 또는 건강보험공단의 처분에 이의가 있는 자는 그 처분을 한 공단 또는 건강보험공단에 심사청구를 할 수 있다. 심사청구는 그 처분이 있음을 안 날부터 90일 이내에 문서(「전자정부법」 제2조 제7호에 따른 전자문서를 포함한다)로 하여야 하며, 처분이 있은 날부터 180일을 경과하면 이를 제기하지 못한다. 다만, 정당한 사유로 그 기간에 심사청구를 할 수 없었음을 증명하면 그 기간이 지난 후에도 심사 청구를 할 수 있다. 이에 따른 심사청구 사항을 심사하기 위하여 공단에 국민연금심사위원회를 두고, 건강보험공단에 징수심사위원회를 둔다. 심사위원회 및 징수심사위원회의 구성·운영 및 심사 등에 필요한 사항은 대통령령으로 정한다. 위의 심사청구에 대한 결정에 불복하는 자는 그 결정통지를 받은 날부터 90일 이내에 국민연금재심사위원회에 재심사를 청

---

48) 국민기초생활보장법 제38조, 제39조, 제40조, 제41조.

구할 수 있으며 재심사위원회의 재심사와 재결에 관한 절차에 관하여는 「행정심판법」을 준용한다. 재심사청구 사항에 대한 재심사위원회의 재심사는 「행정소송법」 제18조를 적용할 때 「행정심판법」에 따른 행정심판으로 본다.[49]

"국민건강보험법"상 가입자 및 피부양자의 자격, 보험료등, 보험급여, 보험급여 비용에 관한 공단의 처분에 이의가 있는 자는 공단에 이의신청을 할 수 있다.

요양급여비용 및 요양급여의 적정성 평가 등에 관한 심사평가원의 처분에 이의가 있는 공단, 요양기관 또는 그 밖의 자는 심사평가원에 이의신청을 할 수 있다.

이의신청은 처분이 있음을 안 날부터 90일 이내에 문서(전자문서를 포함한다)로 하여야 하며 처분이 있은 날부터 180일을 지나면 제기하지 못한다. 다만, 정당한 사유로 그 기간에 이의신청을 할 수 없었음을 소명한 경우에는 그러하지 아니하다.

요양기관이 심사평가원의 확인에 대하여 이의신청을 하려면 통보받은 날부터 30일 이내에 하여야 한다.

이의신청에 대한 결정에 불복하는 자는 건강보험분쟁조정위원회에 심판청구를 할 수 있다. 심판청구를 심리·의결하기 위하여 보건복지부에 건강보험분쟁조정위원회를 둔다.

공단 또는 심사평가원의 처분에 이의가 있는 자와 이의신청 또는 심판청구에 대한 결정에 불복하는 자는 「행정소송법」에서 정하는 바에 따라 행정소송을 제기할 수 있다.[50]

---

49) 국민연금법 제108조, 제109조, 제110조, 제111조, 제112조.
50) 국민건강보험법 제87조, 제88조, 제89조, 제90조.

사회복지법제

제1장 사회보장기본법
제2장 사회보험법
제3장 공공부조법
제4장 사회서비스법과 평생사회안전망
제5장 사회복지 관련법

제1장   사회보장기본법

제1절 사회보장기본법의 제정과 연혁

1963년 제정된 사회보장에관한법률을 폐지하고 우리나라의 경제·사회의 발전수준과 국민의 복지욕구에 부합하는 사회보장제도를 확립하여 국민복지의 증진을 도모하기 위하여 1995년 사회보장의 이념 및 기본원칙, 그리고 사회보장의 범위 등을 규율하여 사회보장입법의 지침으로 기능하게 하려는 목적으로 사회보장기본법이 제정되었다.[51] 사회보장기본법은 글자 그대로 사회보장제도의 기본적인 사항을 법률로서 규정한 것이다. 1963년에 제정된 사회보장에관한법은 새로운 국가의 경제·사회적 체제에서 미래에 설립할 사회보장제도를 합리적으로 운영하는 데 도움을 제공하려는 뜻에서 제정하려고 하였으나, 현실적으로 이러한 내용이 충족되지 못한 채 입법화된 사실에 더하여, 그 후 30여 년 동안 변화된 사회보장, 사회복지제도에 부응하지 못하는 이 법을, 본래의 취지에 맞추어 제반 사회보장제도의 기본 이념과 발전 방향을 제시하고, 사회보장제도의 효율적 운영과 통합적 발전을 위한 법적 기초를 마련하고자 사회보장법으로 확대 발전시킨 법으로 이해할 수 있다.

사회보장기본법의 연혁을 살펴보면 아래와 같다. 1962년 사회보장에관한법률이 제정된 이후 약 30여 년 만에 새로운 성격을 가진 사회보장기본법이 입법되었다.

---

51) 전광석, 한국사회보장법론, 법문사, 2003, 201면 참조. 전교수에 의하면 사회보장기본법의 제정 목적은 헌법에 의해서 국가에게 부과된 사회보장의 과제는 궁극적으로는 개별 실정법을 통해서 실현된다고 본다.

▼ 〈표 1〉 사회보장기본법의 연혁

1962. 3.	사회보장제도 심의위원회 규정안 통과
1962. 7. 28.	국가재건최고회의 의장의 '사회보장제도 확립'지시각서(제12531호)
1963. 11. 5.	사회보장에관한법률 통과
1970. 2. 5.	사회보장심의위원회 규정 제정(대통령령 제 4575호)
1994. 10.	사회보장기본법안 국회 제출
1995. 12. 30.	사회보장기본법 제정(법률 제5134호)
1996. 7. 13.	사회보장기본법시행령 제정(대통령령 제15188호)
2005. 1. 27.	사회보장기본법 일부 개정
2008. 2. 29.	사회보장기본법 타법 개정
2009. 6. 9.	사회보장기본법 일부 개정
2010. 1. 18.	사회보장기본법 타법 개정
2012. 1. 26.	사회보장기본법 전부 개정
2015. 12. 29.	사회보장기본법 일부 개정
2015. 7. 24.	사회보장기본법 타법 개정
2017. 7. 26.	사회보장기본법 타법 개정
2018. 12. 11.	사회보장기본법 일부 개정
2019. 12. 3.	사회보장기본법 타법 개정

◆ 제정이유

사회보장기본법은 모든 국민이 인간다운 생활을 할 수 있도록 최저생활을 보장하고 사회공동체의 참여가 가능하도록 개개인의 생활의 수준을 향상시킴으로써 복지사회를 실현하는 것을 사회보장제도의 기본이념으로 한다. 그리고 사회보장의 범위에 사회보험 · 공공부조 · 사회복지서비스 및 관련 복지제도를 포함하여 국민복지증진의 토대를 마련한다. 그리고 사회보장에 대한 국가 및 지방자치단체의 책임 · 역할 및 비용부담을 명시하고, 민간부문이 적극적으로 참여할 수 있는 여건을 조성하도록 하여 사회복지의 증진을 도모한다.

국가는 국민이 건강하고 문화적인 생활을 보장받도록 노력하여야 하며, 최저생계비와 최저임금을 참작하여 사회보장 급여수준을 정하고, 사회보장의 급여를 받을 권리의 양도 · 담보 · 압류를 금지하고, 동 권리의 제한 또는 정지는 관계법령이 정하는 바에 의하여 그 제한 또는 정지의 목적에 필요한 최소한의 범위에 그치도록 함으로써 동 권리를 보호하도록 한다. 사회보장에 관한 주요시책을 심의하기 위하여 국무총리를 위원장으로 하는 사회보장심의위원회를 설치 · 운영하도록 하고, 보건복지부장관은 사회보장의 증진을 위하여 사회보장심의위원회의 심의를 거쳐 5년마다 장기발전방향을 수립하며, 관계중앙행정기관의 장 및 시·도지사는 동 방향에 따른 연도별 추진방안을 수립하도록 한다.

보편성, 형평성, 민주성, 제도적 연계성, 전문성을 사회보장제도의 기본적인 운영원칙으로 하며, 사회보장에 관련된 분야에는 전문인을 우선적으로 배치하도록 하고, 국가 또는 지방자치단체는 사회보장전달체계를 지역적 균등분포, 원활한 업무조정, 국민의 이용상 용이성을 갖게 마련하고, 국가와 지방자치단체에 사회보장에 관하여 국민에게 필요한 정보의 공개를 의무화하고, 비밀보호, 설명·상담·통지에 관한 사항을 규정하고 있다.

그 이후, 사회보장기본법은 2012년 1월 26일에 전부개정을 하고, 개정법은 2013년 1월 27일에 시행된 바 있다. 이 시기에는 구법과 비교·고찰을 해보면 제3조(정의) 제4호 및 제5호가 각각 변경되었는데, 구법에서는 제4호에서 사회복지서비스로, 제5호에서는 관련복지제도로 규정되어 있었으나, 전부개정이 되면서 제4호는 사회서비스로, 제5호는 평생사회안전망으로 아래와 같이 개정된 것이 특징점이라고 할 수 있다.

먼저, "'사회서비스'란 국가·지방자치단체 및 민간부문의 도움이 필요한 모든 국민에게 복지, 보건의료, 교육, 고용, 주거, 문화, 환경 등의 분야에서 인간다운 생활을 보장하고 상담, 재활, 돌봄, 정보의 제공, 관련 시설의 이용, 역량개발, 사회참여 지원 등을 통하여 국민의 삶의 질이 향상되도록 지원하는 제도를 말한다."라고 개정했고, "'평생사회안전망'이란 생애주기에 걸쳐 보편적으로 충족되어야 하는 기본욕구와 특정한 사회위험에 의하여 발생하는 특수욕구를 동시에 고려하여 소득·서비스를 보장하는 맞춤형 사회보장제도를 말한다."라고 개정했다.

이상과 같이 사회보장기본법의 전부 개정된 이유를 정리하면 다음과 같다.

◆ 개정이유

현재 여러 부처에서 사회보장정책을 관장함에 따라 일관성 있고 효과적인 정책 수립 및 집행에 한계가 있다는 지적에 따라 모든 국민이 평생 동안 겪는 다양한 사회적 위험에 대하여 사회정책과 경제정책을 통합적으로 고려하여 국민의 보편적·생애주기적인 특성에 맞게 소득과 사회서비스를 함께 보장하는 방향으로 사회보장제도를 확대·재정립함으로써 한국의 상황에 맞는 새로운 중장기 사회보장정책의 비전과 미래지향적인 발전방향을 제시하여 건강한 복지국가를 설립할 수 있는 토대를 마련하려는 것이다.

그 이후, 몇 차례 타법개정 및 일부 개정을 거듭했는데, 특히 2018년에 일부 개정된 이유 및 주요내용에 대해서 주목할 만하다.

◆ 개정이유

현행법은 국가와 지방자치단체가 사회보장제도를 신설하거나 변경할 경우 기존 제도와의 관계, 사회보장 전달체계와 재정 등에 미치는 영향 등을 사전에 검토하고 상호 협력하여 사회보장급여가 중복 또는 누락되지 아니하도록 하여야 한다고 규정하고, 사회보장제도를 신설하거나 변경할 경우 신설 또는 변경의 타당성, 기존 제도와의 관계, 사회보장 전달체계에 미치는 영향 및 운영방안 등에 대하여 보건복지부장관과 협의하도록 정하고 있다.

이는 보건복지부가 사회보장제도에 관한 업무를 수행하는 주무부처로서 사회보장제도의 신설 또는 변경 과정에서 제도 도입의 필요성·합리성 등을 검토하고 재정 상황을 고려하여 제도 도입 및 변경에 신중을 기하기 위하여 마련된 절차인 바, 관련 업무가 효율적이고 전문적으로 추진되기 위해서는 전문기관에 관련 자료의 수집, 조사 및 분석 업무를 위탁하여 체계적으로 사회보장제도의 신설·변경 업무가 진행되도록 해야 한다는 의견이 있다.

이에 보건복지부장관을 포함한 중앙행정기관의 장과 지방자치단체의 장이 사회보장제도의 신설 또는 변경에 관한 협의 업무를 수행하기 위하여 필요하다고 인정하는 경우 관련 자료의 수집·조사 및 분석에 관한 업무를 정부출연연구기관, 사회보장정보원 또는 관련 전문기관·단체에 위탁할 수 있도록 근거를 마련함으로써 협의 업무가 효율적이고 전문적으로 이루어지도록 하려는 것이다.

◆ 주요내용

가. 사회보장은 모든 국민이 다양한 사회적 위험에서 벗어나 행복하고 인간다운 생활을 향유할 수 있도록 자립을 지원하며 사회참여·자아실현에 필요한 제도와 여건을 조성하여 사회통합과 행복한 복지사회를 실현하는 것을 기본 이념으로 한다(안 제2조).

나. 사회보장의 정의에서 출산, 양육을 사회적 위험으로 포함하여 보호하고, 사회복지서비스와 관련 복지제도를 사회서비스로 포괄하여 확대하며, 기본욕구와 특수욕구를 고려하여 소득·서비스를 보장하는 맞춤형 사회보장제도인 평생사회안전망의 개념을 도입함으로써 복지사회 실현의 토대를 마련한다(안 제3조).

다. 보건복지부장관은 관계 중앙행정기관의 장과 협의하여 사회보장 기본계획 및 연도별 시행계획을 수립·시행하도록 하고, 시·도지사 및 시장·군수·구청장은 사회보장 기본계획과 연계하여 관계 법령으로 정하는 바에 따라 사회보장에 관한 지역계획을 수립·시행하도록 한다(안 제16조부터 제19조까지).

라. 사회보장위원회의 권한을 강화하여 사회보장에 관한 주요 시책을 심의·조정하며 기본계획 및 심의·조정 결과를 관계 중앙행정기관의 장과 지방자치단체의 장에게 통지하도록 하고, 해당 기관의 장은 사회보장제도의 운영 및 개선 시 이를 반영하도록 한다(안 제20조).

마. 국가와 지방자치단체는 모든 국민의 삶의 질을 평생 안전하게 유지·증진하기 위하여 평생사회안전망의 구축, 사회서비스 보장, 소득 보장을 위한 시책 등을 마련하도록 한다(안 제22조부터 제24조까지).

바. 국가와 지방자치단체는 국민의 사회보장수급권의 보장 및 재정의 효율적인 운용을 위하여 사회보장급여 관리체계를 구축·운영하고, 보건복지부장관은 사회서비스의 품질기준 마련, 평가 및 개선 등을 위한 전담기구를 설치·운영할 수 있도록 한다(안 제30조).

사. 국가와 지방자치단체는 효과적인 사회보장정책의 수립·시행을 위하여 사회보장에 관한 통계를 작성·관리하도록 한다(안 제32조).

아. 국가는 관계 중앙행정기관 및 지방자치단체에서 시행하는 사회보장 관련 정보를 통합·연계하여 처리·기록 및 관리하는 시스템을 구축·운영하도록 한다(안 제37조).

자. 사회보장 업무에 종사하거나 종사하였던 자는 사회보장업무 수행과 관련하여 알게 된 개인·법인 또는 단체의 정보를 관계 법령에서 정하는 바에 따라 보호하도록 한다(안 제38조).

제2절 목적과 기본이념

사회보장기본법은 사회보장에 관한 국민의 권리와 국가 및 지방자치단체의 책임을 정하고 사회보장제도에 관한 기본적인 사항을 규정함으로써 국민의 복지증진에 기여함을 목적으로 하고 있다(사회보장기본법 제1조). 또한 사회보장은 모든 국민이 인간다운 생활을 할 수 있도록 최저생활을 보장하고 국민 개개인이 생활의 수준을 향상시킬 수 있도록 제도와 여건을 조성하여, 그 시행에 있어 형평과 효율의 조화를 기함으로써 복지사회를 실현하는 것을 기본으로 한다(사회보장기본법 제1조). 이상의 목적과 기본이념에 비추어 볼 때, 사회보장기본법은 헌법상 규정인 "모든 국민은 인간다운 생활을 할 권리를 가진다."라는 사회권 실현의 구체적인 조치를 제도화하기 위한 것이며 사회보장 관련 법률의 기본법으로서의 지위를 갖는다고 볼 수 있다. 다시 말하면 사회보장기본법은 헌법과 사회보장 관련 법들의 연결 고리로서 중간법적 성격을 갖고 있다. 따라서 사회보장에 관한 다른 법률을 제정 또는 개정하는 경우에는 이 법에 부합되도록 하여야 한다(같은 법 제4조).[52]

제3절 사회보장의 의의와 범위

현행법에서 사회보장이라 함은 출산, 양육, 실업, 노령, 장애, 질병, 빈곤 및 사망 등의 사회적 위험으로부터 모든 국민을 보호하고 국민 삶의 질을 향상시키는 데 필요한 소득·서비스를 보장하는 사회보험, 공공부조, 사회서비스를 말한다(같은법 제3조 제1호)고 함으로써 1963년에 제정된 사회보장에관한법률에서와는 달리 그 범위를 확대하였다.

특히 이 법에서는 사회적 위험으로서 질병, 장애, 노령, 실업, 사망의 다섯

---

52) 박송규, 사회복지법제론, 법문사, 2003, 261면 참조.

가지로 구체화하고 있지만, 선진 각국의 사회보장체계와 국제적인 조약에서 제시하고 있는 사회보장급여와 비교해 볼 때 사회적 위험 혹은 사고의 범위가 매우 제한적으로 규정되어 있다.[53)

또한, 이 법에서 규정하고 있는 사회보험, 공공부조, 사회서비스 및 평생사회안전망의 정의는 다음과 같다(같은 법 제3조).

① "사회보장"이란 출산, 양육, 실업, 노령, 장애, 질병, 빈곤 및 사망 등의 사회적 위험으로부터 모든 국민을 보호하고 국민 삶의 질을 향상시키는 데 필요한 소득·서비스를 보장하는 사회보험, 공공부조, 사회서비스를 말한다.

② "사회보험"이란 국민에게 발생하는 사회적 위험을 보험의 방식으로 대처함으로써 국민의 건강과 소득을 보장하는 제도를 말한다.

③ "공공부조"(公共扶助)란 국가와 지방자치단체의 책임하에 생활 유지 능력이 없거나 생활이 어려운 국민의 최저생활을 보장하고 자립을 지원하는 제도를 말한다.

④ "사회서비스"란 국가·지방자치단체 및 민간부문의 도움이 필요한 모든 국민에게 복지, 보건의료, 교육, 고용, 주거, 문화, 환경 등의 분야에서 인간다운 생활을 보장하고 상담, 재활, 돌봄, 정보의 제공, 관련 시설의 이용, 역량 개발, 사회참여 지원 등을 통하여 국민의 삶의 질이 향상되도록 지원하는 제도를 말한다.

⑤ "평생사회안전망"이란 생애주기에 걸쳐 보편적으로 충족되어야 하는 기본욕구와 특정한 사회위험에 의하여 발생하는 특수욕구를 동시에 고려하여 소득·서비스를 보장하는 맞춤형 사회보장제도를 말한다.

---

53) 박송규, 전게서, 262면 참조.

제4절 국가 및 국민의 사회보장의 책임

 ## I. 국가 및 지방자치단체의 책임

사회보장기본법 제5조에서는 "국가 및 지방자치단체는 국가발전의 수준에 부응하는 사회보장제도를 확립하고 매년 이에 필요한 재원을 조달하여야 한다." 고 되어 있다. 그리고 같은 법 제6조에는 각각 다음과 같이 규정되어 있다. "① 국가와 지방자치단체는 가정이 건전하게 유지되고 그 기능이 향상되도록 노력하여야 한다. ② 국가와 지방자치단체는 사회보장제도를 시행함에 있어 가정과 지역공동체의 자발적 복지활동을 촉진하여야 한다."

제5조의 내용은 국가와 지방자치단체의 사회보장제도 실행에 관한 책임을 규정한 것으로서, 사회보장제도를 실행하는 경우 국가발전의 수준에 상응하는 정도의 수준을 유지하여야 하는 책임을 말한다. 사실 이러한 내용은 매우 어려운 문제로서 국가발전의 수준에 적절한 수준의 사회보장수준이 무엇이며, 또 당연히 국가에서 이러한 노력을 경주해야 하는 일이 스스로 발생하기는 결코 쉽지 않다. 여기에 시민의 활동이 요청되는 것이기도 하다. 또 같은 법 제6조 제1항에서는 사회보장제도의 실시에 있어 가정 기능을 강화하고 보완하는 입장에서 이루어져야 함을 언급하였는데, 이는 자본주의 사회의 사적자치의 원칙이 선행하고 그 다음에 사회보장제도의 실행이 있어야 한다는 점에서 당연한 내용이라고 생각한다. 같은 법 제6조 제2항에서는 지역공동체의 자발적 복지활동을 촉진하여야 한다고 하였는데, 공식적, 제도적 장치가 오히려 비공식적 복지부문을 약화시켜서는 안 된다는 원칙이기도 하다. 최근에 공사사회복지 주체는 상호보완적으로 기능해야 하며, 지역단위의 자원봉사활동이 사회보장제도 실시와 함께 적절하게 이루어지는 것도 바람직하다.54)

---

54) 현외성, 한국사회복지법제론, 양서원, 2003, 200~201면 참조.

Ⅱ. 국민의 책임

　　모든 국민은 자신의 능력을 최대한 발휘하여 자립·자활할 수 있도록 노력하고 국가의 사회보장정책에 협력하여야 한다(같은 법 제7조). 사회보장의 책임 주체는 국가와 지방자치단체, 가정과 지역공동체의 자발적 복지활동, 민간참여, 국민으로 이루어지고 있다. 오늘날 1970년대 후반 이후 제기되고 있는 복지다원주의(Welfare Pluralism)의 논점에서 보면 복지공급의 주체는 공공부문, 비영리 자발적 부문, 상업적 영리부문과 비자발적 가족부문 등으로 혼합되고 있다. 그러나 오늘날 국가(지방자치단체) 이외에 기업, 종교단체, 가족봉사단체, 가족, 민간단체 등의 기능과 역할 속에서도 사회보장의 주체적인 역할과 책임을 행하고 있지만 어디까지나 국가(지방자치단체)가 사회보장주체의 책임을 지고 주도해 나가야 할 것이다.55)

제5절 사회보장의 주체와 대상

　　사회보장의 주체는 원칙적으로 국가이나, 예외적으로 사인(私人)이 될 수도 있다. 그리고 오늘날 사회보장의 대상은 경제적으로 빈곤한 자와 근로자뿐만 아니라 자영자나 농어민 등도 포함되어 전 국민이 사회보장의 대상이 되고 있으며 나아가 자국민(自國民)뿐만 아니라 외국인까지도 포함되어 그 대상이 되고 있다는 점에서 사회보장이 갖는 역사적 의의가 있다. 우리나라 사회보장기본법에서는 모든 국민(같은 법 제2조, 제24조)이 사회보장의 급여를 받을 권리(같은 법 제8조)가 있다고 규정하고 있으며, 국내에 거주하는 외국인에 대한 사회보장제도의 적용은 상호주의의 원칙에 의하되 관계 법령이 정하는 바에 따른다(같은 법 제8조)고 하여 외국인에게까지도 적용범위를 넓혀 놓고 있다.56)

---

55) 박송규, 전게서, 263면 참조.
56) 박송규, 전게서, 264면 참조.

제6절 사회보장을 받을 권리-수급권

제반 사회보장제도상의 급여를 받는 것을 권리로서 인정함을 말한다. 총론 부분에서 논의한 바와 같이, 사회보장기본법에서 이러한 수급권을 미리 규정함으로써 권리성을 부여하여 국민복지를 증진하려는 것이다.

 I. 급여수준

국가는 모든 국민이 건강하고 문화적인 생활을 유지할 수 있도록 사회보장급여수준의 향상에 노력하여야 하며, 관계 법령이 정하는 바에 의하여 최저생계비를 매년 공표하여야 한다. 또 국가 또는 지방자치단체는 최저생계비와 최저임금법에 의한 최저임금을 참작하여 사회보장급여의 수준을 결정하여야 한다(같은 법 제10조). 국민기초생활보장법 제4조에서 "보호수준은 건강하고 문화적인 최저생활을 유지할 수 있는 것이어야 한다."라고 규정함으로써 국가의 최저생활보호의 원리를 명시하고 있다.[57]

 II. 급여의 신청과 보호

사회보장의 급여를 받고자 하는 자는 관계 법령이 정하는 바에 의하여 국가 또는 지방자치단체에 신청하여야 하며, 그 신청이 다른 기관에 신청된 경우에는 당해 기관은 지체 없이 이를 정당한 권한이 있는 기관에 이송하여야 한다. 이 경우 사회보장급여의 신청은 정당한 권한이 있는 기관에 이송된 날에 신청된 것으로 본다. 또 사회보장수급권은 관계 법령이 정하는 바에 따라 타인에게 양도하거나 담보로 제공할 수 없으며, 이를 압류할 수 없다(법 제12조)고 함으로써

---

57) 박송규, 전게서, 246면 참조.

동조항은 사회보장 관련 법률에서 제시하고 있는 수급권 보호의 근거를 마련해 주고 있다.[58]

Ⅲ. 수급권의 제한과 포기

사회보장수급권은 제한되거나 정지될 수 없다. 다만, 관계법률이 따로 정하는 바에 의하여 제한 또는 정지되는 경우에는 제한, 정지의 목적에 필요한 최소한에 그쳐야 한다(같은 법 제13조). 또한 사회보장수급권은 정당한 권한이 있는 기관에 서면으로 통지하여 이를 포기할 수 있다. 그러나 포기가 타인에게 피해를 주는 경우에는 포기할 수 없다(같은 법 제14조).

Ⅳ. 구상권

제3자의 불법행위에 의하여 피해를 입은 국민은 그로 인하여 사회보장수급권을 가지게 된 경우 사회보장제도를 운영하는 자는 불법행위의 책임이 있는 자에 대하여 관계 법령이 정하는 바에 의하여 구상권을 행사할 수 있다(같은 법 제15조).

---

58) 박송규. 전게서, 264면 참조.

제7절 사회보장제도의 운영

 Ⅰ. 운영원칙

사회보장제도를 운영하는 과정에 요청되는 기본 운영원칙을 같은 법은 몇 가지로 제시하고 있다(같은 법 제25조). 그것은 다음과 같다.

① 국가와 지방자치단체가 사회보장제도를 운영할 때에는 이 제도를 필요로 하는 모든 국민에게 적용하여야 한다.

② 국가와 지방자치단체는 사회보장제도의 급여 수준과 비용 부담 등에서 형평성을 유지하여야 한다.

③ 국가와 지방자치단체는 사회보장제도의 정책 결정 및 시행 과정에 공익의 대표자 및 이해관계인 등을 참여시켜 이를 민주적으로 결정하고 시행하여야 한다.

④ 국가와 지방자치단체가 사회보장제도를 운영할 때에는 국민의 다양한 복지 욕구를 효율적으로 충족시키기 위하여 연계성과 전문성을 높여야 한다.

사회보장기본법에서 말하는 운영원칙은 결국 보편성, 형평성, 민주성, 효율성, 연계성 및 전문성을 말하는 것으로서, 이는 사회보장제도의 기본원칙으로 말한 베버리지(Beveridge), ILO 및 세계노동조합 등의 견해를 반영한 것으로 풀이할 수 있다.

 Ⅱ. 역할의 조정원칙

국가는 지방자치단체와 사회보장에 관한 책임과 역할을 합리적으로 조정하여야 하고, 사회보험은 국가의 책임으로 행함을 원칙으로 하며, 공공부조 및 사회복지서비스는 국가 및 지방자치단체의 책임으로 행함을 원칙으로 하되, 국가 및 지방자치단체의 재정형편 등을 감안하여 이를 조정할 수 있다(같은 법 제25조).

 Ⅲ. 전달체계

국가와 지방자치단체는 모든 국민이 쉽게 이용할 수 있고 사회보장급여가 적시에 제공되도록 지역적·기능적으로 균형잡힌 사회보장 전달체계를 구축하여야 한다. 따라서 사회보장 전달체계의 효율적 운영에 필요한 조직, 인력, 예산 등을 갖추어야 하고 공공부문과 민간부문의 사회보장 전달체계가 효율적으로 연계되도록 노력하여야 한다(같은 법 제29조)고 규정함으로써 같은 법에서 사회보장전달체계의 원칙은 균형성, 조정성, 접근용이성의 원칙을 명시하고 있다.

 Ⅳ. 전문인력의 양성

국가 및 지방자치단체는 사회보장제도의 발전을 위하여 전문인력의 양성, 학술조사 및 연구, 국제교류의 증진 등에 노력하여야 한다(같은 법 제31조).

 Ⅴ. 정보의 공개

국가와 지방자치단체는 사회보장제도에 관하여 국민이 필요한 정보를 관계법령에서 정하는 바에 따라 공개하고, 이를 홍보하여야 한다(같은 법 제33조)고 규정함으로써 사회보장수급권의 절차적 권리 복지정보전산망의 구축을 명시하고 있다. 나아가 국가와 지방자치단체는 사회보장에 관한 관계법령에 규정된 권리나 의무를 해당 국민에게 설명, 상담, 통지하여야 할 것을 규정하고 있다(같은 법 제34조, 제35조, 제36조).

Ⅵ. 비용의 부담

일반적으로 사회보장비용은 국가, 사용자 및 피용자 등의 3자 부담이 세계 각국의 사회보장법에서 발견된다. 하지만 각 사회보장제도의 내용과 각국의 사정에 따라 부담주체와 비율 등이 상이한 점은 당연하다 할 것이다. 우리나라 사회보장기본법의 제28조(비용의 부담)에서는 사회보장비용의 부담은 각각의 사회보장제도에 대한 역할분담에 따라 국가, 지방자치단체 및 민간부문간에 합리적으로 조정되어야 한다고 되어 있지만 제도 각각은 약간씩 다르다. 즉, 사회보험에 소요되는 비용은 사용자, 피용자 및 자영자가 부담하는 것을 원칙으로 하되 관계 법령이 정하는 바에 따라 국가가 그 비용의 일부를 부담할 수 있도록 규정하고 있는 한편, 공공부조 및 관계 법령이 정하는 일정 소득수준 이하의 국민에 대한 사회복지서비스에 소요되는 비용의 전부 또는 일부는 국가 및 지방자치단체가 이를 부담한다고 정하고 있다. 그리고 부담능력이 있는 국민에 대한 사회복지서비스에 소요되는 비용은 그 수익자가 부담함을 원칙으로 하되, 관계 법령이 정하는 바에 따라 국가 및 지방자치단체가 그 비용의 일부를 부담할 수 있다.

제8절 사회보장심의위원회

Ⅰ. 성격

사회보장에 관한 주요 시책을 심의·조정하기 위하여 국무총리 소속으로 사회보장위원회(이하 "위원회"라 한다)를 둔다(같은 법 제20조). 각종 사회보장 관계 주요 시책을 계획하거나, 개선하는 과정 등에 있어 사회보장심의위원회가 심의하여 보다 양질의 정책과 제도를 수립, 실행하는 것을 목적으로 하고 있다.

일본의 경우, 후생성의 심의회는 2개 615명으로 구성되어 있고 사회보장심의회는 1948년 사회보장제도심의회설치법에 의하여 학식 경험자, 국회의원, 각종 단체대표, 고급관료 등으로 구성되어 내각 총리대신 또는 기타 행정장관의 자문에 응하여 조사 심의하고 조언하는 것으로 성격을 규정하고 있다.

II. 구성

사회보장위원회는 위원회는 위원장 1명, 부위원장 2명과 교육과학기술부장관, 행정안전부장관, 고용노동부장관, 여성가족부장관, 국토해양부장관을 포함한 30명 이내의 위원으로 구성한다. 그리고 위원장은 국무총리가 되고 부위원장은 기획재정부장관 및 보건복지부장관이 된다.

구법인 1963년의 사회보장에관한법률에 따르면, 위원장으로서 보건사회부 차관을 규정한 것과 비교하면, 심의위원회의 위상이 매우 높아지고 위원장의 지위와 권한이 강화되었다. 이는 사회경제적 여건의 변화와 함께 사회보장이 매우 중요함을 인식한 데서 연유한 것으로 보인다.

그리고 위원은 대통령령으로 정하는 관계 중앙행정기관의 장이 있고, 대통령이 위촉하는 사람은 대통령이 위촉하는 사람은 근로자를 대표하는 사람, 사용자를 대표하는 사람, 사회보장에 관한 학식과 경험이 풍부한 사람, 변호사 자격이 있는 사람이다.

위원회에 간사 2명을 두고, 간사는 국무총리실 사회통합정책실장과 보건복지부 사회복지정책실장으로 한다.

III. 직무

사회보장위원회는 다음과 같은 사항을 심의하게 되어 있다(같은 법 제20조). 사회보장 증진을 위한 기본계획, 사회보장 관련 주요 계획, 사회보장제도의 평가 및 개선, 사회보장제도의 신설 또는 변경에 따른 우선순위, 둘 이상의 중앙행정기관이 관련된 주요 사회보장정책, 사회보장급여 및 비용 부담, 국가와 지방자치단체의 역할 및 비용 분담, 사회보장의 재정추계 및 재원조달 방안, 사회보장 전달체계 운영 및 개선, 사회보장통계, 사회보장정보의 보호 및 관리, 그 밖에 위원장이 심의에 부치는 사항 등이 그것이다.

 ## Ⅳ. 관계행정기관의 협력

사회보장위원회는 관계행정기관에 대하여 사회보장에 관한 자료의 제출과 위원회의 업무에 관하여 필요한 협력을 요청할 수 있고, 관계행정기관은 위원회로부터 요청을 받은 때에는 이에 응하여야 한다고 규정되어 있다. 사회보장위원회가 올바르게 심의할 수 있도록 관계 행정기관이 성실하게 협력하는 것이 요망되기 때문이다. 특히 사회보장 업무가 보건복지부를 위시하여 고용노동부, 교육과학기술부, 여성가족부, 국토해양부는 말할 것도 없고 행정안전부 등과 밀접하게 연관되어 있어, 업무의 비효율성 비통합성을 해소하고 상호 조정을 통해 수준 높은 사회보장정책과 제도가 수립되어야 하기 때문이다.

제9절 권리구제 및 개인정보 등의 보호

위법 또는 부당한 처분을 받거나 필요한 처분을 받지 못함으로써 권리 또는 이익을 침해받은 국민은 「행정심판법」에 따른 행정심판을 청구하거나 「행정소송법」에 따른 행정소송을 제기하여 그 처분의 취소 또는 변경 등을 청구할 수 있다(같은 법 제39조)고 규정함으로써 동 조항은 사회보장수급권의 절차적 권리를 명시하고 사회보장 관련 법이 제시하고 있는 이의신청 및 심사청구에 대한 상위법으로서의 근거를 마련해 주고 있다.

또한 사회보장 업무에 종사하거나 종사하였던 자는 사회보장업무 수행과 관련하여 알게 된 개인·법인 또는 단체의 정보를 관계 법령에서 정하는 바에 따라 보호하여야 한다. 국가와 지방자치단체, 공공기관, 법인·단체, 개인이 조사하거나 제공받은 개인·법인 또는 단체의 정보는 이 법과 관련 법률에 근거하지 아니하고 보유, 이용, 제공되어서는 아니 된다(같은 법 제38조).

제2장 사회보험법

제1절 사회보험법의 의의와 특성

 I. 사회보험법의 의의

사회보험은 사회보장제도의 하나로서 생활상에 직면하는 제반 사회적 위험을 민간보험 원리를 적용하여 국가가 시행하는 강제보험을 총칭한다. 여기에서 사회보험법은 별도의 법률 명칭이 있는 것이 아니라 사회보험제도의 운영과 실시에 관한 법률을 총칭하는 것이다.

우리나라 사회보장기본법에서는 사회보험을 다음과 같이 규정하고 있다. "사회보험이라 함은 국민에게 발생하는 사회적 위험을 보험방식에 의하여 대처함으로써 국민건강과 소득을 보장하는 제도를 말한다(제3조 2항)."

사회적 위험은 자유주의 이데올로기나 초기자본주의 체제에서는 사적 부양 원칙에 의해 본인 자신이나 가족 스스로 대처해야 했다. 그러나 임금 노동자가 사회구성원의 대다수를 차지하고 있고, 특히 자본주의 체제의 모순에 의한 저소득자 계층의 확대는 사회적 위험에 대하여 노동자 개인이 대처하는 데는 한계를 드러내게 되었다. 따라서 공동체에 의한 위험분산방식으로 사회적 위험에 대처할 필요가 생겨났는데, 이것이 바로 사회보험제도인 것이다.[59]

---

59) 장동일, 2001, 190면.

Ⅱ. 사회보험법의 기본원리

1. 최저생활보장의 원리

사회보험법에서 보장하는 소득 수준은 최저생활수준을 원칙으로 한다. 즉 최저생계비 개념에 근거하여 수준을 정하고 그 수준을 보장하는 것이다.[60]

연금보험에서 보장하려는 소득보장 수준은 그 하한이 최저생활보장에 있고, 그 상한은 퇴직 전의 생활수준을 보장하려는 것을 이상으로 하고 있다. 이에 반해 공공부조법에서는, 공공부조대상자가 생활하고 있는 소득계층의 근로자가 스스로 노력하여 획득한 소득에 의한 생활수준의 최저한도까지를 공공부조의 상한으로 잡는다.

2. 소득재분배의 원리

사회보장제도는 소득재분배의 원리를 기초로 하고 있다. 소득재분배 효과는 기여금의 납부나 급여의 지급에 있어서 모두 나타나야 한다.

첫째, 기여금의 납부시에는 소득에 비례하거나 소득에 누진율을 적용하여 기여율을 책정함으로써 재분배효과가 나타나게 한다.

둘째, 급여의 지급에 있어서는 소득과는 무관하게 요구(needs)의 크기에 따라 급여를 지급하여 재분배효과를 기대하게 된다.

3. 보편주의 원리

사회보험법의 적용범위는 전 국민을 대상으로 하여야 한다. 보편주의의 원리는 제도운영상의 기술축적과 국가재정의 충분성 등에 따라 적용범위를 점차 확대해 나감에 따라 해결한다. 우리나라의 경우, 거의 모든 사회보험이 이러한 과정을 거쳐 보편주의 원리를 실현하여 왔다. 예컨대 의료보험의 경우, 제도도입 초기에는 500인 이상 사업장의 근로자에게 적용하기 시작하여 5인 이상의

---

60) 장동일, 2001, 191면; 김근조, 1994, 194~198면.

사업장까지 적용범위를 확대하였고, 농어민에게 먼저 적용한 다음에 도시의 자영업자에게까지 확대하였다.

4. 비용분담의 원리

사회보험법의 운영에 필요한 재원은 사용자, 피용자, 국가가 분담하여 조달하여야 한다는 원리이다. 피용자의 경우, 노무를 제공하고 사용자로부터 일정한 봉급을 받고 있다. 보험제도의 수혜자인 점에서 자기책임의 원리에 입각하여 기여금을 분담하여야 하고, 사용자는 현대사회의 특징의 하나인 무과실책임원리에 근거하여 비용을 분담하여야 한다. 국가는 헌법상 기본권 보장 의무자로서, 기본권의 하나인 생존권적 기본권을 보장하여야 할 의무가 있으므로 비용의 일부를 부담하게 된다.61)

 ## III. 사회보험과 사보험의 차이

사회보험도 위험을 분산, 이전하고 정해진 위험을 공동으로 분담한다는 측면에서 사보험(私保險, private insurance)과 동일한 보험이나, 사회보험은 사회보장제도의 하나로서 사보험에 비해서는 국가안보적 측면에서의 접근이 필요하다는 점에서 다른 특성들을 가지고 있다.

첫째, 사회보험은 강제적 가입이 원칙이나 사보험은 자발적 가입이 원칙이다. 둘째 사회보험은 최저소득만을 보호하나, 사보험은 개인 희망과 개인 지불능력에 따라 더 많은 양의 보장을 받을 수 있다. 셋째, 사회보험급여를 제공하는 근거가 법에 명시되어 있으나, 사보험급여를 제공하는 근거는 계약에 있다. 넷째, 사회보험은 정부가 독점하고 있으나, 사보험은 경쟁에 맡겨져 있다. 다섯째, 사회보험은 비용 예측이 어렵다. 여섯째, 사회보험은 재정을 완전하게 준비할 필요가 없다. 일곱째, 사회보험은 정부의 과세력(taxing power)을 통해서 인플레이션 때문에 생긴 손실을 보상해 줄 수 있으나, 사보험은 그렇지 못하므로 인플레이션에

61) 장동일, 2001, 191면 이하.

취약하다. 여덟째, 비용부담에 있어서 사회보험은 공동부담을 원칙으로 하나, 사보험의 경우는 본인부담을 원칙으로 하고, 부담의 정도에서도 사회보험은 능력에 비례하여 부담하나, 사보험의 경우는 개인의 선택에 따른다. 아홉째, 보험사고의 대상에서, 사회보험은 인적 손해를 담보하는 인보험(人保險)이나, 사보험에 있어서는 인보험뿐만 아니라 물보험(物保險)도 대상으로 한다.

 ## Ⅳ. 사회보험법의 구성체계

1. 사회보험의 주체(보험자, 관리운영주체)

사회보험을 포함하는 사회보장제도의 주체는 국가뿐만 아니라 지방자치단체, 민간조직, 가정, 개인도 한 축을 이루고 있다. 그러나 그것은 국가만 사회보장의 책임을 지는 것이 아니라 수혜자의 입장에 있는 국민도 사회보장제도의 운영에 능동적으로 협조하여야 한다는 점을 강조한 것으로 각 사회보장제도의 운영주체는 국가라고 볼 수 있다. 따라서 일차적인 사회보험의 주체는 국가이다.

2. 사회보험의 대상

사회보험의 적용대상은 전 국민이다. 사회보험의 종류와 성질에 따라 국민 중 일부나 특수계층만을 사회보험을 대상으로 하는 경우가 있으나 전체적 적용 범위는 원칙적으로 전 국민으로 한다.

3. 보험급여의 종류와 수준

사회보험법에서의 급여는 피보험자가 일정한 수급자격을 갖추었을 때 보험 자로부터 지급받는 금전, 물품, 기타 혜택을 의미한다. 사회보험법은 사회적 위험에 직면한 국민의 소득을 보장하기 위하여 현금이나 현물로써 급여를 하도록 규정하고 있다.

최저생활보장의 원리에 따라 급여의 수준은 수혜자의 필요수준의 40% 내지 80%의 범위에서 정해는 것이 보통이다.

4. 재원의 조달

사회보장제도는 제도를 운영하는 데 드는 비용을 조달하는 데 있어서 여러 가지 방식을 채택하고 있다.

우리나라의 경우 산업재해보상보험에 있어서는 비용의 전액을 사용자가 부담하고 국가가 관리 운영비를 보조하고 있으며, 기타 사회보험의 경우는 사용자, 피용자의 2자 부담을 원칙으로 하고 국가가 관리운영비를 부담하는 방식을 취하고 있다.[62]

V. 사회보험법의 특성

사회보험은 다른 사회보장제도와 몇 가지 점에서 다른 특징을 지닌다.

첫째, 사회보험은 강제가입을 법으로 규정하고 있다. 국민 전체가 가능한 한 일정 수준 이상의 생활을 유지하도록 국가가 적극적으로 개입하는 것이므로, 소득이나 직업, 지역간의 차이에 관계없이 일정한 자격 요건을 정하여 일률적이고 강제적으로 적용하는 특성을 가진다.

둘째, 사회보험은 일종의 예방적 보장의 의미를 가진다. 공공부조제도가 구빈적 성격을 지닌 제도라면, 사회보험제도는 빈곤문제에 봉착하기 전에 대처하여 생활의 안정과 복지 향상을 도모하는 특성을 갖는다.

셋째, 사회보험은 정기적으로 가입자가 내는 기여금으로 재원이 조달되는 경우가 많고 여기에 따라 급여가 제공된다. 국민이 내는 일반조세를 통해 재원을 조달하는 공공부조와는 이러한 점에서 차이가 있다.

넷째, 사회보험은 보험급여 등 모든 시행이 법적으로 규정되어 있으므로 기계적·자동적으로 처리된다. 따라서 급여 자격, 시기, 급여 수준 등이 법적으로

---

62) 장동일, 2001, 19면 이하.

규정되어 있고, 이를 변경하기 위해서는 법의 개정이 따라야 한다.

　　다섯째, 사회보험은 비영리적 국가사업이다. 사회보험은 사회정책상의 동기로 운영되기 때문에 국가가 운영비를 부담하고, 갹출금의 일부를 부담하며, 적자액을 국가가 보전하게 된다.

　　여섯째, 사회보험은 소득 재분배와 국민 통합이라는 정책적 목표를 향하여 추진된다. 사회보험을 통하여 가능한 한 소득의 불평등을 축소시키고 위험을 분산시켜 생활을 보장하여 사회 구성원을 사회에 통합하는 정책 목표를 지향한다.[63]

Ⅵ. 사회보험법의 형태

　　사회보험제도의 내용은 적용대상을 어떻게 파악하느냐와 급여를 어떤 것을 얼마만큼 제공할 것인가 등에 따라서 달라진다. 사회보험법은 대부분의 나라에서 근로자를 주된 대상으로 하면서 점진적으로 국민 전체를 포함하는 방향으로 확대되었다.

　　한국의 경우 사회보험법에 속하는 법은 국민연금법, 국민건강보험법, 산업재해보상보험법, 고용보험법 등이 있다. 이러한 사회보험법의 설정은 그 대상과 함께 사회적 위험에 대응해서 발전된 것이다. 그리고 국민연금법의 경우, 이에 적용되지 않는 사학연금법, 공무원연금법, 군인연금법 등이 있는데, 이러한 경우에는 국민연금법이 적용되지 않고 사학연금법, 공무원연금법, 군인연금법이 적용된다. 그리고 사회보험의 형태로 노인장기요양보험이 있는데, 이에 대해서는 부록에서 상세하게 다루고자 한다.

---

63) 현외성, 2001, 210면.

제2절 국민연금법

 I. 국민연금법의 의의

연금제도는 현대사회에 있어서 보건 의료의 발달로 사망률이 낮아지고 평균수명이 연장되어 노령층이 기하급수적으로 증가하는 데 반하여, 경제적 메커니즘은 정년제도의 실시 및 빠른 세대교체로 인하여 직업과 소득이 없는 노인 인구를 양산하게 되었다.

이러한 노령 퇴직 근로자의 노후 생계보호를 위해 국가와 기업 그리고 근로자로 이루어지는 3자 부담에 의한 보험방식으로 이를 보장해주려는 제도로서 연금 제도를 운용하게 되었다.

따라서 연금보험은 국가에 의해 일정한 자격을 가진 사람을 대상으로 강제적으로 적용되는 사회보험으로서의 성격을 갖는다. 특히 연금보험은 사회생활을 영위하는 과정에서, 소위 사회적 위험으로 불리는 보험사고 중 노령, 폐질(고칠 수 없는 병) 또는 사망에 봉착할 경우 개인과 가족의 소득 단절을 막고 인간다운 생활을 유지하게 하는 데 목적을 두고 있다.

우리나라의 연금보험은 2001년 1월 현재 국민연금을 위시하여 공무원연금, 사립학교교직원연금 및 군인연금 등이 각기 분립, 실시되고 있다. 그 중 국민 대다수를 차지하고 있는 연금보험이 국민연금으로서 연금보험의 주류를 차지하고 있다. 따라서 국민연금법은 국민연금제도의 실시와 연관된 제반 사항을 규정하고 있는 사회보험법이라고 할 수 있다.

국민연금의 몇 가지 특성을 다음과 같이 제시할 수 있다. 첫째, 사회보험적 성격을 가짐으로써 강제가입 및 기여금을 바탕으로 하며 소득재분배기능을 가지고 있다. 둘째, 국민연금은 예방적 소득보장제도로서 노령, 폐질 및 사망으로 인한 개인과 가족 구성원의 빈곤화를 예방하는 기능을 가진다. 셋째, 장기 보험적 성격으로서 가입기간을 20년으로 하고 60세에 이르렀을 때, 특별히 노령연금을 수급할 수 있도록 설계되어 있다.

1973년에 이미 국민복지연금법이 제정되어 있었으나 여러 가지 여건으로 시행되지 못하다가 1986년 8월 11일 전 대통령은 1988년부터 국민연금제도를 실시할 것을 천명하였는데, 이 회견 이후 국민연금법 회의를 개최하여 동년 10월 4일 국민연금법(안)을 입법 예고하고, 1988년 1월 1일부터 시행함을 공포하였다. 당시 정책 형성 과정의 공식적·비공식적 참여자로서 첫째, 정당은 제도 시행 자체에 보다 많은 관심을 두었고 구체적인 정책내용의 형성에는 관여하지 않았다. 둘째, 전문집단의 아이디어 제공과 이론적 지원에 있어서 학계 및 KDI (한국개발연구원)는 특히 경제기획의 입장을 지지하는데 큰 역할을 담당하였다. 셋째, 압력단체로서는 경총과 노총이 비용 부담, 퇴직금제도 등의 조정 문제에 자신의 이익을 반영코자 하였다. 넷째, 관료집단의 가장 강력한 정책결정의 주체로서 연금제도의 정책결정과정을 주도하였는데 정부 부처간의 세력 경쟁에서 경제기획원 입장이 주로 반영되었다. 다섯째, 정책형성과정에 현재의 노인 계층, 자영업자 및 농어촌 주민의 권익을 반영할 만한 제도적 장치가 미비하였다.

1988년 이후 경제 사회적 발전에 맞추어 여러 차례에 걸쳐 국민연금법이 개정되었는데, 주로 연금급여의 대상자를 확대하는 한편 연금재정의 안정을 위한 보험료의 조정과 기금문제 개선, 연금보험료 추후납부제도 도입, 고령층의 연금수급기회 확대 등이 주요 개정 내용으로 등장하였다.

2007년 7월 23일에 국민연금법이 전면개정이 되었다. 그 개정이유는 군복무로 인한 소득 상실로 국민연금에 가입할 수 없는 자에게 병역의무를 이행한 기간 중 일부를 노령연금 산정 시 국민연금 가입기간으로 인정하도록 하고, 둘째 자녀 이상 출산 시 국민연금 가입기간을 추가로 인정하도록 하며, 인구구조의 급속한 고령화에 대비하여 세대간 형평성을 높이기 위하여 국민연금의 급여수준을 조정하고, 유족연금수급에 있어 남녀 차별적인 요소를 개선하는 등 현행제도의 운영상 나타난 미비점을 개선·보완하는 한편, 법 문장 표기를 한글화하고 어려운 용어를 쉬운 우리말로 풀어쓰며 복잡한 문장은 체계를 정리하여 쉽고 간결하게 다듬어서 일반 국민이 법 문장을 쉽게 읽고 이해할 수 있도록 하기 위함이다.

그 이후, 국민연금법은 2009년 1월 30일에 일부 개정이 되었는데, 국민연금공단이 국민연금기금의 증식을 위한 대여사업, 맞춤형 노인복지시설의 설치·공급·임대 및 운영, 부대시설로 체육시설의 설치 운영, 노후설계상담 및 소득활동 지원 등의 사업을 수행할 수 있도록 하고, 국민연금공단이 복지시설을 설치하는 경우 국가·지방자치단체 또는 공공기관으로부터 안정적으로 부지를 확보할 수 있도록 특례규정을 마련함으로써 국민 노후의 안정된 생활을 보장하고, 국민연금제도의 신뢰를 확보하며, 국민연금 재정의 안정화를 달성하기 위한 것이었다.

또한 공무원연금, 사립학교교직원연금, 군인연금 등 직역연금 간에는 재직기간을 합산할 수 있으나, 국민연금의 가입기간과 직역연금의 재직기간은 상호 연계가 되지 않아 공적연금의 사각지대가 발생하여 국민연금의 가입기간과 직역연금의 재직기간을 연계하여 연계노령연금, 연계퇴직연금 등의 연계급여를 지급함으로써 공적연금의 사각지대를 해소하고, 국민의 안정적인 노후생활을 보장하기 위해 2009년 2월 6일 일부 개정을 하였으며, 사회보험의 보험료 징수업무는 성격이 유사함에도 불구하고 개별적으로 운영되어서 국민의 불편을 초래하고 사회보험의 비효율이 발생하는 원인이 되고 있으므로, 사회보험료 징수업무를 국민건강보험공단으로 일원화하는 데 필요한 사항을 정하기 위해 2009년 5월 21일 일부 개정하였다.

그후 2011년 6월 7일 일부 개정을 통해 사업경영자를 사용자의 범위에서 제외하고, 임의계속가입자의 요건을 완화하며, 사업장에서 근무하는 기초생활수급자도 사업장가입자로서 가입할 수 있도록 허용하고, 객관적으로 증명되는 소득자료는 없는 경우에는 소득을 신고한 날을 자격취득 시점으로 하며, 부양가족연금 금액 산정대상에 계부모를 추가하여 재혼에 따른 비혈연 관계가 증가하여 가족구조가 변화되는 현실을 반영하고, 기준소득월액을 정정하는 등의 사유로 연금보험료를 재산정하고 보험료를 소급하여 추가로 징수하는 경우 분할납부를 허용하여 가입자의 경제적 부담을 경감하는 한편, 사용자가 종업원 등에 대한 관리·감독상 주의의무를 다하였을 때에는 양벌규정에 따른 처벌을 면하도록 규정하여 책임주의 원칙을 명백하게 구현하는 등 현행 제도의 운영과정에서 나타난 일부 미비점을 개선·보완하려 하였다.

2011년 12월 31일 일부 개정을 함으로써 국민연금의 지급일을 매월 말일에서 매월 25일로 변경함으로써 수급자의 편의를 증진하고, 자녀에 대한 유족연금의 지급기간을 만 18세 미만에서 만 19세 미만까지로 연장함으로써 서민 생활을 지원하며, 감액노령연금 및 재직자노령연금 등으로 분류되는 노령연금의 체계를 단순화함으로써 국민의 이해를 돕고, 국민연금 지급의 연기를 신청할 수 있는 대상을 확대함으로써 수급권자의 선택권을 강화하며, 영세사업장 저임금 근로자의 연금보험료 지원 근거를 마련하여 국민연금 사각지대를 해소하고, 수급자에 대한 확인조사 근거를 신설하여 급여의 부정수급을 방지하며, 신고의무 위반 또는 자료제출 요구·조사 등에 불응 시 부과되는 벌칙을 벌금에서 과태료로 전환하여 처벌의 합리성을 높이고, 국민연금 수급개시연령 상향조정 적용대상을 연도별 기재방식에서 출생연도별 기재방식으로 변경하여 수급자의 이해도를 제고하는 등 현행 제도의 운영상 나타난 일부 미비점을 개선·보완하려고 하였다.

또한 2012년 10월 22일 일부 개정을 함으로써 국민건강보험공단으로 하여금 고액·상습 체납자인 사업장가입자의 인적사항 및 체납액 등을 공개할 수 있도록 함으로써 연금보험료의 성실 납부를 유도하는 한편, 2013년부터 연금지급연령이 상향 조정됨에 따라 국민연금 가입연령은 지났지만 연금지급연령에 미치지 아니하는 기간이 발생하게 되는데, 해당 기간 중에 질병·부상이 발생하거나 사망한 경우 장애연금 및 유족연금을 받기 곤란하며, 반환일시금은 가입기간이 부족하여 노령연금을 받을 수 없는 사람에 대한 청산적 급여의 성격을 가짐에도 불구하고 지급받을 수 없는 문제가 발생하게 되는바, 국민연금 가입자가 60세가 되어 가입자격을 상실하게 된 날부터 지급연령에 도달하는 날까지의 기간에 발생한 질병·부상이나 사망은 가입기간 중에 발생한 것으로 보도록 함으로써 장애연금 및 유족연금의 수급권을 보장하고, 국민연금 가입기간이 10년 미만인 가입자 또는 가입자였던 사람은 60세가 된 때 반환일시금을 지급받을 수 있도록 함으로써 수급자의 선택권을 보장하려고 하였다.

최근 2020년 1월 21일부터 시행되고 있는 일부 개정법은 다음과 같은 이유에서 개정·시행되고 있다.

◈ 개정이유

현행의 연금보험료 연체금은 대부업 법정 최고금리와 비교해서도 높은 편이고, 연체금의 최대한도 또한 체납자의 상당수가 경제적 여력이 없는 생계형 체납자라는 점을 고려할 때 과도한 측면이 있는바, 연체금을 인하하여 가입자의 납부부담을 경감할 필요가 있다.

또한, 연금보험료 중 일부를 사업주가 내고 있는 사업장가입자와 달리 지역가입자는 연금보험료 전체를 본인이 내고 있어 보험료 부담이 상대적으로 크다고 볼 수 있음에도 지역가입자에 대한 국가의 지원은 이루어지지 않고 있어 형평에 대한 문제가 제기되고 있는데, 특히 지역가입자 중 사업 중단 또는 실직 등으로 연금보험료 납부 예외자가 된 사람은 대표적인 국민연금 사각지대에 놓여 있는 대상으로서 소득이 발생하여 연금보험료 납부를 재개하는 경우에도 다시 납부예외자가 되는 경우가 빈번하여 이들에 대한 우선 지원이 필요하다.

한편, 가족관계등록에 관한 전산정보자료는 가입자의 자격 관리, 연금보험료의 부과, 급여의 결정 및 지급 등 국민연금사업 수행에 필수적인데 자료의 제공이 적시에 이루어지지 못함에 따라, 혼인·이혼·사망 등으로 인한 자격 변동에 대한 관리가 제때 이루어지지 못하여 민원 발생 및 국민연금재정 손실의 원인이 되고 있으므로, 이를 개선할 필요가 있다.

◆ 주요내용

가. 연금보험료 납부 의무자가 납부 기한까지 연금보험료를 납부하지 아니하는 경우의 1일당 연체금을 체납된 연금보험료의 1천분의 1에서 1천500분의 1로, 연체금 상한을 체납된 연금보험료의 1천분의 30에서 1천분의 20으로 하는 등 연금보험료 미납 시 연체금과 그 상한을 인하한다(제97조 제1항 및 제2항).

나. 국가는 사업 중단, 실직 또는 휴직으로 인해 연금보험료를 내지 못하고 있던 지역가입자로서 재산 및 종합소득이 일정 기준 미만인 사람이 연금보험료 납부를 재개한 경우 12개월 이내의 범위에서 연금보험료 중 일부를 지원할 수 있도록 한다(제100조의4 신설).

다. 국민연금공단은 국민연금사업을 수행하기 위하여 「가족관계의 등록 등에 관한 법률」에 따른 전산정보자료를 공동이용할 수 있도록 하되, 전산정보자료를 목적 외의 용도로 이용하거나 활용한 경우에는 처벌하도록 한다(제123조의2 및 제128조 제2항 신설).

라. 농어업인에 대한 연금보험료 보조 특례의 적용기한을 2019년 12월 31일에서 2024년 12월 31일까지로 5년 연장한다(법률 제8541호 국민연금법

전부개정법률 부칙 제7조 및 법률 제11143호 국민연금법 일부 개정법률 부칙 제7조).

Ⅲ. 내용

1. 적용범위

(1) 가입대상

국민연금은 원칙적으로 국내에 거주하는 18세 이상 60세 미만의 국민을 가입대상으로 하며(제6조), 예외적으로 국민연금가입기간이 20년 미만인 가입자로서 60세에 달한 자가 임의계속가입자로서 가입신청을 하는 경우에는 65세에 이를 때까지 가입자가 될 수 있다(국민연금법 제13조 제1항).

대한민국이 외국과 사회보장협정을 맺은 경우에는 이 법에도 불구하고 국민연금의 가입, 연금보험료의 납부, 급여의 수급 요건, 급여액의 산정, 급여의 지급 등에 관하여 그 사회보장협정에서 정하는 바에 따른다(제127조).

(2) 가입자의 종류

1) 사업장가입자

사업장가입자란 사업장에 사용되는 근로자와 사용자로서 국민연금에 가입된 자를 말하며(제3조 제6호). 이는 가입이 강제되는 '당연적용사업장 가입자'와 가입이 임의에 맡겨진 '임의적용사업장 가입자'로 다시 구분된다.

① 당연적용사업장 가입자

상시 5인 이상의 근로자를 사용하는 사업장 및 주한 외국기관으로서 상시 5인 이상의 대한민국 국민인 근로자를 사용하는 사업장(당연적용사업장)에 종사하는 18세 이상 60세 미만의 근로자와 사용자는 당연히 사업장가입자가 된다(제8조 제1항 및 시행령 제19조 제1항).

② 임의적용사업장 가입자

당연적용사업장 이외의 사업장으로서, 18세 이상 60세 미만의 근로자 3분의 2 이상의 동의에 의하여 국민연금관리공단에 임의적용사업장 가입신청서를 제출하는 경우에 그 사업장의 18세 이상 60세 미만의 근로자와 사용자는 사업장가입자가 될 수 있다.

2) 지역가입자

사업장가입자가 아닌 자로서 18세 이상 60세 미만인 자는 당연히 지역가입자가 된다.

3) 임의가입자

사업장가입자와 지역가입자에 해당하는 자 외의 자로서 18세 이상 60세 미만인 자는 국민연금 관리공단에 가입신청서를 제출하는 경우에는 임의가입자가될 수 있다(제10조 제1항).

4) 임의계속가입자

국민연금 가입기간이 20년 미만인 가입자가 60세에 달한 때에는 가입자의 자격이 상실되지만 국민연금관리공단에 임의계속가입자 가입신청서를 제출하는경우에는 계속하여 65세에 달할 때까지 임의계속가입자가 될 수 있다(제13조 제1항).

(3) 가입자 자격의 취득 및 상실

1) 자격의 취득 시기

① 사업장가입자

당연적용사업장 또는 임의적용사업장에 근로자로 사용된 때 또는 그 사업장의 사용자가 된 때, 당연적용사업장으로 된 때, 임의적용사업장의 가입신청이 수리된 때(제11조 제1항).

② 지역가입자

사업장가입자의 자격을 상실한 때, 국민연금가입대상 제외자에 해당하지 아니하게 된 때, 국민연금가입대상 제외자·사업장가입자·지역가입자·퇴직연금 등 수급권자·별정우체국직원 등의 배우자로서 소득이 없던 자가 별도의 소득이 있게 된 때, 18세 이상 27세 미만인 자로서 소득이 있게 된 때(제11조 제2항).

③ 임의가입자

가입신청이 수리된 날에 그 자격을 취득한다(제11조 제3항).

④ 임의계속가입자

가입신청이 수리된 날에 그 자격을 취득한다(제13조 제1항).

2) 자격의 상실 시기

① 사업장가입자

사망한 때, 국적을 상실하거나 국외에 이주한 때, 사용관계가 종료된 때, 임의적용사업장 가입자가 일정한 요건 하에서 탈퇴신청이 수리 된 때, 60세에 달한 때, 제6조 단서의 규정에 의한 국민연금 가입대상 제외자에 해당하게 된 때(제12조 제1항).

② 지역가입자

사망한 때, 국적을 상실하거나 국외에 이주한 때, 국민연금가입대상 제외자에 해당하게 된 때, 사업장가입자의 자격을 취득한 대, 국민연금가입대상 제외자·사업장가입자·지역가입자·임의계속가입자·별정우체국직원·노령연금수급권자·퇴직연금 등 수급권자의 배우자로서 별도의 소득이 없게 된 때, 60세에 달한 때(제12조 제2항).

③ 임의가입자

사망한 때, 국적을 상실하거나 국외에 이주한 때, 탈퇴신청이 수리된 때, 60세에 달한 때, 3월 이상 연금보험료를 체납한 때, 다만 천재·지변 기타 부득이한 사유로 인하여 기간 내에 연금보험료를 납부할 수 없었음을 증명한 경우에는 자격이 상실되지 않는다. 사업장 가입자 또는 지역가입자의 자격을 취득한 때, 국민연금가입대상 제외자에 해당하게 된 때(제12조 제3항).

④ 임의계속가입자

사망한 때, 국적을 상실하거나 국외에 이주한 때, 탈퇴신청이 수리된 대, 3월 이상 연금보험료를 체납한 때. 다만 천재·지변 기타 부득이한 사유로 인하여 기간 내에 연금보험료를 납부할 수 없었음을 증명한 경우에는 자격이 상실되지 않는다(제13조 제3항).

3) 자격의 확인 및 효력 발생

국민연금법 제14조에 의하면, 국민연금관리공단은 가입자 자격의 취득 및 상실에 관한 확인을 하여야 하며, 가입자 자격의 득실은 국민연금관리공단의 확인에 의하여 각 자격의 취득 및 상실 시기에 그 효력을 발생한다. 가입자에 대하여는 국민연금관리공단의 국민연금 가입자증서를 교부하게 되어 있다(제16조).

(4) 가입기간의 계산 및 합산

국민연금법에 있어서 수급요건의 중요한 내용인 국민연금 가입기간은 월 단위로 계산하되, 가입자의 자격을 취득한 날이 속하는 달부터 그 자격을 상실한 날의 전날이 속하는 달까지로 한다. 다만, 가입자가 그 자격을 상실한 날의 전날이 속하는 달에 그 자격을 다시 취득한 때에는 그 다시 취득한 달을 중복하여 가입기간으로 산입하지 아니한다(제17조 제1항).

가입기간을 계산할 때에 연금보험료를 납부하지 아니한 기간은 가입기간에 산입하지 아니하지만, 사용자가 임금에서 기여금을 원천공제하면서도 연금보험료를 납부하지 않은 경우에는 그 미납기간의 2분의 1(1월 미만의 기간은 1월로 간주)에 해당하는 기간을 가입기간에 산입한다(동법 제17조 제2항). 그러나 국민연금관리공단이 당해 사업장의 체납사실을 사업장가입자에게 통지한 때에는 그 통지 이후 발생되는 체납기간은 가입기간에 산입하지 아니한다. 이 경우에 사업장 가입자는 기여금을 직접 국민연금관리공단에 납부할 수 있다(제17조 제3항).

가입자의 자격을 상실한 후 다시 그 자격을 취득한 경우에는 전후 가입기간을 합산한다. 가입자의 가입종별에 변동이 있는 경우에는 각 종별 가입기간을 합산한 기간을 가입기간으로 한다(제20조).

(5) 신고 및 통지

사업장가입자의 사용자는 당연적용사업장에 해당된 사실, 사업장의 내역변경 및 휴·폐업 등에 관한 사항과 가입자 자격의 취득·상실, 가입자의 소득월액 등에 관한 사항을 국민연금관리공단에 신고하여야 한다(제21조 제1항). 지역가입자·임의가입자 또는 임의계속가입자는 그 자격의 취득·상실, 성명 또는 주소의 변경 및 소득에 관한 사항 등을 국민연금관리공단에 신고하여야 하며, 부득이한 사유로 그 신고를 할 수 없을 때에는 배우자, 기타 그 가족이 신고를 대리할 수 있다(제21조 제2항, 제3항).

국민연금관리공단은 위와 같은 신고를 받을 때에는 그 내용을 확인하고, 그 내용 등을 신고인 또는 가입자에게 통지하여야 한다(제22조, 제23조).

2. 관장기구

(1) 관장형태와 법인격

공적연금의 관리운영방식은 국영방식과 민영방식, 그리고 위탁방식 등으로 구분할 수 있는데, 국민연금법은 관장주체를 보건복지부장관으로 규정(제2조)함으로써 국영방식을 채택하고 있다. 그러나 보건복지부장관은 실제로 국민연금을 효율적으로 운영하기 위하여 국민연금공단에 위탁운영하고 있어(제24조 이하), 국영의 위탁관리방식이 혼합되어 있다고 할 수 있다. 그리고 공단은 하나의 독립된 법인으로서 법인격을 가지고 있으면서 보건복지부장관의 감독을 받게 되어 있다.

(2) 국민연금공단

1) 업무

국민연금법에 따르면 공단은 가입자에 대한 기록의 관리 및 유지, 연금보험료의 부과, 급여의 결정 및 지급, 가입자, 가입자였던 자 및 제50조에 따른 수급권자를 위한 노후설계서비스 및 자금의 대여와 복지시설의 설치·운영 등 복지증진사업 및 가입자 및 가입자였던 자에 대한 기금증식을 위한 자금 대여사업, 이 법 또는 다른 법령에 따라 위탁받은 사항, 그 밖에 국민연금사업에 관하여 보건복지부장관이 위탁하는 사항에 관한 업무를 한다.

2) 임원

공단에 임원으로서 공단에 임원으로 이사장 1명, 상임이사 3명 이내, 이사 7명, 감사 1명을 두되, 이사에는 사용자 대표, 근로자 대표, 지역가입자 대표 각 1명 이상과 당연직 이사로서 보건복지부에서 국민연금 업무를 담당하는 3급 국가공무원 또는 고위공무원단에 속하는 일반직 공무원 1명이 포함되어야 한다(제30조 제1항).

이사장은 보건복지부장관의 제청에 의하여 대통령이 임명하고, 상임이사·이사(당연직이사 제외) 및 감사는 보건복지부장관이 임명한다(제30조 제2항).

3) 업무위탁 등

공단은 정관이 정하는 바에 의하여 연금보험료의 수납 및 급여 지급에 관한 업무, 기타 그 업무를 의료보험의 보험자, 체신관서, 금융기관 기타의 자에게 위탁할 수 있다(제47조). 공단에 관하여 이 법에 정한 것을 제외하고는 민법 중 재단법인에 관한 규정을 준용한다(제48조).

4) 대위권

공단은 제3자의 행위에 대하여 장해연금 또는 유족연금의 지급사유가 발생하여 장해연금, 유족연금을 지급한 때에는 그 급여액의 범위 내에서 수급권자의 제3자에 대한 손해배상청구권에 관하여 수급권자를 대위하며, 수급권자가 제3자로부터 손해배상을 받은 때에는 공단은 그 배상액의 범위 내에서 장해연금 또는 유족연금을 지급하지 아니한다(제114조).

(3) 국민연금심의위원회

국민연금제도의 합리적·효율적 운영을 위해 국민연금심의위원회가 설치되어 있는데, 종전에는 자문기구적인 성격을 지니고 있었으나, 좀 더 기능을 강화하여 심의기구로 변경하였다.

국민연금심의위원회는 보건복지부차관이 위원장이 되고, 사용자단체가 추천하는 사용자위원 4인, 근로자단체가 추천하는 근로자위원 4인, 농·어업인단체·자영자 관련단체·소비자 및 시민 단체가 각 2인씩 추천하는 지역가입자위원 6인 및 국민연금에 관한 전문가인 공익위원 5인을 위원으로 한다(제5조 제2항).

3. 급여

(1) 급여통칙

1) 급여의 종류

국민연금법상 규정된 급여의 종류는 노령연금, 장애연금, 유족연금, 반환일시금 등 4종류이다(제49조).

2) 수급권 및 급여의 지급

① 수급권의 발생과 소멸

급여는 받을 권리가 있는 자(이하 "수급권자"라 한다)의 청구에 따라 공단이 지급한다. 연금액은 지급사유에 따라 기본연금액과 부양가족연금액을 기초로 산정한다(제50조).

수급권의 소멸 시기는 급여의 종류에 따라 다른데, 노령연금의 수급권은 수급권자의 사망으로 소멸하고(제61조 제1항), 장애연금의 수급권은 수급권자가 사망하거나 장애등급에 해당되지 않게 된 때 소멸하며(제67조 제1항), 유족연금의 수급권과 반환연금의 수급권의 소멸시기도 각각 제72조 77조에 명문화되어 있다.

② 미지급의 급여

급여의 수급권자가 사망한 경우에 그 수급권자에게 지급하여야 할 급여로서 아직 지급되지 아니한 것이 있을 때에는 그 배우자·자녀·부모·손자녀 또는 조부모로서 수급권자의 사망 당시 수급권자에 의하여 생계를 유지하고 있던 자의 청구에 의하여 그 미지급 급여를 지급한다. 급여를 지급받을 자의 순위는 배우자·자녀·부모·손자녀·조부모의 순으로 하고, 동순위자가 2인 이상 있을 때에는 균분하여 지급하되 그 지급 방법은 대통령령으로 정한다(제55조).

③ 부당이득의 환수

공단은 허위, 기타 부정한 방법으로 급여를 지급받거나 수급권이 소멸 또는 정지된 급여, 기타 과오급된 급여를 지급받은 때 및 사망으로 추정된 자의 생존이 확인된 때에는 그 지급금액을 환수하여야 한다. 이 경우 허위, 기타 부정한 방법으로 급여를 지급받은 경우에는 이자를 가산하여 환수하여야 한다. 또 사망으로 추정되던 자의 생존이 확인된 때에는 공단은 그 사망의 추정으로 인하여 급여를 지급받은 자로부터 그 지급금액을 환수하여야 한다(제57조).

④ 미납금의 공제지급

가입자 또는 가입자였던 자가 수급권을 취득하거나 사망한 경우 제46조에 따라 대여한 자금의 상환금에 관한 채무가 있으면 이를 이 법에 따른 급여(사망일시금을 포함하고 지급이 정지된 급여는 제외한다)에서 공제할 수 있다. 다만, 이 법에 따른 급여 중 연금급여(제68조 제2항에 따라 일시보상금으로 지급되는 장애연금은 제외한다)의 수급권자에 대하여는 해당 연금월액의 2분의 1을 초과하여 공제할 수 없다(제59조 제1항).

⑤ 급여의 병급 조정

㉮ 국민연금급여간의 병급 조정: 동일한 수급권자에게 국민연금법에 의한 2 이상의 급여의 수급권이 발생한 때에는 그 자의 선택에 따라 그 중의 하나만을 지급하고 다른 급여의 지급은 정지된다(제56조). 그러나 제1항에도 불구하고 제1항에 따라 선택하지 아니한 급여가 다음 각 호의 어느 하나에 해당하는 경우에는 해당 호에 규정된 금액을 선택한 급여

에 추가하여 지급한다.

1. 선택하지 아니한 급여가 유족연금일 때(선택한 급여가 반환일시금일 때를 제외한다): 유족연금액의 100분의 20에 해당하는 금액
2. 선택하지 아니한 급여가 반환일시금일 때(선택한 급여가 장애연금이고, 선택하지 아니한 급여가 본인의 연금보험료 납부로 인한 반환일시금일 때를 제외한다): 제80조 제2항에 상당하는 금액

㉕ 다른 법에 의한 재해보상급여와의 병급 조정: 장애연금 또는 유족연금의 수급권자가 이 법에 따른 장애연금 또는 유족연금의 지급 사유와 같은 사유로 다음 각 호의 어느 하나에 해당하는 급여를 받을 수 있는 경우에는 제68조에 따른 장애연금액이나 제74조에 따른 유족연금액은 그 2분의 1에 해당하는 금액을 지급한다.

1. 「근로기준법」 제80조에 따른 장해보상, 같은 법 제82조에 따른 유족보상 또는 같은 법 제84조에 따른 일시보상
2. 「산업재해보상보험법」 제40조에 따른 장해급여나 같은 법 제43조에 따른 유족급여
3. 「선원법」 제88조에 따른 장해보상, 같은 법 제89조에 따른 일시보상 또는 같은 법 제90조에 따른 유족보상
4. 「어선원 및 어선 재해보상보험법」 제25조에 따른 장해급여, 같은 법 제26조에 따른 일시보상급여 또는 같은 법 제27조에 따른 유족급여

⑥ 손해배상청구권의 대위 등

공단은 제3자의 행위로 장애연금이나 유족연금의 지급 사유가 발생하여 장애연금이나 유족연금을 지급한 때에는 그 급여액의 범위에서 제3자에 대한 수급권자의 손해배상청구권에 관하여 수급권자를 대위한다.

제3자의 행위로 장애연금이나 유족연금의 지급 사유가 발생한 경우 그와 같은 사유로 제3자로부터 손해배상을 받았으면 공단은 그 배상액의 범위에서 제1항에 따른 장애연금이나 유족연금을 지급하지 아니한다(제114조).

⑦ 수급권의 보호

급여를 받을 권리는 양도·압류하거나 담보로 제공할 수 없다.

수급권자에게 지급된 급여로서 대통령령으로 정하는 금액 이하의 급여는 압류할 수 없다(제58조).

3) 연금액의 산정

① 급여액의 산정방식

급여는 받을 권리가 있는 자의 청구에 따라 공단이 지급한다.

연금액은 지급사유에 따라 기본연금액과 부양가족연금액을 기초로 산정한다(제50조).

② 기본연금액

수급권자의 기본연금액은 다음 각 호의 금액을 합한 금액에 1천분의 1천 200을 곱한 금액으로 한다. 다만, 가입기간이 20년을 초과하면 그 초과하는 1년(1년 미만이면 매 1개월을 12분의 1년으로 계산한다)마다 본문에 따라 계산한 금액에 1천분의 50을 곱한 금액을 더한다(제51조 제1항).

1. 다음 각 목에 따라 산정한 금액을 합산하여 3으로 나눈 금액

   가. 연금 수급 3년 전 연도의 평균소득월액을 연금 수급 3년 전 연도와 대비한 연금 수급 전년도의 전국소비자물가변동률(「통계법」제3조에 따라 통계청장이 매년 고시하는 전국소비자물가변동률을 말한다. 이하 이 조에서 같다)에 따라 환산한 금액

   나. 연금 수급 2년 전 연도의 평균소득월액을 연금 수급 2년 전 연도와 대비한 연금 수급 전년도의 전국소비자물가변동률에 따라 환산한 금액

   다. 연금 수급 전년도의 평균소득월액

2. 가입자 개인의 가입기간 중 매년 기준소득월액을 대통령령으로 정하는 바에 따라 보건복지가족부장관이 고시하는 연도별 재평가율에 의하여 연금 수급 전년도의 현재가치로 환산한 후 이를 합산한 금액을 총 가입기간으로 나눈 금액. 다만, 다음 각 목에 따라 산정하여야 하는 금액은 그 금액으로 한다.

   가. 제18조에 따라 추가로 산입되는 가입기간의 기준소득월액은 제1호에 따라 산정한 금액의 2분의 1에 해당하는 금액

   나. 제19조에 따라 추가로 산입되는 가입기간의 기준소득월액은 제

1호에 따라 산정한 금액

③ 부양가족연금액

부양가족연금액은 수급권자가 그 권리를 취득할 당시 그(유족연금의 경우에는 가입자 또는 가입자였던 자를 말한다)에 의하여 생계를 유지하고 있거나 노령연금 또는 장애연금의 수급권자가 그 권리를 취득한 후 그 자에 의하여 생계를 유지하고 있는 다음 각 호의 자에 대하여 해당 호에 규정된 각각의 금액으로 한다. 이 경우 생계유지에 관한 대상자별 인정기준은 대통령령으로 정한다(52조 제1항).

1. 배우자: 연 15만원
2. 18세 미만이거나 장애등급 2급 이상인 자녀(배우자가 혼인 전에 얻은 자녀를 포함한다. 이하 이 조에서 같다): 연 10만원
3. 60세 이상이거나 장애등급 2급 이상인 부모(배우자의 부모를 포함한다. 이하 이 조에서 같다): 연 10만원

④ 연금액의 최고한도

연금의 월별 지급액은 다음 각 호의 금액 중에서 많은 금액을 넘지 못한다(제53조).

1. 가입자였던 최종 5년 동안의 기준소득월액(연금 수급 전년도를 기준으로 제51조 제1항 제2호에 준하여 조정한다)을 평균한 금액을 제51조 제2항에 준하여 조정한 금액
2. 가입기간 동안의 기준소득월액(연금 수급 전년도를 기준으로 제51조 제1항 제2호에 준하여 조정한다)을 평균한 금액을 제51조 제2항에 준하여 조정한 금액

4) 연금 지급기간 및 지급시기

연금은 지급하여야 할 사유가 생긴 날(제78조 제1항에 따른 반납금을 내거나 제92조 제1항에 따른 추납보험료(추납보험료))를 냄에 따라 연금을 지급하여야 할 사유가 생긴 경우에는 해당 금액을 낸 날)이 속하는 달의 다음 달부터 수급권이 소멸한 날이 속하는 달까지 지급한다.

연금은 매월 말일에 그 달의 금액을 지급하되, 지급일이 토요일이나 공휴일이면 그 전날에 지급한다. 다만, 수급권이 소멸하거나 연금 지급이 정지된 경우

에는 그 지급일 전에 지급할 수 있다.

연금은 지급을 정지하여야 할 사유가 생기면 그 사유가 생긴 날이 속하는 달의 다음 달부터 그 사유가 소멸한 날이 속하는 달까지는 지급하지 아니한다(제54조).

(2) 수급요건과 급여수준

1) 수급요건

연금제도의 수급요건은 각각의 법적 규정에 구체적으로 설정되어 있어, 당해 규정에 의거하여 판단하면 된다. 그러나 수급요건에 대한 일반원칙은 사회복지정책상의 문제이고, 이는 전적으로 각각의 국가가 가진 인구상황, 고용상황, 정년제도, 사회보장 및 사회복지제도의 실시 연한과 물가상승률, 민간소득보장제도의 성숙도 등을 포함하여 한 국가의 사회경제적 여건과 가치관 및 전통 등이 거시적으로 연관되며, 미시적으로는 가입기간, 연령, 갹출금의 정도, 가족구성 형태 및 법에 규정된 정형화된 보험사고의 발생 등의 조건에 따라 달라지는 복잡한 양상을 지닌다.

2) 급여수준의 원칙

① 연금액의 최고한도

연금의 월별 지급액은 다음 각 호의 금액 중에서 많은 금액을 넘지 못한다(제53조).

1. 가입자였던 최종 5년 동안의 기준소득월액(연금 수급 전년도를 기준으로 제51조 제1항 제2호에 준하여 조정한다)을 평균한 금액을 제51조 제2항에 준하여 조정한 금액
2. 가입기간 동안의 기준소득월액(연금 수급 전년도를 기준으로 제51조 제1항 제2호에 준하여 조정한다)을 평균한 금액을 제51조 제2항에 준하여 조정한 금액

(3) 연금급여의 제한과 정지

국민연금법상 연금급여를 제한하거나 정지하는 것은 고의나 중대한 과실

또는 보험료의 체납 등에 따라 취해질 수 있는 조치이다. 이러한 제한과 정지는 거의 모든 사회보장법에 유사하게 규정되어 있다.

1) 급여의 제한(제82조)

가입자 또는 가입자였던 자가 고의로 질병·부상 또는 그 원인이 되는 사고를 일으켜 그로 인하여 장애를 입은 경우에는 그 장애를 지급 사유로 하는 장애연금을 지급하지 아니할 수 있다.

가입자 또는 가입자였던 자가 고의나 중대한 과실로 요양 지시에 따르지 아니하거나 정당한 사유 없이 요양 지시에 따르지 아니하여 다음 각 호의 어느 하나에 해당하게 되면 대통령령으로 정하는 바에 따라 이를 원인으로 하는 급여의 전부 또는 일부를 지급하지 아니할 수 있다.

　　1. 장애를 입거나 사망한 경우
　　2. 장애나 사망의 원인이 되는 사고를 일으킨 경우
　　3. 장애를 악화시키거나 회복을 방해한 경우

2) 장애연금액의 변경 제한

장애연금의 수급권자가 고의나 중대한 과실로 요양 지시에 따르지 아니하거나 정당한 사유 없이 요양 지시에 따르지 아니하여 장애를 악화시키거나 회복을 방해한 경우에는 제70조에 따라 장애연금액을 변경하지 아니할 수 있다(제83조).

3) 유족연금의 지급 제한

가입자 또는 가입자였던 자를 고의로 사망하게 한 유족에게는 유족연금을 지급하지 아니한다.

유족연금의 수급권자가 될 수 있는 자를 고의로 사망하게 한 유족에게는 유족연금을 지급하지 아니한다.

유족연금의 수급권자가 다른 수급권자를 고의로 사망하게 한 경우에는 그에게는 유족연금을 지급하지 아니한다(제84조).

4) 연금보험료의 미납에 따른 지급 제한

장애연금의 경우에는 당해 질병 또는 부상의 초진일 당시, 유족연금의 경우에는 사망일 당시 다음 각 호의 어느 하나에 해당하면 그 연금을 지급하지 아니한다(제85조).

1. 연금보험료를 낸 사실이 없는 경우
2. 연금보험료를 낸 기간(제17조 제3항에 따라 기여금을 낸 기간을 포함한다. 이하 이 조에서 같다)이 그 연금보험료를 낸 기간과 연금보험료를 내지 아니한 기간(제89조 제1항에 따른 납부 기한으로부터 1개월이 지나지 아니한 기간과 제91조 제1항에 따라 연금보험료를 내지 아니한 기간은 제외한다. 이하 이 조에서 같다)을 합산한 기간의 3분의 2보다 짧은 경우. 다만, 연금보험료를 내지 아니한 기간이 6개월 미만인 경우는 제외한다.

5) 지급의 정지 등

수급권자가 다음 각 호의 어느 하나에 해당하면 급여의 전부 또는 일부의 지급을 정지할 수 있다(제86조).

1. 수급권자가 정당한 사유 없이 제122조 제1항에 따른 공단의 서류, 그 밖의 자료 제출 요구에 응하지 아니한 때
2. 장애연금 또는 유족연금의 수급권자가 정당한 사유 없이 제120조에 따른 공단의 진단 요구 또는 확인에 응하지 아니한 때
3. 장애연금 수급권자가 고의나 중대한 과실로 요양 지시에 따르지 아니하거나 정당한 사유 없이 요양 지시에 따르지 아니하여 회복을 방해한 때
4. 수급권자가 정당한 사유 없이 제121조 제1항에 따른 신고를 하지 아니한 때

급여의 지급을 정지하려는 경우에는 지급을 정지하기 전에 대통령령으로 정하는 바에 따라 급여의 지급을 일시 중지할 수 있다.

4. 비용부담과 연금보험료 징수 등

(1) 재원조달방식과 재정 운용

연금재원의 조달방식은 흔히 적립방식과 부과방식으로 나눈다. 부과방식은 매년의 급부비용을 매년 조달하는 방식인 반면에 적립방식은 장래에 대하여 보험료의 부담을 평균화하는 것이며, 평준화시켜 징수한 보험료에 대하여 연금발족 당초의 급부지출은 적기 때문에 그 차액은 적립금으로 축적하는 방식이다.

부과방식을 취하든 적립방식을 선택하든 간에 사용자, 근로자 및 국가 중 부담을 누가 하느냐에 따라 3자 부담, 2자 부담 및 1자 부담방식이 있다. 대부분의 사회보장제도는 3자 부담방식을 채택하고 있는 경향이다.

연금재원을 부과할 때 연금 가입자의 소득에 비례해서 부과하는 소득비례 갹출제와 소득과 관계없이 부과하는 균일갹출방식이 있다. 또한 정액갹출제와 정률갹출제 등으로 구분할 수 있다.

우리나라 국민연금법상의 연금급여 등에 사용되는 비용의 재원조달은 가입자 및 사용자로부터 징수하는 연금보험료와 이를 근거로 조성되는 국민연금기금을 통해서 이루어진다(제88조, 제101조).

(2) 연금보험료

"연금보험료"란 국민연금사업에 필요한 비용으로서 사업장가입자의 경우에는 부담금 및 기여금의 합계액을, 지역가입자·임의가입자 및 임의계속가입자의 경우에는 본인이 내는 금액을 말한다(제3조 제10호). 연금보험료체계의 수리적 가정요인으로 사망률, 퇴직률, 폐질률, 인구증가율, 연금수급자에 대한 취업인구의 비율, 가입연령, 물가의 임금상승률 등이 고려된다. 1998년 12월 31일 개정 법률은 국민연금재정의 장기적 균형이 유지되도록 연금보험료를 조정하도록 규정하고 있으나(제4조 1항), 2009년까지는 기여금·부담금 및 연금보험료를 조정하지 않기로 하였다(1998. 12. 31. 개정법률 부칙 제4조 제2항).

국가는 매년 공단 및 건강보험공단이 국민연금사업을 관리·운영하는 데에 필요한 비용의 전부 또는 일부를 부담한다(제87조).

5. 국민연금기금

(1) 기금의 설치·조성

국민연금사업에 필요한 재원을 원활하게 확보하고, 각종 연금급여에 충당하기 위한 책임준비금으로서 국민연금기금을 설치·운영한다. 국민연금기금은 연금보험료, 기금운용수익금, 적립금 및 공단의 수입지출결산상 잉여금으로 조성된다(제101조).

1998년 12월 31일 개정법률은 공공부문에 투자된 기금의 수익성 제고, 연금기금운용위원회의 구성 및 운영의 내실화, 기금운용실무평가위원회의 신설, 기금운용계획 및 기금의 운용내역과 사용내역의 국회에의 보고·제출 및 공시 등에 관하여 상당한 보완을 행함으로써, 연금기금 운용에 있어서 투명성, 민주성, 수익성을 제고한다.[64]

(2) 기금의 관리·운용

기금은 보건복지부장관이 관리·운용한다. 보건복지장관은 국민연금재정의 장기적인 안정 유지를 위하여 그 수익을 최대로 증대시킬 수 있도록 국민연금기금운용위원회가 의결한 바에 따라 다음과 같은 방법으로 기금을 관리·운용하되, 가입자·가입자였던 자 및 수급권자의 복지증진을 위한 사업에의 투자는 국민연금재정의 안정을 해치지 않는 범위에서 해야 한다(제102조).

(3) 국민연금기금운용위원회

운용위원회는 위원장인 보건복지가족부장관, 당연직 위원인 기획재정부차관·농림수산식품부차관·지식경제부차관·노동부차관과 공단 이사장 및 위원장이 위촉하는 다음 각 호의 위원으로 구성한다(제103조 제2항).

　　1. 사용자를 대표하는 위원으로서 사용자 단체가 추천하는 자 3명
　　2. 근로자를 대표하는 위원으로서 노동조합을 대표하는 연합단체가 추

---

64) 현외성, 2001, 247면: 김유성, 2000, 184면.

천하는 자 3명

    3. 지역가입자를 대표하는 위원으로서 다음의 자
       가. 농어업인 단체가 추천하는 자 2명
       나. 농어업인 단체 외의 자영자 관련 단체가 추천하는 자 2명
       다. 소비자단체 및 시민단체가 추천하는 자 2명
    4. 관계 전문가로서 국민연금에 관한 학식과 경험이 풍부한 자 2명

운용위원회의 회의는 연 4회 이상 개최하여야 하며, 재적 위원 과반수의 출석으로 개회하고, 출석 위원 과반수의 찬성으로 의결한다. 이 경우 출석하지 아니한 위원은 의결권을 행사하지 아니한 것으로 본다(제103조 제5항).

(4) 국민연금기금운용실무평가위원회

실무평가위원회는 보건복지부 차관을 위원장으로 하고, 기금운용위원회의 위원구성과 유사하게 정부부처 공무원, 사용자·가입자 대표위원 및 전문가로 구성되며, 부위원장은 위원들이 호선한다(제104조).

(5) 국민연금기금운용지침

기금운용위원회는 가입자의 권익이 극대화되도록 매년 공공사업에 사용할 기금자산의 비율, 공공사업에 대한 자금배분의 우선순위, 가입자·가입자이었던 자 및 수급권자의 복지증진을 위한 사업비, 기금증식을 위한 가입자 및 가입자이었던 자에 대한 대여사업비 등에 관한 국민연금기금운용지침을 마련하도록 규정하고 있다(제105조).

(6) 국민연금기금운용계획 등

보건복지부장관은 매년 기금운용계획을 수립하여 기금운용위원회 및 국무회의의 심의를 거쳐 대통령령의 승인을 얻어야 하며, 정부는 이를 전년도 10월 말까지 국회에 보고하여야 한다. 기금운용위원회의 위원장은 정부가 작성한 운

용내역과 사용내역을 기금운용위원회의 심의를 거쳐 국회에 제출하고 공시하여야 한다(제107조).

6. 심사청구 및 재심사청구

국민연금법은 다른 사회보장법에서 보는 바와 같이 2회에 걸친 이의신청을 통해 가입자의 권리를 구제하는 권리구제절차를 가지고 있다.

(1) 심사청구

가입자의 자격, 표준소득월액, 연금보험료 기타 이 법에 의한 징수금과 급여 등에 관한 공단의 처분에 대해 이의가 있는 사람은 공단에 심사청구를 할 수 있다. 심사청구는 처분이 있음을 안 날로부터 90일 이내에 문서로 하여야 한다(제108조).

(2) 재심사청구

심사청구에 대한 결정에 불복이 있는 자는 그 결정통지를 받은 날로부터 90일 이내에 보건복지부에 설치된 국민연금재심사위원회에 재심사청구를 할 수 있다. 재심사위원회의 재심사 및 재결에 관한 절차에 관하여는 행정심판법을 준용하고, 이 재심사는 행정소송법의 적용에 있어서는 행정심판법에 의한 행정심판으로 본다(제110조, 제112조).

Ⅳ. 문제점 및 개정방향

1. 문제점

(1) 적용상의 문제

1) 지역가입자의 범위문제

현행법에서는 4인 이하 영세사업장 근로자 및 임시직·일용직 근로자 등 비정규직 근로자들은 적용 대상이 되지 않는다. 또한 이들 대부분이 저소득근로자이며 국민연금 등 사회보험의 우선 보호대상임에도 불구하고 지역가입자로 분류되어 있다. 이는 이러한 근로자들은 고용관계가 불안정하여 장기적인 인력관리가 어렵고, 특히 영세사업주의 보험료부담 수용성이 낮아 사업장 가입자로 전환하는 데 어려움이 있기 때문으로 추정할 수 있다.

2) 자영자 소득파악문제

국민연금이 지역가입자에게도 확대 실시됨으로써 그 동안 고질적으로 제기되어 오던 소득파악 문제는 더욱 급박한 문제가 되었다. 즉, 고소득자로부터 저소득자로의 소득이전(소득재분배)이 아닌 성실신고자인 사업장 가입자에서 불성실신고자인 일부 지역가입자에게 소득이 이전되는 왜곡현상이 일어난다는 것이다. 이러한 왜곡현상의 가장 근본적인 원인은 우리나라의 소득 파악체계가 제대로 구축되지 못한 상태에서 소득파악이 용이한 사업장 가입자를 위주로 도입된 소득비례제도를 그대로 도시지역 자영자에게 적용했기 때문이다(김태성·김진수, 2001: 235).

(2) 연금재정 불안정문제

1) 기여와 급여의 불균형

국민연금제는 원칙적으로 일정 기간 보험료를 적립하여 형성한 기금을 통해 급여지출의 상당 부분을 충당하는 적립방식을 취하고 있기 때문에 저부담·

고급여로 표현되는 기여와 급여간의 현저한 불균형의 문제는 연금재정을 불안정하게 하는 가장 큰 요인 중의 하나이다. 특히 급여와 요건과 관련해서 문제시되는 현행 국민연금법에서의 60세라는 연금수급개시연령은 평균수명의 증가로 인한 연금수급기간의 증가를 가져와 재정의 불안전을 야기할 수 있다. 따라서 이로 인한 다음 세대의 부담을 줄이기 위해 적절한 대응이 필요하다.

2) 국민연금의 기금운용 문제

국민연금 기금운용과 관련된 핵심적 쟁점으로는 기금 운영의 수익성과 안정성 문제, 기금운용의 민주성 조화 문제를 들 수 있을 것이다.

먼저 기금의 수익성과 안정성 문제로 첫째, 국민연금기금의 약 79%에 해당하는 여유자금을 공공부문으로 강제 예탁되었고, 또한 예탁방식이 국공채가 아니라 아무런 환급성이 없는 예수금 증서를 교부하는 형태이고 둘째, 정부가 국민연금기금의 여유자금을 공공부문에 예탁하면서 금융이자율보다 낮은 이자율로 차입해감으로써 기금의 손실과 함께 안정성을 위협하고 있다.

다음으로 기금운용의 민주성 제고와 관련하여 국민연금기금은 전액 가입자의 보험료 부담에 의해 형성된 것임에도 불구하고 기금운용과정에 가입자의 참여가 미미한 반면 정작 국민연금 기금형성에 아무런 기여를 하지 않은 정부가 기금운용에 있어 독점적 결정권을 행사함으로써 기금 운용이 투명하지 못하고 비민주적으로 운영되는 결과를 초래했다는 문제제기가 있었다.[65]

3) 관리운영체계

국민연금법의 관리운영체계의 문제점은 국민연금의 관리운용에서 발생하는 국민연금 고유의 관리운영상의 문제보다는 사회보험 상호간에 존재하는 업무의 중복으로 인한 비효율성이 더 큰 문제이다. 사회보험의 업무가 중복적으로 수행되고 있음에도 불구하고 각각의 보험들이 분리·운영되어 인적·물적 요소가 중복적으로 지출되고 있다. 이는 국가적인 낭비일 뿐만 아니라 사회보험비용의 증가에 따른 가입자 및 피보험자의 부담의 증가를 의미한다. 또한 이러한 업무의 중복성은 가입자의 입장에서도 나타나 가입자의 편의를 위해서도 사회보험 관리운용체계의 통합이 절실히 요구된다.

---

65) 권문일, 1999, 19~20면.

2. 개정방향

(1) 국민연금 적용의 개선

첫째, 적용의 개선은 근본적으로 정밀한 소득파악체계를 구축함으로써 해결해야 할 문제이다. 즉, 소득파악과 관련하여 각종 소득활동 관련 자료를 확보하고 있고, 소득파악에 대한 지식과 기술을 가진 국세청과 업무 협조 차원을 넘어서 범정부적 공동사업을 발전시키는 방안이 장기적으로 검토되어야 한다는 것이다.

둘째, 연금의 사각지대를 해소하기 위한 조치들이 필요하다(김연명, 2000: 3). 현재 국민연금의 납부예외자는 대략 550만 명 정도로 추정되지만, 이들의 사회경제적 특성에 대한 정밀한 실태조사가 없어서 정확한 속성을 파악하기 어려운 실정이다. 납부예외자 문제는 최소 가입기간의 단축(10년에서 5년)이나 임의가입제도 확대로만 해결될 성질이 아니므로 앞으로 이들을 소득보장체계 내로 포함시킬 수 있는 법적 방안이 필요하다.

(2) 연금재정의 건실화

1) 적정부담 · 적정급여로의 전환

첫째, 적정부담 · 적정급여로의 개선을 위해 전 국민이 최소한의 기초소득을 보장받을 수 있도록 기초연금제도를 도입하고, 이 기초연금부분에서만 세대간 재분배가 발생하도록 하면 되므로 현재 너무 과중한 세대간 재분배정도를 적정수준으로 하향조정하는 것이 필요하다.

둘째, 국민연금의 장기재정균형에 대한 개념과 재정방식을 명확히 법적으로 규정하여 정치적 재량의 여지를 제거하며 법적 규정에 기초하여 정기적으로 국민연금재정에 대한 보험 수리적 재정평가를 엄격히 하고, 그 결과에 의하여 장단기재정계획을 수립하여 추진해 나가야 할 것이다.[66]

---

66) 권문일, 2001, 32면.

2) 기금운용의 개선

첫째, 기금을 최대로 증식시키기 위한 수익성의 원칙과 방대한 규모를 적립되는 기금을 국민 생활보장과 사회발전에 기여하도록 운용에서 공공성의 원칙이 적절히 조화되도록 해야 한다.

둘째, 기금운용위원회의 상설화와 전문성 제고를 통해 실질적인 위상을 갖추는 것이 우선시 되어야 할 것이다. 그 후 참여를 통한 위원회의 활발한 운영이 전제되어, 특히 가입자들의 참여가 보장된다면 그 연장선에서 가입자들이 원하는 투자정책이나 욕구에 부합되는 투자다변화도 생각해볼 수 있을 것이다.

셋째, 2002년 3월 1일 발효된 기금관리기본법이 지닌 문제점을 정확히 지적하고, 사회적 합의를 통해 정부와 국회로부터 이에 대한 법률개정을 요구하는 것이 필요하다.

(3) 관리운영의 효율화

4대 사회보험의 분리운영으로 인하여 물적·인적 자원의 낭비와 가입자의 부담 증가, 사회보험 전체의 일관성 결여 등의 문제점에 대해 사회보험을 통합하여 관리 운영하자는 의견이 꾸준히 제기되고 있다.

사회보험의 통합범위와 관련해서 사회보험을 통합하는 경우에도 적용·부과징수업무만을 통합하는 방안, 부과·징수 및 자격관리와 급여의 일부를 통합하는 방안, 적용·부과징수·급부업무를 통합하는 방안 및 적용·부과징수·급부업무를 비롯한 재정까지를 통합하는 완전통합방안이 제시되고 있다(유성재, 2001).

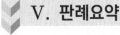

V. 판례요약

1. 국민연금수급권포기및수급금반환 [서울중앙지법 2009. 8. 11. 선고 2009가합20609, 판결: 확정]

[판시사항]

[1] 국민연금수급권자인 배우자와 이혼한 상대방이 이혼시에 분할연금수급 권을 포기하기로 약정을 한 경우, 그 약정의 효력(=무효)

[2] 甲이 배우자 乙(국민연금수급권자)과의 협의이혼 당시 국민연금(노령연 금)에 관한 지분을 포기하기로 약정한 사안에서, 사전포기약정이 국민 연금법 제58조에 반하여 무효라고 한 사례이다.

[판결요지]

[1] 국민연금법 제64조에서 규정된 분할연금제도는 국민연금가입자인 배 우자와 이혼한 자가 60세가 된 이후에 그 배우자이었던 자가 받는 노 령연금액 중 혼인기간에 해당하는 연금액을 균분하도록 하는 제도로 서, 혼인기간 동안의 정신적 또는 물질적 기여부분에 대하여 일정액을 보장해 준다는 점에서는 혼인기간 동안의 재산형성에 대한 기여도에 따라 재산을 분할하는 민법상 재산분할청구권과 유사하다. 그러나 국 민연금법의 제정목적은 국민의 노령·폐질 또는 사망에 대하여 연금급 여를 실시함으로써 국민의 생활안정과 복지증진에 기여함에 있는 점 (국민연금법 제1조), 급여를 받을 권리는 이를 양도·압류하거나 담보에 제공할 수 없도록 하여 국민연금수급권을 보호하고 있는 점(국민연금법 제58조) 등에 비추어 보면, 분할연금은 이혼시 혼인기간 중의 기여 자 체를 청산하여 그 혼인기간에 해당하는 노령연금액을 향후 균분하여 갖도록 하는 것이 아니라 배우자와 이혼한 자의 노후안정을 위해 일정 액의 소득을 보장해주는 제도로서 민법상 재산분할청구권과는 그 제도 의 취지 및 권리의 성격이 다르다. 따라서 국민연금수급권자인 배우자 와 이혼한 상대방이 이혼시에 분할연금수급권을 사전에 포기하였다고 하더라도 이는 국민연금법의 목적에 반하여 실질적으로 배우자에게 자

신의 분할연금수급권을 양도하는 것으로서 국민연금법 제58조에 반하여 무효이다.

[2] 甲이 배우자 乙(국민연금수급권자)과의 협의이혼 당시 국민연금(노령연금)에 관한 지분을 포기하기로 약정한 사안에서, 이는 국민연금법의 목적에 반하여 실질적으로 배우자에게 자신의 분할연금수급권을 양도하는 것으로서 국민연금법 제58조에 반하여 무효라고 한 사례이다.

[참조조문]

[1] 국민연금법 제1조, 제58조, 제64조 / [2] 국민연금법 제1조, 제58조, 제64조

2. 장애연금지급거부처분취소[대법원 2009. 9. 24. 선고 2009두9147 판결]

[판시사항]

국민연금법 부칙 제36조 제1항에 따라 '장애연금 수급요건'에 관하여 구법의 적용을 받는 '국민연금법 시행 전에 초진일로부터 2년이 경과된 사람'의 '장애정도 결정일'에 관하여 적용할 법령이다.

[판결요지]

장애연금 수급요건의 조항은 장애연금 수급권에 관한 일반적인 요건을 정하고 있는데 반하여 장애정도 결정일의 조항은 장애 여부 결정의 기준일만 제시하는 것이 아니라 구체적으로 발생하게 되는 장애연금의 기산일 등 수액 산정의 기준까지 제시하는 의미가 있어 장애연금 수급요건 조항과는 독자적인 의미가 있는 점, 국민연금법 부칙(2007. 7. 23.)이 '장애연금 수급요건 조항'과 '장애정도 결정일 조항'을 구분하여 각기 다른 내용의 경과조치를 규정하고 있는 점 등에 비추어 보면, 위 부칙 제36조 제1항과 제2항은 개별적으로 해석하여야 한다. 따라서 위 부칙 제36조 제2항의 '이 법 시행 전에 초진일이 있는 자' 중에 부칙 제36조 제1항의 '이 법 시행 전에 초진일로부터 2년이 경과된 자'가 제외된다고 해석할 수 없으므로, 2007. 7. 23. 법률 제8541호로 전부 개정된 국민연금법 시행 전에 초진일로부터 2년이 경과된 사람은 비록 장애연금 수급요건에 관하여 위

부칙 제36조 제1항에 따라 구 국민연금법(2007. 7. 23. 법률 제8541호로 전부 개정되기 전의 것)의 적용을 받는다 하더라도, 장애정도 결정일에 관하여는 위 부칙 제36조 제2항에 따라 개정법의 적용이 구법 적용보다 불리하지 않은 이상 개정법이 적용된다.

[참조조문]

구 국민연금법(2007. 7. 23. 법률 제8541호로 전부 개정되기 전의 것) 제58조 제1항(현행 제67조 제1항 참조), 국민연금법 제67조 제1항, 국민연금법 부칙(2007. 7. 23.) 제36조 제1항, 제2항

제3절 국민건강보험법

 ## I. 의의

건강보험은 사회보험방식을 통하여 국민의 건강을 확보하고 소득 유지와 생활의 안정을 함께 도모하는 사회복지제도이다. 이는 종래 질병의 방지라는 소극적인 방식을 넘어서서 보다 적극적인 정책목표를 설정하여 국민들의 복지를 증진시키려는 의미를 담고 있다.

국민건강보험법의 목적은 제1조에 다음과 같이 규정하고 있다. "이 법은 국민의 질병·부상에 대한 예방·진단·치료·재활과 출산·사망 및 건강증진에 대하여 보험급여를 실시함으로써 국민건강을 향상시키고 사회보장을 증진함을 목적으로 한다."

과거의 의료보험법이 상병을 치료하기 위해 소요되는 비용 및 의료서비스를 제공하는 것을 주된 내용으로 하는 반면 국민건강보험법은 진료비보장·질병치료를 포함함은 물론 건강진단·재활 및 예방의 범위까지 포함하는 적극적이고 포괄적인 의미를 가진 것으로 해석된다. 하지만 국민건강보험법이 가진 특성이

면서 목적의 하나로서 중요한 점을 지적하자면, 과거의 의료보험법이 소위 '조합주의 보험방식'을 취하고 있었던 데 비하여 국민건강보험법은 '통합 중의 보험방식'을 가진다.

 ## Ⅱ. 입법 배경

우리나라에 있어서 의료보험법은 1963년 12월 16일에 법이 제정되고 1977년 7월 1일에 전면적으로 시행되었다. 1963년 당시 의료보험법은 일부 관계 전문가들의 노력으로 입법화는 성공하였으나, 사회경제적 여건의 미비로 인하여 연기되었다.

한편 경제성장 위주의 정책은 1970년대 중반부터 나타나기 시작하여 경제성장의 부작용으로 국민의 단결성과 사회적 통합을 위협한다는 우려를 낳게 되었다. 그 여파로 오랫동안 정체 현상을 면치 못하고 있던 의료보험사업은 1976년 12월 22일 의료보험법의 대폭 개정과 더불어 1977년 7월 1일에는 생활보호대상자 등에 대하여 의료보호사업을 실시하였다. 그리하여 의료시설 부족과 국민부담 능력을 고려하여 시행이 가능한 임금소득계층에서부터 점진적으로 의료보험의 적용을 확대시켜 왔다. 그러다가 1980년대 중반 이후 수출경제의 호전에 힘입어 경제성장이 회복되고 흑자경제시대가 도래했으며, 정부는 여력을 복지부문에 투입하려는 의지를 보이기 시작하였다. 그리하여 제6차 경제사회발전 5개년 계획에서 전 국민의 의료보험 확대가 채택되었고, 보사부는 1987년 보사부 차관을 장으로 한 의료보험 확대 추진본부를 두어 실무작업반, 소추진반, 군실무반을 설치하였다. 또한 1987년 2월 한방의료보험을 전국에 확대 실시하였고 1988년 1월 1일부터 농어촌 지역의료보험을 실시하여 전 인구의 80.4%가 의료보장의 적용을 받았다.

그 후 1988년 6월 17일 국민의료정책심의위원회의 안건으로 도시지역의료보험확대 방안이 제출되었고, 1989년 7월 1일부터 전국 60개 도시(특별시, 직할시를 포함)를 대상지역으로 하여 전국 약 964만 명(약 241만 세대)의 도시지역 자영업자까지도 의료보험이 실시됨으로써 우리나라는 의료보험 시행 13년만에 전 국민의료보험화의 시대를 맞이하게 되었다.

건강진단과 재활 및 예방의 범위까지 포함하는 적극적이고 포괄적인 특성을 가진 국민건강보험법을 1999년 2월 8일에 제정, 공포하고 2000년 7월 1일부터 국민건강보험제도를 실시하기에 이르렀다.

국민건강보험법이 2011년 12월 31일에 전부개정이 되었고, 그 이후 2016년 3월 22일 일부 개정되었는데, 최근 2019년 1월 15일에 개정되어 2020년 1월 16일부터 개정법이 시행되고 있다. 개정이유 및 주요내용은 아래와 같다.

◈ 개정이유

건강보험 가입자 자격 취득·변동 시 해당 가입자가 이를 알 수 있도록 보험료 납입 고지를 할 때 자격 변동 사실을 고지하도록 하고, 보험료 및 보험료 체납으로 인해 발생한 진료비 징수금을 체납한 자에게 징수하는 연체금을 인하하여 보험료 납부능력이 부족한 저소득 체납자를 보호하는 한편, 외국인·재외국민이 건강보험 보장이 필요한 경우에만 지역가입자로 임의가입하여 고액의 진료를 받고 출국하는 등 우리나라 건강보험제도를 악용하는 문제를 개선하고, 건강보험정책심의위원회 및 건강보험공표심의위원회 심의·의결의 공정성과 객관성을 담보하기 위하여 해당 위원회의 공무원이 아닌 위원은 형법상 수뢰 및 비밀 누설 등에 관한 규정을 적용할 때 공무원으로 보도록 하려는 것이다.

◈ 주요내용

가. 공단이 가입자 자격의 취득 또는 변동 여부를 직접 확인하는 경우 해당 사항을 자격 취득 또는 변동 후 최초로 보험료 납입 고지를 할 때 알리도록 한다(제9조의2 신설).

나. 보험료 또는 보험료 체납으로 인한 보험급여 제한 기간 중 받은 보험급여에 대한 징수금을 체납한 경우 징수하는 연체금을 인하한다(제80조 제1항 및 제2항).

다. 직장가입자가 아닌 외국인·재외국민이 일정 요건을 충족할 경우 지역가입자로 당연가입되도록 하고, 외국인·재외국민인 지역가입자가 외국보험 등의 적용을 받아 건강보험 가입이 불필요할 경우 가입 제외를 신청할 수 있도록 한다(제109조 제3항 및 제5항 제2호).

라. 외국인·재외국민인 지역가입자가 건강보험료를 체납한 경우 체납일부

터 체납한 보험료를 완납할 때까지 보험급여를 제한하고, 외국인·재외국민인 지역가입자 중 내국인과 동일한 보험료 납부 및 보험급여 제한 규정을 적용받는 자의 범위를 명확히 규정한다(제109조 제8항, 제109조 제10항 신설).

마. 건강보험정책심의위원회 및 건강보험공표심의위원회 위원 중 공무원이 아닌 사람은 「형법」 제127조 및 제129조부터 제132조까지의 규정을 적용할 때 공무원으로 본다(제114조의2 신설).

 ## Ⅲ. 내용

1. 적용대상

(1) 가입자

1) 자격요건과 대상

국내에 거주하는 국민으로서 적용제외대상자를 제외하고는 건강보험 가입자 또는 피부양자가 된다(제5조 제1항). 피부양자는 직장가입자에 의하여 주로 생계를 유지하는 자로서 소득 및 재산이 동법 시행규칙 제2조(피부양자 자격의 인정기준 등)으로 정하는 기준 이하에 해당하는 자를 말한다(제5조 2항).

2) 적용제외 대상

적용제외 대상자는 의료급여법에 따라 의료급여를 받는 자, 독립유공자예우에 관한 법률 및 국가유공자 등 예우 및 지원에 관한 법률에 의하여 의료보호를 받는 자로 한다(제5조).

3) 외국정부 근로자에 대한 특례

정부는 외국 정부가 사용자인 사업장의 근로자의 건강보험에 관하여는 외국 정부와 한 합의에 따라 이를 따로 정할 수 있다. 국내에 체류하는 재외국민 또는 외국인으로서 대통령령으로 정하는 사람은 제5조에도 불구하고 이 법의 적용을 받는 가입자 또는 피부양자가 된다(제109조).

(2) 가입자의 종류

건강보험제도의 가입자는 직장가입자 및 지역가입자로 구분한다. 직장가입자는 모든 사업장에 고용된 근로자와 그 사용자, 공무원 및 교직원이며, 지역가입자는 가입자 중 직장가입자와 그 피부양자를 제외한 자를 말한다(제6조 제3항). 따라서 직장가입자 대상에서 제외되는 자들은 지역가입자가 된다.

(3) 가입자 자격의 취득과 상실

1) 자격취득의 시기

가입자는 국내에 거주하게 된 날에 직장가입자 또는 지역가입자의 자격을 취득한다.

2) 자격의 변동과 신고

사업장의 사용자는 다음 각 호의 어느 하나에 해당하게 되면 그 때부터 14일 이내에 보건복지부령으로 정하는 바에 따라 보험자에게 신고하여야 한다. 직장가입자가 되는 근로자·공무원 및 교직원을 사용하는 사업장(이하 "적용대상 사업장"이라 한다)이 된 경우와 휴업·폐업 등 보건복지부령으로 정하는 사유가 발생한 경우 해당되어 보험자에게 신고한 내용이 변경된 경우에도 또한 같다(제7조).

3) 자격 상실의 시기

가입자는 다음 각 호의 어느 하나에 해당하게 된 날에 그 자격을 잃는다(제10조).

    1. 사망한 날의 다음 날
    2. 국적을 잃은 날의 다음 날
    3. 국내에 거주하지 아니하게 된 날의 다음 날
    4. 직장가입자의 피부양자가 된 날

5. 수급권자가 된 날

6. 건강보험을 적용받고 있던 사람이 유공자등 의료보호대상자가 되어 건강보험의 적용배제신청을 한 날

2. 운영조직

(1) 보험자

국민건강보험제도는 사회보험제도의 하나로서 감독 및 최종 책임은 보건복지부장관이 지게 되지만, 운영주체로서 보험자는 법인 형태의 국민건강보험공단이다(제13조).

(2) 국민건강보험심사평가원

국민건강보험법은 요양급여비용을 심사하고 요양급여의 적정성을 평가하기 위한 기관으로 건강보험심사평가원을 설립하였는데 이는 공단과는 별도의 법인이다.

(3) 건강보험정책심의위원회

건강보험정책에 관한 다음 각 호의 사항을 심의·의결하기 위하여 보건복지부장관 소속으로 건강보험정책심의위원회(이하 "심의위원회"라 한다)를 둔다.(제4조 제1항).

심의위원회는 위원장 1명과 부위원장 1명을 포함하여 25명의 위원으로 구성한다. 심의위원회의 위원장은 보건복지부차관이 되고, 부위원장은 제4항 제4호의 위원 중에서 위원장이 지명하는 사람이 된다.

심의위원회의 위원은 다음 각 호에 해당하는 사람을 보건복지부장관이 임명 또는 위촉한다.

1. 근로자단체 및 사용자단체가 추천하는 각 2명

2. 시민단체(「비영리민간단체지원법」 제2조에 따른 비영리민간단체를 말한

다. 이하 같다), 소비자단체, 농어업인단체 및 자영업자단체가 추천하
는 각 1명
3. 의료계를 대표하는 단체 및 약업계를 대표하는 단체가 추천하는 8명
4. 다음 각 목에 해당하는 8명
가. 대통령령으로 정하는 중앙행정기관 소속 공무원 2명
나. 국민건강보험공단의 이사장 및 건강보험심사평가원의 원장이
추천하는 각 1명
다. 건강보험에 관한 학식과 경험이 풍부한 4명

3. 보험급여

국민건강보험법에 따라 제공되는 급여는 요양급여(제41조), 부가급여(제50
조) 및 건강검진(제52조)이 있다. 이 중에서 요양급여, 건강진단 및 요양비지급은
법정급여라고 한다. 법정급여는 법적 규정에 의하여 일정한 보험사고에 대하여
지급되는 급여이고, 부가급여는 급여의 종류는 법적으로 정해져 있으나 실시 여
부는 보험자에게 위임되어 있는 급여를 말한다.

(1) 요양급여

1) 개념과 범위

요양급여는 가입자 및 피부양자의 질병·부상·출산 등에 대하여 급여를 제
공한다(제41조).

2) 요양기관

보건복지부장관은 요양급여를 효율적으로 하기 위하여 필요한 경우에는 보
건복지부령이 정하는 바에 의하여 시설·장비·인력 및 진료과목 등 보건복지부
령이 정하는 기준에 해당하는 요양기관을 종합전문요양기관 또는 전문요양기관
으로 인정할 수 있다. 전문요양기관으로 인정된 요양기관 또는 「의료법」 제3조
의4에 따른 상급종합병원에 대하여는 제41조 제2항에 따른 요양급여의 절차 및

제45조에 따른 요양급여비용을 다른 요양기관과 달리 할 수 있다(제42조 제2항, 제4항). 요양기관은 정당한 이유없이 요양급여를 거부하지 못한다(제42조 제5항).

3) 비용의 일부 부담

요양급여를 받는 자는 대통령령으로 정하는 바에 따라 비용의 일부(이하 "본인일부부담금"이라 한다)를 본인이 부담한다(제44조).

(2) 건강검진

보험자는 가입자 및 피부양자에 대하여 질병의 조기발견과 그에 따른 요양급여를 하기 위하여 건강검진을 실시한다(제52조).

건강검진을 받을 수 있는 자는 직장가입자, 세대주인 지역가입자, 40세 이상인 지역가입자 및 40세 이상인 피부양자로 한다. 건강검진은 2년마다 1회 이상 실시한다. 건강검진은 의료 관련 인력·시설 및 장비를 갖춘 요양기관 중에서 공단과의 계약이 체결된 요양기관(검진기관)에서 행하여야 한다(시행령 제25조).

(3) 부가급여

공단은 이 법에서 정한 요양급여 외에 대통령령으로 정하는 바에 따라 장제비(葬祭費), 상병수당(傷病手當), 그 밖의 급여를 실시할 수 있다(제50조). 법 제50조에 따른 부가급여는 임신·출산 진료비로 한다. 임신·출산 진료비는 임신한 가입자 또는 피부양자가 제24조에 따라 지정된 요양기관에서 받는 임신과 출산에 관련된 진료(출산 전후 산모의 건강관리와 관련된 진료를 포함한다. 이하 같다)에 드는 비용으로 하고, 그 지급액은 다음 각 호의 구분에 따른 금액의 범위에서 임신한 가입자 또는 피부양자가 실제 부담한 금액으로 한다(시행령 제23조).
> 1. 하나의 태아를 임신한 경우: 50만원
> 2. 둘 이상의 태아를 임신한 경우: 70만원

(4) 장애인에 대한 특례

공단은 장애인등록법에 의하여 등록한 장애인인 가입자 및 피부양자에게는 보장구에 대하여 보험급여를 할 수 있다. 이 보장구에 대한 보험급여의 범위·방법·절차 기타 필요한 사항은 보건복지부령으로 정한다(제51조).

4. 재정: 보험료 및 국고보조

국민건강보험 급여와 관련 사업에 사용되는 재원의 조달은 사회보험의 기능적 특수성에서 정기적인 기여금인 ① 보험료, 운영 등에 필요한 비용을 국가에서 부담하는 ② 국가부담액, 그리고 일부 수익자 부담의 원칙을 적용하고 있는 ③ 본인일부부담액 등에 의해 이루어진다.

보험료를 통한 재원조달방식에도 여러 가지 방식이 있는데, 정액방식이냐 정률방식이냐 하는 것이 중요한 정책 선택으로 논의되고 있다. 우리나라는 일종의 정률방식을 채택하고 있는데, 이것 역시 가입자의 종류에 따라 약간씩 상이하다.

(1) 보험료의 산정

1) 직장가입자

직장가입자의 월별 보험료액은 가입자의 등급별 표준보수월액에 80%의 범위 안에서 심의위원회의 의결 내용을 참작하여 대통령령으로 정하는 보험료율을 곱하여 얻은 금액으로 한다(제69조 제4항).

2) 지역가입자

지역가입자의 월별 보험료액은 세대 단위로 산정하되, 지역가입자가 속한 세대의 월별 보험료액은 '부과표준소득'에 따라 대통령령이 정하는 등급 구분에 의하여 심의위원회의 의결을 거쳐 공단의 정관이 정하는 금액으로 한다(제69조 제5항).

국가는 매년 예산의 범위에서 해당 연도 보험료 예상 수입액의 100분의 14에 상당하는 금액을 국고에서 공단에 지원한다(제108조).

(2) 보험료의 부담

1) 직장가입자

직장가입자의 보험료는 직장가입자와 직장가입자가 근로자인 경우에는 소속사업장의 사업주가, 직장가입자가 공무원인 경우에는 소속된 국가 또는 지방자치단체가 각각 보험료액의 100분의 50을 부담한다. 직장가입자가 교직원인 경우에는 그 직장가입자가 100분의 50을, 소속 학교경영기관이 100분의 30을, 국가가 100분의 20을 각각 부담한다(제76조).

2) 지역가입자

지역가입자의 보험료는 그 가입자가 속한 세대의 지역가입자 전원이 연대하여 부담한다(제76조 제3항)

(3) 보험료의 징수

보험자는 의료보험사업에 소요되는 비용에 충당하기 위하여 보험료 부담자로부터 가입자의 자격을 얻은 날이 속하는 달부터 가입자의 자격을 잃은 날의 전날이 속하는 달까지 보험료를 징수한다. 다만 가입자의 자격이 매월 1일 이후에 변동된 경우에는 그 변동된 날이 속하는 달의 보험료는 변동되기 전의 자격을 기분으로 징수한다(제69조 제2항).

(4) 보험료의 면제

공단은 직장가입자가 국외에 여행 중인 경우, 국외에서 업무에 종사하고 있는 경우, 병역법」에 따른 현역병(지원에 의하지 아니하고 임용된 하사를 포함한다), 전환복무된 사람 및 무관후보생 해당하게 된 경우, 교도소, 그 밖에 이에 준하는 시설에 수용되어 있는 경우에 해당하면 그 가입자의 보험료를 면제한다. 다만, 직장가입자의 경우에는 국내에 거주하는 피부양자가 없을 때에만 보험료를 면제한다(제74조).

(5) 보험료의 납부

1) 납부의무자

직장가입자의 보험료는 사용자가 납부하여야 한다.

지역가입자의 보험료는 그 가입자가 속한 세대의 지역가입자 전원이 연대하여 납부한다.

2) 납부기한과 독촉 및 체납처분

보험료납부 의무자는 가입자에 대한 보험료를 매월 납부하되 그 다음날 10일까지 납부하여야 한다. 다만 지역가입자의 보험료는 보건복지부령이 정하는 바에 의하여 분기별로 납부할 수 있다(제78조).

3) 가산금

공단은 보험료 등의 납부의무자가 납부기한까지 이를 납부하지 아니한 때에는 그 납부기한이 경과한 날로부터 체납된 보험료 등의 100분의 5에 해당하는 가산금을 징수한다.

5. 보험급여 수급권의 제한과 보호 등

(1) 수급권의 제한

공단은 보험급여를 받을 수 있는 자가 다음과 같은 경우에는 보험급여를 하지 않는다(제53조 제1항).
① 고의 또는 중대한 과실로 인한 행위에 기여하거나 고의로 사고를 발생시킨 때
② 고의 또는 중대한 과실로 공단이나 요양기관의 요양에 관한 지시에 따르지 아니한 때
③ 고의 또는 중대한 과실로 문서 기타 물건의 제출을 거부하거나 질문 또는 진단을 기피한 때

또한 다른 법령에 의하여 국가 또는 지방자치단체로부터 보험급여에 상당하는 급여를 받거나 보험급여에 상당하는 금액을 지급받게 되는 때에는 그 한도 내에서 보험급여를 실시하지 아니한다(제53조 제2항). 공단은 세대 단위의 보험료를 대통령령이 정하는 기간 이상 체납한 지역가입자에 대하여 보험료를 완납할 때까지 보험급여를 실시하지 아니할 수 있으며(제53조 제3항), 직장가입자가 보험료를 체납한 경우 그 체납에 대하여 직장가입자 본인에게 귀책사유가 있는 경우에 한하여 위 제3항과 같은 내용을 적용하는데, 직장가입자가 피부양자에게도 마찬가지이다.

(2) 수급권의 보호

보험급여를 받을 권리는 양도 또는 압류할 수 없다(제59조).

6. 이의신청 및 심사청구

(1) 이의신청

가입자 및 피부양자의 자격, 보험료 등 보험급여 또는 보험급여 비용에 관한 공단의 처분에 이의가 있는 자는 공단에 이의신청을 할 수 있다. 또 요양급여비용 및 요양급여의 적정성에 대한 평가 등에 관한 건강보험심사평가원에 처분에 이의가 있는 공단·요양기관 기타의 자는 건강보험 심사평가원에 이의신청을 할 수 있다(제87조 제1항, 제2항).

이의신청은 처분이 있는 날부터 90일 이내에 문서로 하여야 한다. 다만, 정당한 사유에 의하여 그 기간 내에 이의 신청을 할 수 없었음을 소명한 때에는 그러하지 아니하다(제87조 제3항).

(2) 심판청구

공단 또는 심사평가원에 행한 이의신청에 대한 결정에 불복이 있는 자는 건강보험분쟁조정위원회에 심사청구를 할 수 있다. 심사청구는 결정이 있는 날부터 90일 이내에 문서로 하여야 한다.

(3) 행정소송

공단 또는 심사평가원의 처분에 이의가 있는 자, 위 이의신청 또는 심사청구에 대한 결정에 불복이 있는 자는 행정소송법이 정하는 바에 의하여 행정소송을 제기 할 수 있다(제90조).

Ⅳ. 문제점과 개정방향

1. 급여확대

건강보험제도는 가장 효과적·경제적으로 모든 국민들에게 필요한 의료서비스를 제공하기 위한 방법으로서 국민의 경제적 고통을 동반하지 않고 실현되어야 한다. 그러나 현행 건강보험체계에서는 의료비의 본인 부담률이 높아 과도한 의료비지출로 가계에 심한 경제적 부담이 되며 필수적인 의료서비스도 보험급여에 제외되어 있는 경우도 있다.

따라서 보험혜택 범위를 확대하기 위해서는 적정부담–적정급여에 대한 국민적 합의 도출이 선행되어야 하고, 재정확보의 다양한 방법들 중에서 선택 가능한 구체적인 방안을 모색하여야 할 것이다.[67]

2. 재원조달

보험료의 인상만이 재원조달의 방편이 되어서는 안 된다. 재원조달을 위한 다양한 방법들이 있는데 가장 중요하고 근본적인 방법은 국고지원금의 확대이다. 특히 지역가입자의 국고지원금은 직장가입자나 공무원·교직원 등과 보험료 징수의 형평성의 문제에서도 필연적이다. 국민의 입장에서는 보험료나 조세 모

---

67) 신섭중 외, 2001, 256~257면.

두가 국민의 부담을 수반하는 것이지만 국고지원금은 국민의 납부저항이 적기 때문에 선택이 매우 용이할 것이다. 또 다른 방법으로는 지역가입자 중에서 고소득 자영업자의 소득파악은 매우 중요한 일이다.

3. 심사·평가체계의 개선

진료비는 월별로 진료가 종료된 다음 달 말까지 보험자인 국민건강보험공단에 청구하고, 공단은 요양급여비용의 심사와 요양급여의 적정성에 대한 평가 심사 후 조정 결과를 통보한다. 이 결과에 대하여 90일 이내에 문서로 이의신청할 수 있다. 진료비청구의 문제점은 진료행위별 수가제에 의하여 진료서비스의 각 단위에 기초한 청구가 매우 복잡하여 청구에 소요되는 시간과 인력이 많이 소요되며, 진료비심사의 공정성, 객관성, 전문성에 관해서 공단의 심사자와 마찰이 계속되고 있다. 따라서 앞으로 포괄수가제를 단계적으로 도입·확대하여 의료서비스의 질적 향상과 진료비 청구에 효율성을 도모하여야 할 것이다.[68]

4. 관리운영의 효율화

2000년 7월에 직장 및 지역, 공무원·교직원 의료보험이 통합되어 법의 명칭도 국민건강보험법으로 개칭되었으며, 의약분업도 실시하게 되었다. 즉, 의료보험의 완전통합과 의약분업의 실시이다.

이 통합관리운영체계는 전체 국민을 가입대상으로 하고, 연간 수조원의 재정을 운영해야 하므로 효율적인 관리 운영이 핵심적인 과제이다. 나아가서는 연금, 의료, 산재, 고용의 4대 사회보험 통합을 위해서도 국민건강보험공단은 또다른 임무와 역할을 가지고 있다고 할 수 있다.

국민건강보험체계에서는 보다 질 높은 의료서비스를 제공하기 위해 관리운영 측면에서 민주성과 효율성을 확보하는 데 중점을 주는 것이 필요하다. 이를 위하여 건강보험운영이 최고 핵심 정책심의 기구인 "건강보험심의조정위원회" 및 보험료조정의 심의·결정기구인 "재정운영위원회"에 보험가입자, 보험자, 의

---

68) 신섭중 외, 2001, 258면.

료공급자, 정부가 함께 참여하여 서로간의 이해관계를 조정함으로써 공단운영의 민주성, 투명성을 확보하도록 하는 제도적 장치가 마련된 것은 과거에 비해 진일보한 것이라고 할 수 있다.

또한 건강보험심사평가원의 설립은 심사의 독립성을 보장하여 심사의 공정성, 객관성, 전문성을 확보함으로써 의료공급자와 보험자간에 형성된 갈등의 구조를 해소하고 국민에게 보다 나은 의료서비스를 제공하기 위한 신뢰가 형성되는 계기가 되어야 할 것이다.[69]

 ## V. 판례요약

1. 사기 · 모욕[대법원 2010. 6. 10. 선고 2010도1777 판결]

[판시사항]

[1] 국민건강보험법 제48조 제1항 제1호에서 보험급여의 제한사유로 규정한 '고의 또는 중대한 과실로 인한 범죄행위에 기인한 경우'의 의미

[2] 타인의 폭행으로 상해를 입고 병원에서 치료를 받으면서, 상해를 입은 경위에 관하여 거짓말을 하여 국민건강보험공단으로부터 보험급여 처리를 받아 사기죄로 기소된 사안에서, 위 공소사실을 무죄로 판단한 원심을 수긍한 사례

[판결요지]

[1] 국민건강보험법 제48조 제1항 제1호에서는 고의 또는 중대한 과실로 인한 범죄행위에 기인하거나 고의로 보험사고를 발생시킨 경우 이에 대한 보험급여를 제한하도록 규정하고 있는데, 같은 법 제1조에 명시하고 있는 바와 같이 국민의 질병·부상에 대한 예방·진단·치료·재활과 출산·사망 및 건강증진에 대하여 보험급여를 실시함으로써 국민보건을 향상시키고 사회보장을 증진함을 목적으로 하고 있음에 비추어 볼 때 위 법조 소정의 급여제한 사유로 되는 요건은 되도록 엄격하게

---

69) 이상용, 2000, 10면.

해석하여야 할 것이므로, 위 법 제48조 제1항 제1호에 규정된 '고의 또는 중대한 과실로 인한 범죄행위에 기인한 경우'는 '고의 또는 중대한 과실로 인한 자기의 범죄행위에 전적으로 기인하여 보험사고가 발생하였거나 고의 또는 중대한 과실로 인한 자신의 범죄행위가 주된 원인이 되어 보험사고가 발생한 경우'를 말하는 것으로 해석함이 상당하다.

[2] 타인의 폭행으로 상해를 입고 병원에서 치료를 받으면서, 상해를 입은 경위에 관하여 거짓말을 하여 국민건강보험공단으로부터 보험급여 처리를 받아 사기죄로 기소된 사안에서, 위 상해는 '전적으로 또는 주로 피고인의 범죄행위에 기인하여 입은 상해'라고 할 수 없다고 보아 위 공소사실을 무죄로 판단한 원심을 수긍한 사례.

[참조조문]

[1] 형법 제347조, 국민건강보험법 제1조, 제48조 제1항 제1호 / [2] 형법 제347조, 국민건강보험법 제48조 제1항 제1호

2. 건강보험요양급여행위등처분취소[대법원 2006. 5. 25. 선고 2003두11988, 판결]

[판시사항]

[1] 사단법인 대한의사협회가 보건복지부 고시인 '건강보험요양급여행위 및 그 상대가치점수 개정'의 취소를 구할 원고적격이 없다고 한 사례

[2] 행정소송법상 행정청의 부작위를 구하는 청구가 허용되는지 여부(소극)

[3] 보건복지부장관이 국민건강보험법 제42조 제1항의 요양급여비용에 관한 계약기간에 관계없이 요양급여행위 및 그 상대가치점수를 변경할 수 있는지 여부(한정 적극)

[4] 요양급여행위 및 그 상대가치점수에 관한 보건복지부 고시가 개정된 경우, 그 개정 고시의 적용 제한

[판결요지]

[1] 사단법인 대한의사협회는 의료법에 의하여 의사들을 회원으로 하여 설

립된 사단법인으로서, 국민건강보험법상 요양급여행위, 요양급여비용의 청구 및 지급과 관련하여 직접적인 법률관계를 갖지 않고 있으므로, 보건복지부 고시인 '건강보험요양급여행위 및 그 상대가치점수 개정'으로 인하여 자신의 법률상 이익을 침해당하였다고 할 수 없다는 이유로 위 고시의 취소를 구할 원고적격이 없다고 한 사례이다.

[2] 행정소송법상 행정청이 일정한 처분을 하지 못하도록 그 부작위를 구하는 청구는 허용되지 않는 부적법한 소송이다.

[3] 요양기관이 실시하는 요양급여의 비용은 보건복지부장관이 각 요양급여행위의 상대가치점수를 정하고 국민건강보험공단의 이사장과 의약계를 대표하는 자 간의 계약으로 그 상대가치점수의 '점수당 단가'를 정하는 방법에 의해 결정하도록 하고 있고, 그 계약기간을 1년으로 규정되어 있는바, ① 국민건강보험공단과 의약계 대표자 간의 위 계약은 각 요양급여의 상대가치점수에 대한 '점수당 단가'를 정하는 것으로 그 내용이 한정되어 있는 점, ② 상대가치점수에 관하여는 보건복지부장관이 심의조정위원회의 심의를 거쳐 정하도록 하고 있을 뿐 그 개정에 관하여 별다른 제한이 없는 점 등에 비추어 보면, 당초의 상대가치점수가 점수당 단가를 정하는 계약의 기준이 되었다고 하더라도, 그 상대가치점수의 변경이 요양급여 제공자인 의약계의 의견을 시기적으로 적절히 반영하여 물가상승 등 유동하는 경제현실에 상응한 요양급여비용이 산정될 수 있도록 한다는 국민건강보험법 제42조 제1항의 취지 자체를 심하게 훼손할 정도의 중대한 변경이 아닌 한, 보건복지부장관은 위 계약기간에 관계없이 요양급여행위 및 그 상대가치점수를 변경할 수 있다.

[4] 보건복지부장관의 요양급여행위 및 그 상대가치점수에 관한 고시가 개정된 경우 새로이 개정된 고시의 경과규정에서 달리 정함이 없는 한 개정 고시를 적용하는 것이 원칙이고, 개정 전 고시의 존속에 대한 국민의 신뢰가 개정 고시의 적용에 관한 공익상의 요구보다 더 보호가치가 있다고 인정되는 경우에 그러한 국민의 신뢰를 보호하기 위하여 그 적용이 제한될 수 있는 여지가 있을 따름이다.

[참조조문]

[1] 국민건강보험법 제42조, 구 국민건강보험법 시행령(2005. 6. 30. 대통령
령 제18909호로 개정되기 전의 것) 제23조 제2항, 행정소송법 제12조 /
[2] 행정소송법 제4조 / [3] 국민건강보험법 제39조, 제42조, 제43조,
구 국민건강보험법 시행령(2001. 12. 31. 대통령령 제17476호로 개정되기
전의 것) 제24조 / [4] 국민건강보험법 제42조, 구 국민건강보험법 시행
령(2001. 12. 31. 대통령령 제17476호로 개정되기 전의 것) 제24조, 행정절
차법 제4조

[참조판례]

[2] 대법원 1989. 9. 12. 선고 87누868 판결(공1989, 1477), 대법원 1992. 2.
11. 선고 91누4126 판결(공1992, 1037), 대법원 1992. 11. 10. 선고 92누
1629 판결(공1993상, 124), 대법원 2004. 2. 13. 선고 2001다15828,
15835, 15842 판결

제4절 산업재해보상보험법

 I. 의의

산업재해보상보험은 산재근로자에게 확실한 생활을 보장하기 위하여 국가
가 책임을 지는 의무보험으로 역사적으로 사용자의 산재근로자에 대한 근로기
준법상 형사책임과 보상책임을 담보하기 위한 제도로서 국가는 산업재해보상보
험법상 적용대상이 되는 사용주로부터 소정의 보험료를 징수하여 법령이 정하
는 바에 따라 산재근로자에게 보상하는 사회보험이다.[70]
산업재해보상보험은 근로기준법에서 규정한 재해규정의 보상의 책임을 전

---

70) 김태성 · 김진수, 2001, 282면.

체 고용주에게 공동 부담시켜(책임의 분산) 산재보상으로 인한 고용주의 일시적인 경제적 부담을 경감시키는 데 주목적이 있다. 그리고 '개별 고용주와 개별 산재 노동자 간의 관계'를 국가와 개별 산재 노동자 간의 관계로 전환시켜 재해보상과 관련된 노사관계의 악화를 막는다는 데도 의의가 있다. 또한 산재보험의 실시로 재해보상 청구권행사가 간소화되어 노동자들은 보상을 비교적 신속하게 받을 수 있고 국가가 보험자가 됨에 따라 보상의 보증을 보다 확실히 받을 수 있다(보상의 안정성)는 장점이 있다.[71]

요컨대 산업재해보상보험은 근로자의 업무상 재해를 신속, 공정 및 확실하게 보상하여 재해를 당한 근로자와 그 가족의 생활을 보호하며, 재해로 인한 고용주의 부담을 분산, 경감시켜 주는데 그 의의가 있다. 따라서 산업재해보상보험은 민법상 고용주의 책임의 영역에서 노동법의 영역으로 확대되었고, 다시 사회보장법의 영역으로까지 그 범위를 확대하여 가고 있다.

II. 입법 배경

각 국가의 산재보험의 발전형태는 산업화 수준의 유사성에도 불구하고, 상이한 발전유형을 보이고 있다. 서구 산업사회에서 산업재해보상법의 발전단계는 산업재해에 대한 보통법 적용시기, 고용주 책임법 제정 시기 및 산업재해보상법 시기 등으로 구분해 볼 수 있다.[72]

먼저 보통법 시기에는 작업 중 부상을 당한 근로자는 고용주를 상대로 소송을 제기하고 고용주의 부주의 혹은 태만을 증명하여야 한다. 고용주는 근로자의 소송에 대하여 다양한 방어수단을 동원할 수 있었다. 이 시기의 법률내용은 고용주에게 유리하게 되어 있어 산업재해로 보상을 받는 근로자의 수는 매우 적었다.

이러한 보통법 시대의 고용주 위주의 편파성을 막기 위해 고용주책임법이 19세기 말부터 제정됨으로써 근로자의 입증책임부담이 경감되고, 산재 근로자의 법적 지위가 개선되었다. 그러나 이러한 변화에도 불구하고 근로자는 고용주

---

71) 윤조덕, 1999, 4~5면.
72) 박상범, 1999, 355~358면.

에 비해 상대적으로 불리한 입장에 놓여 있었다.

산업혁명 이후 업무와 관련된 많은 부상자와 사망자가 발생하여 기존의 고용주책임법에 의한 산업재해문제의 해결이 어렵게 되자, 각국은 산업재해보상법을 제정하게 되었다. 우리나라의 산업재해보상보험제도는 정부수립 이전인 1915년의 '조선광업령'에 의하여 광업자에게 업무상의 재해에 대한 부조의무제도의 시작으로, 1948년 정부수립 후 제헌헌법에 따른 노동 3권의 보장으로 근로자의 보상문제가 단체협약을 통하여 전개되었다. 그 후 1953년 5월에 산업화에 따른 근로자 보호의 제도화를 위한 '근로기준법'의 제정공포와 더불어 산업재해의 개별사용주 책임제도가 확립되었다.73) 그러나 1953년 제정된 근로기준법은 업무상 재해의 책임을 고용주에게 부과했으나 고용주의 개별책임주의에 입각한 재해보상은 강제성이 약했고, 강력한 행정력이 전제되지 않았기 때문에 실효성이 미약했을 뿐만 아니라 고용주의 경제적 능력이 없을 경우 재해보상을 받기 어려웠다.

그러다가 우리나라의 산업재해보상보험은 공업화가 진전되면서 급격히 증가하는 산업재해근로자를 보호하기 위해 1964년에 사회보험제도 중 가장 먼저 도입(법은 1963년 제정)되었다. 1963년에 산업재해보상보험법이 제정되어, 제도 시행의 첫해인 1964년에는 상시 근로자 500인 이상으로 대규모의 광업 및 제조업부분에만 적용 실시된 이래 16차례 개정을 통하여 적용대상과 급여수준이 확대되어 왔다.

이 중에서도 1982년에는 산업재해보험 특별회계법을 재정하여 산재보험기금제도를 신설하였으며, 1995년에는 산재보험의 업무를 이전의 노동부에서 근로복지공단으로 이관하였다. 최근에는 보험급여액이 재해근로자간에 상대적으로 많은 격차를 보이고 있어 보험급여의 최고, 최저한도를 설정하는 등으로 급여수준의 형평을 제고하고 산재보험의 소득재분배기능을 강화하는 한편 간병급여 등 새로운 보험급여의 신설과 중소기업사업주에 대한 적용 확대를 통하여 산재보험의 사회안정망으로서의 역할을 강화하기 위하여 1999년 12월 31일에 재개정하였다.74)

이로써 2000년 7월 적용대상이 5인 미만의 사업장으로 확대되어 사회 안정

---

73) 현외성, 2001, 257면.
74) 김유성, 2000, 27면.

망의 사각지대가 해소되게 되었다.

산업재해보상보험법[일부 개정 2007. 5. 17. 법률 제8435호], 시행일 2008. 1. 1, 현재시행법령확인]은 가족관계의 등록 등에 관한 법률의 개정에 따른 일부 개정으로 가족관계의 등록 등에 관한 법률의 개정이유가 등록되어 있다. 그 이후, 동법은 2010년 1월 27일, 일부 개정되었고 이후 2019년 1월 15일에 일부 개정되고 같은 해 7월 16일부터 개정법이 시행되고 있다. 이에 대한 개정이유 및 주요내용은 아래와 같다.

◆ 개정이유 및 주요내용

산업재해의 대부분은 사고성 재해가 차지하고 있고 업무상 질병에 기인하여 인정된 비율은 9퍼센트이며 직무스트레스를 원인으로 하는 것은 1퍼센트에 불과하다.

한편, 현행법의 업무상 질병 인정기준에 업무상 정신적 스트레스가 원인이되어 발생한 질병이 명시되어 있지 않아 근로자가 업무로 인한 정신적 스트레스가 원인이 되어 질병이 발생한 경우 산업재해로 인정받기가 힘든 실정이다.

이에 업무상 질병의 인정 기준에 직장 내 괴롭힘, 고객의 폭언 등 업무상 정신적 스트레스가 원인이 되어 발생한 질병을 추가함으로써 업무상 재해를 폭넓게 인정할 수 있는 제도적 장치를 갖추려는 것이다.

 III. 내용

1. 목적

산재보험법은 산업재해보상보험을 행하여 근로자의 업무상의 재해를 신속하고 공정하게 보상하고 이에 필요한 보험시설을 설치·운영하여 재해예방 기타 근로자의 복지증진을 위한 사업을 행함으로써 근로자 보호에 이바지함에 그 목적이 있다(제1조). 이러한 산재보험법의 목적을 근로자, 사업자 및 국가의 입장에서 각각 정리해 볼 수 있다.[75]

---

75) 현외성. 2001, 289면.

첫째, 근로자의 입장에서는 근로자의 생활안정과 재해를 예방하고 복지증진을 도모하는 데 있다. 둘째, 사업자의 입장에서는 사업주의 위험분산과 경감을 통하여 기업안정을 도모하는 데 있다. 셋째, 국가의 입장에서는 건전한 노동력을 보전함으로써 경제발전과 복지향상을 이루는데 있다.

2. 적용범위: 보험가입자의 수급권자

산재보험법은 모든 사업 또는 사업장(이하 사업이라고 한다)에 적용한다(제6조)고 규정하여 적용대상을 사업 또는 사업장을 단위로 하고 있다. 산재보험법은 정부(고용노동부 장관)의 위탁을 받은 근로복지공단을 보험자로 하고 사업주를 보험가입자로 하는 제도를 채용하고 있으며, 피보험자의 개념을 별도로 규정하고 있지 않다.

산재보험법은 업종별, 근로자 인원수별로 계속 확대하여, 원칙적으로 1인이상의 모든 사업장을 당연적용사업으로 하고 있다.

3. 보험자와 근로복지공단

산재보험법에 의한 보험사업은 고용노동부 장관이 관장하지만, 구체적인 보험사업은 고용노동부 장관의 위탁을 받은 근로복지공단에서 행한다(제10조). 고용노동부장관이 동 사업을 관장하는 것은 강제가입을 통한 산재보험제도의 실효를 높이고 신속·공정한 보상을 하기 위함인 것이다. 따라서 산재보험은 국가 책임하에 운영된다고 할 수 있다.

근로복지공단은 공법인으로서 ① 보험가입자 및 수급권자에 관한 기록·유지, ② 보험료 기타 산재보험법에 의한 징수금의 징수, ③ 보험급여의 결정 및 지급, ④ 보험급여에 관한 심사청구의 심의·결정, ⑤ 산업재해보상보험 시설의 설치·운영, ⑥ 업무상 재해를 입은 근로자 등의 진료·요양 및 재활, ⑦ 재활보조기구의 연구개발·검정 및 보급, ⑧ 보험급여 결정 및 지급을 위한 업무상 질병 관련 연구, ⑨ 근로자 등의 건강을 유지·증진하기 위하여 필요한 건강진단 등 예방 사업, ⑩ 근로자의 복지 증진을 위한 사업, ⑪ 그 밖에 정부로부터 위탁받은 사업 등을 수행한다(제11조).

4. 보험관계의 성립과 소멸

동법에 따른 보험 관계의 성립과 소멸에 대하여는 보험료징수법으로 정하는 바에 따른다(제7조).

5. 보험급여

산재보험법에 의한 보험급여는 요양급여, 휴업급여, 장해급여, 간병급여, 유족급여, 상병보상연금, 장의비, 직업재활급여가 있으며(제36조), 보험급여의 산정은 요양급여와 같은 현물급여를 제외하고는 현금급여를 제공하는 경우가 많다.

6. 보험료

이 법에 따른 보험사업에 드는 비용에 충당하기 위하여 징수하는 보험료나 그 밖의 징수금에 관하여는 「고용보험 및 산업재해보상보험의 보험료징수 등에 관한 법률」에서 정하는 바에 따른다(제4조).

7. 근로복지사업

산재보험법은 산재근로자의 신속하고 공정한 보험급여를 행하려는 일차적인 목적 외에 보험시설을 설치운영하며 근로자의 복지증진을 위한 사업을 행함으로써 근로자를 보호하는 목적이 있다. 이것은 보험급여가 재해근로자에 대한 소극적인 보호조치인데 반하여, 보험시설을 통한 근로복지사업은 재해근로자의 재출발을 촉진하는 복지제도로서 적극적인 성격을 지닌 보호조치라고 할 수 있다. 따라서 산재보험의 성격은 사회보장의 한 부분으로서 근로자의 생활을 보장하려는 것으로 파악할 수 있다.[76]

---

76) 신섭중 외, 2001, 389면.

Ⅳ. 문제점 및 개정방향

1. 문제점

(1) 적용범위의 확대문제

1999년 2월 8일의 개정법에 의하여 원칙적으로 1인 이상의 모든 사업장을 그 적용범위에 포함시키게 되었지만, 임의적용사업장(적용제외사업장)은 노동부장관의 승인을 얻어 보험에 가입하도록 되어 있다. 임의적용사업 근로자들은 산재발생시 민사소송에 의한 법적 절차로 인하여 이중고통을 겪고 있으며, 특히 재해위험에 대해 취약하다고 생각되는 영세사업장의 근로자(가내 근로자, 자영근로자, 일용직, 시간직 근로자)들이 포함되어 있지 않다(신섭중 외, 2001: 391). 이러한 문제점은 산재보험의 재원조달과 적용의 편리를 우선으로 하는 행정편의주의에서 비롯됨으로써 가장 절실히 보호를 필요로 하는 계층이 소외되게 된다.

(2) 보상범위와 보상수준상의 문제점

동법 제40조와 제41조에 의하면 요양급여와 휴업급여에 있어 업무상 부상 또는 질병이 3일 이내에 치유될 수 있거나 취업하지 못한 기간이 3일 이내일 때에는 요양 또는 휴업급여를 지급하지 못하도록 되어 있다. 이것은 근로자의 생활안정이라는 측면에서 재고되어야 할 문제점이다. 또한 우리나라의 산재보험은 지금까지 일시금 위주의 단기급여체계에 입각한 제도에서 벗어나 사회보험으로서의 성격과 원리에 충실한 장기급여제도로서의 전환이 필요하다.

(3) 보험료율 결정의 문제

우리나라의 산재보험은 부담체계에서 있어 업종별 차등요율제와 개별실적 요율제를 채택하고 있다. 이러한 형태는 산재보험이 사회보험적 방향보다는 사보험적 방향으로 발전되어온 데서 기인한다. 현행 산재보험이 이러한 부담체계를 채택하는 한, 보험료율에 있어 차등요율에 대한 세분화 요구는 더 강해지고,

그에 따른 행정적인 복잡성과 비능률성이 커지게 됨에 따라 사회보험으로서의 근본취지에서 벗어나게 된다(김태성·김진수, 2001: 303). 그리고 산재보험 보험료율 부과체계는 보험수입과 지출의 차이에 역점을 두고 있지만, 재해예방 유인기능은 미약하다. 업종별로 보험료율이 일률적으로 결정되기 때문에 개별기업으로서는 산재예방을 위한 적극적인 투자를 할 유인책이 없다(원석조, 2002: 314).

(4) 보상수준의 향상문제

우리나라 산재보험의 보상수준은 꾸준히 향상되어 왔지만 현재 수준의 보상으로는 산재보험이 목표로 하는 재해근로자의 생존권을 실현하기 어렵다. 특히 직업병에서의 보상수준이 가장 심각한데, 그 이유는 직업병의 잠복기가 길고, 업무와 질병사이의 연관문제를 규명하기가 쉽지 않다는 점 그리고 직업병 관련 산재보상규정의 미비 때문인 것이다(박상범, 1999: 426).

그리고 산재보험법에서는 물가의 상승을 감안하여 보상수준을 결정하는 물가연동제를 실시하고 있지만 그 보상수준이 미흡하다.

2. 개정 방향

(1) 적용범위의 확대

우리나라 산재보험의 적용대상범위는 근로기준법의 적용을 받는 사업, 즉 광업, 제조업, 건설업, 전기, 가스, 수도사업, 운수, 창고, 통신업 등으로 제한되어 있다. 선진제국의 산재보험이 전산업체의 피용자를 적용범위로 하고 있다는 사실을 감안한다면, 우리나라도 적용제외 사업장을 포함하는 전 산업체로 확대하여야 할 것이다.

(2) 보상 수준과 범위의 현실화

물가의 상승뿐만 아니라 임금상승을 동시에 고려하여 산재보험의 보상수준을 매년 지속적으로 상향조정함으로써 재해근로자의 복지증진과 생활안정을 도모할 수 있게 될 것이다. 또한 요양급여와 휴업급여의 자격기간에 있어서 재해 근로자의 실질적 보상을 위해 요양급여 제외기간을 1일 이상으로 확대 실시하는 것이 필요하며, 산재보험의 급여는 일시금과 연금으로 이원화되어 있는데, 수혜자의 장기적인 생활안정을 위해 연금급여 형태로의 유도나 단일화가 필요하다.

(3) 합리적인 보험료율의 책정

보험료율 산정은 기금이자 등의 투자수익과 연체료의 징수 등을 반영하여야 한다. 특히 산재보험료율은 오직 보험급여에 소요되는 순보험료만을 반영시키고, 운영경비 등의 부가보험료는 일반회계에서 부담하여야 할 것이다. 아울러 산재보험 급여율이 증가하고, 보험료 납부율이 하락하고 보상분쟁이 증가하고 있는 실정이다. 이러한 문제를 해결하기 위하여 보험료율을 인하하는 한편 급여 수준을 상향조정하는 현실적인 조치도 필요하다. 이러한 조치는 국가재정의 투입을 전제로 함은 물론이다.

V. 판례요약

1. 손해배상 등[대법원 1977. 12. 27. 선고 75다1098 판결]

[판시사항]
가. 사실상 이혼한 법률상의 처와 현재 사실상 부양되던 여자가 있는 경우 산업재해보상보험법상 유족보상금의 수급권자
나. 유족보상일시금이 수급권자에게 지급된 경우 이를 민법상의 손해배상액에서 공제할 것인지 여부

[판결요지]
가. 사실상 이혼한 법률상의 처와 부양받던 여자가 있는 경우 부의 사망으로 인하여 지급되는 산업재해보상보험법상의 유족보상일시금의 수급권

자는 사망당시 부양되고 있던 사실상 혼인관계에 있던 여자이다.

나. 산업재해보상보험법상의 유족보상일시금을 그 수급권자가 수령한 경우에는 그 금액 한도 내에서 민법상의 손해배상 책임을 면하게 되므로 피해자의 일실손해금에서 위 유족보상일시금을 공제한 금원이 있을 경우에 한하여 그에 대한 청구권을 상속인이 승계취득하는 것이라고 해석하여야 한다.

[참조조문]

산업재해보상보험법 제9조의6, 제12조, 제3조 제3항, 제11조 제2항

2. 손해배상(자)[대법원 2005. 3. 17. 선고 2003다2802 전원합의체 판결]

[판시사항]

[1] 업무용 자동차종합보험계약약관 중 대인배상 Ⅱ에서 "배상책임 있는 피보험자의 피용자로서 산업재해보상보험법에 의한 재해보상을 받을 수 있는 사람에 대하여는 보상하지 아니한다."는 면책조항의 취지 및 "산업재해보상보험법에 의한 보상범위를 넘어서는 손해가 발생한 경우에도 보상하지 아니한다."는 그 면책조항의 '괄호 안 기재 부분'의 효력 (무효)

[2] 보험회사와 사이에 업무용 자동차종합보험계약을 체결하고 상시 1명의 정규직원을 두고 사업을 하던 자가 업무를 위해 자동차 운전석 옆자리에 일용직 근로자를 탑승시켜 운행하다가 고속도로의 갓길에 주차되어 있던 대형화물차량의 좌측 뒷부분을 들이받음으로써 모두 사망한 경우, 업무상 자동차종합보험약관 중 "산업재해보상보험법에 의한 보상범위를 넘어서는 손해가 발생한 경우에도 보상하지 아니한다."는 면책약관의 '괄호 안 기재 부분'은 효력이 없다고 하여, 면책을 인정한 원심판결을 파기한 사례

[판결요지]

[1] 업무상 자동차종합보험약관 중 대인배상 Ⅱ에서 "배상책임 있는 피보

험자의 피용자로서 산업재해보상보험법(이하 '산재보험법'이라 한다)에 의한 재해보상을 받을 수 있는 사람에 대하여는 보상하지 아니한다."는 면책조항을 규정한 취지는, 사용자와 근로자의 노사관계에서 발생한 업무상 재해로 인한 손해에 대하여는 노사관계를 규율하는 근로기준법에서 사용자의 각종 보상책임을 규정하는 한편, 이러한 보상책임을 담보하기 위하여 산재보험법으로 산재보험제도를 설정하고 있으므로, 산재보험 대상인 업무상 자동차사고에 의한 피해 근로자의 손해에 대하여도 산재보험에 의하여 전보 받도록 하고, 이처럼 산재보험에 의한 전보가 가능한 범위에서는 제3자에 대한 배상책임을 전보하는 것을 목적으로 하는 자동차보험의 대인배상 범위에서 이를 제외하려는 데 있는 것으로 해석함이 상당하며, 그렇지 아니하고 업무상 자동차사고에 의한 피해 근로자의 손해가 산재보험법에 의한 보상범위를 넘어서는 경우에도 면책조항에 의하여 보험자가 면책된다고 한다면 자동차보험의 피보험자인 사업주의 피해 근로자에 대한 자동차손해배상보장법 또는 민법 등에 의한 손해배상책임이 남아 있는데도 보험자의 면책을 인정하여 피보험자에게 실질적으로 손해배상책임을 부담하게 하는 것이 되는바, 이는 피보험자동차의 사고로 인하여 피보험자가 타인에 대하여 부담하는 손해배상책임을 담보하기 위한 자동차보험의 취지에 어긋나는 것으로서, 약관의규제에관한법률 제6조 제1항, 제2항 제1호 및 제7조 제2호 소정의, 고객인 보험계약자 및 피보험자에게 부당하게 불리할 뿐만 아니라, 사업자인 보험자가 부담하여야 할 위험을 고객에게 이전시키는 것이 되므로, "산재보험법에 의한 보상범위를 넘어서는 손해가 발생한 경우에도 보상하지 아니한다."는 면책조항의 '괄호 안 기재 부분'은 위 같은 법률의 각 조항에 의하여 효력이 없다.

[2] 보험회사와 사이에 업무용 자동차종합보험계약을 체결하고 상시 1명의 정규직원을 두고 사업을 하던 자가 업무를 위해 자동차 운전석 옆자리에 일용직 근로자를 탑승시켜 운행하다가 고속도로의 갓길에 주차되어 있던 대형화물차량의 좌측 뒷부분을 들이받음으로써 모두 사망한 경우, 업무상 자동차종합보험약관 중 "산업재해보상보험법에 의한 보상범위를 넘어서는 손해가 발생한 경우에도 보상하지 아니한다."는 면책

약관의 '괄호 안 기재 부분'은 효력이 없다고 하여, 면책을 인정한 원심
판결을 파기한 사례.

[참조조문]

[1] 약관의규제에관한법률 제6조 제1항, 제2항 제1호, 제7조 제2호, 상법
    제663조, 산업재해보상보험법 제5조 / [2] 약관의규제에관한법률 제6
    조 제1항, 제2항 제1호, 제7조 제2호, 상법 제663조, 산업재해보상보험
    법 제5조

[참조판례]

[1] 대법원 1993. 11. 9. 선고 93다23107 판결(공1994상, 76)(변경), 대법원
    1997. 4. 25. 선고 97다4746 판결(변경)

제5절 고용보험법

 I. 의의

1. 개요

우리나라의 고용보험제도는 노동자의 직업능력을 개발하고 적극적인 취업
알선을 통해 고용구조를 조정하는 노동시장정책 수단들(직업능력개발사업과 고용
조정사업)을 포함하게 되었다. 노동부는 이러한 적극적인 의미를 강조한다는 입
장에서 실업보험보다는 고용보험이라는 용어를 선호하고 있다.77)

고용보험법은 첫째, 근로자가 실업을 한 경우 필요한 급여를 행함으로써 근
로자의 생활안정을 도모하는 실업보상의 목적과 둘째, 직업지도와 직업소개기능

---

77) 김진구, 1995, 241면.

의 강화를 통하여 실업자의 구직활동을 용이하게 하는 취업촉진의 목적, 그리고 셋째, 근로자의 직업안정에 기여하기 위하여 실업의 예방과 고용의 촉진 그리고 근로자의 직업능력의 개발 및 향상과 그 밖에 근로자의 복지증진 등 세 가지의 목적을 가지고 제정된 법이다.

이러한 고용보험법의 목적을 달성하기 위한 고용보험제도는 실업자에 대해 필요한 급여를 행함으로써 생활의 안정을 꾀함과 동시에 구직활동을 용이하게 하는 등 재취직을 촉진하는 것과 근로자의 직업안정에 기여하기 위해 실업예방, 고용기회의 증대, 고용구조의 개선, 능력개발, 그 외의 근로자의 복지증진을 꾀할 것을 목적으로 하는 강제 가입형태의 사회보험[78]인 것이다.

이러한 의미에 있어 우리나라의 고용보험은 단순히 소극적인 실업급여의 제공에 머무는 것이 아니라 적극적인 노동시장정책 수단들까지도 제도에 포함시키려고 하였다. 이러한 의도에서 제정·시행되고 있는 고용보험제도는 실업으로 인해 발생하는 빈곤의 최우선 대책이다.[79] 따라서 고용보험법은 노동자의 노동권과 생활권의 보호뿐만 아니라 사회경제발전을 위해 제정된 법률이라는 점에서 의의가 있다.

또한 우리나라의 고용보험은 실직근로자에게 실업급여를 지급하는 소극적이고 사후적인 실업보험의 역할을 넘어 근로자의 직업능력을 개발하고, 노동시장의 구조조정 과정에서 실업을 예방하기 위한 각종 지원사업을 복합적으로 실시하는 사전적이고 적극적인 고용정책이다. 이러한 의미에 있어 고용보험제도는 그 간 실업문제를 철저하게 노동시장의 자율에 맡겨 놓았던 지금까지의 관행을 깨고 정부가 적극적으로 실업문제에 개입하겠다는 강력한 의지의 표명에서 생겨난 제도이다.

2. 고용보험제도의 성격

(1) 적극적 고용정책적 성격

실업보험의 특성이 있는 고용보험은 단지 실업 중의 소득보장뿐만 아니라

---

78) 신섭중 외 역, 1995, 108면.
79) Schiller, 1984, 42~43면.

실업의 방지, 취업의 촉진, 고용구조의 개선, 노동자의 능력의 개발 등의 조치에 의하여 노동자의 더욱 바람직한 고용상태의 확보를 지향한다. 또한 고용보험은 고용대책법, 직업안정법 그리고 직업능력개발촉진법 등과 더불어 적극적 고용정책과 고용보장법의 중요한 일환을 담당하게 된다. 그러므로 고용보험제도는 실업자의 생활안정의 기능을 확대하여 고용에 관한 종합적 기능을 갖는 제도이다.

이러한 측면에서 우리나라의 고용보험제도도 근로자가 직업을 선택할 시점부터 올바른 직장선택의 체계적으로 지원하고, 취업한 이후에도 근로자의 고용안정과 기업의 경쟁력 강화를 위한 고용안정사업과 직업능력개발사업을 실시하여 실업의 예방과 고용구조의 개선을 도모하여, 비자발적으로 실업을 당한 실직근로자에게는 실업급여를 지급하고 재취업을 촉진시켜 주는 사회보험제도라고 할 수 있다.

(2) 노동시장정책적 성격

노동시장정책은 비체계적이며 즉자적인 대응의 형태로 존재하던 노동복지제도를 체계화하는 계기가 되었다. 그렇지만 고용보험제도를 위시한 노동복지정책이 노동시장정책에 종속됨으로써 제반 노동자보호입법들은 잔여적인(residual) 성격을 가지게 된다. 이러한 성격을 가지는 우리나라의 고용보험은 노동동기의 감소와 도덕적 위해현상을 방기하기 위해서는 실업급여의 사회보장적 성격을 최대한 한정시켜 놓았다. 그러므로 우리나라의 고용보험은 실직시 최저한의 인간다운 생활을 보장하는 사회보장적 성격보다는 노동력의 수급불균형의 조정과 숙련형성의 메리트제공이라는 노동시장정책적 성격을 강하게 반영하고 있다.

Ⅱ. 입법 배경

1980년대 후반부터 인력의 수요공급구조가 크게 변하여 인력난과 취업난이 공존하고, 산업구조의 개편이 진행되는 등 각종 인력문제가 대두되었으나 이에 대한 대응에는 큰 한계가 있었다. 이와 같이 80년대 후반부터의 인력수급 불균형문제, 산업구조조정에 따른 고용지원 문제 그리고 직업훈련의 강화문제 등에 대한 제도적 수단으로써의 고용보험제도의 도입이 논의되어 왔다. 여러 단계의 검토를 거쳐, 193년 7월 신경제 5개년 계획의 대국민 발표를 통해 1995년 제도 시행을 발표하였다.

이와 같은 고용보험제도의 시행결정에 따라 정부는 고용보험제도 도입의 의의를 극대화하기 위하여 향후 고용인력정책의 근간이 될 고용정책기본법, 직업안정법 등 고용관련 법률의 전면적인 제·개정을 아울러 추진하게 되었다. 그리하여 고용보험법안은 1993년 7월 입법예고된 후 1993년 12월 국회 본회의 의결을 거쳐 1993년 12월 27일 법률 제4644호로 공포되고 1995년 7월 1일부터 그 시행에 들어갔다.

고용보험사업에는 실업급여, 고용안정사업, 직업능력개발사업이 있으며 이러한 보험사업은 당연적용사업은 그동안 사업규모에 따라 점차 확대되어 왔다. 실업급여는 1995년 7월 1일부터 30인 이상 사업장에 적용하였으며, 1998년 1월 1일부터는 10인 이상 사업장으로, 1998년 3월 1일부터는 5인 이상 사업장으로 확대 적용되어 왔다. 고용안정사업과 직업능력개발사업은 1995년 7월 1일부터 70인 이상 사업장에 적용되었으며, 1998년 1월 1일부터는 50인 이상 사업장으로 다시, 1998년 7월 1일부터는 5인 이상 사업장으로 확대 적용되어 왔다. 그 후 1998년 10월 1일부터는 근로자를 고용하는 모든 사업장에 고용보험의 세 가지 사업이 확대 적용되었다. 그리고 1999년에 고용보험법이 개정되었는데, 개정 이유는 실업급여의 수급요건을 완화하고 지급기간을 연장하여 수혜범위를 확대함으로써 실업급여 수혜율 확대, 장기실업자의 상계지원 확충 등 실업 급여가 사회안전망으로서의 역할을 충실히 수행할 수 있도록 하고 부정수급자에 대한 제제를 강화하여 도덕적 해이를 방지하고 심사청구제도를 단순화하는 등 제도를 개선하여 근로자의 생활안정과 구직활동을 촉진하고자 하는 것이었다.

고용보험법이 2007년 5월 11일에 전면개정이 되었는데, 이는 구직급여의 수급자격 제한에 관한 규정은 실직근로자에게는 직접적이고 중요한 권리에 관한 규정이므로 직접 법률에서 정하도록 하고, 보험사업의 전면적 시행에 어려움이 예상되거나 보험사업의 수행 방식을 미리 검증할 필요가 있는 경우에 시범사업을 실시할 수 있는 근거를 마련하는 한편, 법적 간결성·함축성과 조화를 이루는 범위에서, 법 문장의 표기를 한글화하고 어려운 용어를 쉬운 우리말로 풀어쓰며 복잡한 문장은 체계를 정리하여 쉽고 간결하게 다듬어서 일반 국민이 법

문장을 쉽게 읽고 이해할 수 있도록 하려는 것이다.

그 이후, 동법은 2009년 10월 9일, 일부 개정되었고 최근 2019년 8월 27일에 일부 개정(시행 2020년 8월 28일)되었다. 그 개정이유 및 주요 내용는 아래와 같다.

◆ 개정이유

외환위기 이후 고용보험의 적용범위, 지원수준 등이 지속적으로 확대되어 왔으나 아직도 고용보험 제도의 사각지대는 광범위하게 존재하고 있고, 까다로운 수급조건, 낮은 소득대체율 등으로 인해 실업이라는 사회적 위험에 제대로 대처하지 못하고 있는 실정이다.

이에 일정한 요건을 갖춘 단시간근로자에 대한 구직급여 수급 기준기간을 완화하고, 구직급여일액을 상향하며, 구직급여 소정급여일수를 연장하는 등 고용보험 제도를 개선하려는 것이다.

한편, 구직급여를 반복적으로 또는 사업주와 공모하여 부정수급하는 행위를 예방할 필요가 있는바, 10년 동안 3회 이상 구직급여를 부정수급한 경우 3년의 범위에서 구직급여를 지급하지 않도록 하고, 사업주와 공모하여 부정수급을 한 경우에 대한 벌칙을 신설하는 한편, 모성보호 및 남성의 육아 참여를 증진하기 위하여 육아휴직 급여 및 육아기 근로시간 단축 급여 지급 요건을 조정하는 등 현행 제도의 운영상 나타난 일부 미비점을 개선·보완하려는 것이다.

◆ 주요내용

가. 사업주가 피보험자격의 상실을 신고할 때 이직확인서를 고용노동부장관에게 제출하게 하는 제도를 폐지하고, 직업안정기관의 장이 신청인에 대한 수급자격의 인정 여부를 결정하는 데 필요하여 요청한 경우에만 이직확인서를 제출하도록 한다(제16조 삭제, 제43조 제4항 신설).

나. 고용노동부장관은 고용안정·직업능력개발 사업의 지원을 받은 자에게 잘못 지급된 지원금이 있으면 그 지급금의 반환을 명할 수 있도록 한다(제35조 제3항 신설).

다. 이직 당시 1주 소정근로시간이 15시간 미만인 근로자가 일정한 요건에 모두 해당하는 경우의 구직급여 수급 기준기간을 종전의 18개월에서 24개월로 연장한다(제40조 제2항).

라. 구직급여일액은 수급자격자의 기초일액에 100분의 50을 곱한 금액에서 100분의 60을 곱한 금액으로 인상하고, 최저구직급여일액은 수급자격자의 기초일액에 100분의 90을 곱한 금액에서 100분의 80을 곱한 금액으로 조정한다(제46조 및 제69조의5).

마. 거짓이나 그 밖의 부정한 방법으로 구직급여를 받은 사람이 구직급여를 받은 날 또는 실업인정의 신고를 한 날부터 소급하여 10년간 3회 이상 부정행위로 구직급여를 받지 못한 경우에는 3년의 범위에서 새로운 수급자격에 따른 구직급여를 지급하지 않도록 한다(제61조 제5항 신설).

바. 같은 자녀에 대하여 배우자가 30일 이상의 육아휴직 또는 육아기 근로시간 단축을 실시하지 아니하고 있을 것을 육아휴직 급여 및 육아기 근로시간 단축 급여 지급 요건으로 정하고 있던 현행 규정을 삭제한다(현행 제70조 제1항 제2호 및 제73조의2제1항 제2호 삭제).

사. 「남녀고용평등과 일·가정 양립 지원에 관한 법률」에 따른 배우자 출산휴가를 받은 경우에 출산전후휴가 급여 등을 지급할 수 있는 근거를 마련한다(제75조 및 제76조).

아. 사업주와 공모하여 부정한 방법으로 고용안정·직업능력개발사업 지원금 등의 급여를 받은 자와 공모한 사업주는 각각 5년 이하의 징역 또는 5천만원 이하의 벌금에 처하도록 한다(제116조).

자. 구직급여 소정급여일수를 30일 연장한다(별표 1 및 별표 2).

 III. 내용

1. 적용범위

(1) 적용대상 사업장

고용보험법은 근로자를 고용하는 모든 사업에 적용한다고 규정하고 있으므로(제8조), 일단 모든 사업장 근로자가 적용대상자가 된다. 하지만 사업의 규모 및 산업별 특성 등을 고려하여 대통령령이 정하는 사업에 대하여는 그러하지 아니한다(제8조) 하여, 특별한 경우 예외사항을 동법 시행령(대통령령)에 두고 있다.

(2) 적용 제외 근로자

고용보험법상 근로자가 적용대상이라는 일반원칙을 규정하고 난 다음, 아래와 같은 근로자는 예외적으로 법의 적용범위에서 제외된다(제10조).

1. 65세 이상인 자(삭제): 다만, 65세 전부터 피보험자격을 유지하던 사람이 65세 이후에 계속하여 고용된 경우는 실업급여를 적용한다 (2019. 1. 15, 제10조 제2항 신설).
2. 소정(所定)근로시간이 대통령령으로 정하는 시간 미만인 자
3. 「국가공무원법」과 「지방공무원법」에 따른 공무원. 다만, 대통령령으로 정하는 바에 따라 별정직공무원, 「국가공무원법」 제26조의5 및 「지방공무원법」 제25조의5에 따른 임기제공무원의 경우는 본인의 의사에 따라 고용보험(제4장에 한한다)에 가입할 수 있다.
4. 「사립학교교직원 연금법」의 적용을 받는 자
5. 그 밖에 대통령령으로 정하는 자

2. 보험가입자와 피보험자

고용보험법상 보험가입자는 당해 사업의 사업주와 근로자이다. 그러나 실제로 피 보험자로서 다양한 급여혜택을 받는 자는 근로자만이 될 수 있다. 그러므로 사업주는 보험가입자이긴 하지만 피보험자는 아니다. 고용보험적용의 기본적 구조는 우선 적용사업에 있어 보험관계가 성립하고 이에 따라 여기에 고용된 근로자가 피보험자로 되어 고용보험법에 의한 보호대상이 된다. 이는 고용보험법이 산재보험법과 유사한 것으로서 사업주의 책임이 강조되는 측면이 있기 때문이다[80].

3. 관장기구: 보험자

고용보험은 고용노동부에서 관장하고 있으나, 실제로 업무를 담당하는 기관은 근로복지공단과 고용노동부의 지방관서이다. 그 동안 지방노동관서에서 담당

---

80) 현외성, 2001, 323면.

해 오던 고용보험의 가입 소멸, 보험료보고 납부, 고용보험 사무조합 업무가 1999년 10월 1일부터 산재보험을 담당하고 있는 근로복지공단으로 이관되었다. 이에 따라 사업장 관리, 보험료 징수, 고용보험 사무조합업무는 근로복지공단 각 지사에서, 그리고 피보험자신고, 실업급여 등 각종 지원업무는 고용노동부의 고용안정센터에서 담당하고 있다. 이를 위해 국가는 매년보험사업의 관리·운영에 소요되는 비용의 전부 또는 일부를 일반회계에서 부담할 수 있다(제3조).

4. 고용보험사업: 보험급여

이 법의 목적을 달성하기 위해서 고용보험사업(이하 "보험사업"이라 한다)으로 고용안정·직업능력개발 사업, 실업급여, 육아휴직 급여 및 출산전후휴가 급여 등을 실시한다

(1) 고용안정·직업능력개발 사업

고용노동부장관은 피보험자 및 피보험자였던 자, 그 밖에 취업할 의사를 가진 자(이하 "피보험자등"이라 한다)에 대한 실업의 예방, 취업의 촉진, 고용기회의 확대, 직업능력개발·향상의 기회 제공 및 지원, 그 밖에 고용안정과 사업주에 대한 인력 확보를 지원하기 위하여 고용안정·직업능력개발 사업을 실시한다. 고용노동부장관은 제1항에 따른 고용안정·직업능력개발 사업을 실시할 때에는 근로자의 수, 고용안정·직업능력개발을 위하여 취한 조치 및 실적 등 대통령령으로 정하는 기준에 해당하는 기업을 우선적으로 고려하여야 한다(제19조).

(2) 실업급여

실업급여는 구직급여와 취업촉진 수당으로 구분되는데 취업촉진 수당의 종류 조기(早期)재취업 수당, 직업능력개발 수당, 광역 구직활동비, 이주비가 있다(제37조).

(3) 육아휴직 급여 및 출산전후휴가 급여

고용노동부장관은 「남녀고용평등과 일·가정 양립 지원에 관한 법률」 제19조에 따른 육아휴직을 30일(「근로기준법」 제74조에 따른 출산전후휴가기간 90일과 중복되는 기간은 제외한다) 이상 부여받은 피보험자에게 육아휴직 급여를 지급한다(제70조). 또한 고용노동부장관은 「남녀고용평등과 일·가정 양립 지원에 관한 법률」 제18조에 따라 피보험자가 「근로기준법」 제74조에 따른 출산전후휴가 또는 유산·사산휴가를 받은 경우에는 출산전후휴가 급여 등(이하 "출산전후휴가 급여등"이라 한다)을 지급한다(제75조).

5. 보험료

이 법에 따른 보험사업에 드는 비용을 충당하기 위하여 징수하는 보험료와 그 밖의 징수금에 대하여는 보험료징수법으로 정하는 바에 따른다.

보험료징수법 제13조 제1항 제1호에 따라 징수된 고용안정·직업능력개발 사업의 보험료 및 실업급여의 보험료는 각각 그 사업에 드는 비용에 충당한다. 다만, 실업급여의 보험료는 육아휴직 급여 및 출산전후휴가 급여 등에 드는 비용에 충당할 수 있다. 자영업자인 피보험자로부터 보험료징수법 제49조의2에 따라 징수된 고용안정·직업능력개발 사업의 보험료 및 실업급여의 보험료는 각각 자영업자인 피보험자를 위한 그 사업에 드는 비용에 충당한다(제6조).

6. 고용보험기금

고용노동부장관은 보험사업에 필요한 재원에 충당하기 위하여 고용보험기금(이하 "기금"이라 한다)을 설치한다. 기금은 보험료와 이 법에 따른 징수금·적립금·기금운용 수익금과 그 밖의 수입으로 조성한다(제78조).

그리고 고용보험기금은 다음의 용도에 사용되게 된다(제80조).

1. 고용안정·직업능력개발 사업에 필요한 경비
2. 실업급여의 지급
3. 육아휴직 급여 및 출산전후휴가 급여등의 지급

4. 보험료의 반환

5. 일시 차입금의 상환금과 이자

6. 이 법과 보험료징수법에 따른 업무를 대행하거나 위탁받은 자에 대
한 출연금

7. 그 밖에 이 법의 시행을 위하여 필요한 경비로서 대통령령으로 정하
는 경비와 제1호 및 제2호에 따른 사업의 수행에 딸린 경비

7. 심사 및 재심사청구: 권리구제

피보험자격의 취득·상실에 대한 확인, 실업급여·육아휴직 급여와 출산전
후휴가 급여등에 관한 처분[이하 "원처분(原處分)등"이라 한다]에 이의가 있는 자는
심사관에게 심사를 청구할 수 있고, 그 결정에 이의가 있는 자는 심사위원회에
재심사를 청구할 수 있다.

심사의 청구는 같은 항의 확인 또는 처분이 있음을 안 날부터 90일 이내에,
재심사의 청구는 심사청구에 대한 결정이 있음을 안 날부터 90일 이내에 각각
제기하여야 한다. 심사 및 재심사의 청구는 시효중단에 관하여 재판상의 청구로
본다(제87조).

 ## Ⅳ. 문제점과 개정방향

1. 문제점

(1) 적용범위와 수급요건상의 문제점

고용보험법은 적용범위에 있어서 임의적용사업장과 적용제외근로자의 개념
을 도입하여 그 적용범위를 제한하고 있다. 이러한 적용범위는 고용보험의 효율
성과 합리적 행정관리 능력이라는 현실적 요인과 사회보험으로써 고용보험을
고려해 볼 때 문제점으로 지적해 볼 수 있다. 물론 우리나라 고용보험은 1999년
12월부터 전 사업장(1인 이상을 상시 고용하는 사업장)으로 확대됨으로써 영세사업

자의 적용배제라는 큰 과제를 해결하였다. 그러나 고용보험의 적용대상은 단시간 노동자 범위를 너무 넓게 해석하여 문제점으로 지적되고 있다. 그리고 정규직이 아닌 비정규근로자는 고용보험의 적용범위에서 누락되고 있는 실정이다.

실업급여를 수급할 수 있는 요건은 비자발적 실업으로 이직일 이전 12개월간에 6개월 이상 보험료를 납부하도록 하고 있다. 이러한 조건은 지나치게 엄격한 기준으로 근로자의 최저생활보장에 어려움을 줄 가능성이 있다. 그리고 현행 고용보험은 대기기간을 14일로 규정하고 있다. 이는 단기간 실업의 경우 실업급여를 청구하는 것을 막고 재정악화를 방지하며, 행정비를 감축시킬 수 있고, 행정처리를 하는데 드는 시간을 확보하기 위해 대부분의 국가에 의해 채택되고 있다. 그러나 고용보험의 전산화의 진전에 따라 이러한 대기기간 설정도 문제점으로 지적할 수 있다.

(2) 급여내용상의 문제점

고용보험법에 의하여 구직급여 수급자격자의 실업급여액은 정상적인 경우 평균임금의 50%이고, 최저기초월액이 적용되는 경우에는 최저기초일액의 70%이다. 이러한 급여내용은 공식적인 최저생계비 수준에 미흡하다. 다시 말해서 실업급여는 가족수당 등 다른 수당이 없고, 부양가족이 많고 가족 내 다른 소득원이 없을 경우 실직 전 50%의 급여는 실직자의 생활보장에는 미흡하다.

(3) 비용부담 책임의 문제점

우리나라 고용보험제도는 근로자의 생존권 보장뿐만 아니라 국가의 인력정책의 일환으로 실시되고 있음을 감안할 때 제도운영의 비용을 근로자와 사용자에게 전액 부담시키는 것도 문제점으로 지적할 수 있다. 다만 보험사업의 관리운영에 소요되는 비용의 전부나 일부를 국가의 일반회계에서 부담할 수 있다고 규정할 뿐 그에 따른 구체적인 규정을 두고 있지 않은 실정이다. 더구나 산업재해보상보험법에 의하면 현재 노동부 지방사무소의 관리운영비를 고용보험기금에서 부담하도록 규정하고 있다. 이러한 규정은 고용보험에 소요되는 비용은 물론 노동부 일반사무소의 운영비마저 부담시키고 있어 문제점으로 지적할 수 있다.

2. 개정방향

(1) 적용범위의 확대와 수급자격 요건의 완화

고용보험의 적용범위가 임의적용사업장과 적용제외근로자에게 점차 확대되어야 하는데, 그러한 확대에는 근로자와 사업자의 쌍방의 이해와 협조가 전적으로 요구되어 진다.

수급요건과 관련하여 실업급여 실수급자의 비율을 높이기 위하여 기준기간을 현재의 18개월에서 연장해 줄 필요도 있다. 아울러 장기실직자를 위한 연장급여기간을 늘릴 필요가 있으며, 거의 사문화되어 있는 훈련연장급여의 활성화도 요구되어진다.

(2) 고용보험 재정의 안정화

고용보험의 재정을 안정화시키기 위해 사업주가 부담하는 고용안정사업 및 직업능력개발사업부담금과 노·사가 공동부담하고 있는 실업급여 기여금을 구분하는 등 기금계정관리의 이원화가 요구된다.

그리고 국가의 노동수급정책이나 산업구조조정 등의 경제정책으로 발생하는 비자발적인 실업에 대해 정부는 재정보조를 하여야 한다. 또는 근로권에 대한 국가의 의무와 책임을 다한다는 입장에서 고용보험제도의 운영에 필요한 비용의 일부를 국가에서 부담하여야 한다.

(3) 급여내용의 개선

고용보험의 급여내용은 최저생계비의 수준에 도달하여야 하고 특히 저소득 노동자들이 실직시 충분한 최저생계비를 보장해 줄만한 수준이 되어야 한다. 이러한 생계보장을 위해 급여내용의 차등비례제의 도입, 고령자고용촉진장려금의 상향지원 그리고 연령계층에 따른 차등지원 등도 고려하여야 할 것이다.

또한 급여내용의 수준뿐만 아니라 대기기간 및 지급기간을 현행 2주일간을 개선하여 수급요건에 따른 최소한 기간만을 설정하여야 할 것이다.

1. 고용보험료부과처분취소[광주지법 2007. 12. 13, 선고 2007구합3176 판결: 항소]

[판시사항]
[1] 고용보험법규상 고용보험료를 적용하거나 적용 제외하기 위한 요건의
    해석 방법
[2] 청원경찰에 대한 고용보험료 부과처분이 적법한지 여부(적극)

[판결요지]
[1] 고용보험료는 사업주로부터 재산권을 박탈하는 것을 목적으로 하며(침
    익적인 측면) 행정처분에 의해 강제로 부과·징수된다는 점에서(행정처분
    적 측면) 조세와 유사한 성격을 갖는 공과금이므로, 고용보험료 역시 조
    세에 준하여 그 적용요건 및 적용제외요건을 엄격하게 해석하는 것이
    헌법상의 대원칙인 법치주의 및 평등의 원칙에 부합한다.
[2] 고용보험 적용제외 근로자에 관한 구 고용보험법(2007. 5. 11. 법률 제
    8429호로 전문 개정되기 전의 것) 제8조 및 같은 법 시행령 제3조가 청원
    경찰에 대하여 적용제외를 따로 정하지 아니하였고, 청원경찰에 대해
    서는 청원주의 재량에 의한 구조조정이 허용되며, 공무원연금과 고용
    보험은 그 제도의 취지·기능이 동일하지 않다는 사정을 종합하면, 청
    원경찰에게 공무원연금과 고용보험을 동시에 적용하는 것은 신분상의
    특이성 및 직무내용의 성격을 모두 고려한 입법자의 정책적 판단의 결
    과로서 비합리적인 이중의 과도한 보호라고 볼 수 없으므로, 청원경찰
    은 고용보험법의 적용을 받으며, 따라서 청원경찰에 대한 고용보험료
    부과처분은 적법하다.

[참조조문]
[1] 구 고용보험법(2007. 5. 11. 법률 제8429호로 전문 개정되기 전의 것) 제7조
    (현행 제8조 참조), 제8조(현행 제10조 참조), 고용보험법 시행령 제3조 /

[2] 구 고용보험법(2007. 5. 11. 법률 제8429호로 전문 개정되기 전의 것) 제
1조, 제4조, 제7조(현행 제8조 참조), 제8조(현행 제10조 참조), 고용보험
법 시행령 제3조, 청원경찰법 제10조의5 제1항, 10조의6 제2항

2. 산업재해보상보험료등부과처분취소

[서울행법 2007. 12. 20. 선고 2001구20581 판결: 항소]

[판시사항]

확정 고용보험료 산출의 기초가 되는 임금총액을 산정하면서 산업재해보상
보험에 적용되는 노동부장관의 건설공사 노무비율 고시를 적용하여 고용보험료
를 부과한 처분은 위법하다고 한 사례이다.

[판결요지]

확정 고용보험료 산출의 기초가 되는 임금총액을 산정하면서 구 고용보험
법(1999. 12. 31. 법률 제6100호로 개정되기 전의 것) 제56조 제4항에 근거한 노동부
장관의 고시가 없고, 달리 위 법에서 구 산업재해보상보험법(1999. 12. 31. 법률
제6073호로 개정되기 전의 것) 제62조 제2항을 준용할 수 있다는 명문의 규정이
존재하지 않음에도 아무런 근거 없이 같은 조항에 터잡아 산업재해보상보험에
적용되는 노동부장관의 건설공사 노무비율 고시를 적용하여 고용보험료를 부과
한 처분은 위법하다.

[참조조문]

구 고용보험법(1999. 12. 31. 법률 제6099호로 개정되기 전의 것) 제56조 제4항
(현행 고용보험 및 산업재해보상보험의 보험료징수 등에 관한 법률 제13조 제6항 참조),
제61조(현행 고용보험 및 산업재해보상보험의 보험료징수 등에 관한 법률 제19조 참
조), 구 산업재해보상보험법(1999. 12. 31. 법률 제6073호로 개정되기 전의 것) 제62
조 제2항(현행 고용보험 및 산업재해보상보험의 보험료징수 등에 관한 법률 제13조 제6
항 참조).

제6절 노인장기요양보험법

 I. 의의

우리나라에서 노인장기요양보장제도는 2000년에 노인장기요양보장정책기획단이 보건복지가족부에 설치되면서 연구되기 시작하였고, 2001년도에 전국 노인장기요양보호대상자규모의 추정을 위한 실태조사, 2003년도에서 2004년도까지 공적노인요양보장추진기획단·실무 기획단·실행위원회 운영, 2005년도부터 2007년도까지 1,2차 시범사업의 추진 등을 거치면서 2007년 4월에 노인장기요양보험법이 제정되었다.

우선 그 명칭과 관련해서는 초기 노인요양보험, 노인장기요양보험, 노인수발보험, 국민장기요양보험, 국민요양보험 등 다양하게 거론되었으나, 최종적으로 노인장기요양보험으로 결정되었다. 보험가입자의 범위는 당초 45세 이상에서 20세 이상으로 확대하였으며, 65세 미만의 성인장애인에 대한 제외가 논의 당초부터 정해져 있었다. 서비스 이용시 본인 일부부담금이 당초에는 시설급여 및 재가급여 모두 비용의 20%로 설정하였으나, 최종적으로 국회에서의 논의과정 중에 시설급여비용의 20%, 재가급여비용의 15%로 조정하였고, 의료급여수급권자, 소득·재산이 일정금액 이하인 저소득층에 대해서는 각각 1/2로 경감[81]하고, 국민기초생활보장수급자의 경우 본인부담액을 면제하였다. 따라서 재원구성은 국가부담, 보험료, 이용자서비스비용일부부담이 30:50:20에서 최종적으로 25:62:13으로 국가부담비중이 축소되고 보험료비중이 높아졌으며, 서비스비용의 일부부담은 가입자의 소득수준, 사회연대논리의 강화 등을 감안하여 축소하였다.[82]

---

81) 시설: 1-10%, 재가: 7.5%.
82) 선우덕, 한국 노인장기요양보험제도의 실상과 발전적 모색, 한국사회복지학회 2008년 춘계학술대회(한일 국제교류 심포지엄), 2008, 500면.

Ⅱ. 입법배경 및 연혁

　　우리나라 인구의 고령화가 세계에서 유례가 없을 정도로 빠르게 진행됨에 따라 치매·중풍 등 일상생활이 어려운 노인들의 수도 날로 증가하고 있으나, 핵가족화·여성의 사회참여 증가 등으로 장기요양이 필요한 노인을 가정에서 돌보는 것이 어렵고 그 가정의 비용부담이 과중하여 노인장기요양 문제는 우리 사회가 시급히 해결해야 할 심각한 사회적 문제로 대두되고 있는 실정이므로, 노인의 간병·장기요양 문제를 사회적 연대원리에 따라 정부와 사회가 공동으로 해결하는 노인장기요양보험제도를 도입하여 노인의 노후생활 안정을 도모하고 그 가족의 부양부담을 덜어줌으로써 국민의 삶의 질을 향상하려는 것이다.

　　노인장기요양보험법은 2016년 12월 2일 일부 개정되었고, 최근 2019년 4월 23일에 일부 개정되었으며 개정법은 2019년 12월 12일부터 시행 중에 있다. 그 개정이유와 주요내용은 아래와 같다.

◆ 개정이유

　　장기요양인정 신청 등을 직접 수행할 수 없는 치매환자를 위하여 치매안심센터장이 해당 신청을 대리할 수 있도록 하고, 현재 행정규칙에 규정되어 있는 장기요양기관의 배상책임보험 미가입 시 장기요양급여비용 감액에 관한 내용을 법률에 직접 규정하는 한편, 장기요양기관 폐업 또는 지정취소 등의 경우 해당 장기요양기관을 이용하는 수급자가 다른 장기요양기관을 선택하여 이용할 수 있도록 하고, 수급자가 부담한 비용 중 정산하여야 할 비용을 정산하도록 하는 등 수급자에 대한 권익보호조치를 강화하려는 것이다.

◆ 주요내용

가. 장기요양인정 신청 등에 대한 대리를 할 수 있는 자에 「치매관리법」에 따른 치매안심센터의 장을 추가한다(제22조 제2항).

나. 장기요양기관이 종사자가 장기요양급여를 제공하는 과정에서 발생할 수 있는 수급자의 상해 등 법률상 손해를 배상하는 보험에 가입할 수 있도록 하고, 장기요양기관이 이러한 보험에 가입하지 않은 경우 그 기

간 동안 국민건강보험공단이 해당 장기요양기관에 지급하는 장기요양급여비용의 일부를 감액할 수 있도록 한다(법률 제15881호 노인장기요양보험법 일부 개정법률 제35조의5 신설).

다. 장기요양기관 폐업 등의 경우 장기요양기관의 장이 해당 기관을 이용하는 수급자의 권익을 보호하기 위하여 수급자가 이동할 장기요양기관을 선택할 수 있도록 하고, 해당 장기요양기관에서 수급자가 부담한 비용 중 정산하여야 할 비용이 있으면 정산하도록 한다(제36조 제2항 및 제3항 및 법률 제15881호 노인장기요양보험법 일부 개정법률 제36조 제3항 및 제4항).

라. 장기요양기관 지정취소 등의 경우 특별자치시장·특별자치도지사·시장·군수·구청장이 해당 기관을 이용하는 수급자의 권익을 보호하기 위하여 수급자 또는 보호자에게 행정처분의 내용을 통보하도록 하고, 수급자가 이동할 장기요양기관을 선택할 수 있도록 하며, 해당 장기요양기관에서 수급자가 부담한 비용 중 정산하여야 할 비용이 있으면 정산하도록 한다(제37조 및 법률 제15881호 노인장기요양보험법 일부 개정법률 제37조).

마. 장기요양기관의 장이 기관 폐업 또는 지정취소 등의 경우 수행하여야 할 권익보호조치를 하지 않은 경우 1년 이하의 징역 또는 1천만원 이하의 벌금에 처하도록 한다(제67조 제2항 및 법률 제15881호 노인장기요양보험법 일부 개정법률 제67조 제2항).

 III. 목적

1. 목적

이 법은 고령이나 노인성 질병 등의 사유로 일상생활을 혼자서 수행하기 어려운 노인등에게 제공하는 신체활동 또는 가사활동 지원 등의 장기요양급여에 관한 사항을 규정하여 노후의 건강증진 및 생활안정을 도모하고 그 가족의 부담을 덜어줌으로써 국민의 삶의 질을 향상하도록 함을 목적으로 한다.

2. 용어의 정의

이 법에서 사용하는 용어의 정의는 다음과 같다(제2조).

1. "노인등"이란 65세 이상의 노인 또는 65세 미만의 자로서 치매·뇌혈 관성질환 등 대통령령으로 정하는 노인성 질병을 가진 자를 말한다.
2. "장기요양급여"란 제15조 제2항에 따라 6개월 이상 동안 혼자서 일 상생활을 수행하기 어렵다고 인정되는 자에게 신체활동·가사활동 의 지원 또는 간병 등의 서비스나 이에 갈음하여 지급하는 현금 등 을 말한다.
3. "장기요양사업"이란 장기요양보험료, 국가 및 지방자치단체의 부담 금 등을 재원으로 하여 노인등에게 장기요양급여를 제공하는 사업 을 말한다.
4. "장기요양기관"이란 제31조에 따라 지정을 받은 기관 또는 제32조 에 따라 지정의제된 재가장기요양기관으로서 장기요양급여를 제공 하는 기관을 말한다.
5. "장기요양요원"이란 장기요양기관에 소속되어 노인등의 신체활동 또는 가사활동 지원 등의 업무를 수행하는 자를 말한다.

3. 기본원칙(제3조)

노인장기요양보험법의 장기요양급여 제공의 기본원칙은 아래와 같다(제3조).

장기요양급여는 노인등이 자신의 의사와 능력에 따라 최대한 자립적으로 일상생활을 수행할 수 있도록 제공하여야 한다.

장기요양급여는 노인등의 심신상태·생활환경과 노인등 및 그 가족의 욕구·선택을 종합적으로 고려하여 필요한 범위 안에서 이를 적정하게 제공하여야 한다.

장기요양급여는 노인등이 가족과 함께 생활하면서 가정에서 장기요양을 받는 재가급여를 우선적으로 제공하여야 한다.

장기요양급여는 노인등의 심신상태나 건강 등이 악화되지 아니하도록 의료 서비스와 연계하여 이를 제공하여야 한다.

4. 보험료의 징수 및 산정

장기요양보험사업은 보건복지부장관이 관장한다. 장기요양보험사업의 보험자는 공단으로 한다. 장기요양보험의 가입자(이하 "장기요양보험가입자"라 한다)는 「국민건강보험법」 제5조 및 제93조에 따른 가입자로 한다. 공단은 제3항에도 불구하고 「외국인근로자의 고용 등에 관한 법률」에 따른 외국인근로자 등 대통령령으로 정하는 외국인이 신청하는 경우 보건복지부령으로 정하는 바에 따라 장기요양보험가입자에서 제외할 수 있다.

공단은 장기요양사업에 사용되는 비용에 충당하기 위하여 장기요양보험료를 징수한다. 장기요양보험료는 「국민건강보험법」 제62조에 따른 보험료(이하 이 조에서 "건강보험료"라 한다)와 통합하여 징수한다. 이 경우 공단은 장기요양보험료와 건강보험료를 구분하여 고지하여야 한다. 공단은 노인장기요양보험법 제8조 제2항에 따라 통합 징수한 장기요양보험료와 건강보험료를 각각의 독립회계로 관리하여야 한다.

 IV. 수급자

1. 신청 및 조사

(1) 신청자격

장기요양인정을 신청할 수 있는 자는 노인 등으로서 다음 각 호의 어느 하나에 해당하는 자격을 갖추어야 한다.

    1. 장기요양보험가입자 또는 그 피부양자
    2. 「의료급여법」 제3조 제1항에 따른 수급권자(이하 "의료급여수급권자"라 한다)

(2) 신청

장기요양인정을 신청하는 자(이하 "신청인"이라 한다)는 공단에 보건복지부령으로 정하는 바에 따라 장기요양인정신청서(이하 "신청서"라 한다)에 의사 또는 한의사가 발급하는 소견서(이하 "의사소견서"라 한다)를 첨부하여 제출하여야 한다. 다만, 의사소견서는 공단이 제15조 제1항에 따라 등급판정위원회에 자료를 제출하기 전까지 제출할 수 있다. 제1항에도 불구하고 거동이 현저하게 불편하거나 도서·벽지 지역에 거주하여 의료기관을 방문하기 어려운 자 등 대통령령으로 정하는 자는 의사소견서를 제출하지 아니할 수 있다. 의사소견서의 발급비용·비용부담방법·발급자의 범위, 그 밖에 필요한 사항은 보건복지부령으로 정한다.

(3) 조사

공단은 노인장기요양보험법 제13조 제1항에 따라 신청서를 접수한 때 보건복지부령으로 정하는 바에 따라 소속 직원으로 하여금 다음 각 호의 사항을 조사하게 하여야 한다. 다만, 지리적 사정 등으로 직접 조사하기 어려운 경우 또는 조사에 필요하다고 인정하는 경우 시·군·구(자치구를 말한다. 이하 같다)에 대하여 조사를 의뢰하거나 공동으로 조사할 것을 요청할 수 있다.

    1. 신청인의 심신상태
    2. 신청인에게 필요한 장기요양급여의 종류 및 내용
    3. 그 밖에 장기요양에 관하여 필요한 사항으로서 보건복지부령으로
       정하는 사항

같은 법 제14조 제2항 제1항에 따라 조사를 하는 자는 조사일시, 장소 및 조사를 담당하는 자의 인적사항 등을 미리 신청인에게 통보하여야 한다. 공단 또는 같은 법 제14조 제2항 제1항 단서에 따른 조사를 의뢰받은 시·군·구는 조사를 완료한 때 조사결과서를 작성하여야 한다. 조사를 의뢰받은 시·군·구는 지체 없이 공단에 조사결과서를 송부하여야 한다.

2. 장기요양등급

공단은 제14조에 따른 조사가 완료된 때 조사결과서, 신청서, 의사소견서, 그 밖에 심의에 필요한 자료를 제52조에 따른 장기요양등급판정위원회(이하 "등급판정위원회"라 한다)에 제출하여야 한다. 등급판정위원회는 신청인이 제12조의 신청자격요건을 충족하고 6개월 이상 동안 혼자서 일상생활을 수행하기 어렵다고 인정하는 경우 심신상태 및 장기요양이 필요한 정도 등 대통령령으로 정하는 등급판정기준에 따라 장기요양급여를 받을 자(이하 "수급자"라 한다)로 판정한다. 등급판정위원회는 제2항에 따라 심의·판정을 하는 때 신청인과 그 가족, 의사소견서를 발급한 의사 등 관계인의 의견을 들을 수 있다. 등급판정위원회는 신청인이 신청서를 제출한 날부터 30일 이내에 제15조에 따른 장기요양등급판정을 완료하여야 한다. 다만, 신청인에 대한 정밀조사가 필요한 경우 등 기간 이내에 등급판정을 완료할 수 없는 부득이한 사유가 있는 경우 30일 이내의 범위에서 이를 연장할 수 있다. 공단은 등급판정위원회가 제1항 단서에 따라 장기요양인정심의 및 등급판정기간을 연장하고자 하는 경우 신청인 및 대리인에게 그 내용·사유 및 기간을 통보하여야 한다.

3. 장기요양위원회

다음 각 호의 사항을 심의하기 위하여 보건복지부장관 소속으로 장기요양위원회를 둔다.

1. 제9조 제2항에 따른 장기요양보험료율
2. 제24조부터 제26조까지의 규정에 따른 가족요양비, 특례요양비 및 요양병원간병비의 지급기준
3. 제39조에 따른 재가 및 시설 급여비용
4. 그 밖에 대통령령으로 정하는 주요 사항

장기요양위원회는 위원장 1인, 부위원장 1인을 포함한 16인 이상 22인 이하의 위원으로 구성한다. 위원장이 아닌 위원은 다음 각 호의 자 중에서 보건복지부장관이 임명 또는 위촉한 자로 하고, 각 호에 해당하는 자를 각각 동수로

구성하여야 한다.

1. 근로자단체, 사용자단체, 시민단체(「비영리민간단체 지원법」 제2조에 따른 비영리민간단체를 말한다), 노인단체, 농어업인단체 또는 자영자단체를 대표하는 자
2. 장기요양기관 또는 의료계를 대표하는 자
3. 대통령령으로 정하는 관계 중앙행정기관의 고위공무원단 소속 공무원, 장기요양에 관한 학계 또는 연구계를 대표하는 자, 공단 이사장이 추천하는 자

위원장은 보건복지부차관이 되고, 부위원장은 위원 중에서 위원장이 지명한다. 장기요양위원회 위원의 임기는 3년으로 한다. 다만, 공무원인 위원의 임기는 재임기간으로 한다.

장기요양위원회 회의는 구성원 과반수의 출석으로 개의하고 출석위원 과반수의 찬성으로 의결한다. 장기요양위원회의 효율적 운영을 위하여 분야별로 실무위원회를 둘 수 있다. 이 법에서 정한 것 외에 장기요양위원회의 구성·운영, 그 밖에 필요한 사항은 대통령령으로 정한다.

V. 급여

1. 국가와 지방자치단체 및 보건복지부장관의 책무

(1) 국가 및 지방자치단체

국가 및 지방자치단체는 노인이 일상생활을 혼자서 수행할 수 있는 온전한 심신상태를 유지하는데 필요한 사업(이하 "노인성질환예방사업"이라 한다)을 실시하여야 한다. 국가는 노인성질환예방사업을 수행하는 지방자치단체 또는 「국민건강보험법」에 따른 국민건강보험공단(이하 "공단"이라 한다)에 대하여 이에 소요되는 비용을 지원할 수 있다. 국가 및 지방자치단체는 노인인구 및 지역특성 등을 고려하여 장기요양급여가 원활하게 제공될 수 있도록 충분한 수의 장기요양

기관을 확충하고 장기요양기관의 설립을 지원하여야 한다. 국가 및 지방자치단체는 장기요양급여가 원활히 제공될 수 있도록 공단에 필요한 행정적 또는 재정적 지원을 할 수 있다.

(2) 장기요양기본계획

보건복지부장관은 노인등에 대한 장기요양급여를 원활하게 제공하기 위하여 5년 단위로 다음 각 호의 사항이 포함된 장기요양기본계획을 수립·시행하여야 한다.

1. 연도별 장기요양급여 대상인원 및 재원조달 계획
2. 연도별 장기요양기관 및 장기요양전문인력 관리 방안
3. 장기요양요원의 처우에 관한 사항
4. 그 밖에 노인등의 장기요양에 관한 사항으로서 대통령령으로 정하는 사항

지방자치단체의 장은 수립된 장기요양기본계획에 따라 세부시행계획을 수립·시행하여야 한다.

2. 급여의 종류

이 법에 따른 장기요양급여의 종류는 다음 각 호와 같다.

1. 재가급여
   가. 방문요양: 장기요양요원이 수급자의 가정 등을 방문하여 신체활동 및 가사활동 등을 지원하는 장기요양급여
   나. 방문목욕: 장기요양요원이 목욕설비를 갖춘 장비를 이용하여 수급자의 가정 등을 방문하여 목욕을 제공하는 장기요양급여
   다. 방문간호: 장기요양요원인 간호사 등이 의사, 한의사 또는 치과의사의 지시서(이하 "방문간호지시서"라 한다)에 따라 수급자의 가정 등을 방문하여 간호, 진료의 보조, 요양에 관한 상담 또는 구강위생 등을 제공하는 장기요양급여

라. 주·야간보호: 수급자를 하루 중 일정한 시간 동안 장기요양기관에 보호하여 신체활동 지원 및 심신기능의 유지·향상을 위한 교육·훈련 등을 제공하는 장기요양급여

마. 단기보호: 수급자를 보건복지부령으로 정하는 범위 안에서 일정 기간 동안 장기요양기관에 보호하여 신체활동 지원 및 심신기능의 유지·향상을 위한 교육·훈련 등을 제공하는 장기요양급여

바. 기타재가급여: 수급자의 일상생활·신체활동 지원에 필요한 용구를 제공하거나 가정을 방문하여 재활에 관한 지원 등을 제공하는 장기요양급여로서 대통령령으로 정하는 것

2. 시설급여: 장기요양기관이 운영하는 「노인복지법」 제34조에 따른 노인의료복지시설(노인전문병원은 제외한다) 등에 장기간 동안 입소하여 신체활동 지원 및 심신기능의 유지·향상을 위한 교육·훈련 등을 제공하는 장기요양급여

3. 특별현금급여

가. 가족요양비: 제24조에 따라 지급하는 가족장기요양급여

나. 특례요양비: 제25조에 따라 지급하는 특례장기요양급여

다. 요양병원간병비: 제26조에 따라 지급하는 요양병원장기요양급여

같은 법 제23조 제1항 제1호 및 제2호에 따라 장기요양급여를 제공할 수 있는 장기요양기관의 종류 및 기준과 장기요양급여 종류별 장기요양요원의 범위·업무·보수교육 등에 관하여 필요한 사항은 대통령령으로 정한다.

장기요양급여의 제공 기준·절차·방법·범위, 그 밖에 필요한 사항은 보건복지부령으로 정한다.

3. 급여의 제한

같은 법 제29조에서는 다음과 같이 급여를 제한할 수 있다. 즉, 공단은 장기요양급여를 받고 있거나 받을 수 있는 자가 다음 각 호의 어느 하나에 해당하는 경우 장기요양급여를 중단하거나 제공하지 아니하게 하여야 한다.

1. 거짓이나 그 밖의 부정한 방법으로 장기요양인정을 받은 경우
2. 고의로 사고를 발생하도록 하거나 본인의 위법행위에 기인하여 장기요양인정을 받은 경우

그리고 공단은 장기요양급여를 받는 자가 정당한 사유 없이 제60조 또는 제61조에 따른 요구에 응하지 아니하거나 답변을 거절한 경우 장기요양급여의 전부 또는 일부를 제공하지 아니하게 할 수 있다.

 ## Ⅵ. 장기요양기관

1. 지정

① 장기요양기관을 설치·운영하고자 하는 자는 소재지를 관할 구역으로 하는 시장·군수·구청장으로부터 지정을 받아야 한다.
② 제1항에 따라 장기요양기관으로 지정받고자 하는 자는 보건복지부령으로 정하는 장기요양에 필요한 시설 및 인력을 갖추어야 한다.
③ 시장·군수·구청장은 제1항에 따라 장기요양기관을 지정한 때 지체 없이 지정 명세를 공단에 통보하여야 한다.
④ 장기요양기관의 지정절차와 그 밖에 필요한 사항은 보건복지부령으로 정한다.

2. 기관의 설치

① 제23조 제1항 제1호의 재가급여 중 어느 하나 이상에 해당하는 장기요양급여를 제공하고자 하는 자는 시설 및 인력을 갖추어 재가장기요양기관을 설치하고 시장·군수·구청장에게 이를 신고하여야 한다. 신고를 받은 시장·군수·구청장은 신고 명세를 공단에 통보하여야 한다.
② 제1항 전단에 따라 설치의 신고를 한 재가장기요양기관은 장기요양기관으로 본다.

③ 의료기관이 아닌 자가 설치·운영하는 재가장기요양기관은 방문간호를 제공하는 경우 방문간호의 관리책임자로서 간호사를 둔다.

④ 제1항에 따른 시설 및 인력기준, 그 밖에 필요한 사항은 보건복지부령으로 정한다.

3. 의무

① 장기요양기관은 수급자로부터 장기요양급여신청을 받은 때 장기요양급여의 제공을 거부하여서는 아니 된다. 다만, 입소정원에 여유가 없는 경우 등 정당한 사유가 있는 경우는 그러하지 아니하다.

② 장기요양기관은 제23조 제3항에 따른 장기요양급여의 제공 기준·절차 및 방법 등에 따라 장기요양급여를 제공하여야 한다.

③ 장기요양기관의 장은 장기요양급여를 제공한 수급자에게 장기요양급여 비용에 대한 명세서를 교부하여야 한다.

④ 장기요양기관의 장은 장기요양급여 제공에 관한 자료를 기록·관리하여야 한다.<신설 2010. 3. 17.>

⑤ 제3항에 따른 장기요양급여비용의 명세서, 제4항에 따라 기록·관리하여야 할 장기요양급여 제공 자료의 내용 및 보존기한, 그 밖에 필요한 사항은 보건복지부령으로 정한다.<개정 2010. 3. 17.>

4. 기관 지정의 취소

① 시장·군수·구청장은 장기요양기관이 다음 각 호의 어느 하나에 해당하는 경우 그 지정을 취소할 수 있다. 다만, 제1호에 해당하는 경우 지정을 취소하여야 한다.

1. 거짓이나 그 밖의 부정한 방법으로 지정을 받은 경우
2. 제31조 제2항에 따른 지정기준에 적합하지 아니한 경우
3. 제35조 제1항을 위반하여 장기요양급여를 거부한 경우
4. 거짓이나 그 밖의 부정한 방법으로 재가 및 시설 급여비용을 청구한 경우

5. 제60조 및 제61조에 따른 질문·검사 및 자료의 제출 요구를 거부·방해하거나 거짓으로 보고하거나 거짓 자료를 제출한 경우

6. 장기요양기관의 종사자 등이 다음 각 목의 어느 하나에 해당하는 행위를 한 경우

　　가. 수급자의 신체에 폭행을 가하거나 상해를 입히는 행위

　　나. 수급자에게 성적 수치심을 주는 성폭행, 성희롱 등의 행위

　　다. 자신의 보호·감독을 받는 수급자를 유기하거나 의식주를 포함한 기본적 보호 및 치료를 소홀히 하는 방임행위

② 시장·군수·구청장은 제1항에 따라 지정을 취소한 경우 지체 없이 공단에 지정취소의 명세를 통보하여야 한다.

③ 시장·군수·구청장은 재가장기요양기관이 다음 각 호의 어느 하나에 해당하는 경우 6개월의 범위 내에서 영업정지를 명하거나 폐쇄명령을 할 수 있다. 다만, 제1호에 해당하는 경우 폐쇄명령을 하여야 한다.

　1. 거짓이나 그 밖의 부정한 방법으로 신고한 경우

　2. 제32조 제1항에 따라 갖추어야 하는 시설 및 인력을 갖추지 아니한 경우

　3. 제1항 제3호부터 제6호까지의 규정 중 어느 하나에 해당하는 경우

④ 시장·군수·구청장은 제3항에 따라 재가장기요양기관에 대하여 영업정지 또는 폐쇄명령을 한 경우 지체 없이 공단에 그 내용을 통보하여야 한다. 폐쇄명령을 받은 재가장기요양기관은 제1항에 따라 장기요양기관의 지정이 취소된 것으로 본다.

⑤ 제1항 및 제3항에 따라 지정취소 또는 폐쇄명령을 받은 자는 그 처분을 받은 날부터 대통령령으로 정하는 기간 동안에는 장기요양기관 또는 재가장기요양기관으로 다시 지정받거나 신고할 수 없다.

⑥ 제1항 및 제3항에 따른 지정취소의 절차 등에 관하여 필요한 사항은 보건복지부령으로 정한다.

5. 폐쇄명령

① 장기요양기관은 폐업하거나 휴업하고자 하는 경우 폐업이나 휴업 예정

일 전 30일까지 시장·군수·구청장에게 신고하여야 한다. 신고를 받은 시장·군수·구청장은 지체 없이 신고 명세를 공단에 통보하여야 한다.

② 시장·군수·구청장은 제1항에 따라 폐업 또는 휴업신고를 접수한 경우 인근지역에 대체 장기요양기관이 없는 경우 등 장기요양급여에 중대한 차질이 우려되는 때 장기요양기관의 폐업 또는 휴업 철회를 권고하거나 그 밖의 다른 조치를 강구하여야 한다.

③ 시장·군수·구청장은 「노인복지법」 제43조에 따라 노인의료복지시설 등(장기요양기관이 운영하는 시설인 경우에 한한다)에 대하여 사업정지 또는 폐지 명령을 하는 경우 지체 없이 공단에 그 내용을 통보하여야 한다.

④ 재가장기요양기관의 장은 재가장기요양기관의 폐업 또는 휴업을 하고자 하는 때 시장·군수·구청장에게 이를 신고하여야 한다. 신고를 받은 시장·군수·구청장은 신고 명세를 지체 없이 공단에 통보하여야 한다.

⑤ 장기요양기관 또는 재가장기요양기관의 장은 제1항 및 제4항에 따라 폐업 또는 휴업 신고를 할 때 보건복지부령으로 정하는 바에 따라 장기요양급여 제공 자료를 공단으로 이관하여야 한다. 다만, 휴업 신고를 하는 장기요양기관 또는 재가장기요양기관의 장이 휴업 예정일 전까지 공단의 허가를 받은 경우에는 장기요양급여 제공 자료를 직접 보관할 수 있다.<신설 2010. 3. 17.>

제3장 공공부조법

제**3**장

오늘날 세계 여러 나라에서 사용되고 있는 사회보장이라는 용어는 그 의미가 국제적으로 통일되어 있지 않을 뿐만 아니라 공공부조의 의미 역시 명확한 정의가 정립되어 있지 않아서 공공부조법에 대한 해석도 다종다양하다.

국민의 소득보장에 있어서 분배의 평등 또는 공정과 경제적 안정이나 보장의 증가는 소득 및 부의 분배격차의 시정과 빈곤의 방지를 통하여 보장될 수 있고, 그 보장의 효과적인 방법은 부의 소득세 및 공공부조 등인데, 결국 이것은 복지정책의 중요한 부분으로 사회보장정책에 귀착된다.

사회보장제도 중의 소득보장 체계에 있어 공공부조는 사회보험과 더불어 국민의 최저생활 보장을 목적으로 하며, 특히 생활능력을 상실한 자들에 대해서 국가가 최저생활을 그의 원리로써 보장하며, 자립을 촉진함을 목적으로 하며, 특히 생활능력을 상실한 자들에 대해서 국가가 최저생활을 그의 원리로써 보장하며, 자립을 촉진함을 목적으로 하는 이른바 궁핍에 대한 최후의 제도적인 대처를 법조항을 명문화시킨 데에서 공공부조법의 의의를 찾을 수 있다. 공공부조법은 이와 같은 목표를 달성시키기 위한 직접적이며 최종적인 국가의 정책수단을 규정한 법이다.

제1절 국민기초생활보장법

 I. 의의

1. 개요

(1) 의의

국민기초생활보장법은 헌법에 보장된 인간다운 생활을 할 권리, 생존권, 사회권, 복지권 내지 사회보장수급권을 구체적으로 보장하기 위한 제도이다. 국민기초생활보장법은 헌법 제34조에 근거하여 국가와 지방자치단체가 생활이 어려운 자에게 빈곤의 정도에 따라 필요한 급여를 행하여, 법으로 정한 최저생계비 수준 이상의 생활을 보장하고 자활을 조성하는 것을 목적으로 하고 있다.[83]

국민기초생활보장법은 기존의 생활보법과는 달리 생활상 곤궁에 처한 사람들에게 각자의 처지에 따라 경제적·비경제적 원조를 필요에 따라 행하는 것이다. 그리고 기존 생활보호법과의 큰 차이는 국민기초생활보장법은 생계급여, 주거급여, 의료급여, 교육급여, 해산급여, 장제급여와 같이 생활상 곤란을 완화시켜 주고, 이 이외에 자활급여를 제공함으로써 빈곤에 처한 사람들이 스스로 자립 자활할 수 있도록 국가가 주도하는 적극적 의미도 갖고 있다.

(2) 특징

국민기초생활보장법에 나타나고 있는 특징을 살펴보면 다음과 같다.

첫째, 구체적인 생존권의 표현으로 생계급여를 받는 사람들의 권리를 인정하여 수급자와 수급권자라는 용어를 사용하였다. 즉 복지권 내지 생존권에 대한 수혜자의 법적 권리를 강조하였다.

둘째, 국민기초생활보장법은 인구학적 기준을 폐지하여 보다 적극적으로

---

83) 김기원, 2000, 183면.

빈곤정책에 접근하고 있는 법이다.

셋째, 생활보호법과는 달리 긴급구호제도의 신설이다. 국민기초생활보장법에는 시장·군수·구청장은 규정에 의하여 수급권자나 기타 관계인이 급여를 하여야 할 긴급한 필요가 있다고 인정될 때에는 급여의 일부를 행할 수 있다고 명시함으로써 필요시 긴급급여를 행할 수 있도록 하였다.

넷째, 국민기초생활보장법에서는 급여대상자의 선정기준을 소득기준으로 일률화시키기 위하여 소득인정액이라는 개념을 도입하였다. 즉 소득인정액은 개별 가구의 소득세 재산의 소득환산액을 합한 금액으로 근로유인을 위한 성격이 강하다.

다섯째, 국민기초생활보장법에서는 주거급여를 신설하여 주거가 없는 수급자의 경우에는 현행의 시설보호에 해당하는 시설입소가 가능하도록 하고 있고, 이러한 주거급여의 제공은 대상자들로 하여금 현 상태의 주거를 유지할 수 있도록 주거권을 보장하는 것이다.

2. 입법 배경

국민기초생활보장법은 국민에게 인간다운 최저생활을 보장하고 절대적 빈곤문제를 적극적으로 해결하기 위한 법이다. 국민들의 최저생활을 보장해 온 생활보호제도는 외환위기에 따른 대량 실업을 맞이하여 2차적 사회안전망으로서 기능을 제대로 수행하지 못하였다는 비판을 받고 있다. 외환 위기에 따른 경제 불황과 사회 전반의 구조조정 움직임에 따른 초유의 대량 실업으로 인해 빈곤문제가 더욱 악화되고 있는 상황에서 극빈층과 저소득층의 기본적인 생활을 보장하기 위해서는 생활보호제도를 대폭 확충하여야 함에도 불구하고, 기존의 생활보호법은 보호대상을 인구통계학적으로 특정범주의 사람들만 제한적으로 편협하게 규정하고 있고, 사회안전망의 사각지대에 놓인 극빈층과 저소득층의 생존이 위기에 처해 있는 현실이다.[84]

---

84) 김기원, 2000, 182면.

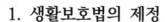

II. 입법과정

1. 생활보호법의 제정

선진국가에서는 1918년 제1차 세계대전이 끝난 직후부터, 빈곤의 책임이 개인보다는 국가에 있다는 사상이 확산되었고, 우리나라에서는 근대적 구빈정책이 국가의 책임이라는 차원에서 1944년 3월 1일의 조선구호령이 공포·실시된 이후부터이다.

해방 후 미군정시대와 정부가 수립된 이후 생활보호는 형식적으로 시행되어 급증하는 사회적 요구를 재정만으로는 감당할 수가 없었기 때문에 사회복지비용의 상당부분을 외국원조와 민간시설에 의존하지 않을 수 없었다. 그 후 5·16 군사혁명을 거친 후 비로소 우리 정부에 의하여 생활보호법이 제정되었다.

2. 생활보호법의 발전과정

1960년 생활보호법이 제정된 이후 동법에 의한 의료보호가 실시되다가 1977년 1월 1일에는 의료보호에 관한 규칙이, 그리고 1977년 12월 31일에는 의료보호법이 별도의 법률로 제정되었다.

1982년에는 생활보호법이 전면 개정되었고, 시행령도 1983년에 개정되었다. 개정 생활보호법은 구법이 제정된 지 만 21년만의 개정인지라 보호의 목적과 기본방향에 있어 이전의 맹목적이고 단순한 생계보호에서 벗어나 건강하고 문화적인 생활수준에 접근하려고 하는 강한 의지를 보였다.

3. 국민기초생활보장법의 제정

'국민기초생활보장법안'은 1998년 10월 9일 새정치국민회의 당안으로 입안하고 제198회 정기국회에서 논의하려 하였으나 공청회 등의 민의수렴과정이 필요하다는 의견에 따라 제199회 임시국회에서 논의되었다. 법안심사소위에서 논의하기 전에 정부의 의견을 수렴하여 일부 조항에 변경이 있었다. 소위에서는 정부와의 합의안을 수용하여 위원회 대안으로 하고, 다시 상임위에 올리기 전에 예산문제 해결을 요구하였다. 이에 예산청과의 몇 차례에 걸친 협의 결과 시기를 조금 늦춰달라는 요구를 받았으나 사회적 안전망의 조속한 확대를 위해서는 시급하다는 점을 예산 당국에 피력하였다.

한나라당은 국민회의의 안과 소위원회과정에서 논의된 문제점을 보완하여 1999년 7월 6일 '국민기본생활보장법안'으로 명명한 법안을 제출하였다. 이 법안은 소위원회를 걸쳐 위원회 대안을 만들고, 상임위원회로 이관하여 여기서 합의된 안을 국회 본회의에서 의결, 대통령이 서명해 1999년 9월 7일 공포함으로써 2000년 10월 1일부터 본격 시행되었다.

국민기초생활보장법이 2016년 2월 3일에 일부 개정되었고, 그 이후 최근 2019년 12월 3일(시행 2020년 6월 4일)에 일부 개정되었는데, 그 개정이유 및 주요내용은 아래와 같다.

◆ 개정이유 및 주요내용

시장·군수·구청장이 생계급여 등의 실시 여부와 급여 내용을 결정하여 수급권자 또는 신청인에게 통보하거나 보장기관이 생계급여 등의 종류·방법 등의 변경을 수급자에게 통지할 때에 급여의 산출 근거를 포함하여 통보·통지하도록 함으로써 수급권자 등의 알 권리를 보다 두텁게 보장하려는 것이다.

Ⅲ. 내용

1. 총칙

국민기초생활보장법은 생활이 어려운 자에게 필요한 급여를 행하여 이들의 최저생활을 보장하고 자활을 조성하는 것을 목적으로 한다(제1조).

급여는 수급자가 자신의 생활을 유지·향상을 위하여 그 소득·재산·근로능력 등을 활용하여 최대한 노력하는 것을 전제로 이를 보충 발전시키는 것을 기본원칙으로 한다. 부양의무자의 부양과 기타 다른 법령에 의한 보호는 이 법에 의한 급여가 우선하여 행하여지는 것으로 한다.

급여의 기준은 보건복지부장관이 수급자의 연령·가구규모·거주지역·기타 생활여건 등을 고려하여 급여의 종류별로 정한다. 보장기관은 이 법에 의한 급여를 세대를 단위로 하여 행하되, 특히 필요하다고 인정하는 경우에는 개인을 단위로 하여 행할 수 있다.

수급권자는 부양의무자가 없거나 부양의무자가 있어도 부양능력이 없거나 또는 부양을 받을 수 없는 자로서 소득인정액이 최저생계비 이하인 자로 한다. 그러나 수급권자에 해당하지 아니하여도 생활이 어려운 자로서 일정 기간 동안 이 법이 정하는 급여의 전부 또는 일부가 필요하다고 보건복지부장관이 정하는 자는 수급권자로 본다.

보건복지부장관은 수급권자, 수급자 및 차상위계층 등의 규모·생활실태 파악, 최저생계비 계측 등을 위하여 3년마다 실태조사를 실시·공표하여야 한다. 보건복지부장관 및 소관 중앙행정기관의 장은 관계 행정기관, 지방자치단체, 「공공기관의 운영에 관한 법률」에 따른 공공기관 등에 대하여 평가에 관한 의견 또는 자료의 제출을 요구할 수 있다. 이 경우 관계 행정기관 등은 특별한 사유가 없으면 이에 따라야 한다.

2. 급여의 종류

급여의 종류는 생계급여, 주거급여, 의료급여, 교육급여, 해산급여, 장제급여, 자활급여가 있다. 급여는 생계급여를 기본으로 하고 필요에 따라 다른 급여를 병합해 행한다. 급여의 수준은 급여와 수급자의 소득인정액을 포함하여 최저생계비 이상이 되도록 하여야 한다(제7조).

(1) 생계급여

생계급여는 수급자에게 의복, 음식물 및 연료비와 그 밖에 일상생활에 기본적으로 필요한 금품을 지급하여 그 생계를 유지하게 하는 것으로 한다(제8조).

(2) 주거급여

주거급여는 수급자에게 주거안정에 필요한 임차료, 유지수선비 기타 대통령령이 정하는 수급품을 지급하는 것으로 한다(제11조).

(3) 교육급여

교육급여는 수급자에게 입학금, 수업료, 학용품비, 그 밖의 수급품을 지급하는 것으로 하되, 학교의 종류·범위 등에 관하여 필요한 사항은 대통령령으로 정한다. 교육급여는 금전 또는 물품을 수급자 또는 수급자의 친권자나 후견인에게 지급하는 것으로 한다. 다만, 보장기관이 필요하다고 인정하는 경우에는 수급자가 재학하는 학교의 장에게 수급품을 지급할 수 있다(제12조).

(4) 해산급여

해산급여는 수급자에게 조산과 분만전과 분만 후의 필요한 조치와 보호를 행하는 것으로 한다. 해산급여는 보장기관이 지정하는 의료기관에 위탁하여 행할 수 있다(제13조).

(5) 장제급여

장제급여는 수급자가 사망한 경우 사체의 검안·운반·화장 또는 매장·기타 장제 조치를 행하는 것으로 한다. 장제급여는 실제로 장제를 행하는 자에게 장제에 필요한 비용을 지급함으로써 행한다(제14조).

(6) 자활급여

자활급여는 수급자의 자활을 조성하기 위하여 급여를 행하는 것으로 한다(제15조).

(7) 의료급여

의료급여는 의료급여법이 정하는 바에 의한다.

3. 보장기관

급여는 수급권자 또는 수급자의 거주지를 관할하는 특별시장·광역시장·도지사·특별자치도지사(이하 "시·도지사"라 한다)와 시장·군수·구청장이 실시한다. 다만, 주거가 일정하지 아니한 경우에는 수급권자 또는 수급자가 실제 거주하는 지역을 관할하는 특별자치도지사·시장·군수·구청장이 실시한다.

보건복지부장관과 시·도지사는 수급자를 각각 국가나 해당 지방자치단체가 경영하는 보장시설에 입소하게 하거나 다른 보장시설에 위탁하여 급여를 실시할 수 있다.

수급권자나 수급자가 거주지를 변경하는 경우의 처리방법과 보장기관 간의 협조, 그 밖에 업무처리에 필요한 사항은 보건복지부령으로 정한다.

보장기관은 수급권자·수급자·차상위계층에 대한 조사와 수급자 결정 및 급여의 실시 등 이 법에 따른 보장업무를 수행하기 위하여 「사회복지사업법」 제14조에 따른 사회복지 전담공무원(이하 "사회복지 전담공무원"이라 한다)을 배치하여야 한다. 이 경우 제15조에 따른 자활급여 업무를 수행하는 사회복지 전담공무원은 따로 배치하여야 한다(제19조).

4. 자활지원

(1) 한국자활복지개발원(구 중앙자활센터)

수급자 및 차상위자의 자활촉진에 필요한 다음 사업을 수행하기 위하여 한국자활복지개발원을 설립한다(제15조의 2).

    1. 자활 지원을 위한 사업(이하 "자활지원사업"이라 한다)의 개발 및 평가
    2. 자활 지원을 위한 조사·연구 및 홍보
    3. 제15조의10에 따른 광역자활센터, 제16조에 따른 지역자활센터 및

제18조에 따른 자활기업의 기술·경영 지도 및 평가

4. 자활 관련 기관 간의 협력체계 구축·운영

5. 자활 관련 기관 간의 정보네트워크 구축·운영

6. 취업·창업을 위한 자활촉진 프로그램 개발 및 지원

7. 제18조의2 제2항 및 제3항에 따른 고용지원서비스의 연계 및 사회 복지서비스의 지원 대상자 관리

8. 수급자 및 차상위자의 자활촉진을 위한 교육·훈련, 제15조의10에 따른 광역자활센터 등 자활 관련 기관의 종사자 및 참여자에 대한 교육·훈련 및 지원

9. 국가 또는 지방자치단체로부터 위탁받은 자활 관련 사업

10. 그 밖에 자활촉진에 필요한 사업으로서 보건복지부장관이 정하는 사업

(2) 광역자활센터

보장기관은 수급자 및 차상위자의 자활촉진에 필요한 다음의 사업을 수행하기 위하여 사회복지법인 등 비영리법인과 단체(이하 이 조에서 "법인등"이라 한다)를 법인 등의 신청을 받아 특별시·광역시·도·특별자치도(이하 "시·도"라 한다) 단위의 광역자활센터로 지정한다(제15조의 10). 이 경우 보장기관은 법인등의 지역사회복지사업 및 자활지원사업의 수행 능력·경험 등을 고려하여야 한다.

1. 시·도 단위의 자활기업 창업지원

2. 시·도 단위의 수급자 및 차상위자에 대한 취업·창업 지원 및 알선

3. 제16조에 따른 지역자활센터 종사자 및 참여자에 대한 교육훈련 및 지원

4. 지역특화형 자활프로그램 개발·보급 및 사업개발 지원

5. 제16조에 따른 지역자활센터 및 제18조에 따른 자활기업에 대한 기술·경영 지도

6. 그 밖에 자활촉진에 필요한 사업으로서 보건복지부장관이 정하는 사업

(3) 지역자활센터

보장기관은 수급자 및 차상위자의 자활의 촉진에 필요한 사업을 수행하기 위하여 사회복지법인 등 비영리법인과 단체를 법인 등의 신청을 받아 지역자활센터로 지정할 수 있다. 이 경우 보장기관은 법인 등의 지역사회복지사업 및 자활지원사업의 수행능력·경험 등을 고려하여야 한다(제16조).

5. 급여의 실시

수급권자와 그 친족, 기타 관계인은 관할 시장·군수·구청장에게 수급권자에 대한 급여를 신청할 수 있다. 이에는 신청에 의한 조사, 확인조사, 차상위 계층에 대한 조사가 있다.

시·군수·구청장은 조사를 한 때에는 지체없이 급여 실시의 여부와 급여의 내용을 결정하여야 하고, 급여 실시 및 내용이 결정된 수급자에 대한 급여는 급여의 신청일부터 개시한다.

그러나 보장기관은 수급자가 수급자에 대한 급여의 전부 또는 일부가 필요없게 된 때, 수급자가 급여의 전부 또는 일부를 중지하여야 한다(제30조).

6. 보장비용

보장비용이라 함은 보장업무에 소요되는 인건비와 사무비, 위원회 운영에 소요되는 비용, 급여 실시비용, 기타 보장업무에 소요되는 비용을 말한다.

국가 또는 시·도가 직접 행하는 보장업무에 소요되는 비용과 시설보장 급여의 실시비용은 국가 또는 당해 시·도가 부담한다. 시·군·구생활보장위원회 소요비용은 당해 시·군·구가 부담한다.

1. 보건복지부 – 「국민기초생활보장법 시행령」제3조 제1항 제4호 다목(정기

적으로 지급되는 금품의 범위) 관련[법제처 07-0095, 2007. 4. 23, 보건복지부]

[질의요지]

「산업재해보상보험법」에 따라 2회에 걸쳐 170만원 지급받은 휴업급여가 「국민기초생활보장법 시행령」 제3조 제1항 제4호 다목의 "정기적으로 지급되는 각종 수당·연금·급여 기타 금품"에 해당하는지?

[회답]

「산업재해보상보험법」에 따라 2회에 걸쳐 170만원 지급받은 휴업급여는 「국민기초생활보장법 시행령」 제3조 제1항 제4호 다목의 "정기적으로 지급되는 각종 수당·연금·급여 기타 금품"에 해당한다.

[이유]

○ 「국민기초생활보장법」 제2조 제9호 본문에 따르면 "개별가구의 소득평가 액"이라 함은 개별가구의 실제소득에 불구하고 보장기관이 급여의 결정 및 실시등에 사용하기 위하여 산출한 금액을 말한다고 되어 있다.

○ 같은 법 시행령 제3조 제1항 제4호 다목에 따르면 위 법 제2조 제9호에 서의 "실제소득"으로 합산되는 기타소득으로서 「국민연금법」·「공무원연 금법」·「군인연금법」·「사립학교교직원 연금법」·「고용보험법」·「산업재 해보상보험법」·「독립유공자예우에 관한 법률」·「국가유공자 등 예우 및 지원에 관한 법률」·「고엽제후유의증 환자지원 등에 관한 법률」·「자동 차손해배상 보장법」·「참전유공자예우에 관한 법률」 등의 규정에 의하여 정기적으로 지급되는 각종 수당·연금·급여 기타 금품이 규정되어 있다.

○ 반면, 같은 법 시행령 제3조 제2항 제1호에서는 "퇴직금·현상금·보상금 등 정기적으로 지급되는 것으로 볼 수 없는 금품"은 소득으로 보지 않는 다고 규정되어 있다.

○ 위 「국민기초생활보장법 시행령」 제3조 제1항 제4호 다목에서의 "정기적

으로 지급되는 각종 수당·연금·급여 기타 금품"이라 함은 「국민연금법」 등에 근거하여 일정한 기간 동안 계속하여 지급되는 각종 금전이나 물품을 의미하는 것으로서, 같은 조 제2항 제1호에 따라 소득으로 보지 아니하는 "퇴직금·현상금·보상금 등 정기적으로 지급되는 것으로 볼 수 없는 금품"과 대비되는 것이다.

○ 이 사안에서 휴업급여의 경우 「국민기초생활보장법 시행령」 제3조 제1항 제4호 다목에 열거된 「산업재해보상보험법」 제41조에 근거하여 업무상 사유에 의하여 부상을 당하거나 질병에 걸린 근로자를 대상으로 "요양으로 인하여 취업하지 못한 기간" 동안 계속 지급되는 금전이므로, 정기적으로 지급되는 금전이라 할 것이다.

○ 또한, 휴업급여는 요양으로 인하여 취업하지 못한 기간, 즉 근로자가 업무상 부상으로 요양을 하느라고 근로를 제공할 수 없었기 때문에 임금을 받지 못한 기간(대법원 1989. 6. 27. 88누2205 판결 참조)에 대하여 1일당 평균임금의 100분의 70에 상당하는 금액으로 지급되는 점으로 볼 때, 휴업급여는 업무상 부상으로 일실된 임금소득을 대체하는 소득의 일종이라 할 수 있다.

○ 그렇다면, 2회에 걸쳐 170만원 지급받은 휴업급여는 「국민기초생활보장법 시행령」 제3조 제1항 제4호 다목의 "정기적으로 지급되는 각종 수당·연금·급여 기타 금품"에 해당한다고 할 것이다.

2. 보건복지가족부 – 자율형 사립고를 대상으로 한 교육급여액을 제한할 수 있는지 여부(「국민기초생활보장법 시행령」 제16조 제1항 제2호 및 「초·중등교육법」 제105조의3 관련) [법제처 09-0259, 2009. 8. 7, 보건복지가족부 기초생활보장과]

[질의요지]

「국민기초생활 보장법 시행령」 제16조 제1항 제2호에 따라 「초·중등교육법 시행령」 제105조의3에 따른 "자율형 사립고등학교"에 입학 또는 재학하는 자에 대한 교육급여를 하는 경우에, 해당 교육급여액을 다른 일반 고등학교 수준으로 제한하여 지급할 수 있는지?

[회답]

「국민기초생활 보장법 시행령」 제16조 제1항 제2호에 따라 「초·중등교육법 시행령」 제105조의3에 따른 "자율형 사립고등학교"에 입학 또는 재학하는 자에 대한 교육급여를 하는 경우에, 해당 학교의 입학금·수업료 등 학비 전액을 지급하여야 한다.

[이유]

「국민기초생활 보장법」 제12조 제1항에서는 교육급여의 경우 수급자에게 입학금·수업료·학용품비 등을 지원하는 것으로 하되, 학교의 종류·범위 등에 관하여 필요한 사항은 대통령령으로 정하도록 하고 있고, 해당 위임에 따라 같은 법 시행령 제16조 제1항 제2호에서는 교육급여를 「초·중등교육법」 제2조 제4호에 따른 고등학교 등에 입학 또는 재학하는 자에게 수업료 등을 지급하는 것으로 하도록 하고 있다.

한편, 「초·중등교육법」 제61조 제1항의 위임에 따라 2009. 3. 27. 신설된 같은 법 시행령 제105조의3에서 교육감은 국가 또는 지방자치단체로부터 교직원인건비와 학교·교육과정운영비를 지급받지 않는 등의 요건을 갖춘 사립의 고등학교를 대상으로 자율형 사립고등학교(이하 "자율형 사립고"라 한다)를 지정·고시할 수 있도록 하고 있으며(제1항), 자율형 사립고는 입학정원의 20퍼센트 이상을 「국민기초생활 보장법」 제2조 제1호에 따른 수급권자 또는 그 자녀 등을 대상으로 선발하도록 하고 있다(제3항).

먼저, 자율형 사립고가 「국민기초생활 보장법」상 교육급여의 대상이 되는 고등학교에 해당하는지의 여부가 문제될 수 있으나, 「초·중등교육법 시행령」 제105조의3제1항에 따른 자율형 사립고는 학교 또는 교육과정을 자율적으로 운영할 수 있도록 교육감이 지정·고시한 "고등학교"이고, 이러한 고등학교를 아무런 유보 없이 「국민기초생활 보장법」에서는 교육급여의 대상으로 규정하고 있으므로, 자율형 사립고는 교육급여의 대상이 되는 고등학교에 속한다고 할 것이다. 이 경우 자율형 사립고 제도가 「국민기초생활 보장법」상 교육급여의 대상이 정해진 이후인 2009년에야 신설되었다고 하더라도, 「국민기초생활 보장법」에 자율형 사립고를 교육급여 대상에서 제외한다든지 하는 명시적인 조치가 없는 한 나중에 제도가 신설되었다고 하여 교육급여 대상에서 제외되는 것은 아니라고 할 것이다.

그렇다면, 이 사안에서는 「국민기초생활 보장법 시행령」 제16조 제1항 제2호에 따라 「초·중등교육법 시행령」 제105조의3에 따른 자율형 사립고에 입학 또는 재학하는 자에 대한 교육급여를 하는 경우에, 해당 교육급여액을 다른 일반 고등학교 수준으로 제한하여 지급할 수 있는지의 여부가 문제된다.

먼저, 「국민기초생활 보장법」 제12조 제1항에서는 교육급여의 대상이 되는 학교의 종류 및 범위 등에 관하여 필요한 사항을 대통령령으로 위임하였을 뿐, 입학금 및 수업료 등의 범위에 대하여는 위임한 바가 없고, 같은 법 시행령 제16조 제1항 제2호에서는 교육급여의 대상이 되는 학교를 "「초·중등교육법」 제2조 제4호에 따른 고등학교"라고 하여 수업료 등의 범위를 제한할 수 있는 근거 규정은 없다.

한편, 「초·중등교육법 시행령」 제105조의3 제3항에서 「국민기초생활 보장법」상 수급권자 등을 자율형 사립고 입학정원의 20퍼센트 이상 선발하도록 한 것은 해당 학교가 국가 또는 지방자치단체로부터 교직원인건비 및 학교·교육과정운영비를 지급받지 않음으로써 입학금 및 수업료 등이 일반 고등학교에 비하여 높음에 따라 수업료 부담 등 경제적인 이유로 학생의 학습권이 침해되지 않도록 하여 균등한 교육의 기회를 주고자 한 것인바, 이와 같은 자율형 사립고를 대상으로 한 교육급여가 생활이 어려운 자에게 필요한 급여를 하여 이들의 최저생활을 보장하고 자활을 조성하기 위한 「국민기초생활 보장법」의 목적에 상충되는 것으로 보기는 어렵다 할 것이다.

그리고, 「국민기초생활 보장법」 제7조 제1항에서는 이 법에 의한 급여의 종류를 생계급여, 주거급여, 의료급여, 교육급여, 해산급여, 장제급여, 자활급여로 분류하고 있는데, 해당 급여 중 생계급여와 주거급여 등은 해당 수급자의 소득인정액 등을 고려하여 최저생활이 보장되도록 하는 것을 목적으로 하는 것이나, 교육급여의 경우 수급자와 그 자녀가 건강한 사회생활을 영위할 수 있도록 자활을 조성하는 것을 목적으로 하는 것으로서, 최저생활 보장의 원칙이 반드시 적용되는 것은 아니라 할 것이므로, 법령상 교육급여의 액수에 대하여 제한이 없는 한 지급대상이 되는 고등학교의 수업료 등이 높다는 이유만으로 그 지급액을 제한하는 것은 타당하지 않다고 할 것이다.

또한, 「국민기초생활 보장법 시행령」 제16조 제2항 본문에서 수급자가 「초·

중등교육법 시행령」 등 다른 법령의 규정에 의하여 중학교 의무교육을 받거나 학비를 감면받는 경우에는 그 감면의 범위에 해당하는 학비는 지원하지 않도록 하여 보충성의 원칙을 명시하고 있다하더라도, 같은 항 단서에서는 보건복지부장관이 정하는 장학상 필요한 자에 대하여는 다른 법령에 의한 학비감면에도 불구하고 학비의 전액을 지원할 수 있도록 하여 보충성 원칙의 예외를 인정하고 있으므로, 학력이 우수한 경제적 약자에 대한 장학상 필요가 있는 경우에는 보충성 원칙에 구애받지 않고 필요한 교육급여를 할 수 있다고 보는 것이 단서 규정의 취지에 부합된다고 볼 수 있다.

따라서, 일반적인 기초생활보장체계와의 불균형 등에 대한 정책적 고려에 따라 국민기초생활 보장법령에서 자율형 사립고에 대한 교육급여액을 제한할 수 있도록 하는 등의 명시적인 규정을 두는 것은 별론으로 하고, 현행 법령 체계하에서는 「국민기초생활 보장법 시행령」 제16조 제1항 제2호에 따라 자율형 사립고에 입학 또는 재학하는 자에 대한 교육급여를 하는 경우에, 해당 학교의 입학금·수업료 등 학비 전액을 지급하여야 할 것이다.

3. 보건복지부 – 기초생활수급자에 대한 급여의 종류·방법 등의 변경신청을 할 수 있는 "기타 관계인"에 이장·통장이 포함되는지 여부(「국민기초생활 보장법」 제29조 제1항 관련) [법제처 10-0321, 2010. 10. 28. 보건복지부 기초생활보장과]

[질의요지]

「국민기초생활 보장법」 제29조 제1항에 따라 수급자에 대한 급여의 종류·방법 등의 변경신청을 할 수 있는 기타 관계인에 수급자가 거주하는 지역의 이장·통장이 포함되는지?

[회답]

「국민기초생활 보장법」 제29조 제1항에 따라 수급자에 대한 급여의 종류·방법 등의 변경신청을 할 수 있는 기타 관계인에 수급자가 거주하는 지역의 이장·통장은 포함되지 않는다.

[이유]

「국민기초생활 보장법」(이하 "국민기초생활법"이라 함) 제2조 제2호에서는 수급자를 같은 법에 의한 급여를 받는 자로 규정하고 있고, 같은 조 제4호에서는 보장기관을 같은 법에 의한 급여를 행하는 국가 또는 지방자치단체로 규정하고 있으며, 같은 법 제19조 제1항 본문에서는 같은 법에 따른 급여는 수급권자 또는 수급자의 거주지를 관할하는 특별시장·광역시장·도지사(이하 "시·도지사"라 함)와 시장이 행한다고 규정하고 있고, 같은 법 제29조 제1항에서는 보장기관은 수급자의 소득·재산·근로능력 등에 변동이 있는 경우에는 직권 또는 수급자나 그 친족, 기타 관계인의 신청에 의하여 그에 대한 급여의 종류·방법 등을 변경할 수 있도록 규정하고 있다.

한편, 「지방자치법」 제4조의2 제4항·제5항, 제104조 및 같은 법 시행령 제81조에 따르면 지방자치단체는 그 지방자치단체의 조례로 정하는 바에 따라 읍·면의 행정리에 이장을 둘 수 있고, 지방자치단체는 조례 등 자치법규에 따라 동·리의 하부조직으로 이장·통장 등을 두고 있는데, 여기서 국민기초생활법 제29조 제1항에 따라 수급자에 대한 급여의 종류·방법 등의 변경신청을 할 수 있는 "기타 관계인"에 수급자가 거주하는 지역의 이장·통장이 포함되는지 여부가 문제된다.

우선, 국민기초생활법령에서는 국민기초생활법 제29조 제1항의 기타 관계인의 범위와 관련하여 명확한 규정을 두고 있지는 아니하나, 급여의 변경에는 급여의 추가지급뿐만 아니라 급여의 전부·일부 중지도 포함되어 급여의 변경신청은 수급자에게 불이익한 결과를 초래할 수 있으므로 이러한 급여의 변경을 신청할 수 있는 자의 범위는 수급자에게 미치는 영향을 고려하여 엄격하게 해석하여야 할 것이다.

또한, 국민기초생활법 시행규칙 제34조 제1항에서는 국민기초생활법 제21조 또는 제29조에 따라 급여의 신청 또는 급여변경의 신청을 하려는 자는 급여(변경)신청서와 제적등본(제1호), 임대차계약서(제2호), 금융정보 등 제공동의서(제4호)와 같은 구비서류를 거주지 관할 시장·군수·구청장에게 제출하도록 하고 있고, 같은 규칙 제41조(공통표준서식)에 따라 보건복지부장관이 고시한 「사회복지사업 관련 공통서식」(보건복지부고시 제2009-245호, 2009. 12. 31, 전부개정)의 서식 1에 따른 급여(변경)신청서에는 가족사항, 재산사항, 급여계좌 등을 기재하여야 하는바, 이는 수급자 또는 수급권자 본인의 개인정보에 해당하는 것으로 이러한 사항이 포함된 신청서를 수급자 본인과 직접적인 관계가 없는 제3자가 작성하여 제출하게 할 경우 개인정보보호와 관련된 문제가 발생할 수 있으므로, 이러한 점을 고려할 때 국민기초생활법 제29조 제1항의 기타 관계인의 범위는 한정적으로 해석하여야 할 것이다.

그런데 국민기초생활법 제29조 제1항에서는 보장기관이 직권으로 급여를 변경하는 경우 외에 급여의 변경신청을 할 수 있는 자는 기타 관계인과 수급자 본인, 그 친족으로 정하고 있으므로, 수급자에 대한 급여의 변경 등을 신청할 수 있는 기타 관계인도 수급자의 친족에 준하는 지위에 있는 제3자로 보아야 할 것이고, 그렇다면 여기서 기타 관계인이란 친족에 준하는 지위에 있는 수급자의 후견인, 사회복지시설의 장, 학교의 장 및 기타 법령에서 수급자에 대한 관여를 규정하고 있거나 그 업무상 관계가 있는 자 등이 기타 관계인에 해당된다고 보아야 할 것이다.

그러나 그 수급자가 거주하고 있는 지역의 이장·통장은「지방자치법」등에 따라 읍·면·동의 업무를 보조하는 자에 불과하여 수급자와의 관계에서 법령상·직무상 관계가 있는 자로 보기는 어렵다고 할 것이고, 다만,「지방자치법」제4조의2 제5항 및 제104조 등에 따르면 이장·통장은 해당 지방자치단체의 조례가 정한 업무를 수행함에 있어 공무를 위탁받아 실질적으로 공무를 수행하는 지위에 있다고 할 것이므로(대법원 1991. 7. 9. 선고 91다5570 판결례, 법제처 2009. 2. 18. 회신 해석례 08-0451 참고), 그 지방자치단체의 조례 등으로 읍·면·동의 업무에 기초생활수급자와 관련된 업무가 포함되어 있는 경우에는 이장·통장도 이러한 업무의 수행과 관련하여 읍·면·동장의 업무를 보조하는 차원에서 이장·통장이 관할 리·통에 거주하는 주민에 대하여 알게 된 사실정보(생활수준, 부양관계 변동, 거주지의 이동 등)를 사회복지전담 공무원에게 알리는 등의 행위는 할 수 있을 것이나, 이와 같은 행위를 할 수 있다고 하여 이장·통장이 국민기초생활법 제29조 제1항에 따른 기타 관계인에 반드시 해당된다고 보기는 어렵다고 할 것이다.

따라서「국민기초생활 보장법」제29조 제1항에 따라 수급자에 대한 급여의 종류·방법 등의 변경신청을 할 수 있는 기타 관계인에 수급자가 거주하는 지역의 이장·통장은 포함되지 않는다.

제2절 의료급여법

I. 의의

의료급여법의 제정 전의 의료보호법은 1977년 1월 4일 '의료보호에 관한 규칙'이 제정되어 생활보호법상의 의료보호에 관한 미비점의 보완으로 동년 12월 31일 의료보호법이 제정되었다.

그리고 1991년 3월 8일에는 의료보호대상자의 확대와 전국의료보험의 실시(1989년 7월 1일) 등 의료보장과 의료보호의 내용을 확대하고 규정의 미비점을 개선·보완하여 내실화를 도모하고자 동법을 시행하던 중 2001년 5월 24일 의료급여법으로 전문 개정하였다(법률 제6474호).

국민기초생활보장법에 의한 종래의 의료급여와 의료급여법에 의한 의료급여의 차이점은, 후자에 있어 ① 급여내용의 확충, ② 제1차, 제2차, 제3차 급여기관이 구분, ③ 의료급여기금의 설치 및 조성 ④ 급여비용 일부의 대불조치 ⑤ 요양비지급 및 건강검진 등이다. 그리고 의료급여법에 의한 의료급여는 국민기초생활보장법의 원리에 의하여 그 비용을 원칙적으로 국가가 전담하는데 비하여, 의료급여법은 사회보험의 방식에 의하여 의료급여기금에서 그 비용의 전부 또는 일부를 부담하는 점에 양자는 근본적으로 구별된다.

의료가 인간의 생명을 지키는 데 있어서 필요불가결한 것임을 인식할 때 최저한도의 생활을 유지할 수 없는 자에 대한 치료와 요양을 갹출금 없이 필요한 보호를 해주는 것은 의료보장에 있어서 시대적 요청이라 할 수 있다.

II. 입법과정

의료보호사업은 1961년 12월 31일 생활보호법이 제정·공포되고, 제5조에 의료보호법에 의한 의료보호는 생활보호대상자를 대상으로 주로 국·공립 의료기관에서 무료진료를 실시하였으나, 의료의 내용이 빈약하여 의료보장으로서의 실효성을 거둘 수 없었다. 그리하여 1976년 9월 전국의료보장 기반확립을 위한 "의료시혜 확대방안"이 마련되고, 이어서 1977년 1월 4일에 정부는 '의료보호에 관한 규칙'을 보건사회부령으로 시행하다가, 같은 해 12월 31일에 법률 제3076 호로 의료보호법을 폐지하고, 1978년 1월 1일부터는 새로운 의료보호법에 의해 본격적인 의료보호사업을 실시하였다. 시행령 중 국민의료보호의 실시 등에 따른 여러 가지 의료보장여건이 변화함에 따라 1991년 3월 8일 의료보호법을 개정(법률 제4353호)하였다.

1999년 9월 7일에는 의료보호진료지구 및 의료보호대상자의 편의를 도모하고 진료기관에 종사하는 자에 대한 대인처벌규정을 폐지하는 등의 일부 개정(법률 제6024호)하였다. 그리고 2001년 5월 24일 이 법의 근거법인 국민기초생활보장법에서 종전의 '의료보호'를 '의료급여'로 변경함에 따라 이 법의 제명도 의료급여법으로 전문개정(법률 제6074호)하였다.

의료급여법은 2006. 12. 28에 개정되었고 2011년 3월 30일 일부 개정에 개정되었는데, 그 개정이유는 아래와 같다.

◆ 개정이유

의료급여를 과다하게 또는 과소하게 이용하는 사람에 대하여 합리적 의료이용을 유도하여 건강관리 능력 향상과 의료급여 재정절감을 꾀하고, 수급권자의 삶의 질을 향상시키기 위하여 도입한 의료급여 수급자에 대한 사례관리 사업을 체계적이고 효율적으로 수행하는 데에 필요한 제반 행정사항에 대한 법적 근거를 마련하려는 것이다.

◆ 주요내용

가. 의료급여에 관한 업무를 행하는 보장기관의 범위를 시장·군수·구청장뿐만 아니라 특별시장·광역시장·도지사까지 확대하고, 보장기관은 의료급여 수급권자의 건강의 유지·증진을 위하여 필요한 사업을 수행하도록 역할을 명확히 한다(안 제5조 제1항 및 제3항 신설).

나. 의료급여 수급권자에 대하여 사례관리를 실시하기 위하여 의료급여 관리사를 시·도 및 시·군·구에 두고, 동 사업의 지원을 위하여 의료급여 사업지

원단을 설치·운영할 수 있도록 한다(안 제5조의2 신설).

그리고 2014년 1월 28일, 일부 개정하여 개선된 모습을 보이는데, 그 내용은 아래와 같다.

◆ 개정이유 및 주요내용

의료급여비용의 심사·조정에 관한 급여비용심사기관의 이의신청에 대한 결정에 불복이 있을 경우 종전의 국민권익위원회 소속 중앙행정심판위원회가 아닌 「국민건강보험법」에 따른 건강보험분쟁조정위원회에 심판을 청구하도록 하여 심판청구의 공정·객관성 및 전문성을 확보하고 국민의 권익보호 증진에 이바지하려는 것이다.

그 이후로 의료급여법은 2016년 2월 3일, 일부 개정되었는데, 그 개정이유는 아래와 같다.

◆ 개정이유

과징금을 납부할 능력이 있음에도 불구하고 고의로 장기간 납부하지 않거나 경제적 사유 등의 이유로 과징금을 납부하지 않는 사례가 발생하고 있어 과징금 납부에 불성실한 의료급여기관에 대해서는 제도적 장치를 마련하고, 과징금 부과는 필요한 경우에만 제한적으로 실시하고 업무정지 등 제재를 강화함으로써 과징금 부과의 효과를 제고할 필요가 있다.

따라서 장기간 과징금을 납부하지 않을 경우에는 원처분인 업무정지로 환원하여 처분함으로써 과징금 징수율을 제고하려는 것이다.

또한, 소속 공무원이 현장 확인을 할 때 권한을 표시하는 증표뿐만 아니라 조사기간, 조사범위 등이 기재된 서류를 제시하도록 함으로써 조사 대상자의 권리를 보호하고 합리적인 조사가 이루어지도록 하려는 것이다.

◆ 주요내용

가. 과징금을 납부하여야 할 자가 납부기한까지 내지 아니하면 과징금 부과 처분을 취소하고 업무정지 처분을 할 수 있도록 한다(제29조 제2항).

나. 소속 공무원이 조사할 때 권한을 표시하는 증표뿐만 아니라 조사기간, 조사범위 등이 기재된 서류를 제시하도록 하며, 행정조사의 내용·절차·

방법 등에 관하여 이 법에서 정하는 사항을 제외하고는 「행정조사기본법」에서 정하는 바를 따르도록 한다(제32조 제4항 및 제5항).

또한 최근 2019년 4월 23일 아래와 같이 일부 개정되었고, 같은 해 10월 24일부터 시행 중에 있다.

◈ 개정이유 및 주요내용

어려운 한자어인 "보장구(保障具)"를 "보조기기"로 변경하여 국민이 법 문장을 이해하기 쉽게 정비하려는 것이다.

 ## Ⅲ. 내용

1. 목적

의료급여법은 생활이 어려운 자에게 의료급여를 실시함으로써 국민보건의 향상과 사회복지의 증진에 이바지함을 목적으로 하여(제1조) 생활유지의 능력이 없거나 곤궁한 상태에 있는 자에게 공공부조의 정신에 입각하여 의료급여를 행하는 것을 명시하고 있다.

2. 수급권자

수급권자는 다음과 같다(제3조).
1. 「국민기초생활 보장법」에 따른 의료급여 수급자
2. 「재해구호법」에 따른 이재민으로서 보건복지부장관이 의료급여가 필요하다고 인정한 사람
3. 「의사상자 등 예우 및 지원에 관한 법률」에 따라 의료급여를 받는 사람
4. 「입양특례법」에 따라 국내에 입양된 18세 미만의 아동
5. 「독립유공자예우에 관한 법률」, 「국가유공자 등 예우 및 지원에 관

한 법률」 및 「보훈보상대상자 지원에 관한 법률」의 적용을 받고 있는 사람과 그 가족으로서 국가보훈처장이 의료급여가 필요하다고 추천한 사람 중에서 보건복지부장관이 의료급여가 필요하다고 인정한 사람

6. 「무형문화재 보전 및 진흥에 관한 법률」에 따라 지정된 국가무형문화재의 보유자(명예보유자를 포함한다)와 그 가족으로서 문화재청장이 의료급여가 필요하다고 추천한 사람 중에서 보건복지부장관이 의료급여가 필요하다고 인정한 사람

7. 「북한이탈주민의 보호 및 정착지원에 관한 법률」의 적용을 받고 있는 사람과 그 가족으로서 보건복지부장관이 의료급여가 필요하다고 인정한 사람

8. 「5·18민주화운동 관련자 보상 등에 관한 법률」 제8조에 따라 보상금등을 받은 사람과 그 가족으로서 보건복지부장관이 의료급여가 필요하다고 인정한 사람

9. 「노숙인 등의 복지 및 자립지원에 관한 법률」에 따른 노숙인 등으로서 보건복지부장관이 의료급여가 필요하다고 인정한 사람

10. 그 밖에 생활유지 능력이 없거나 생활이 어려운 사람으로서 대통령령으로 정하는 사람

3. 보장기관

이 법에 의한 의료급여에 관한 업무는 수급권자의 거주지를 관할하는 특별시장·광역시장·도지사·특별자치도지사(이하 "시·도지사"라 한다)와 시장·군수·구청장(자치구의 구청장을 말한다. 이하 같다)이 행한다.

주거가 일정하지 아니한 수급권자에 대하여는 그가 실제 거주하는 지역을 관할하는 시장·군수·구청장이 행한다. 시·도지사 및 시장·군수·구청장은 수급권자의 건강의 유지·증진을 위하여 필요한 사업을 실시하여야 한다(제5조).

4. 의료급여심의위원회

　　의료급여사업의 실시에 관한 사항을 심의하기 위하여 보건복지부, 시·도 및 시·군·구에 각각 의료급여심의위원회를 둔다. 다만, 시·도 및 시·군·구에 두는 의료급여심의위원회의 경우에는 그 기능을 담당하기에 적합한 다른 위원회가 있고 그 위원회의 위원이 제4항에 규정된 자격을 갖춘 경우 시·도 또는 시·군·구의 조례로 각각 정하는 바에 따라 그 위원회로 하여금 의료급여심의위원회의 기능을 수행하게 할 수 있다(제6조 제1항).

5. 급여의 내용 및 방법

　　의료급여의 내용은 수급권자의 질병·부상·출산 등으로 ① 진찰·검사, ② 약재·치료재료의 지급, ③ 처치·수술 그 밖의 치료, ④ 예방·재활, ⑤ 입원, ⑥ 간호, ⑦ 이송과 그 밖의 의료목적을 위한 조치이다(제7조). 그리고 의료급여의 방법·절차·범위·한도 등 의료급여의 기준에 관하여는 보건복지부령으로 정하고, 의료수가기준과 그 계산방법 등에 관하여는 보건복지부장관이 정한다. 또한 보건복지부장관은 의료급여의 기준을 정할 때에는 업무 또는 일상생활에 지장이 없는 질환 등 보건복지부령으로 정하는 사항은 의료급여 대상에서 제외할 수 있다(제7조).

6. 의료급여기관 및 비용

(1) 급여기관

　　의료급여는 제1·2·3차 의료급여기관에서 행하며, 공익 또는 국가 시책 상 적합하지 않다고 인정되는 의료기관은 대통령령의 규정에 의하여 제외할 수 있다(제9조).

(2) 급여비용

급여비용은 대통령령이 정하는 바에 따라 그 전부 또는 일부를 제25조의 규정에 의한 의료급여기금에서 부담한다.

의료급여대상자에게 의료급여를 행한 의료급여기관은 시장·군수·구청장에 의료급여비용의 지급을 청구하여야 한다.

제3절 재해구호법

 ## I. 의의

재해구호법은 동법 제1조에서 이재민(罹災民)의 구호와 의연금품(義捐金品)의 모집절차 및 사용방법 등에 관하여 필요한 사항을 규정함으로써 이재민 보호와 그 생활안정에 이바지하는 것에 목적이 있다.

또한 이 정신은 헌법 제34조 6항에서 국가는 재해를 예방하고 그 위험으로부터 국민을 보호하기 위하여 노력하여야 한다는 것을 명시하여 국가의 책임을 강조하고 있다.

우리나라는 1960년대부터 시작한 경제개발정책을 통해 재해발생을 극소화시키고 국가 경제력이 증가됨에 따라 재해발생시 이재민 장기구호, 주택복구 및 도로교량, 항만복구 등 항구적인 구호 및 복구 사업을 실시함으로써 재난을 효과적으로 극복할 수 있게 되었다.

그렇지만 재해로 인하여 피해를 입은 이재민이나 가족은 재해복구만으로 완전한 정상생활을 하지 못하는 경우, 그 재해로 인하여 앞으로 심각한 문제들이 역동적으로 발생할 수 있으므로 재해보호대책에 있어서 일시적이고 단편적인 대책은 완전한 재해대책이라 볼 수 없어 항구적으로 종합적인 대책이 강구되어야 하고, 경제적이고 건설적인 접근과 동시에 사회복지적인 측면에서의 다양한 접근도 이루어질 수 있도록 법 조항의 현실화가 필요하다.

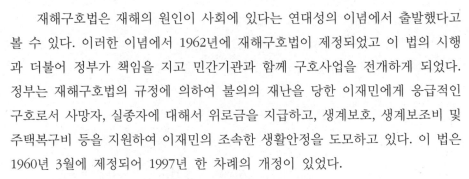

Ⅱ. 입법과정

재해구호법은 재해의 원인이 사회에 있다는 연대성의 이념에서 출발했다고 볼 수 있다. 이러한 이념에서 1962년에 재해구호법이 제정되었고 이 법의 시행과 더불어 정부가 책임을 지고 민간기관과 함께 구호사업을 전개하게 되었다. 정부는 재해구호법의 규정에 의하여 불의의 재난을 당한 이재민에게 응급적인 구호로서 사망자, 실종자에 대해서 위로금을 지급하고, 생계보호, 생계보조비 및 주택복구비 등을 지원하여 이재민의 조속한 생활안정을 도모하고 있다. 이 법은 1960년 3월에 제정되어 1997년 한 차례의 개정이 있었다.

그리고 최근에 재해구호법이 2012년 10월 22일 일부 개정되었다. 그 주요 내용은 다음과 같다.

◆ 개정이유 및 주요내용

재해발생 시 신속한 의연금품 모집과 민간 모금기관의 모금활동을 활성화하기 위하여 의연금품 모집허가 방식을 금지되는 것만 최소한으로 규제하고 그 외에는 모두 허가하는 원칙허용 방식으로 전환하고, 현행 모집심사위원회의 심의규정을 삭제하려는 것이다.

그리고 2014년 5월 14일에는 재해구호물자의 정확한 관리와 신속한 재해구호 지원을 위하여 소방방재청장, 구호기관 및 구호지원기관의 장으로 하여금 재해구호 정보체계를 구축·운영하도록 하고, 이러한 재해구호 정보체계가 상호 연계될 수 있도록 하는 한편, 급변하는 재난환경에 효율적으로 대처하기 위하여 소방방재청장이 재해구호기술 연구·개발 사업을 수행할 수 있도록 하고, 사업의 효율적 추진을 위하여 전문기관이 연구·개발을 수행할 수 있도록 하며, 해당 기관에 필요한 비용을 지원할 수 있도록 하는 등 현행 제도의 운영상 나타난 일부 미비점을 개선·보완하기 위해 일부 개정되었다.

그 이후로 재해구호법은 2016년 1월 7일, 일부 개정되었는데 그 개정이유는 아래와 같다.

◆ 개정이유

다양한 형태의 재난으로 인한 이재민 및 일시대피자의 구호를 위하여 이재민 및 일시대피자 발생의 원인이 되는 재난의 범위를 확대하고, 이재민 등에 대한 구호의 전문성을 높이기 위하여 국민안전처장관 등은 구호에 필요한 전문인력을 양성하도록 하는 등 현행 제도의 운영상 나타난 일부 미비점을 개선·보완하려는 것이다.

◆ 주요내용

가. 이재민 및 일시대피자의 범위 확대(제2조 제1호 및 제2호)

- 이재민 및 일시대피자 발생의 원인이 되는 재난의 범위를 「재난 및 안전관리 기본법」에 따른 자연재난으로 한정하여 왔으나, 앞으로는 「재난 및 안전관리 기본법」에 따른 자연재난 뿐 아니라 사회재난도 포함되도록 하여 구호의 대상이 되는 이재민 및 일시대피자의 범위를 확대한다.

나. 사회재난의 원인제공자에 대한 구호비용 청구의 근거 마련(제13조 제3항 신설)

- 국가 또는 사회재난으로 인한 피해의 구호에 필요한 비용을 부담한 구호기관은 해당 사회재난에 대하여 원인을 제공한 자가 따로 있는 경우에는 그 원인제공자에게 구호기관이 부담한 비용 또는 국가가 보조한 금액의 전부 또는 일부를 청구할 수 있도록 한다.

다. 재해구호 전문인력 양성 의무의 신설(제16조의3 신설)

1) 국민안전처장관 및 특별시장·광역시장 등은 이재민 등의 원활한 구호를 위하여 재해구호 전문인력을 양성하도록 한다.

2) 국민안전처장관 및 특별시장·광역시장 등은 「고등교육법」에 따른 학교 등을 재해구호 전문인력 양성기관으로 지정하여 재해구호 전문인력 양성에 필요한 교육훈련을 실시하게 할 수 있도록 한다.

라. 재해구호 훈련 실시 근거의 신설(제16조의5 신설)

1) 국민안전처장관 및 특별시장·광역시장 등은 재해 발생 시 신속하고 원활한 구호를 위하여 구호지원기관 등과 합동으로 정기적으로 또는 수시로 재해구호 훈련을 실시할 수 있도록 한다.

2) 국민안전처장관 및 특별시장·광역시장 등은 재해구호 훈련을 실시하려면 사전에 재해구호 훈련계획을 수립하여 훈련에 참여하는 기관의 장에게 통보하도록 한다.

그리고 최근 2020년 1월 29일 일부 개정(2020년 7월 30일 시행)되었는데, 그 개정이유 및 주요내용은 아래와 같다.

◈ 개정이유 및 주요내용

구호기관 또는 구호지원기관이 대규모 재난으로 인한 이재민 등에게 심리회복을 효과적으로 지원할 수 있도록 행정안전부에 중앙재난심리회복지원단을, 시·도에 시·도재난심리회복지원단을 각각 설치할 수 있는 근거를 마련하려는 것이다.

Ⅲ. 내용

이 법은 이재민(罹災民)의 구호와 의연금품(義捐金品)의 모집절차 및 사용방법 등에 관하여 필요한 사항을 규정함으로써 이재민 보호와 그 생활안정에 이바지함을 목적으로 하고 한해(旱害)·풍해·수해·화재 기타의 재해로 인하여 동일한 지역 내에서 다수의 이재민이 발생하여 응급 구호의 필요가 있을 때 이를 행한다(제1조).

구호기관은 이재민 및 일시대피자의 거주지를 관할하는 특별시장·광역시장·도지사·특별자치도지사(이하 "시·도지사"라 한다) 및 시장·군수·구청장(자치구의 구청장을 말한다. 이하 같다)을 말한다.

구호의 종류, 지급 한도·방법, 기간 등에 관한 내용은 다음과 같다(제4조).

① 구호의 종류는 다음 각 호와 같다.

    1. 임시주거시설의 제공

    2. 급식이나 식품·의류·침구 또는 그 밖의 생활필수품 제공

    3. 의료서비스의 제공

4. 감염병 예방 및 방역활동

5. 위생지도

6. 장사(葬事)의 지원

7. 심리회복의 지원

8. 그 밖에 대통령령으로 정하는 사항

② 구호기관은 필요하다고 인정하는 경우에는 이재민에게 현금을 지급하여 구호할 수 있다.

③ 제1항에 따른 구호의 방법·기간 및 절차 등에 관하여 필요한 사항은 대통령령으로 정한다.

동법 시행령 제2조와 제3조에서는 각각 구호의 방법 및 구호기간에 대해서 아래와 같이 명시하고 있다.

제2조(구호의 방법 등) ①법 제4조 제1항에 따른 구호의 종류별 구호방법은 다음 각 호에 따른다.

1. 법 제4조 제1항 제1호에 따른 임시주거시설의 제공: 이재민 또는 일시대피자가 주거시설을 상실하거나 사실상 주거가 불가능한 경우에 공공시설·천막 그 밖의 임시시설 등에 임시로 거주할 수 있도록 한다.

2. 법 제4조 제1항 제2호에 따른 급식 또는 식품·의류·침구 그 밖의 생활필수품의 제공: 이재민 또는 일시대피자에게 제공되는 급식 또는 식품·의류·침구 그 밖의 생활필수품의 지급기준은 별표 1과 같다.

3. 법 제4조 제1항 제3호부터 제5호까지의 구호: 법 제8조 제1항에 따른 지역구호센터에 의료지원·감염병관리 및 위생지도를 각각 전담하는 실무반을 구성하여 행한다. 이 경우 구호의 구체적인 방법은 행정안전부장관이 보건복지부장관과 협의하여 행정안전부령으로 정한다.

4. 법 제4조 제1항 제6호에 따른 장사(葬事)의 지원: 다음 각 목의 구분에 따라 장사를 지원한다.

　　가. 재해로 사망한 사람의 연고자(緣故者)가 있는 경우: 행정안전부

장관이 정하여 고시하는 기준에 따라 연고자에게 장례비 지급

나. 재해로 사망한 사람의 연고자가 없는 경우: 다음의 구분에 따른 시장·군수·구청장(자치구의 구청장을 말한다. 이하 같다)이 장례 실시

1) 재해로 사망한 사람의 거주지가 확인된 경우: 사망자의 거주지를 관할하는 시장·군수·구청장

2) 재해로 사망한 사람의 거주지가 확인되지 아니한 경우: 재난 발생지를 관할하는 시장·군수·구청장

5. 법 제4조 제1항 제7호에 따른 심리적 안정과 사회적응(이하 "심리회복"이라 한다)의 지원: 제1조의4 각 호의 어느 하나에 해당하는 사람에게 다음 각 목의 심리회복 지원을 실시한다.

가. 심리회복을 위한 상담 및 심리진단

나. 「정신건강증진 및 정신질환자 복지서비스 지원에 관한 법률」 제3조 제4호에 따른 정신건강증진시설과의 진료 연계

② 제1항에서 정한 사항 외에 구호의 종류별 구호방법에 관하여 필요한 세부적인 사항은 행정안전부령으로 정한다.

제3조(구호기간) 법 제4조 제3항에 따른 구호기간은 이재민의 피해정도 및 생활정도 등을 고려하여 6개월 이내로 한다. 다만, 구호기관이 이재민의 주거안정을 위하여 필요하다고 인정하는 경우에는 구호기간을 연장할 수 있다.

 Ⅳ. 개선점

1. 구호비 지급기준의 상향조정

현재 실시하고 있는 구호의 종류와 지원기준은 매우 형식적이고 미흡한 수준이다. 그리고 구호행정절차와 과정도 행정편의주의를 벗어나지 못하고 있는 실정이다. 그러므로 위로금, 생계보조비 등의 지원의 향상을 통해 실질적인 구호가 될 수 있도록 지원수준을 확충해야 할 것이다.

2. 재해보호 종류의 다양화

재해와 보호의 종류를 다양하게 구분할 수 있도록 법개정이 이루어져야 한다. 왜냐하면 현대사회서는 재해의 종류가 다양해지고 있다. 다양한 종류만큼이나 구호욕구도 다양하기 때문에 이에 대응하기 위해서는 다양한 대처방법이 강구되어야 한다.

3. 보호기준과 보호 종류의 유동성의 확보

재해보호법에서 규정하고 있는 보호 기준과 보호 종류는 지역적 특성, 계절적 특성, 이상기후 등 천재지변이 다양하게 발생하고 있고, 법에서 규정하고 있는 재해 이외에도 특별한 재해가 발생하고 있음으로 너무 구체적으로 규정하지 말고 유동성을 가질 수 있도록 법적 장치를 마련해야 한다.

V. 관련사례

1. 의료급여기관업무정지처분취소[대법원 2007. 11. 30. 선고 2007두1330 판결]

[판시사항]

의료급여기관이 구 의료급여법 제32조 제2항에 의한 서류제출명령을 받고 당시 보관 중이던 허위내용이 기재된 관계서류를 그대로 제출한 경우, 위 법 제28조 제1항 제2호에서 정하는 명령위반 또는 허위보고에 해당하는지 여부(소극)

[판결요지]

의료급여기관의 업무정지에 관한 구 의료급여법(2006. 12. 28. 법률 제8114호로 개정되기 전의 것) 제28조 제1항 제2호 및 진료·약제의 지급 등 의료급여 관계서류의 제출명령에 관한 같은 법 제32조 제2항 규정의 문언적 내용과 침익적 제재규정의 엄격해석원칙에 비추어 볼 때, 의료급여기관이 보건복지부장관으로부터 의료급여법 제32조 제2항에 의한 서류제출명령을 받고 당시 보관 중이던 관계서류를 그대로 제출한 것이라면, 비록 그 서류가 허위내용이 기재된 것이었다 하더라도 위 법 제28조 제1항 제2호에서 정하는 ' 제32조 제2항의 규정에 의한 명령에 위반하거나 허위보고를 한 때'에 해당한다고 볼 수 없다.

[참조조문]

구 의료급여법(2006. 12. 28. 법률 제8114호로 개정되기 전의 것) 제28조 제1항 제2호(현행 제28조 제1항 제3호), 제32조 제2항

2. 국민건강보험요양기관업무정지처분취소 · 의료급여기관업무정지처분취소[대법원 2007. 9. 6. 선고 2005두13940 판결]

[판시사항]

[1] 구 약사법 제23조 제1항, 제23조의2 제1항에 규정된 변경 · 대체 조제에 필요한 '동의'에 의약품별로 이루어지는 포괄적인 동의가 포함되는지 여부(소극)

[2] 약사가 처방전별로 이루어진 개별적 · 구체적인 사전 동의 없이 의약품별로 이루어진 포괄적인 사전 동의만에 근거하여 약제의 지급을 하고 건강보험 가입자와 의료급여법상 수급권자 등에게 요양급여비용이나 의료급여비용을 부담하게 한 경우, 국민건강보험법 제85조 제1항 제1호 및 의료급여법 제28조 제1항 제1호에 규정된 업무정지 사유에 해당하는지 여부(적극)

[판결요지]

[1] 의사와 약사가 환자 치료를 위한 역할을 분담하여 처방 및 조제 내용을 서로 점검 · 협력함으로써 불필요하거나 잘못된 투약을 방지하고, 의사의 처방전을 공개함으로써 환자에게 처방된 약의 정보를 알 수 있게 하려는 의약분업 제도의 목적 및 취지, 이를 달성하기 위한 약사법의 관련 규정, 국민건강에 대한 침해 우려, 약화(藥禍) 사고의 발생가능성 등 여러 사정을 종합적으로 고려하면, 구 약사법(2001. 8. 14. 법률 제

6511호로 개정되기 전의 것) 제23조 제1항, 제23조의2 제1항 각 조문에 규정된 동의는 변경·대체조제 이전에 처방전별로 이루어지는 개별적·구체적인 동의만을 의미하고, 의약품별로 이루어지는 포괄적인 동의는 이에 해당하지 않는다.

[2] 국민건강보험법 제39조 제1항 제2호 및 의료급여법 제7조 제1항 제2호에 각 규정된 요양급여 및 의료급여로서의 약제의 지급은 약사법 등 관계 규정에 따라 행하여질 것을 당연한 전제로 하고 있으며, 약사법이 처방전을 발행한 의사의 동의 없는 변경·대체조제를 원칙적으로 금지하고 이를 위반할 경우 약사에 대하여 형사처벌을 하는 규정을 두고 있는데, 의사의 동의를 받아야 하는 경우에 그 동의를 받지 아니하고 변경·대체조제한 약제를 지급하는 것은 현행 의약분업 제도의 본지에 반하는 것으로 보이는 점 등에 비추어 보면, 약사가 처방전별로 이루어진 개별적·구체적인 사전 동의 없이 의약품별로 이루어진 포괄적인 사전 동의만에 근거하여 약제의 지급을 하고 건강보험의 가입자 및 의료급여법상 수급권자 등에게 요양급여비용이나 의료급여비용을 부담하게 하는 때에는 국민건강보험법 제85조 제1항 제1호 및 의료급여법 제28조 제1항 제1호에 규정된 업무정지 사유에 해당한다.

[참조조문]
[1] 구 약사법(2007. 4. 11. 법률 제8365호로 전문 개정되기 전의 것) 제23조 제1항(현행 제26조 제1항 참조), 제23조의2 제1항(현행 제27조 제1항 참조) / [2] 국민건강보험법 제85조 제1항 제1호, 의료급여법 제28조 제1항 제1호

3. 의료급여기관업무정지처분취소[대법원 2007. 11. 30. 선고 2007두1330 판결]

[판시사항]
의료급여기관이 구 의료급여법 제32조 제2항에 의한 서류제출명령을 받고 당시 보관 중이던 허위내용이 기재된 관계서류를 그대로 제출한 경우, 위 법 제

28조 제1항 제2호에서 정하는 명령위반 또는 허위보고에 해당하는지 여부(소극)

[판결요지]

의료급여기관의 업무정지에 관한 구 의료급여법(2006. 12. 28. 법률 제8114호로 개정되기 전의 것) 제28조 제1항 제2호 및 진료·약제의 지급 등 의료급여 관계 서류의 제출명령에 관한 같은 법 제32조 제2항 규정의 문언적 내용과 침익적 제재규정의 엄격해석원칙에 비추어 볼 때, 의료급여기관이 보건복지부장관으로부터 의료급여법 제32조 제2항에 의한 서류제출명령을 받고 당시 보관 중이던 관계 서류를 그대로 제출한 것이라면, 비록 그 서류가 허위내용이 기재된 것이었다 하더라도 위 법 제28조 제1항 제2호에서 정하는 '제32조 제2항의 규정에 의한 명령에 위반하거나 허위보고를 한 때'에 해당한다고 볼 수 없다.

[참조조문]

구 의료급여법(2006. 12. 28. 법률 제8114호로 개정되기 전의 것) 제28조 제1항 제2호(현행 제28조 제1항 제3호), 제32조 제2항

▼ Ⅵ. 법령해석례

1. 보건복지부 – 「5·18민주화운동 관련자 보상 등에 관한 법률」 제6조의2 및 「의료급여법」 제3조 제1항 제8호(의료급여 수급권) 관련 [법제처 07-0331, 2007. 12. 28, 보건복지부]

[질의요지]

5·18민주화운동과 관련된 기타 1급·2급의 상이등급자, 연행·구금·수형자가 「5·18민주화운동 관련자 보상 등에 관한 법률」 제6조의2에 따라 「의료급여법」 제3조 제1항 제8호에 따른 의료급여 수급권자에 해당하는지?

[회답]

5·18민주화운동과 관련된 기타 1급·2급의 상이등급자는 「5·18민주화운

동 관련자 보상 등에 관한 법률」 제8조에 따라 보상금등을 받은 자로서 같은 법에 따른 관련자에 해당하므로 같은 법 제6조의2를 적용받아 「의료급여법」 제3조 제1항 제8호에 따른 의료급여 수급권자에 해당되나, 5·18 민주화운동과 관련된 연행·구금·수형자는 「5·18민주화운동 관련자 보상 등에 관한 법률」 제8조에 따라 보상금등을 받은 자에는 해당하지만 같은 법에 따른 관련자가 아니어서 같은 법 제6조의2의 적용을 받을 수 없으므로 「의료급여법」 제3조 제1항 제8호에 따라 보건복지부장관이 의료급여가 필요하다고 인정을 한 경우에 한하여 같은 호의 의료급여 수급권자에 해당된다.

[이유]

○「5·18민주화운동 관련자 보상 등에 관한 법률」 제6조의2에 따르면, 같은 법에 의한 관련자 및 그 유족은 「의료급여법」 제3조 제1항 제8호의 규정에 따라 보건복지부장관이 의료급여가 필요하다고 인정하는 자로 보도록 되어 있고, 같은 법 제1조에서는 1980년 5월 18일을 전후한 5·18 민주화운동과 관련하여 사망하거나 행방불명된 자 또는 상이를 입은 자를 "관련자"로 약칭하고 있으며, 같은 법 제4조에서는 광주광역시에 5·18민주화운동관련자보상심의위원회(이하 "보상심의위원회"라 함)를 두어(제1항) 관련자 또는 그 유족에 해당하는지 여부의 심사·결정, 관련 상이자의 장애등급 판정 등의 기능을 수행하도록 하고 있다(제2항).

○또한, 「5·18민주화운동 관련자 보상 등에 관한 법률」 제5조에서 관련자 또는 유족에 대하여 일정한 구분에 따라 산정한 보상금을 지급하도록 하면서, 같은 법 제6조에서는 5·18민주화운동과 관련하여 상이를 입은 자 중에서 같은 법 시행 당시 그 상이로 인하여 계속 치료를 요하거나 상시 개호 또는 보장구의 사용이 필요한 자에 대하여 치료·개호 및 보장구 구입에 실질적으로 소요되는 비용인 의료지원금을 일시에 지급하도록 하고 있고, 같은 법 제6조의2에서는 관련자 및 그 유족은 「의료급여법」 제3조 제1항 제8호의 규정에 따라 보건복지부장관이 의료급여가 필요하다고 인정한 자로 보도록 규정하고 있으며, 같은 법 제7조는 보상심의위원회는 관련자 또는 그 유족에 대하여 그 생활을 보조하기 위한 지원금을 지급할 수 있도록 하고, 같은 법 제8조 제1항은 관련자 또는 그 유족으로서

같은 법에 따른 보상금·의료지원금·생활지원금(이하 "보상금등"이라 함)을 지급받고자 하는 자는 관계 증빙서류를 첨부하여 서면으로 보상심의위원회에 보상금등의 지급을 신청하여야 한다고 되어 있다.

○ 한편, 「의료급여법」 제3조 제1항 제8호에서는 「5·18민주화운동 관련자 보상 등에 관한 법률」 제8조의 규정에 의하여 보상금등을 받은 자와 그 가족으로서 보건복지부장관이 의료급여가 필요하다고 인정하는 자를 「의료급여법」에 따른 수급권자로 하고 있는데, 이러한 수급권자가 되기 위하여는 "「5·18민주화운동 관련자 보상 등에 관한 법률」 제8조의 규정에 의하여 보상금등을 받은 자 및 그 가족"에 해당되는 자로서 "보건복지부장관이 의료급여가 필요하다고 인정"하여야 한다.

○ 먼저, "「5·18민주화운동 관련자 보상 등에 관한 법률」 제8조의 규정에 의하여 보상금등을 받은 자"(이 건 질의와 직접적 관련이 없는 "가족" 부분에 관하여는 논의에서 제외함)란 같은 법 제5조에 따른 보상금, 같은 법 제6조에 따른 의료지원금 및 같은 법 제7조에 따른 생활지원금을 받은 자를 말하므로(같은 법 제8조 제1항 참조), 5·18민주화운동과 관련된 기타 1급·2급의 상이등급자, 연행·구금·수형자가 같은 법에 따라 생활지원금 등을 받았다면 일응 위 "보상금등을 받은 자"에 해당되는 것으로 볼 수 있다.

○ 다음으로, "보건복지부장관이 의료급여가 필요하다고 인정하는 자"와 관련하여, 5·18민주화운동과 관련된 기타 1급·2급의 상이등급자, 연행·구금·수형자가 「5·18민주화운동 관련자 보상 등에 관한 법률」에 따른 "관련자"에 해당된다면 같은 법 제6조의2의 적용을 통하여 "「의료급여법」 제3조 제1항 제8호의 규정에 따라 보건복지부장관이 의료급여가 필요하다고 인정한 자"로 간주될 것이지만, 그러하지 아니할 경우에는 「의료급여법」 제3조 제1항 제8호에 따라 보건복지부장관으로부터 의료급여가 필요하다고 인정받아야 할 것이다.

○ 5·18민주화운동과 관련된 기타 1급·2급의 상이등급자의 경우, 2006. 3. 24. 구 「광주민주화운동관련자보상등에관한법률」의 개정으로 제11조의2를 신설하여 기타 1급·2급의 상이등급을 규정한 것은 같은 법 제5조 제5항 및 그에 따른 같은 법 시행령 제12조 제1항, 별표 3에 따른 신체장해등급(1급부터 14급까지)과는 별도로 법률 자체에서 새로운 형태의 상이등

급을 인정하고 그에 따른 보상을 도입하려는 취지이고, 같은 법 제11조 의2에서 기타 1급·2급의 상이등급자도 "이 법의 적용대상"으로 명시하고 있으므로 5·18 민주화운동과 관련된 기타 1급·2급의 상이등급자도 같은 법에 따른 "관련자"에 해당하는 "상이자"라고 할 것이다.

○ 반면에, 5·18민주화운동과 관련된 연행·구금·수형자의 경우, 1993. 5. 13. 대통령의 특별성명인 「5·18민주화운동과 관련하여 국민 여러분께 드리는 말씀」에 따른 후속조치로 1993년 말경 구 「광주민주화운동관련자보상등에관한법률」 제3조에 따른 5·18민주화운동관련자보상지원위원회에서 마련한 「광주민주화운동관련 추가신고자 보상에 관한 지급기준」에 따라 생활지원금, 위로금 및 연행구금일수보상금(기소 및 불기소처분을 받은 자에게 한함)을 지급받아 왔다고 하더라도, 5·18민주화운동과 관련된 연행·구금·수형자의 지위와 "상이자"의 지위는 구분되므로 같은 법에 따른 관련자에 해당되지 아니한다고 할 것이다.

○ 따라서, 5·18민주화운동과 관련된 기타 1급·2급의 상이등급자는 「5·18 민주화운동 관련자 보상 등에 관한 법률」에 따른 관련자이고 같은 법 제8조에 따라 보상금등을 받은 자로서 같은 법 제6조의2에 따라 보건복지부장관이 의료급여가 필요하다고 인정하는 자에 해당하므로 「의료급여법」 제3조 제1항 제8호에 따른 의료급여 수급권자에 해당되나, 5·18 민주화운동과 관련된 연행·구금·수형자는 「5·18민주화운동 관련자 보상 등에 관한 법률」에 따른 관련자가 아니어서 같은 법 제6조의2의 적용을 받을 수 없으므로 「의료급여법」 제3조 제1항 제8호에 따른 의료급여 수급권자에 해당하기 위해서는 같은 호에 따라 보건복지부장관이 의료급여가 필요하다고 인정을 하여야 할 것이다.

2. 부산광역시 – 「의료급여법」 제29조(폐업 또는 시설물 멸실로 업무정지처분을 할 수 없는 의료급여기관에게 과징금 부과·징수가 가능한지 여부) 관련 [법제처 09-0049, 2009. 4. 2, 부산광역시 복지건강국 사회복지과]

[질의요지]

「의료급여법」 제28조 제1항에 따른 업무정지처분의 사유에 해당하는 행위를 한 의료급여기관이 폐업을 하였거나 시설물이 멸실되어 그에 대한 업무정지처분을 할 수 없는 경우, 같은 법 제29조 제1항에 따라 업무정지처분에 갈음하여 과징금을 부과·징수할 수 있는지?

[회답]

「의료급여법」 제28조 제1항에 따른 업무정지처분의 사유에 해당하는 행위를 한 의료급여기관이 폐업하거나 시설물이 멸실되어 업무정지처분을 할 수 없는 경우에는 같은 법 제29조 제1항에 따라 업무정지처분에 갈음하여 과징금을 부과·징수할 수는 없다.

[이유]

○ 「의료급여법」 제23조 제1항, 제28조 제1항 및 제29조 제1항에 따르면 의료급여기관이 보장기관에 속임수 그 밖의 부당한 방법으로 의료급여를 청구하여 이를 수령한 경우, 보장기관은 해당 의료급여기관에 대해 그 급여 또는 급여비용에 상당하는 금액의 전부 또는 일부를 부당이득금으로 징수할 수 있고, 이와는 별도로 보건복지가족부장관은 이러한 의료급여기관에 대해 1년의 범위 내에서 기간을 정하여 업무정지를 명할 수 있으며, 이 경우 그 업무정지가 수급권자에게 심한 불편을 주거나 그 밖의 특별한 사유가 있다고 인정되는 때에는 그 업무정지처분에 갈음하여 속임수 그 밖의 부당한 방법으로 부담하게 한 급여비용의 5배 이하의 금액을 과징금으로 부과·징수할 수 있도록 하고 있다.

○ 이 사안에서는 업무정지처분의 대상이 된 의료급여기관이 업무정지처분 전에 폐업하거나 그 시설물이 멸실된 경우 업무정지처분에 갈음하여 과징금을 부과·징수할 수 있는지가 문제된다.

○ 일반적으로 업무정지처분에 갈음하여 과징금을 부과·징수하도록 하는 것은 업무정지처분으로 발생할 사회적 불편을 막기 위해 공익적인 고려에서 도입하는 제도로서, 특정 사업에 대한 업무정지처분으로 얻으려는 공익보다 이로 인하여 침해되는 공공의 이익이 큰 경우에, 업무정지처분을 하지 않는 대신 사업자에게 금전적인 부담을 부과하여 업무정지처분과 동일한 효과를 거두는 동시에 공공의 이익도 확보하려는 제도이므로,

업무정지처분에 갈음하여 부과되는 과징금부과처분은 유효한 업무정지처분의 존재를 전제로 하여 그것을 갈음하는 처분인 것이지, 업무정지처분과 병행하여 또는 별도로 부과하는 처분이 아니라 할 것인 바, 업무정지처분을 할 수 없거나 할 수 있더라도 처분의 필요성이 없는 경우에는 그에 갈음하는 과징금부과처분도 할 수 없거나 그 필요성이 없다고 보아야 할 것이다.

○ 이 사안에서 의료급여기관이 폐업을 하면 그 실체가 없어진다고 볼 것이므로, 폐업한 의료급여기관에 대한 과징금부과처분은 법적으로 존재하지 않게 된 대상에 대한 처분이 되어 무효인 행정처분이라고 할 것이고, 이 경우에는 과징금부과처분을 할 수 없다고 할 것이다.

○ 한편, 시설물이 멸실된 의료급여기관에 대한 과징금부과처분의 경우, 「의료급여법」, 「의료법」, 「지역보건법」 등 관련 법령에서 시설물의 멸실을 의료기관의 폐업이나 소멸 사유로 규정하고 있지 않아 시설물이 멸실된 의료급여기관이라도 법적으로는 존재하는 의료급여기관이라 할 것인 바, 이러한 의료급여기관에 대하여 업무정지처분에 갈음하는 과징금부과처분을 할 수 있는지가 문제된다.

○ 그런데, 시설물이 멸실된 의료기관의 경우 사실상 업무를 영위할 수 없는 상태이므로 업무정지처분의 실익이 없다 할 것이고, 따라서 업무정지처분에 갈음하는 과징금처분을 할 수도 없다 할 것이다. 다만, 「의료급여법」 제29조 제1항에서 업무정지처분이 수급권자에게 심한 불편을 주거나 그 밖에 특별한 사유가 있는 경우에 업무정지처분에 갈음하는 과징금부과처분을 할 수 있다고 규정하고 있는 바, 의료기관의 시설물 멸실로 업무정지처분을 할 수 없는 경우가 과징금처분을 할 수 있는 특별한 사유에 해당하는지 검토할 필요가 있다. 그러나 업무정지처분으로 발생할 사회적 불편을 막기 위해 그에 갈음하는 것이 과징금처분인 이상 "특별한 사유"는 업무정지처분으로 수급권자가 받을 불편을 축소하기 위한 공익성이 인정되는 경우로 한정해야 할 것이고, 이와 같은 규정의 취지를 무시하면서 처분대상자에 속하는 사유까지를 "특별한 사유"의 범위에 포함하여 업무정지처분에 갈음하는 과징금을 부과·징수하는 것은 과도한 확대해석이라고 할 것이다.

○따라서 「의료급여법」 제28조 제1항에 따른 업무정지처분의 사유에 해당하는 행위를 한 의료급여기관이, 폐업을 한 경우에는 처분의 대상이 존재하지 않아 같은 법 제28조 제1항의 업무정지처분에 갈음하여 같은 법 제29조 제1항의 과징금을 부과·징수할 수는 없고, 시설물이 멸실된 경우에는 처분의 대상은 존재하나 같은 법 제29조 제1항에서 말하는 과징금부과처분이 가능한 특별한 사유를 인정할 수 없으므로 같은 법 제28조 제1항의 업무정지처분에 갈음하여 같은 법 제29조 제1항의 과징금을 부과·징수할 수는 없다.

제4장 사회서비스법과 평생사회안전망

제1절 사회서비스법과 평생사회안전망의 의의와 특성

 I. 의의

사회서비스법은 사회복지서비스에 관한 법이다. '사회서비스법'이라는 법령은 없다. 사회보장기본법에 의하면 사회복지서비스를 행하기로 되어 있으므로, 사회복지사업법에서 규정한 사회복지서비스에 관계되는 법들을 사회서비스법으로 분류한 것이다. 사회복지서비스란 사회보험, 공공부조와 더불어 사회복지영역의 핵심을 이루고 있는 것으로, 우리나라 사회보장법 제3조에서는 사회복지서비스를 "국가·지방자치단체 및 민간부문의 도움을 필요로 하는 모든 국민에게 상담·재활·직업소개 및 지도·사회복지시설 이용 등을 제공하여 정상적인 사회생활이 가능하도록 지원하는 제도"라고 규정하고 있다. 따라서 사회서비스법이란 국가·지방자치단체 및 민간부문이 생활상의 곤란이나 장애 등으로 인하여 도움을 필요로 하는 사람들이 있을 경우, 이들이 필요로 하는 상담·재활·직업소개 및 지도·사회복지시설 이용 등을 제공하여 정상적인 사회생활이 가능하도록 지원하는 강제규범이고, 조직규범이자 사회규범이다.

한편 평생사회안전망이란 생애주기에 걸쳐 보편적으로 충족되어야 하는 기본욕구와 특정한 사회위험에 의하여 발생하는 특수욕구를 동시에 고려하여 소득·서비스를 보장하는 맞춤형 사회보장제도를 말하는데, 구법에서는 관련복지제도로 보건, 주거, 교육, 고용 등의 분야에서 인간다운 생활이 보장될 수 있도록 지원하는 각종 복지제도를 말한다고 규정된 바 있다.

ⅠⅠ. 특성

사회서비스법은 사회보험법과 공공부조법 그리고 다른 사회복지 관련법과 함께 국민들의 인간다운 생활을 보장하는데 기여하고 있지만, 각각의 법이 갖고 있는 목적과 규율하는 대상이 다르기 때문에 몇 가지 차이점이 있다. 첫째, 급여내용의 차이이다. 사회서비스법은 주로 서비스의 제공을 급여내용으로 한다는 점에서 차이가 있다. 사회보험법이나 공공부조법의 경우 현금급여(in-cash benefit)나 현물급여(in-kind benefit)가 급여의 주된 내용을 이루는 데 반하여, 사회서비스법은 상담·재활·지도 등과 같은 비물질적·사회심리적·정신적 서비스의 급여(service benefit)가 주종을 이루고 있다. 따라서 이러한 추상적이고 역동적이며, 주관적인 측면이 강한 급여를 가시적이고 객관적으로 표준화하고 입법화하는 것은 매우 어려운 일이다. 둘째, 사회서비스법은 급여의 특성상 개별적 처우를 요한다. 사회보험법과 공공부조법의 경우 가입기간, 소득, 재산 등과 같은 기준에 따라 획일적으로 규율하고 수급권자를 처우할 수 있으나, 사회서비스법은 서비스의 욕구가 매우 다양하고, 대상자에 따라 그 정도가 차이가 나며, 환경에 의해 영향을 받고, 또 시간에 따라 변화하기 때문에 획일적으로 처우하기가 어렵고, 수급권자가 개개인에 대하여 개별적으로 처우해야 할 필요가 있다. 셋째, 사회서비스법의 급여는 단순히 현금이나 현물을 전달해주는 것이 아니라 사회심리적 치료나 재활상담 등과 같은 서비스를 개인적으로 또는 집단적으로 제공하는 것이기 때문에 전달자의 전문적인 지식과 실천기술 그리고 윤리가 중요한 역할을 한다.[85]

한편, 사회보장정책의 기본방향 중 하나로서 평생사회안전망 구축·운영에 대해서 사회보장기본법 제22조는 제1항에서 "국가와 지방자치단체는 모든 국민이 생애 동안 삶의 질을 유지·증진할 수 있도록 평생사회안전망을 구축하여야 한다."라고 규정하고 있고, 제2항에서는 "국가와 지방자치단체는 평생사회안전

---

85) 현외성, 2001.

망을 구축·운영함에 있어 사회적 취약계층을 위한 공공부조를 마련하여 최저생활을 보장하여야 한다.”라고 명시하고 있음을 알 수 있다.

제2절 노인복지법

 ## Ⅰ. 의의

노인복지는 노인문제를 예방하고 해결하기 위한 체계적·조직적 노력이라고 할 수 있다. 또한, 노인복지란 노인이 인간다운 생활을 영위하면서 자기가 속한 가족과 사회에 적응하고 통합될 수 있도록 필요한 자원과 서비스를 제공하는 데 관련된 공적·사적 차원에서의 조직적 제반활동이다.[86]

노인복지법은 고령화되고 핵가족화되어가는 사회에서 파생되는 노인들의 문제를 해결하고, 욕구를 충족시키며, 건강하고 문화적인 노후생활을 영위하는 데 필요한 서비스와 관련급여를 제공하는 국가, 지방자치단체 그리고 민간부문의 활동을 규율하는 법이다.

노인복지법은 사회복지서비스법의 한 영역으로서 사회복지서비스법이 갖고 있는 일반적인 특징을 갖고 있다. 동시에 직접적인 서비스 수혜대상자인 노인을 주된 대상으로 하여 노인들이 겪고 있는 병고(病苦)·빈고(貧苦)·고고(孤苦)·무위고(無爲苦)와 같은 4고(四苦)의 문제를 해결함과 동시에 심리적·정신적·사회적 욕구를 충족시키기 위해 제공하는 제반 서비스를 규율하고, 서비스 전달과정에서 사회복지전문가들의 전문적인 개입과 실천을 중시하는 특징을 갖고 있다. 그러나 우리나라 노인복지법은 노인복지규정의 강행적 성격이 미약하고, 선가정보호·후국가보호의 원칙을 고수하고 있어, 공적 부양체제에 의한 보호보다는 사적 부양체제에 의한 보호를 선행하고 있다.[87] 최근 노인보건법, 또는 노인건

---

86) 장인협·최성재, 1987.
87) 현회성, 2001.

강관리법을 제정하여 노인의 건강상담 및 보건교육 강화를 통해 질병을 사전에 예방하고, 노인질환자에 대한 적절한 치료, 요양, 재활서비스를 제공해야 한다는 주장이 대두되고 있다.[88]

Ⅱ. 입법배경 및 연혁

　　1960년대 이래 진행되어온 평균수명 연장과 인구고령화 현상은 경로효친사상의 감퇴, 핵가족화, 농촌공동화, 산업화 등 사회적 현상과 함께 우리나라에서 노인문제가 개인의 문제가 아닌 심각한 사회 문제로 대두되게 하였다. 따라서 이러한 노인문제를 국가적 차원에서 대처하기 위한 입법 노력이 전개되었다. 1969년에는 이윤영 옹이 '노령자복지법(안)'을 최초로 국회에 청원하였으나 토의되지 않았고, 1970년에는 윤인식 의원 외 11명의 국회보사위원이 '노인복지법(안)'을 기초하여 제출하였으나 법사위원회 심의중 국회가 폐회되어 사장되었고, 1976년부터 수차례 한국노인문제연구소가 노인복지법안을 국회에 청원하였고, 1978년에는 '노인복지문제법제화추진협의회'가 발족하는 등 입법을 위한 노력이 전개되었다.[89]

　　노인복지법은 1981년 6월 5일 법률 제3453호로 제정되었다. 노인복지법은 의약기술의 발달과 문화생활의 향상으로 평균수명이 연장되어 노인인구의 절대수가 크게 증가하는 한편 산업화, 도시화, 핵가족화의 진전에 따라 노인문제가 점차 큰 사회문제로 대두되고 있음에 대처하여 우리 사회의 전통적 가족제도에 연유하고 있는 경로효친의 미풍양속을 유지·발전시켜나가는 한편, 노인을 위한 건강보호와 시설의 제공 등 노인복지시책을 효과적으로 추진함으로써 노인의 안락한 생활을 북돋아주며, 나아가 사회복지의 증진에 기여하기 위해 제정되었다.

　　1989년 12월 30일 법률 제4178호로 노인복지법을 개정하여 노인복지대책위원회를 설치하고, 국가 또는 지방자치단체가 65세 이상의 노인에 대하여 노령수당을 지급할 수 있도록 하였으며, 노인복지시설의 범위에 새로이 실비양로시설, 유료노인요양시설 및 노인복지주택을 추가하였다.

---

88) 김성순, 2001; 이민표, 2001.
89) 한창영, 1980; 현외성, 2001.

1993년 12월 27일 법률 제4633호로 노인복지법을 개정하여 경제행정규제 완화시책의 일환으로 사회복지법인이 아닌 민간기업체나 개인도 시·도지사의 허가를 받아 유료노인복지시설을 설치·운영할 수 있도록 하였으며, 재가 노인 복지사업의 종류를 가정봉사원파견사업, 주간보호사업, 단기보호사업으로 명시 하고, 사업실시의 법적 근거를 마련하고, 행정처분의 상대방 또는 대리인에게 의견진술의 기회를 주기 위하여 청문절차를 규정하였다.

1997년 8월 22일 법률 제5359호로 노인복지법을 개정하여 노인에 대한 사 회적 관심과 공경의식을 높이기 위하여 매년 10월 2일을 노인의 날, 매년 10월 을 경로의 달로 하였으며, 노년생활의 안정도모와 노인공경의 차원에서 국민연 금수혜에서 제외된 65세 이상의 경제적으로 생활이 어려운 일정한 자에게 경로 연금을 지급하도록 하였다.

1999년 2월 8일 법률 제5851호로 노인복지법을 개정하여 노인복지대책위 원회를 폐지하고, 경로연금 지급대상자 선정을 위한 소득기준과 재산기준을 동 시에 충족하는 경우에 경로연금수급권자가 되도록 하였으며, 생활보호대상자인 경우에는 국민연금 등 공적연금을 수급하고 있더라도 경로연금을 급할 수 있도 록 하였다.

2004년 1월 29일 법률 제7152호로 동법을 개정하여 노인학대를 방지하고 학대받는 노인을 보호할 수 있도록 긴급전화 및 노인보호전문기관을 설치하도 록 하고, 노인학대에 대한 신고의무와 조치사항을 규정하는 등 노인학대의 예방 과 학대받는 노인의 보호를 위한 제도적 장치를 강화하였다.

2005년 7월 13일 법률 제7585호로 동법을 개정하여 평균수명의 증가에 따 라 노인인구는 급격하게 증가하고 있으나 정년단축 및 조기퇴직 등으로 근로능 력 있는 노인들의 근로기회는 오히려 감소하고 있어 노인부양을 위한 공적·사 적 부담이 증가하고 있으므로, 이를 해결하기 위하여 국가 또는 지방자치단체가 노인들의 능력과 적성에 맞는 일자리의 개발·보급과 교육훈련 등을 전담할 기 관을 설치·운영하거나 그 운영을 법인·단체 등에 위탁할 수 있도록 하였다.

2007년 1월 3일 매년 9월 21일을 치매극복의 날로 정하고, 치매상담센터를 시·군·구의 관할 보건소에 설치하도록 했다.

2007년 4월 25일 법률 제8385호로 동법을 개정하여 노인이 후손의 양육과 국가 및 사회의 발전에 이바지하여 온 점을 고려하여 생활이 어려운 노인에게 기초노령연금을 지급함으로써 노인의 생활안정을 지원하고 복지를 증진토록 하였다.

2007년 8월 3일 법률 제8608호로 동법을 개정하여 노인장기요양보험에 대비하여 노인복지시설의 무료·실비 및 유료 구분을 없애고, 요양보호사 자격제를 도입하는 한편, 홀로 사는 노인에게 지원을 할 수 있도록 하고, 실종노인의 보호를 위하여 실종노인을 보호할 경우 신고하도록 하며, 60세 미만의 자에게 노인복지주택을 분양·임대하는 것 등을 금지하고 이를 위반한 경우 벌칙을 부과하도록 하는 등 현행 제도의 운영상 나타난 일부 미비점을 개선·보완하였다.

2012년 10월 22일 법률 제11513호 동법을 개정하여 현재 의료인, 노인복지시설의 장 및 그 종사자, 노인복지상담원 및 사회복지전담공무원 등으로 하여금 직무 수행 중 노인학대를 알게 된 경우 신고하도록 의무화하고 있으나 신고실적이 저조한바, 노인학대 신고의무자 교육과정에 노인학대 예방 및 신고의무와 관련된 내용이 포함되도록 하고, 신고의무를 위반하는 경우 이를 처벌할 수 있는 근거 규정을 마련함으로써 학대받는 노인들을 실질적으로 보호할 수 있도록 하였다.

2015년 1월 28일 법률 제13102호 동법을 개정하여 노인복지주택의 입소자격이 있는 노인이 부양책임을 지고 있는 미성년 자녀·손자녀도 노인복지주택에 함께 입소하여 생활할 수 있도록 노인복지주택 입소자의 범위를 확대하고, 노인복지주택 중 분양형을 폐지하여 노인복지주택을 임대형으로만 설치·운영하도록 하되 기존에 설치된 노인복지주택에 대해서는 분양형을 그대로 유지하도록 경과조치를 두어 기존 입소자의 신뢰이익을 보호하며, 노인학대현장 출동 시 노인보호전문기관과 수사기관 상호 간에 동행협조를 요청할 수 있는 근거규정을 신설하고 현장출동자에게 현장출입 및 관계인에 대한 조사·질문권을 부여하여 노인학대신고에 대한 효과적인 대응이 이루어지도록 하며, 노인대상 건강진단 및 보건교육에 성별 다빈도질환이 반영되도록 하고, 지역봉사지도원의 업무로 노인 대상의 교통안전 및 교통사고예방 교육을 할 수 있도록 하여 노인의 특성에 맞는 충실한 교육이 실시될 수 있도록 하였다.

2015년 12월 29일 법률 제13646호 동법을 개정하여 노인학대사례가 꾸준히 증가하고 있어서 노인학대의 예방 및 방지를 위한 법적·제도적 장치를 강화할 필요가 있으므로, 노인학대관련범죄 전력자의 취업제한 등 노인학대 관련 규제 및 처벌을 강화하고, 노인복지시설이 휴지·폐지하거나 사업정지·폐지명령을 받는 경우 이로 인한 서비스의 중단으로 이용자들의 불편이 있으므로, 노인복지시설 휴지·폐지 또는 사업정지·폐지의 경우 이용자 권익보호조치를 하도록 의무화하였다.

2016년 12월 2일 법률 제14320호로 동법을 개정하여 노인학대행위 유형 중에서 정서적 학대행위가 가장 높은 비중을 차지하고 있음에도 현행법상 노인에 대한 금지행위 규정에는 정서적 학대행위가 포함되어 있지 아니하여 이 금지행위 규정에 정서적 학대행위를 추가하고, 노인에 대한 금지행위의 객체가 되는 노인연령기준이 없어 이에 대한 처벌이 불명확해지는 문제가 있으므로 노인의 연령기준을 65세 이상으로 명시하며, 또한 현재 일정범위 직군 종사자에 대한 노인학대신고의무 조항에도 노인학대의 객체가 되는 노인연령 기준이 없으므로 노인연령 기준을 명시하는 하는 한편, 현행법상 벌칙조항의 벌금액을 국회사무처 예규 및 국민권익위원회 권고안에서 제시하는 징역형 대비 적정 벌금액의 일반기준인 '징역형 1년당 벌금형 1천만원'의 비율에 따라 벌금형의 금액을 조정하였다.

2017년 10월 24일 법률 제14922호 동법을 개정하여 노인 학대를 예방하고 노인 인권을 제고할 수 있도록 대통령령으로 정하는 노인복지시설의 설치·운영자 및 종사자, 이용자에 대하여 인권교육을 실시하도록 하고, 국가 또는 지방자치단체의 독거노인 지원 사업과 노인성 질환에 대한 의료지원 사업에 대하여 비용을 지원할 수 있도록 근거를 명시하며, 노인복지주택 입소자격자가 부양하는 가족의 주거 안정을 도모하기 위하여 입소자격자 사망 등의 경우 보건복지부령으로 정하는 기간 내에서 퇴소하도록 하는 등 현행 제도의 운영상 나타난 일부 미비점을 개선·보완하였다.

2018년 3월 13일 법률 제15442호 동법을 개정하여 노인의 일자리 보급을 확대하기 위하여 국가, 지방자치단체, 그 밖의 공공단체 중 대통령령으로 정하는 기관은 소관 공공시설에 청소, 주차관리 및 매표 등의 사업을 위탁하는 경우에는 65세 이상 노인을 100분의 20 이상 채용한 사업체를 우대할 수 있도록 하고, 관련 민원의 투명하고 신속한 처리와 일선 행정기관의 적극행정을 유도하기 위하여, 노인주거복지시설·노인의료복지시설·노인여가복지시설·재가노인복지시설 설치의 신고·변경신고 및 폐지·휴지 신고가 수리가 필요한 신고임을 명시하며, 노인 학대행위를 발견할 개연성이 높은 국민건강보험공단의 요양직 직원 등을 노인학대 신고의무자로 추가하는 등 현행 제도의 운영상 나타난 일부 미비점을 개선·보완하였다.

2018년 12월 11일 법률 제15880호 동법을 개정하여 현행법이 노인학대관련범죄자에 대하여 일률적으로 10년간 노인관련기관 취업 등을 제한하고 있는데, 헌법재판소는 이와 유사한 취업제한 규정을 가진 「아동·청소년의 성보호에 관한 법률」, 「장애인복지법」, 「아동복지법」의 해당 규정에 대해 지나친 기본권 제한에 해당한다는 취지의 위헌결정을 내린 사안에 대하여 법원이 노인학대관련범죄로 형 등을 선고할 때 그 판결과 동시에 최대 10년 범위의 취업제한명령을 선고하도록 하여 헌법재판소 위헌결정의 취지를 반영함으로써 현행법의 위헌성을 사전에 해소하고자 한다. 한편, 이 법에 따른 업무의 일부를 수탁하여 처리하는 법인 또는 단체의 임직원은 뇌물죄 적용 시 공무원으로 보도록 하고, 경로당에 일반양곡도 지원 가능하게 하며, 피성년후견인임을 이유로 자격이 취소된 요양보호사의 경우 해당 결격사유가 해소된 때 요양보호사가 될 수 있도록 하고, 국가와 지방자치단체로 하여금 노인의 안전사고 예방시책을 수립·시행하도록 함으로써 노인의 복지증진에 기여하고자 하였다.

2018년 12월 11일 법률 제15881호 동법을 개정하여 현행법상 재가급여를 제공하는 장기요양기관은 「노인복지법」에 따른 재가노인복지시설 설치 기준을 충족하지 못하여도 현행법에 따른 설치 신고만으로 장기요양기관 지정이 의제되는 등 진입요건이 완화되어 있어 매년 2천여 개 소의 재가장기요양기관이 신규 개설되고 1천여 개 소의 재가장기요양기관이 폐업하는 등 장기요양기관의 난립 및 장기요양서비스의 질 저하 문제가 발생하고 있고 이에 더하여 장기요양기관으로 한 번 지정되거나 지정의제되면 이후 시설·인력 등 설치 기준을 충족하지 못하더라도 지정이 유지된다는 점도 장기요양서비스의 질 저하 문제를 야기하고 있어 제도의 개선이 필요한 상황이다. 한편, 현행법 제17조에 따르면 국민건강보험공단은 등급판정 심의를 완료한 경우 수급자에게 급여 종류별 월 한도액, 본인부담률 등을 기재한 표준장기요양이용계획서를 송부하도록 하고 있으나, 실제 수급자가 장기요양기관과 급여 계약을 체결할 때 동 계획서가 사용되지 않는 등 표준장기요양이용계획서의 실효성이 낮다는 문제가 있다. 또한, 수급자와 장기요양기관의 장이 장기요양요원에게 수급자의 가족이나 생업을 지원하는 행위 등 장기요양급여에 해당하지 않는 행위(급여외행위)를 제공하도록 요구하는 것은 현행법 시행규칙상 금지되어 있음에도 이에 대한 제재나 고충처리 규정이 존재하지 않아 장기요양요원에 대한 보호조치의 실효성을 확보하는 데 어려움이 있음. 마지막으로, 국민이 장기요양인정 등에 대한 권리구제 절차를 보다 쉽게 이해할 수 있도록 관련 용어를 정비할 필요가 있다. 이에 재가급여를 제공하는 장기요양기관에 대한 지정의제 제도를 폐지하고 「노인복지법」상 재가노인복지시설로 인정받은 시설만 재가급여를 제공하는 장기요양기관으로 지정받을 수 있도록 하여 현행법상 장기요양기관에 대한 인정 제도를 지정제로 단일화하고, 장기요양기관 지정의 유효기간을 설정하여 유효기간이 도과하기 전에 지정기준 재심사를 통해 지정을 갱신받도록 하며, 장기요양기관이 수급자와 계약을 체결할 때 표준장기요양이용계획서를 바탕으로 장기요양급여 제공 계획서를 작성하여 국민건강보험공단에 통보하도록 함으로써 표준장기요양이용계획서의 실효성을 강화하고, 장기요양요원에 대한 급여외행위 제공 금지 규정을 법률로 상향하고 이에 관한 제재 및 고충 처리 규정을 신설하여 장기요양요원을 효과적으로 보호하며, 현행법에 따른 처분에 관한 권리구제 용어를 정비하여 장기요양인정 처분 등의 권리구제 절차에 관한 국민의 이해를 높이고자 하였다.

2019년 1월 15일 법률 제16243호 동법을 개정하여 현행법이 노인에 의한 재화의 생산·판매 등을 직접 담당하는 기관인 노인일자리지원기관을 두고 있는데 노인일자리지원기관들의 영세성으로 인해 안정적인 판로 확보가 어려운 실정이므로 이에 국가, 지방자치단체 및 그 밖의 공공단체가 노인일자리지원기관에서 생산한 물품의 우선구매에 필요한 조치를 마련하도록 함으로써 안정적인 노인 일자리 창출에 도움을 주고, 일본식 용어인 '당해'를 '해당'으로 변경하여 국민이 법 문장을 이해하기 쉽게 정비하였다.

2019년 9월 15일 법률 제16243호로 동법을 개정하여 요양보호사교육기관을 설치·운영하는 자가 교육 이수 관련 서류를 거짓으로 작성한 경우, 노인주거복지시설 등과 노인여가복지시설 등을 설치·운영하는 자 또는 그 종사자가 입소자나 이용자를 학대한 경우에 대한 행정처분의 근거를 법률에 명확히 규정하였다.

2019년 12월 3일 법률 제16735호로 동법을 개정하여 시·도지사가 요양보호사 자격증 발급 신청일을 기준으로 결격사유에 해당하는 사람에 대해서는 자격증을 교부하지 못하도록 함으로써 요양보호사 결격사유 판단 기준일을 명확히 하는 한편, 보건복지부장관 등의 복지실시기관과 노인주거복지시설 등의 노인복지시설을 설치한 자 또는 편의를 제공한 자가 신용카드, 직불카드 또는 선불카드에 의한 결제로 복지조치에 필요한 비용 등을 납부받을 수 있도록 함으로써 이용자의 편의를 제고하였다.

◢ III. 용어의 정의

1. "부양의무자"라 함은 배우자(사실상의 혼인관계에 있는 자를 포함한다)와 직계비속 및 그 배우자(사실상의 혼인관계에 있는 자를 포함한다)를 말한다.
2. "보호자"라 함은 부양의무자 또는 업무·고용 등의 관계로 사실상 노인을 보호하는 자를 말한다.
3. "치매"란 「치매관리법」 제2조 제1호에 따른 치매를 말한다.
4. "노인학대"라 함은 노인에 대하여 신체적·정신적·정서적·성적 폭력 및 경제적 착취 또는 가혹행위를 하거나 유기 또는 방임을 하는 것을 말한다.
5. "노인학대관련범죄"란 보호자에 의한 65세 이상 노인에 대한 노인학대로서 다음 각 목의 어느 하나에 해당되는 죄를 말한다.
    가. 「형법」 제257조(상해, 존속상해), 제258조(중상해, 존속중상해), 제260조(폭행, 존속폭행)제1항·제2항, 제261조(특수폭행) 및 제264조(상습범)의 죄
    나. 「형법」제271조(유기, 존속유기)제1항·제2항, 제273조(학대, 존속학대)의 죄
    다. 「형법」제276조(체포, 감금, 존속체포, 존속감금), 제277조(중체포, 중감금, 존속중체포, 존속중감금), 제278조(특수체포, 특수감금), 제279조(상습범), 제280조(미수범) 및 제281조(체포·감금등의 치사상)(상해에 이르게 한 때에만 해당한다)의 죄
    라. 「형법」제283조(협박, 존속협박)제1항·제2항, 제284조(특수협박),

제285조(상습범)(제283조의 죄에만 해당한다) 및 제286조(미수범)의 죄

　　마. 「형법」제297조(강간), 제297조의2(유사강간), 제298조(강제추행), 제299조(준강간, 준강제추행), 제300조(미수범), 제301조(강간등 상해·치상), 제301조의2(강간등 살인·치사), 제305조의2(상습범)(제297조, 제297조의2, 제298조부터 제300조까지의 죄에 한정한다)의 죄

　　바. 「형법」제307조(명예훼손), 제309조(출판물등에 의한 명예훼손) 및 제311조(모욕)의 죄

　　사. 「형법」제321조(주거·신체 수색)의 죄

　　아. 「형법」제324조(강요) 및 제324조의5(미수범)(제324조의 죄에만 해당)의 죄

　　자. 「형법」제350조(공갈) 및 제352조(미수범)(제350조의 죄에만 해당)의 죄

　　차. 「형법」제366조(재물손괴등)의 죄

　　카. 동법 제55조의2, 제55조의3제1항 제2호, 제55조의4제1호, 제59조의2의 죄

　　타. 가목부터 차목까지의 죄로서 다른 법률에 따라 가중처벌되는 죄

[동법 제1조의2(정의)]

Ⅳ. 총칙

1. 목적

　　노인복지법은 노인의 질환을 사전예방 또는 조기발견하고 질환상태에 따른 적절한 치료·요양으로 심신의 건강을 유지하고, 노후의 생활안정을 위하여 필요한 조치를 강구함으로써 노인의 보건복지증진에 기여함을 목적으로 한다(제1조).

2. 기본이념

노인은 후손의 양육과 국가 및 사회의 발전에 기여하여 온 자로서 존경받으며 건전하고 안정된 생활을 보장받는다. 노인은 그 능력에 따라 적당한 일에 종사하고 사회적 활동에 참여할 기회를 보장받는다. 노인은 노령에 따르는 심신의 변화를 자각하여 항상 심신의 건강을 유지하고 그 지식과 경험을 활용하여 사회의 발전에 기여하도록 노력하여야 한다(제2조).

3. 가족제도의 유지 · 발전

국가와 국민은 경로효친의 미풍양속에 따른 건전한 가족제도가 유지 · 발전되도록 노력하여야 한다(제3조).

4. 보건복지증진의 책임

국가와 지방자치단체는 노인의 보건 및 복지증진의 책임이 있으며, 이를 위한 시책을 강구하여 추진하여야 한다. 국가와 지방자치단체는 제1항의 규정에 의한 시책을 강구함에 있어 제2조에 규정된 기본이념이 구현되도록 노력하여야 한다. 노인의 일상생활에 관련되는 사업을 경영하는 자는 그 사업을 경영하면서 노인의 보건복지가 증진되도록 노력하여야 한다(제4조).

5. 안전사고의 예방

국가와 지방자치단체는 노인의 안전을 보장하고 낙상사고 등 노인에게 치명적인 사고를 예방하는데 필요한 시책을 수립 · 시행하여야 한다. 이 경우 안전사고 예방 시책은 「재난 및 안전관리 기본법」에 따른 국가안전관리기본계획, 시 · 도안전관리계획 및 시 · 군 · 구안전관리계획과 연계되어야 한다. 앞에 따른 안전사고 예방 시책의 수립 · 시행에 필요한 사항은 대통령령으로 정한다(제4조의 2). [본조신설 2018. 12. 11.]

6. 노인실태조사

보건복지부장관은 노인의 보건 및 복지에 관한 실태조사를 3년마다 실시하고 그 결과를 공표하여야 한다. 보건복지부장관은 제1항에 따른 실태조사를 위하여 관계 기관·법인·단체·시설의 장에게 필요한 자료의 제출 또는 의견의 진술을 요청할 수 있다. 이 경우 관계 기관·법인·단체·시설의 장은 정당한 사유가 없으면 그 요청에 따라야 한다. 제1항의 규정에 따른 조사의 방법과 내용 등에 관하여 필요한 사항은 보건복지부령으로 정한다(제5조).

7. 노인의 날 등

노인에 대한 사회적 관심과 공경의식을 높이기 위하여 매년 10월 2일을 노인의 날로, 매년 10월을 경로의 달로 한다. 부모에 대한 효사상을 앙양하기 위하여 매년 5월 8일을 어버이날로 한다. 범국민적으로 노인학대에 대한 인식을 높이고 관심을 유도하기 위하여 매년 6월 15일을 노인학대예방의 날로 지정하고, 국가와 지방자치단체는 노인학대예방의 날의 취지에 맞는 행사와 홍보를 실시하도록 노력하여야 한다(제6조).<신설 2015. 12. 29.>

8. 인권교육

① 제31조의 노인복지시설 중 대통령령으로 정하는 시설을 설치·운영하는 자와 그 종사자는 인권에 관한 교육(이하 이 조에서 "인권교육"이라 한다)을 받아야 한다.
② 제31조의 노인복지시설 중 대통령령으로 정하는 시설을 설치·운영하는 자는 해당 시설을 이용하고 있는 노인들에게 인권교육을 실시할 수 있다.
③ 보건복지부장관은 제1항 및 제2항에 따른 인권교육을 효율적으로 실시하기 위하여 인권교육기관을 지정할 수 있다. 이 경우 예산의 범위에서 인권교육에 소요되는 비용을 지원할 수 있으며, 지정을 받은 인권교육기관은 보건복지부장관의 승인을 받아 인권교육에 필요한 비용을 교육대상자로부터 징수할 수 있다.

④ 보건복지부장관은 제3항에 따라 지정을 받은 인권교육기관이 다음 각 호의 어느 하나에 해당하면 그 지정을 취소하거나 6개월 이내의 기간을 정하여 업무를 정지할 수 있다. 다만, 제1호에 해당하면 그 지정을 취소하여야 한다.

    1. 거짓이나 그 밖의 부정한 방법으로 지정을 받은 경우

    2. 제5항에 따라 보건복지부령으로 정하는 지정요건을 갖추지 못하게 된 경우

    3. 인권교육의 수행능력이 현저히 부족하다고 인정되는 경우

⑤ 제1항 및 제2항에 따른 인권교육의 대상·내용·방법, 제3항에 따른 인권교육기관의 지정 및 제4항에 따른 인권교육기관의 지정취소·업무정지 처분의 기준 등에 필요한 사항은 보건복지부령으로 정한다(제6조의3).

[본조신설 2017. 10. 24.]

동법 시행령 제11조의2(노인복지시설 중 인권교육 대상 시설)
법 제6조의3제1항 및 제2항에서 "대통령령으로 정하는 시설"이란 법 제31조에 따른 노인복지시설(이하 "노인복지시설"이라 한다) 중 같은 법 제36조 제1항 제2호 및 제3호에 따른 경로당 및 노인교실을 제외한 시설을 말한다. [본조신설 2018. 4. 24.]

동법 시행규칙 제1조의3(인권교육)
① 법 제6조의3제1항에 따른 인권에 관한 교육(이하 "인권교육"이라 한다)에 포함되어야 하는 내용은 다음 각 호와 같다.
    1. 노인의 인권과 관련된 법령·제도 및 국내외 동향
    2. 노인복지시설에서 발생하는 인권침해 사례
    3. 노인복지시설에서 인권침해가 발생했을 경우의 신고 요령 및 절차
    4. 그 밖에 노인의 인권 보호 및 증진을 위하여 필요하다고 보건복지부장관이 인정하는 사항
② 「노인복지법 시행령」(이하 "영"이라 한다) 제11조의2에 따른 시설을 설치·운영하는 자와 그 종사자는 대면 교육 또는 인터넷 교육을 통하여 매년 4시간 이상의 인권교육을 받아야 한다.
③ 보건복지부장관은 법 제6조의3제3항에 따라 다음 각 호의 어느 하나에 해당하는 기관·법인 또는 단체를 인권교육기관으로 지정할 수 있다.
    1. 「국가인권위원회법」에 따른 국가인권위원회

---

2. 법 제39조의5에 따른 노인보호전문기관

3. 「한국보건복지인력개발원법」에 따른 한국보건복지인력개발원

4. 그 밖에 인권교육을 실시할 수 있는 전문 인력과 시설을 갖추었다고 보건복지부장관이 인정하는 기관·법인 또는 단체

④ 법 제6조의3제4항에 따른 인권교육기관의 지정취소·업무정지 처분의 기준은 별표 1과 같다.

⑤ 제1항부터 제4항까지에서 규정한 사항 외에 인권교육의 실시 방법, 인권교육기관의 지정 절차 및 교육 경비 등에 필요한 세부적인 사항은 보건복지부장관이 정하여 고시한다.

[본조신설 2018. 4. 25.]

9. 노인복지상담원

노인의 복지를 담당하게 하기 위하여 특별자치도와 시·군·구(자치구를 말한다. 이하 같다)에 노인복지상담원을 둔다(제7조).

노인복지상담원은 사회복지사 3급 이상의 자격증 소지자 중에서 시장·군수·구청장이 공무원으로 임용한다. 다만, 부득이한 경우에는 공무원 외의 자로 위촉할 수 있다.

노인복지상담원은 다음의 직무를 담당한다. ① 노인 및 그 가족 또는 관계인에 대한 상담 및 지도, ② 노인복지에 필요한 가정환경 및 생활실태에 관한 조사, ③ 상담·입소 등의 조치에 필요한 상담 및 지도, ④ 노인의 단체활동 및 취업의 상담, ⑤ 기타 노인의 복지증진에 관한 사항(시행령 제13조).

상담원에 대하여는 예산의 범위 안에서 지방공무원 중 일반직 8급 공무원에 상당하는 보수(직무수당·기말수당·정근수당 및 기타 수당을 포함)를 지급한다(시행령 제14조).

V. 보건 · 복지조치

1. 노인사회참여 지원(제23조)

① 국가 또는 지방자치단체는 노인의 사회참여 확대를 위하여 노인의 지역 봉사 활동 기회를 넓히고 노인에게 적합한 직종의 개발과 그 보급을 위한 시책을 강구하며 근로 능력 있는 노인에게 일할 기회를 우선적으로 제공하도록 노력하여야 한다.

② 국가 또는 지방자치단체는 노인의 지역봉사 활동 및 취업의 활성화를 기하기 위하여 노인지역봉사기관, 노인취업알선기관 등 노인복지관계기관에 대하여 필요한 지원을 할 수 있다.

2. 노인일자리전담기관의 설치 · 운영 등

① 국가 또는 지방자치단체는 노인의 능력과 적성에 맞는 일자리의 개발 · 보급과 교육훈련 등을 전담할 기관(이하 "노인일자리전담기관"이라 한다)을 설치 · 운영하거나 그 운영의 전부 또는 일부를 법인 · 단체 등에 위탁할 수 있다(제23조의2).

② 노인일자리전담기관의 설치 · 운영 또는 위탁에 관하여 필요한 사항은 대통령령으로 정한다. [본조신설 2005. 7. 13]

3. 지역봉사지도원 위촉 및 업무

① 국가 또는 지방자치단체는 사회적 신망과 경험이 있는 노인으로서 지역 봉사를 희망하는 경우에는 이를 지역봉사지도원으로 위촉할 수 있다(제24조).

② 제1항의 규정에 의한 지역봉사지도원의 업무는 다음 각 호와 같다.

　1. 국가 또는 지방자치단체가 행하는 업무중 민원인에 대한 상담 및 조언

　2. 도로의 교통정리, 주 · 정차단속의 보조, 자연보호 및 환경침해 행위

단속의 보조와 청소년 선도

3. 충효사상, 전통의례 등 전통문화의 전수교육

4. 문화재의 보호 및 안내

5. 기타 대통령령이 정하는 업무

4. 생업지원

① 국가, 지방자치단체, 그 밖의 공공단체 중 대통령령으로 정하는 기관은 소관 공공시설에 식료품·사무용품·신문 등 일상생활용품의 판매를 위한 매점이나 자동판매기의 설치를 허가 또는 위탁할 때에는 65세 이상 노인의 신청이 있는 경우 이를 우선적으로 반영하여야 한다.<개정 2018. 3. 13.>

② 국가, 지방자치단체, 그 밖의 공공단체 중 대통령령으로 정하는 기관은 소관 공공시설에 청소, 주차관리, 매표 등의 사업을 위탁하는 경우에는 65세 이상 노인을 100분의 20 이상 채용한 사업체를 우선적으로 고려할 수 있다.<신설 2018. 3. 13.>

③ 제2항에 따른 위탁사업의 종류 및 절차 등에 필요한 사항은 대통령령으로 정한다.<신설 2018. 3. 13.> [제목개정 2018. 3. 13.]

동법 시행령 제18조의2(생업지원)

① 법 제25조 제1항 및 제2항에서 "대통령령으로 정하는 기관"이란 각각 다음 각 호의 어느 하나에 해당하는 기관을 말한다.

1. 「공공기관의 운영에 관한 법률」 제4조에 따른 공공기관
2. 「지방공기업법」 제49조에 따른 지방공사 및 같은 법 제76조에 따른 지방공단
3. 특별법에 따라 설립된 법인

② 법 제25조 제2항에 따른 위탁사업의 종류는 다음 각 호와 같다.<개정 2019. 7. 2.>

1. 청소, 소독, 병충해 예방 및 해충 제거
2. 주차관리, 경비 및 장치·시설 등의 점검·유지·수리
3. 조경관리
4. 매표

---

5. 그 밖에 국가, 지방자치단체 및 제1항에 따른 기관의 장이 노인의 생업지원을 위하여 적합하다고 인정하는 사업

③ 법 제25조 제2항에 따른 65세 이상 노인의 채용 비율은 최근 3개월 이상 계속 고용된 65세 이상 근로자 수를 최근 3개월간의 월 평균 근로자 수로 나누어 산정한다. 이 경우 65세 이상 근로자 수와 월 평균 근로자 수에서 일용근로자의 수는 제외되며 산정의 기준 시점은 매월 말일로 한다. [본조신설 2018. 6. 12.]

5. 경로우대(제26조)

① 국가 또는 지방자치단체는 65세 이상의 자에 대하여 대통령령이 정하는 바에 의하여 국가 또는 지방자치단체의 수송시설 및 고궁·능원·박물관·공원 등의 공공시설을 무료로 또는 그 이용요금을 할인하여 이용하게 할 수 있다.

② 국가 또는 지방자치단체는 노인의 일상생활에 관련된 사업을 경영하는 자에게 65세 이상의 자에 대하여 그 이용요금을 할인하여 주도록 권유할 수 있다.

③ 국가 또는 지방자치단체는 제2항의 규정에 의하여 노인에게 이용요금을 할인하여 주는 자에 대하여 적절한 지원을 할 수 있다.

6. 건강진단 등(제27조)

① 국가 또는 지방자치단체는 대통령령이 정하는 바에 의하여 65세 이상의 자에 대하여 건강진단과 보건교육을 실시할 수 있다.

② 국가 또는 지방자치단체는 제1항의 규정에 의한 건강진단 결과 필요하다고 인정한 때에는 그 건강진단을 받은 자에 대하여 필요한 지도를 하여야 한다.

7. 홀로 사는 노인에 대한 지원(제27조의2)

① 국가 또는 지방자치단체는 홀로 사는 노인에 대하여 방문요양과 돌봄 등의 서비스와 안전확인 등의 보호조치를 취하여야 한다.<개정 2017. 10. 24.>
② 국가 또는 지방자치단체는 제1항에 따른 사업을 노인 관련 기관·단체에 위탁할 수 있으며, 예산의 범위에서 그 사업 및 운영에 필요한 비용을 지원할 수 있다.<신설 2017. 10. 24.>
③ 제1항의 서비스 및 보호조치의 구체적인 내용 등에 관하여는 보건복지부장관이 정한다.<개정 2017. 10. 24.>

8. 독거노인종합지원센터(제27조의3)

① 보건복지부장관은 홀로 사는 노인에 대한 돌봄과 관련된 다음 각 호의 사업을 수행하기 위하여 독거노인종합지원센터를 설치·운영할 수 있다.
  1. 홀로 사는 노인에 대한 정책 연구 및 프로그램의 개발
  2. 홀로 사는 노인에 대한 현황조사 및 관리
  3. 홀로 사는 노인 돌봄사업 종사자에 대한 교육
  4. 홀로 사는 노인에 대한 돌봄사업의 홍보, 교육교재 개발 및 보급
  5. 홀로 사는 노인에 대한 돌봄사업의 수행기관 지원 및 평가
  6. 관련 기관 협력체계의 구축 및 교류
  7. 홀로 사는 노인에 대한 기부문화 조성을 위한 기부금품의 모집, 접수 및 배부
  8. 그 밖에 홀로 사는 노인의 돌봄을 위하여 보건복지부장관이 위탁하는 업무
② 보건복지부장관은 제1항에 따른 독거노인종합지원센터의 운영을 전문인력과 시설을 갖춘 법인 또는 단체에 위탁할 수 있다.
③ 그 밖에 독거노인종합지원센터의 설치·운영 등에 필요한 사항은 보건복지부령으로 정한다. [본조신설 2017. 10. 24.]

9. 노인성 질환에 대한 의료지원(제27조의4)

① 국가 또는 지방자치단체는 노인성 질환자의 경제적 부담능력 등을 고려
하여 노인성 질환의 예방교육, 조기발견 및 치료 등에 필요한 비용의 전
부 또는 일부를 지원할 수 있다.

② 제1항에 따른 노인성 질환의 범위, 지원의 대상·기준 및 방법 등에 필
요한 사항은 대통령령으로 정한다. [본조신설 2017. 10. 24.]

10. 상담·입소 등의 조치(제28조)

① 보건복지부장관, 특별시장·광역시장·특별자치시장·도지사·특별자치
도지사(이하 "시·도지사"라 한다), 시장·군수·구청장(자치구의 구청장을
말한다. 이하 같다)은 노인에 대한 복지를 도모하기 위하여 필요하다고
인정한 때에는 다음 각 호의 조치를 하여야 한다.<개정 2018. 3. 13.>
　1. 65세 이상의 자 또는 그를 보호하고 있는 자를 관계공무원 또는 노
　　인복지상담원으로 하여금 상담·지도하게 하는 것
　2. 65세 이상의 자로서 신체적·정신적·경제적 이유 또는 환경상의 이
　　유로 거택에서 보호받기가 곤란한 자를 노인주거복지시설 또는 재
　　가노인복지시설에 입소시키거나 입소를 위탁하는 것
　3. 65세 이상의 자로서 신체 또는 정신상의 현저한 결함으로 인하여
　　항상 보호를 필요로 하고 경제적 이유로 거택에서 보호받기가 곤란
　　한 자를 노인의료복지시설에 입소시키거나 입소를 위탁하는 것

② 보건복지부장관, 시·도지사 또는 시장·군수·구청장(이하 "福祉實施機關"
이라 한다)은 65세 미만의 자에 대하여도 그 노쇠현상이 현저하여 특별
히 보호할 필요가 있다고 인정할 때에는 제1항 각 호의 조치를 할 수 있
다.<개정 2008. 2. 29., 2010. 1. 18.>

③ 복지실시기관은 제1항 또는 제2항에 따라 입소조치된 자가 사망한 경우
에 그 자에 대한 장례를 행할 자가 없을 때에는 그 장례를 행하거나 해
당 시설의 장으로 하여금 그 장례를 행하게 할 수 있다.<개정 2019. 1.
15.> [제목개정 2019. 1. 15.]

11. 노인재활요양사업(제30조)

① 국가 또는 지방자치단체는 신체적·정신적으로 재활요양을 필요로 하는 노인을 위한 재활요양사업을 실시할 수 있다.

② 제1항의 노인재활요양사업의 내용 및 기타 필요한 사항은 보건복지부령으로 정한다.

 VI. 노인복지시설의 설치·운영

1. 노인복지시설의 종류(제31조)

노인복지시설의 종류는 다음 각 호와 같다.<개정 2017. 3. 14.>
  1. 노인주거복지시설
  2. 노인의료복지시설
  3. 노인여가복지시설
  4. 재가노인복지시설
  5. 노인보호전문기관
  6. 제23조의2제1항 제2호의 노인일자리지원기관
  7. 제39조의19에 따른 학대피해노인 전용쉼터

2. 노인주거복지시설(제32조)

① 노인주거복지시설은 다음 각 호의 시설로 한다.
  1. 양로시설: 노인을 입소시켜 급식과 그 밖에 일상생활에 필요한 편의를 제공함을 목적으로 하는 시설
  2. 노인공동생활가정: 노인들에게 가정과 같은 주거여건과 급식, 그 밖에 일상생활에 필요한 편의를 제공함을 목적으로 하는 시설
  3. 노인복지주택: 노인에게 주거시설을 임대하여 주거의 편의·생활지도·상담 및 안전관리 등 일상생활에 필요한 편의를 제공함을 목적

으로 하는 시설

② 노인주거복지시설의 입소대상·입소절차·입소비용 및 임대 등에 관하여 필요한 사항은 보건복지부령으로 정한다.<개정 2007. 8. 3., 2008. 2. 29., 2010. 1. 18., 2015. 1. 28.>

③ 노인복지주택의 설치·관리 및 공급 등에 관하여 이 법에서 규정된 사항을 제외하고는 「주택법」 및 「공동주택관리법」의 관련규정을 준용한다.<신설 1999. 2. 8., 2003. 5. 29., 2007. 8. 3., 2015. 8. 11.>

3. 노인주거복지시설의 설치(제33조)

① 국가 또는 지방자치단체는 노인주거복지시설을 설치할 수 있다.

② 국가 또는 지방자치단체외의 자가 노인주거복지시설을 설치하고자 하는 경우에는 특별자치시장·특별자치도지사·시장·군수·구청장(이하 "시장·군수·구청장"이라 한다)에게 신고하여야 한다.<개정 018. 3. 13.>

③ 시장·군수·구청장은 제2항에 따른 신고를 받은 경우 그 내용을 검토하여 이 법에 적합하면 신고를 수리하여야 한다.<신설 2018. 3. 13.>

④ 노인주거복지시설의 시설, 인력 및 운영에 관한 기준과 설치신고, 설치·운영자가 준수하여야 할 사항, 그 밖에 필요한 사항은 보건복지부령으로 정한다.<개정 2018. 3. 13.>

4. 노인복지주택의 입소자격 등(제33조의2).

① 노인복지주택에 입소할 수 있는 자는 60세 이상의 노인(이하 "입소자격자"라 한다)으로 한다. 다만, 다음 각 호의 어느 하나에 해당하는 경우에는 입소자격자와 함께 입소할 수 있다.<개정 2015. 1. 28.>

  1. 입소자격자의 배우자

  2. 입소자격자가 부양을 책임지고 있는 19세 미만의 자녀·손자녀

② 노인복지주택을 설치하거나 설치하려는 자는 노인복지주택을 입소자격자에게 임대하여야 한다.<개정 2015. 1. 28.>

③ 제2항에 따라 노인복지주택을 임차한 자는 해당 노인주거시설을 입소자

격자가 아닌 자에게 다시 임대할 수 없다.<개정 2015. 1. 28.>

⑤ 시장·군수·구청장은 지역 내 노인 인구, 노인주거복지시설의 수요와 공급실태 및 노인복지주택의 효율적인 이용 등을 고려하여 노인복지주택의 공급가구수와 가구별 건축면적(주거의 용도로만 쓰이는 면적에 한한다)을 일정규모 이하로 제한할 수 있다.

⑥ 제33조 제2항에 따라 노인복지주택을 설치한 자는 해당 노인복지주택의 전부 또는 일부 시설을 시장·군수·구청장의 확인을 받아 대통령령으로 정하는 자에게 위탁하여 운영할 수 있다.<개정 2019. 1. 15.>

⑦ 입소자격자가 사망하거나 노인복지주택에 거주하지 아니하는 경우 제1항에 따라 노인복지주택에 입소한 입소자격자의 배우자 및 자녀·손자녀는 보건복지부령으로 정하는 기간 내에 퇴소하여야 한다. 다만, 입소자격자의 해외 체류 등 보건복지부령으로 정하는 부득이한 사유가 있는 경우에는 그러하지 아니하다.<신설 2017. 10. 24.>

⑧ 시장·군수·구청장은 필요한 경우 제1항에 따른 입소자격 여부 및 제7항에 따른 입소자격자의 사망 또는 실제 거주 여부를 조사할 수 있다.<신설 2017. 10. 24.>

⑨ 시장·군수·구청장은 제8항에 따른 조사 결과 입소부자격자가 발견되면 퇴소하도록 하는 등 적절한 조치를 취하여야 한다.<신설 2017. 10. 24.>

5. 노인의료복지시설(제34조)

① 노인의료복지시설은 다음 각 호의 시설로 한다.<개정 2007. 8. 3.>

1. 노인요양시설	치매·중풍 등 노인성질환 등으로 심신에 상당한 장애가 발생하여 도움을 필요로 하는 노인을 입소시켜 급식·요양과 그 밖에 일상생활에 필요한 편의를 제공함을 목적으로 하는 시설
2. 노인요양공동생활가정	치매·중풍 등 노인성질환 등으로 심신에 상당한 장애가 발생하여 도움을 필요로 하는 노인에게 가정과 같은 주거여건과 급식·요양, 그 밖에 일상생활에 필요한 편의를 제공함을 목적으로 하는 시설

② 노인의료복지시설의 입소대상·입소비용 및 입소절차와 설치·운영자의
준수사항 등에 관하여 필요한 사항은 보건복지부령으로 정한다.

6. 노인의료복지시설의 설치(제35조)

① 국가 또는 지방자치단체는 노인의료복지시설을 설치할 수 있다.
② 국가 또는 지방자치단체외의 자가 노인의료복지시설을 설치하고자
하는 경우에는 시장·군수·구청장에게 신고하여야 한다.
③ 시장·군수·구청장은 제2항에 따른 신고를 받은 경우 그 내용을 검
토하여 이 법에 적합하면 신고를 수리하여야 한다.<신설 2018. 3.
13.>
④ 노인의료복지시설의 시설, 인력 및 운영에 관한 기준과 설치신고 및
설치허가 등에 관하여 필요한 사항은 보건복지부령으로 정한다.<개
정 2018. 3. 13.>

7. 노인여가복지시설(제36조)

① 노인여가복지시설은 다음 각 호의 시설로 한다.

1. 노인복지관	노인의 교양·취미생활 및 사회참여활동 등에 대한 각종 정보와 서비스를 제공하고, 건강증진 및 질병예방과 소득보장·재가복지, 그 밖에 노인의 복지증진에 필요한 서비스를 제공함을 목적으로 하는 시설
2. 경로당	지역노인들이 자율적으로 친목도모·취미활동·공동작업장 운영 및 각종 정보교환과 기타 여가활동을 할 수 있도록 하는 장소를 제공함을 목적으로 하는 시설
3. 노인교실	노인들에 대하여 사회활동 참여욕구를 충족시키기 위하여 건전한 취미생활·노인건강유지·소득보장 기타 일상생활과 관련한 학습프로그램을 제공함을 목적으로 하는 시설

② 노인여가복지시설의 이용대상 및 이용절차 등에 관하여 필요한 사항은 보건복지부령으로 정한다.

동법 시행규칙 제24조(노인여가복지시설의 이용대상자 및 이용절차)
① 법 제36조의 규정에 의한 노인여가복지시설의 이용대상자는 다음 각 호와 같다.
  1. 노인복지관 및 노인교실: 60세 이상의 자
  2. 경로당: 65세 이상의 자
② 제1항 제1호의 규정에 불구하고 노인복지관 및 노인교실 이용대상자의 배우자는 60세 미만인 때에도 이용대상자와 함께 이용할 수 있다.
③ 노인여가복지시설의 이용은 시설별 운영규정이 정하는 바에 의한다.

---

8. 노인여가복지시설의 설치(제37조)

① 국가 또는 지방자치단체는 노인여가복지시설을 설치할 수 있다.
② 국가 또는 지방자치단체외의 자가 노인여가복지시설을 설치하고자 하는 경우에는 시장·군수·구청장에게 신고하여야 한다.
③ 시장·군수·구청장은 제2항에 따른 신고를 받은 경우 그 내용을 검토하여 이 법에 적합하면 신고를 수리하여야 한다.<신설 2018. 3. 13.>
④ 국가 또는 지방자치단체는 경로당의 활성화를 위하여 지역별·기능별 특성을 갖춘 표준 모델 및 프로그램을 개발·보급하여야 한다.<신설 2011. 6. 7., 2018. 3. 13.>
⑤ 노인여가복지시설의 시설, 인력 및 운영에 관한 기준과 설치신고 등에 관하여 필요한 사항은 보건복지부령으로 정한다.<개정 2018. 3. 13.>

동법 제37조의2(경로당에 대한 양곡구입비 등의 보조)
① 국가 또는 지방자치단체는 경로당에 대하여 예산의 범위에서 양곡(「양곡관리법」에 따른 정부관리양곡을 포함한다)구입비의 전부 또는 일부를 보조할 수 있다.<개정 2018. 12. 11.>
② 국가 또는 지방자치단체는 예산의 범위에서 경로당의 냉난방 비용의 전부 또는 일부를 보조할 수 있다.

동법 제37조의3(경로당에 대한 공과금 감면)

① 「전기사업법」에 따른 전기판매사업자, 「전기통신사업법」에 따른 전기통신사업
자 및 「도시가스사업법」에 따른 도시가스사업자는 경로당에 대하여 각각 전기
요금·전기통신요금 및 도시가스요금을 감면할 수 있다.

② 「수도법」에 따른 수도사업자(수도사업자가 지방자치단체인 경우에는 해당 지방
자치단체의 장을 말한다)는 경로당에 대하여 수도요금을 감면할 수 있다.

9. 재가노인복지시설(제38조)

① 재가노인복지시설은 다음 각 호의 어느 하나 이상의 서비스를 제공함을
목적으로 하는 시설을 말한다.

1. 방문요양서비스	가정에서 일상생활을 영위하고 있는 노인(이하 "재가노인"이라 한다)으로서 신체적·정신적 장애로 어려움을 겪고 있는 노인에게 필요한 각종 편의를 제공하여 지역사회안에서 건전하고 안정된 노후를 영위하도록 하는 서비스
2. 주·야간보호서비스	부득이한 사유로 가족의 보호를 받을 수 없는 심신이 허약한 노인과 장애노인을 주간 또는 야간 동안 보호시설에 입소시켜 필요한 각종 편의를 제공하여 이들의 생활안정과 심신기능의 유지·향상을 도모하고, 그 가족의 신체적·정신적 부담을 덜어주기 위한 서비스
3. 단기보호서비스	부득이한 사유로 가족의 보호를 받을 수 없어 일시적으로 보호가 필요한 심신이 허약한 노인과 장애노인을 보호시설에 단기간 입소시켜 보호함으로써 노인 및 노인가정의 복지증진을 도모하기 위한 서비스
4. 방문 목욕서비스	목욕장비를 갖추고 재가노인을 방문하여 목욕을 제공하는 서비스
5. 그 밖의 서비스	그 밖에 재가노인에게 제공하는 서비스로서 보건복지부령이 정하는 서비스

② 제1항에 따른 재가노인복지시설의 이용대상·비용부담 및 이용절차
등에 관하여 필요한 사항은 보건복지부령으로 정한다.

10. 재가노인복지시설의 설치(제39조)

① 국가 또는 지방자치단체는 재가노인복지시설을 설치할 수 있다.
② 국가 또는 지방자치단체외의 자가 재가노인복지시설을 설치하고자 하는 경우에는 시장·군수·구청장에게 신고하여야 한다.
③ 시장·군수·구청장은 제2항에 따른 신고를 받은 경우 그 내용을 검토하여 이 법에 적합하면 신고를 수리하여야 한다. <신설 2018. 3. 13.>
④ 재가노인복지시설의 시설, 인력 및 운영에 관한 기준과 설치신고 등에 관하여 필요한 사항은 보건복지부령으로 정한다. <개정 2018. 3. 13.>

11. 요양보호사의 직무·자격증의 교부 등(제39조의2)

① 노인복지시설의 설치·운영자는 보건복지부령으로 정하는 바에 따라 노인 등의 신체활동 또는 가사활동 지원 등의 업무를 전문적으로 수행하는 요양보호사를 두어야 한다.
② 요양보호사가 되려는 사람은 제39조의3에 따라 요양보호사를 교육하는 기관(이하 "요양보호사교육기관"이라 한다)에서 교육과정을 마치고 시·도지사가 실시하는 요양보호사 자격시험에 합격하여야 한다.
③ 시·도지사는 제2항에 따라 요양보호사 자격시험에 합격한 사람에게 요양보호사 자격증을 교부하여야 한다. 다만, 요양보호사 자격증 교부 신청일을 기준으로 제39조의13에 따른 결격사유에 해당하는 사람에게는 자격증을 교부해서는 아니 된다. <개정 2019. 12. 3.>
④ 시·도지사는 제2항에 따라 요양보호사 자격시험에 응시하고자 하는 사람과 제3항에 따라 자격증을 교부 또는 재교부받고자 하는 사람에게 보건복지부령으로 정하는 바에 따라 수수료를 납부하게 할 수 있다.
⑤ 요양보호사의 교육과정, 요양보호사 자격시험 실시 및 자격증 교부 등에 관하여 필요한 사항은 보건복지부령으로 정한다.

12. 요양보호사교육기관의 지정(제39조의 3)

① 시·도지사는 요양보호사의 양성을 위하여 보건복지부령으로 정하는 지정기준에 적합한 시설을 요양보호사교육기관으로 지정·운영하여야 한다.

② 시·도지사는 요양보호사교육기관이 다음 각 호의 어느 하나에 해당하는 경우 사업의 정지를 명하거나 그 지정을 취소할 수 있다. 다만, 제1호에 해당하는 경우 지정을 취소하여야 한다.<신설 2010. 1. 25., 2019. 4. 30.>

　1. 거짓이나 그 밖의 부정한 방법으로 요양보호사교육기관으로 지정을 받은 경우

　2. 제1항에 따른 지정기준에 적합하지 아니하게 된 경우

　3. 교육과정을 1년 이상 운영하지 아니하는 경우

　4. 정당한 사유 없이 제42조에 따른 보고 또는 자료제출을 하지 아니하거나 거짓으로 한 경우 또는 조사·검사를 거부·방해하거나 기피한 경우

　5. 요양보호사교육기관을 설치·운영하는 자가 교육 이수 관련 서류를 거짓으로 작성한 경우

③ 시·도지사는 제2항에 따라 지정취소를 하는 경우 청문을 실시하여야 한다.

④ 제1항에 따른 요양보호사교육기관의 지정절차, 제2항에 따른 행정처분의 세부적인 기준 및 절차 등에 관하여 필요한 사항은 보건복지부령으로 정한다.

13. 긴급전화의 설치 등(제39조의4)

① 국가 및 지방자치단체는 노인학대를 예방하고 수시로 신고를 받을 수 있도록 긴급전화를 설치하여야 한다.

② 제1항의 규정에 의한 긴급전화의 설치·운영에 관하여 필요한 사항은 대통령령으로 정한다.

동법 시행규칙 제20조의4(긴급전화의 설치·운영)

① 법 제39조의4제2항의 규정에 의하여 국가 및 지방자치단체는 법 제39조의5제1항 및 제2항에 따른 노인보호전문기관에 전국적으로 통일된 번호로 매일 24시간 동안 운영되는 긴급전화를 설치하여야 한다.

② 긴급전화를 통한 노인학대 신고의 접수 및 상담 방법과 그 밖의 세부운영 등에 관하여 필요한 사항은 보건복지부장관이 정한다.

14. 노인보호전문기관의 설치 등(제39조의5)

① 국가는 지역 간의 연계체계를 구축하고 노인학대를 예방하기 위하여 다음 각 호의 업무를 담당하는 중앙노인보호전문기관을 설치·운영하여야 한다.

  1. 노인인권보호 관련 정책제안

  2. 노인인권보호를 위한 연구 및 프로그램의 개발

  3. 노인학대 예방의 홍보, 교육자료의 제작 및 보급

  4. 노인보호전문사업 관련 실적 취합, 관리 및 대외자료 제공

  5. 지역노인보호전문기관의 관리 및 업무지원

  6. 지역노인보호전문기관 상담원의 심화교육

  7. 관련 기관 협력체계의 구축 및 교류

  8. 노인학대 분쟁사례 조정을 위한 중앙노인학대사례판정위원회 운영

  9. 그 밖에 노인의 보호를 위하여 대통령령으로 정하는 사항

② 학대받는 노인의 발견·보호·치료 등을 신속히 처리하고 노인학대를 예방하기 위하여 다음 각 호의 업무를 담당하는 지역노인보호전문기관을 특별시·광역시·도·특별자치도(이하 "시·도"라 한다)에 둔다.

  1. 노인학대 신고전화의 운영 및 사례접수

  2. 노인학대 의심사례에 대한 현장조사

  3. 피해노인 및 노인학대자에 대한 상담

  4. 피해노인가족 관련자와 관련 기관에 대한 상담

  5. 상담 및 서비스제공에 따른 기록과 보관

  6. 일반인을 대상으로 한 노인학대 예방교육

7. 노인학대행위자를 대상으로 한 재발방지 교육
8. 노인학대사례 판정을 위한 지역노인학대사례판정위원회 운영 및 자체사례회의 운영
9. 그 밖에 노인의 보호를 위하여 보건복지부령으로 정하는 사항

③ 보건복지부장관 및 시·도지사는 노인학대예방사업을 목적으로 하는 비영리법인을 지정하여 제1항에 따른 중앙노인보호전문기관과 제2항에 따른 지역노인보호전문기관의 운영을 위탁할 수 있다.

④ 제1항에 따른 중앙노인보호전문기관과 제2항에 따른 지역노인보호전문기관의 설치기준과 운영, 상담원의 자격과 배치기준 및 제3항에 따른 위탁기관의 지정 등에 필요한 사항은 대통령령으로 정한다.

15. 노인학대 신고의무와 절차 등(제39조의6)

① 누구든지 노인학대를 알게 된 때에는 노인보호전문기관 또는 수사기관에 신고할 수 있다.

② 다음 각 호의 어느 하나에 해당하는 자는 그 직무상 65세 이상의 사람에 대한 노인학대를 알게 된 때에는 즉시 노인보호전문기관 또는 수사기관에 신고하여야 한다.<개정 2011. 6. 7., 2015. 12. 29., 2016. 12. 2., 2017. 10. 24., 2018. 3. 13., 2018. 12. 11.>

1. 의료법 제3조 제1항의 의료기관에서 의료업을 행하는 의료인 및 의료기관의 장
2. 제27조의2에 따른 방문요양과 돌봄이나 안전확인 등의 서비스 종사자, 제31조에 따른 노인복지시설의 장과 그 종사자 및 제7조에 따른 노인복지상담원
3. 「장애인복지법」 제58조의 규정에 의한 장애인복지시설에서 장애노인에 대한 상담·치료·훈련 또는 요양업무를 수행하는 사람
4. 「가정폭력방지 및 피해자보호 등에 관한 법률」 제5조 및 제7조에 따른 가정폭력 관련 상담소 및 가정폭력피해자 보호시설의 장과 그 종사자
5. 「사회복지사업법」 제14조에 따른 사회복지전담공무원 및 같은 법

제34조에 따른 사회복지관, 부랑인 및 노숙인보호를 위한 시설의 장과 그 종사자

6. 「노인장기요양보험법」 제31조에 따른 장기요양기관의 장과 그 종사자
7. 「119구조·구급에 관한 법률」 제10조에 따른 119구급대의 구급대원
8. 「건강가정기본법」 제35조에 따른 건강가정지원센터의 장과 그 종사자
9. 「다문화가족지원법」 제12조에 따른 다문화가족지원센터의 장과 그 종사자
10. 「성폭력방지 및 피해자보호 등에 관한 법률」 제10조에 따른 성폭력피해상담소 및 같은 법 제12조에 따른 성폭력피해자보호시설의 장과 그 종사자
11. 「응급의료에 관한 법률」 제36조에 따른 응급구조사
12. 「의료기사 등에 관한 법률」 제1조의2 제1호에 따른 의료기사
13. 「국민건강보험법」에 따른 국민건강보험공단 소속 요양직 직원
14. 「지역보건법」 제2조에 따른 지역보건의료기관의 장과 종사자
15. 제31조에 따른 노인복지시설 설치 및 관리 업무 담당 공무원

③ 신고인의 신분은 보장되어야 하며 그 의사에 반하여 신분이 노출되어서는 아니 된다.

④ 관계 중앙행정기관의 장은 제2항 각 호의 어느 하나에 해당하는 사람의 자격취득 교육과정이나 보수교육 과정에 노인학대 예방 및 신고의무와 관련된 교육 내용을 포함하도록 하여야 하며, 그 결과를 보건복지부장관에게 제출하여야 한다.<신설 2012. 10. 22., 2018. 3. 13.>

⑤ 제2항에 따른 노인학대 신고의무자가 소속된 다음 각 호의 기관의 장은 소속 노인학대 신고의무자에게 노인학대예방 및 신고의무에 관한 교육을 실시하고 그 결과를 보건복지부장관에게 제출하여야 한다.<신설 2018. 3. 13.>

1. 제31조에 따른 노인복지시설
2. 「의료법」 제3조 제2항 제3호 라목 및 마목에 따른 요양병원 및 종합병원
3. 「노인장기요양보험법」 제2조 제4호에 따른 장기요양기관

⑥ 제4항 및 제5항에 따른 교육 내용·시간 및 방법 등에 관하여 필요한 사

항은 보건복지부령으로 정한다.<신설 2012. 10. 22., 2018. 3. 13.>

16. 응급조치의무 등(제39조의7)

① 누구든지 정당한 사유 없이 사고 등의 사유로 인하여 보호자로부터 이탈된 노인(이하 "실종노인"이라 한다)을 경찰관서 또는 지방자치단체의 장에게 신고하지 아니하고 보호하여서는 아니 된다.<개정 2013. 6. 4.>

② 제31조에 따른 노인복지시설(「사회복지사업법」 제2조 제4호에 따른 사회복지시설 및 사회복지시설에 준하는 시설로서 인가·신고 등을 하지 아니하고 노인을 보호하는 시설을 포함한다. 이하 "보호시설"이라 한다)의 장 또는 그 종사자는 그 직무를 수행하면서 실종노인임을 알게 된 때에는 지체 없이 보건복지부령으로 정하는 신상카드를 작성하여 지방자치단체의 장과 제3항 제2호의 업무를 수행하는 기관의 장에게 제출하여야 한다.

③ 보건복지부장관은 실종노인의 발생예방, 조속한 발견과 복귀를 위하여 다음 각 호의 업무를 수행하여야 한다. 이 경우 보건복지부장관은 노인복지 관련 법인이나 단체에 그 업무의 전부 또는 일부를 위탁할 수 있다.
  1. 실종노인과 관련된 조사 및 연구
  2. 실종노인의 데이터베이스 구축·운영
  3. 그 밖에 실종노인의 보호 및 지원에 필요한 사항

④ 경찰청장은 실종노인의 조속한 발견과 복귀를 위하여 다음 각 호의 사항을 시행하여야 한다.
  1. 실종노인에 대한 신고체계의 구축 및 운영
  2. 그 밖에 실종노인의 발견과 복귀를 위하여 필요한 사항

17. 보조인의 선임 등(제39조의8)

① 학대받은 노인의 법정대리인, 직계친족, 형제자매, 노인보호전문기관의 상담원 또는 변호사는 노인학대사건의 심리에 있어서 보조인이 될 수 있다. 다만, 변호사가 아닌 경우에는 법원의 허가를 받아야 한다.

② 법원은 학대받은 노인을 증인으로 신문하는 경우 본인·검사 또는 노인

보호전문기관의 신청이 있는 때에는 본인과 신뢰관계에 있는 자의 동석을 허가할 수 있다.

③ 수사기관이 학대받은 노인을 조사하는 경우에도 제1항 및 제2항의 절차를 준용한다.

18. 금지행위(제39조의9)

누구든지 65세 이상의 사람(이하 이 조에서 "노인"이라 한다)에 대하여 다음 각 호의 어느 하나에 해당하는 행위를 하여서는 아니 된다.

1. 노인의 신체에 폭행을 가하거나 상해를 입히는 행위
2. 노인에게 성적 수치심을 주는 성폭행·성희롱 등의 행위
3. 자신의 보호·감독을 받는 노인을 유기하거나 의식주를 포함한 기본적 보호 및 치료를 소홀히 하는 방임행위
4. 노인에게 구걸을 하게 하거나 노인을 이용하여 구걸하는 행위
5. 노인을 위하여 증여 또는 급여된 금품을 그 목적 외의 용도에 사용하는 행위
6. 폭언, 협박, 위협 등으로 노인의 정신건강에 해를 끼치는 정서적 학대행위

19. 실종노인에 관한 신고의무 등(제39조의10)

① 누구든지 정당한 사유 없이 사고 등의 사유로 인하여 보호자로부터 이탈된 노인(이하 "실종노인"이라 한다)을 경찰관서 또는 지방자치단체의 장에게 신고하지 아니하고 보호하여서는 아니 된다.

② 제31조에 따른 노인복지시설(「사회복지사업법」 제2조 제4호에 따른 사회복지시설 및 사회복지시설에 준하는 시설로서 인가·신고 등을 하지 아니하고 노인을 보호하는 시설을 포함한다. 이하 "보호시설"이라 한다)의 장 또는 그 종사자는 그 직무를 수행하면서 실종노인임을 알게 된 때에는 지체 없이 보건복지부령으로 정하는 신상카드를 작성하여 지방자치단체의 장과 제3항 제2호의 업무를 수행하는 기관의 장에게 제출하여야 한다.

③ 보건복지부장관은 실종노인의 발생예방, 조속한 발견과 복귀를 위하여 다음 각 호의 업무를 수행하여야 한다. 이 경우 보건복지부장관은 노인복지 관련 법인이나 단체에 그 업무의 전부 또는 일부를 위탁할 수 있다.
1. 실종노인과 관련된 조사 및 연구
2. 실종노인의 데이터베이스 구축·운영
3. 그 밖에 실종노인의 보호 및 지원에 필요한 사항
④ 경찰청장은 실종노인의 조속한 발견과 복귀를 위하여 다음 각 호의 사항을 시행하여야 한다.
1. 실종노인에 대한 신고체계의 구축 및 운영
2. 그 밖에 실종노인의 발견과 복귀를 위하여 필요한 사항

20. 조사 등(제39조의11)

① 보건복지부장관, 시·도지사 또는 시장·군수·구청장은 필요하다고 인정하는 때에는 관계공무원 또는 노인복지상담원으로 하여금 노인복지시설과 노인의 주소·거소, 노인의 고용장소 또는 제39조의9의 금지행위를 위반할 우려가 있는 장소에 출입하여 노인 또는 관계인에 대하여 필요한 조사를 하거나 질문을 하게 할 수 있다.
② 경찰청장, 시·도지사 또는 시장·군수·구청장은 실종노인의 발견을 위하여 필요한 때에는 보호시설의 장 또는 그 종사자에게 필요한 보고 또는 자료제출을 명하거나 소속 공무원으로 하여금 보호시설에 출입하여 관계인 또는 노인에 대하여 필요한 조사 또는 질문을 하게 할 수 있다.
③ 제1항 및 제2항의 경우 관계공무원, 노인복지상담원은 그 권한을 표시하는 증표 및 조사기간, 조사범위, 조사담당자, 관계 법령 등 보건복지부령으로 정하는 사항이 기재된 서류를 지니고 이를 노인 또는 관계인에게 내보여야 한다.<개정 2015. 12. 29.>
④ 제1항 및 제2항에 따른 조사 또는 질문의 절차·방법 등에 관하여는 이 법에서 정하는 사항을 제외하고는 「행정조사기본법」에서 정하는 바에 따른다.<개정 2015. 12. 29.>

21. 비밀누설의 금지(제39조의12)

이 법에 의한 학대노인의 보호와 관련된 업무에 종사하였거나 종사하는 자는 그 직무상 알게 된 비밀을 누설하지 못한다.

22. 요양보호사의 결격사유(제39조의13)

다음 각 호의 어느 하나에 해당하는 사람은 요양보호사가 될 수 없다.<개정 2015. 1. 28., 2018. 3. 13., 2018. 12. 11.>

1. 「정신건강증진 및 정신질환자 복지서비스 지원에 관한 법률」 제3조 제1호에 따른 정신질환자. 다만, 전문의가 요양보호사로서 적합하다고 인정하는 사람은 그러하지 아니하다.
2. 마약·대마 또는 향정신성의약품 중독자
3. 피성년후견인
4. 금고 이상의 형을 선고받고 그 형의 집행이 종료되지 아니하였거나 그 집행을 받지 아니하기로 확정되지 아니한 사람
5. 법원의 판결에 따라 자격이 정지 또는 상실된 사람
6. 제39조의14에 따라 요양보호사의 자격이 취소(이 조 제3호에 해당하여 자격이 취소된 경우는 제외한다)된 날부터 1년이 경과되지 아니한 사람

23. 요양보호사의 자격취소(제39조의14)

① 시·도지사는 요양보호사가 다음 각 호의 어느 하나에 해당하는 경우 그 자격을 취소할 수 있다. 다만, 제1호부터 제3호까지의 경우 자격을 취소하여야 한다.

1. 제39조의13 각 호의 어느 하나에 해당하게 된 경우
2. 제39조의9를 위반하여 제55조의2부터 제55조의4까지의 규정에 따른 처벌을 받은 경우
3. 거짓이나 그 밖의 부정한 방법으로 자격증을 취득한 경우

4. 영리를 목적으로 노인 등에게 불필요한 요양서비스를 알선·유인하거나 이를 조장한 경우
5. 자격증을 대여·양도 또는 위조·변조한 경우
② 시·도지사는 제1항에 따라 요양보호사의 자격을 취소하는 경우 청문을 실시하여야 한다.
③ 제1항의 자격취소의 절차 등에 관하여 필요한 사항은 보건복지부령으로 정한다.

24. 노인학대 등의 통보(제39조의15)

① 사법경찰관리는 노인 사망 및 상해사건, 가정폭력 사건 등에 관한 직무를 행하는 경우 노인학대가 있었다고 의심할만한 사유가 있는 때에는 노인보호전문기관에 그 사실을 통보하여야 한다.
② 제1항의 통보를 받은 노인보호전문기관은 피해노인 보호조치 등 필요한 조치를 하여야 한다. [본조신설 2015. 12. 29.]

25. 노인학대행위자에 대한 상담·교육 등의 권고(제39조의16)

① 노인보호전문기관의 장은 노인학대행위자에 대하여 상담·교육 및 심리적 치료 등 필요한 지원을 받을 것을 권고할 수 있다.<개정 2017. 3. 14.>
② 노인학대행위자는 노인보호전문기관의 장이 제1항에 따른 상담·교육 및 심리적 치료 등을 권고하는 경우에는 이에 협조하여 상담·교육 및 심리적 치료 등을 성실히 받아야 한다.<신설 2017. 3. 14.> [본조신설 2015. 12. 29.]

26. 노인관련기관의 취업제한 등(제39조의17)

① 법원은 노인학대관련범죄로 형 또는 치료감호를 선고하는 경우에는 판

결(약식명령을 포함한다. 이하 같다)로 그 형 또는 치료감호의 전부 또는 일부의 집행을 종료하거나 집행이 유예·면제된 날(벌금형을 선고받은 경우에는 그 형이 확정된 날을 말한다)부터 일정기간(이하 "취업제한기간"이라 한다) 동안 다음 각 호에 따른 시설 또는 기관(이하 "노인관련기관"이라 한다)을 운영하거나 노인관련기관에 취업 또는 사실상 노무를 제공할 수 없도록 하는 명령(이하 "취업제한명령"이라 한다)을 판결과 동시에 선고(약식명령의 경우에는 고지를 말한다)하여야 한다. 다만, 재범의 위험성이 현저히 낮은 경우, 그 밖에 취업을 제한하여서는 아니 되는 특별한 사정이 있다고 판단하는 경우에는 그러하지 아니하다.<개정 2016. 5. 29., 2018. 12. 11.>

1. 제31조의 노인복지시설
2. 「노인장기요양보험법」 제31조에 따른 장기요양기관
3. 「가정폭력방지 및 피해자보호 등에 관한 법률」 제4조의6의 긴급전화센터, 같은 법 제5조의 가정폭력 관련 상담소 및 같은 법 제7조의2의 가정폭력피해자 보호시설
4. 「건강가정기본법」 제35조의 건강가정지원센터
5. 「다문화가족지원법」 제12조의 다문화가족지원센터
6. 「성폭력방지 및 피해자보호 등에 관한 법률」 제10조의 성폭력피해상담소 및 같은 법 제12조의 성폭력피해자보호시설 및 같은 법 제18조의 성폭력피해자통합지원센터
7. 「의료법」 제3조의 의료기관
8. 「장애인복지법」 제58조의 장애인복지시설
9. 「정신건강증진 및 정신질환자 복지서비스 지원에 관한 법률」 제3조에 따른 정신건강복지센터 및 정신건강증진시설

② 제1항에 따른 취업제한기간은 10년을 초과하지 못한다.<신설 2018. 12. 11.>

③ 법원은 제1항에 따라 취업제한명령을 선고하려는 경우에는 정신건강의학과 의사, 심리학자, 사회복지학자, 노인학대 관련 전문가, 그 밖의 관련 전문가로부터 취업제한명령 대상자의 재범 위험성 등에 관한 의견을 들을 수 있다.<신설 2018. 12. 11.>

④ 제1항 각 호의 노인관련기관의 설치 신고·인가·허가 등을 관할하는 행정기관의 장(이하 이 조에서 "관할행정기관의 장"이라 한다)은 노인관련기관을 운영하려는 자에 대하여 본인의 동의를 받아 관계 기관의 장에게 노인학대관련범죄 경력 조회를 요청하여야 한다. 다만, 노인관련기관을 운영하려는 자가 노인학대관련범죄 경력 조회 회신서를 관할행정기관의 장에게 직접 제출한 경우에는 노인학대관련범죄 경력 조회를 한 것으로 본다.<개정 2018. 12. 11.>

⑤ 노인관련기관의 장은 그 기관에 취업 중이거나 사실상 노무를 제공 중인 사람 또는 취업하려 하거나 사실상 노무를 제공하려는 사람(이하 "취업자등"이라 한다)에 대하여 노인학대관련범죄 경력을 확인하여야 하며, 이 경우 본인의 동의를 받아 관계 기관의 장에게 노인학대관련범죄 경력 조회를 요청하여야 한다. 다만, 취업자등이 노인학대관련범죄 경력 조회 회신서를 노인관련기관의 장에게 직접 제출한 경우에는 노인학대관련범죄 경력 조회를 한 것으로 본다.<개정 2018. 12. 11.>

⑥ 관할행정기관의 장은 취업제한명령을 선고받은 사람이 노인관련기관을 운영하거나 노인관련기관에 취업 또는 사실상 노무를 제공하고 있는지를 직접 또는 관계 기관 조회 등의 방법으로 연 1회 이상 점검·확인하고 그 결과를 관계 중앙행정기관의 장에게 제출하여야 한다.<개정 2018. 12. 11.>

⑦ 관할행정기관의 장은 제6항에 따른 점검·확인을 위하여 필요한 경우에는 노인관련기관의 장에게 관련 자료의 제출을 요구할 수 있다.<신설 2018. 12. 11.>

⑧ 노인관련기관의 장은 취업제한명령을 선고받은 사람이 노인관련기관에 취업 또는 사실상 노무를 제공하고 있는 것을 알게 된 때에는 즉시 해임하여야 한다.<신설 2018. 12. 11.>

⑨ 관할행정기관의 장은 취업제한명령을 위반하여 노인관련기관을 운영 중인 노인관련기관의 장에게 운영 중인 노인관련기관의 폐쇄를 요구하여야 하며, 취업제한명령을 위반하여 노인관련기관에 취업하거나 사실상 노무를 제공하고 있는 사람이 있으면 해당 노인관련기관의 장에게 그의 해임을 요구하여야 한다.<개정 2018. 12. 11.>

⑩ 관할행정기관의 장은 노인관련기관의 장이 정당한 사유 없이 제9항에 따른 폐쇄요구를 거부하거나 3개월 이내에 요구사항을 이행하지 아니하는 경우에는 대통령령으로 정하는 바에 따라 해당 노인관련기관을 폐쇄하거나 그 허가·인가 등을 취소하거나 관계 행정기관의 장에게 이를 요구할 수 있다.<개정 2018. 12. 11.>

⑪ 제4항부터 제6항까지에 따라 노인학대관련범죄 경력 조회 요청을 받은 관계 기관의 장은 노인학대관련범죄 경력 조회 회신서를 발급하여야 한다.<개정 2018. 12. 11.>

⑫ 제4항부터 제6항까지에 따른 노인학대관련범죄 경력 조회의 요청 절차·범위 및 확인·점검 결과의 제출방법 등에 필요한 사항은 대통령령으로 정한다.<개정 2018. 12. 11.> [본조신설 2015. 12. 29.]

27. 위반사실의 공표(제39조의18)

① 보건복지부장관, 시·도지사 또는 시장·군수·구청장은 제39조의9의 금지행위로 제60조에 따른 처벌을 받은 법인 등이 운영하는 시설에 대하여 그 위반행위, 처벌내용, 해당 법인 또는 시설의 명칭, 대표자 성명, 시설장 성명(대표자와 동일인이 아닌 경우만 해당한다) 및 그 밖에 다른 시설과의 구별에 필요한 사항으로서 대통령령으로 정하는 사항을 공표할 수 있다. 이 경우 공표 여부를 결정할 때에는 그 위반행위의 동기, 정도, 횟수 및 결과 등을 고려하여야 한다.

② 보건복지부장관, 시·도지사 또는 시장·군수·구청장은 제39조의14에 따른 처분을 받거나 제55조의2·제55조의3제1항 제2호 또는 제55조의4제1호에 따른 처벌을 받은 자로서 제39조의9에 따른 금지행위로 노인의 생명을 해치거나 신체 또는 정신에 중대한 피해를 입힌 노인복지시설의 장과 종사자에 대하여 법 위반 이력과 명단, 그 밖에 대통령령으로 정하는 사항을 공표할 수 있다. 이 경우 공표여부를 결정할 때에는 그 위반행위의 동기, 정도, 횟수 및 결과 등을 고려하여야 한다.<개정 2016. 12. 2.>

③ 보건복지부장관, 시·도지사 또는 시장·군수·구청장은 제1항 및 제2항

에 따른 공표를 실시하기 전에 공표대상자에게 그 사실을 통지하여 소명자료를 제출하거나 출석하여 의견진술을 할 수 있는 기회를 부여하여야 한다.

④ 제1항 및 제2항에 따른 공표의 절차·방법, 그 밖에 필요한 사항은 대통령령으로 정한다. [본조신설 2015. 12. 29.]

28. 학대피해노인 전용쉼터의 설치(제39조의19)

① 국가와 지방자치단체는 노인학대로 인하여 피해를 입은 노인(이하 이 조에서 "학대피해노인"이라 한다)을 일정 기간 보호하고 심신 치유 프로그램을 제공하기 위하여 학대피해노인 전용쉼터(이하 "쉼터"라 한다)를 설치·운영할 수 있다.

② 쉼터의 업무는 다음 각 호와 같다.

1. 학대피해노인의 보호와 숙식제공 등의 쉼터생활 지원
2. 학대피해노인의 심리적 안정을 위한 전문심리상담 등 치유프로그램 제공
3. 학대피해노인에게 학대로 인한 신체적, 정신적 치료를 위한 기본적인 의료비 지원
4. 학대 재발 방지와 원가정 회복을 위하여 노인학대행위자 등에게 전문상담서비스 제공
5. 그 밖에 쉼터에 입소하거나 쉼터를 이용하는 학대피해노인을 위하여 보건복지부령으로 정하는 사항

③ 국가와 지방자치단체는 쉼터의 운영업무를 제39조의5제1항 및 제2항에 따른 노인보호전문기관에 위탁할 수 있다. 이 경우 국가와 지방자치단체는 위탁에 소요되는 비용을 지원할 수 있다.

④ 제3항에 따른 쉼터 운영의 위탁과 위탁비용 지원에 관한 사항은 대통령령으로 정한다.

⑤ 쉼터의 설치기준·운영 및 인력에 관한 사항과 쉼터의 입소·이용 대상, 기간 및 절차 등에 관한 사항은 보건복지부령으로 정한다. [본조신설 2017. 3. 14.]

29. 노인학대의 사후관리 등(제39조의20)

① 노인보호전문기관의 장은 노인학대가 종료된 후에도 가정방문, 시설방문, 전화상담 등을 통하여 노인학대의 재발 여부를 확인하여야 한다.

② 노인보호전문기관의 장은 노인학대가 종료된 후에도 노인학대의 재발 방지를 위하여 필요하다고 인정하는 경우 피해노인 및 보호자를 포함한 피해노인의 가족에게 상담, 교육 및 의료적·심리적 치료 등의 지원을 하여야 한다.

③ 노인보호전문기관의 장은 제2항에 따른 지원을 하기 위하여 관계 기관·법인·단체·시설에 협조를 요청할 수 있다.

④ 피해노인의 보호자·가족은 제2항에 따른 노인보호전문기관의 지원에 성실히 참여하여야 한다. [본조신설 2018. 3. 13.]

30. 변경·폐지 등(제40조)

① 제33조 제2항의 규정에 의하여 노인주거복지시설을 설치한 자 또는 제35조 제2항의 규정에 의하여 노인의료복지시설을 설치한 자가 그 설치신고사항중 보건복지부령이 정하는 사항을 변경하거나 그 시설을 폐지 또는 휴지하고자 할 때에는 대통령령이 정하는 바에 의하여 시장·군수·구청장에게 미리 신고하여야 한다.

② 삭제<2011. 6. 7.>

③ 제37조 제2항에 의하여 노인여가복지시설을 설치한 자 또는 제39조 제2항의 규정에 의하여 재가노인복지시설을 설치한 자가 그 설치신고사항 중 보건복지부령이 정하는 사항을 변경하거나 그 시설을 폐지 또는 휴지하고자 할 때에는 대통령령이 정하는 바에 의하여 시장·군수·구청장에게 미리 신고하여야 한다.

④ 시장·군수·구청장은 제1항 또는 제3항에 따른 변경신고를 받은 경우 그 내용을 검토하여 이 법에 적합하면 신고를 수리하여야 한다.<신설 2018. 3. 13.>

⑤ 노인주거복지시설의 장, 노인의료복지시설의 장, 노인여가복지시설의 장

또는 재가노인복지시설의 장은 해당 시설을 폐지 또는 휴지하는 경우에는 보건복지부령으로 정하는 바에 따라 해당 시설을 이용하는 사람이 다른 시설을 이용할 수 있도록 조치계획을 수립하고 이행하는 등 시설 이용자의 권익을 보호하기 위한 조치를 취하여야 한다.<신설 2015. 12. 29.>

⑥ 시장·군수·구청장은 제1항 또는 제3항에 따라 노인복지시설의 폐지 또는 휴지의 신고를 받은 경우 해당 시설의 장이 제5항에 따른 시설 이용자의 권익을 보호하기 위한 조치를 취하였는지 여부를 확인하는 등 보건복지부령으로 정하는 조치를 하고, 신고 내용이 이 법에 적합하면 신고를 수리하여야 한다.<신설 2015. 12. 29., 2018. 3. 13.>

31. 수탁의무(제41조)

양로시설, 노인공동생활가정 및 노인복지주택, 제34조 제1항의 규정에 의한 노인요양시설 및 노인요양공동생활가정 또는 제38조 제1항의 규정에 의한 재가노인복지시설을 설치·운영하는 자가 복지실시기관으로부터 제28조 제1항 제2호 및 제3호, 동조제2항 또는 제3항의 규정에 의하여 노인의 입소·장례를 위탁받은 때에는 정당한 이유 없이 이를 거부하여서는 아니 된다.

32. 감독(제42조)

① 복지실시기관은 제31조에 따른 노인복지시설 또는 제39조의3제1항에 따른 요양보호사교육기관을 설치·운영하는 자가 해당 시설 또는 사업에 관하여 필요한 보고를 하게 하거나 관계공무원으로 하여금 해당 시설 또는 사업의 운영상황을 조사하게 하거나 장부, 그 밖의 관계서류를 검사하게 할 수 있다.<개정 2019. 1. 15.>

② 제31조의 규정에 의한 노인복지시설을 설치·운영하는 자는 보건복지부령이 정하는 바에 따라 매년도 입소자 또는 이용자 현황 등에 관한 자료를 복지실시기관에 제출하여야 한다.

③ 제1항의 규정에 의하여 조사·검사를 행하는 자는 그 권한을 표시하는

증표를 지니고 이를 관계인에게 내보여야 한다. [제목개정 2019. 1. 15.]

33. 사업의 정지 등(제43조)

① 시·도지사 또는 시장·군수·구청장은 노인주거복지시설, 노인의료복지시설 또는 제23조의2제1항 제2호의 노인일자리지원기관이 다음 각 호의 어느 하나에 해당하는 때에는 1개월의 범위에서 사업의 정지 또는 폐지를 명할 수 있다.<개정 1999. 2. 8.~2018. 3. 13., 2019. 4. 30.>

  1. 제23조의2제4항, 제33조 제4항 또는 제35조 제4항에 따른 시설 등에 관한 기준에 미달하게 된 때

  2. 제41조의 규정에 위반하여 수탁을 거부한 때

  3. 정당한 이유없이 제42조의 규정에 의한 보고 또는 자료제출을 하지 아니하거나 허위로 한 때 또는 조사·검사를 거부·방해하거나 기피한 때

  4. 제46조 제5항의 규정에 위반한 때

  5. 해당 시설이나 기관을 설치·운영하는 자 또는 그 종사자가 입소자나 이용자를 학대한 때

② 시장·군수·구청장은 노인여가복지시설 또는 재가노인복지시설이 다음 각 호의 어느 하나에 해당하는 때에는 1개월의 범위에서 사업의 정지 또는 폐지를 명할 수 있다.<개정 1999. 2. 8.~2018. 3. 13., 2019. 4. 30.>

  1. 제37조 제4항 또는 제39조 제4항의 시설 등에 관한 기준에 미달하게 된 때

  2. 제41조의 규정에 위반하여 수탁을 거부한 때(재가노인복지시설의 경우로 한정한다)

  3. 정당한 이유없이 제42조의 규정에 의한 보고 또는 자료제출을 하지 아니하거나 허위로 한 때 또는 조사·검사를 거부·방해하거나 기피한 때

  4. 제46조 제7항의 규정에 위반한 때

  5. 해당 시설을 설치·운영하는 자 또는 그 종사자가 입소자나 이용자

를 학대한 때

③ 시·도지사 또는 시장·군수·구청장은 노인주거복지시설 또는 노인의료
복지시설이 제1항에 따라 사업이 정지 또는 폐지되거나 노인여가복지시
설 또는 재가노인복지시설이 제2항에 따라 사업이 정지 또는 폐지되는
경우에는 해당 시설의 이용자를 다른 시설로 옮기도록 하는 등 시설 이
용자의 권익을 보호하기 위하여 필요한 조치를 하여야 한다.<신설
2015. 12. 29.>

④ 제1항 및 제2항에 따른 행정처분의 세부적인 기준은 위반의 정도 등을
참작하여 보건복지부령으로 정한다.<개정 2008. 2. 29.~2018. 3. 13.>

Ⅶ. 비용

1. 비용의 부담(제45조)

① 삭제<2007. 4. 25.>

② 다음 각 호의 어느 하나에 해당하는 비용은 대통령령이 정하는 바에 따
라 국가 또는 지방자치단체가 부담한다.

1. 제23조의2제1항의 규정에 따른 노인일자리전담기관의 설치·운영
또는 위탁에 소요되는 비용

2. 제27조 및 제28조의 규정에 따른 건강진단 등과 상담·입소 등의 조
치에 소요되는 비용

3. 제33조 제1항·제35조 제1항·제37조 제1항 및 제39조 제1항의 규
정에 따른 노인복지시설의 설치·운영에 소요되는 비용

2. 비용의 수납 및 청구(제46조)

① 제27조 및 제28조에 따른 복지조치에 필요한 비용을 부담한 복지실시기
관은 해당 노인 또는 그 부양의무자로부터 대통령령으로 정하는 바에
따라 그 부담한 비용의 전부 또는 일부를 수납하거나 청구할 수 있다.

<개정 2019. 1. 15.>

② 부양의무가 없는 자가 제28조의 규정에 의한 복지조치에 준하는 보호를 행하는 경우 즉시 그 사실을 부양의무자 및 복지실시기관에 알려야 한다.

③ 제2항의 보호를 행한 자는 부양의무자에게 보호비용의 전부 또는 일부를 청구할 수 있다.

④ 제1항 또는 제3항의 규정에 의한 부담비용의 청구 등에 관하여 필요한 사항은 보건복지부령으로 정한다.

⑤ 제32조 제1항에 따른 양로시설, 노인공동생활가정 및 노인복지주택, 제34조 제1항에 따른 노인요양시설 및 노인요양공동생활가정을 설치한 자는 그 시설에 입소하거나 그 시설을 이용하는 「국민기초생활 보장법」 제7조 제1항 제1호에 따른 생계급여 수급자 또는 같은 항 제3호에 따른 의료급여 수급자외의 자로부터 그에 소요되는 비용을 수납하고자 할 때에는 시장·군수·구청장에게 신고하여야 한다. 다만, 보건복지부령이 정한 비용수납 한도액의 범위 안에서 수납할 때에는 그러하지 아니하다.<개정 1999. 2. 8.~2015. 12. 29.>

⑥ 삭제<1999. 2. 8.>

⑦ 제36조 제1항의 규정에 의한 노인여가복지시설 또는 제38조 제1항의 규정에 의하여 재가노인복지시설을 설치한 자 또는 편의를 제공하는 자가 그 시설을 이용하는 자로부터 그에 소요되는 비용을 수납하고자 할 때에는 미리 시장·군수·구청장에게 신고하여야 한다.

⑧ 제28조 제2항에 따른 복지실시기관과 제31조에 따른 노인복지시설을 설치한 자 또는 편의를 제공한 자는 제1항 또는 제3항에 따른 비용을 현금이나 「여신전문금융업법」 제2조에 따른 신용카드, 직불카드 또는 선불카드에 의한 결제로 납부받을 수 있다.<신설 2019. 12. 3.> [제목개정 2019. 1. 15.]

3. 비용의 보조(제47조)

국가 또는 지방자치단체는 대통령령이 정하는 바에 의하여 노인복지시설의 설치·운영에 필요한 비용을 보조할 수 있다.

4. 유류물품의 처분(제48조)

복지실시기관 또는 노인복지시설의 장은 제28조 제3항의 규정에 의한 장례를 행함에 있어서 사망자가 유류한 금전 또는 유가증권을 그 장례에 필요한 비용에 충당할 수 있으며, 부족이 있을 때에는 유류물품을 처분하여 그 대금을 이에 충당할 수 있다.

5. 조세감면(제49조)

제31조의 규정에 의한 노인복지시설에서 노인을 위하여 사용하는 건물·토지 등에 대하여는 조세감면규제법 등 관계 법령이 정하는 바에 의하여 조세 기타 공과금을 감면할 수 있다.

 Ⅷ. 보칙

1. 이의신청 등(제50조)

① 노인 또는 그 부양의무자는 이 법에 따른 복지조치에 대하여 이의가 있을 때에는 해당 복지실시기관에 이의를 신청할 수 있다.＜개정 2017. 10. 24.＞
② 제1항에 따른 이의신청은 해당 복지조치가 있음을 안 날부터 90일 이내에 문서로 하여야 한다. 다만, 정당한 사유로 인하여 그 기간 이내에 이의신청을 할 수 없었음을 증명한 때에는 그 사유가 소멸한 날부터 60일 이내에 이의신청을 할 수 있다.＜신설 2017. 10. 24.＞
③ 제1항의 이의신청을 받은 복지실시기관은 그 신청을 받은 날부터 30일 이내에 이를 심사·결정하여 청구인에게 통보하여야 한다.＜개정 2017. 10. 24.＞
④ 제3항의 심사·결정에 이의가 있는 자는 그 통보를 받은 날부터 90일 이내에 행정심판을 제기할 수 있다.＜개정 1999. 2. 8., 2017. 10. 24.＞

⑤ 제46조 제3항의 규정에 의하여 부양의무자가 부담하여야 할 보호비용에 대하여 보호를 행한 자와 부양의무자 사이에 합의가 이루어지지 아니하는 경우로서 시장·군수·구청장은 당사자로부터 조정요청을 받은 경우에는 이를 조정할 수 있다. <개정 2004. 1. 29., 2017. 10. 24.>

⑥ 시장·군수·구청장은 제5항의 조정을 위하여 필요하다고 인정하는 경우 부양의무자에게 소득·재산 등에 관한 자료의 제출을 요구할 수 있다. <개정 2017. 10. 24.> [제목개정 2017. 10. 24.]

2. 노인복지명예지도원(제51조)

① 복지실시기관은 유료양로시설, 유료노인복지주택, 유료노인요양시설 및 유료노인전문요양시설의 입소노인의 보호를 위하여 노인복지명예지도원을 둘 수 있다.

② 노인복지명예지도원의 위촉방법·업무범위 등 기타 필요한 사항은 대통령령으로 정한다.

3. 권한의 위임·위탁(제53조)

① 보건복지부장관 또는 시·도지사는 이 법에 의한 권한의 일부를 대통령령이 정하는 바에 의하여 각각 시·도지사 또는 시장·군수·구청장에게 위임할 수 있다.

② 보건복지부장관, 시·도지사 또는 시장·군수·구청장은 이 법에 의한 업무의 일부를 대통령령이 정하는 바에 의하여 법인 또는 단체에 위탁할 수 있다.

4. 국·공유재산의 대부 등(제54조)

국가 또는 지방자치단체는 노인보건복지관련 연구시설이나 사업의 육성을 위하여 필요하다고 인정하는 경우에는 국유재산법 또는 지방재정법의 규정에 불구하고 국·공유재산을 무상으로 대부하거나 사용·수익하게 할 수 있다.

5. 건축법에 대한 특례(제55조)

① 이 법에 의한 재가노인복지시설, 노인공동생활가정, 노인요양공동생활가
정 및 학대피해노인 전용쉼터는 「건축법」 제19조의 규정에 불구하고 단
독주택 또는 공동주택에 설치할 수 있다.<개정 2007. 8. 3., 2008. 3.
21., 2018. 3. 13.>
②이 법에 의한 노인복지주택의 건축물의 용도는 건축관계법령에 불구하고
노유자시설로 본다.<신설 1999. 2. 8., 2007. 8. 3.>

 ## Ⅸ. 벌칙

1. 벌칙(제55조의2)

제39조의9 제1호(상해에 한한다)의 행위를 한 자는 7년 이하의 징역 또는 7
천만원 이하의 벌금에 처한다.<개정 2016. 12. 2.>

2. 벌칙(제55조의3)

① 다음 각 호의 어느 하나에 해당하는 자는 5년 이하의 징역 또는 5천만
원 이하의 벌금에 처한다.<개정 2016. 12. 2.>
  1. 제39조의7 제2항 또는 제5항에 따른 업무를 수행 중인 노인보호전
     문기관의 직원에 대하여 폭행 또는 협박하거나 위계 또는 위력으로
     써 그 업무를 방해한 자
  2. 제39조의9 제1호(폭행에 한정한다)부터 제4호까지 또는 같은 조 제6
     호에 해당하는 행위를 한 자
② 삭제<2016. 12. 2.>

③ 단체 또는 다중의 위력을 보이거나 위험한 물건을 휴대하고 제1항 제1호의 죄를 범하여 노인보호전문기관의 직원을 상해에 이르게 한 때에는 3년 이상의 유기징역에 처한다. 사망에 이르게 한 때에는 무기 또는 5년 이상의 징역에 처한다.<개정 2016. 12. 2.> [전문개정 2015. 12. 29.]

3. 벌칙(제55조의4)

다음 각 호의 어느 하나에 해당하는 자는 3년 이하의 징역 또는 3천만원 이하의 벌금에 처한다.<개정 2016. 12. 2.>
  1. 제39조의9 제5호에 해당하는 행위를 한 자
  1의2. 제39조의10 제1항을 위반하여 정당한 사유 없이 신고하지 아니하고 실종노인을 보호한 자
  2. 위계 또는 위력을 행사하여 제39조의11 제2항에 따른 관계 공무원의 출입 또는 조사를 거부하거나 방해한 자

4. 벌칙(제56조)

① 제33조의2 제2항을 위반하여 입소자격자 아닌 자에게 노인복지주택을 임대한 자는 2년 이하의 징역에 처하거나 위법하게 임대한 세대의 수에 1천만원을 곱한 금액 이하의 벌금에 처한다.<개정 2015. 1. 28.>
② 삭제<2015. 1. 28.>

5. 벌칙(제57조)

다음 각 호의 어느 하나에 해당하는 자는 1년 이하의 징역 또는 1천만원 이하의 벌금에 처한다.
  1. 제33조 제2항, 제35조 제2항, 제37조 제2항 또는 제39조 제2항에 따른 신고를 하지 아니하고 양로시설·노인공동생활가정·노인복지주택·노인요양시설·노인요양공동생활가정·노인여가복지시설 또는

재가노인복지시설을 설치하거나 운영한 자

2. 제33조의2 제3항을 위반하여 임대한 자
3. 제39조의3 제1항에 따른 지정을 받지 아니하고 요양보호사교육기관을 설치하거나 운영한 자
4. 제39조의6 제3항에 따른 신고인의 신분 보호 및 신원 노출 금지 의무를 위반한 자
5. 제39조의12를 위반하여 직무상 알게 된 비밀을 누설한 자
6. 정당한 사유 없이 제40조 제5항에 따라 권익보호조치를 하지 아니한 자

[전문개정 2016. 12. 2.]

6. 벌칙적용에서 공무원 의제(제58조)

제53조 제2항에 따라 위탁받은 법인 또는 단체의 임직원은 「형법」 제129조부터 제132조까지의 규정에 따른 벌칙을 적용할 때에는 공무원으로 본다.

[본조신설 2018. 12. 11.]

7. 벌칙(제59조)

제41조를 위반하여 수탁을 거부한 자는 50만원 이하의 벌금에 처한다.<개정 2007. 8. 3.>

1. 삭제<2007. 8. 3.>
2. 삭제<2007. 8. 3.>

8. 가중처벌(제59조의2)

상습적으로 또는 제31조에 따른 노인복지시설 종사자가 제55조의2, 제55조의3제1항 제2호 또는 제55조의4 제1호의 죄를 범한 경우 각 그 죄에서 정한 형의 2분의 1까지 가중한다.<개정 2016. 12. 2.> [본조신설 2015. 12. 29.]

9. 양벌규정(제60조)

법인의 대표자나 법인 또는 개인의 대리인, 사용인, 그 밖의 종업원이 그 법인 또는 개인의 업무에 관하여 제55조의2, 제55조의3, 제55조의4 제1호의2, 제56조, 제57조(같은 조 제2호는 제외한다) 또는 제59조의 위반행위를 하면 그 행위자를 벌하는 외에 그 법인 또는 개인에게도 해당 조문의 벌금형을 과(科)한다. 다만, 법인 또는 개인이 그 위반행위를 방지하기 위하여 해당 업무에 관하여 상당한 주의와 감독을 게을리하지 아니한 경우에는 그러하지 아니하다.<개정 2015. 1. 28., 2016. 12. 2.>

10. 과태료(제61조의2)

① 제39조의17 제9항에 따른 해임요구를 정당한 사유 없이 거부하거나 1개월 이내에 이행하지 아니하는 노인관련기관의 장에게는 1천만원 이하의 과태료를 부과한다.<신설 2018. 12. 11.>

② 다음 각 호의 어느 하나에 해당하는 자에게는 500만원 이하의 과태료를 부과한다.<개정 2015. 12. 29., 2018. 12. 11.>

1. 제39조의11 제2항에 따른 명령을 위반하여 보고 또는 자료제출을 하지 아니하거나 거짓으로 보고하거나 거짓 자료를 제출한 자

2. 39조의6 제2항을 위반하여 노인학대를 신고하지 아니한 사람

3. 제39조의17 제5항을 위반하여 취업자등에 대하여 노인학대관련범죄경력을 확인하지 아니한 노인관련기관의 장

③ 다음 각 호의 어느 하나에 해당하는 자는 200만원 이하의 과태료를 부과한다.<개정 2011. 6. 7., 2012. 10. 22., 2015. 1. 28.>

1. 삭제<2015. 12. 29.>

2. 제39조의10 제2항을 위반하여 신상카드를 제출하지 아니한 자

3. 제40조를 위반하여 신고하지 아니하고 노인복지시설을 폐지 또는 휴지한 자

④ 제1항부터 제3항까지의 규정에 따른 과태료는 대통령령으로 정하는 바에 따라 보건복지부장관, 시 · 도지사, 시장 · 군수 · 구청장이 부과 · 징수한다.

제3절 아동복지법

 ## I. 의의

이혼 등 가족해체의 발생 증가, 현대생활의 긴장 및 각종 산업재해의 증가는 피해가정의 아동들을 요보호대상으로 만들 가능성이 높아지고 있으며, 일반가정의 아동도 성격 및 정서장애, 유기, 학대 등 그 피해가 다양한 양상으로 표출되고 있다. 따라서 가족해체 등에 의한 요보호아동의 발생을 방지하고 보호하기 위한 제도적 대응방안이 국가·사회적 차원에서 마련되어야 할 필요가 있다. 또한 일반아동들은 물론 시설보호아동, 소년소녀가정, 모자가정 등 불우아동들도 행복하고 안전하게 양육되고 그들의 인간다운 삶을 보장해주어야 할 필요가 있다.[90] 아동복지법은 이러한 사회적 필요에 따라 아동들이 건강하고 행복하게 양육되도록 그들의 복지를 보장하기 위해 제정되었다.

아동복지법은 사회복지서비스법의 일환으로 급여의 내용이 주로 비경제적이기 때문에 사회보험법이나 공공부조법과 달리 객관적이고 획일적으로 규정하기 어렵다. 아동복지법은 아동의 출생에서부터 양육에 이르기까지 전 과정에 걸쳐 복지를 보장해야 할 뿐만 아니라, 요보호아동에 대한 보호에 그치지 않고, 일반아동들의 복지도 보장해주어야 하기 때문에 적용대상이 넓고 적극행정의 내용을 담고 있다. 아동복지법은 아동의 이익을 최우선으로 하고 있으며, 단순 구호뿐만 아니라 다양하고 전문적인 복지서비스를 제공하고, 아동학대예방을 효과적으로 수행할 수 있는 근거를 제공하고 있다.

 ## II. 입법배경 및 연혁

1923년 9월 제령 제12호로 제정된 조선감화령이 1961년 아동복리법을 제

---

90) 보건복지부, 2002.

정할 때까지 유지되었으나 식민지 통치를 위한 아동보호에 관한 법이었던 조선 감화령에 대하여 전면적 수정을 단행하였다.

그리하여 1961년 12월 30일 법률 제912호로 아동복리법이 제정되었고, 1981년 4월 13일 아동복지법이 제정되었다.

2000년 1월 12일 아동복지법을 개정하여 우리 사회의 아동복지수요에 능동적으로 대응하고, 최근 심각한 사회문제로 지적된 바 있는 학대아동에 대한 보호 및 아동안전에 대한 제도적 지원을 공고히 하기 위하여, 아동복지지도원을 별정직 공무원에서 사회복지전담공무원으로 그 신분을 변경하고, 아동학대에 대한 정의와 금지유형을 명확히 규정하며, 아동학대에 대한 신고를 의무화하였다.

2012년 10월 22일 일부 개정에서는 현행법은 국가와 지방자치단체가 아동보호구역에 영상정보처리기기(CCTV)를 설치할 수 있도록 재량사항으로 규정하고 있어 예산부족 등을 이유로 영상정보처리기기가 설치가 원활히 이루어지고 있지 않은바, 모든 아동보호구역에 영상정보처리기기 설치를 의무화함으로써 아동이 안전하게 성장할 수 있는 환경을 조성하는 한편, 아동학대 신고의무자의 신고의무 위반 시 부과하는 과태료 상한을 현행 100만원에서 300만원으로 상향조정함으로써 학대아동에 대한 법적 보호와 구제의 실효성을 높였다.

2015년 3월 27일 일부 개정은 아동학대 사건이 발생한 경우 피해아동의 가족 구성원 파악을 통한 사후조치를 실효성 있게 하도록 아동보호전문기관의 장의 신분조회 등 조치의 범위에 가족관계등록부의 증명서를 포함하고, 아동학대를 1차적으로 발견할 수 있는 사람인 아동학대 신고의무자에 대한 신고의무 고지 및 교육을 강화하며, 아동에 대한 체벌 등의 금지를 명시하였다.

2016년 3월 22일 일부 개정에서는 아동복지시설을 폐업·휴업하려는 경우 및 감독기관이 아동복지시설에 사업의 정지나 시설의 폐쇄를 명하는 경우 해당 아동복지시설 이용자를 다른 시설로 옮기도록 하는 등의 시설 이용자의 권익 보호 조치를 법률로 규정하고, 원칙적으로 아동이 원가정에서 성장하도록 지원하는 등 아동보호서비스의 원칙을 명시하고 보호대상아동에 대한 사전 조사·상담 등 보호조치에 필요한 구체적인 내용을 정하여 보호대상아동에 대한 보호조치를 강화하고 아동의 복리를 증진하며, 지방자치단체의 장에게만 보호대상아동의 귀가 조치 권한을 부여함으로써 보호대상아동 부모의 압력 행사로부터 아동복지시설의 장을 보호하는 한편 보호대상아동에게 안전하고 건강한 성장발달 환경을 제공하고, 피해아동의 보호자인 아동학대행위자의 협조를 의무화함으로써 아동보호전문기관이 피해아동의 가족 기능 회복을 위한 업무를 실효적으로 수행할 수 있도록 하며, 아동의 심리안정을 도모하고 2차 피해를 방지하기 위해 아동보호전문기관 내 진술녹화실을 설치하여 운영하고, 학대피해아동쉼터에 대한 법적 근거를 마련하며, 아동보호전문기관을 아동복지시설에 포함함으로써 여타 사회복지시설처럼 운영·회계에 대한 정부의 관리·감독을 강화하고, 실태조사에 대한 근거규정을 정비하였다.

2017년 9월 19일 일부 개정에서는 지방자치단체의 아동정책 수립 및 보호대상아동의 보호조치 등에 관한 사항을 심의하는 아동복지심의위원회를 활성화함으로써 아동에 대한 체계적이고 적절한 보호를 하기 위하여 아동복지심의위원회의 구성 및 운영 현황을 연 1회 보건복지부장관에게 보고하도록 하고, 아동을 대상으로 교육 및 보호 등을 수행하는 기관임에도 불구하고 아동학대 관련 범죄전력자의 취업제한 대상기관에서 제외되어 있는 학습부진아 교육 실시기관, 소년원 및 소년분류심사원을 포함하여 아동보호의 사각지대를 해소하고 아동학대를 적극 예방토록 하였다.

2017년 10월 24일 일부 개정에서는 아동학대 신고의무자가 아동학대 발견 및 대응 방법을 숙지할 수 있도록 모든 신고의무자에 대하여 소속 기관 및 시설의 장이 교육을 실시하도록 하고, 아동학대 예방에 대한 사회의 인식 제고를 위하여 국가기관, 공공기관 등에서 매년 아동학대 예방교육을 실시하도록 하는 한편, 학생에 대한 학대의 조기 발견과 신속한 보호조치를 위하여 기관 간 연계체계 구축 및 정보 공유를 하도록 하고, 학대피해아동에 대한 법률상담 지원 및 아동학대 전담의료기관 지정 근거를 마련하여 학대피해아동에 대한 지원을 강화하였다.

2018년 12월 11일 일부 개정에서는 현행법은 아동학대관련범죄전력자가 형이나 치료감호의 집행이 종료된 후 등부터 일률적으로 10년 동안 아동관련기관을 운영하거나 아동관련기관에 취업 등을 제공할 수 없도록 하고 있으나, 헌법재판소가 이에 대해 2018년 6월 28일 위헌결정을 내림에 따라 해당 규정은 효력을 상실하였다고 보고, 헌법재판소의 위헌결정 취지를 반영하여 법원이 아동학대관련범죄로 형 등을 선고할 때 최장 10년의 기간 범위 내에서 아동관련기관에의 취업제한 명령을 선고하는 등의 조치를 마련함으로써 위헌성을 해소하고, 이러한 취업제한 명령을 선고받은 자의 아동관련기관 취업 여부 연 1회 이상 점검·확인 대상에 아동관련기관 운영자도 법률에 포함하려 하였다. 또한, 아동학대관련범죄전력자의 취업제한 대상 아동관련기관의 범위에 '「민법」제32조에 따라 보건복지부장관의 설립 허가를 받아 아동인권, 아동복지 등 아동을 위한 사업을 수행하는 비영리법인'을 추가하며, 아동보호전문기관의 장이 피해아동의 보호 등 직무를 수행함에 있어서 피해아동, 그 보호자 또는 아동학대행위자에 대한 각종 증명서 발급 등에 소요되는 수수료를 면제하는 법적 근거를 마련하였다.

2019년 1월 15일 일부 개정에서는 현행법은 아동학대예방 및 방지업무, 보호대상아동 및 취약계층아동에 대한 지원업무 등 아동 지원업무가 별개의 기관에 위탁되어 산발적으로 운영되고 있어서 아동정책을 종합적이고 체계적으로 추진할 수 있는 통합 수행기관이 필요하다고 보고, 아동권리보장원을 설립하여 보호가 필요한 아동이 발견되어 보호종료 이후까지 이어지는 전 과정을 총괄적, 체계적으로 지원하였다. 또한, 현행법에서는 아동학대 관련 정보 관리를 위해 운영 중인 국가아동학대정보시스템을 중앙아동보호전문기관에서 위탁하고 있는데, 이를 정보시스템 관리·운영에 전문성을 가지고 있는 사회보장정보원에 위탁하도록 하였고, 양육환경의 변화로 돌봄에 대한 사회적 요구가 증가하고 있는 현실 및 초등학생의 방과 후 심각한 돌봄공백 문제 해결을 위하여 시·도지사 및 시장·군수·구청장이 다함께돌봄센터를 설치·운영할 수 있는 법적 근거를 마련하였다.

 ## Ⅲ. 총칙

1. 목적 및 기본이념(제1조~제2조)

이 법은 아동이 건강하게 출생하여 행복하고 안전하게 자랄 수 있도록 아동의 복지를 보장하는 것을 목적으로 한다(제1조).

① 아동은 자신 또는 부모의 성별, 연령, 종교, 사회적 신분, 재산, 장애유무, 출생지역, 인종 등에 따른 어떠한 종류의 차별도 받지 아니하고 자

라나야 한다.

② 아동은 완전하고 조화로운 인격발달을 위하여 안정된 가정환경에서 행복하게 자라나야 한다.

③ 아동에 관한 모든 활동에 있어서 아동의 이익이 최우선으로 고려되어야 한다.

④ 아동은 아동의 권리보장과 복지증진을 위하여 이 법에 따른 보호와 지원을 받을 권리를 가진다(제2조).

2. 책임

아동복지법은 국가, 지방자치단체, 보호자 및 국민들에게 아동의 복지를 위한 책임을 다음과 같이 명시하고 있다.

(1) 국가와 지방자치단체의 책무(제4조)

① 국가와 지방자치단체는 아동의 안전·건강 및 복지 증진을 위하여 아동과 그 보호자 및 가정을 지원하기 위한 정책을 수립·시행하여야 한다.

② 국가와 지방자치단체는 보호대상아동 및 지원대상아동의 권익을 증진하기 위한 정책을 수립·시행하여야 한다.

③ 국가와 지방자치단체는 아동이 태어난 가정에서 성장할 수 있도록 지원하고, 아동이 태어난 가정에서 성장할 수 없을 때에는 가정과 유사한 환경에서 성장할 수 있도록 조치하며, 아동을 가정에서 분리하여 보호할 경우에는 신속히 가정으로 복귀할 수 있도록 지원하여야 한다.<신설 2016. 3. 22.>

④ 국가와 지방자치단체는 장애아동의 권익을 보호하기 위하여 필요한 시책을 강구하여야 한다.<개정 2016. 3. 22.>

⑤ 국가와 지방자치단체는 아동이 자신 또는 부모의 성별, 연령, 종교, 사회적 신분, 재산, 장애유무, 출생지역 또는 인종 등에 따른 어떠한 종류의 차별도 받지 아니하도록 필요한 시책을 강구하여야 한다.<개정 2016. 3. 22.>

⑥ 국가와 지방자치단체는 「아동의 권리에 관한 협약」에서 규정한 아동의 권리 및 복지 증진 등을 위하여 필요한 시책을 수립·시행하고, 이에 필요한 교육과 홍보를 하여야 한다.<개정 2016. 3. 22.>
⑦ 국가와 지방자치단체는 아동의 보호자가 아동을 행복하고 안전하게 양육하기 위하여 필요한 교육을 지원하여야 한다.<신설 2014. 1. 28., 2016. 3. 22.>

(2) 보호자 등의 책무(제5조)

① 아동의 보호자는 아동을 가정에서 그의 성장시기에 맞추어 건강하고 안전하게 양육하여야 한다.
② 아동의 보호자는 아동에게 신체적 고통이나 폭언 등의 정신적 고통을 가하여서는 아니 된다.<신설 2015. 3. 27.>
③ 모든 국민은 아동의 권익과 안전을 존중하여야 하며, 아동을 건강하게 양육하여야 한다.<개정 2015. 3. 27.>

3. 용어의 정의(제3조)

1. "아동"이란 18세 미만인 사람을 말한다.
2. "아동복지"란 아동이 행복한 삶을 누릴 수 있는 기본적인 여건을 조성하고 조화롭게 성장·발달할 수 있도록 하기 위한 경제적·사회적·정서적 지원을 말한다.
3. "보호자"란 친권자, 후견인, 아동을 보호·양육·교육하거나 그러한 의무가 있는 자 또는 업무·고용 등의 관계로 사실상 아동을 보호·감독하는 자를 말한다.
4. "보호대상아동"이란 보호자가 없거나 보호자로부터 이탈된 아동 또는 보호자가 아동을 학대하는 경우 등 그 보호자가 아동을 양육하기에 적당하지 아니하거나 양육할 능력이 없는 경우의 아동을 말한다.
5. "지원대상아동"이란 아동이 조화롭고 건강하게 성장하는 데에 필요한 기초적인 조건이 갖추어지지 아니하여 사회적·경제적·정서적

지원이 필요한 아동을 말한다.

6. "가정위탁"이란 보호대상아동의 보호를 위하여 성범죄, 가정폭력, 아동학대, 정신질환 등의 전력이 없는 보건복지부령으로 정하는 기준에 적합한 가정에 보호대상아동을 일정 기간 위탁하는 것을 말한다.

7. "아동학대"란 보호자를 포함한 성인이 아동의 건강 또는 복지를 해치거나 정상적 발달을 저해할 수 있는 신체적·정신적·성적 폭력이나 가혹행위를 하는 것과 아동의 보호자가 아동을 유기하거나 방임하는 것을 말한다.

7의2. "아동학대관련범죄"란 다음 각 목의 어느 하나에 해당하는 죄를 말한다.

　　가. 「아동학대범죄의 처벌 등에 관한 특례법」 제2조 제4호에 따른 아동학대범죄

　　나. 아동에 대한 「형법」 제2편 제24장 살인의 죄 중 제250조부터 제255조까지의 죄

8. "피해아동"이란 아동학대로 인하여 피해를 입은 아동을 말한다.

9. 삭제<2016. 3. 22.>

10. "아동복지시설"이란 제50조에 따라 설치된 시설을 말한다.

11. "아동복지시설 종사자"란 아동복지시설에서 아동의 상담·지도·치료·양육, 그 밖에 아동의 복지에 관한 업무를 담당하는 사람을 말한다.

4. 어린이날 및 어린이주간

어린이에 대한 사랑과 보호의 정신을 높임으로써 이들을 옳고 아름답고 슬기로우며 씩씩하게 자라나도록 하기 위하여 매년 5월 5일을 어린이날로 하며, 5월 1일부터 5월 7일까지를 어린이주간으로 한다(제6조).

IV. 아동복지정책의 수립 및 시행 등

1. 아동정책기본계획의 수립(제7조)

① 보건복지부장관은 아동정책의 효율적인 추진을 위하여 5년마다 아동정
책기본계획(이하 "기본계획"이라 한다)을 수립하여야 한다.

② 기본계획은 다음 각 호의 사항을 포함하여야 한다.

    1. 이전의 기본계획에 관한 분석·평가

    2. 아동정책에 관한 기본방향 및 추진목표

    3. 주요 추진과제 및 추진방법

    4. 재원조달방안

    5. 그 밖에 아동정책을 시행하기 위하여 특히 필요하다고 인정되는 사항

③ 보건복지부장관은 기본계획을 수립할 때에는 미리 관계 중앙행정기
관의 장과 협의하여야 한다.

④ 기본계획은 제10조에 따른 아동정책조정위원회의 심의를 거쳐 확정
한다. 이 경우 보건복지부장관은 확정된 기본계획을 관계 중앙행정
기관의 장 및 특별시장·광역시장·도지사·특별자치도지사(이하 "시·
도지사"라 한다)에게 알려야 한다.

2. 연도별 시행계획의 수립·시행 등(제8조)

① 보건복지부장관, 관계 중앙행정기관의 장 및 시·도지사는 매년 기본계
획에 따라 연도별 아동정책시행계획(이하 "시행계획"이라 한다)을 수립·
시행하여야 한다.

② 관계 중앙행정기관의 장 및 시·도지사는 다음 연도의 시행계획 및 전년
도의 시행계획에 따른 추진실적을 대통령령으로 정하는 바에 따라 매년
보건복지부장관에게 제출하고, 보건복지부장관은 매년 시행계획에 따른
추진실적을 평가하여야 한다.

③ 시행계획의 수립·시행 및 추진실적의 평가 등에 필요한 사항은 대통령
령으로 정한다.

3. 계획수립의 협조(제9조)

① 보건복지부장관, 관계 중앙행정기관의 장 및 시·도지사는 기본계획 또는 시행계획의 수립·시행을 위하여 필요한 경우에는 관계 기관·단체나 그 밖의 민간기업체의 장에게 협조를 요청할 수 있다.
② 제1항에 따른 요청을 받은 자는 정당한 사유가 없는 한 이에 따라야 한다.

4. 아동정책조정위원회(제10조)

① 아동의 권리증진과 건강한 출생 및 성장을 위하여 종합적인 아동정책을 수립하고 관계 부처의 의견을 조정하며 그 정책의 이행을 감독하고 평가하기 위하여 국무총리 소속으로 아동정책조정위원회(이하 "위원회"라 한다)를 둔다.
② 위원회는 다음 각 호의 사항을 심의·조정한다.
　　1. 기본계획의 수립에 관한 사항
　　2. 아동의 권익 및 복지 증진을 위한 기본방향에 관한 사항
　　3. 아동정책의 개선과 예산지원에 관한 사항
　　4. 아동 관련 국제조약의 이행 및 평가·조정에 관한 사항
　　5. 아동정책에 관한 관련 부처 간 협조에 관한 사항
　　6. 그 밖에 위원장이 부의하는 사항
③ 위원회는 위원장을 포함한 25명 이내의 위원으로 구성하되, 위원장은 국무총리가 되고 위원은 다음 각 호의 사람이 된다.<개정 2013. 3. 23., 2014. 11. 19., 2017. 7. 26.>
　　1. 기획재정부장관·교육부장관·법무부장관·행정안전부장관·문화체육관광부장관·산업통상자원부장관·보건복지부장관·고용노동부장관·여성가족부장관
　　2. 아동 관련 단체의 장이나 아동에 대한 학식과 경험이 풍부한 사람 중 위원장이 위촉하는 15명 이내의 위원
④ 위원회는 제2항 제4호에 따른 국제조약의 이행확인을 위하여 필요한 업

무를 관계 전문기관 또는 단체에게 위탁할 수 있다.

⑤ 위원회는 필요하다고 인정하는 때에는 관계 행정기관에 대하여 그 소속 직원의 출석·설명과 자료의 제출을 요구할 수 있다.

⑥ 제1항부터 제3항까지의 규정에서 정한 것 외에 위원회의 구성 및 운영 등에 필요한 사항은 대통령령으로 정한다.

5. 아동권리보장원의 설립 및 운영(제10조)

① 보건복지부장관은 아동정책에 대한 종합적인 수행과 아동복지 관련 사업의 효과적인 추진을 위하여 필요한 정책의 수립을 지원하고 사업평가 등의 업무를 수행할 수 있도록 아동권리보장원(이하 "보장원"이라 한다)을 설립한다.

② 보장원은 다음 각 호의 업무를 수행한다.

1. 아동정책 수립을 위한 자료 개발 및 정책 분석
2. 제7조의 기본계획 수립 및 제8조 제2항의 시행계획 평가 지원
3. 제10조의 위원회 운영 지원
4. 제11조의2의 아동정책영향평가 지원
5. 제15조, 제15조의2, 제15조의3, 제16조, 제16조의2의 아동보호서비스에 대한 기술지원
6. 아동학대의 예방과 방지를 위한 제22조 제3항 각 호의 업무
7. 가정위탁사업 활성화 등을 위한 제48조 제6항 각 호의 업무
8. 지역 아동복지사업 및 아동복지시설의 원활한 운영을 위한 지원
9. 「입양특례법」에 따른 국내입양 활성화 및 입양 사후관리를 위한 다음 각 호의 업무

   가. 입양아동·가족정보 및 친가족 찾기에 필요한 통합데이터베이스 운영

   나. 입양아동의 데이터베이스 구축 및 연계

   다. 국내외 입양정책 및 서비스에 관한 조사·연구

   라. 입양 관련 국제협력 업무

10. 아동 관련 조사 및 통계 구축

11. 아동 관련 교육 및 홍보

12. 아동 관련 해외정책 조사 및 사례분석

13. 그 밖에 이 법 또는 다른 법령에 따라 보건복지부장관, 국가 또는 지방자치단체로부터 위탁받은 업무

③ 보장원은 법인으로 하고, 주된 사무소의 소재지에 설립등기를 함으로써 성립한다.

④ 보장원에는 보장원을 대표하고 그 업무를 총괄하기 위하여 원장을 두며, 원장은 보건복지부장관이 임면한다.

⑤ 보건복지부장관은 보장원의 설립·운영에 필요한 비용을 지원할 수 있다.

⑥ 보장원에 관하여 이 법에서 정한 사항 외에는 「민법」 중 재단법인에 관한 규정을 준용한다.

⑦ 보장원은 「기부금품의 모집 및 사용에 관한 법률」에도 불구하고 기부금품을 모집할 수 있다.

⑧ 보장원의 설립 및 운영에 필요한 사항은 대통령령으로 정한다. [본조신설 2019. 1. 15.]

6. 아동종합실태조사(제11조)

① 보건복지부장관은 5년마다 아동의 양육 및 생활환경, 언어 및 인지 발달, 정서적·신체적 건강, 아동안전, 아동학대 등 아동의 종합실태를 조사하여 그 결과를 공표하고, 이를 기본계획과 시행계획에 반영하여야 한다. 다만, 보건복지부장관은 필요한 경우 보건복지부령으로 정하는 바에 따라 분야별 실태조사를 할 수 있다.

② 보건복지부장관은 제1항에 따른 실태조사를 위하여 관계 기관·법인·단체·시설의 장에게 필요한 자료의 제출 또는 의견의 진술을 요청할 수 있다. 이 경우 요청을 받은 자는 정당한 사유가 없으면 이에 협조하여야 한다. <신설 2016. 3. 22.>

③ 제1항에 따른 아동종합실태조사의 내용과 방법 등에 필요한 사항은 보건복지부령으로 정한다. <개정 2016. 3. 22.>

① 국가와 지방자치단체는 대통령령으로 정하는 바에 따라 아동 관련 정책이 아동복지에 미치는 영향을 분석·평가(이하 "아동정책영향평가"라 한다)하고, 그 결과를 아동 관련 정책의 수립·시행에 반영하여야 한다.
② 국가와 지방자치단체는 제10조의2에 따른 보장원에 아동정책영향평가를 위탁할 수 있다.<신설 2019. 1. 15.>
③ 그 밖에 아동정책영향평가의 방법과 절차, 위탁 등에 필요한 사항은 대통령령으로 정한다.<개정 2019. 1. 15.> [본조신설 2016. 3. 22.]

7. 아동복지심의위원회(제12조)

① 시·도지사, 시장·군수·구청장(자치구의 구청장을 말한다. 이하 같다)은 다음 각 호의 사항을 심의하기 위하여 그 소속으로 아동복지심의위원회(이하 "심의위원회"라 한다)를 각각 둔다.
  1. 제8조에 따른 시행계획 수립 및 시행에 관한 사항
  2. 제15조에 따른 보호조치에 관한 사항
  3. 제16조에 따른 퇴소조치에 관한 사항
  4. 제18조에 따른 친권행사의 제한이나 친권상실 선고 청구에 관한 사항
  5. 제19조에 따른 아동의 후견인의 선임이나 변경 청구에 관한 사항
  6. 지원대상아동의 선정과 그 지원에 관한 사항
  7. 그 밖에 아동의 보호 및 지원서비스를 위하여 시·도지사 또는 시장·군수·구청장이 필요하다고 인정하는 사항
② 심의위원회의 조직·구성 및 운영 등에 필요한 사항은 대통령령으로 정하는 기준에 따라 해당 지방자치단체의 조례로 정한다.
③ 시·도지사, 시장·군수·구청장은 대통령령으로 정하는 바에 따라 심의위원회의 구성 및 운영 현황에 관한 사항을 연 1회 보건복지부장관에게 보고하여야 한다.<신설 2017. 9. 19.>

8. 아동복지전담공무원(제13조)

① 아동복지에 관한 업무를 담당하기 위하여 특별시·광역시·도·특별자치도(이하 "시·도"라 한다) 및 시·군·구(자치구를 말한다. 이하 같다)에 각각 아동복지전담공무원(이하 "전담공무원"이라 한다)을 둘 수 있다.

② 전담공무원은 「사회복지사업법」 제11조에 따른 사회복지사의 자격을 가진 사람으로 하고 그 임용 등에 필요한 사항은 해당 시·도 및 시·군·구의 조례로 정한다.

③ 전담공무원은 아동에 대한 상담 및 보호조치, 가정환경에 대한 조사, 아동복지시설에 대한 지도·감독, 아동범죄 예방을 위한 현장확인 및 지도·감독 등 지역 단위에서 아동의 복지증진을 위한 업무를 수행한다.

④ 관계 행정기관, 아동복지시설 및 아동복지단체(아동의 권리를 보장하고 복지증진을 목적으로 설립된 기관 및 단체를 말한다. 이하 같다)를 설치·운영하는 자는 전담공무원이 협조를 요청하는 경우 정당한 사유가 없는 한 이에 따라야 한다.<개정 2016. 3. 22.>

9. 아동위원(제14조)

① 시·군·구에 아동위원을 둔다.

② 아동위원은 그 관할 구역의 아동에 대하여 항상 그 생활상태 및 가정환경을 상세히 파악하고 아동복지에 필요한 원조와 지도를 행하며 전담공무원 및 관계 행정기관과 협력하여야 한다.

③ 아동위원은 그 업무의 원활한 수행을 위하여 적절한 교육을 받을 수 있다.

④ 아동위원은 명예직으로 하되, 아동위원에 대하여는 수당을 지급할 수 있다.

⑤ 그 밖에 아동위원에 관한 사항은 해당 시·군·구의 조례로 정한다.

V. 아동에 대한 보호서비스 및 아동학대의 예방 및 방지

1. 아동보호서비스

(1) 보호조치(제15조)

① 시·도지사 또는 시장·군수·구청장은 그 관할 구역에서 보호대상아동을 발견하거나 보호자의 의뢰를 받은 때에는 아동의 최상의 이익을 위하여 대통령령으로 정하는 바에 따라 다음 각 호에 해당하는 보호조치를 하여야 한다.

  1. 전담공무원 또는 아동위원에게 보호대상아동 또는 그 보호자에 대한 상담·지도를 수행하게 하는 것

  2. 보호자 또는 대리양육을 원하는 연고자에 대하여 그 가정에서 아동을 보호·양육할 수 있도록 필요한 조치를 하는 것

  3. 아동의 보호를 희망하는 사람에게 가정위탁하는 것

  4. 보호대상아동을 그 보호조치에 적합한 아동복지시설에 입소시키는 것

  5. 약물 및 알콜 중독, 정서·행동·발달 장애, 성폭력·아동학대 피해 등으로 특수한 치료나 요양 등의 보호를 필요로 하는 아동을 전문 치료기관 또는 요양소에 입원 또는 입소시키는 것

  6. 「입양특례법」에 따른 입양과 관련하여 필요한 조치를 하는 것

② 시·도지사 또는 시장·군수·구청장은 제1항 제1호 및 제2호의 보호조치가 적합하지 아니한 보호대상아동에 대하여 제1항 제3호부터 제6호까지의 보호조치를 할 수 있다. 이 경우 제1항 제3호부터 제5호까지의 보호조치를 하기 전에 보호대상아동에 대한 상담, 건강검진, 심리검사 및 가정환경에 대한 조사를 실시하여야 한다.<개정 2016. 3. 22.>

③ 시·도지사 또는 시장·군수·구청장은 제1항에 따른 보호조치를 하려는 경우 보호대상아동의 개별 보호·관리 계획을 세워 보호하여야 하며, 그 계획을 수립할 때 해당 보호대상아동의 보호자를 참여시킬 수 있다.<신설 2016. 3. 22.>

④ 시·도지사 또는 시장·군수·구청장은 제1항 제3호부터 제6호까지의 보

호조치를 함에 있어서 해당 보호대상아동의 의사를 존중하여야 하며, 보호자가 있을 때에는 그 의견을 들어야 한다. 다만, 아동의 보호자가 「아동학대범죄의 처벌 등에 관한 특례법」 제2조 제5호의 아동학대행위자(이하 "아동학대행위자"라 한다)인 경우에는 그러하지 아니하다.<개정 2014. 1. 28., 2016. 3. 22., 2017. 10. 24.>

⑤ 시·도지사 또는 시장·군수·구청장은 제1항 제3호부터 제6호까지의 보호조치를 할 때까지 필요하면 제52조 제1항 제2호에 따른 아동일시보호시설에 보호대상아동을 입소시켜 보호하거나, 적합한 위탁가정 또는 적당하다고 인정하는 자에게 일시 위탁하여 보호하게 할 수 있다. 이 경우 보호기간 동안 보호대상아동에 대한 상담, 건강검진, 심리검사 및 가정환경에 대한 조사를 실시하고 그 결과를 보호조치 시에 고려하여야 한다.<개정 2016. 3. 22.>

⑥ 시·도지사 또는 시장·군수·구청장은 그 관할 구역에서 약물 및 알콜중독, 정서·행동·발달 장애 등의 문제를 일으킬 가능성이 있는 아동의 가정에 대하여 예방차원의 적절한 조치를 강구하여야 한다.<개정 2016. 3. 22.>

⑦ 누구든지 제1항에 따른 보호조치와 관련하여 그 대상이 되는 아동복지시설의 종사자를 신체적·정신적으로 위협하는 행위를 하여서는 아니 된다.<개정 2016. 3. 22.>

⑧ 시·도지사 또는 시장·군수·구청장은 아동의 가정위탁보호를 희망하는 사람에 대하여 범죄경력을 확인하여야 한다. 이 경우 본인의 동의를 받아 관계 기관의 장에게 범죄의 경력 조회를 요청하여야 한다.<개정 2016. 3. 22.>

⑨ 보장원의 장 또는 제48조에 따른 가정위탁지원센터의 장은 위탁아동, 가정위탁보호를 희망하는 사람, 위탁아동의 부모 등의 신원확인 등의 조치를 시·도지사 또는 시장·군수·구청장에게 협조 요청할 수 있으며, 요청을 받은 시·도지사 또는 시장·군수·구청장은 정당한 사유가 없는 한 이에 응하여야 한다.<개정 2016. 3. 22., 2019. 1. 15.>

⑩ 제2항 및 제5항에 따른 상담, 건강검진, 심리검사 및 가정환경에 대한 조사, 제8항에 따른 범죄경력 조회 및 제9항에 따른 신원확인의 요청 절

차·범위 등에 필요한 사항은 대통령령으로 정한다.<개정 2016. 3. 22.>

동법 제15조의2(사회보장정보시스템의 이용)
시·도지사 또는 시장·군수·구청장은「사회보장기본법」제37조 제2항에 따라 설치된 사회보장정보시스템을 이용하여 제15조에 따른 보호대상아동에 대한 상담, 건강검진, 심리검사, 가정환경에 대한 조사 및 개별 보호·관리 계획 등 보호조치에 필요한 정보를 관리하여야 한다. [본조신설 2016. 3. 22.]

동법 제15조의3(보호대상아동의 양육상황 점검)
① 시·도지사 또는 시장·군수·구청장은 제15조 제1항 제2호부터 제6호까지의 보호조치 중인 보호대상아동의 양육상황을 보건복지부령으로 정하는 바에 따라 매년 점검하여야 한다.
② 시·도지사 또는 시장·군수·구청장은 제1항에 따른 양육상황을 점검한 결과에 따라 보호대상아동의 복리를 보호할 필요가 있거나 해당 보호조치가 적절하지 아니하다고 판단되는 경우에는 지체 없이 보호조치를 변경하여야 한다. [본조신설 2016. 3. 22.]

---

(2) 보호대상 아동의 퇴소조치 등(제16조)

① 제15조 제1항 제3호부터 제5호까지의 보호조치 중인 보호대상아동의 연령이 18세에 달하였거나, 보호 목적이 달성되었다고 인정되면 해당 시·도지사, 시장·군수·구청장은 대통령령으로 정하는 절차와 방법에 따라 그 보호 중인 아동의 보호조치를 종료하거나 해당 시설에서 퇴소시켜야 한다.<개정 2016. 3. 22.>

② 제15조 제1항 제2호부터 제4호까지의 보호조치 중인 보호대상아동의 친권자, 후견인 등 보건복지부령으로 정하는 자는 관할 시·도지사 또는 시장·군수·구청장에게 해당 보호대상아동의 가정 복귀를 신청할 수 있다.<신설 2016. 3. 22.>

③ 시·도지사 또는 시장·군수·구청장은 제2항에 따른 가정 복귀 신청을 받은 경우에는 아동복지시설의 장의 의견을 들은 후 보호조치의 종료 또는 퇴소조치가 보호대상아동의 복리에 반하지 아니한다고 인정되면

해당 보호대상아동을 가정으로 복귀시킬 수 있다.<신설 2016. 3. 22.>

④ 제1항에도 불구하고 제15조에 따라 보호조치 중인 아동이 다음 각 호의 어느 하나에 해당하면 시·도지사, 시장·군수·구청장은 해당 아동의 보호기간을 연장할 수 있다.<개정 2016. 3. 22.>

1. 「고등교육법」 제2조에 따른 대학 이하의 학교(대학원은 제외한다)에 재학 중인 경우
2. 제52조 제1항 제1호의 아동양육시설 또는 「근로자직업능력 개발법」 제2조 제3호에 따른 직업능력개발훈련시설에서 직업 관련 교육·훈련을 받는 경우
3. 그 밖에 위탁가정 및 각종 아동복지시설에서 해당 아동을 계속하여 보호·양육할 필요가 있다고 대통령령으로 정하는 경우

동법 제16조의2(보호대상아동의 사후관리)
시·도지사 또는 시장·군수·구청장은 전담공무원 등 관계 공무원으로 하여금 보호조치의 종료로 가정으로 복귀한 보호대상아동의 가정을 방문하여 해당 아동의 복지 증진을 위하여 필요한 지도·관리를 제공하게 하여야 한다. [본조신설 2016. 3. 22.]

---

(3) 금지행위(제17조)

누구든지 다음 각 호의 어느 하나에 해당하는 행위를 하여서는 아니 된다.

1. 아동을 매매하는 행위
2. 아동에게 음란한 행위를 시키거나 이를 매개하는 행위 또는 아동에게 성적 수치심을 주는 성희롱 등의 성적 학대행위
3. 아동의 신체에 손상을 주거나 신체의 건강 및 발달을 해치는 신체적 학대행위
4. 삭제<2014. 1. 28.>
5. 아동의 정신건강 및 발달에 해를 끼치는 정서적 학대행위
6. 자신의 보호·감독을 받는 아동을 유기하거나 의식주를 포함한 기본적 보호·양육·치료 및 교육을 소홀히 하는 방임행위

7. 장애를 가진 아동을 공중에 관람시키는 행위

8. 아동에게 구걸을 시키거나 아동을 이용하여 구걸하는 행위

9. 공중의 오락 또는 흥행을 목적으로 아동의 건강 또는 안전에 유해한 곡예를 시키는 행위 또는 이를 위하여 아동을 제3자에게 인도하는 행위

10. 정당한 권한을 가진 알선기관 외의 자가 아동의 양육을 알선하고 금품을 취득하거나 금품을 요구 또는 약속하는 행위

11. 아동을 위하여 증여 또는 급여된 금품을 그 목적 외의 용도로 사용하는 행위

(4) 친권상실 선고의 청구 등(제18조)

① 시·도지사, 시장·군수·구청장 또는 검사는 아동의 친권자가 그 친권을 남용하거나 현저한 비행이나 아동학대, 그 밖에 친권을 행사할 수 없는 중대한 사유가 있는 것을 발견한 경우 아동의 복지를 위하여 필요하다고 인정할 때에는 법원에 친권행사의 제한 또는 친권상실의 선고를 청구하여야 한다.

② 아동복지시설의 장 및 「초·중등교육법」에 따른 학교의 장(이하 "학교의 장"이라 한다)은 제1항의 사유에 해당하는 경우 시·도지사, 시장·군수·구청장 또는 검사에게 법원에 친권행사의 제한 또는 친권상실의 선고를 청구하도록 요청할 수 있다.<개정 2016. 3. 22.>

③ 시·도지사, 시장·군수·구청장 또는 검사는 제1항 및 제2항에 따라 친권행사의 제한 또는 친권상실의 선고 청구를 할 경우 해당 아동의 의견을 존중하여야 한다.

④ 시·도지사, 시장·군수·구청장 또는 검사는 제2항에 따라 친권행사의 제한 또는 친권상실의 선고 청구를 요청받은 경우에는 요청받은 날부터 30일 내에 청구 여부를 결정한 후 해당 요청기관에 청구 또는 미청구 요지 및 이유를 서면으로 알려야 한다.

⑤ 제4항에 따라 처리결과를 통보받은 아동복지시설의 장 및 학교의 장은 그 처리결과에 대하여 이의가 있을 경우 통보받은 날부터 30일 내에 직

접 법원에 친권행사의 제한 또는 친권상실의 선고를 청구할 수 있다.
<개정 2014. 1. 28., 2016. 3. 22.>

(5) 아동의 후견인 선임(제20조)

① 법원은 제19조 제1항 및 제2항에 따른 청구에 따라 후견인을 선임하거
나 변경할 경우 「민법」 제932조 및 제935조에도 불구하고 해당 아동의
후견에 적합한 사람을 후견인으로 선임할 수 있다.

② 법원은 후견인이 없는 아동에 대하여 제1항에 따라 후견인을 선임하기
전까지 시·도지사, 시장·군수·구청장, 제45조에 따른 아동보호전문기
관(이하 "아동보호전문기관"이라 한다)의 장, 가정위탁지원센터의 장 및 보
장원의 장으로 하여금 임시로 그 아동의 후견인 역할을 하게 할 수 있
다. 이 경우 해당 아동의 의견을 존중하여야 한다.<개정 2016. 3. 22.,
2017. 10. 24., 2019. 1. 15.>

(6) 보호조인의 선임 등(제21조)

① 법원의 심리과정에서 변호사, 법정대리인, 직계 친족, 형제자매, 보장원
또는 아동보호전문기관의 상담원은 학대아동사건의 심리에 있어서 보조
인이 될 수 있다. 다만, 변호사가 아닌 경우에는 법원의 허가를 받아야
한다.<개정 2019. 1. 15.>

② 법원은 피해아동을 증인으로 신문하는 경우 검사, 피해아동과 그 보호자
또는 보장원, 아동보호전문기관의 신청이 있는 경우에는 피해아동과 신
뢰관계에 있는 사람의 동석을 허가할 수 있다.<개정 2019. 1. 15.>

③ 수사기관이 피해아동을 조사하는 경우에도 제1항 및 제2항과 같다.

2. 아동학대의 예방 및 방지

(1) 아동학대의 예방과 방지의무(제22조)

① 국가와 지방자치단체는 아동학대의 예방과 방지를 위하여 다음 각 호의
조치를 취하여야 한다.
　1. 아동학대의 예방과 방지를 위한 각종 정책의 수립 및 시행
　2. 아동학대의 예방과 방지를 위한 연구·교육·홍보 및 아동학대 실태
　　조사
　3. 아동학대에 관한 신고체제의 구축·운영
　4. 피해아동의 보호와 치료 및 피해아동의 가정에 대한 지원
　5. 그 밖에 대통령령으로 정하는 아동학대의 예방과 방지를 위한 사항
② 지방자치단체는 아동학대를 예방하고 수시로 신고를 받을 수 있도록 긴
급전화를 설치하여야 한다. 이 경우 그 설치·운영 등에 필요한 사항은
대통령령으로 정한다.<개정 2014. 1. 28.>
③ 보장원은 아동학대예방사업의 활성화 등을 위하여 다음 각 호의 업무를
수행한다.<신설 2019. 1. 15.>
　1. 아동보호전문기관에 대한 지원
　2. 아동학대예방사업과 관련된 연구 및 자료 발간
　3. 효율적인 아동학대예방사업을 위한 연계체계 구축
　4. 아동학대예방사업을 위한 프로그램 개발 및 평가
　5. 아동보호전문기관 및 학대피해아동쉼터 직원 직무교육, 아동학대예
　　방 관련 교육 및 홍보
　6. 아동보호전문기관 전산시스템 구축 및 운영
　7. 그 밖에 대통령령으로 정하는 아동학대예방사업과 관련된 업무
④ 보장원의 장은 제3항 각 호의 업무를 수행하기 위하여 필요한 경우 제
28조의2에 따른 국가아동학대정보시스템의 아동학대 관련 정보 또는 자
료를 활용할 수 있다.<신설 2019. 1. 15.>

동법 제22조의2(학생등에 대한 학대 예방 및 지원 등)

① 국가와 지방자치단체는 「유아교육법」에 따른 유치원의 유아 및 「초·중등교육
법」에 따른 학교의 학생(이하 이 조에서 "학생등"이라 한다)에 대한 아동학대
의 조기 발견 체계 및 아동보호전문기관 등 관련 기관과의 연계 체계를 구축
하고, 학대피해 학생등이 유치원 또는 학교에 안정적으로 적응할 수 있도록
지원하여야 한다.<개정 2019. 1. 15.>

② 교육부장관은 아동학대의 조기 발견과 신속한 보호조치를 위하여 대통령령으
로 정하는 바에 따라 장기결석 학생등의 정보 등을 보건복지부장관과 공유하
여야 한다.

③ 제1항에 따른 학교 적응 지원 등 대통령령으로 정하는 업무는 교육부장관 또
는 「지방교육자치에 관한 법률」에 따른 교육감이 지정하는 기관에 위탁할 수
있다. [본조신설 2017. 10. 24.] [종전 제22조의2는 제22조의3으로 이동〈2017. 10.
24.〉]

동법 제22조의3(피해아동 등에 대한 신분조회 등 조치)

① 보장원의 장 및 아동보호전문기관의 장은 피해아동의 보호, 치료 등을 수행함
에 있어서 피해아동, 그 보호자 또는 아동학대행위자에 대한 다음 각 호의 조
치를 관계 중앙행정기관의 장, 시·도지사 또는 시장·군수·구청장에게 협조
요청할 수 있으며, 요청을 받은 관계 중앙행정기관의 장, 시·도지사 또는 시
장·군수·구청장은 정당한 사유가 없으면 이에 따라야 한다.<개정 2018. 12.
11., 2019. 1. 15.>
  1. 「출입국관리법」에 따른 외국인등록 사실증명의 열람 및 발급
  2. 「가족관계의 등록 등에 관한 법률」 제15조 제1항 제1호부터 제4호까지에
     따른 증명서의 발급
  3. 「주민등록법」에 따른 주민등록표 등본·초본의 열람 및 발급
  4. 「국민기초생활 보장법」에 따른 수급자 여부의 확인
  5. 「장애인복지법」에 따른 장애인등록증의 열람 및 발급

② 제1항에 따라 관계 중앙행정기관의 장, 시·도지사 또는 시장·군수·구청장이
아동보호전문기관의 장에게 발급 등을 하는 서류에 대해서는 수수료를 면제한
다.<신설 2018. 12. 11.> [본조신설 2015. 3. 27.] [제22조의2에서 이동〈2017.
10. 24.〉]

(2) 아동학대 예방의 날(제23조)

① 아동의 건강한 성장을 도모하고, 범국민적으로 아동학대의 예방과 방지

에 관한 관심을 높이기 위하여 매년 11월 19일을 아동학대예방의 날로 지정하고, 아동학대예방의 날부터 1주일을 아동학대예방주간으로 한다.

② 국가와 지방자치단체는 아동학대예방의 날의 취지에 맞는 행사와 홍보를 실시하도록 노력하여야 한다.

(3) 홍보영상의 제작 · 배포 · 송출(제24조)

① 보건복지부장관은 아동학대의 예방과 방지, 위반행위자의 계도를 위한 교육 등에 관한 홍보영상을 제작하여 「방송법」 제2조 제23호의 방송편성책임자에게 배포하여야 한다.

② 보건복지부장관은 「방송법」 제2조 제3호가목의 지상파방송사업자에게 같은 법 제73조 제4항에 따라 대통령령으로 정하는 비상업적 공익광고 편성비율의 범위에서 제1항의 홍보영상을 채널별로 송출하도록 요청할 수 있다.

③ 제2항에 따른 지상파방송사업자는 제1항의 홍보영상 외에 독자적인 홍보영상을 제작하여 송출할 수 있다. 이 경우 보건복지부장관에게 필요한 협조 및 지원을 요청할 수 있다.

(4) 이동학대 신고의무자에 대한 교육(제26조)

① 관계 중앙행정기관의 장은 「아동학대범죄의 처벌 등에 관한 특례법」 제10조 제2항 각 호의 어느 하나에 해당하는 사람(이하 "아동학대 신고의무자"라 한다)의 자격 취득 과정이나 보수교육 과정에 아동학대 예방 및 신고의무와 관련된 교육 내용을 포함하도록 하여야 한다.<개정 2014. 1. 28., 2015. 3. 27.>

② 관계 중앙행정기관의 장 및 시 · 도지사는 아동학대 신고의무자에게 본인이 아동학대 신고의무자라는 사실을 고지할 수 있고, 아동학대 예방 및 신고의무와 관련한 교육(이하 이 조에서 "신고의무 교육"이라 한다)을 실시할 수 있다.<신설 2015. 3. 27.>

③ 아동학대 신고의무자가 소속된 기관 · 시설 등의 장은 소속 아동학대 신

고의무자에게 신고의무 교육을 실시하고, 그 결과를 관계 중앙행정기관의 장에게 제출하여야 한다.<신설 2015. 3. 27., 2017. 10. 24.>

1. 삭제<2017. 10. 24.>

2. 삭제<2017. 10. 24.>

3. 삭제<2017. 10. 24.>

4. 삭제<2017. 10. 24.>

④ 제1항부터 제3항까지에 따른 교육 내용·시간 및 방법 등 그 밖에 필요한 사항은 대통령령으로 정한다.<개정 2015. 3. 27.>

동법 제26조의2(아동학대 예방교육의 실시)

① 국가기관과 지방자치단체의 장, 「공공기관의 운영에 관한 법률」에 따른 공공기관과 대통령령으로 정하는 공공단체의 장은 아동학대의 예방과 방지를 위하여 필요한 교육을 연 1회 이상 실시하고, 그 결과를 보건복지부장관에게 제출하여야 한다.

② 제1항에 따른 교육 대상이 아닌 사람은 아동보호전문기관 또는 대통령령으로 정하는 교육기관에서 아동학대의 예방과 방지에 필요한 교육을 받을 수 있다.<개정 2019. 1. 15.>

③ 보건복지부장관은 제1항 및 제2항에 따른 교육을 위하여 전문인력을 양성하고, 교육 프로그램을 개발·보급하여야 한다.

④ 제1항 및 제2항에 따른 교육 내용·시간 및 방법, 그 밖에 필요한 사항은 대통령령으로 정한다. [본조신설 2017. 10. 24.]

---

(5) 아동학대 등의 통보(제27조의2)

① 사법경찰관리는 아동 사망 및 상해사건, 가정폭력 사건 등에 관한 직무를 행하는 경우 아동학대가 있었다고 의심할 만한 사유가 있는 때에는 보장원 또는 아동보호전문기관에 그 사실을 통보하여야 한다.<개정 2019. 1. 15.>

② 사법경찰관 또는 보호관찰관은 「아동학대범죄의 처벌 등에 관한 특례법」 제14조 제1항에 따라 임시조치의 청구를 신청하였을 때에는 보장원 또는 아동보호전문기관에 그 사실을 통보하여야 한다.<개정 2019. 1. 15.>

③ 제1항 및 제2항의 통보를 받은 보장원 또는 아동보호전문기관은 피해아
동 보호조치 등 필요한 조치를 하여야 한다.<개정 2019. 1. 15.> [본조
신설 2014. 1. 28.]

동법 제27조의3(피해아동 응급조치에 대한 거부금지)
「아동학대범죄의 처벌 등에 관한 특례법」 제12조 제1항 제3호 또는 제4호에 따라
사법경찰관리, 보장원 또는 아동보호전문기관의 직원이 피해아동을 인도하는 경
우에는 아동학대 관련 보호시설이나 의료기관은 정당한 사유 없이 이를 거부하여
서는 아니 된다.<개정 2019. 1. 15.>[본조신설 2014. 1. 28.]

---

(6) 사후관리 등(제28조)

① 보장원의 장 또는 아동보호전문기관의 장은 아동학대가 종료된 이후에
도 가정방문, 전화상담 등을 통하여 아동학대의 재발 여부를 확인하여
야 한다.<개정 2019. 1. 15.>
② 보장원의 장 또는 아동보호전문기관의 장은 아동학대가 종료된 이후에
도 아동학대의 재발 방지 등을 위하여 필요하다고 인정하는 경우 피해
아동 및 보호자를 포함한 피해아동의 가족에게 필요한 지원을 제공할
수 있다.<개정 2019. 1. 15.>
③ 보장원 또는 아동보호전문기관이 제1항 및 제2항에 따라 업무를 수행하
는 경우 보호자는 정당한 사유 없이 이를 거부하거나 방해하여서는 아
니 된다.<신설 2016. 3. 22., 2019. 1. 15.>

동법 제28조의2(국가아동학대정보시스템)
① 보건복지부장관은 아동학대 관련 정보를 공유하고 아동학대를 예방하기 위하
여 대통령령으로 정하는 바에 따라 국가아동학대정보시스템을 구축·운영하여
야 한다.<개정 2016. 3. 22.>
② 보건복지부장관은 피해아동, 그 가족 및 아동학대행위자에 관한 정보와 아동
학대예방사업에 관한 정보를 제1항에 따른 국가아동학대정보시스템에 입력·
관리하여야 한다. 이 경우 보건복지부장관은 관계 중앙행정기관의 장, 시·도

지사, 시장·군수·구청장, 보장원, 아동보호전문기관 등에 필요한 자료를 요청할 수 있다.<개정 2016. 3. 22., 2017. 10. 24., 2019. 1. 15.>

③ 다음 각 호의 어느 하나에 해당하는 자는 아동의 보호 및 아동학대 발생 방지를 위하여 필요한 경우 국가아동학대정보시스템상의 피해아동, 그 가족 및 아동학대행위자에 관한 정보를 보건복지부장관에게 요청할 수 있다. 이 경우 대통령령으로 정하는 바에 따라 목적과 필요한 정보의 범위를 구체적으로 기재하여야 한다.<신설 2017. 10. 24., 2019. 1. 15.>

  1. 시·도지사 및 시장·군수·구청장
  2. 판사, 검사 및 경찰관서의 장
  3. 「초·중등교육법」에 따른 학교의 장
  4. 제29조의7에 따른 아동학대 전담의료기관의 장
  5. 제52조 제1항 제1호부터 제6호까지 및 제9호부터 제11호까지에 해당하는 아동복지시설의 장
  6. 그 밖에 대통령령으로 정하는 피해아동의 보호 및 지원 관련 기관 또는 단체의 장

④ 보건복지부장관은 제3항에 따른 요청이 있는 경우 국가아동학대정보시스템상의 해당 정보를 제공할 수 있다. 다만, 피해아동의 보호를 위하여 필요한 경우로서 대통령령으로 정하는 경우에는 정보의 제공을 제한할 수 있다.<신설 2017. 10. 24.>

⑤ 제3항 및 제4항에 따라 피해아동관련 정보를 취득한 사람은 제3항에 따른 요청 목적 외로 해당 정보를 사용하거나 다른 사람에게 제공 또는 누설하여서는 아니 된다.<신설 2017. 10. 24.>

⑥ 보건복지부장관은 「사회보장급여의 이용·제공 및 수급권자 발굴에 관한 법률」 제29조에 따른 한국사회보장정보원에 제1항에 따른 국가아동학대정보시스템 운영을 위탁할 수 있다(제28조의2).<개정 2016. 3. 22., 2017. 10. 24., 2019. 1. 15., 2019. 12. 3.> [본조신설 2014. 1. 28.] [제목개정 2016. 3. 22.] [시행일: 2020. 6. 4.]

(7) 피해아동 및 그 가족 등에 대한 지원(제29조)

① 보장원의 장 또는 아동보호전문기관의 장은 아동의 안전 확보와 재학대 방지, 건전한 가정기능의 유지 등을 위하여 피해아동 및 보호자를 포함한 피해아동의 가족에게 상담, 교육 및 의료적·심리적 치료 등의 필요한 지원을 제공하여야 한다.<개정 2019. 1. 15.>

② 보장원의 장 또는 아동보호전문기관의 장은 제1항의 지원을 위하여 관계 기관에 협조를 요청할 수 있다.<개정 2019. 1. 15.>

③ 보호자를 포함한 피해아동의 가족은 보장원 또는 아동보호전문기관이 제1항에 따라 제공하는 지원에 성실하게 참여하여야 한다.<개정 2019. 1. 15.>

④ 보장원의 장 또는 아동보호전문기관의 장은 제1항의 지원 여부의 결정 및 지원의 제공 등 모든 과정에서 피해아동의 이익을 최우선으로 고려하여야 한다.<개정 2019. 1. 15.>

⑤ 국가와 지방자치단체는 「초·중등교육법」 제2조 각 호의 학교에 재학 중인 피해아동 및 피해아동의 가족이 주소지 외의 지역에서 취학(입학·재입학·전학·편입학을 포함한다. 이하 같다)할 필요가 있을 때에는 그 취학이 원활하게 이루어 질 수 있도록 지원하여야 한다.<신설 2014. 1. 28.>

⑥ 제5항에 따른 취학에 필요한 사항은 대통령령으로 정한다.<신설 2014. 1. 28.>

동법 제29조의2(아동학대행위자에 대한 상담·교육 등의 권고)

보장원의 장 또는 아동보호전문기관의 장은 아동학대행위자에 대하여 상담·교육 및 심리적 치료 등 필요한 지원을 받을 것을 권고할 수 있다. 이 경우 아동학대행위자는 정당한 사유가 없으면 상담·교육 및 심리적 치료 등에 성실히 참여하여야 한다.<개정 2016. 3. 22., 2019. 1. 15.> [본조신설 2014. 1. 28.]

동법 제29조의3(아동관련기관의 취업제한 등)

① 법원은 아동학대관련범죄로 형 또는 치료감호를 선고하는 경우에는 판결(약식명령을 포함한다. 이하 같다)로 그 형 또는 치료감호의 전부 또는 일부의 집행을 종료하거나 집행이 유예·면제된 날(벌금형을 선고받은 경우에는 그 형이 확정된 날을 말한다)부터 일정기간(이하 "취업제한기간"이라 한다) 동안 다음 각 호에 따른 시설 또는 기관(이하 "아동관련기관"이라 한다)을 운영하거나 아동관련기관에 취업 또는 사실상 노무를 제공할 수 없도록 하는 명령(이하 "취업제한명령"이라 한다)을 아동학대관련범죄 사건의 판결과 동시에 선고(약식명령의 경우에는 고지를 말한다)하여야 한다. 다만, 재범의 위험성이 현저히 낮은 경우나 그 밖에 취업을 제한하여서는 아니 되는 특별한 사정이 있다고 판

단하는 경우에는 그러하지 아니하다.<개정 2016. 1. 19., 2016. 3. 22., 2016. 5. 29., 2017. 9. 19., 2017. 10. 24., 2018. 12. 11., 2019. 1. 15.>

1. 보장원, 제37조에 따른 취약계층 아동 통합서비스 수행기관, 아동보호전문기관, 가정위탁지원센터 및 제52조의 아동복지시설

2. 「가정폭력방지 및 피해자보호 등에 관한 법률」 제4조의6의 긴급전화센터, 같은 법 제5조의 가정폭력 관련 상담소 및 같은 법 제7조의2의 가정폭력피해자 보호시설

3. 「건강가정기본법」 제35조의 건강가정지원센터

4. 「다문화가족지원법」 제12조의 다문화가족지원센터

5. 「성매매방지 및 피해자보호 등에 관한 법률」 제5조의 성매매피해자등을 위한 지원시설 및 같은 법 제10조의 성매매피해상담소

6. 「성폭력방지 및 피해자보호 등에 관한 법률」 제10조의 성폭력피해상담소 및 같은 법 제12조의 성폭력피해자보호시설 및 같은 법 제18조의 성폭력피해자통합지원센터

7. 「영유아보육법」 제2조 제3호의 어린이집

8. 「유아교육법」 제2조 제2호의 유치원

9. 「의료법」 제3조의 의료기관(같은 법 제2조의 의료인에 한정한다)

10. 「장애인복지법」 제58조의 장애인복지시설

11. 「정신건강증진 및 정신질환자 복지서비스 지원에 관한 법률」 제3조에 따른 정신건강복지센터, 정신건강증진시설, 정신요양시설 및 정신재활시설

12. 「주택법」 제2조 제3호의 공동주택의 관리사무소(경비업무 종사자에 한정한다)

13. 「청소년기본법」 제3조에 따른 청소년시설, 청소년단체

14. 「청소년활동진흥법」 제2조 제2호의 청소년활동시설

15. 「청소년복지 지원법」 제29조 제1항의 청소년상담복지센터, 같은 법 제30조의 이주배경청소년지원센터 및 같은 법 제31조 각 호의 청소년쉼터, 청소년자립지원관, 청소년치료재활센터

16. 「청소년 보호법」 제35조의 청소년 보호·재활센터

17. 「체육시설의 설치·이용에 관한 법률」 제2조 제1호의 체육시설 중 아동의 이용이 제한되지 아니하는 체육시설로서 문화체육관광부장관이 지정하는 체육시설

18. 「초·중등교육법」 제2조 각 호의 학교 및 같은 법 제28조에 따라 학습부진아 등에 대한 교육을 실시하는 기관

19. 「학원의 설립·운영 및 과외교습에 관한 법률」 제2조 제1호의 학원 및 같은 조 제2호의 교습소 중 아동의 이용이 제한되지 아니하는 학원과 교습소로서 교육부장관이 지정하는 학원·교습소

20. 「한부모가족지원법」제19조의 한부모가족복지시설

21. 아동보호전문기관 또는 학대피해아동쉼터를 운영하는 법인

22. 「보호소년 등의 처우에 관한 법률」에 따른 소년원 및 소년분류심사원

23. 「민법」제32조에 따라 보건복지부장관의 설립 허가를 받아 아동인권, 아동 복지 등 아동을 위한 사업을 수행하는 비영리법인(대표자 및 아동을 직접 대면하는 업무에 종사하는 사람에 한정한다)

② 제1항에 따른 취업제한기간은 10년을 초과하지 못한다.<신설 2018. 12. 11.>

③ 법원은 제1항에 따라 취업제한명령을 선고하려는 경우에는 정신건강의학과 의사, 심리학자, 사회복지학자, 아동학대 관련 전문가, 그 밖의 관련 전문가로부터 취업제한명령 대상자의 재범 위험성 등에 관한 의견을 들을 수 있다.<신설 2018. 12. 11.>

④ 제1항 각 호(제12호 및 제22호는 제외한다)의 아동관련기관의 설치 또는 설립 인가·허가·신고를 관할하는 중앙행정기관의 장, 지방자치단체의 장, 교육감 또는 교육장은 아동관련기관을 운영하려는 자에 대하여 본인의 동의를 받아 관계 기관의 장에게 아동학대관련범죄 전력 조회를 요청하여야 한다. 다만, 아동관련기관을 운영하려는 자가 아동학대관련범죄 전력 조회 회신서를 중앙행정기관의 장, 지방자치단체의 장, 교육감 또는 교육장에게 직접 제출한 경우에는 아동학대관련범죄 전력 조회를 한 것으로 본다.<개정 2017. 9. 19., 2018. 12. 11.>

⑤ 아동관련기관의 장은 그 기관에 취업 중이거나 사실상 노무를 제공 중인 사람 또는 취업하려 하거나 사실상 노무를 제공하려는 사람(이하 "취업자등"이라 한다)에 대하여 아동학대관련범죄 전력을 확인하여야 하며, 이 경우 본인의 동의를 받아 관계 기관의 장에게 아동학대관련범죄 전력 조회를 요청하여야 한다. 다만, 취업자등이 아동학대관련범죄 전력 조회 회신서를 아동관련기관의 장에게 직접 제출한 경우에는 아동학대관련범죄 전력 조회를 한 것으로 본다.<개정 2018. 12. 11.>

⑥ 제4항 및 제5항에 따라 아동학대관련범죄 전력 조회 요청을 받은 관계 기관의 장은 아동학대관련범죄 전력 조회 회신서를 발급하여야 한다.<개정 2018. 12. 11.>

⑦ 제4항부터 제6항까지의 규정에 따른 아동학대관련범죄 전력 조회의 요청 절차·범위 등에 관한 사항은 대통령령으로 정한다.<개정 2018. 12. 11.> [본조신설 2014. 1. 28.] [2018. 12. 11. 법률 제15889호에 의하여 2018. 6. 28. 헌법재판소에서 위헌 결정된 이 조를 개정함.]

동법 제29조의4(취업제한명령을 선고받은 자에 대한 취업 등의 점검·확인)

① 보건복지부장관 또는 관계 중앙행정기관의 장은 아동학대관련범죄로 취업제한 명령을 선고받은 자가 제29조의3 제1항을 위반하여 다음 각 호의 아동관련기관을 운영하거나 아동관련기관에 취업 또는 사실상 노무를 제공하고 있는지를 직접 또는 관계 기관 조회 등의 방법으로 연 1회 이상 점검·확인하여야 한다.<개정 2017. 9. 19., 2018. 12. 11.>

    1. 교육부장관: 제29조의3 제1항 제8호·제18호·제19호에 따른 아동관련기관

    2. 문화체육관광부장관: 제29조의3 제1항 제17호에 따른 아동관련기관

    3. 보건복지부장관: 제29조의3 제1항 제1호·제7호·제9호·제10호·제11호·제23호에 따른 아동관련기관

    4. 여성가족부장관: 제29조의3 제1항 제2호·제3호·제4호·제5호·제6호·제13호·제14호·제15호·제16호·제20호에 따른 아동관련기관

    5. 국토교통부장관: 제29조의3 제1항 제12호에 따른 아동관련기관

    6. 법무부장관: 제29조의3 제1항 제22호에 따른 아동관련기관

② 보건복지부장관 또는 관계 중앙행정기관의 장은 제1항에 따른 점검·확인을 위하여 필요한 경우에는 아동관련기관의 장 또는 그 감독기관에 관련 자료의 제출을 요구할 수 있다.

③ 보건복지부장관 또는 관계 중앙행정기관의 장은 제1항에 따른 점검·확인 결과를 대통령령으로 정하는 바에 따라 인터넷 홈페이지 등을 이용하여 공개하여야 한다. [본조신설 2014. 1. 28.] [제목개정 2018. 12. 11.]

동법 제29조의5(취업자의 해임요구 등)

① 제29조의4 제1항 각 호의 중앙행정기관의 장은 제29조의3제1항을 위반하여 취업하거나 사실상 노무를 제공하는 사람에 대하여 아동관련기관의 장에게 그의 해임을 요구하여야 한다.

② 제29조의4 제1항 각 호의 중앙행정기관의 장은 아동관련기관의 장에게 제29조의3 제1항을 위반하여 운영 중인 아동관련기관의 폐쇄를 요구하여야 한다.

③ 제29조의4 제1항 각 호의 중앙행정기관의 장은 아동관련기관의 장이 제2항에 따른 폐쇄요구를 정당한 사유 없이 거부하거나 1개월 이내에 요구사항을 이행하지 아니하는 경우에는 대통령령으로 정하는 바에 따라 해당 아동관련기관을 폐쇄하거나 그 등록·허가 등을 취소하거나 관계 행정기관의 장에게 이를 요구할 수 있다. [본조신설 2014. 1. 28.]

동법 제29조의6(아동학대에 대한 법률상담 등)

① 국가는 피해아동을 위한 법률상담과 소송대리(訴訟代理) 등의 지원(이하 이 조

에서 "법률상담등"이라 한다)을 할 수 있다.

② 보건복지부장관과 보장원의 장 및 아동보호전문기관의 장은 「법률구조법」 제8조에 따른 대한법률구조공단 또는 대통령령으로 정하는 그 밖의 기관에 법률상담등을 요청할 수 있다.<개정 2019. 1. 15.>

③ 법률상담등에 소요되는 비용은 대통령령으로 정하는 바에 따라 국가가 부담할 수 있다. 다만, 법률상담등을 받는 자가 다른 법령에 의하여 법률상담등에 소요되는 비용을 지원받는 경우는 제외한다.

④ 법률상담등의 요건과 내용 및 절차 등은 대통령령으로 정한다. [본조신설 2017. 10. 24.]

제29조의7(아동학대 전담의료기관의 지정)

① 보건복지부장관, 시·도지사 및 시장·군수·구청장은 국·공립병원, 보건소 또는 민간의료기관을 피해아동의 치료를 위한 전담의료기관(이하 이 조에서 "전담의료기관"이라 한다)으로 지정할 수 있다.

② 전담의료기관은 피해아동·가족·친족, 보장원의 장, 아동보호전문기관 또는 아동복지시설의 장, 경찰관서의 장, 판사 또는 가정법원 등의 요청이 있는 경우 피해아동에 대하여 다음 각 호의 조치를 하여야 한다.<개정 2019. 1. 15.>

1. 아동학대 피해에 대한 상담

2. 신체적·정신적 치료

3. 그 밖에 대통령령으로 정하는 의료에 관한 사항

③ 보건복지부장관, 시·도지사 및 시장·군수·구청장은 제1항에 따라 지정한 전담의료기관이 다음 각 호의 어느 하나에 해당하는 경우에는 그 지정을 취소할 수 있다. 다만, 제1호에 해당하는 경우에는 그 지정을 취소하여야 한다.

1. 거짓이나 그 밖의 부정한 방법으로 지정을 받은 경우

2. 정당한 사유 없이 제2항에 따른 의료 지원을 거부한 경우

3. 그 밖에 전담의료기관으로서 적합하지 아니하다고 대통령령으로 정하는 경우

④ 제1항과 제3항에 따른 지정 및 지정 취소의 기준, 절차 등에 필요한 사항은 대통령령으로 정한다. [본조신설 2017. 10. 24.]

Ⅵ. 아동에 대한 지원서비스

1. 아동안전 및 건강지원

(1) 안전기준의 설정(제30조)

국가는 대통령령으로 정하는 바에 따라 아동복지시설과 아동용품에 대한 안전기준을 정하고 아동용품을 제작·설치·관리하는 자에게 이를 준수하도록 하여야 한다.

---

1) 아동복지시설의 안전기준(동법 시행령 제27조)
■ 아동복지법 시행령 [별표 4.〈개정 2018. 3. 6.〉
아동복지시설의 안전기준(제27조 관련)

1. 주요 시설물은 피난시설 및 화재방지시설을 갖추어야 한다.
2. 다치거나 병든 사람에 대한 응급조치를 할 수 있는 비상약품, 구호설비·기구 등을 갖추어야 한다.
3. 위험한 장소에는 위험표지물 등 안내문을 설치하여야 한다.
4. 안전사고나 응급환자 발생 등에 대비하여 긴급수송대책을 마련하여야 한다.
5. 비상시의 대피경로를 잘 볼 수 있는 장소에 안내문을 게시하여야 한다.
6. 아동복지시설 종사자에 대하여 정기적으로 안전교육을 하여야 한다.
7. 사고 발생 후에는 사고 발생 요인을 분석하여 이에 대한 시정조치계획 등 재발 방지대책을 마련하여야 한다.

2) 아동용품의 안전기준(동법 시행령 별표5)
■ 아동복지법 시행령 [별표 5.〈개정 2018. 3. 6.〉
아동용품의 안전기준(제27조 관련)

구분	안전기준
1. 아동을 위한 제품	가. 제품의 성분·함량·구조 등에 대한 정보를 제공하여야 한다. 나. 제품 사용 적정 연령을 표시하여야 하며, 연령에 따른 주의사항을 명확하게 표시하여야 한다. 다. 제품의 사용 방법 및 안전사고와 관련된 정보를 제공하여야 한다.

	라. 그 밖에 위해(危害) 방지를 위하여 필요한 사항을 표시하여야 한다.
2. 아동이 이용하는 놀이시설물	가. 놀이시설물의 어떠한 부분에도 아동의 살을 베거나 찌를 수 있는 날카로운 부분, 모서리, 뾰족한 부분이 없도록 하여야 한다. 나. 놀이시설물의 돌출 부분인 볼트와 너트는 위로 튀어나오지 않도록 하여야 하며, 볼트와 너트가 위를 향하고 있는 경우에는 그 높이가 3.2밀리미터를 넘지 않도록 하여야 한다. 다. 아동이 추락할 가능성이 있는 놀이시설물 아래와 주변의 공간 (안전지대)은 충격을 흡수할 수 있도록 하여야 하며, 아동이 걸려 넘어지거나 부딪칠 수 있는 방해물이 없도록 하여야 한다. 라. 움직이는 부분들이 서로 맞물리는 놀이시설물의 경우 아동의 신체 일부분이 끼지 않도록 그 맞물림의 형태 및 힘을 점검하여야 한다. 마. 놀이시설물에 구멍이나 틈이 있는 경우 주의 깊게 디자인하여 아동의 몸이 빠지거나 끼는 사고가 없도록 하여야 한다. 바. 놀이시설물 사이에 연결되거나 바닥과 놀이시설물에 45° 이내로 연결된 줄은 아동이 많이 다니는 곳에 설치하지 말아야 한다. 사. 놀이시설물은 안전하게 설치하여야 하며, 제조업자의 취급설명서에 따라 설치하여야 한다. 아. 안전사고 예방을 위하여 관리인은 각 놀이시설물에 대한 적절한 점검 일정을 세우고 이를 지켜야 하며, 안전관리를 위한 모든 행위는 기록으로 보관하여야 한다.

(2) 아동안전교육에 대한 교육(제31조)

① 아동복지시설의 장, 「영유아보육법」에 따른 어린이집의 원장, 「유아교육법」에 따른 유치원의 원장 및 「초·중등교육법」에 따른 학교의 장은 교육대상 아동의 연령을 고려하여 대통령령으로 정하는 바에 따라 매년 다음 각 호의 사항에 관한 교육계획을 수립하여 교육을 실시하여야 한다.<개정 2015. 12. 29.>

  1. 성폭력 및 아동학대 예방

2. 실종·유괴의 예방과 방지

3. 감염병 및 약물의 오남용 예방 등 보건위생관리

4. 재난대비 안전

5. 교통안전

② 아동복지시설의 장, 「영유아보육법」에 따른 어린이집의 원장은 제1항에
따른 교육계획 및 교육실시 결과를 관할 시장·군수·구청장에게 매년 1
회 보고하여야 한다.

③ 「유아교육법」에 따른 유치원의 원장 및 「초·중등교육법」에 따른 학교
의 장은 제1항에 따른 교육계획 및 교육실시 결과를 대통령령으로 정하
는 바에 따라 관할 교육감에게 매년 1회 보고하여야 한다.

(3) 아동보호구역에서의 영상정보처리기기 설치 등(제32조)

① 국가와 지방자치단체는 유괴 등 범죄의 위험으로부터 아동을 보호하기
위하여 필요하다고 인정하는 경우에는 다음 각 호의 어느 하나에 해당
되는 시설의 주변구역을 아동보호구역으로 지정하여 범죄의 예방을 위
한 순찰 및 아동지도 업무 등 필요한 조치를 할 수 있다.<개정 2012.
10. 22.>

1. 「도시공원 및 녹지 등에 관한 법률」 제15조에 따른 도시공원

2. 「영유아보육법」 제10조에 따른 어린이집

3. 「초·중등교육법」 제38조 따른 초등학교 및 같은 법 제55조에
따른 특수학교

4. 「유아교육법」 제2조에 따른 유치원

② 제1항에 따른 아동보호구역의 지정 기준 및 절차 등에 필요한 사항은
대통령령으로 정한다.

③ 국가와 지방자치단체는 제1항에 따라 지정된 아동보호구역에 「개인정보
보호법」 제2조 제7호에 따른 영상정보처리기기를 설치하여야 한다.<신
설 2012. 10. 22.>

④ 이 법에서 정한 것 외에 영상정보처리기기의 설치 등에 관한 사항은 「개
인정보 보호법」에 따른다.<개정 2012. 10. 22.>

(4) 아동안전 보호인력의 배치 등(제33조)

① 국가와 지방자치단체는 실종 및 유괴 등 아동에 대한 범죄의 예방을 위하여 순찰활동 및 아동지도 업무 등을 수행하는 아동안전 보호인력을 배치·활용할 수 있다.

② 제1항에 따라 순찰활동 및 아동지도 업무 등을 수행하는 아동안전 보호인력은 그 권한을 표시하는 증표를 지니고 이를 관계인에게 내보여야 한다.

③ 국가와 지방자치단체는 아동안전 보호인력으로 배치하고자 하는 사람에 대하여 본인의 동의를 받아 범죄경력을 확인하여야 한다.

④ 제1항에 따른 아동안전 보호인력의 업무범위·활용 및 제2항에 따른 범죄경력 확인의 절차·범위 등에 필요한 사항은 대통령령으로 정한다.

(5) 아동긴급보호소 지정 및 운영(제34조)

① 경찰청장은 유괴 등의 위험에 처한 아동을 보호하기 위하여 아동긴급보호소를 지정·운영할 수 있다.

② 경찰청장은 제1항에 따른 아동긴급보호소의 지정을 원하는 자에 대하여 본인의 동의를 받아 범죄경력을 확인하여야 한다.

③ 제1항에 따른 아동긴급보호소의 지정 및 운영, 제2항에 따른 범죄경력 확인의 절차·범위 등에 필요한 사항은 대통령령으로 정한다.

(6) 건강한 심신의 보존(제34조)

① 아동의 보호자는 아동의 건강 유지와 향상을 위하여 최선의 주의와 노력을 하여야 한다.

② 국가와 지방자치단체는 아동의 건강 증진과 체력 향상을 위하여 다음 각 호에 해당하는 사항을 지원하여야 한다.
  1. 신체적 건강 증진에 관한 사항
  2. 자살 및 각종 중독의 예방 등 정신적 건강 증진에 관한 사항

3. 급식지원 등을 통한 결식예방 및 영양개선에 관한 사항

4. 비만 방지 등 체력 및 여가 증진에 관한 사항

③ 국가와 지방자치단체는 아동의 신체적·정신적 문제를 미리 발견하여 아동이 제때에 상담과 치료를 받을 수 있는 기반을 마련하여야 한다.

④ 제2항 및 제3항에 따른 지원서비스의 구체적인 내용은 대통령령으로 정한다. 다만, 제2항 제3호에 따른 급식지원의 지원 기준·방법 및 절차 등에 필요한 사항은 대통령령으로 정하는 기준에 따라 해당 지방자치단체의 조례로 정한다.

(7) 보건소(제36조)

보건소는 이 법에 따라 다음 각 호의 업무를 행한다.

1. 아동의 전염병 예방조치

2. 아동의 건강상담, 신체검사와 보건위생에 관한 지도

3. 아동의 영양개선

2. 취약계층 아동 통합서비스지원 및 자립지원 등

(1) 취약계층 아동에 대한 통합서비스지원(제37조)

① 국가와 지방자치단체는 아동의 건강한 성장과 발달을 도모하기 위하여 대통령령으로 정하는 바에 따라 아동의 성장 및 복지 여건이 취약한 가정을 선정하여 그 가정의 지원대상아동과 가족을 대상으로 보건, 복지, 보호, 교육, 치료 등을 종합적으로 지원하는 통합서비스를 실시한다.

② 제1항에 따른 통합서비스지원의 대상 선정, 통합서비스의 내용 및 수행 기관·수행인력 등에 필요한 사항은 대통령령으로 정한다.

③ 보건복지부장관은 통합서비스지원사업의 운영지원에 관한 업무를 법인, 단체 등에 위탁할 수 있다.

(2) 자립지원(제38조)

① 국가와 지방자치단체는 보호대상아동의 위탁보호 종료 또는 아동복지시설 퇴소 이후의 자립을 지원하기 위하여 다음 각 호에 해당하는 조치를 시행하여야 한다.
  1. 자립에 필요한 주거·생활·교육·취업 등의 지원
  2. 자립에 필요한 자산의 형성 및 관리 지원(이하 "자산형성지원"이라 한다)
  3. 자립에 관한 실태조사 및 연구
  4. 사후관리체계 구축 및 운영
  5. 그 밖에 자립지원에 필요하다고 대통령령으로 정하는 사항
② 제1항에 따른 자립지원의 절차와 방법, 지원이 필요한 아동의 범위 등에 필요한 사항은 대통령령으로 정한다.

동법 제39조(자립지원계획의 수립 등)

① 보장원의 장, 가정위탁지원센터의 장 및 아동복지시설의 장은 보호하고 있는 15세 이상의 아동을 대상으로 매년 개별 아동에 대한 자립지원계획을 수립하고, 그 계획을 수행하는 종사자를 대상으로 자립지원에 관한 교육을 실시하여야 한다.<개정 2019. 1. 15.>
② 제1항에 따른 자립지원계획의 수립·시행 등에 필요한 사항은 보건복지부령으로 정한다.

동법 제40조(자립지원 관련 업무의 위탁)

국가와 지방자치단체는 자립지원 관련 데이터베이스 구축 및 운영, 자립지원 프로그램의 개발 및 보급, 사례관리 등의 업무를 법인에 위탁할 수 있다.<개정 2019. 1. 15.> [제목개정 2019. 1. 15.]

동법 제41조(아동자립지원추진협의회)

① 보건복지부장관은 지원대상아동의 자립지원 정책을 효율적으로 수행하기 위하여 관계 행정기관의 공무원으로 구성되는 아동자립지원추진협의회를 둘 수 있다.
② 제1항에 따른 아동자립지원추진협의회의 구체적인 구성·운영 등에 필요한 사항은 대통령령으로 정한다.

동법 제42조(자산형성지원사업)

① 국가와 지방자치단체는 아동이 건전한 사회인으로 성장·발전할 수 있도록 자산형성지원사업을 실시할 수 있다.

② 제1항에 따른 자산형성지원사업을 하여야 할 아동의 범위와 해당 아동의 선정·관리 등에 필요한 사항은 보건복지부령으로 정한다.

동법 제43조(자산형성지원사업 관련 업무)

① 보건복지부장관은 제42조에 따른 자산형성지원사업을 효율적으로 추진하기 위하여 자산형성지원사업 운영업무 및 금융자산관리업무를 하여야 한다.

② 제1항에 따른 자산형성지원사업의 운영업무는 다음 각 호와 같다.

   1. 자산형성지원사업 대상 아동의 관리

   2. 자산형성지원사업의 후원자 발굴 및 관리

   3. 자산형성지원사업에 관한 교육 및 홍보

   4. 자산형성지원사업에 관한 조사·연구 및 평가

   5. 그 밖에 자산형성지원사업과 관련하여 보건복지부령으로 정하는 사항

③ 제1항에 따른 금융자산관리업무는 다음 각 호와 같다.

   1. 자산형성지원사업을 위한 금융상품의 개발 및 관리

   2. 자산형성지원사업을 위한 금융상품의 운영에 관한 사항

동법 제44조(자산형성지원사업 관련 업무의 위탁)

① 보건복지부장관은 제43조 제2항에 따른 자산형성지원사업의 운영업무를 법인에 위탁할 수 있다.<개정 2019. 1. 15.>

② 보건복지부장관은 제43조 제3항에 따른 금융자산관리업무를 「은행법」에 따른 은행, 「우체국예금·보험에 관한 법률」에 따른 체신관서, 「농업협동조합법」에 따른 농업협동조합중앙회, 「수산업협동조합법」에 따른 수산업협동조합중앙회 또는 「중소기업은행법」에 따른 중소기업은행에 위탁할 수 있다.

(3) 자립지원계획의 수립 등(제39조)

① 보장원의 장, 가정위탁지원센터의 장 및 아동복지시설의 장은 보호하고 있는 15세 이상의 아동을 대상으로 매년 개별 아동에 대한 자립지원계획을 수립하고, 그 계획을 수행하는 종사자를 대상으로 자립지원에 관한 교육을 실시하여야 한다.<개정 2019. 1. 15.>

② 제1항에 따른 자립지원계획의 수립·시행 등에 필요한 사항은 보건복지
부령으로 정한다.

3. 방과 후 돌봄서비스 지원〈신설 2019. 1. 15.〉

(1) 다함께돌봄센터(제42조의2)

① 시·도지사 및 시장·군수·구청장은 초등학교의 정규교육 이외의 시간
동안 다음 각 호의 돌봄서비스(이하 "방과 후 돌봄서비스"라 한다)를 실시
하기 위하여 다함께돌봄센터를 설치·운영할 수 있다.
1. 아동의 안전한 보호
2. 안전하고 균형 있는 급식 및 간식의 제공
3. 등·하교 전후, 야간 또는 긴급상황 발생 시 돌봄서비스 제공
4. 체험활동 등 교육·문화·예술·체육 프로그램의 연계·제공
5. 돌봄 상담, 관련 정보의 제공 및 서비스의 연계
6. 그 밖에 보건복지부령으로 정하는 방과 후 돌봄서비스의 제공
② 시·도지사 및 시장·군수·구청장은 다함께돌봄센터의 설치·운영을 보
건복지부장관이 정하는 법인 또는 단체에 위탁할 수 있다.
③ 국가는 다함께돌봄센터의 설치·운영에 필요한 비용의 일부를 지방자치
단체에 지원할 수 있다.
④ 다함께돌봄센터의 장은 시·도지사 및 시장·군수·구청장이 정하는 바
에 따라 아동의 보호자에게 제1항 각 호의 방과 후 돌봄서비스 제공에
필요한 비용의 일부를 부담하게 할 수 있다.
⑤ 다함께돌봄센터의 설치기준과 운영, 종사자의 자격 등에 관한 사항은 보
건복지부령으로 정한다. [본조신설 2019. 1. 15.]

1. 아동보호전문기관의 설치 등(제45조)

① 삭제<2019. 1. 15.>
② 지방자치단체는 학대받은 아동의 발견, 보호, 치료에 대한 신속처리 및 아동학대예방을 담당하는 아동보호전문기관을 시·도 및 시·군·구에 1개소 이상 두어야 한다. 다만, 시·도지사는 관할 구역의 아동 수 및 지리적 요건을 고려하여 조례로 정하는 바에 따라 둘 이상의 시·군·구를 통합하여 하나의 아동보호전문기관을 설치·운영할 수 있다.<개정 2014. 1. 28., 2019. 1. 15.>
③ 제2항 단서에 따라 아동보호전문기관을 통합하여 설치·운영하는 경우 시·도지사는 아동보호전문기관의 설치·운영에 필요한 비용을 관할 구역의 아동의 수 등을 고려하여 시장·군수·구청장에게 공동으로 부담하게 할 수 있다.<개정 2019. 1. 15.>
④ 시·도지사 및 시장·군수·구청장은 아동학대예방사업을 목적으로 하는 비영리법인을 지정하여 제2항에 따른 아동보호전문기관의 운영을 위탁할 수 있다.<개정 2019. 1. 15.>
⑤ 아동보호전문기관의 설치기준과 운영, 상담원 등 직원의 자격과 배치기준, 제4항에 따른 지정의 요건 등에 필요한 사항은 대통령령으로 정한다.

2. 아동보호전문기관의 업무(제46조)

① 삭제<2019. 1. 15.>
② 아동보호전문기관은 다음 각 호의 업무를 수행한다.<개정 2014. 1. 28., 2016. 3. 22., 2017. 10. 24., 2019. 1. 15.>
　　1. 아동학대 신고접수, 현장조사 및 응급보호
　　2. 피해아동 상담·조사를 위한 진술녹화실 설치·운영
　　3. 피해아동, 피해아동의 가족 및 아동학대행위자를 위한 상담·치료

및 교육

4. 아동학대예방 교육 및 홍보

5. 피해아동 가정의 사후관리

6. 자체사례회의 운영 및 아동학대사례전문위원회의 설치·운영

7. 그 밖에 대통령령으로 정하는 아동학대예방사업과 관련된 업무

3. 아동학대사례전문위원회의 설치·운영(제46조의2)

① 아동학대 예방 및 피해아동에 대한 지원 등에 관련된 사항을 심의하기 위하여 아동보호전문기관에 아동학대사례전문위원회(이하 "사례전문위원회"라 한다)를 둔다. 이 경우 사례전문위원회의 독립적 구성이 불가하다는 등 대통령령으로 정하는 사유가 있는 경우에는 둘 이상의 아동보호전문기관이 공동으로 사례전문위원회를 구성할 수 있다.<개정 2019. 1. 15.>

② 사례전문위원회는 아동학대 예방 및 피해아동에 대한 지원 등을 위하여 다음 각 호의 사항을 심의한다.

1. 피해아동 및 그 가족 등에 대한 지원

2. 아동학대행위에 대한 개입 방향 및 절차

3. 아동학대행위에 대한 고발 여부

4. 그 밖에 대통령령으로 정하는 사항

③ 사례전문위원회는 위원장 1명을 포함하여 5명 이상 15명 이하의 위원으로 구성하되, 아동보호전문기관의 장의 추천을 받아 해당 아동보호전문기관을 설치한 지방자치단체의 장이 위촉한다. 이 경우 해당 지방자치단체의 아동학대 담당 공무원 및 관할 경찰서의 아동학대 담당 경찰관은 당연직 위원으로 위촉하고, 판사·검사 또는 변호사의 직에 3년 이상 재직한 사람을 1명 이상 위원으로 위촉하여야 한다.<개정 2019. 1. 15.>

④ 사례전문위원회는 해당 지역에서 발생한 아동학대 사건에 대하여 보장원의 장, 아동보호전문기관의 장 및 관할 경찰서장에게 관련 자료를 요청할 수 있다.<개정 2019. 1. 15.>

⑤ 사례전문위원회에 참석한 사람은 업무상 알게 된 비밀을 누설하거나 이를 이용하여 부당한 이익을 취하여서는 아니 된다.

⑥ 사례전문위원회의 회의, 사례전문위원회 위원의 명단, 사례전문위원회의 회의록은 공개하지 아니한다. 다만, 피해아동 또는 그 보호자가 요청하는 경우 등 대통령령으로 정하는 공개 사유가 있는 경우에는 위원의 명단, 사례 관련자의 성명, 주민등록번호, 주소 등 개인정보에 관한 사항을 제외하고 사례전문위원회의 의결로 이를 공개할 수 있다.

⑦ 그 밖에 사례전문위원회의 구성·운영에 필요한 사항은 대통령령으로 정한다. [본조신설 2017. 10. 24.]

4. 아동보호전문기관의 성과평가 등(제47조)

① 보건복지부장관은 아동보호전문기관의 업무 실적에 대하여 3년마다 성과평가를 실시하여야 한다.

② 성과평가 및 평가결과의 활용 등에 필요한 사항은 대통령령으로 정한다.

5. 가정위탁센터의 설치 등(제46조)

① 삭제＜2019. 1. 15.＞

② 지방자치단체는 보호대상아동에 대한 가정위탁사업을 활성화하기 위하여 시·도 및 시·군·구에 가정위탁지원센터를 둔다. 다만, 시·도지사는 조례로 정하는 바에 따라 둘 이상의 시·군·구를 통합하여 하나의 가정위탁지원센터를 설치·운영할 수 있다.＜개정 2019. 1. 15.＞

③ 제2항 단서에 따라 가정위탁지원센터를 통합하여 설치·운영하는 경우 시·도지사는 가정위탁지원센터의 설치·운영에 필요한 비용을 관할 구역의 아동의 수 등을 고려하여 시장·군수·구청장에게 공동으로 부담하게 할 수 있다.＜개정 2019. 1. 15.＞

④ 시·도지사 및 시장·군수·구청장은 가정위탁지원을 목적으로 하는 비영리법인을 지정하여 제2항에 따른 가정위탁지원센터의 운영을 위탁할 수 있다.＜개정 2019. 1. 15.＞

⑤ 가정위탁지원센터의 설치기준과 운영, 상담원 등 직원의 자격과 배치기준, 제4항에 따른 지정의 요건 등에 필요한 사항은 대통령령으로 정한다.

⑥ 보장원은 가정위탁사업의 활성화 등을 위하여 다음 각 호의 업무를 수행한다.<신설 2019. 1. 15.>

  1. 가정위탁지원센터에 대한 지원

  2. 효과적인 가정위탁사업을 위한 지역 간 연계체계 구축

  3. 가정위탁사업과 관련된 연구 및 자료발간

  4. 가정위탁사업을 위한 프로그램의 개발 및 평가

  5. 상담원에 대한 교육 등 가정위탁에 관한 교육 및 홍보

  6. 가정위탁사업을 위한 정보기반 구축 및 정보 제공

  7. 그 밖에 대통령령으로 정하는 가정위탁사업과 관련된 업무

동법 제49조(가정위탁지원센터의 업무)

① 삭제<2019. 1. 15.>

② 가정위탁지원센터는 다음 각 호의 업무를 수행한다.<개정 2019. 1. 15.>

  1. 가정위탁사업의 홍보 및 가정위탁을 하고자 하는 가정의 발굴

  2. 가정위탁을 하고자 하는 가정에 대한 조사 및 가정위탁 대상 아동에 대한 상담

  3. 가정위탁을 하고자 하는 사람과 위탁가정 부모에 대한 교육

  4. 위탁가정의 사례관리

  5. 친부모 가정으로의 복귀 지원

  6. 가정위탁 아동의 자립계획 및 사례 관리

  7. 관할 구역 내 가정위탁 관련 정보 제공

  8. 그 밖에 대통령령으로 정하는 가정위탁과 관련된 업무

---

6. 아동복지시설의 설치(제50조)

① 국가 또는 지방자치단체는 아동복지시설을 설치할 수 있다.

② 국가 또는 지방자치단체 외의 자는 관할 시장·군수·구청장에게 신고하고 아동복지시설을 설치할 수 있다.

③ 시장·군수·구청장은 제2항에 따른 신고를 받은 경우 그 내용을 검토하

여 이 법에 적합하면 신고를 수리하여야 한다.<신설 2019. 1. 15.>

④ 아동복지시설의 시설기준 및 설치 등에 필요한 사항은 보건복지부령으로 정한다.<개정 2019. 1. 15.>

동법 제51조(휴업·폐업 등의 신고)

① 제50조 제2항에 따라 신고한 아동복지시설을 폐업 또는 휴업하거나 그 운영을 재개하고자 하는 자는 보건복지부령으로 정하는 바에 따라 미리 시장·군수·구청장에게 신고하여야 한다.<개정 2016. 3. 22.>

② 아동복지시설의 장은 아동복지시설이 폐업 또는 휴업하는 경우에는 대통령령으로 정하는 바에 따라 해당 아동복지시설을 이용하는 아동이 다른 아동복지시설로 옮길 수 있도록 하는 등 보호대상아동의 권익을 보호하기 위한 조치를 취하여야 한다.<신설 2016. 3. 22.>

③ 시장·군수·구청장은 제1항에 따라 아동복지시설의 폐업 또는 휴업의 신고를 받은 경우 아동복지시설의 장이 제2항에 따른 보호대상아동의 권익을 보호하기 위한 조치를 취하였는지 여부를 확인하는 등 보건복지부령으로 정하는 조치를 하고 신고를 수리하여야 한다.<신설 2016. 3. 22., 2019. 1. 15.>

동법 제52조(아동복지시설의 종류)

① 아동복지시설의 종류는 다음과 같다.<개정 2016. 3. 22., 2017. 10. 24., 2019. 1. 15.>

1. 아동양육시설: 보호대상아동을 입소시켜 보호, 양육 및 취업훈련, 자립지원 서비스 등을 제공하는 것을 목적으로 하는 시설
2. 아동일시보호시설: 보호대상아동을 일시보호하고 아동에 대한 향후의 양육대책수립 및 보호조치를 행하는 것을 목적으로 하는 시설
3. 아동보호치료시설: 아동에게 보호 및 치료 서비스를 제공하는 다음 각 목의 시설
   가. 불량행위를 하거나 불량행위를 할 우려가 있는 아동으로서 보호자가 없거나 친권자나 후견인이 입소를 신청한 아동 또는 가정법원, 지방법원소년부지원에서 보호위탁된 19세 미만인 사람을 입소시켜 치료와 선도를 통하여 건전한 사회인으로 육성하는 것을 목적으로 하는 시설
   나. 정서적·행동적 장애로 인하여 어려움을 겪고 있는 아동 또는 학대로 인하여 부모로부터 일시 격리되어 치료받을 필요가 있는 아동을 보호·치료하는 시설
4. 공동생활가정: 보호대상아동에게 가정과 같은 주거여건과 보호, 양육, 자립지원 서비스를 제공하는 것을 목적으로 하는 시설

5. 자립지원시설: 아동복지시설에서 퇴소한 사람에게 취업준비기간 또는 취업 후 일정 기간 동안 보호함으로써 자립을 지원하는 것을 목적으로 하는 시설
6. 아동상담소: 아동과 그 가족의 문제에 관한 상담, 치료, 예방 및 연구 등을 목적으로 하는 시설
7. 아동전용시설: 어린이공원, 어린이놀이터, 아동회관, 체육·연극·영화·과학 실험전시 시설, 아동휴게숙박시설, 야영장 등 아동에게 건전한 놀이·오락, 그 밖의 각종 편의를 제공하여 심신의 건강유지와 복지증진에 필요한 서비스를 제공하는 것을 목적으로 하는 시설
8. 지역아동센터: 지역사회 아동의 보호·교육, 건전한 놀이와 오락의 제공, 보호자와 지역사회의 연계 등 아동의 건전육성을 위하여 종합적인 아동복지서비스를 제공하는 시설
9. 아동보호전문기관
10. 제48조에 따른 가정위탁지원센터
11. 제10조의2에 따른 보장원
② 제1항에 따른 아동복지시설은 통합하여 설치할 수 있다.
③ 제1항에 따른 아동복지시설은 각 시설 고유의 목적 사업을 해치지 아니하고 각 시설별 설치기준 및 운영기준을 충족하는 경우 다음 각 호의 사업을 추가로 실시할 수 있다.
1. 아동가정지원사업: 지역사회아동의 건전한 발달을 위하여 아동, 가정, 지역주민에게 상담, 조언 및 정보를 제공하여 주는 사업
2. 아동주간보호사업: 부득이한 사유로 가정에서 낮 동안 보호를 받을 수 없는 아동을 대상으로 개별적인 보호와 교육을 통하여 아동의 건전한 성장을 도모하는 사업
3. 아동전문상담사업: 학교부적응아동 등을 대상으로 올바른 인격형성을 위한 상담, 치료 및 학교폭력예방을 실시하는 사업
4. 학대아동보호사업: 학대아동의 발견, 보호, 치료 및 아동학대의 예방 등을 전문적으로 실시하는 사업
5. 공동생활가정사업: 보호대상아동에게 가정과 같은 주거여건과 보호를 제공하는 것을 목적으로 하는 사업
6. 방과 후 아동지도사업: 저소득층 아동을 대상으로 방과 후 개별적인 보호와 교육을 통하여 건전한 인격형성을 목적으로 하는 사업

동법 제53조(아동전용시설의 설치)
① 국가와 지방자치단체는 아동이 항상 이용할 수 있는 아동전용시설을 설치하도록 노력하여야 한다.

② 아동이 이용할 수 있는 문화·오락 시설, 교통시설, 그 밖의 서비스시설 등을 설치·운영하는 자는 대통령령으로 정하는 바에 따라 아동의 이용편의를 고려한 편익설비를 갖추고 아동에 대한 입장료와 이용료 등을 감면할 수 있다.
③ 아동전용시설의 설치기준 등에 필요한 사항은 보건복지부령으로 정한다.

동법 53조의2(학대피해아동쉼터의 지정)
시장·군수·구청장은 제52조 제1항 제4호에 따른 공동생활가정 중에서 피해아동에 대한 보호, 치료, 양육 서비스 등을 제공하는 학대피해아동쉼터를 지정할 수 있다. [본조신설 2016. 3. 22.]

동법 제54조(아동복지시설의 종사자)
① 아동복지시설에는 필요한 전문인력을 배치하여야 한다.
② 아동복지시설 종사자의 직종과 수, 그 자격 및 배치기준은 대통령령으로 정한다.

동법 제55조(아동복지시설 종사자의 교육훈련)
① 시·도지사 또는 시장·군수·구청장은 아동복지시설 종사자의 양성 및 자질향상을 위한 교육·훈련을 실시하여야 한다.
② 시·도지사 또는 시장·군수·구청장은 제1항의 교육훈련을 대학(전문대학을 포함한다) 또는 아동복지단체나 그 밖의 교육훈련시설(이하 "교육훈련시설"이라 한다)에 위탁하여 실시할 수 있다.

동법 제56조(시설의 개선, 사업의 정지, 시설의 폐쇄 등)
① 보건복지부장관, 시·도지사 또는 시장·군수·구청장은 아동복지시설과 교육훈련시설(대학 및 전문대학은 제외한다)이 다음 각 호의 어느 하나에 해당하는 경우에는 소관에 따라 그 시설의 개선, 6개월 이내의 사업의 정지, 위탁의 취소 또는 해당 시설의 장의 교체를 명하거나 시설의 폐쇄를 명할 수 있다.<개정 2014. 1. 28., 2016. 3. 22.>
1. 시설이 설치기준에 미달하게 된 경우
2. 사회복지법인 또는 비영리법인이 설치·운영하는 시설로서 그 사회복지법인이나 비영리법인의 설립허가가 취소된 경우
3. 설치목적의 달성이나 그 밖의 사유로 계속하여 운영될 필요가 없다고 인정할 때
4. 보호대상아동에 대한 아동학대행위가 확인된 경우
5. 거짓이나 그 밖의 부정한 방법으로 경비의 지원을 받은 경우
6. 아동복지시설의 사업정지기간 중에 사업을 한 경우

7. 그 밖에 이 법 또는 이 법에 따른 명령을 위반한 경우

② 보건복지부장관, 시·도지사 또는 시장·군수·구청장은 아동복지시설과 교육훈련시설(대학 및 전문대학은 제외한다)이 제1항에 따라 사업 정지, 위탁 취소 또는 시설 폐쇄되는 경우에는 해당 시설을 이용하는 아동을 다른 시설로 옮기도록 하는 등 보호대상아동의 권익을 보호하기 위하여 필요한 조치를 하여야 한다.<신설 2016. 3. 22.>

③ 제1항에 따른 시설의 개선, 사업의 정지, 위탁의 취소 또는 해당 시설의 장의 교체나 시설의 폐쇄 처분의 기준은 위반행위의 유형 및 그 사유와 위반의 정도 등을 고려하여 대통령령으로 정한다.<개정 2016. 3. 22.>

동법 제57조(아동복지시설의 장의 의무)
아동복지시설의 장은 보호아동의 권리를 최대한 보장하여야 하며, 친권자가 있는 경우 보호아동의 가정복귀를 위하여 적절한 상담과 지도를 병행하여야 한다.<개정 2016. 3. 22.> [제목개정 2016. 3. 22.]

동법 제58조(아동복지단체의 육성)
국가 및 지방자치단체는 아동복지단체를 지도·육성할 수 있다.

 VIII. 보칙

1. 비용 보조(제59조)

국가 또는 지방자치단체는 대통령령으로 정하는 바에 따라 다음 각 호의 어느 하나에 해당하는 비용의 전부 또는 일부를 보조할 수 있다.<개정 2015. 3. 27., 2017. 10. 24.>

　　1. 아동복지시설의 설치 및 운영과 프로그램의 운용에 필요한 비용 또는 수탁보호 중인 아동의 양육 및 보호관리에 필요한 비용

　　2. 보호대상아동의 대리양육이나 가정위탁 보호에 따른 비용

　　3. 아동복지사업의 지도, 감독, 계몽 및 홍보에 필요한 비용

　　4. 삭제<2016. 3. 22.>

　　4의2. 제26조에 따른 신고의무 교육에 소요되는 비용

4의3. 제29조의7 제2항 각 호의 조치에 소요되는 비용

5. 제37조에 따른 취약계층 아동에 대한 통합서비스지원에 필요한 비용

6. 제38조에 따른 보호대상아동의 자립지원에 필요한 비용

7. 제42조에 따른 자산형성지원사업에 필요한 비용

8. 제58조에 따른 아동복지단체의 지도·육성에 필요한 비용

2. 비용 징수(제60조)

시·도지사, 시장·군수·구청장 또는 아동복지시설의 장은 제15조 제1항 제3호부터 제5호까지 및 같은 조 제5항 및 제6항에 따른 보호조치에 필요한 비용의 전부 또는 일부를 대통령령으로 정하는 바에 따라 각각 그 아동의 부양의무자로부터 징수할 수 있다.<개정 2016. 3. 22.>

3. 보조금의 반환명령(제61조)

국가 또는 지방자치단체는 아동복지시설의 장 등 보호수탁자, 보장원의 장, 가정위탁지원센터의 장, 대리양육자 및 아동복지단체의 장이 다음 각 호의 어느 하나에 해당하는 경우에는 이미 교부한 보조금의 전부 또는 일부의 반환을 명할 수 있다.<개정 2016. 3. 22., 2019. 1. 15.>

1. 보조금의 교부조건을 위반한 경우

2. 거짓이나 그 밖의 부정한 방법으로 보조금의 교부를 받은 경우

3. 아동복지시설의 경영에 관하여 개인의 영리를 도모하는 행위를 한 경우

4. 보조금의 사용잔액이 있는 경우

5. 이 법 또는 이 법에 따른 명령을 위반한 경우

4. 국유·공유 재산의 대부 등(제62조)

① 국가 또는 지방자치단체는 아동복지시설의 설치·운영을 위하여 필요하다고 인정하는 경우 「국유재산법」 및 「공유재산 및 물품 관리법」에도

불구하고 국유·공유 재산을 무상으로 대부하거나 사용·수익하게 할 수
있다.

② 제1항에 따른 국유·공유 재산의 대부·사용·수익의 내용 및 조건에 관
하여는 해당 재산을 사용·수익하고자 하는 자와 해당 재산의 중앙관서
의 장 또는 지방자치단체의 장 간의 계약에 의한다.

5. 면세(제63조)

아동복지시설에서 그 보호아동을 위하여 사용하는 건물 및 토지, 시설설치
및 운영에 소요되는 비용에 대하여는 「조세특례제한법」, 그 밖의 관계 법령에서
정하는 바에 따라 조세, 그 밖의 공과금을 면제할 수 있다.

6. 압류금지(제64조)

이 법에 따라 지급된 금품과 이를 받을 권리는 압류하지 못한다.

7. 비밀유지 의무(제65조)

아동복지사업을 포함하여 아동복지업무에 종사하였거나 종사하는 자는 그
직무상 알게 된 비밀을 누설하여서는 아니 된다.<개정 2016. 3. 22.>

8. 연차보고서(제65조의2)

① 보건복지부장관은 매년 정기국회 전까지 아동학대 예방 및 피해아동 보
호 정책의 추진현황과 평가결과에 대한 연차보고서를 작성하여 국회 소
관 상임위원회에 제출하여야 한다.

② 제1항에 따른 연차보고서에는 다음 각 호의 내용이 포함되어야 한다.

1. 아동학대 예방정책의 추진 실태 및 평가결과
2. 피해아동 현황 및 보호·지원 현황

3. 아동학대 사례 분석

4. 아동학대 예방교육 및 신고의무자 교육 현황

5. 그 밖에 아동학대 예방과 관련하여 필요한 사항

③ 보건복지부장관은 연차보고서의 작성을 위하여 관계 중앙행정기관의 장 및 지방자치단체의 장에게 필요한 자료의 제출을 요청할 수 있다. 이 경우 요청을 받은 관계 중앙행정기관의 장 및 지방자치단체의 장은 정당한 사유가 없으면 이에 따라야 한다.

④ 그 밖에 연차보고서의 작성 절차 및 방법 등에 필요한 사항은 대통령령으로 정한다. [본조신설 2017. 10. 24.]

9. 조사 등(제66조)

① 보건복지부장관, 시·도지사 또는 시장·군수·구청장은 필요하다고 인정할 때에는 관계 공무원이나 전담공무원으로 하여금 아동복지시설과 아동의 주소·거소, 아동의 고용장소 또는 제17조의 금지행위를 위반할 우려가 있는 장소에 출입하여 아동 또는 관계인에 대하여 필요한 조사를 하거나 질문을 하게 할 수 있다.

② 제1항의 경우 관계 공무원 또는 전담공무원은 그 권한을 표시하는 증표를 지니고 이를 관계인에게 내보여야 한다.

10. 청문(제67조)

보건복지부장관, 시·도지사 또는 시장·군수·구청장은 제29조의7에 따른 지정의 취소, 제56조에 따른 위탁의 취소 또는 시설의 폐쇄명령을 하고자 하는 경우에는 청문을 하여야 한다.<개정 2017. 10. 24.>

11. 권한의 위임·위탁(제68조)

① 이 법에 따른 보건복지부장관의 권한은 그 일부를 대통령령으로 정하는 바에 따라 시·도지사 또는 시장·군수·구청장에게, 시·도지사의 권한은 그 일부를 대통령령으로 정하는 바에 따라 시장·군수·구청장에게 위임할 수 있다. 다만, 제26조, 제29조의4, 제29조의5, 제75조에 따른 교육부장관, 문화체육관광부장관, 여성가족부장관, 국토교통부장관, 소방청장의 권한은 그 일부를 대통령령으로 정하는 바에 따라 시·도지사, 시장·군수·구청장 또는 교육감·교육장에게 위임할 수 있다.<개정 2015. 3. 27., 2017. 7. 26., 2019. 1. 15.>

② 이 법에 따른 보건복지부장관의 업무는 대통령령으로 정하는 바에 따라 그 일부를 제10조의2에 따른 보장원, 아동복지 관련 법인·단체·시설에 위탁할 수 있다.<신설 2019. 1. 15.> [전문개정 2014. 1. 28.] [제목개정 2019. 1. 15.]

12. 유사명칭의 사용금지(제69조)

이 법에 따른 아동복지시설이 아니면 아동복지시설이라는 명칭을 사용하지 못한다.<개정 2016. 3. 22.>

제4절 장애인복지법

 I. 의의

WHO는 장애인에 대하여 선천적 또는 후천적으로 신체적·정신적 능력의 불안전으로 인해 일상의 개인 또는 사회활동을 자력으로 완전 또는 부분적으로 할 수 없는 사람으로 정의하고 있다. 또한 장애인복지란 장애인들이 겪고 있는 신체손상(impairment)에 따른 신체적 욕구를 의료재활 등을 통해 충족시키고, 능력저하(disability)에 따른 개인적 욕구를 직업재활 등을 통해 충족시키며, 사회적 장애(handicap)에 따른 사회생활에서의 불이익을 감소시키고, 사회적 욕구를 충족시킴으로써, 장애인이 인간으로서의 존엄한 권리를 보장받고, 완전한 사회참여와 평등을 보장받을 수 있도록 하는 국가 및 사회의 시책을 말한다.

장애인복지법은 사회복지서비스법의 일환으로 기능을 수행하지만 장애인복지 분야의 기본법이라 할 수 있다. 한국의 현행법 중에서 장애인복지와 관련 있는 대표적인 법들로 장애인복지법, 장애인고용촉진등에관한법률, 특수교육진흥법 등이 있다. 우리나라 장애인복지 분야에서 공적으로 사용되고 있는 장애인복지 관련 개념 및 용어 등은 장애인복지 관련 기본법인 장애인복지법에서 도출되고 있다.

장애인복지법은 내용상 개별적 측면에서 장애인 개인의 능력을 개발하고 적절한 사회적 역할을 부여하며, 집합적 측면에서 사회의 환경을 개선해나가야 하는 점증적이고 포괄적인 성격을 지닌다.

 II. 입법배경 및 연혁

UN이 1981년을 '세계장애인의 해'로 정하고, 이어서 1983년부터 1992년까지 10년 동안을 '세계장애인 10년'으로 선포하는 등 전 세계적으로 장애인에 대한 관심이 증대되었다. 이에 우리나라에서도 1981년에 심신장애자복지법을 제정하고, 1987년부터 장애인등록 시범사업을 시작하여 그 이듬해 전국으로 확대했으며, 1988년에 제8회 서울장애인올림픽대회를 개최하는 등 장애인복지에 대한 관심이 크게 증대되었다. 또한 1989년 심신장애자복지법을 장애인복지법으로 전면 개정하였고, 1990년에 장애인고용촉진등에관한법률을 제정, 1944년에 특수교육진흥법을 전면 개정하였다. 1997년에 장애인·노인·임산부등의편의증진보장에관한법률을 제정하는 등 일련의 조치를 통하여 저소득 장애인에 대한 생계비 지원(1990) 등 기본적 복지서비스를 확충해나가면서 장애인의 권리보장을 위한 종합적이고 체계적인 제도적 기틀을 마련하였고, 장애인에 대한 의료, 직업, 교육, 재활의 기초를 마련하였다.

1997년에 정부 각 부처별로 시행 중이던 장애인복지사업을 총망라한 종합계획인 장애인복지발전5개년계획(1998~2002)을 수립하여 추진하였으며, 1998년 12월에 장애인인권헌장을 선포하여 장애인의 인권과 인간다운 삶을 보장하는 원칙과 기준을 제시하였고, 1999년에는 장애인·노인·임산부등의편의증진보장에관한법률의 개정과 함께 장애인복지법을 전면 개정하여 2000년 1월부터 장애인정범위를 신장·심장, 정신질환(자폐·뇌병변) 등 내부장애로까지 확대하였다. 향후 2차 및 3차 확대를 통하여 만성호흡기질환, 만성간질환, 만성알코올·약물중독, 기질성 뇌증후군, 안면기형, 비뇨기질환, 치매 등도 장애범주에 포함시킬 예정이다(서동우, 1999). 이어 2000년 1월에는 장애인고용촉진및직업재활법 개정 및 편의시설확충국가종합5개년계획(2000~2004)을 수립·시행하는 등 장애인복지제도를 선진국 수준으로 끌어올려 장애인의 진정한 사회통합을 이루기 위해[91] 개정하였다.

2012년 10월 22일 일부 개정은 장애인복지시설의 운영자 및 종사자로 하여금 직무상 알게 된 장애인학대 사실을 수사기관에 신고하도록 의무화하고, 신고 의무 위반 시 과태료를 부과하도록 하며, 피학대 장애인에 대한 응급조치 의무, 장애인학대사건 심리에 있어 보조인 선임절차 등을 정함으로써 피학대 장애인 구제의 효율성과 피학대장애인 보호를 강화하였다.

2015년 6월 22일에도 일부 개정은 현행법이 장애인의 권익과 복지증진을 위하여 보건복지부장관이 5년마다 장애인정책종합계획을 수립하도록 하고 관계

---

91) 보건복지부, 2002.

중앙행정기관의 장이 사업계획을 매년 수립·시행하도록 하고 있으나, 이에 관한 국회 보고 의무는 규정하고 있지 않아 종합계획 및 사업계획의 추진에 관한 관리·감독이 미흡한 실정임을 감안하여 종합계획의 주요내용, 해당 연도의 사업계획, 전년도 사업계획의 추진실적 및 추진성과의 평가결과를 매년 국회 소관 상임위원회에 보고하여 내실 있는 논의를 하도록 함으로써 장애인의 권익과 복지증진 사업의 실효성을 확보하고자 하였다. 한편, 현행 장애인 복지서비스 제도는 의학적 손상 정도에만 의존하여 판정된 장애등급이 복지서비스 수급의 기준이 되고 있어 개인별 특성에 맞는 복지서비스 제공이 미흡한 상황이며, 또한 공공부문과 민간부문으로 이원화된 서비스 제공으로 인하여 서비스의 중복·누락·단절 등의 문제가 지속적으로 발생하고 있어 서비스에 대한 장애인의 체감만족도는 낮은 수준이다. 이에 국가와 지방자치단체는 등록 장애인에게 복지서비스에 관한 상담 및 정보 제공, 복지서비스 신청의 대행, 장애인 개인별로 필요한 욕구의 조사 및 서비스 제공 계획의 수립 지원, 장애인과 복지서비스 제공기관·법인·단체·시설과의 연계 등 복지서비스에 관한 장애인 지원 사업을 실시하도록 함으로써 장애인 복지서비스의 전 과정이 유기적으로 연결된 수요자 중심의 장애인 복지서비스 전달체계를 구축하고자 하였다. 또한, 장애인학대에 대한 예방 및 피해장애인에 대한 사후관리를 담당하는 전문기관의 부재, 장애인학대를 예방하기 위한 체계적인 관리체계의 미흡, 피해장애인에 대한 지원 부족 등으로 인하여 장애인학대에 대해 효율적으로 대처하지 못하고 있는 상황임에 따라 장애인학대 신고와 관련한 방법·절차 등의 개선, 장애인학대 예방 및 피해장애인에 대한 사후관리 등을 담당하는 전문기관의 설치, 피해장애인과 그 가족에 대한 지원의 강화 등을 통하여 장애인을 학대로부터 보호하고자 하며, 장애인에 대한 금지행위를 추가하고, 금지행위를 위반할 경우 엄하게 처벌하도록 함으로써 장애인에 대한 보호를 강화하는 한편 장애인의 인권 신장에도 기여하고자 하였다.

2015년 12월 29일 일부 개정은 현행 장애인에 대한 인식개선을 위하여 교육기관에서 실시하는 교육 대상으로 대학과 평생교육시설 등의 교육기관이 포함되어 있지 않아 동 교육기관에 재학하고 있는 장애학생에 대한 차별 사례가 계속 발생하고 있어 이에 대한 개선이 시급하므로, 장애인에 대한 인식개선 교육의 실시 대상 교육기관을 확대하여 장애 이해 및 인식을 개선함으로써 장애로 인한 차별을 사전에 예방할 필요가 있다. 또한, 장애인재활상담사에 대한 국가자격제도를 도입하여 재활 관련 서비스를 제공하는 인력에 대한 전문성을 강화하고 그 서비스의 질을 향상시키고, 국가, 지방자치단체 및 대통령령으로 정하는 기관·단체가 실시하는 자격시험 및 채용시험 등에 있어서 장애인 응시자에게 각종 편의를 제공하도록 하여 장애인의 자립생활 지원에 기여하며, 장애인 대상 성범죄의 신고의무 대상자를 확대하여 장애인을 위한 사회적 안전망을 강화하였다. 한편, 국가나 지방자치단체가 장애인복지단체 또는 장애인자립생활지원센터의 운영비를 지원할 수 있는 법적 근거를 마련하고, 장애인 등록 및 장애 정도에 관한 심사 업무를 위탁받은 공공기관에서 장애인 당사자 등의 동의를 받아 의료기관에 진료기록의 열람 및 사본 교부를 요청할 경우 그 내용을 확인할 수 있도록 하며, 장애 등급 판정 사후 상담을 제공함으로써 장애인의 편의 및 복지증진에 기여하고자 하였다.

2016년 5월 29일 일부 개정은 현행법이 장애인에게 지급되는 금품은 압류하지 못하도록 하고 있으나, 장애수당과 장애아동수당 및 자녀교육비 등이 금융기관의 예금계좌에 입금되어 다른 금원과 섞이게 되면 압류금지의 효력이 미치지 않게 되어 수급자의 예금채권이 압류되는 경우가 발생할 수 있다. 이에 수급자가 신청하는 경우에는 이 법에 따라 장애인에게 지급되는 금전이 입금되는 수급자 명의의 지정된 계좌로 금전을 입금하도록 하고, 해당 수급계좌의 예금에 관한 채권은 압류할 수 없도록 규정함으로써 압류 방지의 실효성을 확보하고 장애인의 생계 보호를 강화하였다.

2017년 2월 8일 일부 개정은 장애인 등록 제도의 체계적 관리를 위하여 장애인이 장애인 등록 기준에 맞지 아니하게 된 경우 등에는 장애인 등록을 취소하도록 하고, 장애수당의 적정성을 도모하기 위하여 장애수당 신청인의 장애 정도에 대하여 심사할 수 있도록 하며, 장애인학대로 피해를 입은 장애인의 임시보호 및 사회복귀 지원을 위하여 피해장애인 쉼터의 설치·운영 근거를 마련하였다. 또한, 「민법」상 성년후견제 도입에 따른 결격사유의 용어를 정비하고, 법정형을 '징역 1년당 벌금형 1천만원'의 기준으로 정비하는 등 현행 제도의 운영상 나타난 일부 미비점을 개선·보완하였다.

2017년 12월 19일 일부 개정은 장애등급제 개편 사항을 반영하기 위하여 '장애 등급'을 '장애 정도'로 변경하고, 맞춤형 서비스 제공을 위하여 '서비스 지원 종합조사'를 실시할 수 있는 법적 근거를 마련하며, 자립생활지원과 관련하여 국가와 지방자치단체의 책무 대상을 중증장애인에서 장애인으로 확대하고, 장애인에 대한 방문상담 및 사례관리 수행 근거를 마련함으로써 복지사각지대를 해소하는 한편, 장애인학대 예방 및 사후지원 강화를 위하여 장애인권익옹호기관의 기능을 강화하기 위하여 필요한 각종 조치들을 법률에 규정하고, 장애인학대 및 장애인 대상 성범죄 신고인에 대한 보다 효과적인 보호를 위하여 「특정범죄신고자등 보호법」의 일부 규정을 준용하고 신고인에 대한 불이익조치 금지를 명문화하였다. 이 외에 장애인 등록을 할 수 있는 외국인에 난민인정자를 추가하고, 사실상 사문화된 장애인생산품 인증제도를 폐지하며, 비밀 누설 금지의무를 장애인복지상담원 뿐만 아니라 공무원, 수탁기관 종사자 등으로 확대하여 적용하는 등의 내용을 규정하였다.

2018년 12월 11일 일부 개정은 현행법은 성범죄자를 대상으로 10년간 장애인복지시설을 운영하거나 장애인복지시설에 취업 또는 사실상 노무 제공을 금지하고 있는데, 헌법재판소가 해당 규정에 대해 2016년 7월 28일 위헌결정을 내림에 따라 해당 규정의 효력을 상실하였다. 이에 헌법재판소 위헌결정의 취지를 반영하여 법원이 성범죄로 형 등을 선고할 때 최장 10년의 범위 내에서 장애인복지시설에의 취업제한명령을 선고하도록 하는 등의 조치를 통해 위헌 규정을 보완하였다. 한편, 의지·보조기 기사, 언어재활사, 장애인재활상담사 자격시험에 응시할 수 있는 외국 학교의 인정기준을 보건복지부장관의 고시로 정하도록 규정함으로써 국가시험 응시자격에 대한 신뢰성을 높였다.

2019년 1월 15일 일부 개정은 국민 생활 및 기업활동과 밀접하게 관련되어 있는 신고 민원의 처리절차를 법령에서 명확하게 규정함으로써 관련 민원의 투명하고 신속한 처리와 일선 행정기관의 적극 행정을 유도하기 위하여, 장애인복지시설의 설치·운영·변경, 장애인복지시설 운영의 중단·재개 및 장애인복지시설의 폐지 신고가 수리가 필요한 신고임을 명시하였다.

2019년 12월 3일 일부 개정은 장애인에 대한 인식개선 교육이 충실하게 수행될 수 있도록 인식개선 교육에 대한 사후관리를 강화하고, 장애인에 대한 인식개선 교육을 체계화하고 교육의 질을 높이기 위하여 인식개선교육기관 지정·위탁제도를 도입하는 한편, 장애인학대가 의심되는 경우 피해장애인에 대한 보호조치를 강화하는 등 현행 제도의 운영상 나타난 일부 미비점을 개선·보완하였다.

Ⅲ. 목적 및 의무

1. 목적

장애인복지법은 장애인의 인간다운 삶과 권리보장을 위한 국가와 지방자치단체 등의 책임을 명백히 하고, 장애발생 예방과 장애인의 의료·교육·직업재활·생활환경개선 등에 관한 사업을 정하여 장애인복지대책을 종합적으로 추진하며, 장애인의 자립생활·보호 및 수당지급 등에 관하여 필요한 사항을 정하여 장애인의 생활안정에 기여하는 등 장애인의 복지와 사회활동 참여증진을 통하여 사회통합에 이바지함을 목적으로 하며(제1조), 장애인의 완전한 사회참여와 평등을 통한 사회통합을 기본이념으로 하고 있다(제3조).

2. 장애인의 권리, 장애인 및 보호자 등에 대한 의견수렴과 참여

① 장애인은 인간으로서 존엄과 가치를 존중받으며, 그에 걸맞은 대우를 받는다.

② 장애인은 국가·사회의 구성원으로서 정치·경제·사회·문화, 그 밖의 모든 분야의 활동에 참여할 권리를 가진다.

③ 장애인은 장애인 관련 정책결정과정에 우선적으로 참여할 권리가 있다(제4조). 국가 및 지방자치단체는 장애인 정책의 결정과 그 실시에 있어서 장애인 및 장애인의 부모, 배우자, 그 밖에 장애인을 보호하는 자의 의견을 수렴하여야 한다. 이 경우 당사자의 의견수렴을 위한 참여를 보장하여야 한다(제5조).

Ⅳ. 중증장애인의 보호, 차별금지, 책임

1. 중증장애인의 보호, 여성장애인의 권익보호 및 차별금지

국가와 지방자치단체는 장애 정도가 심하여 자립하기가 매우 곤란한 장애인(이하 "중증장애인"이라 한다)이 필요한 보호 등을 평생 받을 수 있도록 알맞은 정책을 강구하여야 한다(제6조).

국가와 지방자치단체는 여성장애인의 권익을 보호하고 사회참여를 확대하기 위하여 기초학습과 직업교육 등 필요한 시책을 강구하여야 한다(제7조).

또한 누구든지 장애를 이유로 정치·경제·사회·문화 생활의 모든 영역에서 차별을 받지 아니하고, 누구든지 장애를 이유로 정치·경제·사회·문화 생활의 모든 영역에서 장애인을 차별하여서는 아니 되며 누구든지 장애인을 비하·모욕하거나 장애인을 이용하여 부당한 영리행위를 하여서는 아니 되며, 장애인의 장애를 이해하기 위하여 노력하여야 한다(제8조).

2. 국가·지방자치단체·국민의 책임

국가와 지방자치단체는 장애의 발생을 예방하고 장애의 조기발견에 대한 국민의 관심을 높이고, 자립을 지원하며, 필요한 보호를 실시하여 장애인의 복지를 증진할 책임을 지며, 장애인복지시책을 장애인 및 보호자에게 적극적으로 홍보하여야 하며, 국민이 장애인에 대하여 올바르게 이해하도록 하는 데 필요한 시책을 강구하여야 한다(제9조).

모든 국민은 장애발생의 예방, 장애의 조기발견에 노력하여야 하며, 장애인의 인격을 존중하고 사회통합의 이념에 기초하여 장애인복지증진에 협력하여야 한다(제10조).

Ⅴ. 기본시책의 강구

1. 장애발생 예방과 재활치료

(1) 장애발생 예방(제17조)

　① 국가와 지방자치단체는 장애의 발생 원인과 예방에 관한 조사 연구를 촉진하여야 하며, 모자보건사업의 강화, 장애의 원인이 되는 질병의 조기 발견과 조기 치료, 그 밖에 필요한 정책을 강구하여야 한다.

　② 국가와 지방자치단체는 교통사고·산업재해·약물중독 및 환경오염 등에 의한 장애발생을 예방하기 위하여 필요한 조치를 강구하여야 한다.

(2) 의료·재활치료(제18조)

　국가와 지방자치단체는 장애인이 생활기능을 익히거나 되찾을 수 있도록 필요한 기능치료와 심리치료 등 재활의료를 제공하고 장애인의 장애를 보완할 수 있는 장애인보조기구를 제공하는 등 필요한 정책을 강구하여야 한다.

2. 사회적응훈련·교육·직업재활

(1) 사회적응훈련(제19조)

　국가와 지방자치단체는 장애인이 재활치료를 마치고 일상생활이나 사회생활을 원활히 할 수 있도록 사회적응 훈련을 실시하여야 한다.

(2) 교육(제20조)

　① 국가와 지방자치단체는 사회통합의 이념에 따라 장애인이 연령·능력·장애의 종류 및 정도에 따라 충분히 교육받을 수 있도록 교육 내용과 방법을 개선하는 등 필요한 정책을 강구하여야 한다.

② 국가와 지방자치단체는 장애인의 교육에 관한 조사·연구를 촉진하여야
한다.

③ 국가와 지방자치단체는 장애인에게 전문 진로교육을 실시하는 제도를
강구하여야 한다.

④ 각급 학교의 장은 교육을 필요로 하는 장애인이 그 학교에 입학하려는
경우 장애를 이유로 입학 지원을 거부하거나 입학시험 합격자의 입학을
거부하는 등의 불리한 조치를 하여서는 아니 된다.

⑤ 모든 교육기관은 교육 대상인 장애인의 입학과 수학(修學) 등에 편리하
도록 장애의 종류와 정도에 맞추어 시설을 정비하거나 그 밖에 필요한
조치를 강구하여야 한다.

(3) 직업(제21조)

① 국가와 지방자치단체는 장애인이 적성과 능력에 맞는 직업에 종사할 수
있도록 직업 지도, 직업능력 평가, 직업 적응훈련, 직업훈련, 취업 알선,
고용 및 취업 후 지도 등 필요한 정책을 강구하여야 한다.

② 국가와 지방자치단체는 장애인 직업재활훈련이 원활히 이루어질 수 있
도록 장애인에게 적합한 직종과 재활사업에 관한 조사·연구를 촉진하
여야 한다.

3. 정보에의 접근(제22조)

① 국가와 지방자치단체는 장애인이 정보에 원활하게 접근하고 자신의 의
사를 표시할 수 있도록 전기통신·방송시설 등을 개선하기 위하여 노력
하여야 한다.

② 국가와 지방자치단체는 방송국의 장 등 민간 사업자에게 뉴스와 국가적
주요 사항의 중계 등 대통령령으로 정하는 방송 프로그램에 청각장애인
을 위한 한국수어 또는 폐쇄자막과 시각장애인을 위한 화면해설 또는
자막해설 등을 방영하도록 요청하여야 한다.<개정 2016. 2. 3.>

③ 국가와 지방자치단체는 국가적인 행사, 그 밖의 교육·집회 등 대통령령

으로 정하는 행사를 개최하는 경우에는 청각장애인을 위한 한국수어 통역 및 시각장애인을 위한 점자 및 인쇄물 접근성바코드(음성변환용 코드 등 대통령령으로 정하는 전자적 표시를 말한다. 이하 이 조에서 같다)가 삽입된 자료 등을 제공하여야 하며 민간이 주최하는 행사의 경우에는 한국수어 통역과 점자 및 인쇄물 접근성바코드가 삽입된 자료 등을 제공하도록 요청할 수 있다.<개정 2012. 1. 26.~2017. 12. 19.>

④ 제2항과 제3항의 요청을 받은 방송국의 장 등 민간 사업자와 민간 행사 주최자는 정당한 사유가 없으면 그 요청에 따라야 한다.

⑤ 국가와 지방자치단체는 시각장애인과 시청각장애인(시각 및 청각 기능이 손상된 장애인을 말한다. 이하 같다)이 정보에 쉽게 접근하고 의사소통을 원활하게 할 수 있도록 점자도서, 음성도서, 점자정보단말기 및 무지점자단말기 등 의사소통 보조기구를 개발·보급하고, 시청각장애인을 위한 의사소통 지원 전문인력을 양성·파견하기 위하여 노력하여야 한다.<개정 2019. 12. 3.>

⑥ 국가와 지방자치단체는 장애인의 특성을 고려하여 정보통신망 및 정보통신기기의 접근·이용에 필요한 지원 및 도구의 개발·보급 등 필요한 시책을 강구하여야 한다. [시행일: 2020. 6. 4.]

4. 편의시설·안전대책·사회적 인식개선·선거권행사

(1) 편의시설(제23조)

① 국가와 지방자치단체는 장애인이 공공시설과 교통수단 등을 안전하고 편리하게 이용할 수 있도록 편의시설의 설치와 운영에 필요한 정책을 강구하여야 한다.

② 국가와 지방자치단체는 공공시설 등 이용편의를 위하여 수화통역·안내보조 등 인적서비스 제공에 관하여 필요한 시책을 강구하여야 한다.

(2) 안전대책의 강구(제24조)

국가와 지방자치단체는 추락사고 등 장애로 인하여 일어날 수 있는 안전사고와 비상재해 등에 대비하여 시각·청각 장애인과 이동이 불편한 장애인을 위하여 피난용 통로를 확보하고, 점자·음성·문자 안내판을 설치하며, 긴급 통보체계를 마련하는 등 장애인의 특성을 배려한 안전대책 등 필요한 조치를 강구하여야 한다.

(3) 사회적 인식개선 등(제25조)

① 국가와 지방자치단체는 학생, 공무원, 근로자, 그 밖의 일반 국민 등을 대상으로 장애인에 대한 인식개선을 위한 교육 및 공익광고 등 홍보사업을 실시하여야 한다.
② 국가기관 및 지방자치단체의 장, 「영유아보육법」에 따른 어린이집, 「유아교육법」·「초·중등교육법」·「고등교육법」에 따른 각급 학교의 장, 그 밖에 대통령령으로 정하는 교육기관 및 공공단체의 장은 소속 직원·학생을 대상으로 장애인에 대한 인식개선을 위한 교육을 실시하고, 그 결과를 보건복지부장관에게 제출하여야 한다.
③ 국가는 「초·중등교육법」에 따른 학교에서 사용하는 교과용 도서에 장애인에 대한 인식개선을 위한 내용이 포함되도록 하여야 한다.
④ 제1항 및 제3항의 사업, 제2항에 따른 교육의 내용과 방법, 결과 제출 등에 필요한 사항은 대통령령으로 정한다.

(4) 선거권 등 행사의 편의제공(제26조)

국가와 지방자치단체는 장애인이 선거권을 행사하는 데에 불편함이 없도록 편의시설·설비를 설치하고, 선거권 행사에 관하여 홍보하며, 선거용 보조기구를 개발·보급하는 등 필요한 조치를 강구하여야 한다.

5. 주택의 보급·문화환경 정비

(1) 주택 보급(제27조)

① 국가와 지방자치단체는 공공주택등 주택을 건설할 경우에는 장애인에게 장애 정도를 고려하여 우선 분양 또는 임대할 수 있도록 노력하여야 한다.

② 국가와 지방자치단체는 주택의 구입자금·임차자금 또는 개·보수비용의 지원 등 장애인의 일상생활에 적합한 주택의 보급·개선에 필요한 시책을 강구하여야 한다.

(2) 문화환경 정비 등(제28조)

국가와 지방자치단체는 장애인의 문화생활, 체육활동 및 관광활동에 대한 장애인의 접근을 보장하기 위하여 관련 시설 및 설비, 그 밖의 환경을 정비하고 문화생활, 체육활동 및 관광활동 등을 지원하도록 노력하여야 한다.<개정 2017. 9. 19.>

6. 복지연구 등의 진흥(제29조)

국가와 지방자치단체는 장애인복지의 종합적이고 체계적인 조사·연구·평가 및 장애인 체육활동 등 장애인정책개발 등을 위하여 필요한 정책을 강구하여야 한다.

7. 경제적 부담의 경감(제30조)

① 국가와 지방자치단체,「공공기관의 운영에 관한 법률」제4조에 따른 공공기관,「지방공기업법」에 따른 지방공사 또는 지방공단은 장애인과 장애인을 부양하는 자의 경제적 부담을 줄이고 장애인의 자립을 촉진하기 위하여 세제상의 조치, 공공시설 이용료 감면, 그 밖에 필요한 정책을 강구하여야 한다.

② 국가와 지방자치단체,「공공기관의 운영에 관한 법률」제4조에 따른 공공기관,「지방공기업법」에 따른 지방공사 또는 지방공단이 운영하는 운송사업자는 장애인과 장애인을 부양하는 자의 경제적 부담을 줄이고 장애인의 자립을 돕기 위하여 장애인과 장애인을 보호하기 위하여 동행하는 자의 운임 등을 감면하는 정책을 강구하여야 한다.

 VI. 복지조치

1. 실태조사(제31조)

① 보건복지부장관은 장애인 복지정책의 수립에 필요한 기초 자료로 활용하기 위하여 3년마다 장애실태조사를 실시하여야 한다.
② 제1항에 따른 장애실태조사의 방법, 대상 및 내용 등에 관하여 필요한 사항은 대통령령으로 정한다.

2. 장애인 등록(제32조)

① 장애인, 그 법정대리인 또는 대통령령으로 정하는 보호자(이하 "법정대리인등"이라 한다)는 장애 상태와 그 밖에 보건복지부령이 정하는 사항을 특별자치시장·특별자치도지사·시장·군수 또는 구청장(자치구의 구청장을 말한다. 이하 같다)에게 등록하여야 하며, 특별자치시장·특별자치도지사·시장·군수·구청장은 등록을 신청한 장애인이 제2조에 따른 기준에 맞으면 장애인등록증(이하 "등록증"이라 한다)을 내주어야 한다.<개정 2008. 2. 29.~2017. 2. 8.>
② 삭제<2017. 2. 8.> ③ 특별자치시장·특별자치도지사·시장·군수·구청장은 제1항에 따라 등록증을 받은 장애인의 장애 상태의 변화에 따른 장애 정도 조정을 위하여 장애 진단을 받게 하는 등 장애인이나 법정대리인등에게 필요한 조치를 할 수 있다.<개정 2017. 2. 8., 2017. 12. 19.>

④ 장애인의 장애 인정과 장애 정도 사정(查定)에 관한 업무를 담당하게 하기 위하여 보건복지부에 장애판정위원회를 둘 수 있다.<개정 2017. 12. 19.>

⑤ 등록증은 양도하거나 대여하지 못하며, 등록증과 비슷한 명칭이나 표시를 사용하여서는 아니 된다.

⑥ 특별자치시장·특별자치도지사·시장·군수·구청장은 제1항에 따른 장애인 등록 및 제3항에 따른 장애 상태의 변화에 따른 장애 정도를 조정함에 있어 장애인의 장애 인정과 장애 정도 사정이 적정한지를 확인하기 위하여 필요한 경우 대통령령으로 정하는 「공공기관의 운영에 관한 법률」 제4조에 따른 공공기관에 장애 정도에 관한 정밀심사를 의뢰할 수 있다.<신설 2017. 12. 19.>

⑦ 제6항에 따라 장애 정도에 관한 정밀심사를 의뢰받은 공공기관은 필요한 경우 심사를 받으려는 본인이나 법정대리인등으로부터 동의를 받아 「의료법」에 따른 의료기관에 그 사람의 해당 진료에 관한 사항의 열람 또는 사본 교부를 요청할 수 있다. 이 경우 요청을 받은 의료기관은 특별한 사유가 없으면 요청에 따라야 하며, 국가 및 지방자치단체는 예산의 범위에서 공공기관에 제공되는 자료에 대한 사용료, 수수료 등을 지원할 수 있다.<신설 2015. 12. 29., 2017. 2. 8.>

⑧ 제1항 및 제3항부터 제7항까지에서 규정한 사항 외에 장애인의 등록, 등록증의 발급, 장애 진단 및 장애 정도에 관한 정밀심사, 장애판정위원회, 진료에 관한 사항의 열람 또는 사본교부 요청 등에 관하여 필요한 사항은 보건복지부령으로 정한다.<개정 2008. 2. 29.~2017. 2. 8.>

동법 제32조의2(재외동포 및 외국인의 장애인 등록)

① 재외동포 및 외국인 중 다음 각 호의 어느 하나에 해당하는 사람은 제32조에 따라 장애인 등록을 할 수 있다.<개정 2015. 12. 29., 2017. 12. 19.>

　1. 「재외동포의 출입국과 법적 지위에 관한 법률」 제6조에 따라 국내거소신고를 한 사람

　2. 「주민등록법」 제6조에 따라 재외국민으로 주민등록을 한 사람

　3. 「출입국관리법」 제31조에 따라 외국인등록을 한 사람으로서 같은 법 제10

조 제1항에 따른 체류자격 중 대한민국에 영주할 수 있는 체류자격을 가진 사람

4. 「재한외국인 처우 기본법」 제2조 제3호에 따른 결혼이민자

5. 「난민법」 제2조 제2호에 따른 난민인정자

② 국가와 지방자치단체는 제1항에 따라 등록한 장애인에 대하여는 예산 등을 고려하여 장애인복지사업의 지원을 제한할 수 있다. [본조신설 2012. 1. 26.]

3. 장애인복지상담원(제33조)

① 장애인 복지 향상을 위한 상담 및 지원 업무를 맡기기 위하여 시·군·구(자치구를 말함)에 장애인복지상담원을 둔다.

② 장애인복지상담원은 그 업무를 할 때 개인의 인격을 존중하여야 한다.<개정 2017. 12. 19.>

③ 장애인복지상담원의 임용·직무·보수와 그 밖에 필요한 사항은 대통령령으로 정한다.

4. 장애 유형·장애 정도별 재활 및 자립지원 서비스 제공 등 (제35조)

국가와 지방자치단체는 장애인의 일상생활을 편리하게 하고 사회활동 참여를 높이기 위하여 장애 유형·장애 정도별로 재활 및 자립지원 서비스를 제공하는 등 필요한 정책을 강구하여야 하며, 예산의 범위 안에서 지원할 수 있다.

5. 장애인 지원정책

장애인과 가족에 대한 다양한 지원정책을 수립하여 지원하여야 하는데, 구체적으로 ① 의료비·(산후조리도우미 지원 등)자녀교육비 지원, ② 자동차 및 보조견 지원, ③ 자금의 대여 및 생업지원, ④ 자립지원 등이 있다.

동법 제37조(산후조리도우미 지원 등)

① 국가 및 지방자치단체는 임산부인 여성장애인과 신생아의 건강관리를 위하여 경제적 부담능력 등을 감안하여 여성장애인의 가정을 방문하여 산전·산후조리를 돕는 도우미(이하 "산후조리도우미"라 한다)를 지원할 수 있다.

② 국가 및 지방자치단체는 제1항의 규정에 따른 산후조리도우미 지원사업에 대하여 보건복지부령이 정하는 바에 따라 정기적으로 모니터링(산후조리도우미 지원사업의 실효성 등을 확보하기 위한 정기적인 점검활동을 말한다)을 실시하여야 한다. <개정 2008. 2. 29., 2010. 1. 18.>

③ 산후조리도우미 지원의 기준 및 방법 등에 관하여 필요한 사항은 대통령령으로 정한다.

동법 제38조(자녀교육비 지급)

① 장애인복지실시기관은 경제적 부담능력 등을 고려하여 장애인이 부양하는 자녀 또는 장애인인 자녀의 교육비를 지급할 수 있다.

② 제1항에 따른 교육비 지급 대상·기준 및 방법 등에 관하여 필요한 사항은 보건복지부령으로 정한다.

동법 제39조(장애인이 사용하는 자동차 등에 대한 지원 등)

① 국가와 지방자치단체, 그 밖의 공공단체는 장애인이 이동수단인 자동차 등을 편리하게 사용할 수 있도록 하고 경제적 부담을 줄여 주기 위하여 조세감면 등 필요한 지원정책을 강구하여야 한다.

② 시장·군수·구청장은 장애인이 이용하는 자동차 등을 지원하는 데에 편리하도록 장애인이 사용하는 자동차 등임을 알아볼 수 있는 표지(이하 "장애인사용자동차등표지"라 한다)를 발급하여야 한다.

③ 장애인사용자동차등표지를 대여하거나 보건복지부령이 정하는 자 외의 자에게 양도하는 등 부당한 방법으로 사용하여서는 아니 되며, 이와 비슷한 표지·명칭 등을 사용하여서는 아니 된다.

④ 장애인사용자동차등표지의 발급 대상과 발급 절차 등에 관하여 필요한 사항은 보건복지부령으로 정한다.

동법 제42조(생업 지원)

① 국가와 지방자치단체, 그 밖의 공공단체는 소관 공공시설 안에 식료품·사무용품·신문 등 일상생활용품을 판매하는 매점이나 자동판매기의 설치를 허가하거나 위탁할 때에는 장애인이 신청하면 우선적으로 반영하도록 노력하여야 한다.

② 시장·군수 또는 구청장은 장애인이 「담배사업법」에 따라 담배소매인으로 지정

받기 위하여 신청하면 그 장애인을 우선적으로 지정하도록 노력하여야 한다.

③ 장애인이 우편법령에 따라 국내 우표류 판매업 계약 신청을 하면 우편관서는 그 장애인이 우선적으로 계약할 수 있도록 노력하여야 한다.

④ 제1항부터 제3항까지의 규정에 따른 허가·위탁 또는 지정 등을 받은 자는 특별한 사유가 없으면 직접 그 사업을 하여야 한다.

⑤ 제1항에 따른 설치 허가권자는 매점·자동판매기 설치를 허가하기 위하여 설치 장소와 판매할 물건의 종류 등을 조사하고 그 결과를 장애인에게 알리는 조치를 강구하여야 한다.

동법 제43조(자립훈련비 지급)

① 장애인복지실시기관은 제34조 제1항 제2호 또는 제3호에 따라 장애인복지시설에서 주거편의·상담·치료·훈련 등을 받도록 하거나 위탁한 장애인에 대하여 그 시설에서 훈련을 효과적으로 받는 데 필요하다고 인정되면 자립훈련비를 지급할 수 있으며, 특별한 사정이 있으면 훈련비 지급을 대신하여 물건을 지급할 수 있다.

② 제1항에 따른 자립훈련비의 지급과 물건의 지급 등에 관하여 필요한 사항은 보건복지부령으로 정한다.

동법 44조(생산품 구매)

국가, 지방자치단체 및 그 밖의 공공단체는 장애인복지시설과 장애인복지단체에서 생산한 물품의 우선 구매에 필요한 조치를 마련하여야 한다.

동법 제46조(고용 촉진)

국가와 지방자치단체는 직접 경영하는 사업에 능력과 적성이 맞는 장애인을 고용하도록 노력하여야 하며, 장애인에게 적합한 사업을 경영하는 자에게 장애인의 능력과 적성에 따라 장애인을 고용하도록 권유할 수 있다.

6. 장애수당·장애아동수당과 보호수당(제49조)

장애수당에 대한 사항은 다음과 같다.

① 국가와 지방자치단체는 장애인의 장애 정도와 경제적 수준을 고려하여 장애로 인한 추가적 비용을 보전(補塡)하게 하기 위하여 장애수당을 지급할 수 있다. 다만, 「국민기초생활 보장법」 제7조 제1항 제1호에 따른

생계급여 또는 같은 항 제3호에 따른 의료급여를 받는 장애인에게는 장
애수당을 반드시 지급하여야 한다.<개정 2012. 1. 26., 2015. 12. 29.>

② 제1항에도 불구하고 「장애인연금법」 제2조 제1호에 따른 중증장애인에
게는 제1항에 따른 장애수당을 지급하지 아니한다.<신설 2010. 4.
12.>

③ 국가와 지방자치단체는 제1항에 따라 장애수당을 지급하려는 경우에는
장애수당을 받으려는 사람의 장애 정도에 대하여 심사할 수 있다.<신
설 2017. 2. 8.>

④ 국가와 지방자치단체는 장애수당을 지급받으려는 사람이 제3항에 따른
장애 정도의 심사를 거부·방해 또는 기피하는 경우에는 제1항에도 불
구하고 장애수당을 지급하지 아니할 수 있다.<신설 2017. 2. 8.>

⑤ 제1항에 따른 장애수당의 지급 대상·기준·방법 및 제3항에 따른 심사
대상·절차·방법 등에 관하여 필요한 사항은 대통령령으로 정한다.<개
정 2017. 2. 8.>

7. 장애아동수당과 보호수당(제50조)

국가와 지방자치단체는 장애아동에게 보호자의 경제적 생활수준 및 장애아
동의 장애 정도를 고려하여 장애로 인한 추가적 비용을 보전(補塡)하게 하기 위
하여 장애아동수당을 지급할 수 있다. 국가와 지방자치단체는 장애인을 보호하
는 보호자에게 그의 경제적 수준과 장애인의 장애 정도를 고려하여 장애로 인한
추가적 비용을 보전하게 하기 위하여 보호수당을 지급할 수 있다. 장애아동수당
과 보호수당의 지급 대상·기준 및 방법 등에 관하여 필요한 사항은 대통령령으
로 정한다.

VII. 장애인 복지시설 및 시설운영의 개시

1. 장애인복지시설(제58조)

① 장애인복지시설의 종류는 다음 각 호와 같다.
  1. 장애인 생활시설: 장애인이 필요한 기간 생활하면서 재활에 필요한 상담·치료·훈련 등의 서비스를 받아 사회복귀를 준비하거나 장애로 인하여 장기간 요양하는 시설
  2. 장애인 지역사회재활시설: 장애인을 전문적으로 상담·치료·훈련하거나 장애인의 여가 활동과 사회참여 활동 등에 편의를 제공하는 장애인복지관·의료재활시설·체육시설·수련시설 및 공동생활가정 등의 시설
  3. 장애인 직업재활시설: 일반 작업환경에서는 일하기 어려운 장애인이 특별히 준비된 작업환경에서 직업훈련을 받거나 직업 생활을 할 수 있도록 하는 시설
  4. 장애인 유료복지시설: 장애인이 필요한 치료·상담·훈련 등 편의를 제공받고 그에 소요되는 모든 비용을 시설 운영자에게 납부하여 운영하는 시설
  5. 그 밖에 대통령령으로 정하는 시설
② 제1항 각 호에 따른 장애인복지시설의 구체적인 종류와 사업 등에 관한 사항은 보건복지부령으로 정한다.

2. 시설운영의 개시 등(제60조)

① 제59조 제2항에 따라 신고한 자는 지체 없이 시설 운영을 시작하여야 한다.
② 시설 운영자가 시설 운영을 중단 또는 재개하거나 시설을 폐지하려는 때에는 보건복지부령이 정하는 바에 따라 미리 시장·군수·구청장에게 신고하여야 한다.
③ 시설 운영자가 제2항에 따라 시설 운영을 중단하거나 시설을 폐지할 때에는 보건복지부령이 정하는 바에 따라 시설 이용자의 권익을 보호하기

위하여 다음 각 호의 조치를 하여야 한다. 이 경우 시장·군수·구청장은 그 조치 내용을 확인하고 제2항에 따른 신고를 수리하여야 한다. <개정 2019. 1. 15.>

  1. 시장·군수·구청장의 협조를 받아 시설 이용자가 다른 시설을 선택할 수 있도록 하고 그 이행을 확인하는 조치

  2. 시설 이용자가 이용료·사용료 등의 비용을 부담하는 경우 납부한 비용 중 사용하지 아니한 금액을 반환하게 하고 그 이행을 확인하는 조치

  3. 보조금·후원금 등의 사용 실태 확인과 이를 재원으로 조성한 재산 중 남은 재산의 회수조치

  4. 그 밖에 시설 이용자의 권익 보호를 위하여 필요하다고 인정되는 조치

④ 시설 운영자가 제2항에 따라 시설운영을 재개하려고 할 때에는 보건복지부령으로 정하는 바에 따라 시설 이용자의 권익을 보호하기 위하여 다음 각 호의 조치를 하여야 한다. 이 경우 시장·군수·구청장은 그 조치 내용을 확인하고 제2항에 따른 신고를 수리하여야 한다.<신설 2011. 3. 30., 2019. 1. 15.>

  1. 운영 중단 사유의 해소

  2. 향후 안정적 운영계획의 수립

  3. 그 밖에 시설 이용자의 권익 보호를 위하여 보건복지부장관이 필요하다고 인정하는 조치

⑤ 제1항과 제2항에 따른 시설 운영의 개시·중단·재개 및 시설 폐지의 신고 등에 관하여 필요한 사항은 보건복지부령으로 정한다.

동법 제59조의14(장애인학대 등의 통보)

① 사법경찰관리는 장애인 사망 및 상해 사건, 가정폭력 사건 등에 관한 직무를 수행하는 경우 장애인학대가 있었다고 의심할 만한 사유가 있는 때에는 장애인권익옹호기관에 그 사실을 통보하여야 한다.

② 제1항의 통보를 받은 장애인권익옹호기관은 피해장애인 보호조치 등 필요한 조치를 하여야 한다(제59조의 14). [본조신설 2019. 12. 3.] [시행일: 2020. 3. 4.]

Ⅷ. 장애인보조기구(제65조)

① "장애인보조기구"란 장애인이 장애의 예방·보완과 기능 향상을 위하여
 사용하는 의지(義肢)·보조기 및 그 밖에 보건복지부장관이 정하는 보장
 구와 일상생활의 편의 증진을 위하여 사용하는 생활용품을 말한다.
② 보건복지부장관은 장애인의 일상생활의 편의증진 등을 위하여 다른 법
 률이 정하는 바에 따라 제1항에 따른 장애인보조기구의 지원 및 활용촉
 진 등에 관한 사업을 실시할 수 있다.<개정 2015. 12. 29.>

 Ⅸ. 장애인복지 전문인력

1. 장애인복지 전문인력 양성 등(제71조)

① 국가와 지방자치단체 그 밖의 공공단체는 의지·보조기 기사, 언어재활
 사, 장애인재활상담사, 한국수어 통역사, 점역(點譯)·교정사 등 장애인
 복지 전문인력, 그 밖에 장애인복지에 관한 업무에 종사하는 자를 양성·
 훈련하는 데에 노력해야 한다.<개정 2011. 8. 4., 2015. 12. 29., 2016.
 2. 3.>
② 제1항에 따른 장애인복지전문인력의 범위 등에 관한 사항은 보건복지부
 령으로 정한다.
③ 국가와 지방자치단체는 제1항에 따른 장애인복지전문인력의 양성업무를
 관계 전문기관 등에 위탁할 수 있다.
④ 국가와 지방자치단체는 제1항에 따른 장애인복지전문인력의 양성에 소
 요되는 비용을 예산의 범위 안에서 보조할 수 있다.

2. 국가시험등의 실시(제73조)

① 의지·보조기 기사, 언어재활사 및 장애인재활상담사(이하 "의지·보조기 기사등"이라 한다)의 국가시험은 보건복지부장관이 실시하되, 실시시기·실시방법·시험과목, 그 밖에 시험 실시에 관하여 필요한 사항은 대통령령으로 정한다.<개정 2008. 2. 29.~2015. 12. 29.>

② 보건복지부장관은 제1항에 따른 국가시험의 실시에 관한 업무를 대통령령으로 정하는 바에 따라 「한국보건의료인국가시험원법」에 따른 한국보건의료인국가시험원에 위탁할 수 있다.<개정 2008. 2. 29.~2015. 6. 22.>

3. 응시자격 제한 등(제74조)

① 다음 각 호의 어느 하나에 해당하는 자는 제73조에 따른 국가시험에 응시할 수 없다.<개정 2007. 10. 17.~ 2017. 12. 19.>

　　1. 「정신건강증진 및 정신질환자 복지서비스 지원에 관한 법률」 제3조 제1호에 따른 정신질환자, 다만 전문의가 의지·보조기 기사등으로서 적합하다고 인정하는 사람은 그러하지 아니하다.

　　2. 마약·대마 또는 향정신성의약품 중독자

　　3. 피성년후견인

　　4. 이 법이나 「형법」 제234조·제317조 제1항, 「의료법」, 「국민건강보험법」, 「의료급여법」, 「보건범죄단속에 관한 특별조치법」, 「마약류 관리에 관한 법률」 또는 「후천성면역결핍증 예방법」을 위반하여 금고 이상의 형을 선고받고 그 형의 집행이 끝나지 아니하였거나 집행을 받지 아니하기로 확정되지 아니한 자

② 부정한 방법으로 제73조에 따른 국가시험에 응시한 자나 국가시험에 관하여 부정행위를 한 자는 그 수험을 정지시키거나 합격을 무효로 한다.

③ 제2항에 따라 수험이 정지되거나 합격이 무효가 된 자는 그 후 2회에 한하여 제73조에 따른 국가시험에 응시할 수 없다.

X. 보칙

1. 비용부담(제79조)

① 제38조 제1항, 제43조 제1항, 제49조 제1항, 제50조 제1항·제2항 및 제
55조 제1항에 따른 조치와 제59조 제1항에 따른 장애인복지시설의 설치
·운영에 드는 비용은 예산의 범위 안에서 대통령령으로 정하는 바에 따
라 장애인복지실시기관이 부담하게 할 수 있다.<개정 2015. 12. 29.>
② 국가와 지방자치단체는 장애인이 제58조의 장애인복지시설을 이용하는
데 드는 비용의 전부 또는 일부를 부담할 수 있으며, 시설 이용자의 자
산과 소득을 고려하여 본인부담금을 부과할 수 있다. 이 경우 본인부담
금에 관한 사항은 대통령령으로 정한다.

2. 한국언어재활사협회(제80조의2)

① 언어재활사는 언어재활에 관한 전문지식과 기술을 개발·보급하고 언어
재활사의 자질향상을 위한 교육훈련 및 언어재활사의 복지증진을 도모하
기 위하여 한국언어재활사협회를 설립할 수 있다.<개정 2019. 12. 3.>
② 제1항에 따른 한국언어재활사협회는 법인으로 한다.<개정 2019. 12. 3.>
③ 제1항에 따른 한국언어재활사협회에 관하여 이 법에서 규정한 것을 제외하
고는「민법」중 사단법인에 관한 규정을 준용한다.<개정 2019. 12. 3.>
[본조신설 2011. 8. 4.] [시행일: 2020. 6. 4.]

3. 한국장애인재활상담사협회(제80조의3)

① 장애인재활상담사는 장애인재활에 관한 전문지식과 기술을 개발·보급
하고 장애인재활상담사의 자질향상을 위한 교육훈련 및 장애인재활상담
사의 복지증진을 도모하기 위하여 한국장애인재활상담사협회를 설립할
수 있다.

② 제1항에 따른 한국장애인재활상담사협회는 법인으로 한다.

③ 제1항에 따른 한국장애인재활상담사협회에 관하여 이 법에서 규정한 것을 제외하고는 「민법」 중 사단법인에 관한 규정을 준용한다. [본조신설 2019. 12. 3.] [시행일: 2020. 6. 4.]

4. 비용보조(제81)

국가와 지방자치단체는 대통령령으로 정하는 바에 따라 장애인복지시설의 설치·운영에 필요한 비용의 전부 또는 일부를 보조할 수 있다.

제5절 한부모가족지원법

 ## I. 의의

현대사회는 도시화, 산업화로 근대적 직업구조와 주거의 분리 및 지리적 직업적 이동이라는 사회구조의 변화를 가져왔다. 이로 인해 가족 구조와 기능의 변화로서 핵가족화 친족과의 유대 약화 및 배우자의 자유로운 선택 등이 초래되면서 가족해체를 촉진시켜 이혼, 유기, 별거 및 기타의 사유로 한 부모 가정이 증가하고 있으며 배우자가 있어도 현대사회의 다양한 사회적 위험 요소로 인해 폐질, 불구 등으로 장기간 노동능력을 상실하여 한 부모가 생계를 책임지는 경우가 날로 늘어나고 있다. 한 부모 가정은 부부가 함께 사는 가족에 비해 여러 가지 사회문제에 노출되기 쉬운데 이들이 겪게 되는 문제는 경제적 어려움, 가족이나 이웃과의 관계망의 단절, 심리적·정서적 문제, 자녀 교육 등의 문제가 있다. 한 부모가정지원법은 이러한 어려움에 직면해 있는 한 부모 가족들이 겪을 수 있는 문제를 해결하고 그들이 인간답게 살아갈 수 있도록 돕는데 의의를 두고 있으며 한 부모가정의 소득보장과 취업알선, 주거보장, 의료보건 지원, 보육 지원 등을 통해 국가적인 지원을 위한 법률이다.

 II. 입법배경 및 연혁

　　모자복지법 제정 이전의 모자가정에 대한 복지는 아동복지법과 생활복지법에 의하여 이루어져 왔다. 즉, 영세모자가정의 경우 생활보호법에 근거하여 거택, 자활, 의료보호를 받고 있으나, 수급범위가 한정되어 있고 모자가정에 대한 우선 조항이 없는 실정이며 모자보호시설(모자원)의 경우 아동복지법에 근거하여 입소혜택을 주었다.

　　모자복지법안은 1988년 12월 9일 신영순·이윤자·김장숙 의원 외 33인이 국회보건사회위원회에 제안했는데, 제안 이유는 다음과 같다.

　　첫째, 현대사회의 도시화·산업화·핵가족화 등으로 배우자의 사별·이혼·유기·별거 및 기타의 사유로 배우자가 없거나 배우자가 있어도 폐질·불구 등으로 장기간 노동능력을 상실하여 여성이 생계의 책임을 지는 모자가정이 날로 늘어나고 있으므로 둘째, 이들 모자가정이 자활자립할 수 있도록 생계보호, 교육보호, 직업훈련, 생업자금 융자, 주택 제공 등을 통하여 모자가정의 건강하고 문화적인 생활을 영위할 수 있게 하여 사회안정과 모자복지의 증진을 도모하는 데 있다. 이 법안은 국회의 심의를 거쳐 1989년 4월 1일 제정되어 동년 7월 1일부터 시행되었다.

　　1987년 4월 1일 모자복지법이 제정되었고, 1998년 12월 30일 일부 개정하여 운영실적이 저조한 모자복지위원회를 폐지하고, 국가·지방자치단체, 사회복지법인 및 비영리법인 외에 개인도 모자복지시설을 설치·운영 할 수 있도록 하였다.

　　2012년 2월 1일 일부 개정은 법원이 이혼 판결 시 활용할 수 있도록 자녀양육비 산정을 위한 "자녀양육비 가이드라인"을 마련하도록 하고, 복지 급여 사유의 발생·변경 또는 상실을 확인하기 위하여 조사 및 관계 기관에 대한 자료요청의 근거를 신설하며, 공무원 등이 복지 급여 사유의 발생·변경 또는 상실을 확인하는 과정에서 알게 된 개인 정보를 누설하는 경우 처벌하는 규정을 마련하기 위함이다.

2016년 12월 20일 일부 개정은 한부모가족에 대한 사회적 편견과 차별을 예방하기 위하여 교육부장관 등은 각급 학교에서 한부모가족 관련 교육을 실시하도록 하고, 국가와 지방자치단체는 한부모가족 지원 관련 업무에 종사하는 공무원에게 한부모가족에 대한 이해 증진과 전문성 향상을 위한 교육을 실시할 수 있도록 하는 한편, 아동·청소년 보육·교육을 실시함에 있어서 한부모가족 구성원인 아동·청소년을 차별하여서는 아니 된다는 원칙을 명시하였다.

2017년 12월 12일 일부 개정은 현행 전체 한부모가족에 대한 표본조사 형식의 실태조사만 시행되고 있어 청소년 한부모에 대한 유의미한 결과를 도출하는 데 한계가 있으므로 한부모가족에 대한 전반적인 실태조사 외에 필요한 경우 청소년 한부모 등에 대한 실태를 조사·연구할 수 있도록 하는 한편, 만 24세 이하 저소득 청소년한부모와 한부모가족의 생활안정과 복지증진을 위하여 생계비·아동양육비·검정고시학습비 등의 복지 급여 제공과 자립을 위한 자금 대여 및 고용 지원 등을 실시하고 있으나, 청소년기에 미혼모나 미혼부가 되어 친족의 도움 없이 홀로 자녀의 양육과 생계를 책임지고 있는 저소득 청소년 한부모가족의 경우 어려운 가정형편과 불규칙한 생활패턴 등으로 인하여 건강 위협요인에 노출되는 경우가 많아 이들에 대한 건강 지원 방안을 추가로 마련하기 위하여 국가와 지방자치단체가 청소년 한부모의 건강상태 확인과 질병 예방을 위하여 건강진단을 실시할 수 있도록 하였다.

2018년 1월 16일 일부 개정은 국가와 지방자치단체가 한부모가족의 권익과 자립을 지원하기 위한 여건을 조성하고, 이를 위한 시책을 수립·시행하도록 하며, 지원대상자 발굴을 위하여 필요한 자료 또는 정보의 제공과 홍보에 노력하도록 하고, 이혼 등으로 현재 혼인관계에 있지 아니하거나 미혼인 자가 출산 또는 출산 후 양육 등에 있어서 경제적 어려움을 겪을 경우 미혼모자가족복지시설을 이용할 수 있도록 이용 범위를 확대하며, 한부모가족에 대하여 정보 및 체계적인 상담 서비스를 제공하기 위한 한부모가족 상담전화의 설치근거를 마련하는 등 한부모가족 지원에 필요한 제도적 미비점을 보완하였다.

2018년 12월 18일 일부 개정에서는 한국여성재단의 연구보고서에 따르면 출산 이후 건강상태가 악화되었다고 응답한 양육미혼모의 비율이 59.1%에 달하는데 비해 월 평균 의료비 지출은 67.3%가 1만원 미만이라고 답하여 건강상태에 비해 의료비 지출이 크지 않은 것으로 조사되는 등 저소득 양육미혼모의 신체적·정신적 건강관리가 매우 열악한 상황인바, 국가와 지방자치단체가 미혼모·부와 그 자녀가 건강하게 생활할 수 있도록 건강관리를 위한 지원을 할 수 있도록 하고, 현재 미혼모자가족복지시설 운영비에서 '미혼모 특수치료비' 항목으로 의료비를 지원하고 있으나, 법적 근거가 미흡한 실정이므로 지원근거를 법률에 명시하는 한편, 미혼모가 출산한 자녀에 대한 의료비도 지원할 수 있도록 함으로써 의료복지 사각지대를 해소하였다.

 ## III. 목적

1. 목적(제1조)

이 법은 한부모가족이 안정적인 가족 기능을 유지하고 자립할 수 있도록 지원함으로써 한부모가족의 생활 안정과 복지 증진에 이바지함을 목적으로 한다.<개정 2018. 1. 16.>

2. 국가 등의 책임(제2조)

① 국가와 지방자치단체는 한부모가족의 복지를 증진할 책임을 진다.
② 국가와 지방자치단체는 한부모가족의 권익과 자립을 지원하기 위한 여건을 조성하고 이를 위한 시책을 수립·시행하여야 한다.<신설 2011. 4. 12., 2014. 1. 21., 2018. 1. 16.>
③ 국가와 지방자치단체는 한부모가족에 대한 사회적 편견과 차별을 예방하고, 사회구성원이 한부모가족을 이해하고 존중할 수 있도록 교육 및 홍보 등 필요한 조치를 하여야 한다.<신설 2013. 3. 22., 2016. 12. 20.>
④ 교육부장관과 특별시·광역시·특별자치시·도·특별자치도의 교육감은 「유아교육법」 제2조 제2호의 유치원, 「초·중등교육법」 제2조 및 「고등교육법」 제2조의 학교에서 한부모가족에 대한 이해를 돕는 교육을 실시하기 위한 시책을 수립·시행하여야 한다.<신설 2016. 12. 20.>

⑤ 국가와 지방자치단체는 청소년 한부모가족의 자립을 위하여 노력하여야한다.<신설 2014. 1. 21., 2016. 12. 20.>
⑥ 모든 국민은 한부모가족의 복지 증진에 협력하여야 한다.<개정 2016. 12. 20.>

3. 한부모가족의 권리와 책임(제3조)

① 한부모가족의 모(母) 또는 부(父)는 임신과 출산 및 양육을 사유로 합리적인 이유 없이 교육·고용 등에서 차별을 받지 아니한다.
② 한부모가족의 모 또는 부와 아동은 한부모가족 관련 정책결정과정에 참여할 권리가 있다.<신설 2018. 1. 16.>
③ 한부모가족의 모 또는 부와 아동은 그가 가지고 있는 자산과 노동능력 등을 최대한으로 활용하여 자립과 생활 향상을 위하여 노력하여야 한다.<개정 2011. 4. 12., 2018. 1. 16.>

4. 지원대상자의 범위(제5조)

① 이 법에 따른 지원대상자는 제4조 제1호·제1호의2 및 제2호부터 제5호까지의 규정에 해당하는 자로서 여성가족부령으로 정하는 자로 한다.
② 제1항에 따른 지원대상자 중 아동의 연령을 초과하는 자녀가 있는 한부모가족의 경우 그 자녀를 제외한 나머지 가족구성원을 지원대상자로 한다.

5. 용어(정의)(제4조)

이 법에서 사용하는 용어의 뜻은 다음과 같다.
1. "모" 또는 "부"란 다음 각 목의 어느 하나에 해당하는 자로서 아동인 자녀를 양육하는 자를 말한다.
    가. 배우자와 사별 또는 이혼하거나 배우자로부터 유기(遺棄)된 자
    나. 정신이나 신체의 장애로 장기간 노동능력을 상실한 배우자를

가진 자

다. 교정시설·치료감호시설에 입소한 배우자 또는 병역복무 중인 배우자를 가진 사람

라. 미혼자[사실혼(事實婚) 관계에 있는 자는 제외한다]

마. 가목부터 라목까지에 규정된 자에 준하는 자로서 여성가족부령으로 정하는 자

1의2. "청소년 한부모"란 24세 이하의 모 또는 부를 말한다.

2. "한부모가족"이란 모자가족 또는 부자가족을 말한다.

3. "모자가족"이란 모가 세대주[세대주가 아니더라도 세대원(世代員)을 사실상 부양하는 자를 포함한다]인 가족을 말한다.

4. "부자가족"이란 부가 세대주[세대주가 아니더라도 세대원을 사실상 부양하는 자를 포함한다]인 가족을 말한다.

5. "아동"이란 18세 미만(취학 중인 경우에는 22세 미만을 말하되,「병역법」에 따른 병역의무를 이행하고 취학 중인 경우에는 병역의무를 이행한 기간을 가산한 연령 미만을 말한다)의 자를 말한다.

6. "지원기관"이란 이 법에 따른 지원을 행하는 국가나 지방자치단체를 말한다.

7. "한부모가족복지단체"란 한부모가족의 복지 증진을 목적으로 설립된 기관이나 단체를 말한다.

 Ⅳ. 복지의 내용 등

1. 지원대상자의 조사 등(제10조)

① 특별자치시장·특별자치도지사·시장·군수·구청장(자치구의 구청장을 말한다. 이하 같다)은 매년 1회 이상 관할구역 지원대상자의 가족상황, 생활실태 등을 조사하여야 한다.

② 특별자치시장·특별자치도지사·시장·군수·구청장은 제1항에 따른 조사 결과를 대장(臺帳)으로 작성·비치하여야 한다. 다만, 「사회복지사업

법」 제6조의2제2항에 따른 정보시스템을 활용할 때에는 전자적으로 작성하여 관리할 수 있다.
③ 제1항 및 제2항에 따른 조사 및 대장의 작성·관리에 필요한 사항은 여성가족부령으로 정한다.

2. 복지 급여의 신청(제11조)

① 지원대상자 또는 그 친족이나 그 밖의 이해관계인은 제12조에 따른 복지 급여를 관할 특별자치시장·특별자치도지사·시장·군수·구청장에게 신청할 수 있다.<개정 2014. 1. 21.>
② 제1항에 따라 복지 급여 신청을 할 때에는 다음 각 호에 따른 자료 또는 정보의 제공에 대한 지원대상자의 동의 서면을 제출하여야 한다.<개정 2014. 1. 21.>
  1. 「금융실명거래 및 비밀보장에 관한 법률」 제2조 제2호 및 제3호에 따른 금융자산 및 금융거래의 내용에 대한 자료 또는 정보 중 예금의 평균잔액과 그 밖에 대통령령으로 정하는 자료 또는 정보(이하 "금융정보"라 한다)
  2. 「신용정보의 이용 및 보호에 관한 법률」 제2조 제1호에 따른 신용정보 중 채무액과 그 밖에 대통령령으로 정하는 자료 또는 정보(이하 "신용정보"라 한다)
  3. 「보험업법」 제4조 제1항 각 호에 따른 보험에 가입하여 납부한 보험료와 그 밖에 대통령령으로 정하는 자료 또는 정보(이하 "보험정보"라 한다)
③ 제1항에 따른 급여의 신청 방법·절차와 제2항에 따른 동의의 방법·절차 등 필요한 사항은 대통령령으로 정한다.

3. 복지 급여의 내용(제12조)

① 국가나 지방자치단체는 제11조에 따른 복지 급여의 신청이 있으면 다음 각 호의 복지 급여를 실시하여야 한다. 다만, 이 법에 따른 지원대상자

가 「국민기초생활 보장법」 등 다른 법령에 따라 지원을 받고 있는 경우
에는 그 범위에서 이 법에 따른 급여를 하지 아니한다.<개정 2014. 1.
21.>

   1. 생계비

   2. 아동교육지원비

   3. 삭제<2011. 4. 12.>

   4. 아동양육비

   5. 그 밖에 대통령령으로 정하는 비용

② 제1항 제4호의 아동양육비를 지급할 때에 미혼모나 미혼부가 5세 이하
의 아동을 양육하거나 청소년 한부모가 아동을 양육하면 예산의 범위에
서 추가적인 복지 급여를 실시하여야 한다. 이 경우 모 또는 부의 직계
존속이 5세 이하의 아동을 양육하는 경우에도 또한 같다.

③ 국가나 지방자치단체는 이 법에 따른 지원대상자의 신청이 있는 경우에
는 예산의 범위에서 직업훈련비와 훈련기간 중 생계비를 추가적으로 지
급할 수 있다.<신설 2011. 4. 12., 2014. 1. 21.>

④ 제1항부터 제3항까지의 규정에 따른 복지 급여의 기준 및 절차, 그 밖에
필요한 사항은 여성가족부령으로 정한다.

동법 제12조의2(복지 급여 사유의 확인 등)

① 여성가족부장관 또는 특별자치시장·특별자치도지사·시장·군수·구청장은 제
11조에 따라 복지 급여를 신청한 지원대상자 또는 제12조에 따른 복지 급여를
받고 있는 지원대상자에 대하여 급여 사유의 발생·변경 또는 상실을 확인하
기 위하여 필요한 소득·재산 등에 관한 자료의 제출을 요구할 수 있으며, 소
속 공무원으로 하여금 지원대상자의 주거 등에 출입하여 생활환경 및 소득자
료 등을 조사하게 하거나 지원대상자의 고용주 등 관계인에게 필요한 질문을
하게 할 수 있다.<개정 2014. 1. 21.>

② 여성가족부장관 또는 특별자치시장·특별자치도지사·시장·군수·구청장은 제1
항에 따른 확인을 위하여 필요한 국세·지방세, 토지·건물, 건강보험·고용보
험·국민연금, 출국·입국, 교정시설·치료감호시설의 입소·출소, 병무, 주민등
록·가족관계등록 등에 관한 자료의 제공을 관계 기관의 장에게 요청할 수 있
다. 이 경우 자료의 제공을 요청받은 관계 기관의 장은 정당한 사유가 없으면
이에 응하여야 한다.<개정 2014. 1. 21.>

③ 제1항에 따라 출입·조사·질문을 하는 공무원은 그 권한을 표시하는 증표를 지니고 이를 관계인에게 보여주어야 한다.

④ 제1항 또는 제2항에 따른 업무에 종사하거나 종사하였던 사람은 업무를 수행하면서 받은 자료와 그 밖에 알게 된 사실을 이 법에서 정한 목적과 다르게 사용하거나 누설하여서는 아니 된다.

4. 복지 자금의 대여(제13조)

① 국가나 지방자치단체는 한부모가족의 생활안정과 자립을 촉진하기 위하여 다음 각 호의 어느 하나의 자금을 대여할 수 있다.

1. 사업에 필요한 자금
2. 아동교육비
3. 의료비
4. 주택자금
5. 그 밖에 대통령령으로 정하는 한부모가족의 복지를 위하여 필요한 자금

② 제1항에 따른 대여 자금의 한도, 대여 방법 및 절차, 그 밖에 필요한 사항은 대통령령으로 정한다.

5. 고용의 촉진(제14조)

① 국가 또는 지방자치단체는 한부모가족의 모 또는 부와 아동의 직업능력을 개발하기 위하여 능력 및 적성 등을 고려한 직업능력개발훈련을 실시하여야 한다.

② 국가 또는 지방자치단체는 한부모가족의 모 또는 부와 아동의 고용을 촉진하기 위하여 적합한 직업을 알선하고 각종 사업장에 모 또는 부와 아동이 우선 고용되도록 노력하여야 한다.

6. 공공시설에 매점 및 시설 설치(제15조)

국가나 지방자치단체가 운영하는 공공시설의 장은 그 공공시설에 각종 매점 및 시설의 설치를 허가하는 경우 이를 한부모가족 또는 한부모가족복지단체에 우선적으로 허가할 수 있다.

7. 시설우선이용(제16조)

국가나 지방자치단체는 한부모가족의 아동이 공공의 아동 편의시설과 그 밖의 공공시설을 우선적으로 이용할 수 있도록 노력하여야 한다.

8. 국민주택의 분양 및 임대(제18조)

국가나 지방자치단체는 「주택법」에서 정하는 바에 따라 국민주택을 분양하거나 임대할 때에는 한부모가족에게 일정 비율이 우선 분양될 수 있도록 노력하여야 한다.

9. 가족지원서비스(제17조)

국가나 지방자치단체는 한부모가족에게 다음 각 호의 가족지원서비스를 제공하도록 노력하여야 한다.
1. 아동의 양육 및 교육 서비스
2. 장애인, 노인, 만성질환자 등의 부양 서비스
3. 취사, 청소, 세탁 등 가사 서비스
4. 교육·상담 등 가족 관계 증진 서비스
5. 인지청구 및 자녀양육비 청구 등을 위한 법률상담, 소송대리 등 법률구조서비스
6. 그 밖에 대통령령으로 정하는 한부모가족에 대한 가족지원서비스

동법 제17조의2(청소년 한부모에 대한 교육 지원)

① 국가나 지방자치단체는 청소년 한부모가 학업을 할 수 있도록 청소년 한부모
   의 선택에 따라 다음 각 호의 어느 하나에 해당하는 지원을 할 수 있다.

   1. 「초·중등교육법」 제2조에 따른 학교에서의 학적 유지를 위한 지원 및 교육
      비 지원 또는 검정고시 지원

   2. 「평생교육법」 제31조 제2항에 따른 학력인정 평생교육시설에 대한 교육비
      지원

   3. 「초·중등교육법」 제28조에 따른 교육 지원

   4. 그 밖에 청소년 한부모의 교육 지원을 위하여 여성가족부령으로 정하는 사항

② 제1항 제3호에 따른 교육 지원을 위하여 특별시·광역시·특별자치시·도·특별
   자치도의 교육감은 제19조에 따른 한부모가족복지시설에 순회교육 실시를 위
   한 지원을 할 수 있다.<개정 2014. 1. 21.>

③ 국가와 지방자치단체는 청소년 한부모의 학업과 양육의 병행을 위하여 그 자
   녀가 청소년 한부모가 속한 「고등교육법」 제2조에 따른 학교에 설치된 직장어
   린이집을 이용할 수 있도록 지원할 수 있다.<신설 2018. 1. 16.>

④ 여성가족부장관은 청소년 한부모가 학업을 계속할 수 있도록 교육부장관에게
   협조를 요청하여야 한다.<개정 2013. 3. 23., 2018. 1. 16.>

동법 제17조의3(자녀양육비 이행지원)

여성가족부장관은 자녀양육비 산정을 위한 자녀양육비 가이드라인을 마련하여 법
원이 이혼 판결 시 적극 활용할 수 있도록 노력하여야 한다. [본조신설 2012. 2. 1.]

동법 제17조의4(청소년 한부모의 자립지원)

① 국가나 지방자치단체는 청소년 한부모가 주거마련 등 자립에 필요한 자산을
   형성할 수 있도록 재정적인 지원을 할 수 있다.

② 제1항에 따른 지원으로 형성된 자산은 청소년 한부모가 이 법에 따른 지원대
   상자에 해당하는지 여부를 조사·확인할 때 이를 포함하지 아니한다.

③ 제1항에 따른 자립 지원의 대상과 기준은 대통령령으로 정하고, 자립 지원의
   신청, 방법 및 지원금의 반환절차 등에 필요한 사항은 여성가족부령으로 정한
   다. [본조신설 2014. 1. 21.]

동법 제17조의5(청소년 한부모의 건강진단)

① 국가와 지방자치단체는 청소년 한부모의 건강증진을 위하여 건강진단을 실시
   할 수 있다.

② 국가와 지방자치단체는 제1항에 따른 건강진단의 결과를 청소년 한부모 본인

에게 알려주어야 한다.

③ 국가와 지방자치단체는 제1항과 제2항에 따른 건강진단의 실시와 그 결과 통보를 전문기관 또는 단체에 위탁할 수 있다.

④ 제1항에 따른 건강진단의 대상과 기준은 대통령령으로 정하고, 건강진단의 신청, 방법 및 제2항에 따른 결과의 통보 등에 필요한 사항은 여성가족부령으로 정한다. [본조신설 2017. 12. 12.] [종전 제17조의5는 제17조의6으로 이동⟨2017. 12. 12.⟩]

동법 제17조의6(미혼모 등의 건강관리 등 지원)

① 국가와 지방자치단체는 미혼모 또는 미혼부와 그 자녀가 건강하게 생활할 수 있도록 산전(産前)·분만·산후(産後)관리, 질병의 예방·상담·치료, 영양·건강에 관한 교육 등 건강관리를 위한 지원을 할 수 있다.

② 국가와 지방자치단체는 제19조 제1항 제3호가목의 기본생활지원 미혼모자가족복지시설에 입소한 미혼모 등의 신청이 있는 경우에는 미혼모 등 본인 및 함께 생활하는 자녀에 대한 의료비를 추가적으로 지원할 수 있다.

③ 제1항에 따른 건강관리와 제2항에 따른 의료비 지원의 기준 및 절차, 그 밖에 필요한 사항은 대통령령 또는 조례로 정한다. [본조신설 2018. 12. 18.] [종전 제17조의6은 제17조의7로 이동⟨2018. 12. 18.⟩]

동법 제17조의7(아동·청소년 보육·교육)

국가와 지방자치단체는 아동·청소년 보육·교육을 실시함에 있어서 한부모가족 구성원인 아동·청소년을 차별하여서는 아니 된다. [본조신설 2016. 12. 20.] [제17조의6에서 이동⟨2018. 12. 18.⟩]

동법 제18조의2(한부모가족 상담전화의 설치)

① 여성가족부장관은 한부모가족 지원에 관한 종합정보의 제공과 지원기관 및 시설의 연계 등에 관한 전문적이고 체계적인 상담서비스를 제공하기 위하여 한부모가족 상담전화를 설치·운영할 수 있다.

② 제1항에 따른 한부모가족 상담전화의 설치·운영에 필요한 사항은 여성가족부령으로 정한다. [본조신설 2018. 1. 16.]

V. 한부모가족 복지시설 등

1. 한부모가족복지시설(제19조)

① 한부모가족복지시설은 다음 각 호의 시설로 한다.<개정 2018. 1. 16.>

1. 모자가족복지시설: 모자가족에게 다음 각 목의 어느 하나 이상의 편의를 제공하는 시설

   가. 기본생활지원: 생계가 어려운 모자가족에게 일정 기간 동안 주거와 생계를 지원

   나. 공동생활지원: 독립적인 생활이 어려운 모자가족에게 일정 기간 동안 공동생활을 통하여 자립을 준비할 수 있도록 주거 등을 지원

   다. 자립생활지원: 자립욕구가 강한 모자가족에게 일정 기간 동안 주거를 지원

2. 부자가족복지시설: 부자가족에게 다음 각 목의 어느 하나 이상의 편의를 제공하는 시설

   가. 기본생활지원: 생계가 어려운 부자가족에게 일정 기간 동안 주거와 생계를 지원

   나. 공동생활지원: 독립적인 생활이 어려운 부자가족에게 일정 기간 동안 공동생활을 통하여 자립을 준비할 수 있도록 주거 등을 지원

   다. 자립생활지원: 자립욕구가 강한 부자가족에게 일정 기간 동안 주거를 지원

3. 미혼모자가족복지시설: 미혼모자가족과 출산 미혼모 등에게 다음 각 목의 어느 하나 이상의 편의를 제공하는 시설

   가. 기본생활지원: 미혼 여성의 임신·출산 시 안전 분만 및 심신의 건강 회복과 출산 후의 아동의 양육 지원을 위하여 일정 기간 동안 주거와 생계를 지원(제5조에 따른 지원대상자 중 미혼이 아닌 여성의 임신·출산 시 안전 분만과 출산 후 양육 지원을 포함한다)

   나. 공동생활지원: 출산 후 해당 아동을 양육하지 아니하는 미혼모

또는 미혼모와 그 출산 아동으로 구성된 미혼모자가족에게 일
정 기간 동안 공동생활을 통하여 자립을 준비할 수 있도록 주
거 등을 지원

4. 일시지원복지시설: 배우자(사실혼 관계에 있는 사람을 포함한다)가 있
으나 배우자의 물리적·정신적 학대로 아동의 건전한 양육이나 모
의 건강에 지장을 초래할 우려가 있을 경우 일시적 또는 일정 기간
동안 모와 아동 또는 모에게 주거와 생계를 지원하는 시설

5. 한부모가족복지상담소: 한부모가족에 대한 위기·자립 상담 또는 문
제해결 지원 등을 목적으로 하는 시설

② 제1항 제1호부터 제4호까지의 규정에 따른 복지시설의 입소기간 및 그
기간의 연장 등에 필요한 사항은 여성가족부령으로 정한다.<개정 2014.
1. 21.>

2. 한부모가족복지시설의 설치(제20조)

① 국가나 지방자치단체는 한부모가족복지시설을 설치할 수 있다.
② 제19조에 따른 한부모가족복지시설의 장은 청소년 한부모가 입소를 요
청하는 경우에는 우선 입소를 위한 조치를 취하여야 한다.
③ 국가나 지방자치단체 외의 자가 한부모가족복지시설을 설치·운영하려
면 특별자치시장·특별자치도지사·시장·군수·구청장에게 신고하여야
한다. 신고한 사항 중 여성가족부령으로 정하는 중요 사항을 변경하려
는 경우에도 또한 같다.<개정 2014. 1. 21.>
④ 「입양특례법」 제20조에 따른 입양기관을 운영하는 자는 제19조 제1항
제3호가목에 해당하는 편의제공시설을 설치·운영할 수 없다.<신설
2011. 4. 12., 2018. 12. 18.>
⑤ 한부모가족복지시설의 시설 설치·운영 기준, 시설 종사자의 직종(職種)
과 수(數) 및 자격기준, 그 밖에 설치신고에 필요한 사항은 여성가족부
령으로 정한다.

3. 폐지 또는 휴지(제21조)

① 제20조 제3항에 따라 한부모가족복지시설의 설치 신고를 한 자가 그 시설을 폐지하거나 그 시설의 운영을 일시적으로 중단하려면 여성가족부령으로 정하는 바에 따라 미리 특별자치시장·특별자치도지사·시장·군수·구청장에게 신고하여야 한다.<개정 2008. 2. 29.~2016. 3. 2.>

② 한부모가족복지시설의 장은 한부모가족복지시설을 폐지하거나 그 시설의 운영을 일시적으로 중단하는 경우에는 여성가족부령으로 정하는 바에 따라 그 시설에 입소하고 있는 사람이 다른 한부모가족복지시설로 옮길 수 있도록 하는 등 입소자의 권익을 보호하기 위한 조치를 하여야 한다.<신설 2016. 3. 2.>

③ 특별자치시장·특별자치도지사·시장·군수·구청장은 제1항에 따른 신고를 받은 경우 한부모가족복지시설의 장이 제2항에 따른 입소자의 권익을 보호하기 위한 조치를 하였는지 여부를 확인하는 등 여성가족부령으로 정하는 조치를 하여야 한다.<신설 2016. 3. 2.>

VI. 비용

1. 비용의 보조(제25조)

국가나 지방자치단체는 대통령령으로 정하는 바에 따라 한부모가족복지사업에 드는 비용을 보조할 수 있다.

2. 보조금의 반환명령(제26조)

① 국가나 지방자치단체는 한부모가족복지시설의 장이나 한부모가족복지단체의 장이 다음 각 호의 어느 하나에 해당하면 이미 내준 보조금의 전부 또는 일부의 반환을 명할 수 있다.
　1. 보조금의 교부 조건을 위반한 경우

2. 거짓이나 그 밖의 부정한 방법으로 보조금을 받은 경우

3. 한부모가족복지시설을 경영하면서 개인의 영리를 도모하는 행위를 한 경우

4. 이 법 또는 이 법에 따른 명령을 위반한 경우

② 지원기관은 복지 급여의 변경 또는 복지 급여의 정지·중지에 따라 지원 대상자에게 이미 지급한 복지 급여 중 과잉지급분이 발생한 경우에는 즉시 지원대상자에 대하여 그 전부 또는 일부의 반환을 명하여야 한다. 다만, 이를 소비하였거나 그 밖에 지원대상자에게 부득이한 사유가 있는 경우에는 그 반환을 면제할 수 있다.<개정 2014. 1. 21.>

제6절 영유아보육법

 ## I. 의의

영유아보육이란 6세 미만의 취학 전 아동을 안전하게 보호하며 건강하게 양육시키고 건전하게 교육하는 것이다. 도시화·산업화의 과정을 거치면서 여성의 사회참여 증가와 핵가족화의 심화로 자녀양육 문제를 가정 내에서만 해결하는 것이 어렵게 되고, 또는 부모의 질병이나 장애로 인해 자녀들의 양육이 어려운 가정도 있다. 그러므로 경제발전에 따른 생활수준 향상 등 시대적 여건에 맞는 전문적인 아동보호로 부모가 안심하고 사회활동을 수행할 수 있도록 하기 위해서는 사회적·국가적 차원에서의 접근이 필요하게 되었다.

이에 따라 정부는 영유아보육문제를 사회문제로 간주하고, 영유아의 심신 보호와 건전한 교육을 기하고, 보호자의 경제적·사회적 활동을 원활하게 하기 위해 영유아보육법을 제정하였다. 영유아보육법은 사회복지서비스법의 일환으로 실시된 영유아보육에 관한 특별법으로서 특별법 우선의 원칙이 적용된다. 영유아보육법은 이 가운데에서도 보호자가 근로 또는 질병, 기타 사정으로 인하여

보호하기 어려운 영아와 유아를 그 대상으로 함으로써 법의 적용을 받는 대상이 협소한 편이다. 따라서 모든 영유아를 대상으로 하는 적극적인 면이 결여된 소극적인 특징을 나타내는 법률이다.

 ## Ⅱ. 입법배경 및 연혁

우리나라의 보육사업은 1921년 서울에서 태화기독교 사회관이 탁아 프로그램을 개발함으로써 시작되었다. 그 후 정부는 1982년 유아교육진흥법을 제정하여 기존의 어린이집, 새마을협동유아원 및 농번기탁아소를 새마을유아원으로 흡수·통합하여 운영해 왔다.

이에 따라 1987년 12월 노동부에서는 남녀고용평등법에 의한 직장탁아제도를 도입하였고, 1989년 9월 보건복지부에서는 아동복지법에 의한 보육사업을 실시하였으나, 영유아보육에 관련된 사업이 여러 부처에서 제각기 독자적으로 관리·운영됨으로써 정부 재정의 비효율적 투자는 물론 영유아에 대한 체계적이고 효율적인 보육을 실시하는 데 어려움을 겪게 되었다.

1991년 1월 14일 영유아보육법을 제정하였고, 1997년 12월 24일 법을 일부 개정하여 영유아보육의 정의를 신설하여 보육의 범위를 명확히 하고, 초·중등교육법에 초등학교 취학 직전 1년의 유치원아의 교육을 무상으로 실시하는 방안이 제기됨에 따라 저소득층 유아에 대하여도 무상보육을 실시할 수 있도록 근거를 마련하여 형평을 기하도록 하며, 아울러 보육시설의 설치·운영에 국가의 재정지원을 함으로써 가정의 육아 및 보육비용 부담을 완화하고자 하였다.

2004. 1. 29.(법률 제7153호)은 전문개정으로 여성의 사회참여 확대, 가족구조의 변화 등으로 인해 영유아 보육에 대한 수요가 증가함에 따라 보육시설 종사자의 자격기준을 강화하고, 영유아 보육시설 설치·운영을 종전 신고제에서 인가제로 전환하는 등 영유아 보육에 대한 공공성을 강화하도록 하는 한편, 영유아보육제도의 운영상 나타난 일부 미비점을 개선·보완하였다.

2004. 3. 11.(법률 7186호)은 정부조직법의 개정에 따른 일부 개정으로 각종 재난에 대한 예방·대응 및 복구기능을 강화하고 효율적인 안전관리체계를 구축하기 위하여 행정자치부장관 소속하에 소방방재청을 신설하고, 국정과제의 효율

적 추진을 위하여 행정개혁, 인사관리 및 영유아(영유아) 보육 업무 등 중앙행정기관의 소관 사무를 일부 조정하는 한편, 법제업무와 보훈업무의 효율적 수행을 위하여 법제처와 국가보훈처를 장관급 기구로 격상하고, 문화재의 보존·관리 및 활용에 관한 사무를 효율적으로 수행할 수 있도록 문화재청을 차관급 기구로 격상하려는 목적이다.

2004. 12. 31.(법률 7302호)은 농어촌지역의 경우 인구의 고령화와 아동인구의 감소 등으로 인하여 보육시설의 설치가 어려운 지역이 상당수에 이르고 있어 농어촌지역의 영유아는 도시지역의 영유아에 비하여 체계적으로 보육되지 못하고 있는 실정인바, 보육시설의 설치기준 및 보육시설 종사자의 배치기준에 있어 도시지역보다 완화된 기준을 적용받을 수 있는 지역에 도서·벽지 이외에 새로이 농어촌지역을 포함시켜 농어촌지역의 실정에 맞는 보육시설을 설치할 수 있도록 함으로써 농어촌지역의 보육여건 개선을 도모하는 한편, 정부조직법이 개정(법률 제7186호, 2004. 3. 11. 공포)되어 영유아 보육사무가 보건복지부에서 여성부로 이관됨에 따라, 정부조직법 개정 전인 2004년 1월 29일 전문 개정되어 2005년 1월 30일 시행될 예정인 법률 제7153호 영유아보육법개정법률의 보건복지부 관련 규정을 여성부 관련 규정으로 변경하려는 목적을 가지고 있다.

2005. 3. 24.(법률 7413호)은 정부조직법의 개정에 따라 행정수요의 변화에 탄력적으로 대응할 수 있도록 중앙행정기관의 보조기관인 실장과 국장의 명칭을 대통령령이 정하는 바에 따라 달리 정할 수 있도록 하는 등 조직운영의 자율성과 유연성을 확대하고, 가정의 가치를 새롭게 정립하기 위하여 여성부에 가족정책의 수립·조정기능을 추가하여 여성가족부로 개편하며, 문화관광부의 청소년 관련기능을 신설되는 청소년위원회로 이관하여 청소년 육성정책과 보호정책을 통합하려는 목적을 가지고 있다.

2005. 12. 29.(법률 7785호)은 보육시설의 장은 보육시설운영위원회를 설치·운영할 수 있되, 취약보육을 우선적으로 실시하여야 하는 보육시설과 대통령령이 정하는 보육시설은 보육시설운영위원회를 의무적으로 설치하도록 하여 보육시설의 자율성과 투명성을 높이도록 하고, 이동권이 제한되는 장애인 부모의 자녀에 대하여는 소득수준과 관계없이 장애의 정도에 따라 보육시설의 우선 이용권을 부여하며, 보육시설의 장은 대통령령이 정하는 자격을 가진 자로서 여성가족부장관이 검정·수여하는 자격증을 받은 자로 규정하고, 보육시설의 장 또는

보육교사의 명의대여 또는 자격증 대여를 금지하려는 목적을 가지고 있다.

2013년 1월 23일 일부 개정은 부모들이 일과 가족생활의 균형 문제와 경제적인 어려움에서 벗어나 안심하고 자녀를 출산할 수 있도록 영유아의 보육을 국가가 담당하도록 함으로써 보육에 관한 국민의 부담을 줄여 저출산 문제를 해결하는 한편, 보건복지부장관으로 하여금 적정 보육서비스 제공에 필요한 어린이집 표준보육비용 등을 조사하도록 하고, 그 결과를 바탕으로 무상보육 실시에 드는 비용을 정할 수 있도록 하여 보육서비스의 질을 개선할 수 있는 지속적인 체계를 마련하였다.

2014년 5월 20일에도 일부 개정은 저출산에 따른 인구감소로 노동공급의 축소, 특히 숙련기술자의 부족 및 기업의 생산성 저하 문제를 해결하기 위해 일정규모 이상의 사업장이 직장어린이집을 의무로 설치·운영하도록 하고 있으며, 어린이집을 설치할 수 없을 때에는 지역의 어린이집에 위탁하거나 근로자에게 보육수당을 지급하도록 하고 있으나, 직장어린이집 설치·운영 의무의 이행실태를 살펴보면 직접 설치·운영하고 있는 비율이 적어 이들 대체수단의 정비가 필요한 실정이므로, 보육수당의 지원에 관한 규정을 삭제하여 시설을 확충하도록 유도하는 등 관련 제도를 정비하는 한편, 의무 미이행 사업장에 대해 이행강제금 등을 부과할 수 있도록 하였다.

2016년 2월 3일 일부 개정은 현행 부모협동어린이집은 보호자들이 조합을 결성하고 있으나, 부모와 보육교직원 간의 유대감을 높이고 보육교직원의 보육책임성을 보다 강화하기 위해서 보호자와 보육교직원이 함께 조합을 결성하는 경우도 인정할 필요성이 있어 보호자와 보육교직원이 함께 참여하여 조합을 결성하는 경우로 다원화하기 위함이다. 한편, 제1형 당뇨를 가진 영유아를 보육의 우선 제공 대상에 포함시키고, 어린이집에 종사하는 간호사가 영유아의 투약행위를 도와줄 수 있도록 하여 질병이 있는 영유아에 대한 보육서비스의 질을 제고하고 영유아의 건강관리 및 안전관리 개선에 기여하였다.

2017년 3월 14일 일부 개정은 현재 부모교육이 충분히 이루어지지 못하고 있어 영유아의 보호자에게 영유아의 성장·양육방법, 보호자의 역할, 영유아의 인권 등에 대한 교육을 실시하고, 국가나 지방자치단체의 장이 사업주로서 설치하는 직장어린이집에는 공무원뿐만 아니라 다양한 형태의 근로자가 종사하고 있는 점을 고려하여 관련 규정을 개정하는 한편, 산업단지에 우선적으로 국·공립어린이집을 설치하도록 하는 등 현행 제도의 운영상 나타난 일부 미비점을 개선·보완하였다.

2018년 12월 11일 일부 개정은 현재 어린이집 평가인증제도는 어린이집 운영자의 자발적 신청에 따라 운영되고 있어 질 관리의 사각지대가 존재하고 있으므로 평가 대상을 전체 어린이집으로 확대하고, 그 결과를 공개하여 평가의 효과성을 제고하며, 어린이집에서 아동학대나 성범죄가 발생한 경우 평가인증 등급을 최하위등급으로 조정하도록 하여 평가의 신뢰성을 제고하려는 것이다. 이와 함께 평가제도의 원활한 시행과 관리, 보육사업의 안정적이고 효율적인 추진을 위하여 어린이집 평가와 보육품질관리 등을 담당하고 있는 한국보육진흥원의 설립 근거, 업무 및 예산 지원 등에 관한 사항을 법률에 명시하였다. 그 밖에 어린이집 공익신고자 포상금 제도의 근거를 법률에 마련하고, 보육의 우선제공 대상에 형제자매가 장애인인 영유아를 추가하며, 「정신건강증진 및 정신질환자 복지서비스 지원에 관한 법률」의 개정 취지를 반영하여 어린이집 운영자 등의 결격사유 규정을 정비하였다.

2019년 1월 15일 일부 개정은 특별자치도지사·시장·군수·구청장이 어린이집의 설치인가 시 해당 지역의 보육 수요를 고려하여 인가 여부를 결정하도록 하고, 보건복지부장관이 표준보육비용을 3년마다 조사하도록 하며, 중앙보육정책위원회의 심의를 거쳐 표준보육비용을 결정하도록 하는 등 표준보육비용의 결정 체계를 법률에 보다 명확히 규정하려는 것이다. 또한 비용 및 보조금의 반환명령 대상에 거짓이나 그 밖의 부정한 방법으로 무상보육 실시에 필요한 비용을 지원받은 경우를 추가함으로써 어린이집 설치·운영자가 영유아의 보호자에게 지원한 비용을 부정 사용한 경우에도 이를 환수할 수 있도록 하였다.

2019년 4월 30일 일부 개정은 어린이집이 1일 12시간 이상 운영하는 것을 원칙으로 하고, 보육교사는 1일 8시간 근무를 원칙으로 하고 있지만 현실적으로 늦은 시간까지 남겨진 영유아는 안정적인 보육서비스를 제공받지 못하고 보육교사는 적정 근로시간을 보장받지 못하고 있는바, 이러한 문제를 해소하기 위하여 어린이집의 보육시간을 기본보육과 연장보육으로 구분하여 보육시간별로 보육교사를 배치할 수 있도록 하고, 직장어린이집 설치의무 미이행 사업장에 대한 이행강제금 제도의 실효성을 제고하기 위하여 이행강제금 부과 시 직장어린이집 미설치 기간과 사유 등을 고려하여 이행강제금 금액을 100분의 50의 범위에서 가중할 수 있도록 규정하였다.

Ⅲ. 목적, 보육정책조정위원회

1. 목적

이 법은 영유아의 심신을 보호하고 건전하게 교육하여 건강한 사회 구성원으로 육성함과 아울러 보호자의 경제적·사회적 활동이 원활하게 이루어지도록 함으로써 영유아 및 가정의 복지 증진에 이바지함을 목적으로 한다(제1조).

보육이념(제3조)은 첫째, 보육은 영유아의 이익을 최우선으로 고려하여 제공되어야 한다. 둘째, 보육은 영유아가 안전하고 쾌적한 환경에서 건강하게 성장할 수 있도록 하여야 한다. 셋째, 영유아는 자신 또는 보호자의 성·연령·종교·사회적 신분·재산·장애 및 출생지역 등에 따른 어떠한 종류의 차별도 받지 아니하고 보육되어야 한다.

책임(제4조)은 첫째, 모든 국민은 영유아를 건전하게 보육할 책임을 진다. 둘째, 국가 및 지방자치단체는 보호자와 더불어 영유아를 건전하게 보육할 책임을 진다. 셋째, 특별자치도지사·시장·군수 또는 구청장(자치구의 구청장에 한한다. 이하 같다)은 영유아의 보육을 위한 적정한 보육시설을 확보하여야 한다.

2. 용어(정의)(제2조)

이 법에서 사용하는 용어의 뜻은 다음과 같다.
1. "영유아"란 6세 미만의 취학 전 아동을 말한다.
2. "보육"이란 영유아를 건강하고 안전하게 보호·양육하고 영유아의 발달 특성에 맞는 교육을 제공하는 어린이집 및 가정양육 지원에 관한 사회복지서비스를 말한다.
3. "어린이집"이란 보호자의 위탁을 받아 영유아를 보육하는 기관을 말한다.
4. "보호자"란 친권자·후견인, 그 밖의 자로서 영유아를 사실상 보호

하고 있는 자를 말한다.

5. "보육교직원"이란 어린이집 영유아의 보육, 건강관리 및 보호자와의 상담, 그 밖에 어린이집의 관리·운영 등의 업무를 담당하는 자로서 어린이집의 원장 및 보육교사와 그 밖의 직원을 말한다.

3. 보육정책조정위원회(제5조)

보육정책조정위원회는 ① 보육정책에 관한 관계부처간의 의견을 조정하기 위하여 국무총리소속하에 보육정책조정위원회(이하 "보육정책조정위원회"라 한다)를 둔다. 보육정책조정위원회는 다음 각 호의 사항을 심의·조정한다.

1. 보육정책의 기본방향에 관한 사항
2. 보육관련 제도개선과 예산지원에 관한 사항
3. 보육에 관한 관계부처간 협조사항
4. 그 밖에 위원장이 부의하는 사항

③ 보육정책조정위원회는 위원장을 포함한 12인 이내의 위원으로 구성하되, 위원장은 국무조정실장이 되고 위원은 다음 각 호의 자가 된다.

1. 기획재정부차관·교육과학기술부차관, 고용노동부차관 및 여성가족부 차관
2. 제1호의 위원이 추천하여 위원장이 위촉하는 보육계·유아교육계·여성계·사회복지계·시민단체 및 보호자를 대표하는 자 각 1인

④ 보육정책조정위원회의 구성과 운영 등에 필요한 사항은 대통령령으로 정한다.

4. 보육정책위원회(제6조)

① 보육에 관한 각종 정책·사업·보육지도 및 어린이집 평가에 관한 사항 등을 심의하기 위하여 보건복지부에 중앙보육정책위원회를, 특별시·광역시·도·특별자치도(이하 "시·도"라 한다) 및 시·군·구(자치구를 말한다. 이하 같다)에 지방보육정책위원회를 둔다. 다만, 지방보육정책위원회는 그 기능을 담당하기에 적합한 다른 위원회가 있고 그 위원회의 위원

이 제2항에 따른 자격을 갖춘 경우에는 시·도 또는 시·군·구의 조례로 정하는 바에 따라 그 위원회가 지방보육정책위원회의 기능을 대신할 수 있다.<개정 2018. 12. 11.>

② 제1항에 따른 중앙보육정책위원회와 지방보육정책위원회(이하 "보육정책위원회"라 한다)의 위원은 보육전문가, 어린이집의 원장 및 보육교사 대표, 보호자 대표 또는 공익을 대표하는 자, 관계 공무원 등으로 구성한다.

③ 보육정책위원회의 구성·기능 및 운영 등에 필요한 사항은 대통령령으로 정한다.

5. 육아종합지원센터(제7조)

① 영유아에게 제26조의2에 따른 시간제보육 서비스를 제공하거나 보육에 관한 정보의 수집·제공 및 상담을 위하여 보건복지부장관은 중앙육아종합지원센터를, 특별시장·광역시장·특별자치시장·도지사·특별자치도지사(이하 "시·도지사"라 한다) 및 시장·군수·구청장은 지방육아종합지원센터를 설치·운영하여야 한다. 이 경우 필요하다고 인정하는 경우에는 영아·장애아 보육 등에 관한 육아종합지원센터를 별도로 설치·운영할 수 있다.<개정 2018. 12. 24.>

② 제1항에 따른 중앙육아종합지원센터와 지방육아종합지원센터(이하 "육아종합지원센터"라 한다)에는 육아종합지원센터의 장과 보육에 관한 정보를 제공하는 보육전문요원 및 보육교직원의 정서적·심리적 상담 등의 업무를 하는 상담전문요원 등을 둔다.<개정 2015. 5. 18.>

④ 육아종합지원센터의 설치·운영 및 기능, 육아종합지원센터의 장과 보육전문요원 및 상담전문요원의 자격 및 직무 등에 필요한 사항은 대통령령으로 정한다.<개정 2015. 5. 18.> [제목개정 2013. 6. 4.]

6. 한국보육진흥원의 설립 및 운영(제8조)

① 보육서비스의 질 향상을 도모하고 보육정책을 체계적으로 지원하기 위하여 한국보육진흥원(이하 "진흥원"이라 한다)을 설립한다.

② 진흥원은 다음 각 호의 업무를 수행한다.

  1. 어린이집 평가척도 개발

  2. 보육사업에 관한 교육·훈련 및 홍보

  3. 영유아 보육프로그램 및 교재·교구 개발

  4. 보육교직원 연수프로그램 개발 및 교재 개발

  5. 이 법에 따라 보건복지부장관으로부터 위탁받은 업무

  6. 그 밖에 보육정책과 관련하여 보건복지부장관이 필요하다고 인정하는 업무

③ 진흥원은 법인으로 하고, 주된 사무소의 소재지에 설립등기를 함으로써 성립한다.

④ 진흥원은 보조금, 기부금, 그 밖의 수입금으로 운영한다.

⑤ 보건복지부장관은 진흥원의 운영에 필요한 경비를 예산의 범위에서 지원할 수 있다.

⑥ 진흥원은 제2항 제3호 및 제4호의 업무를 관련 전문기관 등에 위탁할 수 있다.

⑦ 진흥원에 관하여 이 법과 「공공기관의 운영에 관한 법률」에서 정한 사항 외에는 「민법」 중 재단법인에 관한 규정을 준용한다. [전문개정 2018. 12. 11.]

7. 보육실태조사(제9조)

보육실태조사는 ① 보건복지부장관은 이 법의 적절한 시행을 위하여 보육 실태 조사를 3년마다 하여야 한다. ② 제1항에 따른 보육 실태 조사의 방법과 내용 등에 필요한 사항은 보건복지부령으로 정한다

8. 보호자 교육(제9조의2)

① 국가와 지방자치단체는 영유아의 보호자에게 영유아의 성장·양육방법, 보호자의 역할, 영유아의 인권 등에 대한 교육을 실시할 수 있다.

② 보건복지부장관 또는 지방자치단체의 장은 예산의 범위에서 제1항에 따

른 교육에 필요한 비용을 보조할 수 있다.

③ 제1항에 따른 교육의 내용, 실시 방법 등에 필요한 사항은 보건복지부령으로 정한다. [본조신설 2017. 3. 14.]

 Ⅳ. 어린이집의 설치

1. 어린이집의 종류(제10조)

어린이집의 종류는 다음 각 호와 같다.<개정 2016. 2. 3., 2017. 3. 14.>

1. 국공립어린이집: 국가나 지방자치단체가 설치·운영하는 어린이집
2. 사회복지법인어린이집: 「사회복지사업법」에 따른 사회복지법인(이하 "사회복지법인"이라 한다)이 설치·운영하는 어린이집
3. 법인·단체 등 어린이집: 각종 법인(사회복지법인을 제외한 비영리법인)이나 단체 등이 설치·운영하는 어린이집으로서 대통령령으로 정하는 어린이집
4. 직장어린이집: 사업주가 사업장의 근로자를 위하여 설치·운영하는 어린이집(국가나 지방자치단체의 장이 소속 공무원 및 국가나 지방자치단체의 장과 근로계약을 체결한 자로서 공무원이 아닌 자를 위하여 설치·운영하는 어린이집을 포함한다)
5. 가정어린이집: 개인이 가정이나 그에 준하는 곳에 설치·운영하는 어린이집
6. 협동어린이집: 보호자 또는 보호자와 보육교직원이 조합(영리를 목적으로 하지 아니하는 조합에 한정한다)을 결성하여 설치·운영하는 어린이집
7. 민간어린이집: 제1호부터 제6호까지의 규정에 해당하지 아니하는 어린이집

2. 보육계획의 수립 및 시행

① 보건복지부장관, 시·도지사 및 시장·군수·구청장은 보육사업을 원활하게 추진하기 위하여 보건복지부장관의 경우에는 중앙보육정책위원회,

그 밖의 경우에는 각 지방보육정책위원회의 심의를 거쳐 어린이집 수급 계획 등을 포함한 보육계획을 수립·시행하여야 한다.

② 보건복지부장관, 시·도지사 및 시장·군수·구청장은 제1항에 따른 보육계획의 수립·시행을 위하여 필요하면 어린이집, 보육 관련 법인·단체 등에 대하여 자료 제공 등의 협조를 요청할 수 있으며, 그 요청을 받은 어린이집과 보육 관련 법인·단체 등은 정당한 사유가 없으면 요청에 따라야 한다.

③ 제1항에 따른 보육계획의 내용, 수립 시기 및 절차 등에 필요한 사항은 대통령령으로 정한다.

3. 국·공립어린이집의 설치 등(제12조)

① 국가나 지방자치단체는 국공립어린이집을 설치·운영하여야 한다. 이 경우 국공립어린이집은 제11조의 보육계획에 따라 다음 각 호의 지역에 우선적으로 설치하여야 한다.<개정 2017. 3. 14., 2018. 12. 24.>

  1. 도시 저소득주민 밀집 주거지역 및 농어촌지역 등 취약지역

  2. 삭제<2018. 12. 24.>

  3. 「산업입지 및 개발에 관한 법률」 제2조 제8호에 따른 산업단지 지역

② 국가나 지방자치단체가 제1항에 따라 국공립어린이집을 설치할 경우 제6조 제1항에 따른 지방보육정책위원회의 심의를 거쳐야 한다.<신설 2018. 12. 24.>

③ 국가나 지방자치단체는 「주택법」 제2조 제3호에 따른 공동주택에 같은 법 제35조에 따라 설치되어야 하는 어린이집을 국공립어린이집으로 운영하여야 한다. 다만, 「공동주택관리법」 제2조 제7호에 따른 입주자등의 과반수가 국공립어린이집으로의 운영에 찬성하지 아니하는 경우 등 대통령령으로 정하는 경우에는 그러하지 아니하다.<신설 2018. 12. 24.>

④ 제3항에 따라 국공립어린이집을 설치·운영하여야 하는 공동주택의 규모와 국공립어린이집의 설치·운영에 필요한 사항은 대통령령으로 정한다.<신설 2018. 12. 24.>

4. 국·공립보육시설외 어린이집의 설치(제13조)

① 국공립어린이집 외의 어린이집을 설치·운영하려는 자는 특별자치도지
   사·시장·군수·구청장의 인가를 받아야 한다. 인가받은 사항 중 중요
   사항을 변경하려는 경우에도 또한 같다.
② 특별자치도지사·시장·군수·구청장은 제1항에 따른 인가를 할 경우 해
   당 지역의 보육 수요를 고려하여야 한다.<신설 2019. 1. 15.>
③ 제1항에 따라 어린이집의 설치인가를 받은 자는 어린이집 방문자 등이
   볼 수 있는 곳에 어린이집 인가증을 게시하여야 한다.<신설 2019. 1. 15.>
④ 제1항에 따른 인가에 필요한 사항은 보건복지부령으로 정한다.<개정
   2019. 1. 15.>

5. 직장어린이집의 설치 등(제14조)

① 대통령령으로 정하는 일정 규모 이상의 사업장의 사업주는 직장어린이
   집을 설치하여야 한다. 다만, 사업장의 사업주가 직장어린이집을 단독으
   로 설치할 수 없을 때에는 사업주 공동으로 직장어린이집을 설치·운영
   하거나, 지역의 어린이집과 위탁계약을 맺어 근로자 자녀의 보육을 지
   원(이하 이 조에서 "위탁보육"이라 한다)하여야 한다.<개정 2014. 5. 20.>
② 제1항 단서에 따라 사업장의 사업주가 위탁보육을 하는 경우에는 사업
   장 내 보육대상이 되는 근로자 자녀 중에서 위탁보육을 받는 근로자 자
   녀가 보건복지부령으로 정하는 일정 비율 이상이 되도록 하여야 한
   다.<개정 2014. 5. 20.>
③ 제1항에 따른 어린이집의 설치 및 위탁보육에 필요한 사항은 보건복지
   부령으로 정한다.<신설 2014. 5. 20.>

6. 어린이집 설치기준(제15조)

어린이집을 설치·운영하려는 자는 보건복지부령으로 정하는 설치기준을
갖추어야 한다. 다만, 놀이터, 비상재해대비시설 및 폐쇄회로 텔레비전의 설치와

관련된 사항은 각각 제15조의2부터 제15조의4까지에 따른다.<개정 2015. 5. 18.>

동법 제15조의4(폐쇄회로 텔레비전의 설치 등)

① 어린이집을 설치·운영하는 자는 아동학대 방지 등 영유아의 안전과 어린이집의 보안을 위하여 「개인정보 보호법」 및 관련 법령에 따른 폐쇄회로 텔레비전(이하 "폐쇄회로 텔레비전"이라 한다)을 설치·관리하여야 한다. 다만, 다음 각 호의 어느 하나에 해당하는 경우에는 그러하지 아니하다.

    1. 어린이집을 설치·운영하는 자가 보호자 전원의 동의를 받아 시장·군수·구청장에게 신고한 경우

    2. 어린이집을 설치·운영하는 자가 보호자 및 보육교직원 전원의 동의를 받아 「개인정보 보호법」 및 관련 법령에 따른 네트워크 카메라를 설치한 경우

② 제1항에 따라 폐쇄회로 텔레비전을 설치·관리하는 자는 영유아 및 보육교직원 등 정보주체의 권리가 침해되지 아니하도록 다음 각 호의 사항을 준수하여야 한다.

    1. 아동학대 방지 등 영유아의 안전과 어린이집의 보안을 위하여 최소한의 영상정보만을 적법하고 정당하게 수집하고, 목적 외의 용도로 활용하지 아니하도록 할 것

    2. 영유아 및 보육교직원 등 정보주체의 권리가 침해받을 가능성과 그 위험 정도를 고려하여 영상정보를 안전하게 관리할 것

    3. 영유아 및 보육교직원 등 정보주체의 사생활 침해를 최소화하는 방법으로 영상정보를 처리할 것

③ 어린이집을 설치·운영하는 자는 폐쇄회로 텔레비전에 기록된 영상정보를 60일 이상 보관하여야 한다.

④ 제1항에 따른 폐쇄회로 텔레비전의 설치·관리기준 및 동의 또는 신고의 방법·절차·요건, 제3항에 따른 영상정보의 보관기준 및 보관기간 등에 필요한 사항은 보건복지부령으로 정한다. [본조신설 2015. 5. 18.]

동법 제15조의5(영상정보의 열람금지 등)

① 폐쇄회로 텔레비전을 설치·관리하는 자는 다음 각 호의 어느 하나에 해당하는 경우를 제외하고는 제15조의4 제1항의 영상정보를 열람하게 하여서는 아니 된다.

    1. 보호자가 자녀 또는 보호아동의 안전을 확인할 목적으로 열람시기·절차 및 방법 등 보건복지부령으로 정하는 바에 따라 요청하는 경우

    2. 「개인정보 보호법」 제2조 제6호 가목에 따른 공공기관이 제42조 또는 「아

동복지법」제66조 등 법령에서 정하는 영유아의 안전업무 수행을 위하여 요청하는 경우

    3. 범죄의 수사와 공소의 제기 및 유지, 법원의 재판업무 수행을 위하여 필요한 경우

    4. 그 밖에 보육관련 안전업무를 수행하는 기관으로서 보건복지부령으로 정하는 자가 업무의 수행을 위하여 열람시기 · 절차 및 방법 등 보건복지부령으로 정하는 바에 따라 요청하는 경우

② 어린이집을 설치 · 운영하는 자는 다음 각 호의 어느 하나에 해당하는 행위를 하여서는 아니 된다.

    1. 제15조의4 제1항의 설치 목적과 다른 목적으로 폐쇄회로 텔레비전을 임의로 조작하거나 다른 곳을 비추는 행위

    2. 녹음기능을 사용하거나 보건복지부령으로 정하는 저장장치 이외의 장치 또는 기기에 영상정보를 저장하는 행위

③ 어린이집을 설치 · 운영하는 자는 제15조의4 제1항의 영상정보가 분실 · 도난 · 유출 · 변조 또는 훼손되지 아니하도록 내부 관리계획의 수립, 접속기록 보관 등 대통령령으로 정하는 바에 따라 안전성 확보에 필요한 기술적 · 관리적 및 물리적 조치를 하여야 한다.

④ 국가 및 지방자치단체는 어린이집에 설치한 폐쇄회로 텔레비전의 설치 · 관리와 그 영상정보의 열람으로 영유아 및 보육교직원 등 정보주체의 권리가 침해되지 아니하도록 설치 · 관리 및 열람 실태를 보건복지부령으로 정하는 바에 따라 매년 1회 이상 조사 · 점검하여야 한다.

⑤ 폐쇄회로 텔레비전의 설치 · 관리와 그 영상정보의 열람에 관하여 이 법에서 규정된 것을 제외하고는 「개인정보 보호법」(제25조는 제외한다)을 적용한다.

[본조신설 2015. 5. 18.]

7. 결격사유(제16조)

다음 각 호의 어느 하나에 해당하는 자는 어린이집을 설치 · 운영할 수 없다.<개정 2014. 5. 28., 2015. 5. 18., 2018. 12. 11.>

    1. 미성년자 · 피성년후견인 또는 피한정후견인

    2. 「정신건강증진 및 정신질환자 복지서비스 지원에 관한 법률」제3조 제1호의 정신질환자

    3. 「마약류 관리에 관한 법률」제2조 제1호의 마약류에 중독된 자

4. 파산선고를 받고 복권되지 아니한 자

5. 금고 이상의 실형을 선고받고 그 집행이 종료(집행이 종료된 것으로 보는 경우를 포함한다)되거나 집행이 면제된 날부터 5년(「아동복지법」 제3조 제7호의2에 따른 아동학대관련범죄를 저지른 경우에는 20년)이 경과되지 아니한 자

6. 금고 이상의 형의 집행유예를 선고받고 그 유예기간 중에 있는 사람. 다만, 「아동복지법」 제3조 제7호의2에 따른 아동학대관련범죄로 금고 이상의 형의 집행유예를 선고받은 경우에는 그 집행유예가 확정된 날부터 20년이 지나지 아니한 사람

7. 제45조에 따라 어린이집의 폐쇄명령을 받고 5년이 경과되지 아니한 자

8. 제54조에 따라 300만원 이상의 벌금형이 확정된 날부터 2년이 지나지 아니한 사람 또는 「아동복지법」 제3조 제7호의2에 따른 아동학대관련범죄로 벌금형이 확정된 날부터 10년이 지나지 아니한 사람

9. 제23조의3에 따른 교육명령을 이행하지 아니한 자

 ## V. 보육교직원

1. 보육교직원의 배치(제17조)

① 어린이집에는 보육교직원을 두어야 한다.

② 제24조의2 제1항에 따라 보육시간을 구분하여 운영하는 어린이집은 같은 항 각 호에 따른 보육시간별로 보육교사를 배치할 수 있다.<신설 2019. 4. 30.>

③ 어린이집에는 보육교사의 업무 부담을 경감할 수 있도록 보조교사 등을 둔다.<신설 2015. 5. 18., 2019. 4. 30.>

④ 휴가 또는 보수교육 등으로 보육교사의 업무에 공백이 생기는 경우에는 이를 대체할 수 있는 대체교사를 배치한다.<신설 2015. 5. 18., 2019. 4. 30.>

⑤ 보육교직원 및 그 밖의 인력의 배치기준 등에 필요한 사항은 보건복지

부령으로 정한다.<개정 2015. 5. 18., 2019. 4. 30.> [시행일: 2020. 3. 1.]
제17조

2. 보육교직원의 직무(제18조)

① 어린이집의 원장은 어린이집을 총괄하고 보육교사와 그 밖의 직원을 지
   도·감독하며 영유아를 보육한다.
② 보육교사는 영유아를 보육하고 어린이집의 원장이 불가피한 사유로 직
   무를 수행할 수 없을 때에는 그 직무를 대행한다

동법 제18조의2(보육교직원의 책무)
① 보육교직원은 영유아를 보육함에 있어 영유아에게 신체적 고통이나 고성·폭언
   등의 정신적 고통을 가하여서는 아니 된다.<개정 2017. 3. 14.>
② 보육교직원은 업무를 수행함에 있어 영유아의 생명·안전보호 및 위험방지를
   위하여 주의의무를 다하여야 한다.<신설 2017. 3. 14.> [본조신설 2015. 5. 18.]

---

3. 보육교직원의 임면 등(제19조)

① 특별자치도지사·시장·군수·구청장은 보육교직원의 권익 보장과 근로
   여건 개선을 위하여 보육교직원의 임면(任免)과 경력 등에 관한 사항을
   관리하여야 한다.
② 어린이집의 원장은 보건복지부령으로 정하는 바에 따라 보육교직원의
   임면에 관한 사항을 특별자치도지사·시장·군수·구청장에게 보고하여
   야 한다

4. 어린이집의 원장 또는 보육교사의 자격(제21조)

① 어린이집의 원장은 대통령령으로 정하는 자격을 가진 자로서 보건복지
   부장관이 검정·수여하는 자격증을 받은 자이어야 한다.

② 보육교사는 다음 각 호의 어느 하나에 해당하는 자로서 보건복지부장관이 검정·수여하는 자격증을 받은 자이어야 한다.

　　1.「고등교육법」제2조에 따른 학교에서 보건복지부령으로 정하는 보육 관련 교과목과 학점을 이수하고 전문학사학위 이상을 취득한 사람

　　1의2. 법령에 따라「고등교육법」제2조에 따른 학교를 졸업한 사람과 같은 수준 이상의 학력이 있다고 인정된 사람으로서 보건복지부령으로 정하는 보육 관련 교과목과 학점을 이수하고 전문학사학위 이상을 취득한 사람

　　2. 고등학교 또는 이와 같은 수준 이상의 학교를 졸업한 자로서 시·도지사가 지정한 교육훈련시설에서 소정의 교육과정을 이수한 사람

③ 제2항에 따른 보육교사의 등급은 1·2·3급으로 하고, 등급별 자격기준은 대통령령으로 정한다.

④ 제2항 제2호에 따른 교육훈련시설의 지정 및 지정 취소, 교육과정 등에 필요한 사항은 보건복지부령으로 정한다.

5. 어린이집의 원장 또는 보육교사 자격증의 교부 등(제22조)

① 보건복지부장관은 제21조 제1항 및 제2항에 따라 어린이집의 원장 또는 보육교사의 자격을 검정하고 자격증을 교부하여야 한다.

② 보건복지부장관은 제1항에 따른 어린이집의 원장 또는 보육교사의 자격증을 교부받거나 재교부(이하 "보육자격증 교부등"이라 한다)를 받으려는 사람에게 보건복지부령으로 정하는 바에 따라 수수료를 받을 수 있다.

③ 삭제 <2011. 8. 4.>

④ 삭제 <2011. 8. 4.>

⑤ 제51조의2 제1항 제2호에 따라 보육자격증 교부등에 관한 업무를 위탁받은 공공 또는 민간 기관·단체는 제2항에 따라 납부받은 수수료를 보건복지부장관의 승인을 받아 보육자격증 교부등에 필요한 경비에 직접 충당할 수 있다.

⑥ 보육자격증 교부등에 필요한 사항은 보건복지부령으로 정한다.

6. 명의대여 등의 금지(제22조의2)

어린이집의 원장 또는 보육교사는 다른 사람에게 자기의 성명이나 어린이집의 명칭을 사용하여 어린이집의 원장 또는 보육교사의 업무를 수행하게 하거나 자격증을 대여하여서는 아니 된다.

7. 어린이집 원장의 보수교육(제23조)

① 보건복지부장관은 어린이집 원장의 자질 향상을 위한 보수교육(補修教育)을 실시하여야 한다. 이 경우 보수교육은 집합교육을 원칙으로 한다.<개정 2008. 2. 29.~2015. 5. 18.>
② 제1항에 따른 보수교육은 사전직무교육과 직무교육으로 구분한다.
③ 삭제<2011. 8. 4.>
④ 제1항에 따른 보수교육에는 다음 각 호의 사항에 관한 내용을 포함하여야 한다.<신설 2015. 5. 18., 2015. 12. 29.>
  1. 성폭력 및 아동학대 예방
  2. 실종·유괴의 예방과 방지
  3. 감염병 및 약물의 오남용 예방 등 보건위생 관리
  4. 재난대비 안전
  5. 교통안전
  6. 어린이집 원장의 인성함양(영유아의 인권보호 교육을 포함한다)
  7. 그 밖에 보건복지부령으로 정하는 사항
⑤ 그 밖에 보수교육의 기간·방법 등에 필요한 사항은 보건복지부령으로 정한다.<개정 2008. 2. 29.~2015. 5. 18.>

동법 제23조의2(보육교사의 보수교육)
① 보건복지부장관은 보육교사의 자질 향상을 위한 보수교육(補修教育)을 실시하여야 한다. 이 경우 보수교육은 집합교육을 원칙으로 한다.<개정 2015. 5. 18.>
② 제1항에 따른 보수교육은 직무교육과 승급교육으로 구분한다.

---

③ 제1항에 따른 보수교육에는 다음 각 호의 사항에 관한 내용을 포함하여야 한다.<신설 2015. 5. 18., 2015. 12. 29.>
   1. 성폭력 및 아동학대 예방
   2. 실종·유괴의 예방과 방지
   3. 감염병 및 약물의 오남용 예방 등 보건위생 관리
   4. 재난대비 안전
   5. 교통안전
   6. 보육교사의 인성함양(영유아의 인권보호 교육을 포함한다)
   7. 그 밖에 보건복지부령으로 정하는 사항
④ 그 밖에 보수교육의 기간·방법 등에 필요한 사항은 보건복지부령으로 정한다.<개정 2015. 5. 18.>

동법 제23조의3(교육명령)
① 보건복지부장관은 「아동복지법」 제3조 제7호의2에 따른 아동학대관련범죄를 저지른 사람이 제16조 제5호부터 제8호까지의 결격사유 및 제20조 제1호의 결격사유(제16조 제5호부터 제8호까지의 결격사유에 해당하는 경우에 한정한다)에 해당하지 아니하게 되어 어린이집을 설치·운영하거나 어린이집에 근무하려는 경우에는 그 사람에 대하여 사전에 아동학대 방지를 위한 교육을 받도록 명하여야 한다. 이 경우 교육 실시에 드는 비용은 교육을 받는 사람이 부담한다.<개정 2015. 5. 18.>
② 제1항에 따른 교육명령의 조치와 관련한 절차, 교육기관, 교육 방법·내용 등에 필요한 사항은 보건복지부령으로 정한다.[본조신설 2013. 8. 13.]

 VI. 어린이집의 운영

1. 어린이집의 운영기준 등(제24조)

① 어린이집을 설치·운영하는 자는 보건복지부령으로 정하는 운영기준에 따라 어린이집을 운영하여야 한다.
② 국가나 지방자치단체는 제12조에 따라 설치된 국공립어린이집을 법인·단체 또는 개인에게 위탁하여 운영할 수 있다. 이 경우 최초 위탁은 보건복지부령으로 정하는 국공립어린이집 위탁체 선정관리 기준에 따라

심의하며, 다음 각 호의 어느 하나에 해당하는 자에게 위탁하는 경우를 제외하고는 공개경쟁의 방법에 따른다.<개정 2018. 12. 11.>

1. 민간어린이집을 국가 또는 지방자치단체에 기부채납하여 국공립어린이집으로 전환하는 경우 기부채납 전에 그 어린이집을 설치·운영한 자

2. 국공립어린이집 설치 시 해당 부지 또는 건물을 국가 또는 지방자치단체에 기부채납하거나 무상으로 사용하게 한 자

3. 「주택법」에 따라 설치된 민간어린이집을 국공립어린이집으로 전환하는 경우 전환하기 전에 그 어린이집을 설치·운영한 자

③ 제14조에 따라 직장어린이집을 설치한 사업주는 이를 법인·단체 또는 개인에게 위탁하여 운영할 수 있다.

④ 제2항과 제3항에 따른 어린이집 위탁 및 위탁 취소 등에 필요한 사항은 보건복지부령으로 정한다.

동법 제24조의2(보육시간의 구분)

① 어린이집은 다음 각 호와 같이 보육시간을 구분하여 운영할 수 있다.

1. 기본보육: 어린이집을 이용하는 모든 영유아에게 필수적으로 제공되는 과정으로, 보건복지부령으로 정하는 시간 이하의 보육

2. 연장보육: 기본보육을 초과하여 보호자의 욕구 등에 따라 제공되는 보육

② 제1항에 따른 보육시간 운영기준과 내용에 관한 사항은 보건복지부령으로 정한다.(제24조의2)[본조신설 2019. 4. 30.] [시행일: 2020. 3. 1.]

---

2. 어린이집운영위원회(제25조)

① 어린이집의 원장은 어린이집 운영의 자율성과 투명성을 높이고 지역사회와의 연계를 강화하여 지역 실정과 특성에 맞는 보육을 실시하기 위하여 어린이집에 어린이집운영위원회를 설치·운영할 수 있다. 다만, 제26조에 따른 취약보육(脆弱保育)을 우선적으로 실시하여야 하는 어린이집과 대통령령으로 정하는 어린이집은 어린이집운영위원회를 설치·운영하여야 한다.

② 어린이집운영위원회는 그 어린이집의 원장, 보육교사 대표, 학부모 대표 및 지역사회 인사(직장어린이집의 경우에는 그 직장의 어린이집 업무 담당자로 한다)로 구성한다. 이 경우 학부모 대표가 2분의 1 이상이 되도록 구성하여야 한다.<개정 2011. 6. 7., 2015. 5. 18.>

③ 어린이집의 원장은 어린이집운영위원회의 위원 정수를 5명 이상 10명 이내의 범위에서 어린이집의 규모 등을 고려하여 정할 수 있다.

④ 어린이집운영위원회는 다음 각 호의 사항을 심의한다.<개정 2015. 5. 8.>

   1. 어린이집 운영 규정의 제정이나 개정에 관한 사항

   2. 어린이집 예산 및 결산의 보고에 관한 사항

   3. 영유아의 건강·영양 및 안전에 관한 사항

   3의2. 아동학대 예방에 관한 사항

   4. 보육 시간, 보육과정의 운영 방법 등 어린이집의 운영에 관한 사항

   5. 보육교직원의 근무환경 개선에 관한 사항

   6. 영유아의 보육환경 개선에 관한 사항

   7. 어린이집과 지역사회의 협력에 관한 사항

   8. 보육료 외의 필요경비를 받는 경우 제38조에 따른 범위에서 그 수납액 결정에 관한 사항

   9. 그 밖에 어린이집 운영에 대한 제안 및 건의사항

⑤ 어린이집운영위원회는 연간 4회 이상 개최하여야 한다.<신설 2015. 5. 18.>

⑥ 그 밖에 어린이집운영위원회의 설치·운영에 필요한 사항은 보건복지부령으로 정한다.<개정 2015. 5. 18.>

동법 제25조의2(부모모니터링단)

① 시·도지사 또는 시장·군수·구청장은 어린이집 보육환경을 모니터링하고 개선을 위한 컨설팅을 하기 위하여 부모, 보육·보건 전문가로 점검단(이하 이 조에서 "부모모니터링단"이라 한다)을 구성·운영할 수 있다.

② 부모모니터링단은 다음 각 호의 직무를 수행한다.

  1. 어린이집 급식, 위생, 건강 및 안전관리 등 운영상황 모니터링

  2. 어린이집 보육환경 개선을 위한 컨설팅

3. 그 밖에 보육 관련 사항으로서 보건복지부령으로 정하는 사항

③ 부모모니터링단은 10명 이내로 구성하며 시·도지사 또는 시장·군수·구청장이 위촉한다.

④ 시·도지사 및 시장·군수·구청장은 부모모니터링단으로 위촉된 사람에게 직무 수행에 필요한 교육을 실시할 수 있다.

⑤ 국가와 지방자치단체는 부모모니터링단의 구성·운영 및 교육 등에 필요한 비용의 전부 또는 일부를 예산의 범위에서 지원할 수 있다.

⑥ 부모모니터링단은 제2항 각 호의 직무를 수행하기 위하여 어린이집에 출입할 수 있으며, 이 경우 미리 시·도지사 또는 시장·군수·구청장의 승인을 받아야 한다.

⑦ 부모모니터링단이 제6항에 따른 승인을 받아 어린이집에 출입하는 경우에는 승인서와 신분을 표시하는 증표를 어린이집의 원장 등 관계자에게 내보여야 한다.

⑧ 부모모니터링단은 공무원이 제42조에 따라 어린이집 운영 상황을 조사하기 위하여 어린이집에 출입하는 경우에는 공무원과 함께 어린이집에 출입할 수 있다. 이 경우 시·도지사 또는 시장·군수·구청장의 승인을 생략할 수 있다.

⑨ 제1항부터 제8항까지에 따른 부모모니터링단의 구성·운영, 교육, 비용 지원 및 직무 수행 등에 필요한 세부사항은 보건복지부령으로 정한다. [본조신설 2013. 6. 4.]

동법 제25조의3(보호자의 어린이집 참관)

① 보호자는 영유아의 보육환경·보육내용 등 어린이집의 운영실태를 확인하기 위하여 어린이집 원장에게 어린이집 참관을 요구할 수 있다. 이 경우 어린이집 원장은 특별한 사유가 없으면 이에 따라야 한다.

② 제1항에 따른 참관 기준 및 방법 등에 필요한 사항은 보건복지부령으로 정한다. [본조신설 2015. 5. 18.]

3. 취약보육의 우선 실시 등(제26조)

① 국가나 지방자치단체, 사회복지법인, 그 밖의 비영리법인이 설치한 어린이집과 대통령령으로 정하는 어린이집의 원장은 영아·장애아·「다문화가족지원법」 제2조 제1호에 따른 다문화가족의 아동 등에 대한 보육(이하 "취약보육"이라 한다)을 우선적으로 실시하여야 한다.

② 보건복지부장관, 시·도지사 및 시장·군수·구청장은 취약보육을 활성화하는 데에 필요한 각종 시책을 수립·시행하여야 한다.

③ 취약보육의 종류와 실시 등에 필요한 사항은 보건복지부령으로 정한다.

4. 시간제보육 서비스(제26조의2조)

① 국가 또는 지방자치단체는 제34조에 따른 무상보육 및 「유아교육법」 제24조에 따른 무상교육 지원을 받지 아니하는 영유아에 대하여 필요한 경우 시간제보육 서비스를 지원할 수 있다. 이 경우 시간제보육 서비스의 종류, 지원대상, 지원방법, 그 밖에 시간제보육 서비스의 제공에 필요한 사항은 보건복지부령으로 정한다.<개정 2018. 12. 24.>

② 특별자치시장·특별자치도지사·시장·군수·구청장은 다음 각 호의 어느 하나에 해당하는 시설을 시간제보육 서비스를 제공하는 기관(이하 이 조에서 "시간제보육 서비스지정기관"이라 한다)으로 지정할 수 있다.<개정 2018. 12. 24.>

  1. 육아종합지원센터
  2. 어린이집
  3. 그 밖에 시간제보육 서비스의 제공이 가능한 시설로서 보건복지부령으로 정하는 시설

③ 보건복지부장관, 시·도지사 또는 시장·군수·구청장은 시간제보육 서비스지정기관에 예산의 범위에서 시간제보육 서비스의 제공에 필요한 비용을 보조할 수 있다.<개정 2018. 12. 24.>

④ 시장·군수·구청장은 시간제보육 서비스지정기관이 다음 각 호의 어느 하나에 해당하는 경우에는 제2항에 따른 지정을 취소할 수 있다.<개정 2018. 12. 24.>

  1. 시간제보육 서비스지정기관이 지급받은 보조금 및 비용을 목적 외의 용도에 사용하였을 경우
  2. 시간제보육 서비스지정기관이 거짓이나 그 밖의 부정한 방법으로 보조금 및 비용을 지급받았을 경우
  3. 그 밖에 대통령령으로 정하는 사유가 있는 경우

⑤ 시간제보육 서비스지정기관의 안전사고 예방 및 사고에 따른 영유아 생명·신체 등의 피해 보상에 관하여는 제31조의2를 준용한다. 이 경우 "어린이집"은 "시간제보육 서비스지정기관"으로, "어린이집의 원장"은 "시간제보육 서비스지정기관의 장"으로 본다.<개정 2018. 12. 24.> [본조신설 2013. 6. 4.] [제목개정 2018. 12. 24.]

5. 어린이집 이용대상(제27조)

어린이집의 이용대상은 보육이 필요한 영유아를 원칙으로 한다. 다만, 필요한 경우 어린이집의 원장은 만 12세까지 연장하여 보육할 수 있다.

6. 보육의 우선 제공(제28조)

① 국가나 지방자치단체, 사회복지법인, 그 밖의 비영리법인이 설치한 어린이집과 대통령령으로 정하는 어린이집의 원장은 다음 각 호의 어느 하나에 해당하는 자가 우선적으로 어린이집을 이용할 수 있도록 하여야 한다. 다만, 「고용정책 기본법」제40조 제2항에 따라 고용촉진시설의 설치·운영을 위탁받은 공공단체 또는 비영리법인이 설치·운영하는 어린이집의 원장은 근로자의 자녀가 우선적으로 어린이집을 이용하게 할 수 있다.<개정 2007. 10. 17.~2013. 8. 13., 2016. 2. 3., 2017. 3. 14., 2017. 12. 19., 2018. 12. 11.>
  1. 「국민기초생활 보장법」에 따른 수급자
  2. 「한부모가족지원법」제5조에 따른 보호대상자의 자녀
  3. 「국민기초생활 보장법」제24조에 따른 차상위계층의 자녀
  4. 「장애인복지법」제2조에 따른 장애인 중 보건복지부령으로 정하는 장애 정도에 해당하는 자의 자녀
  4의2.「장애인복지법」제2조에 따른 장애인 중 보건복지부령으로 정하는 장애 정도에 해당하는 자가 형제자매인 영유아
  5. 「다문화가족지원법」제2조 제1호에 따른 다문화가족의 자녀
  6. 「국가유공자 등 예우 및 지원에 관한 법률」제4조 제1항에 따른 국

가유공자 중 제3호의 전몰군경, 제4호·제6호·제12호·제15호·제17호의 상이자로서 보건복지부령으로 정하는 자, 제5호·제14호·제16호의 순직자의 자녀

7. 제1형 당뇨를 가진 경우로서 `의학적 조치가 용이하고 일상생활이 가능하여 보육에 지장이 없는 영유아

8. 그 밖에 소득수준 및 보육수요 등을 고려하여 보건복지부령으로 정하는 자의 자녀

② 사업주는 사업장 근로자의 자녀가 우선적으로 직장어린이집을 이용할 수 있도록 하여야 한다.

③ 제1항에 따른 보육의 우선제공 대상에 대한 적용 방법·기준 등에 필요한 사항은 보건복지부령으로 정한다.<신설 2017. 3. 14.>

7. 보육과정(제29조)

① 보육과정은 영유아의 신체·정서·언어·사회성 및 인지적 발달을 도모할 수 있는 내용을 포함하여야 한다.

② 보건복지부장관은 표준보육과정을 개발·보급하여야 하며 필요하면 그 내용을 검토하여 수정·보완하여야 한다.

③ 어린이집의 원장은 제2항의 표준보육과정에 따라 영유아를 보육하도록 노력하여야 한다.

④ 어린이집의 원장은 보호자의 동의를 받아 일정 연령 이상의 영유아에게 보건복지부령으로 정하는 특정한 시간대에 한정하여 보육과정 외에 어린이집 내외에서 이루어지는 특별활동프로그램(이하 "특별활동"이라 한다)을 실시할 수 있다. 이 경우 어린이집의 원장은 특별활동에 참여하지 아니하는 영유아를 위하여 특별활동을 대체할 수 있는 프로그램을 함께 마련하여야 한다.<신설 2013. 8. 13.>

⑤ 제1항에 따른 보육과정, 제4항에 따른 특별활동 대상 영유아의 연령 및 특별활동의 내용 등에 필요한 사항은 보건복지부령으로 정한다.<개정 2013. 8. 13.>

8. 어린이집 생활기록(제29조의2)

어린이집의 원장은 영유아 생활지도 및 초등학교 교육과의 연계 지도에 활용할 수 있도록 영유아의 발달상황 등을 종합적으로 관찰·평가하여 보건복지부장관이 정하는 기준에 따라 생활기록부를 작성·관리하여야 한다.

9. 어린이집 평가(제30조)

① 보건복지부장관은 영유아의 안전과 보육서비스의 질 향상을 위하여 어린이집의 보육환경, 보육과정 운영, 보육인력의 전문성 및 이용자 만족도 등에 대하여 정기적으로 평가를 실시하여야 한다.

② 보건복지부장관은 제1항에 따른 평가 결과에 따라 어린이집 보육서비스의 관리, 보육사업에 대한 재정적·행정적 지원 등 필요한 조치를 할 수 있다.

③ 보건복지부장관은 제1항에 따른 어린이집 평가등급 등 평가 결과를 공표하여야 한다.

④ 보건복지부장관은 제1항에 따라 평가를 받은 어린이집에 다음 각 호의 어느 하나에 해당하는 사유가 발생한 경우에는 그 평가등급을 최하위등급으로 조정하여야 한다.
  1. 거짓이나 그 밖의 부정한 방법으로 평가를 받은 경우
  2. 어린이집의 설치·운영자가 이 법을 위반하여 금고 이상의 형을 선고받고 그 형이 확정된 경우
  3. 제40조 제2호 또는 제3호에 따라 보조금의 반환명령을 받았거나 제45조, 제45조의2 또는 제46조부터 제48조까지의 규정에 따른 행정처분을 받은 경우로서 보건복지부령으로 정하는 경우
  4. 어린이집의 대표자 또는 보육교직원이 「아동복지법」 제17조를 위반하거나 「아동·청소년의 성보호에 관한 법률」 제2조 제2호의 아동·청소년대상 성범죄를 저지른 경우

⑤ 보건복지부장관은 제1항에 따라 평가를 받은 어린이집의 보육서비스의 질 관리를 위하여 필요한 경우 확인점검을 실시하여 제1항의 평가등급

을 조정할 수 있다.

⑥ 제1항, 제3항 및 제5항에 따른 평가시기 및 방법, 확인점검의 대상 및 방법, 그에 따른 평가등급 결정·조정, 평가결과 공표의 내용 및 방법 등 필요한 사항은 보건복지부령으로 정한다. [전문개정 2018. 12. 11.]

ⅦI. 건강·영양 및 안전

1. 건강관리 및 응급조치(제31조)

① 어린이집의 원장은 영유아와 보육교직원에 대하여 정기적으로 건강진단을 실시하고, 영유아의 건강진단 실시여부를 제29조의2에 따른 어린이집 생활기록부에 기록하여 관리하는 등 건강관리를 하여야 한다. 다만, 보호자가 별도로 건강검진을 실시하고 그 검진결과 통보서를 제출한 영유아에 대해서는 건강진단을 생략할 수 있다.<개정 2011. 6. 7., 2017. 3. 14.>

② 어린이집의 원장은 영유아에게 질병·사고 또는 재해 등으로 인하여 위급 상태가 발생한 경우 즉시 응급의료기관에 이송하여야 한다.

③ 제1항에 따른 건강진단의 구체적인 기준과 내용 등 필요한 사항은 보건복지부령으로 정한다.<개정 2008. 2. 29., 2010. 1. 18., 2017. 3. 14.>

2. 어린이집 안전공제사업 등(제31조의 2)

① 어린이집 상호 간의 협동조직을 통하여 어린이집의 안전사고를 예방하고 어린이집 안전사고로 인하여 생명·신체 또는 재산상의 피해를 입은 영유아 및 보육교직원 등에 대한 보상을 하기 위하여 보건복지부장관의 허가를 받아 어린이집 안전공제사업(이하 "공제사업"이라 한다)을 할 수 있다.

② 공제사업을 위하여 설립되는 어린이집 안전공제회(이하 "공제회"라 한다)는 법인으로 하며, 주된 사무소의 소재지에 설립등기를 함으로써 성립한다.

③ 어린이집의 원장은 공제회의 가입자가 된다.

④ 공제회에 가입한 어린이집의 원장은 공제사업의 수행에 필요한 출자금과 다음 각 호의 공제료 등을 공제회에 납부하여야 한다. 다만, 제2호와 제3호의 공제료는 어린이집의 원장이 선택하여 납부할 수 있다.

1. 영유아의 생명·신체에 대한 피해를 보상하기 위한 공제료

2. 보육교직원 등의 생명·신체에 대한 피해를 보상하기 위한 공제료

3. 어린이집의 재산상의 피해를 보상하기 위한 공제료

⑤ 공제회의 기본재산은 회원의 출자금 등으로 조성한다. 다만, 보건복지부장관은 공제회의 주된 사무소의 설치 및 운영에 필요한 비용의 일부를 지원할 수 있다.

⑥ 공제회의 회원자격, 임원에 관한 사항 및 출자금의 부담기준에 관한 사항은 정관으로 정한다.

⑦ 공제회의 설립허가 기준 및 절차, 정관기재사항, 운영 및 감독 등에 관하여 필요한 사항은 대통령령으로 정한다.

⑧ 공제회는 공제사업의 범위, 공제료, 공제사업에 충당하기 위한 책임준비금 등 공제사업의 운영에 관하여 필요한 사항을 포함한 공제규정을 정하여 보건복지부장관의 허가를 받아야 한다. 공제규정을 변경하고자 하는 때에도 또한 같다.

⑨ 공제회에 관하여 이 법에 규정된 것을 제외하고는 「민법」중 재단법인에 관한 규정을 준용한다.

⑩ 이 법에 따른 공제회의 사업에 대하여는 「보험업법」을 적용하지 아니한다.

⑪ 어린이집의 원장이 제4항 제3호의 공제료를 납부하는 경우 「사회복지사업법」 제34조의3에 따른 보험가입의무를 이행한 것으로 본다.<신설 2011. 8. 4., 2018. 12. 24.>

3. 치료 및 예방조치(제32조)

① 어린이집의 원장은 제31조에 따른 건강진단 결과 질병에 감염되었거나 감염될 우려가 있는 영유아에 대하여 그 보호자와 협의하여 질병의 치료와 예방에 필요한 조치를 하여야 한다.

② 어린이집의 원장은 제31조에 따른 건강진단의 결과나 그 밖에 의사의 진단 결과 감염병에 감염 또는 감염된 것으로 의심되거나 감염될 우려가 있는 영유아, 어린이집 거주자 및 보육교직원을 보건복지부령으로 정하는 바에 따라 어린이집으로부터 격리시키는 등 필요한 조치를 할 수 있다.

③ 어린이집의 원장은 제1항의 조치를 위하여 필요하면 「지역보건법」 제10조와 제13조에 따른 보건소 및 보건지소, 「의료법」 제3조에 따른 의료기관에 협조를 구할 수 있다.<개정 2015. 5. 18.>

④ 제2항에 따라 협조를 요청받은 보건소·보건지소 및 의료기관의 장은 적절한 조치를 취하여야 한다.

⑤ 어린이집의 원장은 간호사(간호조무사를 포함한다)로 하여금 영유아가 의사의 처방, 지시에 따라 투약행위를 할 때 이를 보조하게 할 수 있다. 이 경우 어린이집의 원장은 보호자의 동의를 받아야 한다.<신설 2016. 2. 3.>

4. 급식관리(제33조)

어린이집의 원장은 영유아에게 보건복지부령으로 정하는 바에 따라 균형 있고 위생적이며 안전한 급식을 하여야 한다.

Ⅷ. 비용

1. 무상보육(제34조)

① 국가와 지방자치단체는 영유아에 대한 보육을 무상으로 하되, 그 내용 및 범위는 대통령령으로 정한다.

② 국가와 지방자치단체는 장애아 및 「다문화가족지원법」 제2조 제1호에 따른 다문화가족의 자녀의 무상보육에 대하여는 대통령령으로 정하는 바에 따라 그 대상의 여건과 특성을 고려하여 지원할 수 있다.

③ 제1항에 따른 무상보육 실시에 드는 비용은 대통령령으로 정하는 바에 따라 국가나 지방자치단체가 부담하거나 보조하여야 한다.

④ 보건복지부장관은 어린이집 표준보육비용 등을 조사하고 그 결과를 바탕으로 예산의 범위에서 관계 행정기관의 장과 협의하여 제3항에 따른 국가 및 지방자치단체가 부담하는 비용을 정할 수 있다.

⑤ 국가와 지방자치단체는 자녀가 2명 이상인 경우에 대하여 추가적으로 지원할 수 있다.

⑥ 제12조 제1항 후단에도 불구하고 국가와 지방자치단체는 제1항 및 제2항에 따른 무상보육을 받으려는 영유아와 장애아 및 다문화가족의 자녀를 보육하기 위하여 필요한 어린이집을 설치·운영하여야 한다.<개정 2018. 12. 24.>

⑦ 보건복지부장관은 제4항에 따른 표준보육비용을 결정하기 위하여 필요한 조사를 3년마다 실시하며, 조사 결과를 바탕으로 제6조에 따른 중앙보육정책위원회의 심의를 거쳐 표준보육비용을 결정하여야 한다.<신설 2019. 1. 15.>

⑧ 제7항에 따른 조사의 방법과 내용 등에 필요한 사항은 보건복지부령으로 정한다.<신설 2019. 1. 15.> [전문개정 2013. 1. 23.]

2. 양육수당(제34조의2)

① 국가와 지방자치단체는 어린이집이나 「유아교육법」 제2조에 따른 유치원을 이용하지 아니하는 영유아에 대하여 영유아의 연령을 고려하여 양육에 필요한 비용을 지원할 수 있다.<개정 2011. 6. 7., 2018. 12. 24.>

② 제1항에 따른 영유아가 제26조의2에 따른 시간제보육 서비스를 이용하는 경우에도 그 영유아에 대하여는 제1항에 따른 양육에 필요한 비용을 지원할 수 있다.<신설 2013. 6. 4., 2018. 12. 24.>

③ 국가와 지방자치단체는 제1항에 따라 양육에 필요한 비용을 지원받는 영유아가 90일 이상 지속하여 해외에 체류하는 경우에는 그 기간 동안 양육에 필요한 비용의 지원을 정지한다.<신설 2015. 5. 18.>

④ 보건복지부장관 및 지방자치단체의 장은 제3항에 따라 양육수당의 지급

을 정지하는 경우 서면으로 그 이유를 분명하게 밝혀 영유아의 보호자
에게 통지하여야 한다.<신설 2015. 5. 18.>

⑤ 제1항에 따른 비용 지원의 대상·기준 등에 대하여 필요한 사항은 대통
령령으로 정한다.<개정 2013. 6. 4., 2015. 5. 18.>

3. 비용의 보조 등(제36조)

국가나 지방자치단체는 대통령령으로 정하는 바에 따라 제10조에 따른 어
린이집의 설치, 보육교사(대체 교사를 포함한다)의 인건비, 초과보육(超過保育)에
드는 비용 등 운영 경비 또는 지방육아종합지원센터의 설치·운영, 보육교직원
의 복지 증진, 취약보육의 실시 등 보육사업에 드는 비용, 제15조의4에 따른 폐
쇄회로 텔레비전 설치비의 전부 또는 일부를 보조한다.<개정 2011. 6. 7.,
2011. 8. 4., 2013. 6. 4., 2015. 5. 18.>

4. 사업주의 비용부담(제37조)

제14조에 따라 어린이집을 설치한 사업주는 대통령령으로 정하는 바에 따라
그 어린이집의 운영과 보육에 필요한 비용의 전부 또는 일부를 부담하여야 한다.

5. 보육료 등의 수납(제38조)

제12조부터 제14조까지의 규정에 따라 어린이집을 설치·운영하는 자는 그
어린이집의 소재지를 관할하는 시·도지사가 정하는 범위에서 그 어린이집을 이용
하는 자로부터 보육료와 그 밖의 필요경비 등을 받을 수 있다. 다만, 시·도지사는
필요시 어린이집 유형과 지역적 여건을 고려하여 그 기준을 다르게 정할 수 있다.

6. 세제지원(제39조)

① 제14조와 제37조에 따라 사업주가 직장어린이집을 설치·운영하는 데에

드는 비용과 보호자가 영유아의 보육을 위하여 지출한 보육료와 그 밖에 보육에 드는 비용에 관하여는 「조세특례제한법」에서 정하는 바에 따라 조세를 감면한다.<개정 2011. 6. 7., 2014. 5. 20.>

② 제10조 제4호의 직장어린이집을 제외한 어린이집의 운영비에 대하여도 「조세특례제한법」에서 정하는 바에 따라 조세를 감면한다.

7. 비용 및 보조금의 반환명령(제40조)

국가나 지방자치단체는 어린이집의 설치·운영자, 육아종합지원센터의 장, 보수교육 위탁실시자 등이 다음 각 호의 어느 하나에 해당하는 경우에는 이미 교부한 비용과 보조금의 전부 또는 일부의 반환을 명할 수 있다.<개정 2013. 6. 4., 2019. 1. 15.>

> 1. 어린이집 운영이 정지·폐쇄 또는 취소된 경우
> 2. 사업 목적 외의 용도에 보조금을 사용한 경우
> 3. 거짓이나 그 밖의 부정한 방법으로 보조금을 교부받은 경우
> 3의2. 거짓이나 그 밖의 부정한 방법으로 제34조에 따른 비용을 지원받은 경우
> 4. 삭제<2011. 8. 4.>
> 5. 착오 또는 경미한 과실로 보조금을 교부받은 경우로서 보건복지부령이 정하는 사유에 해당하는 경우

 ## IX. 지도 및 감독

1. 지도와 명령(제41조)

보건복지부장관, 시·도지사 및 시장·군수·구청장은 보육사업의 원활한 수행을 위하여 어린이집 설치·운영자 및 보육교직원에 대하여 필요한 지도와 명령을 할 수 있다.

2. 보고와 검사(제42조)

① 보건복지부장관, 시·도지사 또는 시장·군수·구청장은 어린이집을 설치·운영하는 자로 하여금 그 어린이집에 관하여 필요한 보고를 하게 하거나 관계 공무원으로 하여금 그 어린이집의 운영 상황을 조사하게 하거나 장부와 그 밖의 서류를 검사하게 할 수 있다.

② 제1항에 따라 관계 공무원이 그 직무를 수행할 때에는 그 권한을 표시하는 증표를 지니고 이를 관계인에게 내보여야 한다.

동법 제42조의2(위법행위의 신고 및 신고자 보호)

① 누구든지 다음 각 호의 어느 하나에 해당하는 자를 관계 행정기관이나 수사기관에 신고 또는 고발할 수 있다.

    1. 거짓이나 그 밖의 부정한 방법으로 보조금을 교부받거나 유용한 자

    2. 제24조 제1항에 따른 어린이집 운영기준을 지키지 아니한 자

    3. 제33조에 따른 급식관리기준을 지키지 아니한 자

    4. 제33조의2에 따른 어린이집 차량안전관리 기준을 지키지 아니한 자

    5. 「아동복지법」 제3조 제7호에 따른 아동학대 행위를 한 자

    6. 그 밖에 보건복지부령으로 정하는 자

② 어린이집을 설치·운영하는 자는 보육교직원이 제1항에 따른 신고 또는 고발을 하였다는 이유로 「공익신고자 보호법」 제2조 제6호에 따른 불이익조치를 하여서는 아니 된다.

③ 보건복지부장관, 시·도지사 및 시장·군수·구청장은 제1항 제1호 및 제3호부터 제5호까지에 해당하는 사항에 대하여 신고 또는 고발한 사람에게 예산의 범위에서 포상금을 지급할 수 있다.<개정 2018. 12. 11.>

④ 제1항에 따른 신고 절차·방법 및 제3항에 따른 포상금 지급의 기준·방법 및 절차 등에 필요한 사항은 대통령령으로 정한다.<신설 2018. 12. 11.> [본조신설 2015. 5. 18.]

---

3. 어린이집의 폐지·휴지 및 재개 등의 신고(제43조)

① 제13조 제1항에 따라 인가된 어린이집을 폐지하거나 일정 기간 운영을 중단하거나 운영을 재개하려는 자는 보건복지부령으로 정하는 바에 따

라 미리 특별자치도지사·시장·군수·구청장에게 신고하여야 한다.

② 어린이집의 원장은 어린이집이 폐지되거나 일정 기간 운영이 중단되는 경우에는 보건복지부령으로 정하는 바에 따라 그 어린이집에서 보육 중인 영유아가 다른 어린이집으로 옮길 수 있도록 하는 등 영유아의 권익을 보호하기 위한 조치를 취하여야 한다

4. 시정 또는 변경 명령(제44조)

보건복지부장관, 시·도지사 또는 시장·군수·구청장은 어린이집이 다음 각 호의 어느 하나에 해당하면 어린이집의 원장 또는 그 설치·운영자에게 기간을 정하여 그 시정 또는 변경을 명할 수 있다.<개정 2008. 2. 29.~2013. 6. 4., 2013. 8. 13., 2015. 5. 18., 2015. 12. 29., 2018. 12. 11., 2018. 12. 24., 2019. 4. 30.>

1. 제13조 제1항에 따른 변경인가를 받지 아니하고 어린이집을 운영하는 경우

2. 제15조, 제15조의2 및 제15조의3에 따른 어린이집의 설치기준을 위반한 경우

2의2. 제15조의4에 따른 폐쇄회로 텔레비전의 설치·관리 및 영상정보의 보관기준을 위반한 경우

3. 제17조 제5항에 따른 보육교직원의 배치기준을 위반한 경우

3의2. 제19조 제2항에 따른 보육교직원의 임면에 관한 사항을 보고하지 아니하거나 거짓으로 보고한 경우

4. 제24조 제1항에 따른 어린이집의 운영기준을 위반한 경우

4의2. 제25조 제1항 단서를 위반하여 어린이집운영위원회를 설치·운영하지 아니한 경우

4의3. 제29조 제4항 전단을 위반하여 영유아에게 특별활동을 제공한 경우

4의4. 제29조 제4항 후단을 위반하여 특별활동에 참여하지 아니하는 영유아에게 특별활동을 대체할 수 있는 프로그램을 제공하지 아니한 경우

4의5. 제29조의2에 따른 생활기록부를 작성·관리하지 아니한 경우

4의6. 정당한 이유 없이 제30조 제1항에 따른 평가 또는 같은 조 제5항에 따른 확인점검을 거부·방해 또는 기피하거나 거짓이나 그 밖의 부정한 방법으로 평가 또는 확인점검을 받은 경우

4의7. 제32조 제1항에 따른 질병의 치료와 예방조치를 하지 아니한 경우

4의8. 제33조에 따른 균형 있고 위생적이며 안전한 급식을 하지 아니한 경우

5. 제38조에 따른 보육료 등을 한도액을 초과하여 받은 경우

6. 제42조에 따른 보고를 하지 아니하거나 거짓으로 보고한 경우 또는 조사·검사를 거부하거나 기피한 경우

7. 제43조 제1항에 따른 신고를 하지 아니하고 어린이집을 폐지하거나 일정 기간 운영을 중단하거나 운영을 재개한 경우

7의2. 제43조의2 제2항을 위반하여 휴원하지 아니하거나 긴급보육수요에 대비한 조치를 하지 아니한 경우

8. 제49조의2에 따른 정보의 공시에 관한 사항을 위반한 경우 [시행일: 2020. 3. 1.]

동법 제44조의3(이행강제금)

① 시·도지사, 시장·군수·구청장은 제44조의2에 따른 명령을 이행하지 아니한 자에 대하여 그 명령의 이행에 필요한 상당한 기간을 정하여 그 기간 내에 이행할 것을 다시 명할 수 있으며, 이를 이행하지 아니한 경우에는 같은 조에 따른 명령이 있었던 날을 기준으로 하여 1년에 2회, 매회 1억원의 범위에서 이행강제금을 부과·징수할 수 있다.

② 시·도지사, 시장·군수·구청장은 직장어린이집 미설치 기간·사유 등을 고려하여 제1항에 따른 금액을 100분의 50의 범위에서 가중할 수 있다.<신설 2019. 4. 30.>

③ 시·도지사, 시장·군수·구청장은 제1항 및 제2항에 따른 이행강제금을 부과하기 전에 상당한 기간을 정하여 그 기간 내에 이행하지 아니할 때에는 이행강제금을 부과·징수한다는 뜻을 미리 문서로 계고(戒告)하여야 한다.<개정 2019. 4. 30.>

④ 시·도지사, 시장·군수·구청장은 제1항 및 제2항에 따른 이행강제금을 부과하는 때에는 이행강제금의 금액, 부과사유, 납부기한, 수납기관, 불복방법 등을

적은 문서로 통지하여야 한다.<개정 2019. 4. 30.>

⑤ 시·도지사, 시장·군수·구청장은 제44조의2에 따른 명령을 받은 자가 그 명령을 이행하는 경우에는 새로운 이행강제금의 부과를 중지하되, 이미 부과된 이행강제금은 징수하여야 한다.<개정 2019. 4. 30.>

⑥ 시·도지사, 시장·군수·구청장은 제1항 및 제2항에 따라 이행강제금 부과처분을 받은 자가 납부기한까지 이행강제금을 납부하지 아니하는 경우에는 「지방세외수입금의 징수 등에 관한 법률」에 따라 징수한다.<개정 2019. 4. 30.>

⑦ 제1항 및 제2항에 따른 이행강제금의 부과기준, 부과·징수된 이행강제금의 반환절차 등 필요한 사항은 대통령령으로 정한다.<개정 2019. 4. 30.> [본조신설 2014. 5. 20.]

5. 어린이집의 폐쇄 등(제45조)

① 보건복지부장관, 시·도지사 및 시장·군수·구청장은 어린이집을 설치·운영하는 자(이하 이 조에서 "설치·운영자"라 한다)가 다음 각 호의 어느 하나에 해당하면 1년 이내의 어린이집 운영정지를 명하거나 어린이집의 폐쇄를 명할 수 있다. 이 경우 보육교직원 등 설치·운영자의 관리·감독하에 있는 자가 제4호에 해당하는 행위를 한 경우에는 설치·운영자가 한 행위로 본다(설치·운영자가 그 행위를 방지하기 위하여 상당한 주의와 감독을 게을리하지 아니한 경우에는 그러하지 아니하다).<개정 2008. 2. 29.~2013. 8. 13., 2014. 5. 28., 2015. 5. 18.>

1. 거짓이나 그 밖의 부정한 방법으로 보조금을 교부받거나 보조금을 유용(流用)한 경우
2. 제40조에 따른 비용 또는 보조금의 반환명령을 받고 반환하지 아니한 경우
3. 제44조에 따른 시정 또는 변경 명령을 위반한 경우
4. 「아동복지법」 제3조 제7호에 따른 아동학대 행위를 한 경우
5. 「도로교통법」 제53조 제3항을 위반하여 어린이통학버스(제33조의2 및 「도로교통법」 제52조에 따른 신고를 하지 아니한 경우를 포함한다)에 보육교직원을 함께 태우지 아니한 채 어린이통학버스 운행 중 발생한 교통사고로 영유아가 사망하거나 신체에 보건복지부령으로 정하

는 중상해를 입은 경우

② 삭제<2011. 6. 7.>

③ 특별자치시장·특별자치도지사·시장·군수·구청장은 설치·운영자 또는 보육교직원이 제1항 제4호에 따른 아동학대 행위를 한 것으로 의심되는 경우 즉시 제42조에 따른 보고를 받거나 조사·검사를 실시하여야 한다.<신설 2015. 5. 18.>

④ 특별자치시장·특별자치도지사·시장·군수·구청장은 제3항에 따른 보고나 조사·검사를 실시한 후 지체 없이 「아동복지법」 제10조의2에 따른 아동권리보장원 또는 같은 법 제45조에 따른 아동보호전문기관 등 관계 기관과 협의하여 제1항에 따른 행정처분 여부를 결정하여야 한다.<신설 2015. 5. 18., 2019. 1. 15.>

⑤ 특별자치도지사·시장·군수·구청장은 어린이집이 제1항에 따라 운영정지 또는 폐쇄되는 경우에는 어린이집에 보육 중인 영유아를 다른 어린이집으로 옮기도록 하는 등 영유아의 권익을 보호하기 위하여 필요한 조치를 하여야 한다.<신설 2011. 8. 4., 2015. 5. 18.>

⑥ 제1항에 따른 행정처분의 세부기준은 보건복지부령으로 정한다.<개정 2008. 2. 29.~2015. 5. 18.>

동법 제45조의2(과징금 처분)

① 보건복지부장관, 시·도지사 또는 시장·군수·구청장은 어린이집의 설치·운영자가 제45조 제1항 각 호의 어느 하나에 해당하여 어린이집 운영정지를 명하여야 하는 경우로서 그 운영정지가 영유아 및 보호자에게 심한 불편을 주거나 그 밖에 공익을 해칠 우려가 있으면 어린이집 운영정지 처분을 갈음하여 3천만원 이하의 과징금을 부과할 수 있다.

② 제1항에 따른 과징금을 부과하는 위반행위의 종류와 위반 정도 등에 따른 과징금의 금액 등에 필요한 사항은 대통령령으로 정한다.

③ 보건복지부장관, 시·도지사 또는 시장·군수·구청장은 제1항에 따른 과징금을 내야 할 자가 납부기한까지 내지 아니한 경우에는 국세 체납처분의 예 또는 「지방세외수입금의 징수 등에 관한 법률」에 따라 징수한다.<개정 2013. 8. 6.> [본조신설 2011. 6. 7.] [종전 제45조의2는 제45조의3으로 이동〈2011. 6. 7.〉]

6. 행정제재처분효과의 승계(제45조의3)

① 어린이집을 설치·운영하는 자가 그 어린이집을 양도하거나 사망한 때 또는 법인의 합병이 있는 때에는 종전의 어린이집을 설치·운영한 자에게 제45조 제1항 각 호의 사유로 행한 행정제재처분의 효과는 그 행정처분일부터 1년간 그 양수인·상속인 또는 합병 후 신설되거나 존속하는 법인에 승계되며, 행정제재처분의 절차가 진행 중인 경우에는 양수인·상속인 또는 합병 후 신설되거나 존속하는 법인에 대하여 행정제재처분의 절차를 속행할 수 있다. 다만, 양수인·상속인 또는 합병 후 신설되거나 존속하는 법인이 양수 또는 합병할 때 그 처분 또는 위반사실을 알지 못하였음을 증명하는 경우에는 그러하지 아니하다.<개정 2011. 6. 7., 2015. 5. 18.>

② 제1항의 양수인·상속인 또는 합병 후 신설되거나 존속하는 법인이 어린이집을 양수·상속 또는 합병할 때에는 종전의 어린이집을 설치·운영한 자가 제45조 제1항 각 호의 사유로 행정처분의 절차가 진행 중인지 및 행정제재 처분을 받은 이력이 있는지 여부를 확인하여야 하며, 보건복지부장관, 시·도지사 및 시장·군수·구청장은 양수인·상속인 또는 합병 후 신설되거나 존속하는 법인이 그 확인을 요청하는 경우 이를 보건복지부령으로 정하는 바에 따라 확인하는 서류를 발부할 수 있다. <신설 2015. 5. 18.>

7. 어린이집의 원장의 자격정지(제46조)

보건복지부장관은 어린이집의 원장이 다음 각 호의 어느 하나에 해당하면 1년(「아동복지법」 제3조 제7호에 따른 아동학대 행위로 제1호가목에 해당하게 된 경우에는 2년) 이내의 범위에서 보건복지부령으로 정하는 바에 따라 그 자격을 정지시킬 수 있다.<개정 2008. 2. 29.~2013. 6. 4., 2015. 5. 18.>

　　1. 어린이집의 원장이 업무 수행 중 고의나 중대한 과실로 영유아에게 손해를 입힌 경우로서 다음 각 목의 어느 하나에 해당하는 경우

가. 영유아의 생명을 해치거나 신체 또는 정신에 중대한 손해를 입
　　　힌 경우
　　나. 제24조에 따른 운영기준을 위반하여 손해를 입힌 경우
　　다. 제33조에 따라 보건복지부령으로 정한 급식기준을 위반하여 손
　　　해를 입힌 경우
　　라. 그 밖에 손해를 입힌 경우
　2. 해당 업무 수행에 필요한 자격이 없는 자를 채용하여 보육교사·간
　　호사 또는 영양사 등의 업무를 수행하게 한 경우
　3. 제23조에 따른 보수교육을 연속하여 3회 이상 받지 아니한 경우
　4. 거짓이나 그 밖의 부정한 방법으로 보조금을 교부받거나 보조금을
　　유용한 경우
　5. 「공익신고자 보호법」 제2조 제2호에 따른 공익신고를 한 보육교직
　　원에게 같은 조 제6호에 따른 불이익조치를 한 경우

8. 보육교사의 자격정지(제47조)

　　보건복지부장관은 보육교사가 다음 각 호의 어느 하나에 해당하면 1년(「아
동복지법」 제3조 제7호에 따른 아동학대 행위로 제1호에 해당하게 된 경우에는 2년) 이
내의 범위에서 보건복지부령으로 정하는 바에 따라 그 자격을 정지시킬 수 있
다.<개정 2008. 2. 29.~2015. 5. 18.>
　　1. 보육교사가 업무 수행 중 그 자격과 관련하여 고의나 중대한 과실로
　　　손해를 입힌 경우
　　2. 제23조의2에 따른 보수교육을 연속하여 3회 이상 받지 아니한 경우

9. 어린이집 원장 또는 보육교사의 자격취소(제48조)

　　① 보건복지부장관은 어린이집의 원장 또는 보육교사가 다음 각 호의 어느
　　하나에 해당하면 그 자격을 취소할 수 있다.<개정 2008. 2. 29., 2010.
　　1. 18., 2011. 6. 7., 2011. 8. 4., 2013. 8. 13., 2015. 5. 18.>
　　1. 거짓이나 그 밖의 부정한 방법으로 자격증을 취득한 경우

2. 자격 취득자가 업무 수행 중 그 자격과 관련하여 고의나 중대한 과
   실로 손해를 입히고 금고 이상의 형을 선고받은 경우
3. 「아동복지법」 제3조 제7호의2에 따른 아동학대관련범죄로 처벌을
   받은 경우
4. 제22조의2에 따른 명의대여 금지 등의 의무를 위반한 경우
5. 자격정지처분기간 종료 후 3년 이내에 자격정지처분에 해당하는 행
   위를 한 경우
6. 자격정지처분을 받고도 자격정지처분기간 이내에 자격증을 사용하
   여 자격 관련 업무를 수행한 경우
7. 자격정지처분을 3회 이상 받은 경우
8. 제46조 제4호에 해당하여 금고 이상의 형을 선고받은 경우

② 보건복지부장관은 제1항에 따라 자격이 취소된 사람에게는 그 취소된
   날부터 다음 각 호의 구분에 따라 자격을 재교부하지 못한다.<신설
   2013. 8. 13., 2015. 5. 18.>

1. 제1항 각 호의 사항 중 제3호 이외의 어느 하나에 해당하는 경우: 2년
2. 제1항 제3호에 해당하는 경우: 10년(다만, 「아동복지법」 제3조 제7호의
   2에 따른 아동학대관련범죄로 금고 이상의 실형을 선고받고 그 집행이 종
   료되거나 집행이 면제된 날부터 20년이 지나지 아니한 사람 또는 「아동복
   지법」 제3조 제7호의2에 따른 아동학대관련범죄로 금고 이상의 형의 집행
   유예가 확정된 날부터 20년이 지나지 아니한 사람에게는 자격을 재교부할
   수 없다)

X. 보칙

1. 경력의 인정(제50조)

① 어린이집에 근무하는 자 중 「유아교육법」에 따른 유치원교원의 자격을
   가진 자에 대하여는 어린이집에서의 근무경력을 「유아교육법」에 따른
   교육경력으로 인정한다.

② 유치원(「유아교육법」제2조 제6호에 따른 방과후 과정 수업과정을 운영하고 있
는 유치원을 말한다)에 근무하는 자 중 이 법에 따른 보육교사의 자격을
가진 자에 대하여는 유치원에서의 근무경력을 이 법에 따른 보육경력으
로 인정한다.<개정 2012. 3. 21.>

2. 권한의 위임 및 위탁(제51조)

이 법에 따른 보건복지부장관 또는 시·도지사의 권한은 대통령령으로 정하
는 바에 따라 그 일부를 시·도지사 또는 시장·군수·구청장에게 위임할 수 있다.

동법 제51조의2(업무의 위탁)

① 보건복지부장관, 시·도지사 또는 시장·군수·구청장은 대통령령으로 정하는
바에 따라 다음 각 호에 해당하는 업무를 공공기관 또는 민간기관·단체 등에
위탁할 수 있다. 이 경우 제2호 및 제4호의 업무는 진흥원에 위탁할 수 있
다.<개정 2011. 12. 31~2018. 12. 11.>

1. 제7조 제1항에 따른 육아종합지원센터의 운영업무

2. 제22조 제1항에 따른 어린이집의 원장 또는 보육교사의 자격 검정 및 보육
자격증 교부등에 관한 업무

3. 제23조 제1항 및 제23조의2 제1항에 따른 보수교육의 실시 업무

4. 제30조 제1항에 따른 평가 및 같은 조 제5항에 따른 확인점검에 관한 업무

5. 제34조의3 제1항에 따른 이용권에 관한 업무

② 보건복지부장관, 시·도지사 또는 시장·군수·구청장은 제1항에 따라 업무를
위탁한 경우에는 예산의 범위에서 그에 필요한 비용을 보조할 수 있다.

③ 보건복지부장관, 시·도지사 또는 시장·군수·구청장은 다음 각 호의 어느 하
나에 해당하는 경우에는 제1항에 따른 위탁을 취소할 수 있다.

1. 수탁기관이 제2항에 따라 지급받은 보조금을 목적 외의 용도에 사용하였을
경우

2. 수탁기관이 거짓이나 그 밖의 부정한 방법으로 제2항에 따른 보조금을 지
급받았을 경우

3. 그 밖에 대통령령으로 정하는 사유가 있는 경우 [본조신설 2011. 8. 4.]

---

3. 도서 · 벽지 · 농어촌지역 등의 보육시설(제52조)

① 특별자치도지사 · 시장 · 군수 · 구청장은 도서 · 벽지 · 농어촌지역 등에 있는 어린이집으로서 제15조에 따른 어린이집의 설치기준 및 제17조 제5항에 따른 보육교직원의 배치기준을 적용하기 어렵다고 인정하는 경우에는 제6조에 따른 지방보육정책위원회의 심의를 거쳐 관할 시 · 도지사의 승인을 받아 이를 달리 적용할 수 있다.<개정 2011. 6. 7.~2018. 12. 24., 2019. 4. 30.>

② 제1항에 따른 도서 · 벽지 · 농어촌지역 등의 구체적인 범위, 어린이집의 설치기준 및 보육교직원의 배치기준은 보건복지부령으로 정한다. [시행일: 2020. 3. 1.]

제7절 정신보건법

 ## Ⅰ. 의의

정신보건서비스란 정신적 안녕(mental well-being)을 증진시키고, 정신장애(mental disorder)를 완화시키는 제반 활동들을 말한다(Lin, 1995). 즉, 정신질환으로 인한 장애를 예방하거나 감소시키며, 정신질환으로 인해 사회적 차별을 받지 않고, 자신의 능력과 잠재력을 최대로 발휘하면서, 인간으로서의 존엄성과 가치를 유지하고, 사회에 원만히 복귀하도록 원조하는 활동들을 말한다.[92]

우리나라에 정신질환으로 치료받고 있는 인구는 전 인구의 2.7%인, 1,253천 명으로 추정되고 있으며, 이 중 11.5%에 해당하는 14만 명이 일정 기간 입원치료가 필요하다고 보고 있다. 그러나 의료혜택을 받지 못하는 재가정신질환자 및 무허가시설에 있는 정신질환자와 미국 · 일본의 연간치료 유병률이 7~10%인

---

[92] 서울시정신보건네트, 2002.

것을 고려한다면 보다 많은 인구가 정신질환의 고통을 받고 있을 것으로 추정된다.[93]

정신보건법은 사회복지서비스법의 일환으로 정신질환의 고통완화·치유·예방과 관련된 포괄적인 서비스를 규율하고 있다. 개정된 정신보건법은 그동안 만성정신분열병 등의 환자를 병원 및 시설에서 장기간 격리·수용하는 대안에서 벗어나 기존의 장기입원 중심에서 벗어나 지역사회에서 정신질환자를 조기발견·치료·재활시키는 지역사회정신보건사업으로 정책을 전환시키고 있다. 정신보건법은 수급권자의 권익보호를 특히 중시하고 있다.

II. 입법배경 및 연혁

정신보건법안은 1985년도에 처음으로 국회에 제출되었으나 강제입원규정과 관련하여 함께 법안이 폐기되었다가, 각계 전문가들의 의견을 수렴하여 정신질환자의 인권에 관한 규정을 대폭 수정·보완하여 1995년 12월에 제정되었다. 이 법의 일차적 관심사는 만성정신장애인의 장기수용에 따른 인권문제와 치료를 포함한 삶의 질의 향상이다.[94]

1997년 12월 31일 정신보건법을 개정하여 정신요양병원을 폐지하여 정신병상의 무분별한 증가를 억제하는 한편 사회복지사업법에 의한 정신질환자 요양시설을 정신보건법에 규정하고, 지역사회정신보건사업을 지원하는 정신의료기관의 범위를 정신과의원까지 확대하고, 지역사회정신보건사업에 소요되는 비용을 국가와 지방자치단체가 지원할 수 있는 근거를 마련하며, 보호의무자에 의하여 입원된 환자에 대해 정신과전문의가 퇴원할 수 있다고 판단하면 보호의무자의 퇴원신청이 없어도 즉시 퇴원시키도록 절차를 간소화함으로써 불필요한 장기입원을 억제하고, 정신질환자 인권보호를 강화하였다.

2000년 1월 12일에 재개정하여 시·도지사가 정신의료기관을 지정하여 당해 정신의료기관으로 하여금 지역사회정신보건사업을 지원하도록 하는 제도를 폐지하였고, 정신의료기관에 자의로 입원한 정신질환자에 대한 퇴원중지제도를

---

93) 보건복지부, 2002.

94) 보건복지부, 2002; 오대규, 1999; 최재명, 1999.

폐지하여 당해 환자의 퇴원에 대한 자율성을 보장하고 인권침해의 소지가 없도록 하였다.

2016년 5월 29일 일부 개정은 정신질환자의 범위를 중증정신질환자로 축소 정의하고, 전 국민 대상의 정신건강증진의 장을 신설하며, 비자의 입원·퇴원 제도를 개선하고, 정신질환자에 대한 복지서비스 제공을 추가하는 등 현행 법률상 미흡한 점을 개선·보완하였다.

2018년 6월 12일 일부 개정은 중독관리통합지원센터 설치 및 운영 근거를 마련하고, 성범죄를 저질러 금고 이상의 형의 선고를 받고 그 집행이 끝나지 않거나 집행이 면제되지 않은 사람은 정신건강전문요원 자격을 받을 수 없도록 하였다.

2018년 12월 11일 일부 개정은 중독관리통합지원센터 설치 및 운영 근거를 마련하고, 성범죄를 저질러 금고 이상의 형의 선고를 받고 그 집행이 끝나지 않거나 집행이 면제되지 않은 사람은 정신건강전문요원 자격을 받을 수 없도록 하였다.

2019년 1월 15일 일부 개정은 현행법은 시·도지사 등이 정신의료기관에 사업의 정지를 명하여야 하는 경우 그 사업의 정지가 이용자에게 심한 불편을 주거나 그 밖에 공익을 해칠 우려가 있는 경우에는 사업의 정지 처분을 갈음하여 5천만원 이하의 과징금을 부과할 수 있도록 정하고 있음에도 연간 총수입액이 90억원 이상인 경우에도 1일당 과징금이 107만 5천원에 불과하고 과징금의 상한금액도 5천만원으로 정해져 있어 연간 총수입액이 수십억원에 이르는 정신의료기관에 대한 제재효과가 미미한 수준에 그치고 있는 실정이다. 이에 사업의 정지 처분을 갈음하여 과징금 부과처분을 하는 경우 과징금 상한금액을 1억원으로 인상하도록 제도를 정비하여 과징금 제재처분의 실효성을 확보하고, 위법행위에 대하여 적정한 제재가 이루어질 수 있도록 하였다. 또한 국민 생활 및 기업활동과 밀접하게 관련되어 있는 신고 민원의 처리절차를 법령에서 명확하게 규정함으로써 관련 민원의 투명하고 신속한 처리와 일선 행정기관의 적극행정을 유도하기 위하여, 정신요양시설의 설치·운영 허가사항 변경 신고, 정신요양시설의 폐지·휴지(休止)·재개 신고, 정신재활시설의 설치·운영 신고 또는 그 변경 신고 및 정신재활시설의 폐지·휴지·재개 신고가 수리가 필요한 신고임을 명시하였다.

2019년 4월 23일 일부 개정은 정신건강증진시설의 장은 정신질환자 등이 퇴원 및 퇴소를 하려는 때에는 정신질환자 등과 그 보호의무자에게 정신건강복지센터의 기능·역할 및 이용 절차 등을 알리도록 하고, 보건복지부장관 등은 수시로 신고를 받을 수 있는 정신건강상담용 긴급전화를 설치·운영하도록 하는 한편, 정신병적 증상으로 인하여 자신 또는 다른 사람의 생명이나 신체에 해를 끼치는 행동으로 입원 등을 한 사람이 퇴원 등을 할 때 정신건강의학과전문의가 치료가 중단되면 증상이 급격히 악화될 우려가 있다고 진단하는 경우 퇴원 등의 사실을 정신건강복지센터의 장에게 통보하기 위한 절차를 정하는 등 현행 제도의 운영상 나타난 일부 미비점을 개선·보완하였다.

2019년 12월 3일 일부 개정은 보건복지부장관은 정신질환의 인구학적 분포 등에 관하여 실태조사를 실시하면 그 결과를 공표하도록 함으로써 실태조사 결과가 관련 정책 및 연구에 폭넓게 활용될 수 있도록 하였다.

 III. 총칙

1. 목적(제1조)

정신보건법은 정신질환의 예방과 정신질환자의 의료 및 사회복귀에 관하여 필요한 사항을 규정함으로써 국민의 정신건강 증진에 이바지함을 목적으로 한다.

2. 기본이념(제2조)

① 모든 국민은 정신질환으로부터 보호받을 권리를 가진다.
② 모든 정신질환자는 인간으로서의 존엄과 가치를 보장받고, 최적의 치료를 받을 권리를 가진다.
③ 모든 정신질환자는 정신질환이 있다는 이유로 부당한 차별대우를 받지 아니한다.
④ 미성년자인 정신질환자는 특별히 치료, 보호 및 교육을 받을 권리를 가진다.

⑤ 정신질환자에 대해서는 입원 또는 입소(이하 "입원등"이라 한다)가 최소화
  되도록 지역 사회 중심의 치료가 우선적으로 고려되어야 하며, 정신건
  강증진시설에 자신의 의지에 따른 입원 또는 입소(이하 "자의입원등"이라
  한다)가 권장되어야 한다.

⑥ 정신건강증진시설에 입원등을 하고 있는 모든 사람은 가능한 한 자유로
  운 환경을 누릴 권리와 다른 사람들과 자유로이 의견교환을 할 수 있는
  권리를 가진다.

⑦ 정신질환자는 원칙적으로 자신의 신체와 재산에 관한 사항에 대하여 스
  스로 판단하고 결정할 권리를 가진다. 특히 주거지, 의료행위에 대한 동
  의나 거부, 타인과의 교류, 복지서비스의 이용 여부와 복지서비스 종류
  의 선택 등을 스스로 결정할 수 있도록 자기결정권을 존중받는다.

⑧ 정신질환자는 자신에게 법률적·사실적 영향을 미치는 사안에 대하여
  스스로 이해하여 자신의 자유로운 의사를 표현할 수 있도록 필요한 도
  움을 받을 권리를 가진다.

⑨ 정신질환자는 자신과 관련된 정책의 결정과정에 참여할 권리를 가진다.

3. 용어(정의)(제3조)

이 법에서 사용하는 용어의 뜻은 다음과 같다.

1. "정신질환자"란 망상, 환각, 사고(思考)나 기분의 장애 등으로 인하
   여 독립적으로 일상생활을 영위하는 데 중대한 제약이 있는 사람을
   말한다.

2. "정신건강증진사업"이란 정신건강 관련 교육·상담, 정신질환의 예
   방·치료, 정신질환자의 재활, 정신건강에 영향을 미치는 사회복지·
   교육·주거·근로 환경의 개선 등을 통하여 국민의 정신건강을 증
   진시키는 사업을 말한다.

3. "정신건강복지센터"란 정신건강증진시설, 「사회복지사업법」에 따른
   사회복지시설(이하 "사회복지시설"이라 한다), 학교 및 사업장과 연계
   체계를 구축하여 지역사회에서의 정신건강증진사업 및 제33조부터
   제38조까지의 규정에 따른 정신질환자 복지서비스 지원사업(이하

"정신건강증진사업등"이라 한다)을 하는 다음 각 목의 기관 또는 단체를 말한다.

가. 제15조 제1항부터 제3항까지의 규정에 따라 국가 또는 지방자치단체가 설치·운영하는 기관

나. 제15조 제6항에 따라 국가 또는 지방자치단체로부터 위탁받아 정신건강증진사업등을 수행하는 기관 또는 단체

4. "정신건강증진시설"이란 정신의료기관, 정신요양시설 및 정신재활시설을 말한다.

5. "정신의료기관"이란 주로 정신질환자를 치료할 목적으로 설치된 다음 각 목의 어느 하나에 해당하는 기관을 말한다.

가. 「의료법」에 따른 의료기관 중 제19조 제1항 후단에 따른 기준에 적합하게 설치된 병원(이하 "정신병원"이라 한다) 또는 의원

나. 「의료법」에 따른 병원급 의료기관에 설치된 정신건강의학과로서 제19조 제1항 후단에 따른 기준에 적합한 기관

6. "정신요양시설"이란 제22조에 따라 설치된 시설로서 정신질환자를 입소시켜 요양 서비스를 제공하는 시설을 말한다.

7. "정신재활시설"이란 제26조에 따라 설치된 시설로서 정신질환자 또는 정신건강상 문제가 있는 사람 중 대통령령으로 정하는 사람(이하 "정신질환자등"이라 한다)의 사회적응을 위한 각종 훈련과 생활지도를 하는 시설을 말한다.

4. 국가 등의 책무

(1) 국가와 지방자치단체의 책무(제4조)

① 국가와 지방자치단체는 국민의 정신건강을 증진시키고, 정신질환을 예방·치료하며, 정신질환자의 재활 및 장애극복과 사회적응 촉진을 위한 연구·조사와 지도·상담 등 필요한 조치를 하여야 한다.

② 국가와 지방자치단체는 정신질환의 예방·치료와 정신질환자의 재활을 위하여 정신건강복지센터와 정신건강증진시설, 사회복지시설, 학교 및

사업장 등을 연계하는 정신건강서비스 전달체계를 확립하여야 한다.

③ 국가와 지방자치단체는 정신질환자등과 그 가족에 대한 권익향상, 인권 보호 및 지원 서비스 등에 관한 종합적인 시책을 수립하고 그 추진을 위하여 노력하여야 한다.

④ 국가와 지방자치단체는 정신질환자등과 그 가족에 대한 모든 차별 및 편견을 해소하고 차별받은 정신질환자등과 그 가족의 권리를 구제할 책임이 있으며, 정신질환자등과 그 가족에 대한 차별 및 편견을 해소하기 위하여 적극적인 조치를 하여야 한다.

⑤ 국가와 지방자치단체는 정신질환자등의 적절한 치료 및 재활과 자립을 지원하기 위하여 정신질환자등과 그 가족에 대하여 정신건강증진사업등에 관한 정보를 제공하는 등 필요한 시책을 강구하여야 한다.<신설 2019. 4. 23.>

(2) 국민의 의무(제5조)

모든 국민은 정신건강증진을 위하여 국가와 지방자치단체가 실시하는 조사 및 정신건강증진사업등에 협력하여야 한다.

(3) 정신건강증진시설의 장의 의무(제6조)

① 정신건강증진시설의 장은 정신질환자등이 입원등을 하거나 사회적응을 위한 훈련을 받으려고 하는 때에는 지체 없이 정신질환자등과 그 보호의무자에게 이 법 및 다른 법률에 따른 권리 및 권리행사 방법을 알리고, 그 권리행사에 필요한 각종 서류를 정신건강증진시설에 갖추어 두어야 한다.

② 정신건강증진시설의 장은 정신질환자등이 퇴원 및 퇴소(이하 "퇴원등"이라 한다)를 하려는 때에는 정신질환자등과 그 보호의무자에게 정신건강복지센터의 기능·역할 및 이용 절차 등을 알리고, 지역사회 거주 및 치료에 필요한 정보를 제공하는 정신보건수첩 등 각종 서류를 정신건강증진시설에 갖추어 두어야 한다.<신설 2019. 4. 23.>

③ 정신건강증진시설의 장은 정신질환자등의 치료, 보호 및 재활과정에서 정신질환자등의 의견을 존중하여야 한다.<개정 2019. 4. 23.>

④ 정신건강증진시설의 장은 입원등 또는 거주 중인 정신질환자등이 인간으로서의 존엄과 가치를 보장받으며 자유롭게 생활할 수 있도록 노력하여야 한다.<개정 2019. 4. 23.>

⑤ 제1항 및 제2항에 따라 정신질환자등과 그 보호의무자에게 알릴 권리의 종류·내용, 고지방법 및 서류비치 등에 관하여 필요한 사항은 보건복지부령으로 정한다.<개정 2019. 4. 23.>

 ## Ⅳ. 건강증진정책의 추진 등

1. 국가계획의 수립 등(제7조)

① 보건복지부장관은 관계 행정기관의 장과 협의하여 5년마다 정신건강증진 및 정신질환자 복지서비스 지원에 관한 국가의 기본계획(이하 "국가계획"이라 한다)을 수립하여야 한다.

② 특별시장·광역시장·특별자치시장·도지사·특별자치도지사(이하 "시·도지사"라 한다)는 국가계획에 따라 각각 특별시·광역시·특별자치시·도·특별자치도(이하 "시·도"라 한다) 단위의 정신건강증진 및 정신질환자 복지서비스 지원에 관한 계획(이하 "지역계획"이라 한다)을 수립하여야 한다. 이 경우 해당 지역계획은 「지역보건법」 제7조에 따른 지역보건의료계획과 연계되도록 하여야 한다.

③ 국가계획 또는 지역계획에는 다음 각 호의 사항이 포함되어야 한다.
1. 정신질환의 예방, 상담, 조기발견, 치료 및 재활을 위한 활동과 각 활동 상호간 연계
2. 영·유아, 아동, 청소년, 중·장년, 노인 등 생애주기(이하 "생애주기"라 한다) 및 성별에 따른 정신건강증진사업
3. 정신질환자의 조기퇴원 및 사회적응
4. 적정한 정신건강증진시설의 확보 및 운영

5. 정신질환에 대한 인식개선을 위한 교육·홍보, 정신질환자의 법적 권리보장 및 인권보호 방안

6. 전문인력의 양성 및 관리

7. 정신건강증진을 위한 교육, 주거, 근로환경 등의 개선 및 이와 관련된 부처 또는 기관과의 협력 방안

8. 정신건강 관련 정보체계 구축 및 활용

9. 정신질환자와 그 가족의 지원

10. 정신질환자의 건강, 취업, 교육 및 주거 등 지역사회 재활과 사회 참여

11. 정신질환자에 대한 복지서비스의 연구·개발 및 평가에 관한 사항

12. 정신질환자에 대한 복지서비스 제공에 필요한 재원의 조달 및 운용에 관한 사항

13. 그 밖에 보건복지부장관 또는 시·도지사가 정신건강증진을 위하여 필요하다고 인정하는 사항

④ 보건복지부장관과 시·도지사는 국가계획 및 지역계획의 수립·시행에 필요한 자료의 제공 및 협조를 관계 행정기관, 정신건강증진시설 및 관련 기관·단체 등에 요청할 수 있다. 이 경우 요청받은 기관·시설·단체 등은 자료의 제공이 법령에 위반되거나 정상적인 업무수행에 뚜렷한 지장을 초래하는 등의 정당한 사유가 없으면 그 요청에 따라야 한다.

⑤ 국가계획 및 지역계획을 수립할 때에는「장애인복지법」제10조의2에 따른 장애인정책종합계획과 연계되도록 하여야 한다.

⑥ 보건복지부장관은 5년마다 정신질환자의 인권과 복지증진 추진사항에 관한 백서를 발간하여 공표하여야 한다.

⑦ 국가계획 및 지역계획의 수립 절차 등에 관하여 필요한 사항은 보건복지부령으로 정한다.

2. 실태조사(제10조)

① 보건복지부장관은 5년마다 다음 각 호의 사항에 관한 실태조사를 하여야 한다. 다만, 정신건강증진 정책을 수립하는 데 필요한 경우 수시로

실태조사를 할 수 있다.<개정 2019. 12. 3.>

1. 정신질환의 인구학적 분포, 유병률(有病率) 및 유병요인
2. 성별, 연령 등 인구학적 특성에 따른 정신질환의 치료 이력, 정신건강증진시설 이용 현황
3. 정신질환으로 인한 사회적·경제적 손실
4. 정신질환자의 취업·직업훈련·소득·주거·경제상태 및 정신질환자에 대한 복지서비스
5. 정신질환자 가족의 사회·경제적 상황
6. 그 밖에 정신건강증진에 필요한 사항으로서 보건복지부령으로 정하는 사항

② 제1항에 따른 실태조사(이하 "실태조사"라 한다)와 정신건강증진 관련 지도업무를 수행하기 위하여 시·도에 담당 공무원을 둘 수 있다.<개정 2019. 12. 3.>

③ 보건복지부장관은 실태조사를 하는 데 필요한 자료를 제공하도록 정신건강증진시설 및 대통령령으로 정하는 관련 기관·단체 등에 요청할 수 있다. 이 경우 요청받은 정신건강증진시설 및 관련 기관·단체 등은 자료의 제공이 법령에 위반되거나 정상적인 업무수행에 뚜렷한 지장을 초래하는 등의 정당한 사유가 없으면 그 요청에 따라야 한다.

④ 실태조사는 필요한 경우 「장애인복지법」 제31조에 따른 장애 실태조사와 함께 실시할 수 있다.

⑤ 실태조사를 실시하면 그 결과를 공표하여야 한다.<신설 2019. 12. 3.>

⑥ 실태조사의 시기, 방법, 절차 및 공표 등에 관하여 필요한 사항은 보건복지부령으로 정한다.<개정 2019. 12. 3.> [시행일: 2020. 6. 4.]

3. 정신건강문제의 조기발견(제11조)

① 보건복지부장관, 시·도지사 및 시장·군수·구청장은 정신질환의 원활한 치료와 만성화 방지를 위하여 정신건강복지센터, 정신건강증진시설 및 의료기관을 연계한 정신건강상 문제의 조기발견 체계를 구축하여야 한다.

② 보건복지부장관, 시·도지사 및 시장·군수·구청장은 생애주기 및 성별 정신건강상 문제의 조기발견·치료를 위한 교육·상담 등의 정신건강증진사업을 시행한다.

③ 제2항에 따른 생애주기 및 성별 정신건강상 문제의 조기발견·치료를 위한 정신건강증진사업의 범위, 대상 및 내용 등은 대통령령으로 정한다.

4. 학교 등에서의 정신건강증진사업 실시(제13조)

① 다음 각 호에 해당하는 기관·단체·학교의 장 및 사업장의 사용자는 구성원의 정신건강에 관한 교육·상담과 정신질환 치료와의 연계 등의 정신건강증진사업을 실시하도록 노력하여야 한다.

  1. 국가 및 지방자치단체의 기관 중 업무의 성질상 정신건강을 해칠 가능성이 높아 정신건강증진사업을 실시할 필요가 있는 기관으로서 대통령령으로 정하는 기관

  2. 「초·중등교육법」 및 「고등교육법」에 따른 학교 중 대통령령으로 정하는 학교

  3. 「근로기준법」에 따른 근로자 300명 이상을 사용하는 사업장

  4. 그 밖에 업무의 성질이나 근무자 수 등을 고려하여 정신건강증진사업을 실시할 필요가 있는 기관·단체로서 대통령령으로 정하는 기관·단체

② 보건복지부장관은 제1항에 따른 정신건강증진사업의 효율적인 시행을 위하여 그 구체적 내용 및 방법 등에 관한 지침 시행, 정보 제공, 그 밖의 필요한 사항의 권고를 할 수 있다.

③ 보건복지부장관은 제1항 각 호의 기관·단체·학교 및 사업장 중 구성원의 정신건강 증진을 위하여 적극적으로 노력한 기관 등을 선정·공표할 수 있으며, 해당 기관·단체·학교 및 사업장에 대하여 지원을 할 수 있다.

5. 정신건강복지센터의 설치 및 운영(제15조)

① 보건복지부장관은 필요한 지역에서의 제12조 제1항에 따른 소관 정신건

강증진사업등의 제공 및 연계 사업을 전문적으로 수행기 위하여 정신건강복지센터를 설치·운영할 수 있다.

② 시·도지사는 관할 구역에서의 제12조 제2항에 따른 소관 정신건강증진사업등의 제공 및 연계 사업을 전문적으로 수행하기 위하여 광역정신건강복지센터를 설치·운영할 수 있다.

③ 시장·군수·구청장은 관할 구역에서의 제12조 제3항에 따른 소관 정신건강증진사업등의 제공 및 연계 사업을 전문적으로 수행하기 위하여 「지역보건법」에 따른 보건소(이하 "보건소"라 한다)에 기초정신건강복지센터를 설치·운영할 수 있다.

④ 정신건강복지센터의 장은 정신건강증진사업등의 제공 및 연계사업을 수행하기 위하여 정신질환자를 관리하는 경우에 정신질환자 본인이나 제39조에 따른 보호의무자(이하 "보호의무자"라 한다)의 동의를 받아야 한다.

⑤ 보건복지부장관은 제2항 및 제3항에 따른 정신건강복지센터의 설치·운영에 필요한 비용의 일부를 부담한다.

⑥ 보건복지부장관은 대통령령으로 정하는 바에 따라, 시·도지사 및 시장·군수·구청장은 조례나 규칙으로 정하는 바에 따라 소관 정신건강증진사업등을 정신건강에 관한 전문성이 있는 기관·단체에 위탁하여 수행할 수 있다.

⑦ 시·도지사는 소관 광역정신건강복지센터의 운영 현황 및 정신건강증진사업등의 추진 내용을, 시장·군수·구청장은 관할 시·도지사를 통하여 소관 기초정신건강복지센터의 운영 현황 및 정신건강증진사업등의 추진 내용을 각각 반기별로 보건복지부장관에게 보고하여야 한다.

⑧ 보건복지부장관, 시·도지사 및 시장·군수·구청장은 수시로 신고를 받을 수 있는 정신건강상담용 긴급전화를 설치·운영하여야 한다.<신설 2019. 4. 23.>

⑨ 제1항부터 제7항까지에서 규정한 사항 외에 정신건강복지센터의 설치·운영에 필요한 사항 및 제8항에 따른 긴급전화의 설치·운영에 필요한 사항은 대통령령으로 정한다.<개정 2019. 4. 23.>

동법 제15조의2(국가트라우마센터의 설치 · 운영)

① 보건복지부장관은 재난이나 그 밖의 사고로 정신적 충격을 받은 트라우마 환자의 심리적 안정과 사회 적응을 지원(이하 이 조에서 "심리지원"이라 한다)하기 위하여 국가트라우마센터를 설치 · 운영할 수 있다.

② 국가트라우마센터는 다음 각 호의 업무를 수행한다.

  1. 심리지원을 위한 지침의 개발 · 보급

  2. 트라우마 환자에 대한 심리상담, 심리치료

  3. 트라우마에 관한 조사 · 연구

  4. 심리지원 관련 기관 간 협력체계의 구축

  5. 그 밖에 심리지원을 위하여 보건복지부장관이 정하는 업무

③ 보건복지부장관은 대통령령으로 정하는 바에 따라 국가트라우마센터의 설치 · 운영을 그 업무에 필요한 전문인력과 시설을 갖춘 기관에 위임 또는 위탁할 수 있다.

④ 제1항부터 제3항까지에서 규정한 사항 외에 국가트라우마센터의 설치 · 운영에 필요한 사항은 대통령령으로 정한다. [본조신설 2018. 6. 12.]

동법 제15조의3(중독관리통합지원센터의 설치 및 운영)

① 보건복지부장관 또는 지방자치단체의 장은 알코올, 마약, 도박, 인터넷 등의 중독 문제와 관련한 종합적인 지원사업을 수행하기 위하여 중독관리통합지원센터를 설치 · 운영할 수 있다.

② 제1항에 따른 중독관리통합지원센터(이하 "중독관리통합지원센터"라 한다)는 다음 각 호의 사업을 수행한다.

  1. 지역사회 내 중독자의 조기발견 체계 구축

  2. 중독자 대상 상담, 치료, 재활 및 사회복귀 지원사업

  3. 중독폐해 예방 및 교육사업

  4. 중독자 가족에 대한 지원사업

  5. 그 밖에 중독 문제의 해소를 위하여 필요한 사업

③ 보건복지부장관은 제1항에 따른 지방자치단체의 중독관리통합지원센터 설치 · 운영에 필요한 비용의 전부 또는 일부를 부담할 수 있다.

④ 보건복지부장관 또는 지방자치단체의 장은 중독관리통합지원센터의 설치 · 운영을 그 업무에 관한 전문성이 있는 기관 · 단체에 위탁할 수 있다.

⑤ 중독관리통합지원센터의 설치 · 운영 및 위탁 등에 필요한 사항은 보건복지부령으로 정한다. [본조신설 2018. 12. 11.]

6. 정신건강전문요원의 자격 등(제17조)

① 보건복지부장관은 정신건강 분야에 관한 전문지식과 기술을 갖추고 보건복지부령으로 정하는 수련기관에서 수련을 받은 사람에게 정신건강전문요원의 자격을 줄 수 있다.

② 제1항에 따른 정신건강전문요원(이하 "정신건강전문요원"이라 한다)은 그 전문분야에 따라 정신건강임상심리사, 정신건강간호사 및 정신건강사회복지사로 구분한다.

③ 보건복지부장관은 정신건강전문요원의 자질을 향상시키기 위하여 보수교육을 실시할 수 있다.

④ 보건복지부장관은 제3항에 따른 보수교육을 국립정신병원, 「고등교육법」제2조에 따른 학교 또는 대통령령으로 정하는 전문기관에 위탁할 수 있다.

⑤ 정신건강전문요원은 다른 사람에게 자기의 명의를 사용하여 정신건강전문요원의 업무를 수행하게 하거나 정신건강전문요원 자격증을 빌려주어서는 아니 된다.<신설 2019. 4. 23.>

⑥ 누구든지 정신건강전문요원 자격을 취득하지 아니하고 그 명의를 사용하거나 자격증을 대여받아서는 아니 되며, 명의의 사용이나 자격증의 대여를 알선하여서도 아니 된다.<신설 2019. 4. 23.>

⑦ 보건복지부장관은 정신건강전문요원이 다음 각 호의 어느 하나에 해당하는 경우에는 그 자격을 취소하거나 6개월 이내의 기간을 정하여 자격의 정지를 명할 수 있다. 다만, 제1호 또는 제2호에 해당하면 그 자격을 취소하여야 한다.<개정 2019. 4. 23.>

   1. 자격을 받은 후 제18조 각 호의 어느 하나에 해당하게 된 경우
   2. 거짓이나 그 밖의 부정한 방법으로 자격을 받은 경우
   3. 제5항을 위반하여 다른 사람에게 자기의 명의를 사용하여 정신건강전문요원의 업무를 수행하게 하거나 정신건강전문요원 자격증을 빌려준 경우
   4. 고의 또는 중대한 과실로 제8항에 따라 대통령령으로 정하는 업무의 수행에 중대한 지장이 발생하게 된 경우

⑧ 제1항부터 제3항까지의 규정에 따른 정신건강전문요원 업무의 범위, 자격 · 등급에 관하여 필요한 사항은 대통령령으로 정하고, 수련과정 및 보수교육과 정신건강전문요원에 대한 자격증의 발급 등에 관하여 필요한 사항은 보건복지부령으로 정한다.<개정 2019. 4. 23.>

▼ V. 정신건강증진시설의 개설 · 설치 및 운영 등

1. 정신의료기관의 개설 · 운영 등(제19조)

① 정신의료기관의 개설은 「의료법」에 따른다. 이 경우 「의료법」 제36조에도 불구하고 정신의료기관의 시설 · 장비의 기준과 의료인 등 종사자의 수 · 자격에 관하여 필요한 사항은 정신의료기관의 규모 등을 고려하여 보건복지부령으로 따로 정한다.

② 다음 각 호의 어느 하나에 해당하는 행위로 금고 이상의 형을 선고받고 그 형의 집행이 끝나거나 집행을 받지 아니하기로 확정된 후 5년이 지나지 아니한 사람 또는 그 사람이 대표자로 있는 법인은 정신의료기관을 개설하거나 설치할 수 없다.

1. 제41조 제2항, 제42조 제2항 본문, 제43조 제7항 · 제9항 본문, 제47조 제4항 또는 제62조 제1항 후단을 위반하여 정신질환자를 퇴원이나 임시 퇴원을 시키지 아니한 행위

2. 제68조 제1항을 위반하여 정신건강의학과전문의의 대면(對面) 진단에 의하지 아니하고 정신질환자를 정신의료기관에 입원을 시키거나 입원의 기간을 연장한 행위

③ 보건복지부장관은 정신질환자에 대한 지역별 병상 수급 현황 등을 고려하여 정신의료기관이 다음 각 호의 어느 하나에 해당하는 경우에 그 정신의료기관의 규모를 제한할 수 있다.

1. 300병상 이상의 정신의료기관을 개설하려는 경우

2. 정신의료기관의 병상 수를 300병상 미만에서 기존의 병상 수를 포함하여 300병상 이상으로 증설하려는 경우

3. 300병상 이상의 정신의료기관을 운영하는 자가 병상 수를 증설하려는 경우

④ 시·도지사 또는 시장·군수·구청장은 정신의료기관이 다음 각 호의 어느 하나에 해당하는 경우에는 1년의 범위에서 기간을 정하여 시정명령을 할 수 있다.

  1. 제1항 후단에 따른 정신의료기관의 시설·장비의 기준과 의료인 등 종사자의 수·자격에 미달하게 된 경우

  2. 제41조 제2항, 제42조 제2항 본문, 제43조 제7항·제9항 본문, 제47조 제4항 또는 제62조 제1항 후단을 위반하여 정신질환자를 퇴원이나 임시 퇴원을 시키지 아니한 경우

  3. 제59조 제1항 제1호부터 제6호까지(제61조 제2항에서 준용하는 경우를 포함한다) 또는 제66조 제4항에 따른 명령에 따르지 아니한 경우

  4. 정당한 사유 없이 제66조 제1항에 따른 보고를 하지 아니하거나 거짓으로 보고를 하는 경우, 관계 서류를 제출하지 아니하거나 거짓의 서류를 제출하는 경우 또는 관계 공무원의 검사를 거부·방해 또는 기피하는 경우나 같은 조 제2항에 따른 관계 공무원과 정신건강심의위원회 위원의 심사를 거부·방해 또는 기피한 경우

  5. 제68조 제1항을 위반하여 정신건강의학과전문의의 대면 진단에 의하지 아니하고 정신질환자를 입원시키거나 입원 기간을 연장한 경우

⑤ 시·도지사 또는 시장·군수·구청장은 정신의료기관이 제4항의 시정명령에 따르지 아니한 경우 보건복지부령으로 정하는 바에 따라 1년의 범위에서 사업의 정지를 명령하거나 개설허가의 취소 또는 시설의 폐쇄를 명령할 수 있다.

⑥ 제4항 및 제5항에 따른 행정처분의 세부적인 기준은 그 위반행위의 유형과 위반의 정도 등을 고려하여 보건복지부령으로 정한다.

⑦ 정신의료기관에 관하여는 이 법에서 규정한 것을 제외하고는 「의료법」에 따른다.

2. 국 · 공립정신병원의 설치 등(제21조)

① 국가와 지방자치단체는 국립 또는 공립의 정신의료기관으로서 정신병원을 설치 · 운영하여야 한다.

② 국가와 지방자치단체가 정신병원을 설치하는 경우 그 병원이 지역적으로 균형 있게 분포되도록 하여야 하며, 정신질환자가 지역사회 중심으로 관리되도록 하여야 한다.

③ 제1항에 따른 정신병원은 제12조 제1항부터 제3항까지에 따른 정신건강증진사업을 수행하고 정신건강증진사업 인력에 대한 교육 · 훈련을 담당한다.

3. 정신요양시설의 설치 · 운영(제22조)

① 국가와 지방자치단체는 정신요양시설을 설치 · 운영할 수 있다.

② 「사회복지사업법」에 따른 사회복지법인(이하 "사회복지법인"이라 한다)과 그 밖의 비영리법인이 정신요양시설을 설치 · 운영하려는 경우에는 해당 정신요양시설 소재지 관할 특별자치시장 · 특별자치도지사 · 시장 · 군수 · 구청장의 허가를 받아야 한다.

③ 다음 각 호의 어느 하나에 해당하는 행위로 금고 이상의 형을 선고받고 그 형의 집행이 끝나거나 집행을 받지 아니하기로 확정된 후 5년이 지나지 아니한 사람 또는 그 사람이 대표자로 있는 법인은 정신요양시설을 설치할 수 없다.

  1. 제41조 제2항, 제42조 제2항 본문, 제43조 제7항 · 제9항 본문, 제47조 제4항을 위반하여 정신질환자를 퇴소나 임시 퇴소를 시키지 아니한 행위

  2. 제68조 제1항을 위반하여 정신건강의학과전문의의 대면 진단에 의하지 아니하고 정신질환자를 정신요양시설에 입소시키거나 입소의 기간을 연장한 행위

④ 제2항에 따라 허가를 받은 자가 허가받은 사항을 변경하려는 경우에는 특별자치시장 · 특별자치도지사 · 시장 · 군수 · 구청장에게 신고하여야 한

다. 다만, 입소 정원을 변경하려는 경우에는 변경허가를 받아야 한다.

⑤ 특별자치시장·특별자치도지사·시장·군수·구청장은 제4항 본문에 따른 신고를 받은 경우 그 내용을 검토하여 이 법에 적합하면 신고를 수리하여야 한다.<신설 2019. 1. 15.>

⑥ 보건복지부장관, 시·도지사 및 시장·군수·구청장은 정신요양시설의 장에게 정신질환자의 요양생활에 지장이 없는 범위에서 지역주민·사회단체·언론사 등이 정신요양시설의 운영상황을 파악할 수 있도록 그 시설의 개방을 요구할 수 있다. 이 경우 정신요양시설의 장은 정당한 사유가 없으면 그 요구에 따라야 한다.<개정 2019. 1. 15.>

⑦ 정신요양시설의 설치기준·수용인원, 종사자의 수·자격 및 정신요양시설의 이용·운영에 필요한 사항은 보건복지부령으로 정한다.<개정 2019. 1. 15.>

4. 정신요양시설의 폐지·휴지·재개 신고(제24조)

정신요양시설을 설치·운영하는 자가 그 시설을 폐지·휴지(休止)하거나 재개(再開)하려는 경우에는 보건복지부령으로 정하는 바에 따라 미리 특별자치시장·특별자치도지사·시장·군수·구청장에게 신고하여야 한다. 이 경우 특별자치시장·특별자치도지사·시장·군수·구청장은 그 내용을 검토하여 이 법에 적합하면 신고를 수리하여야 한다.<개정 2019. 1. 15.>

5. 정신요양시설 사업의 정지, 설치허가 취소 등(제25조)

① 특별자치시장·특별자치도지사·시장·군수·구청장은 정신요양시설이 다음 각 호의 어느 하나에 해당하는 경우에는 1년의 범위에서 기간을 정하여 시정명령을 할 수 있다.<개정 2019. 1. 15.>

　1. 제22조 제4항을 위반하여 신고하지 아니하거나 변경허가를 받지 아니한 경우

　2. 제22조 제7항에 따른 설치기준, 수용인원, 종사자의 수·자격 또는 이용·운영에 관한 사항을 위반한 경우

3. 제41조 제2항, 제42조 제2항 본문, 제43조 제7항·제9항 본문, 제47조 제4항을 위반하여 정신질환자를 퇴소 또는 임시 퇴소를 시키지 아니한 경우

   4. 제59조 제1항 제1호부터 제6호까지(제61조 제2항에서 준용하는 경우를 포함한다) 또는 제66조 제4항에 따른 명령에 따르지 아니한 경우

   5. 정당한 사유 없이 제66조 제1항에 따른 보고를 하지 아니하거나 거짓으로 보고를 하는 경우, 관계 서류를 제출하지 아니하거나 거짓의 서류를 제출하는 경우 또는 관계 공무원의 검사를 거부·방해 또는 기피하는 경우나 같은 조 제2항에 따른 관계 공무원과 정신건강심의위원회 위원의 심사를 거부·방해 또는 기피한 경우

   6. 제68조 제1항을 위반하여 정신건강의학과전문의의 대면 진단에 의하지 아니하고 정신질환자를 입소시키거나 입소 기간을 연장한 경우

② 특별자치시장·특별자치도지사·시장·군수·구청장은 정신요양시설이 제1항의 시정명령에 따르지 아니한 경우에는 보건복지부령으로 정하는 바에 따라 1개월의 범위에서의 사업의 정지 또는 정신요양시설의 장의 교체를 명령하거나 설치허가를 취소할 수 있다.

③ 특별자치시장·특별자치도지사·시장·군수·구청장은 정신요양시설을 설치·운영하는 사회복지법인 또는 비영리법인의 설립허가가 취소되거나 법인이 해산된 경우에는 설치허가를 취소하여야 한다.

④ 제1항 및 제2항에 따른 행정처분의 세부적인 기준은 그 위반행위의 유형과 위반의 정도 등을 고려하여 보건복지부령으로 정한다.

⑤ 정신요양시설에 관하여는 이 법에서 규정한 것을 제외하고는 「사회복지사업법」에 따른다.

6. 정신재활시설의 설치·운영(제26조)

① 국가 또는 지방자치단체는 정신재활시설을 설치·운영할 수 있다.

② 국가나 지방자치단체 외의 자가 정신재활시설을 설치·운영하려면 해당 정신재활시설 소재지 관할 특별자치시장·특별자치도지사·시장·군수·구청장에게 신고하여야 한다. 신고한 사항 중 보건복지부령으로 정하는

중요한 사항을 변경할 때에도 신고하여야 한다.

③ 특별자치시장·특별자치도지사·시장·군수·구청장은 제2항에 따른 신고를 받은 경우 그 내용을 검토하여 이 법에 적합하면 신고를 수리하여야 한다.<신설 2019. 1. 15.>

④ 정신재활시설의 시설기준, 수용인원, 종사자 수·자격, 설치·운영신고, 변경신고 및 정신재활시설의 이용·운영에 필요한 사항은 보건복지부령으로 정한다.<개정 2019. 1. 15.>

⑤ 국가 또는 지방자치단체는 필요한 경우 정신재활시설을 사회복지법인 또는 비영리법인에 위탁하여 운영할 수 있다.<개정 2019. 1. 15.>

⑥ 제4항에 따른 위탁운영의 기준·기간 및 방법 등에 관하여 필요한 사항은 보건복지부령으로 정한다.<개정 2019. 1. 15.>

동법 제27조(정신재활시설의 종류)
① 정신재활시설의 종류는 다음 각 호와 같다.
　1. 생활시설: 정신질환자등이 생활할 수 있도록 주로 의식주 서비스를 제공하는 시설
　2. 재활훈련시설: 정신질환자등이 지역사회에서 직업활동과 사회생활을 할 수 있도록 주로 상담·교육·취업·여가·문화·사회참여 등 각종 재활활동을 지원하는 시설
　3. 그 밖에 대통령령으로 정하는 시설
② 제1항 각 호에 따른 정신재활시설의 구체적인 종류와 사업 등에 관하여 필요한 사항은 보건복지부령으로 정한다.

동법 제28조(정신재활시설의 폐지·휴지·재개신고)
제26조 제2항에 따라 정신재활시설을 설치·운영하는 자가 그 시설을 폐지·휴지하거나 재개하려면 보건복지부령으로 정하는 바에 따라 미리 특별자치시장·특별자치도지사·시장·군수·구청장에게 신고하여야 한다. 이 경우 특별자치시장·특별자치도지사·시장·군수·구청장은 그 내용을 검토하여 이 법에 적합하면 신고를 수리하여야 한다.<개정 2019. 1. 15.>

---

1. 보호의무자(제39조)

① 「민법」에 따른 후견인 또는 부양의무자는 정신질환자의 보호의무자가 된다. 다만, 다음 각 호의 어느 하나에 해당하는 사람은 보호의무자가 될 수 없다.

  1. 피성년후견인 및 피한정후견인
  2. 파산선고를 받고 복권되지 아니한 사람
  3. 해당 정신질환자를 상대로 한 소송이 계속 중인 사람 또는 소송한 사실이 있었던 사람과 그 배우자
  4. 미성년자
  5. 행방불명자
6. 그 밖에 보건복지부령으로 정하는 부득이한 사유로 보호의무자로서의 의무를 이행할 수 없는 사람

② 제1항에 따른 보호의무자 사이의 보호의무의 순위는 후견인·부양의무자의 순위에 따르며 부양의무자가 2명 이상인 경우에는 「민법」 제976조에 따른다.

동법 제40조(보호의무자의 의무)
① 보호의무자는 보호하고 있는 정신질환자가 적절한 치료 및 요양과 사회적응 훈련을 받을 수 있도록 노력하여야 한다.
② 보호의무자는 보호하고 있는 정신질환자가 정신의료기관 또는 정신요양시설(이하 "정신의료기관등"이라 한다)에 입원등을 할 필요가 있는 경우에는 정신질환자 본인의 의사를 최대한 존중하여야 하며, 정신건강의학과전문의가 정신의료기관등에서 정신질환자의 퇴원등이 가능하다고 진단할 경우에는 퇴원등에 적극 협조하여야 한다.
③ 보호의무자는 보호하고 있는 정신질환자가 자신이나 다른 사람을 해치지 아니하도록 유의하여야 하며, 정신질환자의 재산상의 이익 등 권리보호를 위하여 노력하여야 한다.
④ 보호의무자는 보호하고 있는 정신질환자를 유기하여서는 아니 된다.

2. 입원(제39조)

① 「민법」에 따른 후견인 또는 부양의무자는 정신질환자의 보호의무자가 된다. 다만, 다음 각 호의 어느 하나에 해당하는 사람은 보호의무자가 될 수 없다.

(1) 자의입원 등(제41조)

① 정신질환자나 그 밖에 정신건강상 문제가 있는 사람은 보건복지부령으로 정하는 입원등 신청서를 정신의료기관등의 장에게 제출함으로써 그 정신의료기관등에 자의입원등을 할 수 있다.

② 정신의료기관등의 장은 자의입원등을 한 사람이 퇴원등을 신청한 경우에는 지체 없이 퇴원등을 시켜야 한다.

③ 정신의료기관등의 장은 자의입원등을 한 사람에 대하여 입원등을 한 날부터 2개월마다 퇴원등을 할 의사가 있는지를 확인하여야 한다.

(2) 동의입원 등(제42조)

① 정신질환자는 보호의무자의 동의를 받아 보건복지부령으로 정하는 입원등 신청서를 정신의료기관등의 장에게 제출함으로써 그 정신의료기관등에 입원등을 할 수 있다.

② 정신의료기관등의 장은 제1항에 따라 입원등을 한 정신질환자가 퇴원등을 신청한 경우에는 지체 없이 퇴원등을 시켜야 한다. 다만, 정신질환자가 보호의무자의 동의를 받지 아니하고 퇴원등을 신청한 경우에는 정신건강의학과전문의 진단 결과 환자의 치료와 보호 필요성이 있다고 인정되는 경우에 한정하여 정신의료기관등의 장은 퇴원등의 신청을 받은 때부터 72시간까지 퇴원등을 거부할 수 있고, 퇴원등을 거부하는 기간 동안 제43조 또는 제44조에 따른 입원등으로 전환할 수 있다.

③ 정신의료기관등의 장은 제2항 단서에 따라 퇴원등을 거부하는 경우에는 지체 없이 환자 및 보호의무자에게 그 거부 사유 및 제55조에 따라 퇴원등의 심사를 청구할 수 있음을 서면 또는 전자문서로 통지하여야 한다.

④ 정신의료기관등의 장은 제1항에 따라 입원등을 한 정신질환자에 대하여 입원등을 한 날부터 2개월마다 퇴원등을 할 의사가 있는지를 확인하여야 한다.

(3) 보호의무자에 의한 입원 등(제43조)

① 정신의료기관등의 장은 정신질환자의 보호의무자 2명 이상(보호의무자 간 입원등에 관하여 다툼이 있는 경우에는 제39조 제2항의 순위에 따른 선순위자 2명 이상을 말하며, 보호의무자가 1명만 있는 경우에는 1명으로 한다)이 신청한 경우로서 정신건강의학과전문의가 입원등이 필요하다고 진단한 경우에만 해당 정신질환자를 입원등을 시킬 수 있다. 이 경우 정신의료기관등의 장은 입원등을 할 때 보호의무자로부터 보건복지부령으로 정하는 바에 따라 입원등 신청서와 보호의무자임을 확인할 수 있는 서류를 받아야 한다.

② 제1항 전단에 따른 정신건강의학과전문의의 입원등 필요성에 관한 진단은 해당 정신질환자가 다음 각 호의 모두에 해당하는 경우 그 각각에 관한 진단을 적은 입원등 권고서를 제1항에 따른 입원등 신청서에 첨부하는 방법으로 하여야 한다.

 1. 정신질환자가 정신의료기관등에서 입원치료 또는 요양을 받을 만한 정도 또는 성질의 정신질환을 앓고 있는 경우
 2. 정신질환자 자신의 건강 또는 안전이나 다른 사람에게 해를 끼칠 위험(보건복지부령으로 정하는 기준에 해당하는 위험을 말한다. 이하 같다)이 있어 입원등을 할 필요가 있는 경우

③ 정신의료기관등의 장은 정신건강의학과전문의 진단 결과 정신질환자가 제2항 각 호에 모두 해당하여 입원등이 필요하다고 진단한 경우 그 증상의 정확한 진단을 위하여 2주의 범위에서 기간을 정하여 입원하게 할 수 있다.

④ 정신의료기관등의 장은 제3항에 따른 진단 결과 해당 정신질환자에 대하여 계속 입원등이 필요하다는 서로 다른 정신의료기관등에 소속된 2명 이상의 정신건강의학과전문의(제21조 또는 제22조에 따른 국립·공립의 정신

의료기관등 또는 보건복지부장관이 지정하는 정신의료기관등에 소속된 정신건강
의학과전문의가 1명 이상 포함되어야 한다)의 일치된 소견이 있는 경우에만
해당 정신질환자에 대하여 치료를 위한 입원등을 하게 할 수 있다.

⑤ 제4항에 따른 입원등의 기간은 최초로 입원등을 한 날부터 3개월 이내
로 한다. 다만, 다음 각 호의 구분에 따라 입원등의 기간을 연장할 수
있다.

  1. 3개월 이후의 1차 입원등 기간 연장: 3개월 이내
  2. 제1호에 따른 1차 입원등 기간 연장 이후의 입원등 기간 연장: 매
    입원등 기간 연장 시마다 6개월 이내

⑥ 정신의료기관등의 장은 다음 각 호의 모두에 해당하는 경우에만 제5항
각 호에 따른 입원등 기간의 연장을 할 수 있다. 이 경우 정신의료기관
등의 장은 입원등 기간을 연장할 때마다 관할 특별자치시장·특별자치
도지사·시장·군수·구청장에게 대통령령으로 정하는 기간 이내에 그
연장에 대한 심사를 청구하여야 한다.

  1. 서로 다른 정신의료기관등에 소속된 2명 이상의 정신건강의학과전
    문의(제21조 또는 제22조에 따른 국립·공립의 정신의료기관등 또는 보건
    복지부장관이 지정하는 정신의료기관등에 소속된 정신건강의학과전문의가
    1명 이상 포함되어야 한다)가 입원등 기간을 연장하여 치료할 필요가
    있다고 일치된 진단을 하는 경우
  2. 제1항에 따른 보호의무자(이하 "신청 보호의무자"라 한다) 2명 이상(제
    1항에 따른 입원등 신청 시 신청 보호의무자가 1명만 있었던 경우에는 1명
    으로 한다)이 제5항에 따른 입원등의 기간 연장에 대한 동의서를 제
    출한 경우

⑦ 정신의료기관등의 장은 제6항에 따른 입원등 기간 연장의 심사 청구에
대하여 특별자치시장·특별자치도지사·시장·군수·구청장으로부터 제
59조(제61조 제2항에서 준용하는 경우를 포함한다)에 따라 퇴원등 또는 임
시 퇴원등(일시적으로 퇴원등을 시킨 후 일정 기간이 지난 후 다시 입원등 여
부를 결정하는 조치를 말한다. 이하 같다) 명령의 통지를 받은 경우에는 해
당 정신질환자를 지체 없이 퇴원등 또는 임시 퇴원등을 시켜야 한다.

⑧ 정신의료기관등의 장은 제1항이나 제3항부터 제5항까지의 규정에 따라

입원등을 시키거나 입원등의 기간을 연장하였을 때에는 지체 없이 입원등을 한 사람 및 보호의무자에게 그 사실 및 사유를 서면으로 통지하여야 한다.

⑨ 정신의료기관등의 장은 입원등을 한 사람 또는 보호의무자가 퇴원등을 신청한 경우에는 지체 없이 그 사람을 퇴원등을 시켜야 한다. 다만, 정신의료기관등의 장은 그 입원등을 한 사람이 제2항 각 호에 모두 해당하는 경우에는 퇴원등을 거부할 수 있다.

⑩ 정신의료기관등의 장은 제9항 본문에 따라 입원등을 한 사람을 퇴원등을 시켰을 때에는 지체 없이 보호의무자에게 그 사실을 서면으로 통지하여야 하고, 제9항 단서에 따라 퇴원등을 거부하는 경우에는 지체 없이 정신질환자 본인과 퇴원등을 신청한 보호의무자에게 그 거부사실 및 사유와 제55조에 따라 퇴원등의 심사를 청구할 수 있다는 사실 및 그 청구 절차를 서면으로 통지하여야 한다.

⑪ 제4항 및 제6항 제1호에 따른 서로 다른 정신의료기관등에 소속된 2명 이상의 정신건강의학과전문의의 진단은 해당 지역의 정신의료기관등 또는 정신건강의학과전문의가 부족한 사정이 있는 경우에는 보건복지부령으로 정하는 바에 따라 구체적인 시행방안을 달리 정하여 진단하도록 할 수 있다.

(4) 특별자치시장 · 특별자치도지사 · 시장 · 군수 · 구청장에 의한 입원(제44조)

① 정신건강의학과전문의 또는 정신건강전문요원은 정신질환으로 자신의 건강 또는 안전이나 다른 사람에게 해를 끼칠 위험이 있다고 의심되는 사람을 발견하였을 때에는 특별자치시장 · 특별자치도지사 · 시장 · 군수 · 구청장에게 대통령령으로 정하는 바에 따라 그 사람에 대한 진단과 보호를 신청할 수 있다.

② 경찰관(「국가공무원법」 제2조 제2항 제2호에 따른 경찰공무원과 「지방공무원법」 제2조 제2항 제2호에 따른 자치경찰공무원을 말한다. 이하 같다)은 정신질환으로 자신의 건강 또는 안전이나 다른 사람에게 해를 끼칠 위험이 있

다고 의심되는 사람을 발견한 경우 정신건강의학과전문의 또는 정신건강전문요원에게 그 사람에 대한 진단과 보호의 신청을 요청할 수 있다.

③ 제1항에 따라 신청을 받은 특별자치시장·특별자치도지사·시장·군수·구청장은 즉시 그 정신질환자로 의심되는 사람에 대한 진단을 정신건강의학과전문의에게 의뢰하여야 한다.

④ 정신건강의학과전문의가 제3항의 정신질환자로 의심되는 사람에 대하여 자신의 건강 또는 안전이나 다른 사람에게 해를 끼칠 위험이 있어 그 증상의 정확한 진단이 필요하다고 인정한 경우에 특별자치시장·특별자치도지사·시장·군수·구청장은 그 사람을 보건복지부장관이나 지방자치단체의 장이 지정한 정신의료기관(이하 "지정정신의료기관"이라 한다)에 2주의 범위에서 기간을 정하여 입원하게 할 수 있다.

⑤ 특별자치시장·특별자치도지사·시장·군수·구청장은 제4항에 따른 입원을 시켰을 때에는 그 사람의 보호의무자 또는 보호를 하고 있는 사람에게 지체 없이 입원 사유·기간 및 장소를 서면으로 통지하여야 한다.

⑥ 제4항에 따라 정신질환자로 의심되는 사람을 입원시킨 정신의료기관의 장은 지체 없이 2명 이상의 정신건강의학과전문의에게 그 사람의 증상을 진단하게 하고 그 결과를 특별자치시장·특별자치도지사·시장·군수·구청장에게 서면으로 통지하여야 한다.

⑦ 특별자치시장·특별자치도지사·시장·군수·구청장은 제6항에 따른 진단 결과 그 정신질환자가 계속 입원할 필요가 있다는 2명 이상의 정신건강의학과전문의의 일치된 소견이 있는 경우에만 그 정신질환자에 대하여 지정정신의료기관에 치료를 위한 입원을 의뢰할 수 있다.

⑧ 특별자치시장·특별자치도지사·시장·군수·구청장은 제7항에 따른 입원 의뢰를 한 때에는 보건복지부령으로 정하는 바에 따라 그 정신질환자와 보호의무자 또는 보호를 하고 있는 사람에게 계속하여 입원이 필요한 사유 및 기간, 제55조에 따라 퇴원등 또는 처우개선의 심사를 청구할 수 있다는 사실 및 그 청구 절차를 지체 없이 서면으로 통지하여야 한다.

⑨ 특별자치시장·특별자치도지사·시장·군수·구청장은 제3항과 제4항에 따라 정신질환자로 의심되는 사람을 진단하거나 입원을 시키는 과정에

서 그 사람이 자신의 건강 또는 안전이나 다른 사람에게 해를 끼칠 위험한 행동을 할 때에는 「119구조·구급에 관한 법률」 제2조에 따른 119구급대의 구급대원(이하 "구급대원"이라 한다)에게 호송을 위한 도움을 요청할 수 있다.

⑩ 지정정신의료기관의 지정기준, 지정취소 및 지정취소 기준, 지정 및 지정취소 절차 등에 관하여 필요한 사항은 보건복지부령으로 정한다.

(5) 입원적합성심사위원회의 심사 및 심사결과 통지 등(제47조)

① 입원적합성심사위원회의 위원장은 제45조 제2항에 따라 신고된 입원등을 입원심사소위원회에 회부하여야 하고, 입원등을 한 사람이 피후견인인 경우에는 관할 가정법원에 입원 사실 등을 통지하여야 한다.

② 입원심사소위원회는 제1항에 따라 회부된 입원등의 적합 또는 부적합 여부를 심사하여 그 심사결과를 입원적합성심사위원회의 위원장에게 보고하여야 한다.

③ 입원적합성심사위원회의 위원장은 최초로 입원등을 한 날부터 1개월 이내에 정신의료기관등의 장에게 입원등의 적합 또는 부적합 여부를 서면으로 통지하여야 한다. 이 경우 통지의 방법과 절차 등에 필요한 사항은 보건복지부령으로 정한다.

④ 정신의료기관등의 장은 제3항에 따라 입원등의 부적합 통지를 받은 경우에는 해당 입원등을 한 사람을 지체 없이 퇴원등을 시켜야 한다.

⑤ 제1항 및 제2항에 따른 입원심사소위원회의 개최·심사·보고 등에 필요한 사항은 대통령령으로 정한다.

(6) 입원적합성의 조사(제48조)

① 입원적합성심사위원회의 위원장은 제47조 제1항에 따라 입원심사소위원회에 회부하기 전에 입원등을 한 사람이 대면조사를 신청하거나 입원등의 적합성이 의심되는 등 대통령령으로 정하는 사유가 있는 경우에는 직권으로 그 국립정신병원등의 소속 직원(이하 "조사원"이라 한다)에게 해

당 정신의료기관등을 출입하여 입원등을 한 사람을 직접 면담하고 입원
등의 적합성, 퇴원등의 필요성 여부를 조사하게 할 수 있다.

② 제1항에 따라 조사를 수행하는 조사원은 해당 정신의료기관등의 장에게
다음 각 호의 사항을 요구할 수 있다. 이 경우 정신의료기관등의 장은
대통령령으로 정하는 특별한 사정이 없으면 이에 협조하여야 한다.

　　1. 정신의료기관등에 입원등을 한 사람 및 정신의료기관등의 종사자와
　　　의 면담

　　2. 정신의료기관등에 입원등을 한 사람의 진료기록 및 입원등의 기록
　　　의 제출

　　3. 정신의료기관등에의 출입 및 현장확인

　　4. 그 밖에 입원등 적합성을 확인하기 위하여 필요한 사항으로서 대통
　　　령령으로 정하는 사항

③ 제1항 및 제2항에 따라 조사를 수행하는 조사원은 권한을 나타내는 증
표를 지니고 이를 조사대상자에게 보여주어야 한다.

④ 제1항 및 제2항에 따른 조사원의 자격, 정신의료기관등에의 출입, 면담
등 조사 방법 및 절차 등에 필요한 사항은 대통령령으로 정한다.

3. 응급입원(제50조)

① 정신질환자로 추정되는 사람으로서 자신의 건강 또는 안전이나 다른 사
람에게 해를 끼칠 위험이 큰 사람을 발견한 사람은 그 상황이 매우 급
박하여 제41조부터 제44조까지의 규정에 따른 입원등을 시킬 시간적 여
유가 없을 때에는 의사와 경찰관의 동의를 받아 정신의료기관에 그 사
람에 대한 응급입원을 의뢰할 수 있다.

② 제1항에 따라 입원을 의뢰할 때에는 이에 동의한 경찰관 또는 구급대원
은 정신의료기관까지 그 사람을 호송한다.

③ 정신의료기관의 장은 제1항에 따라 응급입원이 의뢰된 사람을 3일(공휴
일은 제외한다) 이내의 기간 동안 응급입원을 시킬 수 있다.

④ 제3항에 따라 응급입원을 시킨 정신의료기관의 장은 지체 없이 정신건강
의학과전문의에게 그 응급입원한 사람의 증상을 진단하게 하여야 한다.

⑤ 정신의료기관의 장은 제4항에 따른 정신건강의학과전문의의 진단 결과 그 사람이 자신의 건강 또는 안전이나 다른 사람에게 해를 끼칠 위험이 있는 정신질환자로서 계속하여 입원할 필요가 있다고 인정된 경우에는 제41조부터 제44조까지의 규정에 따라 입원을 할 수 있도록 필요한 조치를 하고, 계속하여 입원할 필요가 없다고 인정된 경우에는 즉시 퇴원시켜야 한다.

⑥ 정신의료기관의 장은 제3항에 따른 응급입원을 시켰을 때에는 그 사람의 보호의무자 또는 보호를 하고 있는 사람에게 입원이 필요한 사유·기간 및 장소를 지체 없이 서면으로 통지하여야 한다.

4. 퇴원등의 사실의 통보(제52조)

① 정신의료기관등의 장은 제41조부터 제44조까지 또는 제50조에 따라 정신의료기관등에 입원등을 한 사람이 퇴원등을 할 때에는 보건복지부령으로 정하는 바에 따라 본인의 동의를 받아 그 퇴원등의 사실을 관할 정신건강복지센터의 장(관할 지역에 정신건강복지센터가 없는 경우에는 보건소의 장을 말한다. 이하 이 조에서 같다)에게 통보하여야 한다. 다만, 정신건강의학과전문의가 퇴원등을 할 사람 본인의 의사능력이 미흡하다고 판단하는 경우에는 보호의무자의 동의로 본인의 동의를 갈음할 수 있다.<개정 2019. 4. 23.>

② 제1항에도 불구하고 정신의료기관등의 장은 정신병적 증상으로 인하여 자신 또는 다른 사람의 생명이나 신체에 해를 끼치는 행동으로 입원등을 한 사람이 퇴원등을 할 때 정신건강의학과전문의가 퇴원등 후 치료가 중단되면 증상이 급격히 악화될 우려가 있다고 진단하는 경우에는 그 퇴원등의 사실을 관할 정신건강복지센터의 장에게 통보하여야 한다.<신설 2019. 4. 23.>

③ 정신의료기관등의 장은 퇴원등의 사실을 관할 정신건강복지센터의 장에게 통보하기 전에 미리 그 사실을 본인 또는 보호의무자(정신건강의학과전문의가 퇴원등을 할 사람 본인의 의사능력이 미흡하다고 판단하는 경우만 해당한다. 이하 이 조에서 같다)에게 알려야 한다.<신설 2019. 4. 23.>

④ 정신의료기관등의 장은 본인 또는 보호의무자가 제3항에 따라 고지받은 퇴원등의 사실 통보를 거부하는 경우에는 제2항에 따른 통보를 할 수 없다. 다만, 제54조 제2항에 따른 정신건강심사위원회의 심사를 거친 경우에는 그러하지 아니하다.<신설 2019. 4. 23.>

⑤ 제1항 및 제2항에 따른 퇴원등의 사실 통보, 제3항에 따른 퇴원등의 사실 통보 사전 고지 및 제4항에 따른 퇴원등의 사실 통보 여부 심사절차에 관한 사항은 보건복지부령으로 정한다.<신설 2019. 4. 23.>

⑥ 제1항·제2항 또는 제4항에 따라 퇴원등의 사실을 통보받은 정신건강복지센터의 장은 해당 퇴원등을 할 사람 또는 보호의무자와 상담하여 그 사람의 재활과 사회적응을 위한 지원방안을 마련하여야 한다.<개정 2019. 4. 23.>

 ## Ⅶ. 퇴원등의 청구 및 심사 등

1. 정신건강심의위원회의 설치 · 운영(제53조)

① 시·도지사와 시장·군수·구청장은 정신건강에 관한 중요한 사항을 심의 또는 심사하기 위하여 시·도지사 소속으로 광역정신건강심의위원회를 두고, 시장·군수·구청장 소속으로 기초정신건강심의위원회를 둔다. 다만, 정신의료기관등이 없는 시·군·구에는 기초정신건강심의위원회를 두지 아니할 수 있다.

② 광역정신건강심의위원회는 다음 각 호의 사항을 심의 또는 심사한다. 다만, 특별자치시 및 특별자치도에 두는 광역정신건강심의위원회에서는 다음 각 호의 사항 외에 제3항 각 호의 사항을 심의 또는 심사한다.

  1. 정신건강증진시설에 대한 감독에 관한 사항
  2. 제60조에 따른 재심사의 청구
  3. 그 밖에 보건복지부령으로 정하는 사항

③ 기초정신건강심의위원회는 다음 각 호의 사항을 심의 또는 심사한다.<개정 2019. 4. 23.>

1. 제43조 제6항에 따른 입원등 기간 연장의 심사 청구

　　1의2. 제52조 제4항 및 제66조 제8항에 따른 퇴원등의 사실 통보 여부
　　　심사

　　2. 제55조 제1항에 따른 퇴원등 또는 처우개선의 심사 청구

　　3. 제62조 제2항에 따른 입원 기간 연장의 심사

　　4. 제64조에 따른 외래치료 지원

　　5. 그 밖에 보건복지부령으로 정하는 사항

④ 광역정신건강심의위원회는 10명 이상 20명 이내의 위원으로 구성하고,
기초정신건강심의위원회는 6명 이상 12명 이내의 위원으로 구성하며,
위원의 임기는 각각 2년으로 하되, 연임할 수 있다. 다만, 공무원인 위
원의 임기는 그 직위에 재직하는 기간으로 한다.<개정 2019. 4. 23.>

⑤ 광역정신건강심의위원회 및 기초정신건강심의위원회(이하 "정신건강심의
위원회"라 한다)의 위원은 시·도지사 및 시장·군수·구청장이 각각 임명
또는 위촉하되, 다음 각 호에 해당하는 사람 중 각각 1명 이상을 포함하
여야 한다. 다만, 제5호 나목부터 라목까지의 어느 하나에 해당하는 사
람의 경우 광역정신건강심의위원회에는 3명 이상을, 기초정신건강심의
위원회에는 2명 이상을 포함하여야 한다.

　1. 정신건강의학과전문의

　2. 판사·검사 또는 변호사의 자격이 있는 사람

　3. 정신건강복지센터 소속 정신건강전문요원

　4. 정신질환자의 보호와 재활을 위하여 노력한 정신질환자의 가족

　5. 다음 각 목의 어느 하나에 해당하는 사람으로서 정신건강에 관한 전
　　문지식과 경험을 가진 사람

　　가. 정신건강증진시설의 설치·운영자

　　나.「고등교육법」제2조에 따른 학교에서 심리학·간호학·사회복
　　　지학 또는 사회사업학을 가르치는 전임강사 이상의 직에 있는
　　　사람

　　다. 정신질환을 치료하고 회복한 사람

　　라. 그 밖에 정신건강 관계 공무원, 인권전문가 등 정신건강과 인권
　　　에 관한 전문지식과 경험이 있다고 인정되는 사람

⑥ 정신건강심의위원회는 정신질환자에 대한 인권침해 행위를 알게 되었을 때에는 국가인권위원회에 조사를 요청할 수 있다.

⑦ 정신건강심의위원회는 심의 또는 심사를 위하여 월 1회 이상 회의를 개최하여야 한다. 다만, 심의 또는 심사 사항이 없는 달에는 그러하지 아니하다.

⑧ 정신건강심의위원회의 구성·운영 등에 필요한 사항은 대통령령으로 정한다. [시행일: 2020. 4. 24.]

2. 정신건강심사위원회의 설치·운영(제54조)

① 정신건강심의위원회의 업무 중 심사와 관련된 업무를 전문적으로 수행하기 위하여 광역정신건강심의위원회 안에 광역정신건강심사위원회를 두고, 기초정신건강심의위원회 안에 기초정신건강심사위원회를 둔다.

② 광역정신건강심사위원회 및 기초정신건강심사위원회(이하 "정신건강심사위원회"라 한다)는 정신건강심의위원회의 위원 중에서 시·도지사 또는 시장·군수·구청장이 임명한 5명 이상 9명 이내의 위원으로 구성한다. 이 경우 위원은 제53조 제5항 제1호에 해당하는 사람, 같은 항 제2호에 해당하는 사람 및 같은 항 제3호에 해당하는 사람 중에서 각각 1명 이상, 같은 항 제5호 나목부터 라목까지의 어느 하나에 해당하는 사람 2명 이상을 포함하여야 한다.

③ 정신건강심사위원회는 월 1회 이상 위원회의 회의를 개최하여야 한다. 다만, 심사 사항이 없는 달에는 그러하지 아니하다.

④ 정신건강심사위원회의 구성·운영 등에 필요한 사항은 대통령령으로 정한다.

3. 퇴원등 또는 처우개선 심사의 청구(제55조)

① 정신의료기관등에 입원등을 하고 있는 사람 또는 그 보호의무자는 관할 특별자치시장·특별자치도지사·시장·군수·구청장에게 입원등을 하고 있는 사람의 퇴원등 또는 처우개선(제76조에 따른 작업요법의 적정성 여부

를 포함한다. 이하 같다)에 대한 심사를 청구할 수 있다.

② 제1항에 따른 청구절차 등에 관하여 필요한 사항은 대통령령으로 정한다.

4. 정신건강심의위원회에의 회부(제30조)

특별자치시장·특별자치도지사·시장·군수·구청장은 제43조 제6항 및 제55조 제1항에 따른 심사 청구를 받았을 때에는 지체 없이 그 청구 내용을 소관 정신건강심의위원회 회의에 회부하여야 한다.

5. 퇴원등 또는 처우개선의 심사(제57조)

① 정신건강심의위원회가 제56조에 따른 회부를 받았을 때에는 지체 없이 이를 정신건강심사위원회에서 심사하여 그 결과를 특별자치시장·특별 자치도지사·시장·군수·구청장에게 보고하여야 한다.

② 정신건강심사위원회가 제1항에 따라 심사를 할 때에는 심사 대상자가 입원등을 하고 있는 정신의료기관등의 장의 의견을 들어야 한다. 다만, 제55조 제1항에 따른 처우개선에 관한 사항의 심사를 할 때에는 그 의견을 듣지 아니할 수 있다.

③ 정신건강심사위원회가 제1항에 따라 심사를 할 때에는 「의료법」 제21조에도 불구하고 정신의료기관등의 장이나 심사 대상자 또는 그 보호의무자에게 진료기록부와 제30조 제1항 각 호에 해당하는 기록의 제출을 요구할 수 있다.

6. 정신건강심사위원회 위원의 제척·기피·회피(제58조)

① 제57조에 따른 정신건강심사위원회의 입원등 기간의 연장과 퇴원등 또는 처우개선의 심사에서 그 사람의 입원등을 결정하였던 위원과 그 사람이 입원등을 하고 있는 정신의료기관등에 소속된 위원은 제척된다.

② 입원등 기간의 연장, 퇴원등 또는 처우개선의 심사를 청구한 자는 정신

건강심사위원회의 위원에게 공정한 심사를 기대하기 어려운 사정이 있는 경우에는 위원회에 기피 신청을 할 수 있고, 위원회는 이를 결정한다. 이 경우 기피 신청의 대상인 위원은 그 심사에 참여하지 못한다.

③ 제1항에 따른 제척 사유에 해당하는 위원은 스스로 해당 안건의 심사에서 회피(回避)하여야 한다.

7. 퇴원등 명령의 통지 등(제59조)

① 제57조 제1항에 따라 정신건강심의위원회로부터 보고를 받은 특별자치시장 · 특별자치도지사 · 시장 · 군수 · 구청장은 심사 청구를 접수한 날부터 15일 이내에 다음 각 호의 어느 하나에 해당하는 명령 또는 결정을 하여야 한다. 이 경우 제4호 또는 제5호의 명령 또는 결정은 심사 대상자인 입원등을 하고 있는 사람의 청구 또는 동의가 있는 경우에 한정하여 할 수 있다.<개정 2019. 4. 23.>

 1. 퇴원등 또는 임시 퇴원등 명령
 2. 처우개선을 위하여 필요한 조치 명령
 3. 3개월 이내 재심사
 4. 다른 정신의료기관등으로의 이송
 5. 제41조의 자의입원등 또는 제42조의 동의입원등으로의 전환
 6. 제64조에 따른 외래치료 지원
 7. 입원등 기간 연장 결정
 8. 계속 입원등 결정

② 제1항 각 호 외의 부분 후단에 따른 입원등을 하고 있는 사람의 청구 또는 동의는 정신건강의학과전문의가 그 사람의 의사능력이 미흡하다고 판단하는 경우에는 보호의무자의 청구 또는 동의로 갈음할 수 있다.

③ 특별자치시장 · 특별자치도지사 · 시장 · 군수 · 구청장은 제1항에도 불구하고 부득이한 사유로 같은 항 각 호 외의 부분 전단에 따른 기간 내에 명령 또는 결정을 하지 못할 때에는 10일의 범위에서 그 기간을 연장할 수 있다.

④ 특별자치시장 · 특별자치도지사 · 시장 · 군수 · 구청장은 제43조 제6항 및

제55조 제1항에 따른 심사 청구를 한 사람, 해당 정신질환자 및 해당 정신의료기관등의 장에게 지체 없이 제1항에 따른 명령 또는 결정의 내용을 서면으로 통지하여야 한다. 다만, 제3항에 해당하는 경우에는 기간 연장의 사유와 그 기간을 통지하여야 한다. [시행일: 2020. 4. 24.]

8. 재심사의 청구 등(제60조)

① 제43조 제6항에 따른 심사 청구의 대상인 정신질환자와 그 보호의무자, 제55조 제1항에 따른 심사 청구를 한 사람, 제64조 제3항에 따른 외래치료 지원 결정 및 같은 조 제8항에 따른 외래치료 지원 연장 결정을 받은 정신질환자 및 그 보호의무자는 다음 각 호의 어느 하나에 해당하는 경우에 시·도지사에게 재심사를 청구할 수 있다.<개정 2019. 4. 23.>

    1. 제59조 제4항에 따라 통지받은 심사 결과에 불복하거나 심사 기간 내에 심사를 받지 못한 경우

    2. 제64조 제3항에 따른 외래치료 지원 결정에 불복하는 경우

    3. 제64조 제8항에 따른 외래치료 지원 연장 결정에 불복하는 경우

② 제1항에 따른 재심사 청구의 절차 등에 관하여 필요한 사항은 대통령령으로 정한다. [시행일: 2020. 4. 24.]

9. 재심사의 회부 등(제61조)

① 시·도지사가 제60조 제1항에 따른 재심사의 청구를 받았을 때에는 즉시 그 청구 내용을 광역정신건강심의위원회의 회의에 회부하여야 한다.

② 광역정신건강심의위원회의 심사에 관하여는 제57조를, 위원의 제척·기피·회피에 관하여는 제58조를, 시·도지사의 퇴원등 명령의 통지 등에 관하여는 제59조를 준용한다. 이 경우 "특별자치시장·특별자치도지사·시장·군수·구청장"은 "시·도지사"로 본다.

③ 제2항에서 준용하는 제57조에 따라 특별자치시·특별자치도의 광역정신건강심사위원회에서 재심사 청구를 심사하기 위하여 그 광역정신건강심사위원회를 구성하는 경우에 당초 제57조에 따라 심사에 참여하였던 위

원을 제외한 해당 광역정신건강심의위원회 위원으로 재심사를 위한 광역정신건강심사위원회를 다시 구성한다. 이 경우 제54조 제2항 후단은 적용하지 아니한다.

10. 특별자치시장·특별자치도지사·시장·군수·구청장에 의한 입원의 해제(제62조)

① 특별자치시장·특별자치도지사·시장·군수·구청장은 제44조 제7항에 따라 입원한 정신질환자에 대하여 최초로 입원을 한 날부터 3개월 이내에 입원을 해제하여야 하며, 입원의 해제 사실을 그 정신질환자가 입원하고 있는 정신의료기관의 장에게 서면으로 통지하여야 한다. 이 경우 그 정신의료기관의 장은 지체 없이 그 정신질환자를 퇴원시켜야 한다.

② 제1항에도 불구하고 특별자치시장·특별자치도지사·시장·군수·구청장은 2명 이상의 정신건강의학과전문의가 진단하고 소관 정신건강심사위원회에서 심사한 결과 그 정신질환자가 퇴원할 경우 정신질환으로 인하여 자신의 건강 또는 안전이나 다른 사람에게 해를 끼칠 위험이 명백하다고 인정되는 경우에는 다음 각 호의 구분에 따라 입원등의 기간을 연장할 수 있다.

  1. 제1항에 따른 3개월 이후의 1차 입원 기간 연장: 3개월 이내
  2. 제1호에 따른 1차 입원 기간 연장 이후의 입원 기간 연장: 매 입원 기간 연장 시마다 6개월 이내

③ 특별자치시장·특별자치도지사·시장·군수·구청장은 제2항에 따라 입원 기간을 연장하여 정신질환자를 입원시켰을 때에는 그 정신질환자와 보호의무자 또는 그 사람을 보호를 하고 있는 사람에게 입원 기간의 연장이 필요한 사유와 기간을 서면으로 통지하여야 한다.

11. 임시퇴원 등(제63조)

① 제43조 또는 제44조에 따라 정신질환자를 입원등을 시키고 있는 정신의료기관등의 장은 2명 이상의 정신건강의학과전문의가 진단한 결과 정신

질환자의 증상에 비추어 일시적으로 퇴원등을 시켜 그 회복 경과를 관찰하는 것이 필요하다고 인정되는 경우에는 3개월의 범위에서 해당 정신질환자를 임시 퇴원등을 시키고 그 사실을 보호의무자 또는 특별자치시장·특별자치도지사·시장·군수·구청장에게 통보하여야 한다.

② 특별자치시장·특별자치도지사·시장·군수·구청장은 제1항의 경우 또는 제59조(제61조 제2항에서 준용하는 경우를 포함한다)에 따라 임시 퇴원등 명령의 통지를 한 경우에는 그 정신질환자가 임시 퇴원등을 한 후의 경과를 관찰할 수 있다.

③ 특별자치시장·특별자치도지사·시장·군수·구청장은 제2항에 따라 관찰한 결과 증상의 변화 등으로 인하여 다시 입원등을 시킬 필요가 있다고 인정되는 경우에는 2명의 정신건강의학과전문의의 의견을 들어 임시 퇴원등을 한 정신질환자를 재입원 또는 재입소(이하 "재입원등"이라 한다)를 시킬 수 있다. 이 경우 재입원등의 기간은 재입원등을 한 날부터 3개월을 초과할 수 없다.

12. 외래치료 지원 등(제64조)

① 정신의료기관의 장은 제43조와 제44조에 따라 입원을 한 정신질환자 중 정신병적 증상으로 인하여 입원을 하기 전 자신 또는 다른 사람에게 해를 끼치는 행동(보건복지부령으로 정하는 행동을 말한다. 이하 이 조에서 같다)을 한 사람에 대해서는 특별자치시장·특별자치도지사·시장·군수·구청장에게 외래치료 지원을 청구할 수 있다.<개정 2019. 4. 23.>

② 정신의료기관의 장 또는 정신건강복지센터의 장은 정신질환자 중 정신병적 증상으로 인하여 자신 또는 다른 사람에게 해를 끼치는 행동을 하여 정신의료기관에 입원한 사람 또는 외래치료를 받았던 사람으로서 치료를 중단한 사람을 발견한 때에는 특별자치시장·특별자치도지사·시장·군수·구청장에게 그 사람에 대한 외래치료의 지원을 청구할 수 있다.<신설 2019. 4. 23.>

③ 특별자치시장·특별자치도지사·시장·군수·구청장은 제1항 및 제2항에 따른 외래치료 지원의 청구를 받았을 때에는 소관 정신건강심사위원회

의 심사를 거쳐 1년의 범위에서 기간을 정하여 외래치료를 받도록 정신
질환자를 지원할 수 있다.<개정 2019. 4. 23.>

④ 특별자치시장·특별자치도지사·시장·군수·구청장은 제3항에 따라 외
래치료 지원 결정을 한 때에는 지체 없이 정신질환자 본인 및 그 보호
의무자와 외래치료 지원을 청구한 정신의료기관의 장, 정신건강복지센
터의 장 및 외래치료 지원을 하게 될 정신의료기관의 장에게 그 사실을
서면으로 통지하여야 한다.<개정 2019. 4. 23.>

⑤ 특별자치시장·특별자치도지사·시장·군수·구청장은 제3항에 따라 외
래치료 지원 결정을 받은 사람이 그 외래치료 지원 결정에 따르지 아니
하고 치료를 중단한 때에는 그 사람이 자신의 건강 또는 안전이나 다른
사람에게 해를 끼칠 위험이 있는지를 평가하기 위하여 그 사람에게 지
정정신의료기관에서 평가를 받도록 명령할 수 있다. 이 경우 해당 명령
을 받은 사람은 명령을 받은 날부터 14일 이내에 지정정신의료기관에서
평가를 받아야 한다.<개정 2019. 4. 23.>

⑥ 특별자치시장·특별자치도지사·시장·군수·구청장은 제5항에 따라 외
래치료 지원 결정을 받은 사람에게 평가를 받도록 명령하는 경우 구급
대원에게 그 사람을 정신의료기관까지 호송하도록 요청할 수 있다.<개
정 2019. 4. 23.>

⑦ 특별자치시장·특별자치도지사·시장·군수·구청장은 제5항에 따라 평
가한 결과 외래치료 지원 결정을 받은 사람이 자신의 건강 또는 안전이
나 다른 사람에게 해를 끼칠 위험이 없다고 인정되는 경우에는 외래치
료 지원 결정을 철회하고, 자신의 건강 또는 안전이나 다른 사람에게 해
를 끼칠 위험이 있다고 인정되는 경우에는 다음 각 호의 어느 하나에
해당하는 조치를 하여야 한다.<개정 2019. 4. 23.>

1. 제41조에 따라 자의입원등을 신청하게 하는 것
2. 제42조에 따라 동의입원등을 신청하게 하는 것
3. 보호의무자에게 제43조 제1항에 따른 입원등 신청을 요청하는 것
4. 제44조 제7항에 따라 입원하게 하는 것(제1호부터 제3호까지의 조치에
   따르지 아니하는 경우만 해당한다)

⑧ 특별자치시장·특별자치도지사·시장·군수·구청장은 제3항에 따라 외

래치료 지원 결정을 받은 사람에 대하여 정신건강의학과전문의가 치료 기간의 연장이 필요하다고 진단하는 경우에는 소관 정신건강심사위원회의 심사를 거쳐 1년의 범위에서 기간을 정하여 외래치료 지원을 연장할 수 있다.<신설 2019. 4. 23.>

⑨ 국가와 지방자치단체는 외래치료 지원에 따라 발생하는 비용의 전부 또는 일부를 부담할 수 있다.<개정 2019. 4. 23.>

⑩ 제1항 및 제2항에 따른 외래치료 지원의 청구절차와 방법 및 제4항에 따른 외래치료 지원 결정의 집행절차 등은 보건복지부령으로 정한다. <신설 2019. 4. 23.] [제목개정 2019. 4. 23.] [시행일: 2020. 4. 24.]

13. 무단으로 퇴원 등을 한 사람에 대한 조치(제65조)

① 정신의료기관등의 장은 입원등을 하고 있는 정신질환자로서 자신의 건강 또는 안전이나 다른 사람에게 해를 끼칠 위험이 있는 사람이 무단으로 퇴원등을 하여 그 행방을 알 수 없을 때에는 관할 경찰서장 또는 자치경찰기구를 설치한 제주특별자치도지사에게 다음 각 호의 사항을 통지하여 탐색을 요청하여야 한다.<개정 2019. 4. 23.>

 1. 퇴원등을 한 사람의 성명·주소·성별 및 생년월일

 2. 입원등의 날짜·시간 및 퇴원등의 날짜·시간

 3. 증상의 개요 및 인상착의

 4. 보호의무자 또는 보호를 하였던 사람의 성명·주소

② 경찰관은 제1항에 따라 탐색 요청을 받은 사람을 발견한 때에는 즉시 그 사실을 해당 정신의료기관등의 장에게 통지하여야 한다.

③ 제2항에 따라 통지를 받은 정신의료기관등의 장은 즉시 정신질환자를 인도받아야 한다. 다만, 그 정신질환자를 즉시 인도받을 수 없는 부득이한 사정이 있는 경우 경찰관은 그 정신질환자를 인도할 때까지 24시간의 범위에서 그 정신질환자를 경찰관서·의료기관·사회복지시설 등에 보호할 수 있다.

14. 보고 · 검사 등(제66조)

① 보건복지부장관, 시 · 도지사 및 시장 · 군수 · 구청장은 정신건강증진시설의 설치 · 운영자의 소관 업무에 관하여 지도 · 감독을 하거나 보건소로 하여금 지도 · 감독을 하도록 하여야 하며, 연 1회 이상 그 업무에 관하여 보고 또는 관계 서류의 제출을 명하거나, 관계 공무원으로 하여금 해당 시설의 장부 · 서류 또는 그 밖의 운영상황을 검사하게 하여야 한다.

② 시 · 도지사와 시장 · 군수 · 구청장은 대통령령으로 정하는 바에 따라 관계 공무원과 정신건강심의위원회의 위원으로 하여금 정신건강증진시설에 출입하여 입원등을 한 사람을 직접 면담하여 입원등의 적절성 여부, 퇴원등의 필요성 또는 처우에 관하여 심사하게 할 수 있다. 이 경우 심사를 한 관계 공무원과 정신건강심의위원회의 위원은 그 심사 결과를 지체 없이 시 · 도지사 또는 시장 · 군수 · 구청장에게 보고하여야 한다.

③ 제1항 및 제2항에 따른 검사 · 심사를 하는 관계 공무원과 정신건강심의위원회의 위원은 그 권한을 나타내는 증표를 지니고 이를 관계인에게 보여주어야 한다.

④ 시 · 도지사 또는 시장 · 군수 · 구청장은 제2항에 따른 심사 결과에 따라 정신건강증진시설의 장에게 그 정신질환자를 퇴원등을 시키도록 명령하거나 처우개선을 위하여 필요한 조치를 하도록 명령할 수 있다.

⑤ 정신건강증진시설의 장은 제4항에 따라 퇴원등을 시키는 경우에는 보건복지부령으로 정하는 바에 따라 관할 보건소장과 정신건강복지센터의 장에게 그 사실을 통보하여야 한다. 다만, 정신질환자나 보호의무자(정신건강의학과전문의가 퇴원등을 할 사람 본인의 의사능력이 미흡하다고 판단하는 경우만 해당한다. 이하 이 조에서 같다)가 통보하는 것에 동의하지 아니하는 경우에는 그러하지 아니하다.<개정 2019. 4. 23.>

⑥ 제5항 단서에도 불구하고 정신건강증진시설의 장은 정신병적 증상으로 인하여 자신 또는 다른 사람의 생명이나 신체에 해를 끼치는 행동으로 입원등을 한 사람이 퇴원등을 할 때 정신건강의학과전문의가 퇴원등 후 치료가 중단되면 증상이 급격히 악화될 우려가 있다고 진단하는 경우에는 그 퇴원등의 사실을 관할 정신건강복지센터의 장과 보건소의 장에게

통보하여야 한다.<신설 2019. 4. 23.>

⑦ 정신건강증진시설의 장은 퇴원등의 사실을 관할 정신건강복지센터의 장과 보건소의 장에게 통보하기 전에 미리 그 사실을 본인 또는 보호의무자에게 알려야 한다.<신설 2019. 4. 23.>

⑧ 정신건강증진시설의 장은 본인 또는 보호의무자가 제7항에 따라 고지받은 퇴원등의 사실 통보를 거부하는 경우에는 제6항에 따른 통보를 할 수 없다. 다만, 정신건강심사위원회의 심사를 거친 경우에는 그러하지 아니하다.<신설 2019. 4. 23.>

⑨ 제5항 및 제6항에 따른 퇴원등의 사실 통보, 제7항에 따른 퇴원등의 사실 통보 사전 고지 및 제8항에 따른 퇴원등의 사실 통보 여부 심사절차에 관한 사항은 보건복지부령으로 정한다.<신설 2019. 4. 23.>

 ## Ⅷ. 권익보호 및 지원 등

1. 입원등의 금지 등(제68조)

① 누구든지 제50조에 따른 응급입원의 경우를 제외하고는 정신건강의학과 전문의의 대면 진단에 의하지 아니하고 정신질환자를 정신의료기관등에 입원등을 시키거나 입원등의 기간을 연장할 수 없다.

② 제1항에 따른 진단의 유효기간은 진단서 발급일부터 30일까지로 한다.

2. 권익보호(제69조)

① 누구든지 정신질환자이거나 정신질환자였다는 이유로 그 사람에 대하여 교육, 고용, 시설이용의 기회를 제한 또는 박탈하거나 그 밖의 불공평한 대우를 하여서는 아니 된다.

② 누구든지 정신질환자, 그 보호의무자 또는 보호를 하고 있는 사람의 동의를 받지 아니하고 정신질환자에 대하여 녹음·녹화 또는 촬영하여서는 아니 된다.

③ 정신건강증진시설의 장은 입원등을 하거나 정신건강증진시설을 이용하는 정신질환자에게 정신건강의학과전문의의 지시에 따른 치료 또는 재활의 목적이 아닌 노동을 강요하여서는 아니 된다.

3. 비밀누설의 금지(제71조)

정신질환자 또는 정신건강증진시설과 관련된 직무를 수행하고 있거나 수행하였던 사람은 그 직무의 수행과 관련하여 알게 된 다른 사람의 비밀을 누설하거나 공표하여서는 아니 된다.

4. 수용 및 가혹행위 등의 금지(제72조)

① 누구든지 이 법 또는 다른 법령에 따라 정신질환자를 보호할 수 있는 시설 외의 장소에 정신질환자를 수용하여서는 아니 된다.
② 정신건강증진시설의 장이나 그 종사자는 정신건강증진시설에 입원등을 하거나 시설을 이용하는 사람에게 폭행을 하거나 가혹행위를 하여서는 아니 된다.

5. 특수치료의 제한(제73조)

① 정신의료기관에 입원을 한 사람에 대한 전기충격요법·인슐린혼수요법·마취하최면요법·정신외과요법, 그 밖에 대통령령으로 정하는 치료(이하 "특수치료"라 한다)는 그 정신의료기관이 구성하는 협의체에서 결정하되, 본인 또는 보호의무자에게 특수치료에 관하여 필요한 정보를 제공하고, 본인의 동의를 받아야 한다. 다만, 본인의 의사능력이 미흡한 경우에는 보호의무자의 동의를 받아야 한다.
② 제1항에 따른 협의체는 2명 이상의 정신건강의학과전문의와 대통령령으로 정하는 정신건강증진에 관한 전문지식과 경험을 가진 사람으로 구성하며, 그 운영 등에 필요한 사항은 대통령령으로 정한다.

6. 통신과 면회의 자유 제한 금지(제74조)

① 정신의료기관등의 장은 입원등을 한 사람에 대하여 치료 목적으로 정신건강의학과전문의의 지시에 따라 하는 경우가 아니면 통신과 면회의 자유를 제한할 수 없다.

② 정신의료기관등의 장은 치료 목적으로 정신건강의학과전문의의 지시에 따라 통신과 면회의 자유를 제한하는 경우에도 최소한의 범위에서 하여야 한다.

7. 격리 등의 제한 금지(제75조)

① 정신의료기관등의 장은 입원등을 한 사람에 대하여 치료 또는 보호의 목적으로 정신건강의학과전문의의 지시에 따라 하는 경우가 아니면 격리시키거나 묶는 등의 신체적 제한을 할 수 없다.

② 정신의료기관등의 장은 치료 또는 보호의 목적으로 정신건강의학과전문의의 지시에 따라 입원등을 한 사람을 격리시키거나 묶는 등의 신체적 제한을 하는 경우에도 자신이나 다른 사람을 위험에 이르게 할 가능성이 뚜렷하게 높고 신체적 제한 외의 방법으로 그 위험을 회피하는 것이 뚜렷하게 곤란하다고 판단되는 경우에만 제1항에 따른 신체적 제한을 할 수 있다. 이 경우 격리는 해당 시설 안에서 하여야 한다.

8. 작업요법(제76조)

① 정신의료기관등의 장은 입원등을 한 사람의 치료, 재활 및 사회적응에 도움이 된다고 인정되는 경우에는 그 사람의 건강상태와 위험성을 고려하여 보건복지부령으로 정하는 작업을 시킬 수 있다.

② 제1항에 따른 작업은 입원등을 한 사람 본인이 신청하거나 동의한 경우에만 정신건강의학과전문의가 지시하는 방법에 따라 시켜야 한다. 다만, 정신요양시설의 경우에는 정신건강의학과전문의의 지도를 받아 정신건강전문요원이 작업의 구체적인 방법을 지시할 수 있다.

③ 제1항에 따른 작업의 시간, 유형 또는 장소 등에 관한 사항은 보건복지부령으로 정한다.

9. 직업훈련 지원(제77조)

국가 또는 지방자치단체는 정신질환으로부터 회복된 사람이 그 능력에 따라 적당한 직업훈련을 받을 수 있도록 노력하고, 이들에게 적절한 직종을 개발·보급하기 위하여 노력하여야 한다.

10. 단체·시설의 보호·육성 등(제78조)

국가 또는 지방자치단체는 정신질환자의 사회적응 촉진과 권익보호를 목적으로 하는 단체 또는 시설을 보호·육성하고, 이에 필요한 비용을 보조할 수 있다.

11. 경제적 부담 경감 등(제79조)

국가 또는 지방자치단체는 정신질환자와 그 보호의무자의 경제적 부담을 줄이고 정신질환자의 사회적응을 촉진하기 위하여 의료비의 경감·보조나 그 밖에 필요한 지원을 할 수 있다.

12. 비용의 부담(제80조)

① 국가 또는 지방자치단체는 제44조에 따른 진단과 치료에 드는 비용의 전부 또는 일부를 부담할 수 있다.
② 제1항에 따른 비용의 부담에 필요한 사항은 대통령령으로 정한다.

13. 비용의 징수(제81조)

정신요양시설과 정신재활시설의 설치·운영자는 그 시설을 이용하는 사람으로부터 보건복지부장관이 정하여 고시하는 비용징수 한도액의 범위에서 시설 이용에 드는 비용을 받을 수 있다.

14. 보조금등(제82조)

① 국가는 지방자치단체가 설치·운영하는 정신건강증진시설에 대하여 그 설치·운영에 필요한 비용을 보조할 수 있다.
② 국가는 지방자치단체가 수행하는 제12조 제2항 및 제3항에 따른 정신건강증진사업등, 제53조 및 제54조에 따른 정신건강심의위원회와 정신건강심사위원회 운영 및 제66조 제1항에 따른 지도·감독하는 데에 드는 비용을 보조할 수 있다.

15. 권한의 위임 및 업무의 위탁(제83조)

① 이 법에 따른 보건복지부장관 또는 시·도지사의 권한은 대통령령으로 정하는 바에 따라 그 일부를 시·도지사, 제16조에 따른 국립정신건강연구기관의 장, 국립정신병원등의 장 또는 시장·군수·구청장에게 위임할 수 있다.
② 보건복지부장관은 이 법에 따른 업무의 일부를 대통령령으로 정하는 바에 따라 정신건강 관련 기관 또는 단체에 위탁할 수 있다.

제5장   사회복지 관련법

사회복지관련법은 사회복지와 관련된 복지제도 등을 규정한 법이다. 관련
복지제도란 보건, 주거, 교육, 고용 등의 분야에서 인간다운 생활이 보장될 수
있도록 지원하는 각종 복지제도를 말한다. 사회복지 관련법은 내용으로 사회복
지공동모금회법, 재해구호법, 국가유공자예우및지원에관한법, 의사상자예우에관
한법률, 지방자치법, 장애인고용촉진 및 직업재활법, 임금채권 보장법, 청소년보
호법, 근로복지기본법, 고용정책기본법 등을 들 수 있다.

제1절 사회복지공동모금회법

 I. 의의

사회복지공동모금이란 사회복지사업, 기타 사회복지활동의 지원에 필요한
재원을 조성하기 위하여 기부금품을 모집하는 것을 말한다. 사회복지공동모금회
법은 과거의 관 주도의 성금모금 및 관리·운영을 지양하고 민간단체가 이웃돕
기성금을 직접 모금·배분 및 관리, 운영하도록 함으로써 사회복지사업을 지원
하고 공동모금운동의 자율성을 보장하며 민간의 참여를 활성화시키고, 사회복지
사업을 지원하기 위하여 국민의 자발적 성금으로 공동 모금된 재원을 효율적으

로 관리, 운영함으로써 국민의 사회복지참여를 확대하고, 민간사회복지재원의 확대 등의 내용을 담고 있다.

사회복지공동모금회법의 가장 두드러진 특징은 연계(linkage)사업을 규정하고 있다는 점이다. 즉, 다른 사회복지법과 달리 직접적으로 현금이나 현물 또는 서비스를 제공하기보다는 사회복지사업이나 활동을 위해 재원이 필요한 단체나 개인에게 재원을 투명하고 전문적으로 연계하는 활동을 규정하고 있으며, 또한 특정 기관이나 종교에 제한되는 이웃돕기활동을 하는 것이 아니라 사회복지를 증진시키기 위하여 전국의 모든 사회복지기관과 시민단체들을 포괄적으로 지원한다.

Ⅱ. 입법배경 및 연혁

민간의 자율적이며 공정한 기구를 통하여 성금을 모아 공정하고 투명하게 모금되고 배분하고 성금의 순수성과 자발성을 보존하는 전문적인 법정단체가 공익을 위해 필요하다는 의견들이 대두되어 미국의 United Way와 같은 공동모금회를 법제화하여 사회복지의 증진에 이바지하기 위해 사회복지공동모금회법이 제정되었다.

1980년 12월 31일 사회복지사업을 효과적으로 수행하기 위한 사회복지사업기금의 설치 운용을 규정한 사회복지사업기금법을 제정하여 1991년까지 불우이웃돕기 운동을 전개하였다.

1997년 3월 27일에는 사회복지공동모금법을 신규 제정하여 관 주도의 성금 모금 및 관리 운영을 지양하고 민간단체가 이웃돕기성금을 직접 모금·배분 및 관리하도록 함으로써 이웃돕기운동의 자율성을 보장하여 민간의 참여를 활성화하려 하였다.

1999년 3월 31일 사회복지공동모금회법을 전문개정하여 국민의 자발적인 성금으로 공동모금된 재원을 효율적으로 관리운용함으로써 국민의 사회복지참여를 확대하고, 민간사회복지재원의 확대를 꾀하기 위하여 공동모금의 적용범위를 사회복지사업과 기타 사회복지활동으로 확대하였다.

2001년 5월 24일 사회복지공동모금회법을 개정하여 기부문화의 활성화 및 사회복지공동모금사업 재원의 안정적 확보를 통한 민간복지지원체계의 발전을 도모하기 위하여 사회복지공동모금회로 하여금 복권을 발행할 수 있는 법률적 근거를 규정하였다.

2002년 12월 5일(법률 6757호)은 사회복지공동모금회법을 일부 개정하여 현행법상 사회복지공동모금회의 회계연도를 정부의 회계연도와 일치시켜 지금까지 야기된 결산상 자료의 혼란 등을 방지하고, 각 회계연도에 조성된 공동모금 재원중 다음 회계연도에 이월하여 지출할 필요성이 있거나 당해 회계연도에 지출할 수 없는 부득이한 사유가 있으면 다음 회계연도에 이월하여 지출할 수 있도록 함으로써 지출의 합리성 및 신축성을 도모하는 등 사회복지공동모금회 운영상의 제반 문제점을 개선·보완하여 사회환경의 급격한 변화에 따른 복지수요에 보다 탄력적이고 적극적으로 대응하는 한편 공동모금제도의 정착을 도모하려 하였다.

2004년 1월 29일(법률 7159호)은 복권의 통합적인 관리를 위하여 주택법, 산림법 등에 근거하여 10개의 기관으로 분산된 복권발행기관을 국무총리 소속하에 독립위원회로 설치한 복권위원회로 일원화하고, 복권기금을 신설하여 이를 공익목적에 사용하도록 하고, 그 사용내역을 국민에게 공개하도록 함으로써 복권수익금 사용의 효율성과 투명성을 제고하는 한편, 복권판매의 제한, 광고규제 등 과도한 사행성을 방지하기 위한 장치를 마련함으로써 복권사업의 건전한 발전을 도모하려 하였다.

그 이후 사회복지공동모금회법은 2016년 2월 3일, 일부 개정되었는데 그 이유는 아래와 같다.

◆ 개정이유 및 주요내용

현행법에 따라 보건복지부장관은 지도·감독을 위하여 필요하다고 인정하면 모금회에 대하여 관계 서류의 제출을 명하거나 소속 공무원이 그 운영상황을 조사하게 하거나 장부나 그 밖의 서류를 검사하게 할 수 있다.

그런데 이 경우 소속 공무원은 권한을 표시하는 증표만을 보여주도록 하고 있어 모금회 등 지도감독 대상자나 관계인이 조사 범위나 관계 법령 등에 대한 충분한 숙지를 하기 어려운 상황이다.

따라서 소속 공무원이 지도·감독 등을 할 때 권한을 표시하는 증표뿐만 아니라 조사기간, 조사범위 등이 기재된 서류를 제시하도록 함으로써 지도·감독 대상자의 권리를 보호하고 합리적인 조사가 이루어지도록 하려는 것이다.

또한 최근 2019년 1월 15일에 일부 개정·시행되었는데, 사회복지공동모금 회가 지정되지 않은 기부금품의 일정한 비율을 배분할 수 있는 사업에 '주요 감염병 퇴치 등에 대한 사업'을 추가하는 것을 주요 골자로 하고 있다.

 ## Ⅲ. 사업

모금회는 ① 사회복지공동모금사업, ② 공동모금재원의 배분, ③ 공동모금 재원의 운용 및 관리, ④ 사회복지공동모금에 관한 조사·연구·홍보 및 교육훈련, ⑤ 지회의 운영, ⑥ 사회복지공동모금과 관련된 국제교류 및 협력증진사업, ⑦ 다른 기부금품 모집자와의 협력사업, ⑧ 기타 모금회의 목적달성에 필요한 사업 등을 수행한다(제5조).

 ## Ⅳ. 재원조성 및 배분

1. 재원(제17조)

모금회의 사업에 필요한 경비는 다음 각 호의 재원으로 조성한다.<개정 2001. 5. 24., 2002. 12. 5., 2004. 1. 29.>

　　가. 사회복지공동모금에 의한 기부금품
　　나. 법인 또는 단체가 출연하는 현금·물품·그 밖의 재산
　　다. 복권및복권기금법 제23조 제1항의 규정에 의하여 배분받은 복권수
　　　　익금
　　라. 기타 수입금

2. 기부금품의 모집(제18조)

① 모금회는 사회복지사업 기타 사회복지활동의 지원을 위하여 연중 기부
금품을 모집·접수할 수 있다.

② 모금회는 제1항에 따라 기부금품을 모집·접수한 경우 기부금품의 접수
사실을 장부에 기재하고, 그 기부자에게 영수증을 교부하여야 한다. 다
만, 기부자가 성명을 밝히지 아니한 경우 등 기부자를 알 수 없는 경우
에는 모금회에 영수증을 보관하여야 한다.

③ 모금회는 제2항에 따른 영수증에 기부금품의 금액, 그 금액에 대하여 세
금혜택이 된다는 문언과 일련번호를 표시하여야 한다.

④ 모금회는 효율적인 모금을 위하여 일정한 기간을 정하여 집중모금을 실
시할 수 있다.

⑤ 모금회가 집중모금을 하고자 할 경우에는 그 모집일부터 15일 전에 그
내용을 보건복지부장관에게 보고하여야 하며, 그 모집을 종료한 때에는
모집종료일부터 1월 이내에 그 결과를 보건복지부장관에게 보고하여야
한다.

3. 재원의 사용 등(제25조)

① 공동모금재원은 사회복지사업 기타 사회복지활동에 사용한다.

② 각 회계연도에 조성된 공동모금재원은 당해 회계연도에 지출하는 것을
원칙으로 한다. 다만, 재난구호 및 긴급구호 등 긴급히 지원할 필요가
있는 때를 대비하여 각 회계연도의 공동모금재원의 일부를 적립하는 경
우에는 그러하지 아니하다.<개정 2002. 12. 5.>

③ 제2항본문의 규정에 불구하고 다음 각 호의 1에 해당하는 경우에는 각
회계연도에 조성된 공동모금재원의 일부를 이사회의 의결을 거쳐 다음
회계연도에 이월하여 지출할 수 있다.<신설 2002. 12. 5.>

　가. 제27조 제1항의 규정에 의하여 사용 용도 등이 지정되어 기부된
　　모금재원으로서 모금목적사업의 특성상 당해 회계연도에 지출을 완
　　료하기 어려운 경우

나. 공동모금재원의 배분에 대한 계획이 2 회계연도 이상에 걸치는 경우로서 사업의 성격상 다음 회계연도에 이월하여 지출하는 것이 필요하다고 인정되는 경우

다. 당해 회계연도 말에 집중조성된 모금재원으로서 부득이한 사유로 인하여 당해 회계연도에 지출이 어려운 경우

④ 기부금품모집과 모금회의 관리·운영에 필요한 비용은 직전 회계연도 모금총액의 100분의 10 범위 내에서 이사회의 의결을 거쳐 사용할 수 있다.<개정 2002. 12. 5.>

⑤ 공동모금재원의 관리·운용방법 및 예산·회계 등에 관하여 필요한 사항은 정관으로 정한다.

4. 배분기준(제20조)

① 모금회는 매년 8월 31일까지 다음 각 호의 사항이 포함된 다음 회계연도의 공동모금재원의 배분기준을 정하여 이를 공고하여야 한다.<개정 2008. 3. 21.>

가. 공동모금재원의 배분대상

나. 배분한도액

다. 배분신청기간 및 배분신청서 제출장소

라. 배분심사기준

마. 배분재원의 과부족시 조정방법

바. 배분신청시 제출할 서류

사. 기타 공동모금재원의 배분에 관하여 필요한 사항

② 모금회는 재난구호 및 긴급구호 등 긴급히 지원해야 할 필요가 있는 경우에는 제1항의 규정에 준하여 별도의 배분기준에 따라 지원할 수 있다.

5. 배분신청(제21조)

① 모금회에 배분신청을 하고자 하는 자는 제20조의 규정에 의한 공고에 따라 배분신청서를 제출하여야 한다.

② 제20조의2에 따른 국제보건의료지원사업을 하는 자는 제1항에 따른 배분신청서를 제출할 때 정관으로 정하는 바에 따라 사업계획서를 작성하여 함께 제출하여야 한다.

③ 제1항의 규정에 의하여 제출된 배분신청서는 당해 회계연도에 한하여 효력이 있다.

6. 배분신청의 심사 등(제22조)

① 모금회는 제21조의 규정에 의하여 접수한 배분신청서를 배분분과실행위원회에 회부하여 배분금액 · 배분순위 및 배분시기 등을 심의하도록 하여야 한다.

② 모금회는 제1항의 규정에 의한 심의결과에 기초하여 배분계획을 수립하여야 한다.

③ 제2항의 규정에 의한 배분계획은 공동모금재원이 분기별로 균형 있게 배분되도록 하여야 한다. 다만, 사업의 성격이 일시에 지원할 필요가 있는 경우에는 그러하지 아니하다.

제2절 국가유공자등 예우 및 지원에 관한 법률

 ## I. 의의

국가유공자 등 예우 및 지원에 관한 법률은 국가와 민족을 위하여 공헌하거나 희생한 국가유공자와 그 유족의 범위를 규정하고 생활안정과 복지향상을 도모하기 위해 제정되었다. 기존의 원호 관계 법률은 원호처 창설 이후 원호대상자 및 원호사업별로 각각 분리 · 제정되어 그 법률체계가 복잡할 뿐만 아니라 법률 간에 서로 중복되는 규정이 있고, 그 중 기능과 성격이 유사한 군사원호보상법 ·

국가유공자등특별원호법등 7개 법률을 이 법에 흡수·통합하고, 현행 규정상의 미비점을 개선·보완하여 체계적인 국가보훈제도의 기틀을 확립하는 한편, 국가와 민족을 위하여 공헌하거나 희생한 국가유공자의 명칭과 범위를 새롭게 정립하였다. 동법은 종래에는 물적 지원에 치우쳤다면, 국가가 정서적지지 및 예우와 물적 보상을 아울러서 보상하여 국가유공자와 그 가족의 영예로운 생활을 보장하고 더 나아가 순국선열을 비롯한 국가유공자의 애국 및 희생정신을 우리들과 우리의 자손에게까지 귀감이 되고 항구적으로 존중되도록 하였다.[95]

국가유공자등예우및지원에관한법률의 개정(법률 제8327호, 2007. 3. 29. 공포, 2007. 7. 1. 시행)으로 국가유공자등 취업보호대상자가 취업보호실시기관이 실시하는 채용시험에 응시하는 경우 국가유공자 본인과 전몰·순직군경 등의 유족에 대하여는 현행과 같이 10퍼센트의 가점비율(加點比率)을 유지하되, 국가유공자의 가족과 국가유공자가 사망한 경우의 유족 등에 대하여는 가점비율을 현행 10퍼센트에서 5퍼센트로 낮추어, 취업보호대상자에 따라 가점비율을 차등 적용하게 됨에 따라 관련 서식을 정비하였다.

 ## II. 연혁

1984년 8월 2일 국가유공자 등 예우 및 지원에 관한 법률을 제정하였고, 2001년 1월 16일 일부 개정하여 한국보훈복지공단의 주된 기능인 국가유공자 등에 대한 의료사업 기능을 강화하기 위하여 한국보훈복지공단의 명칭을 이에 맞게 변경하고, 지금까지 서울특별시 소재 보훈병원장이 지방 보훈병원을 관장하였으나 앞으로는 공단이 모든 보훈병원을 직접 관장하는 독립된 지역별 보훈병원 체제로 개편하였다.

2002년 1월 26일 국가유공자등예우및지원에관한법률을 개정하여 전투나 이에 준하는 직무수행 중 상이를 입은 군인 또는 공무로 인하여 상이를 입은 공무원이 전역 또는 퇴직을 한 후 등록신청 이전에 사망한 때에도 그 상이와 사망 간에 의학적인 인과관계가 입증되는 경우에는 전몰군경·순직공무원으로 등록받아 이 법에 의한 보상을 받을 수 있도록 그 등록요건을 명확하게 규정하였다.

---

95) 법제처, 2002.

2005년 8월 12일(총리령 제797호)은 국가유공자등 예우 및 지원에 관한 법률을 일부 개정하여 국가유공자로서 가료를 받은 자중 보훈병원장이 특수질환자 전문의료시설에 전원시킬 수 있는 특수질환자의 범위를 구체화하고, 흉터의 장애 등에 대한 상이등급 판정기준을 보다 합리적으로 조정하는 한편, 국가유공자증 및 국가유공자유족증을 현대식 카드로 제작·발급하는 등 현행 규정의 운영상 나타난 일부 미비점을 개선·보완하였다.

2006년 6월 30일(총리령 제814호)은 행정기관이 보유하고 있는 행정정보의 공동이용을 통하여 국민들의 서류제출 부담을 줄이고, 행정업무를 효율적으로 처리하기 위하여 행정정보의 공동이용으로 확인이 가능한 서류의 내용을 담당 공무원이 행정전산망을 통하여 확인하도록 일부 개정하였다.

2006년 12월 29일(총리령 제829호)은 국가유공자 등에 대한 보상을 유사한 성질별로 조정·통합하고, 그 유족의 보상금 지급순위를 조정하며, 지방 보훈관청에서 위임받아 수행하고 있는 국가유공자 등에 대한 채권관리 업무를 국가보훈처장이 통합하여 수행하도록 하는 등을 내용으로 「국가유공자 등 예우 및 지원에 관한 법률」(법률 제7873호, 2006. 3. 3. 공포, 2007. 1. 1. 시행) 및 동법 시행령 (대통령령 제19780호, 2006. 12. 21. 공포, 2007. 1. 1. 시행)이 개정됨에 따라, 보상종목의 명칭을 변경·반영하고, 동순위 유족 간의 협의에 의하여 보상금 수급자를 지정한 경우 등록신청서 제출시에 보상금수급자 지정서를 첨부하도록 하는 등 각종 민원신청의 구비서류 및 서식 등을 보완·정비하기 위해 일부 개정하였다.

2007년 4월 3일(총리령 제842호)은 「국가유공자 등 예우 및 지원에 관한 법률 시행령」의 개정(대통령령 제19979호, 2007. 3. 27. 공포, 2007. 3. 29. 시행)으로 국가유공자 등의 취업보호대상자가 기능직공무원 등 특별채용대상자로 추천되기를 희망하는 경우 기능직공무원등특별채용대상자 추천신청서를 제출하게 됨에 따라 관련 서식을 정하려고 일부 개정하였다.

2007년 6월 20일(총리령 제848호)은 「국가유공자 등 예우 및 지원에 관한 법률」의 개정(법률 제8327호, 2007. 3. 29. 공포, 2007. 7. 1. 시행)으로 국가유공자등 취업보호대상자가 취업보호실시기관이 실시하는 채용시험에 응시하는 경우 국가유공자 본인과 전몰·순직군경 등의 유족에 대하여는 현행과 같이 10퍼센트의 가점비율을 유지하되, 국가유공자의 가족과 국가유공자가 사망한 경우의 유족 등에 대하여는 가점비율을 현행 10퍼센트에서 5퍼센트로 낮추어, 취업보호대상자에 따라 가점비율을 차등 적용하게 됨에 따라 관련 서식을 정비하려고 일부 개정하였다.

그 이후, 동법은 2012년 5월 23일 일부 개정되었는데, 그 개정이유와 주요 내용은 다음과 같다.

◈ 개정이유

무공훈장은 전시(戰時) 또는 이에 준하는 비상사태에서 국토방위에 헌신하여 뚜렷한 무공을 세운 자에게 수여하는 것으로 전공(戰功)의 정도에 따라 5등급으로 구분되어 있고, 현행법은 국가유공자에 대한 일반적 보상 원칙으로 그 희생과 공헌의 정도에 따라 보상을 하도록 규정하고 있음에도 불구하고, 대통령령에서는 60세 이상의 무공수훈자에게 지급되는 무공영예수당을 훈격에 관계없이 같은 금액으로 규정하고 있어 전공에 따라 훈장의 등급을 구분한 의미가 퇴색되고 있다는 지적에 따라 무공영예수당을 훈장의 등급별로 차등지급하도록 근거규정을 마련함으로써 그 희생에 대한 정당한 예우를 하고 국가보훈의 의미를 높이려는 것이다.

그리고 2015년 2월 3일에도 일부 개정 되었는데, 내용은 아래와 같다.

◈ 주요내용

현행법에 따르면 국가유공자, 그 유족 또는 가족이 되려는 사람은 대통령령으로 정하는 바에 따라 국가보훈처장에게 등록을 신청하게 되어 있다.

그러나 6·25전쟁 전사자의 유해가 뒤늦게 발굴되었으나 그 전사자를 국가유공자로 등록신청할 수 있는 유족 또는 가족이 모두 사망하였을 경우에는 6·25전쟁 전사자가 국가유공자로 등록되지 못하고 있어 이를 제도적으로 개선할 필요성이 있다.

이에 「6·25 전사자유해의 발굴 등에 관한 법률」에 따라 국방부장관이 전사자유해로 인정한 경우로서 그 전사자의 유족 또는 가족이 없는 경우에는 국가보훈처장이 등록 신청 등의 절차를 거치지 아니하고 그 전사자를 국가유공자로 결정하도록 함으로써 국가를 위하여 희생한 분들을 예우하고 국민의 애국정신을 기르는 데 이바지하려는 것이다.

그 이후 국가유공자등예우 및 지원에 관한 법률은 2016년 5월 29일, 일부 개정되었는데 그 개정이유는 아래와 같다.

◆ 개정이유

국가보훈처장은 국가를 위하여 희생하거나 공헌한 국가유공자임에도 불구하고 본인 및 유족 등이 없어 국가유공자 등록 신청을 할 수 없는 사람에 대해서도 국가유공자로 예우할 수 있도록 하고, 「민법」의 개정으로 성년에 이르는 연령이 20세에서 19세로 낮추어짐에 따라 국가유공자의 미성년 자녀 및 미성년 제매(弟妹)에 대한 양육지원의 기준 연령을 20세에서 19세로 조정하며, 상이(傷痍)를 입은 국가유공자가 한국철도공사에서 운영하는 KTX를 무료 또는 할인된 가격으로 이용하고 있음에도 불구하고, 현행 법령상 국가보훈처가 한국철도공사에 KTX 무임 또는 감면 이용 서비스에 따른 보조금을 지급할 법적 근거가 없어 이를 마련하고, 공무수행이나 교육훈련 중에 상이를 입고 퇴직하였으나 상이등급의 판정을 받지 못한 경찰·소방공무원 등의 상이처에 대한 진료비용을 국가가 부담하도록 하는 한편, 범죄경력 등으로 이 법의 적용 대상에서 제외된 국가유공자가 신규로 등록을 신청하는 경우에도 적용 대상에서 제외된 날부터 2년이 경과하는 등 일정한 요건에 해당하면 이 법의 적용 대상자로 결정하여 보상할 수 있음을 명확하게 하는 등 현행 제도의 운영상 나타난 일부 미비점을 개선·보완하려는 것이다.

그리고 동법은 최근 2019년 11월 26일에 일부 개정되고 2020년 1월 1일부터 시행되고 있는데, 개정이유 및 주요내용은 아래와 같다.

◆ 개정이유 및 주요내용

헌법재판소가 부모에 대한 유족보상금 지급 시 수급권자를 1명으로 한정하고 나이가 많은 사람을 우선하도록 하는 것은 나이가 적은 부모의 평등권을 침해하여 헌법에 위반된다는 이유로 헌법불합치를 선고(2018. 6. 28. 선고, 2016헌가14)한 점을 고려하여 같은 순위자가 국가유공자의 부모인 경우로서 보상금을 받을 사람이 합의되지 않거나 주로 부양한 사람 등을 특정하기 어려운 경우 부와 모에게 보상금을 균등하게 분할하여 지급하도록 하고, 75세 이상으로서 보상금을 균등하게 분할하여 지급받는 국가유공자의 부모인 경우 협의 등에 의하여 지정된 1명에 대하여 보훈병원 외에 국가보훈처장이 지정하여 진료를 위탁한 의료기관에서 진료를 받을 수 있도록 하는 등 현행 제도의 운영상 나타난 일부 미비점을 개선·보완하려는 것이다.

Ⅲ. 목적 및 정부시책

1. 목적(제1조)

이 법은 국가를 위하여 희생하거나 공헌한 국가유공자, 그 유족 또는 가족을 합당하게 예우(禮遇)하고 지원함으로써 이들의 생활안정과 복지향상을 도모하고 국민의 애국정신을 기르는 데에 이바지함을 목적으로 한다.

2. 정부의 시책(제2조)

국가와 지방자치단체는 국가유공자의 애국정신을 기리고 이를 계승·발전시키며, 제2조의 기본이념을 구현하기 위한 시책을 마련한다.

Ⅳ. 적용대상

1. 국가유공자요건의 기준 및 범위(제4조)

① 다음 각 호의 어느 하나에 해당하는 국가유공자, 그 유족 또는 가족(다른 법률에서 이 법에 규정된 예우 등을 받도록 규정된 사람을 포함한다)은 이 법에 따른 예우를 받는다.
  1. 순국선열: 「독립유공자예우에 관한 법률」 제4조 제1호에 따른 순국선열
  2. 애국지사: 「독립유공자예우에 관한 법률」 제4조 제2호에 따른 애국지사
  3. 전몰군경(戰歿軍警): 군인이나 경찰공무원으로서 전투 또는 이에 준

하는 직무수행 중 사망한 사람(군무원으로서 1959년 12월 31일 이전에 전투 또는 이에 준하는 직무수행 중 사망한 사람을 포함한다)

4. 전상군경(戰傷軍警): 군인이나 경찰공무원으로서 전투 또는 이에 준하는 직무수행 중 상이를 입고 전역(퇴역·면역 또는 상근예비역 소집 해제를 포함한다. 이하 같다)하거나 퇴직(면직을 포함한다. 이하 같다)한 사람(군무원으로서 1959년 12월 31일 이전에 전투 또는 이에 준하는 직무수행 중 상이를 입고 퇴직한 사람을 포함한다)으로서 그 상이 정도가 국가보훈처장이 실시하는 신체검사에서 제6조의4에 따른 상이등급(이하 "상이등급"이라 한다)으로 판정된 사람

5. 순직군경(殉職軍警): 군인이나 경찰·소방 공무원으로서 국가의 수호·안전보장 또는 국민의 생명·재산 보호와 직접적인 관련이 있는 직무수행이나 교육훈련 중 사망한 사람(질병으로 사망한 사람을 포함한다)

6. 공상군경(公傷軍警): 군인이나 경찰·소방 공무원으로서 국가의 수호·안전보장 또는 국민의 생명·재산 보호와 직접적인 관련이 있는 직무수행이나 교육훈련 중 상이(질병을 포함한다)를 입고 전역하거나 퇴직한 사람으로서 그 상이 정도가 국가보훈처장이 실시하는 신체검사에서 상이등급으로 판정된 사람

7. 무공수훈자(武功受勳者): 무공훈장(武功勳章)을 받은 사람으로서 다만, 「국가공무원법」 제2조 및 「지방공무원법」 제2조에 따른 공무원과 국가나 지방자치단체에서 일상적으로 공무에 종사하는 대통령령으로 정하는 직원이 무공훈장을 받은 경우에는 전역하거나 퇴직한 사람만 해당한다.

8. 보국수훈자(保國受勳者): 다음 각 목의 어느 하나에 해당하는 사람
   가. 군인으로서 보국훈장을 받고 전역한 사람
   나. 군인 외의 사람으로서 간첩체포, 무기개발 및 그 밖에 대통령령으로 정하는 사유(이하 "간첩체포등의 사유"라 한다)로 보국훈장을 받은 사람으로 다만, 「국가공무원법」 제2조 및 「지방공무원법」 제2조에 따른 공무원(군인은 제외한다)과 국가나 지방자치단체에서 일상적으로 공무에 종사하는 대통령령으로 정하는 직원이 간첩체포등의 사유로 보국훈장을 받은 경우에는 퇴직한 사람만

해당한다.

9. 6·25 참전 재일학도의용군인(在日學徒義勇軍人)(이하 "재일학도의용군인"이라 한다): 대한민국 국민으로서 일본에 거주하던 사람으로서 1950년 6월 25일부터 1953년 7월 27일까지의 사이에 국군이나 유엔군에 지원 입대하여 6·25전쟁에 참전하고 제대한 사람(파면된 사람이나 형을 선고받고 제대된 사람은 제외한다)

10. 참전유공자: 「참전유공자예우 및 단체설립에 관한 법률」 제2조 제2호에 해당하는 사람 중 다음 각 목의 어느 하나에 해당하는 사람
    가. 「참전유공자예우 및 단체설립에 관한 법률」 제5조에 따라 등록된 사람
    나. 「고엽제후유의증 환자지원 등에 관한 법률」 제4조 또는 제7조에 따라 등록된 사람

11. 4·19혁명사망자: 1960년 4월 19일을 전후한 혁명에 참가하여 사망한 사람

12. 4·19혁명부상자: 1960년 4월 19일을 전후한 혁명에 참가하여 상이를 입은 사람으로서 그 상이 정도가 국가보훈처장이 실시하는 신체검사에서 상이등급으로 판정된 사람

13. 4·19혁명공로자: 1960년 4월 19일을 전후한 혁명에 참가한 사람 중 제11호와 제12호에 해당하지 아니하는 사람으로서 건국포장(建國褒章)을 받은 사람

14. 순직공무원: 「국가공무원법」 제2조 및 「지방공무원법」 제2조에 따른 공무원(군인과 경찰공무원은 제외한다)과 국가나 지방자치단체에서 일상적으로 공무에 종사하는 대통령령으로 정하는 직원으로서 국민의 생명·재산 보호와 직접적인 관련이 있는 직무수행이나 교육훈련 중 사망한 사람(질병으로 사망한 사람을 포함한다)

15. 공상공무원: 「국가공무원법」 제2조 및 「지방공무원법」 제2조에 따른 공무원(군인과 경찰공무원은 제외한다)과 국가나 지방자치단체에서 일상적으로 공무에 종사하는 대통령령으로 정하는 직원으로서 국민의 생명·재산 보호와 직접적인 관련이 있는 직무수행이나 교육훈련 중 상이(질병을 포함한다)를 입고 퇴직한 사람으로서 그 상이

정도가 국가보훈처장이 실시하는 신체검사에서 상이등급으로 판정된 사람

16. 국가사회발전 특별공로순직자(이하 "특별공로순직자"라 한다): 국가사회발전에 현저한 공이 있는 사람 중 그 공로와 관련되어 순직한 사람으로서 국무회의에서 이 법의 적용 대상자로 의결된 사람

17. 국가사회발전 특별공로상이자(이하 "특별공로상이자"라 한다): 국가사회발전에 현저한 공이 있는 사람 중 그 공로와 관련되어 상이를 입은 사람으로서 그 상이 정도가 국가보훈처장이 실시하는 신체검사에서 상이등급으로 판정되어 국무회의에서 이 법의 적용 대상자로 의결된 사람

18. 국가사회발전 특별공로자(이하 "특별공로자"라 한다): 국가사회발전에 현저한 공이 있는 사람 중 제16호와 제17호에 해당하지 아니하는 사람으로서 국무회의에서 이 법의 적용 대상자로 의결된 사람

② 제1항 제3호부터 제6호까지, 제14호 및 제15호에 따른 국가유공자의 요건에 해당되는지에 대한 구체적인 기준과 범위는 다음 각 호의 사항 등을 종합적으로 고려하여 대통령령으로 정한다.

1. 전투 또는 이에 준하는 직무수행의 범위

2. 직무수행이나 교육훈련과 국가의 수호·안전보장 또는 국민의 생명·재산 보호와의 관련 정도

3. 사망하거나 상이(질병을 포함한다)를 입게 된 경위 및 본인 과실의 유무와 정도

③ 제1항에도 불구하고 제1항 제1호 및 제2호에 따른 순국선열·애국지사의 예우에 관하여는 「독립유공자예우에 관한 법률」에서 정한다.

④ 제1항에도 불구하고 제1항 제10호 가목에 해당하는 사람의 예우에 관하여는 「참전유공자예우 및 단체설립에 관한 법률」에서 정한다.

⑤ 제1항에도 불구하고 제1항 제10호 나목에 해당하는 사람의 지원에 관하여는 「고엽제후유의증 환자지원 등에 관한 법률」에서 정한다.

⑥ 제1항 제3호부터 제6호까지, 제14호 또는 제15호에 따른 요건에 해당되는 사람이 다음 각 호의 어느 하나에 해당되는 원인으로 사망하거나 상이(질병을 포함한다)를 입으면 제1항 및 제6조에 따라 등록되는 국가유공

자, 그 유족 또는 가족에서 제외한다.

1. 불가피한 사유 없이 본인의 고의 또는 중대한 과실로 인한 것이거나 관련 법령 또는 소속 상관의 명령을 현저히 위반하여 발생한 경우
2. 공무를 이탈한 상태에서의 사고나 재해로 인한 경우
3. 장난·싸움 등 직무수행으로 볼 수 없는 사적(私的)인 행위가 원인이 된 경우

2. 국가유공자등의 요건심사 및 결정(제6조)

① 국가유공자, 그 유족 또는 가족이 되려는 사람은 대통령령으로 정하는 바에 따라 국가보훈처장에게 등록을 신청하여야 한다. 다만, 단서 규정에 따라 신청한 것으로 간주하는 경우를 제외하고는 신청주의에 따른다.

② 「보훈보상대상자 지원에 관한 법률」 제4조 제1항에 따라 등록을 신청하는 사람에 대하여는 그 등록신청을 한 날에 제1항에 따른 등록을 신청한 것으로 본다.

③ 국가보훈처장은 제1항에 따른 등록신청을 받으면 대통령령으로 정하는 바에 따라 제4조 또는 제5조에 따른 요건을 확인한 후 국가유공자, 그 유족 또는 가족에 해당하는지를 결정한다. 이 경우 제4조 제1항 제3호부터 제6호까지, 제8호, 제14호 및 제15호의 국가유공자(이하 "전몰군경 등"이라 한다)가 되기 위하여 등록을 신청하는 경우에는 그 소속하였던 기관의 장에게 그 요건과 관련된 사실의 확인을 요청하여야 하며, 그 소속하였던 기관의 장은 관련 사실을 조사한 후 대통령령으로 정하는 바에 따라 그 요건과 관련된 사실을 확인하여 국가보훈처장에게 통보하여야 한다.

④ 국가보훈처장은 제3항 전단에 따라 국가유공자, 그 유족 또는 가족에 해당하는 사람으로 결정할 때에는 제74조의5에 따른 보훈심사위원회(이하 "보훈심사위원회"라 한다)의 심의·의결을 거쳐야 한다. 다만, 국가유공자, 그 유족 또는 가족의 요건이 객관적인 사실에 의하여 확인된 경우로서 대통령령으로 정하는 경우에는 보훈심사위원회의 심의·의결을 거치지 아니할 수 있다.

⑤ 국가보훈처장은 제4조 제1항 각 호(제1호, 제2호 및 제10호는 제외한다)의 어느 하나에 해당하는 적용 대상 국가유공자임에도 불구하고 신청 대상자가 없어 등록신청을 할 수 없는 사람에 대해서는 보훈심사위원회의 심의·의결을 거쳐 국가유공자로 기록하고 예우 및 관리를 할 수 있다.<신설 2016. 5. 29.>

⑥ 제1항부터 제4항까지의 규정은 다른 법률에서 이 법의 예우 등을 받도록 규정된 사람에 대하여도 적용한다.

 V. 신체검사

1. 신체검사(제6조의3)

① 국가보훈처장은 제4조 제1항 제4호·제6호·제12호·제15호 및 제17호에 따라 이 법의 적용 대상자로 될 상이를 입은 사람의 판정과 그가 입은 상이 정도 또는 상이처의 변경 등으로 인한 상이등급을 판정하기 위하여 신체검사를 실시한다. 이 경우 대통령령으로 정하는 사유가 있는 사람의 상이등급 판정을 위한 신체검사는 서면심사(書面審査)로 할 수 있다.

② 제1항에 따라 실시하는 신체검사는 다음 각 호의 구분에 따른다.
   1. 신규신체검사: 제6조 제1항에 따라 등록을 신청한 사람에 대하여 보훈심사위원회가 심의·의결한 경우에 실시하는 신체검사
   2. 재심신체검사: 신규신체검사의 판정에 이의가 있는 사람에 대하여 실시하는 신체검사
   3. 재확인신체검사: 신규신체검사나 재심신체검사에서 상이등급의 판정을 받지 못한 사람에 대하여 실시하는 신체검사
   4. 재판정(再判定)신체검사: 신규신체검사, 재심신체검사 또는 재확인신체검사에서 상이등급의 판정을 받아 이 법의 적용 대상이 된 사람 중 본인의 신청 또는 국가보훈처장의 직권에 의하여 상이등급을 재판정할 필요가 있다고 인정되는 사람에 대하여 실시하는 신체검사

③ 제2항에 따른 신체검사에서 다음 각 호의 어느 하나에 해당하는 경우에는 그 등록신청이나 신체검사신청은 기각된 것으로 본다.
  1. 신규신체검사·재심신체검사 또는 재확인신체검사에서 상이등급의 판정을 받지 못한 경우
  2. 재심신체검사나 재판정신체검사의 결과 상이등급의 변동이 없는 경우
  3. 대통령령으로 정하는 특별한 사유 없이 본인이 신청한 신체검사를 받지 아니하는 경우
④ 국가보훈처장은 다음 각 호의 어느 하나에 해당하는 경우 직권으로 재판정신체검사를 실시할 수 있다.
  1. 상이(질병을 포함한다)의 특성상 일정한 기간이 지난 후 상이등급을 재판정할 필요가 있다고 인정되는 경우
  2. 그 밖에 상이등급을 재판정할 필요가 있다고 국가보훈처장이 인정하는 경우
⑤ 제4항 제1호에 따라 직권으로 실시하는 재판정신체검사는 1회에 한하여 실시하되 상이(질병을 포함한다)가 호전되거나 악화된 정도 등을 고려하여 이를 달리할 수 있다.
⑥ 직권에 의한 재판정신체검사의 실시를 통보받은 사람은 대통령령으로 정하는 특별한 사유가 없으면 이를 받아야 한다.
⑦ 재판정신체검사에서 상이등급 재판정의 효력은 본인이 신청하거나 국가보훈처장이 직권에 의하여 재판정신체검사를 받도록 통지한 날이 속하는 달부터 발생한다. 다만, 상이등급이 하락(下落)한 경우에는 다음 각 호의 구분에 따른다.
  1. 본인의 신청에 의한 재판정신체검사의 경우: 상이등급의 판정을 받은 날이 속하는 달의 다음 달
  2. 직권에 의한 재판정신체검사의 경우: 재판정신체검사를 받도록 통지한 날이 속하는 달의 다음 달
⑧ 제1항부터 제7항까지에서 규정한 사항 외에 신체검사 실시일, 직권에 의한 재판정신체검사 대상자의 선정기준 등 신체검사에 필요한 사항은 대통령령으로 정한다.

2. 상이등급의 구분 등(제6조의 4)

① 제6조의3제1항에 따른 신체검사 대상자의 상이등급은 그 상이 정도에 따라 1급·2급·3급·4급·5급·6급 및 7급으로 구분하여 판정한다. 이 경우 보훈심사위원회의 심의·의결을 거쳐야 한다.

② 제1항에 따른 상이등급의 기준은 상이 부위 및 양태, 사회생활의 제약을 받는 정도 등을 종합적으로 고려하여 정한다.

③ 제1항에 따른 상이등급의 구분과 판정 등에 필요한 사항은 대통령령으로 정한다.

 Ⅵ. 보훈급여금

1. 보훈급여금의 종류(제11조)

① 보훈급여금(報勳給與金)은 보상금(報償金), 수당 및 사망일시금(死亡一時金)으로 구분한다.

② 제1항에 따른 수당은 다음 각 호와 같다.

  1. 생활조정수당
  2. 간호수당
  3. 무공영예수당
  4. 6·25전몰군경자녀수당
  5. 부양가족수당
  6. 중상이(重傷痍)부가수당
  7. 4·19혁명공로수당
  8. 그 밖에 대통령령으로 정하는 수당

2. 보상금(제12조)

① 다음 각 호에 해당하는 사람에게는 보상금을 지급한다. 다만, 이 법 또

는 다른 법률에 따라 보상금지급대상에서 제외되는 사람은 그러하지 아니하다.

1. 전상군경, 공상군경, 4·19혁명부상자, 4·19혁명공로자 및 특별공로상이자
2. 재일학도의용군인 및 그가 사망한 경우 그 유족 중 선순위자 1명
3. 전몰군경, 순직군경, 4·19혁명사망자 및 특별공로순직자의 유족 중 선순위자 1명
4. 제1호에 해당하는 사람 중 대통령령으로 정하는 상이등급 이상으로 판정된 사람이 사망한 경우 그 유족 중 선순위자 1명

② 제1항 제2호부터 제4호까지에 해당하는 유족 중 자녀는 미성년인 자녀로 한정하되, 대통령령으로 정하는 생활능력이 없는 정도의 장애가 있으면 그가 성년이 된 경우에도 미성년인 자녀의 예에 따라 지급한다. 대통령령으로 정하는 생활능력이 없는 정도의 장애가 있는 미성년 제매가 성년이 된 경우에도 또한 같다.

③ 제1항 제1호에 해당하는 사람(4·19혁명공로자는 제외한다)의 보상금은 상이등급별로 구분하여 지급한다.

④ 보상금의 지급수준은 「통계법」 제3조 제2호에 따라 통계청장이 지정하여 고시(告示)하는 통계 중 가계조사통계의 전국가구(全國家口) 가계소비지출액 등을 고려하여 국가유공자의 희생과 공헌의 정도에 상응하게 결정하여야 한다.

⑤ 보상금은 월액(月額)으로 하고, 그 지급액, 지급방법, 그 밖에 지급에 필요한 사항은 대통령령으로 정한다.

3. 보상금 지급순위(제13조)

① 보상금을 받을 유족의 순위는 제5조 제1항 각 호의 순위로 한다.
② 제1항에 따라 보상금을 받을 유족 중 같은 순위자가 2명 이상이면 다음 각 호의 구분에 따라 보상금을 지급한다.

1. 같은 순위 유족 간 협의에 의하여 같은 순위 유족 중 1명을 보상금을 받을 사람으로 지정한 경우에는 그 사람에게 보상금을 지급한

다. 이 경우 유족 간 협의의 방법 및 효력 등에 관하여 필요한 사항
은 대통령령으로 정한다.

2. 제1호에 해당하는 사람이 없는 경우에는 국가유공자를 주로 부양하
거나 양육한 사람에게 보상금을 지급한다.

3. 제1호 및 제2호에 해당하는 사람이 없는 경우에는 나이가 많은 사
람에게 보상금을 지급하되, 같은 순위자가 국가유공자의 부모일 때
에는 제12조 제1항에도 불구하고 보상금을 균등하게 분할하여 지급
한다. 이 경우 보상금의 분할 지급방법 등에 필요한 사항은 대통령
령으로 정한다.

③ 보상금을 받을 유족이 다음 각 호의 어느 하나에 해당하면 그 다음 순위
의 유족에게 대통령령으로 정하는 바에 따라 보상금을 지급한다.

1. 사망한 경우

2. 제5조 제1항 각 호의 어느 하나에 해당하지 아니하게 된 경우

3. 1년 이상 계속하여 행방불명인 경우

④ 제2항 제3호에 따라 분할하여 보상금을 지급받는 사람이 제3항 각 호의
어느 하나에 해당하는 경우에는 남아 있는 부 또는 모에게 보상금 전액
을 지급한다.

4. 생활조정수당(제14조)

① 국가유공자와 그 유족 중 제13조에 따른 보상금 지급순위가 선순위인
자 1명에게는 생활 정도를 고려하여 생활조정수당을 지급할 수 있다.

1. 국가유공자

2. 국가유공자의 유족 중 보상금을 받는 사람

3. 국가유공자의 유족 중 보상금을 받는 사람이 없는 경우에는 제5조
제1항 각 호의 순위에 따른 선순위자 1명

② 제1항 제3호를 적용할 때 유족 중 같은 순위가 2명 이상이면 제13조 제
2항을 준용한다.

③ 생활조정수당은 월액(月額)으로 하며, 그 지급액, 지급방법, 그 밖에 지
급에 필요한 사항은 대통령령으로 정한다.

5. 간호수당(제15조)

① 전상군경, 공상군경, 4·19혁명부상자, 공상공무원 및 특별공로상이자로서 상이 정도가 심하여 다른 사람의 보호 없이는 활동이 어려운 자에게는 간호수당을 지급한다.
② 간호수당은 월액으로 하며, 그 지급액, 지급방법, 그 밖에 지급에 필요한 사항은 대통령령으로 정한다.

6. 무공영예수당(제16조의2)

① 60세 이상 무공수훈자에게는 무공의 영예를 기리기 위하여 무공영예수당을 지급한다. 이 경우 60세 이상인 무공수훈자가 제4조 제1항 제4호·제6호·제9호, 제73조 및 제74조(상이를 입은 사람만 해당한다)의 어느 하나에 해당하여 제12조에 따른 보상금의 지급대상, 「보훈보상대상자 지원에 관한 법률」 제2조 제1항 제2호에 해당하여 같은 법 제11조에 따른 보상금의 지급대상 또는 「참전유공자 예우 및 단체설립에 관한 법률」 제6조 제1항에 따른 참전명예수당의 지급대상에 해당하는 경우에는 본인의 선택에 따라 무공영예수당과 보상금·참전명예수당 중 어느 하나를 지급한다.
② 무공영예수당은 「상훈법」에 따른 무공훈장의 등급별로 구분하여 지급하되, 2개 이상의 무공훈장을 받은 사람에 대하여는 그중 가장 높은 등급에 해당하는 1개의 무공훈장을 기준으로 한다.
③ 무공영예수당은 월액으로 하며, 그 지급액, 지급방법, 그 밖에 지급에 필요한 사항은 대통령령으로 정한다.

7. 6·25전몰군경자녀수당(제16조의3)

① 1953년 7월 27일 이전 및 「참전유공자 예우 및 단체설립에 관한 법률」 별표에 따른 전투기간 중에 전사하거나 순직한 전몰군경 또는 순직군경의 자녀 중 제13조에 따른 보상금 지급순위가 선순위인 사람 1명에게 6·

25전몰군경자녀수당을 지급하되, 이 수당을 받을 권리는 다른 자녀에게 이전(移轉)되지 아니한다. 다만, 유족 중 한 사람이 보상금을 지급받고 있는 전몰군경이나 순직군경의 자녀에게는 지급하지 아니한다.

② 6·25전몰군경자녀수당은 월액으로 하며, 그 지급액, 지급방법, 그 밖에 지급에 필요한 사항은 대통령령으로 정한다.

8. 사망일시금(제17조)

① 보상금을 받는 국가유공자가 사망한 경우에는 그 유족에게 제13조의 보상금 지급순위에 따라 사망일시금을 지급한다. 이 경우 유족이 없으면 사망 당시 생활을 같이 하고 있던 친족 중 상속인이 될 자의 신청에 따라 그 상속인에게 지급한다.

② 보상금을 받는 국가유공자의 유족이 사망한 경우에 지급하는 사망일시금은 그 보상금을 받을 수 있는 다른 유족이 없는 경우에만 지급하되, 사망 당시 생활을 같이 하고 있던 친족 중 상속인이 될 자의 신청에 따라 그 상속인에게 지급한다.

③ 제1항과 제2항의 경우 상속인이 될 자도 없는 경우에는 장제(葬祭)를 행하는 자에게 사망일시금을 지급할 수 있다.

④ 사망일시금의 지급액과 그 밖에 지급에 필요한 사항은 대통령령으로 정한다.

9. 미지급 보훈급여금의 지급(제18조)

보상금과 수당을 받을 자가 제13조 제3항 제1호 또는 제3호의 어느 하나에 해당하면 그 지급이 확정된 보상금과 수당은 제17조 제1항 또는 제2항에 따른 사망일시금 지급의 예에 따라 지급한다.

10. 권리의 보호(제19조)

보훈급여금을 받을 권리는 양도하거나 압류할 수 없으며 담보로 제공할 수 없다. 다만, 이 법에 따라 대부(貸付)를 하는 경우와 보훈급여금 등을 환수하는 경우는 제외한다.

11. 보훈급여금의 지급정지(제20조)

보훈급여금을 받을 자가 국가나 지방자치단체 등의 양로시설이나 양육시설에서 국가의 부담으로 지원을 받고 있으면 그 지원을 받게 된 날이 속하는 달의 다음 달부터 그 지원을 받지 아니하게 된 날이 속하는 달까지는 보상금 중 대통령령으로 정하는 금액과 수당(무공영예수당과 6·25전몰군경자녀수당은 제외한다)은 지급하지 아니한다.

Ⅶ. 교육지원

1. 교육지원(제21조)

국가는 국가유공자와 그 유족 등이 제22조 제2항 각 호의 학교 등(이하 "교육기관"이라 한다)에서 필요한 교육을 받음으로써 건전한 사회인으로 자립할 수 있도록 교육지원을 한다.

2. 교육지원 대상자 등(제22조)

① 교육지원을 받을 수 있는 자(이하 "교육지원 대상자"라 한다)는 다음 각 호와 같다.
  1. 전상군경, 공상군경, 무공수훈자, 보국수훈자, 재일학도의용군인, 4·19혁명부상자, 4·19혁명공로자, 공상공무원, 특별공로상이자 및 특별공로자

2. 전몰군경, 순직군경, 4·19혁명사망자, 순직공무원 및 특별공로순직
   자의 배우자
3. 제1호에 해당하는 자의 자녀
4. 전몰군경, 순직군경, 4·19혁명사망자, 순직공무원, 특별공로순직자
   의 자녀, 미성년 제매 및 제1호에 해당하는 자가 사망한 경우의 그
   미성년 제매
② 교육지원 대상자에게 교육지원을 실시하는 교육기관은 다음 각 호와 같다.
   1. 「초·중등교육법」 제2조에 따른 중학교, 고등학교 및 그 밖에 이에
      준하는 학교. 다만, 같은 법 제60조의2에 따른 외국인학교는 제외한다.
   2. 「고등교육법」 제2조에 따른 대학(산업대학·교육대학·전문대학·원격
      대학 및 기술대학을 포함한다. 이하 "대학"이라 한다) 및 그 밖에 이에
      준하는 학교. 다만, 같은 법 제29조의2의 대학원과 같은 법 제30조
      의 대학원대학은 제외한다.
   3. 「평생교육법」에 따라 학력이 인정되는 평생교육시설
   4. 「학점인정 등에 관한 법률」에 따라 평가인정을 받은 학습과정을 운
      영하는 교육훈련기관

3. 취학시킬 의무(제23조)

① 「초·중등교육법」에 따른 중학교, 고등학교, 그 밖에 이에 준하는 학교는
   학년별로 그 학생정원의 3퍼센트의 범위에서 대통령령으로 정하는 바에
   따라 교육지원 대상자를 취학시켜야 한다.
② 교육과학기술부장관은 교육지원 대상자의 지역별 분포 상태를 고려하여
   필요하다고 인정하면 대통령령으로 정하는 바에 따라 지역별로 제1항에
   따른 취학비율을 6퍼센트까지 확대할 수 있다.

4. 입학절차(제24조)

제22조 제2항 제1호에 따른 중학교, 고등학교, 그 밖에 이에 준하는 학교에
취학할 교육지원 대상자에 대한 입학고사, 입학결정, 그 밖에 입학에 필요한 사

항은 대통령령으로 정한다.

5. 수업료등의 면제 등(제25조)

① 교육기관은 교육지원 대상자에 대하여 교육에 필요한 수업료, 입학금, 기성회비 및 그 밖의 학비(이하 "수업료등"이라 한다)를 면제한다.

② 수업료등의 면제는 교육지원 대상자가 제6조 제2항에 따라 국가유공자 등으로 등록결정된 후 교육기관의 장에게 수업료등을 면제하여 줄 것을 신청한 날이 속하는 달부터 실시한다. 다만, 교육기관 중 대학, 원격대학 형태의 평생교육시설, 전문대학 이상의 학위 취득에 필요한 학점이 인정되는 학습과정을 운영하는 교육훈련기관 및 대학에 상응하는 외국 교육기관(이하 "대학등"이라 한다)의 경우에는 교육지원 대상자가 수업료등의 면제를 신청한 이후 최초로 납부기한이 도래(到來)하는 수업료등부터 면제한다.

③ 사립인 대학등이 제22조 제1항 제3호 또는 제4호에 해당하는 교육지원 대상자에 대하여 제1항과 제2항에 따라 수업료등을 면제한 경우 국가는 그 면제금액의 절반을 보조한다.

④ 국가는 교육지원 대상자가 국가유공자 등으로 등록을 신청한 후 제2항에 따라 수업료등의 면제를 받기 전까지 실제로 부담한 수업료등에 해당하는 금액을 지원할 수 있다. 다만, 다른 법령에 따라 수업료등에 해당하는 금액을 국고보조(國庫補助) 받는 등 대통령령으로 정하는 사유가 있는 경우에는 그에 해당하는 금액은 지원하지 아니한다.

⑤ 제1항부터 제4항까지의 규정에 따른 교육지원 대상자에게 수업료등을 면제하거나 지원하는 연한(年限), 기준 및 교육지원을 하는 교육기관에 대한 보조 등에 필요한 사항은 대통령령으로 정한다.

6. 학습보조비의 지급(제26조)

① 국가보훈처장은 교육지원 대상자에게 학습보조비를 지급하고 기숙시설(寄宿施設)을 제공할 수 있다.

1. 「장애인 등에 대한 특수교육법」제2조 제1호에 따른 특수교육을 받
   고 있는 교육지원 대상자
2. 그 밖에 학습보조비 지급이 필요하다고 대통령령으로 정하는 교육
   지원 대상자

② 제1항에 따른 학습보조비의 지급대상, 지급액, 지급방법, 그 밖에 지급
에 필요한 사항은 대통령령으로 정한다.

Ⅷ. 취업보호

1. 취업지원(제28조)

국가는 국가유공자와 그 유족 등의 생활안정 및 자아실현을 위하여 취업지
원을 한다.

2. 취업지원 대상자(제29조)

① 취업지원을 받을 취업지원 대상자는 다음과 같다.
1. 전상군경, 공상군경, 무공수훈자, 보국수훈자, 재일학도의용군인, 4ㆍ
   19혁명부상자, 4ㆍ19혁명공로자, 공상공무원, 특별공로상이자 및
   특별공로자
2. 전몰군경, 순직군경, 4ㆍ19혁명사망자, 순직공무원 및 특별공로순직
   자의 배우자
3. 제1호에 해당하는 사람의 배우자
4. 전몰군경, 순직군경, 4ㆍ19혁명사망자, 순직공무원 및 특별공로순직
   자의 자녀
5. 전상군경, 공상군경, 4ㆍ19혁명부상자, 공상공무원 및 특별공로상이
   자 중 대통령령으로 정하는 상이등급 이상으로 판정된 사람의 자녀
   및 재일학도의용군인의 자녀

3. 취업지원 실시기관(제30조)

취업지원을 실시할 취업지원 실시기관은 다음과 같다.
1. 국가기관, 지방자치단체, 군부대, 국립학교와 공립학교
2. 일상적으로 하루에 20명 이상을 고용하는 공·사기업체(공·사기업체) 또는 공·사단체(공·사단체). 다만, 대통령령으로 정하는 제조업체로서 200명 미만을 고용하는 기업체는 제외한다.
3. 사립학교

4. 채용시험의 가점 등(제31조)

① 취업지원 실시기관이 그 직원을 채용하기 위하여 채용시험을 실시하는 경우에는 그 채용시험에 응시한 취업지원 대상자의 점수에 다음 각 호의 구분에 따라 가점(加點)하여야 한다.
1. 만점의 10퍼센트를 가점하는 취업지원 대상자
   가. 제29조 제1항 제1호에 해당하는 사람
   나. 제29조 제1항 제2호 및 제4호에 해당하는 사람
2. 만점의 5퍼센트를 가점하는 취업지원 대상자
   가. 제29조 제1항 제3호에 해당하는 사람
   나. 제29조 제1항 제5호에 해당하는 사람
② 제1항의 채용시험이 필기·실기·면접시험 등으로 구분되어 실시되는 경우에는 각 시험마다 제1항 각 호의 구분에 따라 가점하여야 하며, 둘 이상의 과목으로 실시되는 시험에서는 각 과목별로 제1항 각 호의 구분에 따라 가점하여야 한다. 다만, 취업지원 대상자의 점수가 만점의 40퍼센트 미만인 과목이 있거나 점수로 환산(換算)할 수 없는 시험인 경우에는 그러하지 아니하다.
③ 제1항과 제2항에 따라 가점을 받아 채용시험에 합격하는 사람(「독립유공자예우에 관한 법률」 제16조, 「보훈보상대상자 지원에 관한 법률」 제35조, 「고엽제후유의증 환자지원 등에 관한 법률」 제7조 제9항, 「5·18민주유공자예우에 관한 법률」 제22조 또는 「특수임무유공자 예우 및 단체설립에 관한 법률」 제24

조에 따라 채용시험에서 가점을 받아 합격하는 사람을 포함한다)은 그 채용시험 선발예정인원의 30퍼센트(가점에 따른 선발 인원을 산정하는 경우 소수점 이하는 버린다)를 초과할 수 없다. 다만, 응시자의 수가 선발예정인원과 같거나 그보다 적은 경우에는 그러하지 아니하다.

④ 채용시험의 합격자를 결정할 때 선발예정인원을 초과하여 동점자가 있으면 동점자 중 취업지원 대상자를 우선하여 합격자로 결정하여야 한다.

⑤ 제1항과 제2항에 따른 채용시험 가점 대상의 계급·직급·직위와 그 밖에 채용시험의 가점에 관하여 필요한 사항은 대통령령으로 정한다.

5. 취업지원의 신청(제31조의2)

취업지원(제31조에 따른 취업지원은 제외한다. 이하 이 조에서 같다)을 받으려는 취업지원 대상자는 국가보훈처장에게 취업지원을 신청하여야 한다.

6. 국가기관 등의 채용 의무(제32조)

① 제30조 제1호에 해당하는 취업지원 실시기관으로서 기관장이 기능직공무원과 기능군무원(이하 "기능직공무원등"이라 한다)의 임용권을 가지고 있고 기능직공무원등의 정원이 5명 이상인 기관(이하 "국가기관등"이라 한다)은 기능직공무원등의 정원에 대하여 대통령령으로 정하는 채용비율(이하 "채용비율"이라 한다) 이상으로 취업지원 대상자를 기능직공무원등으로 채용하여야 한다. 이 경우 기능직공무원등의 정원은 그 기능직공무원등에 대한 임용권을 가지는 국가기관등에 포함된 것으로 본다.

② 제1항에 따른 채용비율 이상으로 취업지원 대상자를 일반직공무원등으로 채용하지 아니한 국가기관등의 장은 일반직공무원등을 신규로 채용할 때 일반직공무원등의 채용에 관한 다른 법령의 규정에도 불구하고 국가보훈처장으로부터 취업지원 대상자를 추천받은 경우 그 추천받은 취업지원 대상자 중에서 선택하여 특별 채용하여야 한다.

③ 국가보훈처장은 제2항에 따른 취업지원 대상자를 추천할 때 복수로 하여야 한다. 다만, 추천대상자가 채용예정인원과 같거나 그 보다 적은 경

우에는 복수로 추천하지 아니한다.

④ 제2항에 따른 취업지원 대상자의 추천의뢰절차, 추천기준, 특별 채용 등
에 필요한 사항은 대통령령으로 정한다.

7. 국가기관등에 대한 채용실태 확인(제33조)

① 국가기관등은 대통령령으로 정하는 바에 따라 소속 공무원 중 기능직공무
원등의 정원과 채용에 관한 사항을 국가보훈처장에게 통보하여야 한다.

② 국가보훈처장은 국가기관등의 기능직공무원등 채용실태 등을 확인·점
검할 필요가 있다고 인정되면 해당 국가기관등에 관련 자료를 제출하도
록 요청하거나 그 밖의 방법으로 확인·점검할 수 있으며, 확인·점검
결과 시정(是正)이나 보완이 필요하다고 인정되는 경우에는 해당 국가기
관등의 장에게 시정이나 보완을 요구할 수 있다.

③ 제2항에 따라 시정이나 보완을 요구받은 국가기관등의 장은 필요한 조
치를 취하고, 그 결과를 국가보훈처장에게 통보하여야 한다.

8. 기업체 등의 우선고용 의무(제33조의2)

① 제30조 제2호에 해당하는 취업지원 실시기관은 전체 고용인원의 3퍼센
트 이상 8퍼센트 이하의 범위에서 대통령령으로 정하는 대상업체별 고
용비율 이상으로 취업지원 대상자를 우선하여 고용하여야 한다.

② 국가보훈처장은 제1항에도 불구하고 취업지원 대상자가 그 능력에 상응
한 직종에 취업할 수 있도록 하기 위하여 필요하면 대통령령으로 정하
는 바에 따라 다음 각 호의 취업지원 실시기관에 대하여 제1항에 따른
고용비율을 9퍼센트까지 확대할 수 있다.

　1. 「공공기관의 운영에 관한 법률」 제4조부터 제6조까지의 규정에 따
라 지정·고시된 공공기관

　2. 「지방공기업법」 제49조에 따른 지방공사 및 같은 법 제76조에 따른
지방공단

　3. 그 밖에 제30조 제2호에 해당하는 취업지원 실시기관으로 대통령령

으로 정하는 기업체 또는 단체

③ 제30조 제3호에 해당하는 취업지원 실시기관 중 교원을 제외한 교직원의 정원이 5명 이상인 사립학교는 교원을 제외한 고용인원의 10퍼센트 이상으로 취업지원 대상자를 우선하여 고용하여야 한다.

9. 업체등의 신고(제33조의3)

① 제30조 제2호 및 제3호에 해당하는 취업지원 실시기관(이하 "업체등"이라 한다)은 대통령령으로 정하는 바에 따라 사업의 종류, 고용직종, 고용인원, 고용기준, 그 밖에 고용에 관한 사항을 국가보훈처장에게 신고하여야 한다.

② 국가보훈처장은 제1항에 따른 신고내용이 미흡하거나 실태파악을 위하여 필요하다고 인정되면 관계 공무원에게 업체등 및 이에 해당된다고 인정되는 업체등에 출입하여 필요한 설명이나 관련 자료의 제출을 요구하게 할 수 있다.

③ 제2항의 경우 관계 공무원은 그 권한을 표시하는 증표를 지니고 이를 관계인에게 내보여야 한다.

10. 보훈특별고용(제34조)

① 국가보훈처장은 제33조의2에 따른 고용비율에 미달한 업체등에 그 업체등이 고용할 사람을 선택할 수 있도록 대통령령으로 정하는 바에 따라 취업지원 대상자를 복수로 추천하여야 한다. 다만, 다음 각 호의 어느 하나에 해당하면 취업지원 대상자를 복수로 추천하지 아니할 수 있다.

  1. 취업지원 대상자가 제29조 제1항 제1호부터 제3호까지에 해당하는 사람인 경우
  2. 삭제
  3. 취업지원을 신청한 취업지원 대상자 중 해당 업체등에 추천할 수 있는 사람이 고용할 것을 명할 인원과 같거나 그 보다 적은 경우
  4. 업체등과 복수 추천을 하지 아니하기로 협의한 경우

5. 그 밖에 복수 추천이 곤란하다고 국가보훈처장이 인정하는 경우

② 제1항에 따라 취업지원 대상자를 복수로 추천받은 업체등은 대통령령으로 정하는 바에 따라 추천받은 사람 중에서 고용할 사람을 선택하여 국가보훈처장에게 통보하여야 한다.

③ 국가보훈처장은 다음 각 호의 구분에 따라 취업지원 대상자를 대통령령으로 정하는 바에 따라 업체등에 고용할 것을 명할 수 있다.

  1. 업체등이 제2항에 따른 통보를 한 경우: 업체등이 선택한 취업지원 대상자

  2. 업체등이 대통령령으로 정하는 정당한 사유 없이 제2항에 따른 통보를 하지 아니한 경우(고용할 것을 명할 인원보다 적은 취업지원 대상자를 선택하여 통보한 경우를 포함한다): 국가보훈처장이 복수로 추천한 취업지원 대상자 중 선택한 사람

  3. 제1항 단서에 따라 복수로 추천하지 아니한 경우: 국가보훈처장이 지정한 취업지원 대상자

④ 국가보훈처장은 제3항에 따라 고용할 것을 명하는 경우에는 업체등을 지정하여 대통령령으로 정하는 바에 따라 해당 취업지원 대상자에게 취업할 것을 통지하여야 한다.

⑤ 제29조 제1항 제4호 및 제5호에 해당하는 사람을 제3항에 따라 업체등에 고용할 것을 명하는 경우 그 취업지원 연령의 상한 등은 대통령령으로 정한다

11. 취업지원 제한(제34조의2)

① 이 법에 따라 취업한 취업지원 대상자는 성실하게 근무하여야 한다.

② 국가보훈처장은 취업지원 대상자가 다음 각 호의 어느 하나에 해당하면 대통령령으로 정하는 바에 따라 제34조에 따른 취업지원을 일정 기간 제한하거나 그 횟수를 제한할 수 있다.

  1. 제34조 제4항에 따른 취업통지를 받고 정당한 사유 없이 취업을 하지 아니한 경우

  2. 제34조에 따라 취업한 후 정당한 사유 없이 대통령령으로 정하는

기간 미만을 근무하고 퇴직한 경우

3. 근무태만·직무유기(職務遺棄) 또는 부정행위(不正行爲)의 사유로 징
계에 의하여 면직된 경우

12. 신체검사의 합격기준(제35조)

취업지원 대상자인 전상군경, 공상군경, 4·19혁명부상자, 공상공무원 및
특별공로상이자의 신체검사의 합격기준은 그가 채용될 직종에서 직무를 수행할
수 있는 정도로 하며, 그 합격판정은 대통령령으로 정하는 의료기관에서 한다.

13. 경력기간의 합산(제35조의2)

업체등은 우선고용한 취업지원 대상자의 군복무경력을 대통령령으로 정하
는 바에 따라 호봉획정(號俸劃定)을 위한 경력기간에 합산(合算)할 수 있다.

14. 차별대우 금지(제36조)

① 취업지원 실시기관은 이 법에 따른 취업자(신규로 채용된 자를 포함한다.
   이하 같다)에 대하여 직급의 부여·보직(補職)·승진·승급(昇給) 등 모든
   처우에서 채용의무에 따라 채용한 것을 사유로 다른 직원보다 불리한
   대우를 하여서는 아니 된다.
② 국가보훈처장은 취업지원 실시기관이 제1항을 위반하여 이 법에 따른
   취업자에게 차별대우를 한 것으로 인정되면 그 시정을 요구할 수 있다.
③ 제2항에 따라 시정을 요구받은 취업지원 실시기관은 이에 따른 시정조
   치를 하여야 하며 그 결과를 국가보훈처장에게 통보하여야 한다.

15. 취업사실 등의 통보(제37조)

취업지원 실시기관은 다음 각 호의 어느 하나에 해당하면 그 내용을 국가

보훈처장에게 통보하여야 한다.

    1. 취업지원 대상자가 취업한 경우

    2. 이 법에 따른 취업자가 퇴직하거나 해임 또는 해고된 경우

16. 채용 또는 고용인원의 산정(제37조의2)

① 제32조 제1항 및 제33조의2 제1항부터 제3항까지의 규정에 따른 비율에 따라 산출된 인원이 1명 미만이면 1명으로 하고, 1명 이상이면 소수점 이하는 버린다.

② 제31조 또는 제32조 제2항에 따라 기능직공무원등으로 채용되거나 제31조·제33조의2 또는 제34조에 따라 고용(교원으로 고용된 경우는 제외한다)된 취업지원 대상자가 취업지원대상에서 제외되었다 하더라도 그가 계속 취업 중이면 그 취업지원 실시기관의 채용비율이나 고용비율로 산정된 인원에 그를 포함시켜야 한다.

③ 취업지원 대상자가 제31조, 제32조, 제33조의2 또는 제34조에 따른 취업지원 외의 방법으로 채용되거나 고용된 경우 그 취업지원 대상자는 취업지원 실시기관의 채용비율이나 고용비율로 산정된 인원에 포함되지 아니한다.

④ 제32조 제1항, 제33조의2 및 이 조 제2항에 따라 채용 또는 고용 인원을 산정하는 경우 제29조 제1항 제1호에 해당하는 취업지원 대상자로서 1급·2급·3급·4급 또는 5급의 상이등급을 판정받은 사람에 대한 채용 또는 고용은 그 인원의 2배에 해당하는 인원의 채용 또는 고용으로 본다. [법률 제15028호(2017. 10. 31.) 부칙 제2조의 규정에 의하여 이 조 제4항은 2022년 12월 31일까지 유효함.]

17. 직업훈련(제38조)

① 국가보훈처장은 전상군경, 공상군경, 4·19혁명부상자, 공상공무원 및 특별공로상이자가 취업에 필요한 기술을 습득할 수 있도록 대통령령으로 정하는 바에 따라 직업재활훈련을 실시할 수 있다.

② 국가보훈처장은 「근로자직업능력 개발법」에 따라 직업교육훈련(직업능력개발훈련을 포함한다. 이하 같다)을 실시하는 기관에 취업지원 대상자를 추천하여 직업교육훈련을 받게 하여야 한다. 이 경우 추천할 취업지원 대상자의 수는 「직업교육훈련 촉진법」 제10조에 따른 우선실시비율의 범위에서 고용노동부장관과 협의하여 정한다.

③ 제1항에 따른 직업재활훈련과 제2항에 따른 직업교육훈련에 필요한 비용은 국가가 부담한다.

18. 능력개발 장려금의 지급(제39조)

① 국가보훈처장은 취업에 필요한 자격이나 능력 등을 개발하려는 취업지원 대상자에게 예산의 범위에서 그 비용의 전부 또는 일부를 지원하거나 장려금을 지급할 수 있다.

② 제1항에 따라 비용을 지원하거나 장려금을 지급할 때 그 기준·범위 및 절차 등에 관하여 필요한 사항은 대통령령으로 정한다.

 ## Ⅸ. 의료보호

1. 의료지원(제41조)

국가는 국가유공자와 그 유족 등이 건강한 생활을 유지하고 필요한 진료 등을 받을 수 있도록 의료지원을 한다.

2. 진료(제42조)

① 전상군경, 공상군경, 4·19혁명부상자, 공상공무원 및 특별공로상이자가 그 상이처에 대한 진료를 필요로 하거나 질병(부상을 포함한다. 이하 이 조에서 같다)에 걸리면 대통령령으로 정하는 바에 따라 국가의 의료시설

(「한국보훈복지의료공단법」 제7조에 따른 보훈병원을 포함한다) 또는 지방자치단체의 의료시설에서 진료한다. 다만, 본인의 고의에 의하여 생긴 질병의 경우에는 그러하지 아니하다.

② 국가는 제1항에 따른 진료를 국가나 지방자치단체 외의 의료시설에 위탁할 수 있다.

③ 제1항과 제2항에 따른 진료 비용은 국가가 부담한다. 다만, 지방자치단체의 의료시설에서 진료한 경우에는 대통령령으로 정하는 바에 따라 지방자치단체가 그 일부를 부담할 수 있다.

④ 전상군경, 공상군경, 4·19혁명부상자, 공상공무원 및 특별공로상이자 중 대통령령으로 정하는 상이등급 미만으로 판정된 사람이 그 상이처 외에 질병에 걸려 제1항에 따른 의료시설 및 제2항에 따라 진료를 위탁받은 의료시설에서 진료를 받는 경우에는 제3항에도 불구하고 대통령령으로 정하는 바에 따라 그 진료 비용의 일부를 본인에게 부담하게 할 수 있다.

⑤ 다음 각 호의 어느 하나에 해당하는 사람에 대하여는 「한국보훈복지의료공단법」 제7조에 따른 보훈병원에서 진료한다. 이 경우 그 진료 비용은 대통령령으로 정하는 바에 따라 감면(減免)하며, 그 감면된 비용은 국가보훈처장이 예산의 범위에서 해당 보훈병원에 지급할 수 있다.

  1. 제1항에 따른 의료지원 대상자가 아닌 국가유공자

  2. 국가유공자의 가족 중 배우자

  3. 국가유공자의 유족 중 제5조 제1항 각 호의 순위에 따른 선순위자 1명. 이 경우 선순위자가 국가유공자의 부 또는 모인 때에는 선순위자가 아닌 모 또는 부를 포함한다.

⑥ 제5항 제3호를 적용할 때 유족 중 같은 순위가 2명 이상이면 제13조 제2항을 준용한다.

⑦ 75세 이상으로서 다음 각 호의 어느 하나에 해당하는 사람은 「한국보훈복지의료공단법」 제7조에 따른 보훈병원 외에 국가보훈처장이 지정하여 진료를 위탁한 의료기관에서 진료를 받을 수 있다. 이 경우 그 진료비용은 대통령령으로 정하는 바에 따라 감면하며, 그 감면된 비용은 국가가 부담한다.

1. 제4조 제1항 제7호의 무공수훈자

2. 재일학도의용군인

3. 제12조 제1항 제2호부터 제4호까지의 선순위자 1명, 이 경우 선순위자가 제13조 제2항 제3호에 따른 부모인 경우에는 협의 등에 의하여 1명을 지정하며, 협의 및 지정 등에 관하여 필요한 사항은 대통령령으로 정한다.

4. 제16조의3 제1항의 6·25전몰군경자녀수당을 지급받는 자

⑧ 제1항부터 제7항까지의 규정에 따른 진료 또는 진료비 지원의 방법·절차·범위 및 상한 등 의료지원의 기준은 대통령령으로 정한다.

3. 보철구의 지급(제43조의2)

전상군경, 공상군경, 4·19혁명부상자, 공상공무원 및 특별공로상이자로서 신체장애로 보철구(補綴具)가 필요한 자에게는 대통령령으로 정하는 바에 따라 보철구를 지급한다.

4. 의학적 재활(제44조)

① 국가보훈처장은 전상군경, 공상군경, 4·19혁명부상자, 공상공무원 및 특별공로상이자의 신체기능 퇴화를 방지하고 그 기능을 회복하게 하기 위하여 의학적 재활과 재활체육에 관한 시책을 마련하고, 그 사업을 수행한다.

② 국가보훈처장은 의학적 재활과 재활체육을 진흥하기 위하여 필요하다고 인정되면 공단과 「국가유공자 등 단체설립에 관한 법률」에 따른 단체에 그 사업을 위탁할 수 있다. 이 경우 국가보훈처장은 그 사업을 위탁받은 공단 등에 예산의 범위에서 그 경비의 전부 또는 일부를 보조할 수 있다.

5. 의료시설의 확보 비용 등의 보조(제45조)

국가보훈처장은 이 법에 따른 의료지원에 필요한 시설 등의 확보 비용과 그 유지·관리 비용을 예산의 범위에서 공단에 보조할 수 있다.

 X. 대부

1. 대부(제46조)

국가는 국가유공자와 그 유족 등의 자립과 생활안정을 위하여 장기저리(長期低利)로 대부(貸付)를 한다.

2. 대부 대상자(제47조)

① 대부 대상자는 다음 각 호와 같다.
 1. 국가유공자
 2. 국가유공자의 유족 중 보상금을 받는 자
 3. 국가유공자의 유족 중 보상금을 받는 자가 없는 경우에는 제5조 제
  1항 각 호에 따른 선순위자
② 제1항 제3호를 적용할 때 유족 중 같은 순위가 2명 이상이면 제13조 제
 2항을 준용한다.

3. 대부의 재원(제48조)

대부의 재원은 「보훈기금법」 제6조에 따른 국가유공자지원자금으로 한다.

4. 대부의 종류(제49조)

대부의 종류는 다음 각 호와 같다.

1. 농토구입대부
2. 주택대부(주택구입대부, 대지구입대부, 주택신축대부, 주택개량대부, 주택
   임차대부를 말한다. 이하 같다)
3. 사업대부
4. 생활안정대부

5. 대부의 한도액(제50조)

① 대부의 종류별 한도액은 대부 재원의 범위에서 국가보훈처장이 정한다.
② 국가보훈처장은 제49조 제1호 및 제2호의 대부를 할 때에는 다음 각 호
   의 범위에서 하여야 한다.
   1. 농토구입대부: 해당 농토의 평가액 이내
   2. 주택구입대부·대지구입대부 또는 주택신축대부: 해당 주택이나 대
      지의 평가액 이내
   3. 주택개량대부: 주택개량에 드는 비용 이내
   4. 주택임차대부: 임차금액 이내

6. 대부금의 이율(제51조)

대부금의 이율(利率)은 대통령령으로 정한다.

동법 시행령(대통령령) 제68조(대부금의 이율)
대부금(貸付金)의 이율은 법 제48조에 따른 대부재원의 자금별로 연리 2퍼센트부
터 12퍼센트까지의 범위에서 국가보훈처장이 정한다. 다만, 다음 각 호의 어느 하
나에 해당하는 대부금의 이율은 연리 2퍼센트 이하로 한다.

1. 법 제56조 제2항 및 제5항에 따라 담보로 제공된 부동산(이하 "담보재산"이라
   한다)에 대하여 저당권을 실행하는 경우 그 저당권 실행기간 중의 미상환대부
   금에 대한 이율
2. 담보재산에 대한 저당권 실행 결과 미상환대부금이 있는 경우 그 미상환대부금
   에 대한 이율
3. 법 제56조 제5항에 따라 보훈급여금(생활조정수당 및 사망일시금은 제외한다)

또는 그 밖의 담보를 제공하거나 보증인을 세우고 대부를 받은 자에게 대부금
반환청구소송을 제기한 경우 그 소송기간 중의 미상환대부금에 대한 이율
4. 천재지변·재해·생계곤란·질병 또는 이에 준하는 사유로 대부금의 상환기간을
   연장하는 경우 상환유예 기간 중의 미상환대부금에 대한 이율

7. 대부의 신청 등(제52조)

① 대부를 받으려는 자는 대통령령으로 정하는 바에 따라 국가보훈처장에게
   대부신청을 하여야 하되, 대부를 받으려는 자가 둘 이상의 대부 대상자
   요건에 해당하면 그 중 하나를 선택하여 대부신청을 하여야 한다. 대부
   를 받은 후 다시 대부신청을 할 때에도 그 선택은 변경할 수 없다.
② 국가보훈처장은 제1항에 따른 대부신청을 받으면 대부결정기준을 마련
   하고 이에 따라 대부를 한다.

8. 대부금의 상환기간(제53조)

① 대부금은 다음 각 호의 기간의 범위에서 대통령령으로 정하는 바에 따
   라 분할상환(分割償還)하여야 한다.
   1. 농토구입대부: 3년 거치(据置) 후 12년
   2. 주택대부: 20년
   3. 사업대부: 15년
   4. 생활안정대부: 5년
② 국가보훈처장은 대부를 받은 자가 대부금을 상환하기 곤란하다고 인정
   되면 3년의 범위에서 그 상환기간을 연장할 수 있다.
③ 국가보훈처장은 대부를 받은 사람이 대부금을 그 목적 외의 용도에 사
   용한 경우에는 제1항의 상환기간에도 불구하고 대통령령으로 정하는 바
   에 따라 대부금을 상환하게 할 수 있다.

9. 주택의 분양(제54조)

① 국가보훈처장은 대부 대상자에게 주택을 공급하기 위하여 필요하면 제
48조에 따른 재원으로 주택을 건축하여 분양·임대 또는 관리할 수 있
다. 다만, 주택의 수급(需給) 사정에 따라 특히 필요하다고 인정되는 경
우에는 대부 대상자가 아닌 자에게도 분양하거나 임대할 수 있다.

② 제1항에 따른 주택의 분양·임대 또는 관리에 필요한 사항은 「국유재산
법」에도 불구하고 대통령령으로 정한다.

[전문개정 2008. 3. 28.]

10. 보조금의 지급(제55조)

대부 대상자 중 농토구입대부나 주택대부(대지구입대부 및 주택개량대부는 제
외한다)를 받는 자에게는 대통령령으로 정하는 바에 따라 예산의 범위에서 보조
금을 지급할 수 있다.

11. 담보 등(제56조)

① 국가보훈처장은 농토구입대부나 주택대부(주택개량대부 및 주택임차대부는
제외한다)를 받을 자에게는 그 농지나 주택의 매수(買受) 등을 쉽게 할
수 있도록 대통령령으로 정하는 바에 따라 해당 대부금의 지급에 관한
지급보증을 할 수 있다.

② 농토구입대부나 주택대부(주택개량대부 및 주택임차대부는 제외한다)를 받
는 자는 그 대부금으로 취득할 재산을 대부금의 상환이 끝날 때까지 국
가에 담보로 제공하여야 한다.

③ 국가보훈처장은 제2항에도 불구하고 아파트 등 공동주택의 구입을 위한
주택구입대부를 하는 경우에 대부받을 자가 책임을 져야 할 사유 없이
소유권에 관한 등기가 상당 기간 지연될 것이 예상되면 해당 주택을 담
보로 제공할 수 있을 때까지 그 주택을 담보로 하지 아니하고 제5항을
준용하여 담보를 제공하게 할 수 있다.

④ 삭제<2008. 3. 28.>

⑤ 주택개량대부·주택임차대부·사업대부 또는 생활안정대부를 받는 자는 부동산 또는 제12조에 따른 보상금을 국가에 담보로 제공하여야 한다. 다만, 대부를 받는 자가 담보로 제공할 부동산이 없거나 보상금을 받을 수 있는 자가 아닌 경우에는 국가보훈처장은 보증인을 세우게 하거나 그 밖의 담보를 제공하게 할 수 있다.

⑥ 국가보훈처장은 제2항·제3항 및 제5항에 따른 담보만으로 채권보전(債權 保全)이 곤란하다고 인정할 때에는 그 보전에 필요한 조치를 할 수 있다.

⑦ 농토구입대부나 주택대부(주택개량대부 및 주택임차대부는 제외한다)를 받은 자는 다음 각 호의 어느 하나에 해당하는 사유가 있으면 국가보훈처장의 승인을 받아 이미 담보로 제공한 부동산을 갈음하여 그가 상환하지 아니한 채무액 이상의 가치가 있는 부동산을 국가에 담보로 제공하여야 한다. 다만, 제3호의 경우에는 새로 매입한 부동산을 국가에 담보로 제공하여야 한다.

  1. 담보재산이 법률에 따라 수용(收用)된 경우(부분 수용으로 채권보전에 지장이 없는 경우는 제외한다)

  2. 담보재산이 천재지변·재해 또는 이에 준하는 사유로 인하여 대체가 불가피하게 된 경우

  3. 대부금으로 취득한 농토나 주택의 매각이 불가피하여 같은 용도의 부동산을 매입하게 된 경우

⑧ 주택개량대부, 주택임차대부, 사업대부 또는 생활안정대부를 받은 자가 담보로 제공한 부동산이 사업 운영상 또는 그 밖의 부득이한 사유로 대체가 불가피하게 된 경우에는 그가 상환하지 아니한 채무액 이상의 가치가 있는 부동산이나 국가보훈처장이 정하는 담보를 국가에 제공하여야 한다. 다만, 부동산 외의 담보 제공은 그가 상환하지 아니한 채무액이 국가보훈처장이 정하는 금액 이하인 경우에만 가능하다.

⑨ 국가보훈처장은 대부금의 상환이 끝나면 저당권(抵當權)의 말소(抹消)를 위한 절차를 밟아야 한다.

제3절 근로복지기본법

 I. 의의

    근로복지기본법은 근로복지의 근간을 이루는 법으로 근로복지정책을 수립하고, 복지사업을 수행하는데 필요한 사항을 규정함으로써 소득불평등을 완화시키고, 고용노동부문의 생산적 복지를 구현하기 위해 제정되었다. 근로복지기본법은 내용상 근로복지정책의 기본원칙, 근로복지 증진을 위한 기본계획 수립, 우리사주제도, 사내근로복지기금제도, 근로복지진흥기금 등을 규정하고 있다.

 II. 연혁

    근로복지기본법은 1999년부터 제정을 추진해 2000년 11월 국회의원 118인이 공동 발의한 뒤 노사정위원회의 합의 과정을 거쳐 2001년 6월 28일 국회에서 통과되었으며, 2001년 8월 14일 제정되었다. 근로복지기본법은 중소기업근로자복지진흥법 및 근로자의 생활향상과 고용안정지원에 관한 법률 등 근로자복지와 관련된 법령을 통합·정비하여 생산적 복지의 실현과 근로자 복지정책 및 사업을 효율적으로 추진하려는 것이다. 이 법의 주요내용은 다음과 같다.

① 근로자복지에 관한 기본방향 및 주요정책 등을 심의하기 위하여 노동부에 근로자·사용자·공익위원 3자 동수로 구성된 중앙근로자복지정책위원회를 설치하고, 시·도 근로자복지정책위원회를 둘 수 있다.
② 근로복지공단은 담보능력이 미약한 저소득 근로자가 금융기관으로부터 융자를 받을 때 해당 금융기관과의 계약에 따라 채무보증을 할 수 있다.
③ 근로자의 경제적·사회적 지위향상과 노사협력 증진에 필요한 우리사주제도를 활성화시킨다.

④ 중소기업근로자복지진흥법과 근로자의 생활향상과 고용안정지원에 관한 법률은 폐지한다.

2003년 5월 29일(법률 6916호)은 전문개정을 하였으며, 주택의 건설을 촉진하고, 주택을 원활하게 공급함으로써 국민주거생활의 안정화를 목적으로 제정·운영되어 온 주택건설촉진법을 변화된 경제적·사회적 여건에 맞추어 주거복지 및 주택관리 등의 부분을 보강하고, 현행 제도의 운영과정에서 나타난 일부 미비점을 전반적으로 개선·보완하려는 목적을 가지고 있다.

2004년 1월 29일(법률 제7159호)은 복권의 통합적인 관리를 위하여 주택법, 산림법 등에 근거하여 10개의 기관으로 분산된 복권발행기관을 국무총리 소속하에 독립위원회로 설치한 복권위원회로 일원화하고, 복권기금을 신설하여 이를 공익목적에 사용하도록 하고, 그 사용내역을 국민에게 공개하도록 함으로써 복권수익금 사용의 효율성과 투명성을 제고하는 한편, 복권판매의 제한, 광고규제 등 과도한 사행성을 방지하기 위한 장치를 마련함으로써 복권사업의 건전한 발전을 도모하려 하였다.

2005년 3월 31일(법률 7469호)은 주가변동에 따른 근로자의 우리사주 취득위험을 완화하고 근로자의 자사주 취득기회를 확대하기 위하여 우리사주매수선택권제도를 도입하고, 우리사주 취득이 어려운 주권비상장법인 및 코스닥비상장법인의 근로자가 당해 회사의 지주회사 우리사주조합에 가입할 수 있는 근거를 마련하는 한편, 우리사주조합의 해산절차를 간소화하는 등 현행 제도의 운영과정에서 나타난 일부 미비점을 개선·보완하려 하였다.

2006년 12월 30일(법률 제8135호)은 재정의 칸막이를 없애고 재원배분의 우선순위를 종합적으로 검토할 수 있는 기반을 강화하기 위하여 재정융자특별회계를 폐지하고, 종전의 재정융자특별회계의 기능을 공공자금관리기금이 통합적으로 수행하도록 하는 한편, 우체국예금 등의 운용상 자율성을 제고하기 위하여 우체국예금 등이 공공자금관리기금에 의무적으로 예탁하도록 하는 제도를 폐지하는 등 공공자금관리기금의 운용방식을 현실에 맞도록 개선하려는 목적을 가지고 있다.

2009년 10월 9일은 노동시장의 구조적 변화에 맞추어 고용정책의 목표 및 기본방향을 새롭게 정립하고, 국가 고용정책의 범위에서 지역 주민의 수요에 부합하는 고용정책을 시행하기 위하여 시·도에서 지역고용정책기본계획을 수립하도록 하며, 일자리의 변동에 영향을 미칠 수 있는 국가 및 지방자치단체의 정책을 분석·평가할 수 있는 근거를 마련하는 등 고용정책에 관한 기본법으로서 위상에 맞도록 고용정책 관련 제도 및 법체계를 정비하려는 것으로 일부 개정하였다.

2010년 6월 8일(법률 제10361호)은 전부개정을 단행하여 노동시장 양극화, 비정규직 근로자의 증가 등 근로환경의 변화에 따라 근로복지를 확대·강화하기 위하여, 「사내근로복지기금법」을 이 법으로 통합하여 근로복지 전반을 포괄하도록 하고, 우리사주조합원인 근로자에 대한 우리사주매수선택권의 부여 한도를 폐지하며, 사내근로복지기금의 수혜대상에 수급업체 근로자 및 파견근로자를 포함시킬 수 있도록 하고, 근로자가 선호에 따라 복지항목을 선택할 수 있는 선택적 복지제도를 운영할 수 있도록 하는 한편, 그 밖에 현행 제도의 운영상 나타난 일부 미비점을 개선·보완하였다.

2015년 7월 20일 일부 개정은 우리사주제도는 근로자가 자기 회사의 주식을 취득·보유하게 함으로써 근로자의 경제적·사회적 지위향상과 노사 협력증진을 도모하기 위한 제도이나, 근로자가 주가하락에 따른 손실 등을 우려하여 우리사주 취득 및 장기보유를 기피함에 따라 우리사주 취득 및 장기보유를 유도하기 위하여 우리사주 손실보전 거래 및 대여제도를 도입하였다. 아울러, 현행 사내근로복지기금제도는 상대적으로 복지수준이 높은 대기업을 중심으로 운영되고 있어 대·중소기업 복지격차가 심화되고 있고, 기업단위에서만 설립할 수 있어 다수 기업이 공동으로 기금을 설립하지 못하고 있으므로 둘 이상이 기업이 공동으로 근로복지기금을 조성하여 중소기업 등 취약 근로자를 위한 다양한 복지사업을 수행할 수 있도록 공동근로복지기금제도를 도입하였다. 또한, 근로기준법상 근로자에 해당하지 아니하여 근로복지사업 적용대상에서 제외하고 있는 저소득 특수형태근로종사자의 생활안정을 위하여 산재보험 가입 특수형태근로종사자에 대하여 근로복지진흥기금을 통한 의료비, 학자금, 장례비 등의 대부사업에 특례 적용하였다.

2016년 12월 27일 일부 개정은 우리사주제도를 활성화하기 위해서 회사 및 주주의 정기적인 출연 근거를 마련하고, 중소기업 우리사주에 대한 환매수 의무제도를 도입하며, 우리사주조합을 통한 회사인수를 지원하는 등 우리사주 운영방식을 개선하였다.

　2018년 4월 17일 일부 개정은 현행법이 사업주, 노동조합, 공단 또는 비영리법인이 근로복지시설을 설치·운영하는 경우에는 필요한 지원을 국가가 할 수 있도록 하고 있으나, 현재 근로복지시설들은 국가의 지원이 미치지 못하는 경우가 많아 운영상의 어려움을 겪고 있는 시설이 상당하다. 이에 해당 시설들이 위치한 지방자치단체의 지방보조금 지원이 절실하지만, 현행 지방재정법은 법령에 명시적 근거가 없으면 운영비 교부를 제한하고 있다. 따라서 지방자치단체도 국가와 마찬가지로 근로복지시설을 설치·운영하는 주체에 대해 필요한 지원을 할 수 있고, 예산의 범위에서 비용의 일부를 지원할 수 있도록 하였다.

Ⅲ. 총칙

1. 목적(제1조)

　이 법은 근로복지정책의 수립 및 복지사업의 수행에 필요한 사항을 규정함으로써 근로자의 삶의 질을 향상시키고 국민경제의 균형 있는 발전에 이바지함을 목적으로 한다.

2. 용어(정의)(제2조)

1. "근로자"란 직업의 종류와 관계없이 임금을 목적으로 사업이나 사업장에 근로를 제공하는 자를 말한다.
2. "사용자"란 사업주 또는 사업 경영 담당자, 그 밖에 근로자에 관한 사항에 대하여 사업주를 위하여 행위하는 자를 말한다.
3. "주택사업자"란 근로자에게 분양 또는 임대하는 것을 목적으로 주택을 건설하거나 구입하는 자를 말한다.
4. "우리사주조합"이란 주식회사의 소속 근로자가 그 주식회사의 주식을 취득·관리하기 위하여 이 법에서 정하는 요건을 갖추어 설립한 단체를 말한다.

5. "우리사주"란 주식회사의 소속 근로자 등이 그 주식회사에 설립된 우리사주조합을 통하여 취득하는 그 주식회사의 주식을 말한다.

3. 근로자복지정책의 기본원칙(제3조)

① 근로복지(임금·근로시간 등 기본적인 근로조건은 제외한다. 이하 같다)정책은 근로자의 경제·사회활동의 참여기회 확대, 근로의욕의 증진 및 삶의 질 향상을 목적으로 하여야 한다.

② 근로복지정책을 수립·시행할 때에는 근로자가 성별, 나이, 신체적 조건, 고용형태, 신앙 또는 사회적 신분 등에 따른 차별을 받지 아니하도록 배려하고 지원하여야 한다.

③ 이 법에 따른 근로자의 복지향상을 위한 지원을 할 때에는 중소·영세기업 근로자, 기간제근로자(「기간제 및 단시간근로자 보호 등에 관한 법률」 제2조 제1호에 따른 기간제근로자를 말한다), 단시간근로자(「근로기준법」 제2조 제1항 제8호에 따른 단시간근로자를 말한다), 파견근로자(「파견근로자 보호 등에 관한 법률」 제2조 제5호에 따른 파견근로자를 말한다. 이하 같다), 하수급인(「고용보험 및 산업재해보상보험의 보험료징수 등에 관한 법률」 제2조 제5호에 따른 하수급인을 말한다)이 고용하는 근로자, 저소득근로자 및 장기근속근로자가 우대될 수 있도록 하여야 한다.<개정 2019. 4. 30.>

4. 국가 또는 지방자치단체의 책무(제4조)

국가 또는 지방자치단체는 근로복지정책을 수립·시행하는 경우 제3조의 근로복지정책의 기본원칙에 따라 예산·기금·세제·금융상의 지원을 하여 근로자의 복지증진이 이루어질 수 있도록 노력하여야 한다.

5. 사업주 및 노동조합의 책무(제5조)

① 사업주(근로자를 사용하여 사업을 행하는 자를 말한다)는 해당 사업장 근로

자의 복지증진을 위하여 노력하고 근로복지정책에 협력하여야 한다.

② 노동조합 및 근로자는 근로의욕 증진을 통하여 생산성 향상에 노력하고 근로복지정책에 협력하여야 한다.

6. 재원의 조성 등(제7조)

① 국가 또는 지방자치단체는 이 법에 따른 근로복지사업에 필요한 재원(財源)의 조성에 적극 노력하여야 한다.

② 제1항에 따라 조성한 재원은 근로자 복지증진을 위하여 필요한 경우 제87조에 따른 근로복지진흥기금에 출연하거나 융자할 수 있다.

7. 근로복지증진에 관한 중요사항 심의(제8조)

이 법에 따른 근로복지에 관한 다음 각 호의 사항은 「고용정책 기본법」 제10조에 따른 고용정책심의회(이하 "고용정책심의회"라 한다)의 심의를 거쳐야 한다.

1. 제9조 제1항에 따른 근로복지증진에 관한 기본계획
2. 근로복지사업에 드는 재원 조성에 관한 사항
3. 그 밖에 고용정책심의회 위원장이 근로복지정책에 관하여 회의에 부치는 사항

8. 기본계획 수립(제9조)

① 고용노동부장관은 관계 중앙행정기관의 장과 협의하여 근로복지증진에 관한 기본계획(이하 "기본계획"이라 한다)을 5년마다 수립하여야 한다.

② 기본계획에는 다음 각 호의 사항이 포함되어야 한다.<개정 2016. 1. 27.>

1. 근로자의 주거안정에 관한 사항
2. 근로자의 생활안정에 관한 사항
3. 근로자의 재산형성에 관한 사항

4. 우리사주제도에 관한 사항

5. 사내근로복지기금제도에 관한 사항

6. 선택적 복지제도 지원에 관한 사항

7. 근로자지원프로그램 운영에 관한 사항

8. 근로자를 위한 복지시설의 설치 및 운영에 관한 사항

9. 근로복지사업에 드는 재원 조성에 관한 사항

10. 직전 기본계획에 대한 평가

11. 그 밖에 근로복지증진을 위하여 고용노동부장관이 필요하다고 인정하는 사항

③ 고용노동부장관은 기본계획을 수립한 때에는 지체 없이 국회 소관 상임위원회에 보고하고 이를 공표하여야 한다.＜개정 2016. 1. 27.＞

9. 세재지원(제13조)

국가 또는 지방자치단체는 이 법에 따른 주거안정·생활안정·재산형성, 근로복지시설 및 근로복지진흥기금의 설치·운영, 우리사주제도 및 사내근로복지기금제도의 활성화 등 근로자의 복지증진을 위하여 조세에 관한 법률에서 정하는 바에 따라 세제상의 지원을 할 수 있다.

Ⅳ. 공공근로복지

1. 근로자의 주거안정

(1) 근로자주택공급제도의 운영(제15조)

① 국가 또는 지방자치단체는 근로자의 주택취득 또는 임차 등을 지원하기 위하여 주택사업자가 근로자에게 주택을 우선하여 분양 또는 임대(이하 "공급"이라 한다)하도록 하는 제도를 운영할 수 있다.

② 국토교통부장관은 「주거기본법」 제5조에 따른 주거종합계획에 제1항에

따라 근로자에게 공급하는 주택(이하 "근로자주택"이라 한다)의 공급계획을 포함하여야 한다.<개정 2013. 3. 23., 2015. 6. 22.>

③ 근로자주택의 종류, 규모, 공급대상 근로자, 공급방법과 그 밖에 필요한 사항은 국토교통부장관이 고용노동부장관과 협의하여 정한다.<개정 2013. 3. 23.>

(2) 근로자주택의 융자(제16조)

① 국가는 다음 각 호의 어느 하나에 해당하는 경우에는 주택사업자 또는 근로자가 그 필요한 자금(이하 "근로자주택자금"이라 한다)을 융자받을 수 있도록 「주택도시기금법」에 따른 주택도시기금으로 지원할 수 있다.<개정 2015. 1. 6.>

   1. 주택사업자가 근로자주택을 건설하거나 구입하는 경우

   2. 근로자가 주택사업자로부터 근로자주택을 취득하는 경우

② 근로자주택자금의 융자대상 및 절차와 그 밖의 지원에 필요한 사항은 국토교통부장관이 고용노동부장관과 협의하여 정한다.<개정 2013. 3. 23.>

(3) 주택구입자금의 융자(제17조)

① 국가는 근로자의 주거안정을 위하여 근로자가 주택을 구입 또는 신축하거나 임차하는 경우 그에 필요한 자금(이하 "주택구입자금등"이라 한다)을 융자받을 수 있도록 「주택도시기금법」에 따른 주택도시기금으로 지원할 수 있다.<개정 2015. 1. 6.>

② 국가 또는 지방자치단체는 융자업무취급기관으로 하여금 주택구입자금등을 일반대출 이자율보다 낮은 이자율로 근로자에게 융자하게 하고 그 이자 차액을 보전(補塡)할 수 있다.

③ 주택구입자금등의 융자대상 및 절차와 그 밖의 지원에 필요한 사항은 국토교통부장관이 고용노동부장관과 협의하여 정한다.<개정 2013. 3. 23.>

(4) 근로자 이주등에 대한 지원(제18조)

국가는 취업 또는 근무지 변경 등으로 이주하거나 가족과 떨어져 생활하는 근로자의 주거안정을 위하여 필요한 지원을 할 수 있다.

2. 근로자의 생활안정 및 재산형성

(1) 생활안정자금의 지원(제19조)

① 국가는 근로자의 생활안정을 지원하기 위하여 근로자 및 그 가족의 의료비·혼례비·장례비 등의 융자 등 필요한 지원을 하여야 한다.
② 국가는 경제상황 및 근로자의 생활안정자금이 필요한 시기 등을 고려하여 임금을 받지 못한 근로자 등의 생활안정을 위한 생계비의 융자 등 필요한 지원을 할 수 있다.
③ 제1항 및 제2항에 따른 의료비·혼례비·장례비·생계비 등의 지원대상 및 절차 등에 관하여 필요한 사항은 고용노동부령으로 정한다.

(2) 학자금의 지원 등(제20조)

① 국가는 근로자 및 그 자녀의 교육기회를 확대하기 위하여 장학금의 지급 또는 학자금의 융자 등 필요한 지원을 할 수 있다.
② 제1항에 따른 장학금의 지급과 학자금의 융자대상 및 절차 등에 관하여 필요한 사항은 고용노동부령으로 정한다.

(3) 근로자우대저축(제21조)

국가는 근로자의 재산형성을 지원하기 위하여 근로자를 우대하는 저축에 관한 제도를 운영하여야 한다.

3. 근로자 신용보증 지원

(1) 신용보증 지원 및 대상(제22조)

① 「산업재해보상보험법」에 따른 근로복지공단(이하 "공단"이라 한다)은 담보 능력이 미약한 근로자(구직신청한 실업자 및 「산업재해보상보험법」에 따른 재해근로자를 포함한다. 이하 이 장에서 같다)가 금융회사 등에서 생활안정 자금 및 학자금 등의 융자를 받음으로써 부담하는 금전채무에 대하여 해 당 금융회사 등과의 계약에 따라 그 금전채무를 보증할 수 있다. 이 경 우 보증대상 융자사업 및 보증대상 근로자는 고용노동부령으로 정한다.

② 제1항에 따른 공단과 금융회사 등과의 계약에는 다음 각 호의 사항을 포함하여야 한다.

1. 제1항에 따른 채무를 보증한다는 내용
2. 신용보증 대상 융자사업 및 근로자
3. 근로자 1명당 신용보증 지원 한도
4. 보증채무의 이행청구 사유·시기 및 방법
5. 대위변제(代位辨濟) 심사·범위 및 결손금에 대한 금융회사 등과의 분담비율
6. 금융회사 등이 공단에 신용보증 지원사업 운영과 관련하여 통지하 여야 할 사항
7. 그 밖에 근로자 신용보증 지원을 위하여 필요한 사항

③ 공단이 제1항의 계약을 체결하거나 변경하려는 경우에는 고용노동부장 관의 승인을 받아야 한다.

(2) 보증관계(제23조)

① 공단이 제22조에 따라 근로자에 대하여 신용보증을 하기로 결정하였을 때에는 그 뜻을 해당 근로자와 그 근로자가 융자를 받으려는 금융회사 등에 통지하여야 한다.

② 신용보증관계는 제1항에 따른 통지를 받은 금융회사 등이 융자금을 해

당 근로자에게 지급한 때에 성립한다.

(3) 지연이자(제27조)

공단이 보증채무를 이행하였을 때에는 해당 근로자로부터 그 지급한 대위
변제금에 대하여 연이율 100분의 20을 초과하지 아니하는 범위에서 대통령령으
로 정하는 바에 따라 이행일부터 근로자가 변제하는 날까지의 지연이자(遲延利
子)를 징수할 수 있다. 이 경우 지연이자는 대위변제금을 초과할 수 없다.

4. 근로자복지시설 등에 대한 지원

(1) 근로복지시설 설치 등의 지원(제28조)

① 국가 또는 지방자치단체는 근로자를 위한 복지시설(이하 "근로복지시설"
   이라 한다)의 설치·운영을 위하여 노력하여야 한다.
② 고용노동부장관은 사업의 종류 및 사업장 근로자의 수 등을 고려하여
   근로복지시설의 설치기준을 정하고 사업주에게 이의 설치를 권장할 수
   있다.
③ 국가 또는 지방자치단체는 사업주(사업주단체를 포함한다. 이하 이 조에서
   같다)·노동조합(지부·분회 등을 포함한다. 이하 같다)·공단 또는 비영리법
   인이 근로복지시설을 설치·운영하는 경우에는 필요한 지원을 할 수 있
   다.<개정 2018. 4. 17.>
④ 국가 또는 지방자치단체는 근로복지시설을 설치·운영하는 지방자치단
   체·사업주·노동조합·공단 또는 비영리법인에 그 비용의 일부를 예산
   의 범위에서 지원할 수 있다.<개정 2018. 4. 17.>

(2) 이용료 등(제30조)

근로복지시설을 설치·운영하는 자는 근로자의 소득수준, 가족관계 등을 고
려하여 근로복지시설의 이용자를 제한하거나 이용료를 차등하여 받을 수 있다.

(3) 민간복지시설 이용비용의 지원(제31조)

① 국가는 제3조 제3항에 따른 근로자가 제28조 제1항에 따라 국가 또는 지방자치단체가 설치한 근로복지시설을 이용하기가 곤란하여 민간이 운영하는 복지시설을 이용하는 경우 비용의 일부를 지원할 수 있다.

② 제1항에 따른 지원대상 및 절차 등 필요한 사항은 고용노동부령으로 정한다.

V. 기업근로복지

1. 우리사주제도

(1) 우리사주제도의 목적(제32조)

우리사주제도는 근로자로 하여금 우리사주조합을 통하여 해당 우리사주조합이 설립된 주식회사(이하 "우리사주제도 실시회사"라 한다)의 주식을 취득·보유하게 함으로써 근로자의 경제·사회적 지위향상과 노사협력 증진을 도모함을 목적으로 한다.

(2) 우리사주조합의 설립(제33조)

① 우리사주조합을 설립하려는 주식회사의 소속 근로자는 제34조에 따른 우리사주조합원의 자격을 가진 근로자 2명 이상의 동의를 받아 우리사주조합설립준비위원회를 구성하여 대통령령으로 정하는 바에 따라 우리사주조합을 설립할 수 있다. 이 경우 우리사주조합설립준비위원회는 우리사주조합의 설립에 대한 회사의 지원에 관한 사항 등 고용노동부령으로 정하는 사항을 미리 해당 회사와 협의하여야 한다.<개정 2015. 7. 20.>

② 우리사주조합의 설립 및 운영에 관하여 이 법에서 규정한 사항을 제외하고는 「민법」 중 사단법인에 관한 규정을 준용한다.

(3) 우리사주조합의 운영(제35조)

① 우리사주조합은 전체 우리사주조합원의 의사를 반영하여 민주적으로 운영되어야 한다.

② 다음 각 호의 사항은 우리사주조합원총회의 의결을 거쳐야 한다.

    1. 규약의 제정과 변경에 관한 사항

    2. 제36조에 따른 우리사주조합기금의 조성에 관한 사항

    3. 예산 및 결산에 관한 사항

    4. 우리사주조합의 대표자 등 임원 선출

    5. 그 밖에 우리사주조합의 운영에 관하여 중요한 사항

③ 우리사주조합은 규약으로 우리사주조합원총회를 갈음할 대의원회를 둘 수 있다. 다만, 제2항 제1호에 관한 사항은 반드시 우리사주조합원총회의 의결을 거쳐야 한다.

④ 우리사주조합의 대표자는 대통령령으로 정하는 바에 따라 우리사주조합원총회 또는 대의원회를 개최하여야 한다.

⑤ 우리사주조합의 대표자 등 임원과 대의원은 우리사주조합원의 직접·비밀·무기명 투표로 선출한다.

⑥ 우리사주제도 실시회사와 우리사주조합은 우리사주조합에 대한 지원내용, 지원조건 등을 협의하기 위하여 대통령령으로 정하는 바에 따라 우리사주제도 실시회사와 우리사주조합을 각각 대표하는 같은 수의 위원으로 우리사주운영위원회를 둘 수 있다.

⑦ 우리사주조합의 대표자는 우리사주조합원이 열람할 수 있도록 다음 각 호의 장부와 서류를 작성하여 그 주된 사무소에 갖추어 두고, 이를 10년간 보존하여야 한다. 이 경우 그 장부와 서류를 「전자문서 및 전자거래 기본법」 제2조 제1호에 따른 전자문서(이하 "전자문서"라 한다)로 작성·보관할 수 있다.<개정 2012. 6. 1.>

    1. 우리사주조합원 명부

    2. 규약

    3. 우리사주조합의 임원 및 대의원의 성명과 주소록

    4. 회계에 관한 장부 및 서류

5. 우리사주조합 및 우리사주조합원의 우리사주 취득·관리에 관한 장
　　　부 및 서류
⑧ 삭제<2015. 7. 20.>
⑨ 삭제<2015. 7. 20.>
⑩ 우리사주조합원총회 및 우리사주조합의 구체적인 운영방법과 그 밖에
　　필요한 사항은 대통령령으로 정한다.

(4) 우리사주조합기금의 조성 및 사용(제36조)

① 우리사주조합은 우리사주 취득 등을 위하여 다음 각 호의 재원으로 우
　　리사주조합기금을 조성할 수 있다.<개정 2015. 7. 20., 2016. 12. 27.>
　　1. 우리사주제도 실시회사, 지배관계회사, 수급관계회사 또는 그 주주
　　　등이 출연한 금전과 물품. 이 경우 우리사주제도 실시회사, 지배관
　　　계회사 및 수급관계회사는 매년 직전 사업연도의 법인세 차감 전
　　　순이익의 일부를 우리사주조합기금에 출연할 수 있다.
　　2. 우리사주조합원이 출연한 금전
　　3. 제42조 제1항에 따른 차입금
　　4. 제37조에 따른 조합계정의 우리사주에서 발생한 배당금
　　5. 그 밖에 우리사주조합기금에서 발생하는 이자 등 수입금
② 우리사주조합은 제1항에 따라 조성한 우리사주조합기금을 대통령령으로
　　정하는 금융회사 등에 보관 또는 예치하는 방법으로 관리하여야 한다.
③ 제1항에 따라 조성된 우리사주조합기금은 대통령령으로 정하는 바에 따
　　라 다음 각 호의 용도로 사용하여야 한다. 이 경우 제4호의 용도로는 제
　　45조 제4항 각 호 외의 부분 전단에 따른 출연금만을 사용하여야 한
　　다.<개정 2015. 7. 20., 2016. 12. 27.>
　　1. 우리사주의 취득
　　2. 제42조 제1항에 따른 차입금 상환 및 그 이자의 지급
　　3. 제43조의2에 따른 손실보전거래
　　4. 제37조에 따른 우리사주조합원의 계정의 우리사주 환매수
④ 우리사주조합은 제1항 제1호 및 제3호에 따라 회사 또는 회사의 주주가

제공한 재원으로 취득하게 된 우리사주를 해당 회사 소속 근로자인 우리사주조합원에게 배정되도록 운영하여야 한다.

⑤ 제3항 제2호에 따라 우리사주조합기금을 차입금 상환 및 그 이자의 지급에 사용하려는 경우에는 다음 각 호의 방법에 따라야 한다.

1. 제1항 제1호에 따른 금전과 물품 및 제4호에 따른 배당금은 제42조 제2항의 약정에 따라 상환하기로 되어 있는 차입금의 상환에만 사용하여야 한다.

2. 제1항 제2호에 따른 우리사주조합원이 출연한 금전은 제42조 제2항의 약정에 따라 상환하기로 되어 있는 차입금의 상환에 사용할 수 없다.

(5) 우리사주조합에 대한 우선배정의 범위(제38조)

① 우리사주제도 실시회사는 발행주식총수의 100분의 20의 범위에서 정관으로 정하는 바에 따라 주주총회의 결의로 우리사주조합원에게 그 결의된 기간(이하 "제공기간"이라 한다) 이내에 미리 정한 가격(이하 "행사가격"이라 한다)으로 신주를 인수하거나 해당 우리사주제도 실시회사가 보유하고 있는 자기주식을 매수할 수 있는 권리(이하 "우리사주매수선택권"이라 한다)를 부여할 수 있다. 다만, 발행주식총수의 100분의 10의 범위에서 우리사주매수선택권을 부여하는 경우에는 정관으로 정하는 바에 따라 이사회 결의로 우리사주매수선택권을 부여할 수 있다.

② 우리사주매수선택권을 부여하려는 우리사주제도 실시회사는 정관에 다음 각 호의 사항을 정하여야 한다.

1. 우리사주조합원에게 우리사주매수선택권을 부여할 수 있다는 내용
2. 우리사주매수선택권의 행사에 따라 발행하거나 양도할 주식의 종류와 수
3. 이미 부여한 우리사주매수선택권을 이사회의 결의를 통하여 취소할 수 있다는 내용 및 취소 사유
4. 우리사주매수선택권 부여를 위한 이사회 및 주주총회의 결의 요건

③ 우리사주매수선택권을 부여하려는 우리사주제도 실시회사가 제1항에 따

른 주주총회의 결의 또는 이사회의 결의를 하는 경우에는 다음 각 호의
사항을 포함하여야 한다.

1. 우리사주매수선택권의 부여방법
2. 우리사주매수선택권의 행사가격과 그 조정에 관한 사항
3. 우리사주매수선택권의 제공기간 및 행사기간
4. 우리사주매수선택권의 행사에 따라 발행하거나 양도할 주식의 종류
   와 수

④ 제공기간은 제3항에 따른 주주총회 또는 이사회가 정하는 우리사주매수
선택권 부여일부터 6개월 이상 2년 이하의 기간으로 한다.

⑤ 우리사주매수선택권을 부여한 우리사주제도 실시회사는 제공기간 중 또
는 제공기간 종료 후 별도로 행사기간을 정하여 우리사주매수선택권을
행사하게 할 수 있다. 이 경우 행사기간을 제공기간 종료 후로 정한 경
우에는 제4항에도 불구하고 제공기간을 연장한 것으로 본다.

⑥ 우리사주매수선택권을 부여하려는 우리사주제도 실시회사는 3년의 범위
에서 대통령령으로 정하는 근속기간 미만인 우리사주조합원에게는 우리
사주매수선택권을 부여하지 아니할 수 있다.

⑦ 우리사주매수선택권은 타인에게 양도할 수 없다. 다만, 우리사주매수선
택권을 부여받은 사람이 사망한 경우에는 상속인이 이를 부여받은 것으
로 본다.

⑧ 우리사주매수선택권을 부여한 우리사주제도 실시회사는 「상법」 제341
조에도 불구하고 우리사주조합원이 우리사주매수선택권을 행사하는 경
우 그에 따라 교부할 목적으로 자기의 주식을 취득할 수 있다. 다만, 그
취득금액은 같은 법 제462조 제1항에 규정된 이익배당이 가능한 한도
이내여야 하며, 이를 초과하여 자기의 주식을 취득하는 경우에는 대통
령령으로 정하는 기간 내에 자기의 주식을 처분하여야 한다.

⑨ 우리사주매수선택권의 행사로 인하여 신주를 발행하는 경우에는 「상법」
제350조 제2항, 제350조 제3항 후단, 제351조, 제516조의8 제1항·제3
항·제4항 및 제516조의9 전단을 준용한다.

⑩ 우리사주매수선택권의 부여절차, 행사가격, 행사기간 등 우리사주매수선
택권 제도의 운영에 필요한 사항은 대통령령으로 정한다.

(6) 우리사주 취득 강요금지 등(제42조의2)

① 우리사주제도 실시회사(지배관계회사 또는 수급관계회사를 포함한다)의 사용자는 제38조에 따라 우리사주조합원에게 주식을 우선배정하는 경우 다음 각 호의 어느 하나에 해당하는 행위를 하여서는 아니 된다.
1. 우리사주조합원의 의사에 반하여 우리사주의 취득을 지시하는 행위
2. 우리사주조합원의 의사에 반하여 우리사주조합원을 소속, 계급 등 일정한 기준으로 분류하여 우리사주를 할당하는 행위
3. 우리사주를 취득하지 아니한다는 이유로 우리사주조합원에 대하여 해고나 그 밖의 불리한 처우를 하는 행위
4. 그 밖에 우리사주조합원의 의사에 반하여 우리사주를 취득·보유하게 함으로써 제32조에 따른 우리사주제도의 목적에 어긋나는 행위로서 대통령령으로 정하는 행위
② 사용자는 제1항의 위반 사실을 신고하거나 그에 관한 증언을 하거나 증거를 제출하였다는 이유로 우리사주조합원에 대하여 해고나 그 밖의 불리한 처우를 하여서는 아니 된다. [본조신설 2014. 1. 28.]

2. 사내근로복직기금제도

(1) 사내근로복지기금제도의 목적(제50조)

사내근로복지기금제도는 사업주로 하여금 사업 이익의 일부를 재원으로 사내근로복지기금을 설치하여 효율적으로 관리·운영하게 함으로써 근로자의 생활안정과 복지증진에 이바지하게 함을 목적으로 한다.

(2) 근로자의 권익보호와 근로조건의 유지(제51조)

사용자는 이 법에 따른 사내근로복지기금의 설립 및 출연을 이유로 근로관계 당사자 간에 정하여진 근로조건을 저하시킬 수 없다.

(3) 법인격 및 설립(제52조)

① 사내근로복지기금은 법인으로 한다.

② 사내근로복지기금법인(이하 "기금법인"이라 한다)을 설립하려는 경우에는 해당 사업 또는 사업장(이하 "사업"이라 한다)의 사업주가 기금법인설립준비위원회(이하 "준비위원회"라 한다)를 구성하여 설립에 관한 사무와 설립 당시의 이사 및 감사의 선임에 관한 사무를 담당하게 하여야 한다.

③ 준비위원회의 구성방법에 관하여는 제55조를 준용한다.

④ 준비위원회는 대통령령으로 정하는 바에 따라 기금법인의 정관을 작성하여 고용노동부장관의 설립인가를 받아야 한다.

⑤ 준비위원회가 제4항에 따른 설립인가를 받으려는 경우 기금법인 설립인가신청서에 대통령령으로 정하는 서류를 첨부하여 고용노동부장관에게 제출하여야 한다.<신설 2014. 1. 28.>

⑥ 고용노동부장관은 제5항에 따른 신청을 받은 때에는 다음 각 호의 어느 하나에 해당하는 경우를 제외하고는 설립인가를 하여야 한다.<신설 2014. 1. 28.>

  1. 제4항에 따른 정관의 기재사항을 빠뜨린 경우
  2. 제4항에 따른 정관의 내용이 제50조, 제51조 및 제62조에 위반되는 경우
  3. 제5항에 따라 제출하여야 하는 서류를 제출하지 아니하거나 거짓으로 제출한 경우

⑦ 준비위원회는 제4항에 따라 설립인가를 받았을 때에는 설립인가증을 받은 날부터 3주 이내에 기금법인의 주된 사무소의 소재지에서 기금법인의 설립등기를 하여야 하며, 기금법인은 설립등기를 함으로써 성립한다.<개정 2014. 1. 28.>

⑧ 기금법인의 설립등기와 그 밖의 다른 등기에 관하여 구체적으로 필요한 사항은 대통령령으로 정한다.<개정 2014. 1. 28.>

⑨ 준비위원회는 제7항에 따라 법인이 성립됨과 동시에 제55조에 따라 최초로 구성된 사내근로복지기금협의회(이하 "복지기금협의회"라 한다)로 본다.<개정 2014. 1. 28.>

⑩ 준비위원회는 기금법인의 설립등기를 한 후 지체 없이 기금법인의 이사에게 사무를 인계하여야 한다.<개정 2014. 1. 28.>

(4) 사내근로복지기금의 조성(제61조)

① 사업주는 직전 사업연도의 법인세 또는 소득세 차감 전 순이익의 100분의 5를 기준으로 복지기금협의회가 협의·결정하는 금액을 대통령령으로 정하는 바에 따라 사내근로복지기금의 재원으로 출연할 수 있다.

② 사업주 또는 사업주 외의 자는 제1항에 따른 출연 외에 유가증권, 현금, 그 밖에 대통령령으로 정하는 재산을 출연할 수 있다.

(5) 기금법인의 사업(제62조)

① 기금법인은 그 수익금으로 대통령령으로 정하는 바에 따라 다음 각 호의 사업을 시행할 수 있다.

  1. 주택구입자금등의 보조, 우리사주 구입의 지원 등 근로자 재산형성을 위한 지원

  2. 장학금·재난구호금의 지급, 그 밖에 근로자의 생활원조

  3. 모성보호 및 일과 가정생활의 양립을 위하여 필요한 비용 지원

  4. 기금법인 운영을 위한 경비지급

  5. 근로복지시설로서 고용노동부령으로 정하는 시설에 대한 출자·출연 또는 같은 시설의 구입·설치 및 운영

  6. 해당 사업으로부터 직접 도급받는 업체의 소속 근로자 및 해당 사업에의 파견근로자의 복리후생 증진

  7. 사용자가 임금 및 그 밖의 법령에 따라 근로자에게 지급할 의무가 있는 것 외에 대통령령으로 정하는 사업

② 기금법인은 제61조 제1항 및 제2항에 따라 출연받은 재산 및 복지기금협의회에서 출연재산으로 편입할 것을 의결한 재산(이하 "기본재산"이라 한다) 중에서 대통령령으로 정하는 바에 따라 산정되는 금액을 제1항 각 호의 사업(이하 "사내근로복지기금사업"이라 한다)에 사용할 수 있다. 이 경우 기금법인의 사업이 다음 각 호의 어느 하나에 해당하는 때에는 대통

령령으로 정하는 범위에서 정관으로 정하는 바에 따라 그 산정되는 금액을 높일 수 있다.<개정 2012. 2. 1., 2014. 1. 28.>

1. 제82조 제3항에 따라 선택적 복지제도를 활용하여 운영하는 경우
2. 사내근로복지기금사업에 사용하는 금액 중 고용노동부령으로 정하는 바에 따라 산정되는 금액 이상을 해당 사업으로부터 직접 도급받는 업체의 소속 근로자 및 해당 사업에의 파견근로자의 복리후생 증진에 사용하는 경우
3. 「중소기업기본법」 제2조 제1항 및 제3항에 따른 기업에 설립된 기금법인이 사내근로복지기금사업을 시행하는 경우

③ 기금법인은 근로자의 생활안정 및 재산형성 지원을 위하여 필요하다고 인정되어 대통령령으로 정하는 경우에는 근로자에게 필요한 자금을 기본재산 중에서 대부할 수 있다.

(6) 사내근로복지기금의 운용(제63조)

① 사내근로복지기금은 다음 각 호의 방법으로 운용한다.

1. 금융회사 등에의 예입 및 금전신탁
2. 투자신탁 등의 수익증권 매입
3. 국가, 지방자치단체 또는 금융회사 등이 직접 발행하거나 채무이행을 보증하는 유가증권의 매입
4. 사내근로복지기금이 그 회사 주식을 출연받아 보유하게 된 경우에 대통령령으로 정하는 한도 내에서 그 보유주식 수에 따라 그 회사 주식의 유상증자에 참여
5. 그 밖에 사내근로복지기금의 운용을 위하여 대통령령으로 정하는 사업

3. 선택적 복지제도 및 근로자지원프로그램 등

(1) 선택적 복지제도 실시(제81조)

① 사업주는 근로자가 여러 가지 복지항목 중에서 자신의 선호와 필요에
따라 자율적으로 선택하여 복지혜택을 받는 제도(이하 "선택적 복지제도"
라 한다)를 설정하여 실시할 수 있다.

② 사업주는 선택적 복지제도를 실시할 때에는 해당 사업 내의 모든 근로
자가 공평하게 복지혜택을 받을 수 있도록 하여야 한다. 다만, 근로자의
직급, 근속연수, 부양가족 등을 고려하여 합리적인 기준에 따라 수혜 수
준을 달리할 수 있다.

(2) 선택적 복지제도의 설계 · 운영 등(제82조)

① 사업주는 선택적 복지제도를 설계하는 경우 근로자의 사망 · 장해 · 질병
등에 관한 기본적 생활보장항목과 건전한 여가 · 문화 · 체육활동 등을 지
원할 수 있는 개인별 추가선택항목을 균형 있게 반영할 수 있도록 노력
하여야 한다.

② 사업주는 근로자가 선택적 복지제도의 복지항목을 선택하고 사용하는
데 불편이 없도록 전산관리서비스를 직접 제공하거나 제3자에게 위탁하
여 제공될 수 있도록 노력하여야 한다.

③ 선택적 복지제도는 사내근로복지기금사업을 하는 데 활용할 수 있다.

④ 제1항과 제2항에 따른 선택적 복지제도의 설계 및 운영에 필요한 구체
적인 사항은 고용노동부령으로 정한다.

(3) 근로자지원프로그램(제83조)

① 사업주는 근로자의 업무수행 또는 일상생활에서 발생하는 스트레스, 개
인의 고충 등 업무저해요인의 해결을 지원하여 근로자를 보호하고, 생
산성 향상을 위한 전문가 상담 등 일련의 서비스를 제공하는 근로자지

원프로그램을 시행하도록 노력하여야 한다.

② 사업주와 근로자지원프로그램 참여자는 제1항에 따른 조치를 시행하는 과정에서 대통령령이 정하는 경우를 제외하고는 근로자의 비밀이 침해받지 않도록 익명성을 보장하여야 한다.

(4) 성과 배분(제84조)

사업주는 해당 사업의 근로자와 협의하여 정한 해당 연도 이익 등의 경영목표가 초과 달성된 경우 그 초과된 성과를 근로자에게 지급하거나 근로자의 복지증진을 위하여 사용하도록 노력하여야 한다.

4. 공동근로복지기금 제도

(1) 공동근로복지기금의 조성(제86조의2조)

① 둘 이상의 사업주는 제62조 제1항에 따른 사업을 시행하기 위하여 공동으로 이익금의 일부를 출연하여 공동근로복지기금(이하 "공동기금"이라 한다)을 조성할 수 있다.

② 공동기금 사업주 또는 사업주 이외의 자는 제1항에 따른 출연 외에 유가증권, 현금, 그 밖에 대통령령으로 정하는 재산을 출연할 수 있다.
[본조신설 2015. 7. 20.]

(2) 공동근로복지기금협의회의 구성(제86조의4조)

① 공동기금법인은 기금의 운영에 관한 주요사항을 협의·결정하기 위하여 공동근로복지기금협의회(이하 "공동기금협의회"라 한다)를 둔다.

② 공동기금협의회는 각 기업별 근로자와 사용자를 대표하는 각 1인의 위원으로 구성한다. 이 경우 근로자를 대표하는 위원은 제55조 제2항을 준용하여 선출하고, 사용자를 대표하는 위원은 해당 사업의 대표자 또는 그 대표자가 위촉하는 사람이 된다. [본조신설 2015. 7. 20.]

(3) 공동기금법인의 분쟁조정(제86조의6조)

공동기금법인에서 공동기금 운영방식, 사용용도, 출연금 규모 등에 있어서 분쟁이 발생하는 경우에는 정관으로 정하는 바에 따라 처리한다. [본조신설 2015. 7. 20.]

 # Ⅵ. 근로복지진흥기금

1. 기금의 조성(제88조)

① 근로복지진흥기금은 다음 각 호의 재원으로 조성한다.

1. 국가 또는 지방자치단체의 출연금
2. 국가 또는 지방자치단체 외의 자가 출연하는 현금·물품과 그 밖의 재산
3. 다른 기금(제36조에 따른 우리사주조합기금 및 제52조에 따른 사내근로복지기금은 제외한다)으로부터의 전입금
4. 제2항에 따른 차입금
5. 제24조, 제26조 및 제27조에 따른 보증료, 구상금, 지연이자
6. 「복권 및 복권기금법」 제23조 제1항에 따라 배분된 복권수익금
7. 제71조에 따라 기금법인 해산 시 정관으로 근로복지진흥기금에 귀속하도록 정한 재산
8. 사업주 및 사업주단체의 기부금
9. 「고용정책 기본법」 제35조에 따라 조성된 자금
10. 근로복지진흥기금의 운용으로 생기는 수익금
11. 그 밖의 수입금

② 근로복지진흥기금의 운용에 필요한 경우에는 근로복지진흥기금의 부담으로 금융회사 또는 다른 기금 등으로부터 차입할 수 있다.

2. 근로복지기금의 용도(제91조)

① 근로복지진흥기금은 다음 각 호의 용도에 사용한다.<개정 2015. 7. 20.>

　　1. 근로자에 대한 주택구입자금등에 대한 융자

　　2. 근로자의 생활안정을 위한 자금의 융자

　　3. 근로자 또는 그 자녀에 대한 장학금의 지급 및 학자금의 융자

　　4. 제14조에 따른 근로복지종합정보시스템 운영

　　5. 제22조에 따른 신용보증 지원에 필요한 사업비

　　6. 우리사주제도 관련 지원

　　7. 사내근로복지기금제도 및 공동기금제도 관련 지원

　　8. 근로복지시설 설치·운영자금 지원

　　9. 근로자 정서함양을 위한 문화·체육활동 지원

　　10. 선택적 복지제도 관련 지원

　　11. 근로자지원프로그램 관련 지원

　　12. 근로자 건강증진을 위한 의료사업에 필요한 사업비

　　13. 근로복지사업 연구·개발에 필요한 경비

　　14. 「고용정책 기본법」 제34조에 따른 실업대책사업의 실시·운영에 필요한 사업비

　　15. 근로복지진흥기금의 운용을 위한 수익사업에의 투자

　　16. 근로복지진흥기금의 조성·관리·운용에 필요한 경비

　　17. 그 밖에 근로자의 복지증진을 위하여 대통령령으로 정하는 사업에 필요한 지원

제4절 청소년보호법

I. 의의

    청소년보호법은 우리 사회의 자율화와 물질만능주의 경향에 따라 날로 심각해지고 있는 음란·폭력성의 청소년유해 매체물과 유해약물 등의 청소년에 대한 유통과 유해한 업소에의 청소년출입 등을 규제함으로써, 성장과정에 있는 청소년을 각종 유해한 사회환경으로부터 보호·구제하고 나아가 건전한 인격체로 성장할 수 있도록 하고 있다.

II. 연혁

    1997년 3월 7일 청소년법을 제정하였고, 1999년 2월 5일 청소년보호법을 개정하여 청소년을 각종 유해행위로부터 보호하기 위하여 9가지 청소년유해행위를 금지하고 이에 대한 처벌규정을 새로 규정하고, 사회문제화되고 있는 청소년폭력과 학대 등으로부터 청소년의 보호를 강화하며, 청소년보호법과 중복되는 미성년자보호법을 폐지하고 미성년자보호법에 규정되어 있던 청소년보호 관련 규정을 통합하여 규정하였다.

    2001년 5월 24일 청소년보호법을 개정하여 사회통념상 성인으로 간주되는 대학생·근로청소년들이 자유롭게 사회활동을 할 수 있도록 하기 위하여 보호대상 청소년의 연령을 조정하고, 청소년유해업소 업주가 종업원 고용시에 연령을 확인하도록 하여 동 업소에의 청소년 고용을 사전에 차단하였다. 고등학교를 졸업한 후 대학에 진학하였거나 취업한 자 등은 사회통념상 성인으로 간주되고 있으므로 이들이 자유롭게 사회활동을 할 수 있도록 하기 위하여 청소년의 연령을 만 19세 미만으로 하되, 만 19세 미만이라도 당해 연도 중에 만 19세가 되는 자는 청소년에서 제외하였다. 청소년유해 매체물로부터 청소년을 보호하기 위하여 청소년유해 매체물을 판매·대여·배포하거나 시청·관람·이용에 제공하고자 하는 자는 그 상대방의 연령을 확인하도록 하고, 청소년유해업소에서의 청소년 고용을 사전에 차단하기 위하여 청소년유해업소의 업주는 종업원 고용시 연령을 확인하도록 하였다.

2002년 8월 26일(법률 제6721호)은 21세기 지식정보화 사회에서는 현행 출판관련 법률로는 출판의 자유를 신장하고 출판·인쇄문화산업을 종합적으로 진흥시키는데 미흡하기 때문에 시대 변화에 맞추어 현행 출판사및인쇄소의등록에관한법률, 외국간행물수입배포에관한법률 등을 통합하여 미래지향적이고 종합적인 법체계를 마련하려는데 목적이 있었다.

2004년 1월 29일(법률 제7161호)은 청소년에게 유해한 내용이 일간신문에 게재되는 사례가 있어 이에 대한 청소년의 접촉을 효과적으로 차단하고, 식품접객업소에서 이루어지는 청소년을 이용한 불법행위를 강력히 규제함으로써 청소년에 대한 보호를 강화하는 한편, 그 밖에 현행 제도의 운영상 나타난 일부 미비점을 개선·보완하려는 목적이 있었다.

2004년 3월 11일(법률 제7187호)은 국가공무원에 대한 인사행정의 전문성을 강화하고 공무원 인사제도의 개혁을 종합적이고 일관성 있게 추진하기 위하여 행정부의 중앙인사관장기관을 중앙인사위원회로 일원화하고, 각 부처의 인사운영의 자율성을 강화하기 위하여 5급 이상 공무원에 대한 임용권과 채용시험실시권한의 위임근거를 마련하는 한편, 육아휴직의 적용범위를 확대하는 등 현행 제도의 운영상 나타난 일부 미비점을 개선·보완하려는 목적을 자기고 있었다.

2004년 12월 31일(법률 7292호)은 화학물질의 관리를 지속적으로 강화해 나가고 있는 OECD, EU 등 국제사회의 움직임에 적극적으로 대처하기 위하여 사람의 건강이나 환경에 위해가 큰 화학물질에 대한 위해성평가 제도를 도입하는 등 화학물질 관리체계를 선진화하고, 그동안의 제도운영상 나타난 미비점을 개선·보완하려는 목적을 가지고 있었다.

2005년 3월 24일(법률 7423호)은 문화관광부 청소년국과 국무총리 소속 청소년보호위원회를 통합·일원화하기 위하여 청소년기본법에서 국무총리 소속의 청소년위원회를 신설함에 따라 "청소년보호법"의 청소년보호위원회에 관한 규정을 삭제하려는 목적이 있었다.

2005년 12월 29일(법률 7799호)은 청소년위원회가 중앙행정기관임에도 불구하고 국민들이 청소년단체 또는 일반시민단체로 잘못 인식하는 경우가 많으므로 그 명칭을 국가청소년위원회로 변경하고 현행 지방청소년종합상담센터를 청소년 상담 외의 긴급구조 등의 기능을 수행하는 기관과 그 외에 지원 기능까지 담당하는 기관으로 확대하려는 목적이 있었다.

2005년 12월 29일(법률 제7800호)은 친권자 등은 필요한 경우 청소년보호와 관련된 상담기관 및 단체 등에 상담하도록 가정의 역할과 책임을 강화하고, 시장·군수 또는 구청장은 청소년보호 등의 규정에 위반하는 행위의 원인을 제공한 청소년에 대하여는 친권자 등에게 그 사실을 통보하도록 의무화하는 한편, 유독물사용과 직접 관련이 없는 영업에는 청소년 고용이 가능하도록 하는 등 현행 제도의 운영상 나타난 일부 미비점을 개선·보완하였다.

2006년 2월 21일(법률 제7849호)은 종전의 제주도를 폐지하고, 제주특별자치도를 설치하여 자치조직·인사권 및 자치재정권 등 자치권을 강화하며, 교육자치제도의 개선과 자치경찰제의 도입을 통하여 실질적인 지방자치를 보장함으로써 선진적인 지방분권모델을 구축하는 한편, 제주특별자치도에 적용되고 있는 각종 법령상 행정규제를 폭넓게 완화하고, 중앙행정기관의 권한을 대폭 이양하며, 청정산업 및 서비스산업을 육성하여 제주특별자치도를 국제자유도시로 조성·발전시키려 하였다.

2006년 4월 28일(법률 제7943호)은 영화와 비디오물은 연속적인 영상물로서 그 규율 대상이 동일함에도 불구하고 종전에는 「영화진흥법」과 「음반·비디오물 및 게임물에 관한 법률」등 각기 다른 법률로 규율하고 있어 그 효율성이 떨어지는바, 영화 및 비디오물에 관한 사항을 통합하여 규정함으로써 그 운영의 효율성을 도모하는 한편, 인터넷과 디지털 기술의 발전에 따라 영상물의 이용이 디지털과 온라인 형태로 변화하고 있어 이를 포함할 수 있도록 비디오물의 개념을 확대하고, 영상물등급위원회의 공정한 심의를 위하여 영상물등급위원회 위원의 제척과 기피제도를 신설하였다.

2015년 6월 22일 일부 개정은 현행 「청소년 보호법」 제8조는 청소년유해매체물로 심의·결정되지 않은 매체물에 대해서도 등급 구분을 하고 선정성 및 폭력성 등의 내용정보를 표시하도록 하고 있으나, 현실적으로 영화·비디오물, 게임물 등 사전등급분류를 하는 매체물의 경우 관련법에 따라 내용정보를 게재하도록 하고 있어 규제가 중복적이며, 정보통신물·도서출판물 등 사후심의가 진행되는 매체물의 경우 유통 이후 내용정보 표시가 사실상 불가능하여 동 규정에 따른 실익을 확보하기가 어렵다. 따라서 매체물의 내용정보 표시에 관한 규정을 삭제하여 「청소년 보호법」과 개별 매체물 관련법 간의 중복규제를 해소하고 매체물 제작자와 유통자의 부담을 경감하고자 한다. 또한 환각물질 중독 전문치료기관의 장과 그 종사자 등이 직무상 알게 된 비밀을 누설하는 경우에 대한 벌금형(500만원 이하)이 징역형(2년 이하)에 비하여 경미한 바, 범죄억지력 확보차원에서 벌금형을 상향 조정하여 형벌로서의 기능을 회복하도록 하였다.

2016년 12월 20일 일부 개정은 청소년이 청소년유해약물을 접촉하는 것을 미연에 방지하기 위하여 청소년유해약물과 유사한 형태의 제품으로 지속해서 사용할 경우 청소년의 사용을 제한하지 아니하면 청소년의 청소년유해약물 이용습관을 심각하게 조장할 우려가 있는 물건을 청소년유해물건으로 지정하도록 하고, 무인텔은 숙박업주 또는 종사자와의 대면 등을 통한 나이확인 절차 없이 바로 출입이 가능한 구조로 청소년의 출입이 용이하여 청소년의 혼숙 등 청소년 유해행위가 발생할 가능성이 높으므로, 숙박업을 운영하는 업주에게 종사자 배치 등을 통해 출입자의 나이를 확인하고 필요한 경우에는 청소년의 출입을 제한하도록 함으로써 청소년을 보호하고자 하였다.

2018년 1월 16일 일부 개정은 현행법이 청소년유해매체물의 판매 등을 하려는 경우 상대방의 '나이 및 본인 여부'를 확인하도록 하고 있으나, 청소년유해약물의 경우 '나이'만을 확인하도록 하고 있는바, 청소년유해약물의 판매 등을 하는 경우에도 '나이 및 본인 여부'를 확인하도록 명시함으로써 청소년 보호를 강화하였다.

2018년 12월 11일 일부 개정은 경마와 경륜·경정의 개최 여부와 상관없이 장외발매소와 장외매장의 청소년 출입과 고용을 전면 금지함으로써 청소년을 사행행위 환경 노출 및 도박 중독의 위험으로부터 보호하고 청소년이 보다 건전한 인격체로 성장할 수 있도록 하였다. 또한 누구든지 청소년에게 청소년유해약물 등을 구매하도록 권유·유인·강요하여서는 아니 된다는 점을 법률에 명시하고, 이를 위반하여 '영리를 목적으로' 청소년에게 청소년유해약물 등을 구매하게 한 자를 청소년유해약물을 판매한 사람과 동일한 수준인 2년 이하의 징역 또는 2천만원 이하의 벌금에 처하도록 함으로써 청소년유해약물 등으로부터 청소년의 보호를 강화하였다.

　　2018년 12월 18일 일부 개정은 현행법에서 당연직 위원의 임기를 구분하지 않고 일률적으로 위원의 임기를 규정하고 있어 당연직 위원의 경우에도 임기가 적용되는 것처럼 오해할 소지가 있다. 현행법 제37조 제1항에서는 당연직 위원을 규정하고, 제39조 제1항에서는 당연직 위원을 포함한 모든 위원의 임기를 일률적으로 2년으로 규정하고 있는 문제점이 있는바, 당연직 위원의 임기는 그 재임기간으로 하도록 법문 표현을 명확하게 정비함으로써 법률 해석상의 혼란을 방지하고자 하였다.

 ## Ⅲ. 목적 및 책임

1. 목적(제1조)

　　이 법은 청소년에게 유해한 매체물과 약물 등이 청소년에게 유통되는 것과 청소년이 유해한 업소에 출입하는 것 등을 규제하고 청소년을 유해한 환경으로부터 보호·구제함으로써 청소년이 건전한 인격체로 성장할 수 있도록 함을 목적으로 한다.

2. 가정의 역할과 책임(제3조)

① 청소년에 대하여 친권을 행사하는 사람 또는 친권자를 대신하여 청소년을 보호하는 사람(이하 "친권자등"이라 한다)은 청소년이 청소년유해환경에 접촉하거나 출입하지 못하도록 필요한 노력을 하여야 하며, 청소년이 유해한 매체물 또는 유해한 약물 등을 이용하고 있거나 유해한 업소에 출입하려고 하면 즉시 제지하여야 한다.

② 친권자등은 제1항에 따른 노력이나 제지를 할 때 필요한 경우에는 청소년 보호와 관련된 상담기관과 단체 등에 상담하여야 하고, 해당 청소년이 가출하거나 비행 등을 할 우려가 있다고 인정되면 청소년 보호와 관련된 지도·단속 기관에 협조를 요청하여야 한다.

3. 사회의 책임(제4조)

① 누구든지 청소년 보호를 위하여 다음 각 호의 조치 등 필요한 노력을 하여야 한다.

　　1. 청소년이 청소년유해환경에 접할 수 없도록 하거나 출입을 하지 못하도록 할 것

　　2. 청소년이 유해한 매체물 또는 유해한 약물 등을 이용하고 있거나 청소년폭력·학대 등을 하고 있음을 알게 되었을 때에는 이를 제지하고 선도할 것

　　3. 청소년에게 유해한 매체물과 유해한 약물 등이 유통되고 있거나 청소년유해업소에 청소년이 고용되어 있거나 출입하고 있음을 알게 되었을 때 또는 청소년이 청소년폭력·학대 등의 피해를 입고 있음을 알게 되었을 때에는 제21조 제3항에 따른 관계기관등에 신고·고발하는 등의 조치를 할 것

② 매체물과 약물 등의 유통을 업으로 하거나 청소년유해업소의 경영을 업으로 하는 자와 이들로 구성된 단체 및 협회 등은 청소년유해매체물과 청소년유해약물등이 청소년에게 유통되지 아니하도록 하고 청소년유해업소에 청소년을 고용하거나 청소년이 출입하지 못하도록 하는 등 청소년을 보호하기 위하여 자율적인 노력을 다하여야 한다.

4. 국가와 지방자치단체의 책무(제5조)

① 국가는 청소년 보호를 위하여 청소년유해환경의 개선에 필요한 시책을 마련하고 시행하여야 하며, 지방자치단체는 해당 지역의 청소년유해환경으로부터 청소년을 보호하기 위하여 필요한 노력을 하여야 한다.

② 국가와 지방자치단체는 전자·통신기술 및 의약품 등의 발달에 따라 등장하는 새로운 형태의 매체물과 약물 등이 청소년의 정신적·신체적 건강을 해칠 우려가 있음을 인식하고, 이들 매체물과 약물 등으로부터 청소년을 보호하기 위하여 필요한 기술개발과 연구사업의 지원, 국가 간의 협력체제 구축 등 필요한 노력을 하여야 한다.

③ 국가와 지방자치단체는 청소년 관련 단체 등 민간의 자율적인 유해환경 감시·고발 활동을 장려하고 이에 필요한 지원을 할 수 있으며 민간의 건의사항을 관련 시책에 반영할 수 있다.

④ 국가와 지방자치단체는 청소년을 보호하기 위하여 청소년유해환경을 규제할 때 그 의무를 충실히 수행하여야 한다.

 Ⅳ. 청소년유해 매체물의 청소년대상 유통 규제

1. 청소년유해매체물의 심의·결정(제7조)

① 청소년보호위원회는 매체물이 청소년에게 유해한지를 심의하여 청소년에게 유해하다고 인정되는 매체물을 청소년유해매체물로 결정하여야 한다. 다만, 다른 법령에 따라 해당 매체물의 윤리성·건전성을 심의할 수 있는 기관(이하 "각 심의기관"이라 한다)이 있는 경우에는 예외로 한다.

② 청소년보호위원회는 매체물이 청소년에게 유해한지를 각 심의기관에서 심의하지 아니하는 경우 청소년 보호를 위하여 필요하다고 인정할 때에는 심의를 하도록 요청할 수 있다.

③ 청소년보호위원회는 제1항 단서에도 불구하고 다음 각 호의 어느 하나에 해당하는 매체물에 대하여는 청소년에게 유해한지를 심의하여 유해하다고 인정하는 경우에는 그 매체물을 청소년유해매체물로 결정할 수 있다.

　1. 각 심의기관이 심의를 요청한 매체물

　2. 청소년에게 유해한지에 대하여 각 심의기관의 심의를 받지 아니하고 유통되는 매체물

④ 청소년보호위원회나 각 심의기관은 매체물 심의 결과 그 매체물의 내용이 「형법」 등 다른 법령에 따라 유통이 금지되는 내용이라고 판단하는 경우에는 지체 없이 관계 기관에 형사처벌이나 행정처분을 요청하여야 한다. 다만, 각 심의기관별로 해당 법령에 따로 절차가 있는 경우에는 그 절차에 따른다.

⑤ 청소년보호위원회나 각 심의기관은 다음 각 호의 어느 하나에 해당하는 매체물에 대하여는 신청을 받거나 직권으로 매체물의 종류, 제목, 내용 등을 특정하여 청소년유해매체물로 결정할 수 있다.

    1. 제작·발행의 목적 등에 비추어 청소년이 아닌 자를 상대로 제작·발행된 매체물

    2. 매체물 각각을 청소년유해매체물로 결정하여서는 청소년에게 유통되는 것을 차단할 수 없는 매체물

⑥ 청소년보호위원회 심의·결정의 절차 등에 필요한 사항은 대통령령으로 정한다.

2. 등급구분 등(제8조)

① 청소년보호위원회와 각 심의기관은 제7조에 따라 매체물을 심의·결정하는 경우 청소년유해매체물로 심의·결정하지 아니한 매체물에 대하여는 그 매체물의 특성, 청소년 유해의 정도, 이용시간과 장소 등을 고려하여 이용 대상 청소년의 나이에 따른 등급을 구분할 수 있다.<개정 2015. 6. 22.>

② 제1항에 따른 등급 구분의 종류 및 방법 등에 필요한 사항은 대통령령으로 정한다.<개정 2015. 6. 22.>

3. 청소년유해 매체물의 심의기준(제9조)

① 청소년보호위원회와 각 심의기관은 제7조에 따른 심의를 할 때 해당 매체물이 다음 각 호의 어느 하나에 해당하는 경우에는 청소년유해매체물로 결정하여야 한다.

    1. 청소년에게 성적인 욕구를 자극하는 선정적인 것이거나 음란한 것

    2. 청소년에게 포악성이나 범죄의 충동을 일으킬 수 있는 것

    3. 성폭력을 포함한 각종 형태의 폭력 행위와 약물의 남용을 자극하거나 미화하는 것

    4. 도박과 사행심을 조장하는 등 청소년의 건전한 생활을 현저히 해칠

우려가 있는 것

5. 청소년의 건전한 인격과 시민의식의 형성을 저해(沮害)하는 반사회적·비윤리적인 것

6. 그 밖에 청소년의 정신적·신체적 건강에 명백히 해를 끼칠 우려가 있는 것

② 제1항에 따른 기준을 구체적으로 적용할 때에는 사회의 일반적인 통념에 따르며 그 매체물이 가지고 있는 문학적·예술적·교육적·의학적·과학적 측면과 그 매체물의 특성을 함께 고려하여야 한다.

③ 청소년 유해 여부에 관한 구체적인 심의 기준과 그 적용에 필요한 사항은 대통령령으로 정한다.

4. 유해매체물의 자율규제(제11조)

① 매체물의 제작자·발행자, 유통행위자 또는 매체물과 관련된 단체는 자율적으로 청소년 유해 여부를 결정하고 결정한 내용의 확인을 청소년보호위원회나 각 심의기관에 요청할 수 있다.

② 제1항에 따른 확인 요청을 받은 청소년보호위원회 또는 각 심의기관은 심의 결과 그 결정 내용이 적합한 경우에는 이를 확인하여야 하며, 청소년보호위원회는 필요한 경우 이를 각 심의기관에 위탁하여 처리할 수 있다.

③ 제2항에 따라 청소년보호위원회나 각 심의기관이 확인한 경우에는 해당 매체물에 확인 표시를 부착할 수 있다.

④ 매체물의 제작자·발행자, 유통행위자 또는 매체물과 관련된 단체는 청소년에게 유해하다고 판단하는 매체물에 대하여 제13조에 따른 청소년 유해표시에 준하는 표시를 하거나 제14조에 따른 포장에 준하는 포장을 하여야 한다.

⑤ 청소년보호위원회나 각 심의기관은 제4항에 따라 청소년유해표시 또는 포장을 한 매체물을 발견한 경우 청소년 유해 여부를 결정하여야 한다.

⑥ 매체물의 제작자·발행자, 유통행위자 또는 매체물과 관련된 단체가 제4항에 따라 청소년유해표시 또는 포장을 한 매체물은 청소년보호위원회나 각 심의기관의 최종 결정이 있을 때까지 이 법에 따른 청소년유해매

체물로 본다.

⑦ 정부는 자율 규제의 활성화를 위하여 매체물의 제작자·발행자, 유통행위자 또는 매체물과 관련된 단체에 청소년유해매체물 심의 기준 등에 관한 교육 및 관련 정보와 자료를 제공할 수 있다.

⑧ 제1항부터 제6항까지에 따른 청소년 유해 여부의 결정과 확인의 절차 및 방법 등에 필요한 사항은 대통령령으로 정한다.

 ## V. 청소년의 인터넷게임 중독 예방

1. 인터넷게임 이용자의 친권자등의 동의(제24조)

① 「게임산업진흥에 관한 법률」에 따른 게임물 중 「정보통신망 이용촉진 및 정보보호 등에 관한 법률」 제2조 제1항 제1호에 따른 정보통신망을 통하여 실시간으로 제공되는 게임물(이하 "인터넷게임"이라 한다)의 제공자(「전기통신사업법」 제22조에 따라 부가통신사업자로 신고한 자를 말하며, 같은 조 제1항 후단 및 제4항에 따라 신고한 것으로 보는 경우를 포함한다. 이하 같다)는 회원으로 가입하려는 사람이 16세 미만의 청소년일 경우에는 친권자등의 동의를 받아야 한다.

② 제1항의 친권자등의 동의에 필요한 사항은 「게임산업진흥에 관한 법률」에서 정하는 바에 따른다.

2. 인터넷게임 제공자의 고지 의무(제25조)

① 인터넷게임의 제공자는 16세 미만의 청소년 회원가입자의 친권자등에게 해당 청소년과 관련된 다음 각 호의 사항을 알려야 한다.
　　1. 제공되는 게임의 특성·등급(「게임산업진흥에 관한 법률」 제21조에 따른 게임물의 등급을 말한다)·유료화정책 등에 관한 기본적인 사항
　　2. 인터넷게임 이용시간
　　3. 인터넷게임 이용 등에 따른 결제정보

② 제1항에 따른 고지에 필요한 사항은 「게임산업진흥에 관한 법률」에서 정하는 바에 따른다.

3. 심야시간대의 인터넷게임 제공시간 제한(제26조)

① 인터넷게임의 제공자는 16세 미만의 청소년에게 오전 0시부터 오전 6시까지 인터넷게임을 제공하여서는 아니 된다.
② 여성가족부장관은 문화체육관광부장관과 협의하여 제1항에 따른 심야시간대 인터넷게임의 제공시간 제한대상 게임물의 범위가 적절한지를 대통령령으로 정하는 바에 따라 2년마다 평가하여 개선 등의 조치를 하여야 한다.
③ 제2항에 따른 평가의 방법 및 절차 등에 필요한 사항은 「게임산업진흥에 관한 법률」에서 정하는 바에 따른다.

[시행일: 2013. 5. 20.] 제26조 제1항의 개정규정에 따른 인터넷게임 중 심각한 인터넷게임 중독의 우려가 없는 것으로서 대통령령으로 정하는 기기를 이용한 인터넷게임에 대한 심야시간대 제공시간 제한에 관한 부분이다.

4. 인터넷게임 중독 등의 피해 청소년 지원(제27조)

① 여성가족부장관은 관계 중앙행정기관의 장과 협의하여 인터넷게임 중독(인터넷게임의 지나친 이용으로 인하여 인터넷게임 이용자가 일상생활에서 쉽게 회복할 수 없는 신체적·정신적·사회적 기능 손상을 입은 것을 말한다) 등 매체물의 오용·남용으로 신체적·정신적·사회적 피해를 입은 청소년에 대하여 예방·상담 및 치료와 재활 등의 서비스를 지원할 수 있다.
② 제1항에 따른 지원에 관하여 구체적인 사항은 대통령령으로 정한다.

Ⅵ. 청소년유해약물등, 청소년유해행위 및 청소년유해업소 등의 규제

1. 청소년유해약물등의 판매·대여 등의 금지(제28조)

① 누구든지 청소년을 대상으로 청소년유해약물등을 판매·대여·배포(자동기계장치·무인판매장치·통신장치를 통하여 판매·대여·배포하는 경우를 포함한다)하거나 무상으로 제공하여서는 아니 된다. 다만, 교육·실험 또는 치료를 위한 경우로서 대통령령으로 정하는 경우는 예외로 한다.

② 누구든지 청소년의 의뢰를 받아 청소년유해약물등을 구입하여 청소년에게 제공하여서는 아니 된다.

③ 누구든지 청소년에게 권유·유인·강요하여 청소년유해약물등을 구매하게 하여서는 아니 된다.<신설 2018. 12. 11.>

④ 청소년유해약물등을 판매·대여·배포하고자 하는 자는 그 상대방의 나이 및 본인 여부를 확인하여야 한다.<개정 2018. 1. 16., 2018. 12. 11.>

⑤ 다음 각 호의 어느 하나에 해당하는 자가 청소년유해약물 중 주류나 담배(이하 "주류등"이라 한다)를 판매·대여·배포하는 경우 그 업소(자동기계장치·무인판매장치를 포함한다)에 청소년을 대상으로 주류등의 판매·대여·배포를 금지하는 내용을 표시하여야 한다. 다만, 청소년 출입·고용 금지업소는 제외한다.<신설 2014. 3. 24., 2018. 12. 11.>

  1. 「주세법」에 따른 주류소매업의 영업자

  2. 「담배사업법」에 따른 담배소매업의 영업자

  3. 그 밖에 대통령령으로 정하는 업소의 영업자

⑥ 여성가족부장관은 청소년유해약물등 목록표를 작성하여 청소년유해약물등과 관련이 있는 관계기관등에 통보하여야 하고, 필요한 경우 약물 유통을 업으로 하는 개인·법인·단체에 통보할 수 있으며, 친권자등의 요청이 있는 경우 친권자등에게 통지할 수 있다.<개정 2014. 3. 24., 2018. 12. 11.>

⑦ 다음 각 호의 어느 하나에 해당하는 자는 청소년유해약물등에 대하여 청소년유해표시를 하여야 한다.<개정 2013. 3. 22., 2014. 3. 24., 2018.

12. 11.>

　1. 청소년유해약물을 제조·수입한 자

　2. 청소년유해물건을 제작·수입한 자

⑧ 제6항에 따른 청소년유해약물등 목록표의 작성 방법, 통보 시기, 통보 대상, 그 밖에 필요한 사항은 여성가족부령으로 정한다.<개정 2014. 3. 24., 2018. 12. 11.>

⑨ 제5항에 따른 표시의 문구, 크기와 제7항에 따른 청소년유해표시의 종류와 시기·방법, 그 밖에 필요한 사항은 대통령령으로 정한다.<신설 2013. 3. 22., 2014. 3. 24., 2018. 12. 11.>

⑩ 청소년유해약물등의 포장에 관하여는 제14조 및 제15조를 준용한다. 이 경우 "청소년유해매체물" 및 "매체물"은 각각 "청소년유해약물등"으로 본다.<신설 2013. 3. 22., 2014. 3. 24., 2018. 12. 11.>

[시행일: 2015. 3. 25.] 제28조 제4항, 제28조 제8항의 개정규정 중 주류등의 판매·대여·배포를 금지하는 내용의 표시에 관한 사항이다.

2. 청소년 고용 금지 및 출입 제한 등(제29조)

① 청소년유해업소의 업주는 청소년을 고용하여서는 아니 된다. 청소년유해업소의 업주가 종업원을 고용하려면 미리 나이를 확인하여야 한다.

② 청소년 출입·고용금지업소의 업주와 종사자는 출입자의 나이를 확인하여 청소년이 그 업소에 출입하지 못하게 하여야 한다.

③ 제2조 제5호나목2)의 숙박업을 운영하는 업주는 종사자를 배치하거나 대통령령으로 정하는 설비 등을 갖추어 출입자의 나이를 확인하고 제30조 제8호의 우려가 있는 경우에는 청소년의 출입을 제한하여야 한다.<신설 2016. 12. 20.>

④ 청소년유해업소의 업주와 종사자는 제1항부터 제3항까지에 따른 나이 확인을 위하여 필요한 경우 주민등록증이나 그 밖에 나이를 확인할 수 있는 증표(이하 이 항에서 "증표"라 한다)의 제시를 요구할 수 있으며, 증표 제시를 요구받고도 정당한 사유 없이 증표를 제시하지 아니하는 사람에게는 그 업소의 출입을 제한할 수 있다.<개정 2016. 12. 20.>

⑤ 제2항에도 불구하고 청소년이 친권자등을 동반할 때에는 대통령령으로 정하는 바에 따라 출입하게 할 수 있다. 다만, 「식품위생법」에 따른 식품접객업 중 대통령령으로 정하는 업소의 경우에는 출입할 수 없다. <개정 2016. 12. 20.>

⑥ 청소년유해업소의 업주와 종사자는 그 업소에 대통령령으로 정하는 바에 따라 청소년의 출입과 고용을 제한하는 내용을 표시하여야 한다. <개정 2016. 12. 20.>

3. 청소년 유해행위의 금지(제30조)

누구든지 청소년에게 다음 각 호의 어느 하나에 해당하는 행위를 하여서는 아니 된다.

1. 영리를 목적으로 청소년으로 하여금 신체적인 접촉 또는 은밀한 부분의 노출 등 성적 접대행위를 하게 하거나 이러한 행위를 알선·매개하는 행위

2. 영리를 목적으로 청소년으로 하여금 손님과 함께 술을 마시거나 노래 또는 춤 등으로 손님의 유흥을 돋우는 접객행위를 하게 하거나 이러한 행위를 알선·매개하는 행위

3. 영리나 흥행을 목적으로 청소년에게 음란한 행위를 하게 하는 행위

4. 영리나 흥행을 목적으로 청소년의 장애나 기형 등의 모습을 일반인들에게 관람시키는 행위

5. 청소년에게 구걸을 시키거나 청소년을 이용하여 구걸하는 행위

6. 청소년을 학대하는 행위

7. 영리를 목적으로 청소년이 거리에서 손님을 유인하는 행위를 하게 하는 행위

8. 청소년을 남녀 혼숙하게 하는 등 풍기를 문란하게 하는 영업행위를 하거나 이를 목적으로 장소를 제공하는 행위

9. 주로 차 종류를 조리·판매하는 업소에서 청소년으로 하여금 영업장을 벗어나 차 종류를 배달하는 행위를 하게 하거나 이를 조장하거나 묵인하는 행위

4. 청소년 통행금지·제한구역의 지정 등(제31조)

① 특별자치시장·특별자치도지사·시장·군수·구청장(구청장은 자치구의 구청장을 말하며, 이하 "시장·군수·구청장"이라 한다)은 청소년 보호를 위하여 필요하다고 인정할 경우 청소년의 정신적·신체적 건강을 해칠 우려가 있는 구역을 청소년 통행금지구역 또는 청소년 통행제한구역으로 지정하여야 한다.<개정 2013. 3. 22.>

② 시장·군수·구청장은 청소년 범죄 또는 탈선의 예방 등 특별한 이유가 있으면 대통령령으로 정하는 바에 따라 시간을 정하여 제1항에 따라 지정된 구역에 청소년이 통행하는 것을 금지하거나 제한할 수 있다.

③ 제1항과 제2항에 따른 청소년 통행금지구역 또는 통행제한구역의 구체적인 지정기준과 선도 및 단속 방법 등은 조례로 정하여야 한다. 이 경우 관할 경찰관서 및 학교 등 해당 지역의 관계 기관과 지역 주민의 의견을 반영하여야 한다.

④ 시장·군수·구청장 및 관할 경찰서장은 청소년이 제2항을 위반하여 청소년 통행금지구역 또는 통행제한구역을 통행하려고 할 때에는 통행을 막을 수 있으며, 통행하고 있는 청소년은 해당 구역 밖으로 나가게 할 수 있다.

 Ⅶ. 청소년보호사업의 추진

1. 청소년보호종합대책의 수립 등(제33조)

① 여성가족부장관은 3년마다 관계 중앙행정기관의 장 및 지방자치단체의 장과 협의하여 청소년유해환경으로부터 청소년을 보호하기 위한 종합대책(이하 이 조에서 "종합대책"이라 한다)을 수립·시행하여야 한다.

② 여성가족부장관은 종합대책의 추진상황을 매년 점검하여야 하고, 이를 위하여 관계 기관 점검회의를 운영할 수 있다.

③ 여성가족부장관은 종합대책 수립 및 제2항에 따른 점검회의 운영을 위

하여 필요한 자료를 관계 기관의 장에게 요청할 수 있다. 이 경우 관계 기관의 장은 정당한 사유가 없으면 이에 따라야 한다.

④ 여성가족부장관은 종합대책의 효과적 수립·시행을 위하여 청소년의 유해환경에 대한 접촉실태 조사를 정기적으로 실시하여야 하고, 관계 중앙행정기관 또는 지방자치단체의 장과 협력하여 청소년유해환경에 대한 종합적인 점검 및 단속 등을 실시할 수 있다.

⑤ 종합대책의 수립·시행과 제2항에 따른 점검회의의 운영 등에 필요한 사항은 대통령령으로 정한다.

2. 청소년의 유해환경에 대한 대응능력 제고 등(제34조)

① 여성가족부장관은 관계 중앙행정기관의 장과 협의하여 청소년의 유해환경에 대한 대응능력 제고와 청소년의 매체물 오용·남용으로 인한 피해의 예방 및 해소 등을 위하여 다음 각 호의 사업을 추진할 수 있다.

   1. 청소년의 유해환경에 대한 대응능력 제고를 위한 교육 및 프로그램의 개발과 보급
   2. 청소년의 유해환경에 대한 대응능력 제고와 관련된 전문인력의 양성
   3. 청소년의 매체물 이용과 관련한 상담 및 안내
   4. 매체물 오용·남용으로 피해를 입은 청소년에 대한 전문적 상담과 치료 등
   5. 청소년유해약물 피해 예방 및 피해를 입은 청소년에 대한 치료와 재활

② 여성가족부장관은 제1항 각 호의 사업을 청소년 보호를 목적으로 하는 법인 또는 단체에 위탁하여 실시할 수 있다. 이 경우 여성가족부장관은 예산의 범위에서 사업 수행에 필요한 경비의 전부 또는 일부를 지원할 수 있다.

3. 환각물질의 중독 치료 등(제34조의2조)

① 여성가족부장관은 다음 각 호의 사항을 지원하기 위하여 중독정신의학 또는 청소년정신의학 전문의 등의 인력과 관련 장비를 갖춘 시설 또는

기관을 청소년 환각물질 중독 전문 치료기관(이하 "청소년 전문 치료기관"
이라 한다)으로 지정·운영할 수 있다. 이 경우 판별 검사, 치료와 재활에
필요한 비용의 전부 또는 일부를 지원할 수 있다.

  1. 환각물질 흡입 청소년의 중독 여부 판별 검사
  2. 환각물질 중독으로 판명된 청소년에 대한 치료와 재활

② 여성가족부장관은 환각물질 흡입 청소년에 대하여 본인, 친권자 등 대통
  령령으로 정하는 사람의 신청, 「소년법」에 따른 법원의 보호처분결정
  또는 검사의 조건부기소유예처분 등이 있는 경우 청소년 전문 치료기관
  에서 중독 여부를 판별하기 위한 검사를 받도록 지원할 수 있다. 이 경
  우 검사 기간은 1개월 이내로 한다.

③ 여성가족부장관은 환각물질 중독자로 판명된 청소년에 대하여 본인, 친
  권자 등 대통령령으로 정하는 사람의 신청, 「소년법」에 따른 법원의 보
  호처분결정 또는 검사의 조건부기소유예처분 등이 있는 경우 청소년 전
  문 치료기관에서 치료와 재활을 받도록 지원할 수 있다. 이 경우 치료
  및 재활 기간은 6개월 이내로 하되, 3개월의 범위에서 연장할 수 있다.

④ 여성가족부장관은 제2항 및 제3항에 따른 결정을 하는 경우에 정신과
  전문의 등에게 자문할 수 있다.

⑤ 청소년 전문 치료기관의 장과 그 종사자 또는 그 직에 있었던 사람은 직
  무상 알게 된 비밀을 누설하여서는 아니 된다.

⑥ 제1항부터 제4항까지의 규정에 따른 청소년 전문 치료기관의 지정·운
  영, 중독 판별 검사 및 치료와 재활, 친권자 등의 신청 및 자문, 그 밖에
  필요한 사항은 대통령령으로 정한다. [본조신설 2014. 5. 28.]

4. 청소년 보호·재활센터의 설치·운영(제35조)

① 여성가족부장관은 청소년유해환경으로부터 청소년을 보호하고 피해 청
  소년의 치료와 재활을 지원하기 위하여 청소년 보호·재활센터(이하 "청
  소년 보호·재활센터"라 한다)를 설치·운영할 수 있다.

② 여성가족부장관은 청소년 보호·재활센터의 설치·운영을 청소년 보호
  를 목적으로 하는 법인 또는 단체에 위탁할 수 있다. 이 경우 청소년 보

호·재활센터의 설치·운영에 필요한 경비의 전부 또는 일부를 지원할
수 있다.

③ 청소년 보호·재활센터의 설치·운영에 필요한 세부사항은 대통령령으
로 정한다.

 ## Ⅷ. 청소년보호위원회

1. 청소년보호위원회의 설치(제36조)

① 다음 각 호의 사항에 관하여 심의·결정하기 위하여 여성가족부장관 소
속으로 청소년보호위원회(이하 이 장에서 "위원회"라 한다)를 둔다.

1. 청소년유해매체물, 청소년유해약물등, 청소년유해업소 등의 심의·
결정 등에 관한 사항

2. 제54조 제1항에 따른 과징금 부과에 관한 사항

3. 여성가족부장관이 청소년보호를 위하여 필요하다고 인정하여 심의
를 요청한 사항

4. 그 밖에 다른 법률에서 위원회가 심의·결정하도록 정한 사항

2. 위원회의 구성(제37조)

① 위원회는 위원장 1명을 포함한 11명 이내의 위원으로 구성하되, 고위공
무원단에 속하는 공무원 중 여성가족부장관이 지명하는 청소년 업무 담
당 공무원 1명을 당연직 위원으로 한다.

② 위원회의 위원장은 청소년 관련 경험과 식견이 풍부한 사람 중에서 여
성가족부장관의 제청으로 대통령이 임명하고, 그 밖의 위원은 다음 각
호의 어느 하나에 해당하는 사람 중에서 위원장의 추천을 받아 여성가
족부장관의 제청으로 대통령이 임명하거나 위촉한다.

1. 판사, 검사 또는 변호사로 5년 이상 재직한 사람

2. 대학이나 공인된 연구기관에서 부교수 이상 또는 이에 상당하는 직

에 있거나 있었던 사람으로서 청소년 관련 분야를 전공한 사람

3. 3급 또는 3급 상당 이상의 공무원이나 고위공무원단에 속하는 공무원과 공공기관에서 이에 상당하는 직에 있거나 있었던 사람으로서 청소년 관련 업무에 실무 경험이 있는 사람

4. 청소년 시설·단체 및 각급 교육기관 등에서 청소년 관련 업무를 10년 이상 담당한 사람

제5절 장애인고용촉진 및 직업재활법

 ## Ⅰ. 의의

장애인고용촉진및직업재활법은 장애인의 고용을 촉진하고, 고용기회를 확대하며, 직업재활을 도모하고, 자활여건을 조성하여 장애인이 그 능력에 맞는 직업생활을 통하여 인간다운 생활을 영위하고, 사회통합을 이룰 수 있도록 제정되었다.

 ## Ⅱ. 연혁

1990년 1월 13일 장애인고용 촉진 등에 관한 법률을 제정하였고, 1995년 8월 4일 장애인고용촉진 등에 관한 법률을 개정하여 장애인 고용에 대한 기업 및 일반 국민의 이해를 높이고, 장애인고용에 모범이 되는 사업주를 우수사업부로 선정하여 사업지원 등의 우대조치를 할 수 있도록 하였으며, 장애인 직업재활시설에 생산설비·원료·기술 등을 제공하여 제품을 생산·판매하는 사업주 또는 동 재활시설에 도급을 주는 사업주에 대하여는 장애인고용부담금을 감면할 수 있도록 하였다. 장애인고용계획서의 제출의무 위반, 단순한 조사의 거부·기피

등에 대한 형사벌을 과태료로 전환하였다.

1999년 2월 8일 장애인고용촉진등에관한법률을 개정하여 한국장애인고용 촉진공단에 고용노동부령이 정하는 자격을 갖춘 직업상담원을 두도록 한 규정, 사업주가 장애인 근로자를 해고한 경우에 7일 이내에 고용노동부장관에게 신고 하도록 한 규정, 사업주가 장애인 고용계획, 장애인의 임면 사항, 장애인 고용과 관련한 부담금·지원금 또는 장려금에 관한 서류를 3년간 보존하도록 한 규정을 삭제하였다.

2000년 1월 12일 장애인고용촉진및직업재활법을 제정하여 근로능력과 의 욕이 있는 모든 장애인에게 일자리를 제공할 수 있도록 하고 중증장애인의 특별 지원을 위한 제도적 장치를 마련하였다.

2001년 1월 29일(법률 제6400호)은 새천년의 요구에 맞는 경쟁력있고 효율 적인 정부를 구현하기 위하여 국가 핵심역량인 경제정책 및 인적자원개발정책 분야의 총괄·조정기능을 수행할 부총리 2인을 신설하고, 여성의 사회참여 확대 및 권익신장을 도모하기 위하여 여성특별위원회를 여성부로 확대·개편하여 여 성관련 기능을 강화하려는 목적하에 일부 개정하였다.

2002년 12월 30일(법률 제6836호)은 예산회계법에 의한 세입·세출과 개별 법에 의하여 설치된 기금의 수입·지출 등 국고금의 관리에 관한 일반법을 제정 함으로써 국가재정의 관리체계를 일원화하는 한편, 납입고지서의 전자송달제도 를 도입하고, 국고금관리의 절차를 정보화 환경에 맞도록 관련 프로그램을 개발 하는 등 국가재정의 실시간관리기반을 조성하며, 국고수표발행제도를 폐지하여 지출업무를 전자화하고, 일상경비 및 도급경비 등을 관서운영경비로 통합하여 지출체계를 단순화하고 그 투명성을 높이는 등 현행 국고금관리업무 가운데 일 부 문제점을 보완하여 효율적이고 투명한 국고금관리를 위한 제도적 장치를 마 련하였다.

2004년 1월 29일(법률 제7154호)은 장애인을 의무적으로 고용하여야 하는 사업주의 범위를 확대하고, 장애인 고용장려금 및 부담금 제도를 개선하는 등 그 동안 장애인 의무고용제도의 운영상 나타난 문제점을 개선하여 장애인의 고 용을 촉진함으로써 직업을 통한 장애인의 사회참여를 촉진하기 위해 일부 개정 하였다.

2004년 12월 31일(법률 7298호)은 지식경제와 평생학습사회로의 전환에 대응하여 근로자의 생애에 걸친 체계적인 능력개발이 요구됨에 따라 사업주에 의한 직업능력개발훈련뿐만 아니라 근로자의 자율적 능력개발 등 다양한 직업능력개발사업을 지원하여 산업현장의 요구에 능동적으로 대응하는 한편, 그 밖에 현행 제도의 운영과정에서 나타난 문제점을 개선·보완하기 위해 전문을 개정하였다.

2005년 3월 31일(법률 7468호)은 고용노동부장관은 자영업을 영위하고자 하는 장애인에게 창업에 필요한 자금 등을 융자하거나 영업장소를 임대할 수 있도록 하되, 영업장소의 연간 임대료는 고용노동부장관이 「국유재산법」에서 정한 것보다 낮게 정할 수 있도록 근거를 마련하여 장애인의 창업을 지원하는 한편, 장애인의 고용을 촉진하기 위해 사업주에게 지급하는 장애인고용장려금을 부정수급한 자를 신고 또는 고발한 자에 대한 포상금제도를 도입하여 부정수급의 사례가 발생하지 않도록 하기 위해 일부 개정하였다.

2005년 5월 31일(법률 7568호)은 장애인고용에 대한 국가 및 지방자치단체의 책임을 강화하기 위하여 국가 및 지방자치단체의 장애인 고용의무 적용제외 공무원의 범위를 공안직군공무원, 검사, 경찰·소방·경호공무원 및 군인 등으로 축소하고 이를 법률에 직접 규정하며, 민간부문에 있어서 장애인을 고용하기 어렵다고 인정되는 직종의 근로자가 상당한 비율을 차지하는 업종에 대하여 장애인 의무고용의 적용제외율을 적용하던 것을 폐지함으로써 민간부문에 있어서의 장애인 고용을 촉진하기 위해 일부 개정하였다.

2005년 12월 30일(법률 제7828호)은 사업주의 장애인 고용환경에 대한 지원 강화, 장애인표준사업장 육성 및 장애인의 공무원 채용시험 응시연령 상향조정 등을 통하여 장애인의 고용촉진을 유도하는 한편, 현행 제도의 운영상 나타난 일부 미비점을 개선·보완하기 위해 일부 개정하였다.

2006년 12월 30일(법률 제8135호)은 재정의 칸막이를 없애고 재원배분의 우선순위를 종합적으로 검토할 수 있는 기반을 강화하기 위하여 재정융자특별회계를 폐지하고, 종전의 재정융자특별회계의 기능을 공공자금관리기금이 통합적으로 수행하도록 하는 한편, 우체국예금 등의 운용상 자율성을 제고하기 위하여 우체국예금 등이 공공자금관리기금에 의무적으로 예탁하도록 하는 제도를 폐지하는 등 공공자금관리기금의 운용방식을 현실에 맞도록 개선하기위해 일부 개정하였다.

2007년 4월 11일(법률 제8367호)은 장애인의 권익을 신장하고, 중증장애인 및 여성장애인을 포함한 장애인의 자립생활 등을 실현하기 위한 각종 제도를 도입하는 한편, 법적 간결성·함축성과 조화를 이루는 범위에서 법 문장의 표기를 한글화하고 어려운 용어를 쉬운 우리말로 풀어쓰며 복잡한 문장은 체계를 정리하여 쉽고 간결하게 다듬기 위해 개정하였다.

2007년 5월 25일(법률 제8483호)은 「교육기본법」제18조에 따라 국가 및 지방자치단체가 장애인 및 특별한 교육적 요구가 있는 사람에게 통합된 교육환경을 제공하고 생애주기에 따라 장애유형·장애정도의 특성을 고려한 교육을 실시하여 이들의 자아실현과 사회통합을 하는데 기여하기 위하여 현행 「특수교육진흥법」을 폐지하고 새로이 이 법을 제정하였다.

2007년 5월 25일(법률 제8491호)은 전부개정으로 사업주가 거짓 그 밖의 부정한 방법으로 지원받는 것을 방지하기 위하여 부당한 융자·지원금 및 고용장려금 수급에 대한 제재를 강화하고, 부담금 징수 및 고용장려금 지급 등의 소멸시효 중단사유에 「민법」이 정하는 시효중단 사유를 추가하는 한편, 법 문장을 일반 국민이 쉽게 읽고 이해할 수 있도록 하기 위하여 법문장의 표기를 한글화하고 어려운 용어를 쉬운 우리말로 풀어쓰며 복잡한 문장체계를 쉽고 간결하게 다듬어 국민중심의 법률 문화를 정착시키는데 기여하기 위해 개정하였다.

2007년 7월 13일(법률 제8507호)은 장애인 고용의무가 있는 사업주가 장애인표준사업장을 실질적으로 지배하고 있는 경우에는 그 장애인표준사업장에 고용된 장애인을 당해 사업주가 고용하는 장애인의 수에 포함하도록 함으로써 기업의 장애인 고용을 촉진하는 한편, 장애인의 신체적 특성상 비장애인에 비하여 근로현장에서 위험요인에 과다 노출되어 제2의 장애로 이어질 가능성이 큼에도 장애인근로자의 산업재해 현황에 대한 정보가 구축되지 못하고 있는 실정이므로 고용노동부장관이 실시하는 장애인실태조사의 항목에 장애인근로자의 산업재해 현황을 추가하고 장애인실태조사를 2년마다 실시하도록 하기 위해 일부 개정하였다.

2012년 12월 18일 일부 개정은 장애인 표준사업장의 경영안정화를 도모하기 위하여 공공기관의 장애인 표준사업장 생산품 우선구매를 의무화하고, 수의계약을 통한 구매계약을 허용하며, 장애인 표준사업장의 체계적 운영과 관리를 위하여 인증 및 인증취소 제도의 도입, 부당 융자 또는 지원금 등의 징수 및 지급제한 관련 규정을 합리적으로 개선하는 한편, 기타공공기관·지방공사·지방공단·출자법인 및 출연법인의 장애인 의무고용률을 공기업이나 준정부기관과 동일한 3퍼센트로 상향 조정함으로써 장애인 고용을 촉진하도록 하고, 그 밖에 장애인 공무원의 의무고용 주체를 명확히 하는 등 현행 제도의 운영상 나타난 일부 미비점을 개선·보완하였다.

2016년 12월 27일 일부 개정은 장애인에게 일자리를 제공할 기회를 확대함으로써 장애인이 직업생활을 통하여 자립할 수 있도록 국가, 지방자치단체 및 공공기관의 장애인 의무고용률을 상향하고, 장애인 고용에 대한 국가와 지방자치단체의 사회적 책임을 강화하기 위하여 의무고용률에 못 미치는 장애인 공무원을 고용한 국가기관과 지방자치단체에 장애인 고용부담금 납부 의무를 부과하는 한편, 공공기관의 장애인 표준사업장 생산품 구매실적을 공표하도록 하는 등 현행 제도의 운영상 나타난 일부 미비점을 개선·보완하였다.

2017년 11월 28일 일부 개정은 사업주가 실시하게 하는 장애인 인식개선 교육 및 장애인 인식개선 교육의 위탁에 관한 사항을 구체적으로 규정함으로써 직장 내 장애인 근로자의 안정적인 근무여건 조성과 채용 확대를 도모하고, 장애인 고용률을 제고하기 위하여 장애인 고용 우수사업주에 대하여 우대조치를 할 수 있도록 하며, 고용노동부장관이 실시하는 장애인 실태조사의 주기 단축 등을 통하여 장애인의 고용촉진 등을 제고하였다.

2018년 10월 16일 일부 개정은 현행법은 장애인 고용부담금 제도를 마련하여 장애인 고용의무 제도의 실효성을 확보하고 장애인을 고용한 사업주와 장애인을 고용하지 않은 사업주가 장애인 고용에 따른 추가비용을 고르게 부담하도록 하고 있다. 한편, 산림조합, 농업협동조합, 수산업협동조합, 중소기업은행, 협동조합의 경우 관련 법령에 따라 조세 외의 부과금을 면제하는 규정을 두고 있는데, 2016년 대법원에서는 해당 규정을 근거로 산림조합 등에 대하여 임금채권보장법상 임금채권부담금을 징수할 수 없다고 판결하였고, 2017년 농업협동조합 등은 장애인 고용부담금 환급을 구하는 행정심판을 청구한 바 있다. 장애인 고용부담금 납부의무는 법령상 장애인 고용의무의 불이행으로 비로소 발생하게 되는 것으로서, 장애인 고용의무가 있는 일부 업종·단체에 대하여 장애인 고용부담금 납부의무만 분리하여 면제하는 것은 장애인 고용부담금의 본질상 허용될 수 없고, 장애인 고용의무 제도 및 장애인 고용부담금 제도의 취지에도 저촉되는 것이다. 이에 국가와 지방자치단체의 장 및 사업주의 장애인 고용부담금에 관하여는 다른 법률에서 달리 정하고 있다 하더라도 이 법을 우선 적용하여 이를 면제하지 않도록 하였다.

 ## Ⅲ. 목적, 책임 등

1. 목적(제1조)

이 법은 장애인이 그 능력에 맞는 직업생활을 통하여 인간다운 생활을 할 수 있도록 장애인의 고용촉진 및 직업재활을 꾀하는 것을 목적으로 한다.

2. 정의(제2조)

이 법에서 사용하는 용어의 뜻은 다음과 같다.
1. "장애인"이란 신체 또는 정신상의 장애로 장기간에 걸쳐 직업생활에 상당한 제약을 받는 자로서 대통령령으로 정하는 기준에 해당하는 자를 말한다.
2. "중증장애인"이란 장애인 중 근로 능력이 현저하게 상실된 자로서 대통령령으로 정하는 기준에 해당하는 자를 말한다.
3. "고용촉진 및 직업재활"이란 장애인의 직업지도, 직업적응훈련, 직업능력개발훈련, 취업알선, 취업, 취업 후 적응지도 등에 대하여 이 법에서 정하는 조치를 강구하여 장애인이 직업생활을 통하여 자립할 수 있도록 하는 것을 말한다.
4. "사업주"란 근로자를 사용하여 사업을 행하거나 하려는 자를 말한다.
5. "근로자"란 「근로기준법」 제2조 제1항 제1호에 따른 근로자를 말한다. 다만, 소정근로시간이 대통령령으로 정하는 시간 미만인 자(중증장애인은 제외한다)는 제외한다.
6. "직업능력개발훈련"이란 「근로자직업능력 개발법」 제2조 제1호에 따른 훈련을 말한다.

7. "직업능력개발훈련시설"이란 「근로자직업능력 개발법」 제2조 제3호에 따른 직업능력개발훈련시설을 말한다.

8. "장애인 표준사업장"이란 장애인 고용 인원·고용비율 및 시설·임금에 관하여 고용노동부령으로 정하는 기준에 해당하는 사업장(「장애인복지법」 제58조 제1항 제3호에 따른 장애인 직업재활시설은 제외한다)을 말한다.

3. 국가와 지방자치단체의 책임(제3조)

① 국가와 지방자치단체는 장애인의 고용촉진 및 직업재활에 관하여 사업주 및 국민 일반의 이해를 높이기 위하여 교육·홍보 및 장애인 고용촉진 운동을 지속적으로 추진하여야 한다.

② 국가와 지방자치단체는 사업주·장애인, 그 밖의 관계자에 대한 지원과 장애인의 특성을 고려한 직업재활 조치를 강구하여야 하고, 장애인의 고용촉진을 꾀하기 위하여 필요한 시책을 종합적이고 효과적으로 추진하여야 한다. 이 경우 중증장애인과 여성장애인에 대한 고용촉진 및 직업재활을 중요시하여야 한다.

4. 사업주의 책임(제5조)

① 사업주는 장애인의 고용에 관한 정부의 시책에 협조하여야 하고, 장애인이 가진 능력을 정당하게 평가하여 고용의 기회를 제공함과 동시에 적정한 고용관리를 할 의무를 가진다.

② 사업주는 근로자가 장애인이라는 이유로 채용·승진·전보 및 교육훈련 등 인사관리상의 차별대우를 하여서는 아니 된다.

동법 제5조의2(직장 내 장애인 인식개선 교육)
① 사업주는 장애인에 대한 직장 내 편견을 제거함으로써 장애인 근로자의 안정적인 근무여건을 조성하고 장애인 근로자 채용이 확대될 수 있도록 장애인 인식개선 교육을 실시하여야 한다.

---

② 사업주 및 근로자는 제1항에 따른 장애인 인식개선 교육을 받아야 한다.

③ 고용노동부장관은 제1항 및 제2항에 따른 교육실시 결과에 대한 점검을 할 수 있다.

④ 고용노동부장관은 제1항에 따른 사업주의 장애인 인식개선 교육이 원활하게 이루어지도록 교육교재 등을 개발하여 보급하여야 한다.

⑤ 제1항 및 제2항에 따른 장애인 인식개선 교육의 내용·방법 및 횟수 등은 대통령령으로 정한다. [본조신설 2017. 11. 28.]

동법 제5조의3(장애인 인식개선 교육의 위탁 등)

① 사업주는 장애인 인식개선 교육을 고용노동부장관이 지정하는 기관(이하 "장애인 인식개선 교육기관"이라 한다)에 위탁할 수 있다.

② 장애인 인식개선 교육기관의 장은 고용노동부령으로 정하는 바에 따라 교육을 실시하여야 하며, 사업주 및 장애인 인식개선 교육기관의 장은 교육 실시 관련 자료를 3년간 보관하고 사업주나 피교육자가 원하는 경우 그 자료를 내주어야 한다.

③ 장애인 인식개선 교육기관은 고용노동부령으로 정하는 강사를 1명 이상 두어야 한다.

④ 고용노동부장관은 장애인 인식개선 교육기관이 다음 각 호의 어느 하나에 해당하면 그 지정을 취소할 수 있다. 다만, 제1호에 해당하는 경우에는 그 지정을 취소하여야 한다.

1. 거짓이나 그 밖의 부정한 방법으로 지정을 받은 경우

2. 정당한 사유 없이 제3항에 따른 강사를 6개월 이상 계속하여 두지 아니한 경우

⑤ 고용노동부장관은 제4항에 따라 장애인 인식개선 교육기관의 지정을 취소하려면 청문을 하여야 한다. [본조신설 2017. 11. 28.]

5. 장애인의 자립 노력 등(제6조)

① 장애인은 직업인으로서의 자각을 가지고 스스로 능력 개발·향상을 도모하여 유능한 직업인으로 자립하도록 노력하여야 한다.

② 장애인의 가족 또는 장애인을 보호하고 있는 자는 장애인에 관한 정부의 시책에 협조하여야 하고, 장애인의 자립을 촉진하기 위하여 적극적으로 노력하여야 한다.

6. 장애인고용촉진 및 직업재활기본계획 등(제7조)

① 고용노동부장관은 관계 중앙행정기관의 장과 협의하여 장애인의 고용촉
   진 및 직업재활을 위한 기본계획(이하 "기본계획"이라 한다)을 5년마다 수
   립하여야 한다.<개정 2016. 1. 27.>
② 제1항의 기본계획에는 다음 각 호의 사항이 포함되어야 한다.<개정
   2016. 1. 27.>
   1. 직전 기본계획에 대한 평가
   2. 장애인의 고용촉진 및 직업재활에 관한 사항
   3. 제68조에 따른 장애인 고용촉진 및 직업재활 기금에 관한 사항
   4. 장애인을 위한 시설의 설치·운영 및 지원에 관한 사항
   5. 그 밖에 장애인의 고용촉진 및 직업재활을 위하여 고용노동부장관
      이 필요하다고 인정하는 사항
③ 제1항의 기본계획, 장애인의 고용촉진 및 직업재활에 관한 중요 사항은
   「고용정책 기본법」 제10조에 따른 고용정책심의회(이하 "고용정책심의회"
   라 한다)의 심의를 거쳐야 한다.

7. 교육부 및 보건복지부와의 연계(제8조)

① 교육부장관은 「장애인 등에 대한 특수교육법」에 따른 특수교육 대상자
   의 취업을 촉진하기 위하여 필요하다고 인정하면 직업교육 내용 등에
   대하여 고용노동부장관과 협의하여야 한다.<개정 2013. 3. 23.>
② 보건복지부장관은 직업재활 사업 등이 효율적으로 추진될 수 있도록 고
   용노동부장관과 긴밀히 협조하여야 한다. [제목개정 2013. 3. 23.]

Ⅳ. 장애인 고용촉진 및 직업재활

1. 장애인직업재활실시기관(제9조)

① 장애인 직업재활 실시 기관(이하 "재활실시기관"이라 한다)은 장애인에 대한 직업재활 사업을 다양하게 개발하여 장애인에게 직접 제공하여야 하고, 특히 중증장애인의 자립능력을 높이기 위한 직업재활 실시에 적극 노력하여야 한다.

② 재활실시기관은 다음 각 호의 어느 하나와 같다.

　　1. 「장애인 등에 대한 특수교육법」 제2조 제10호에 따른 특수교육기관

　　2. 「장애인복지법」 제58조 제1항 제2호에 따른 장애인 지역사회재활시설

　　3. 「장애인복지법」 제58조 제1항 제3호에 따른 장애인 직업재활시설

　　4. 「장애인복지법」 제63조에 따른 장애인복지단체

　　5. 「근로자직업능력 개발법」 제2조 제3호에 따른 직업능력개발훈련시설

　　6. 그 밖에 고용노동부령으로 정하는 기관으로서 고용노동부장관이 장애인에 대한 직업재활 사업을 수행할 능력이 있다고 인정하는 기관

2. 직업지도(제10조)

① 고용노동부장관과 보건복지부장관은 장애인이 그 능력에 맞는 직업에 취업할 수 있도록 하기 위하여 장애인에 대한 직업상담, 직업적성 검사 및 직업능력 평가 등을 실시하고, 고용정보를 제공하는 등 직업지도를 하여야 한다.

② 고용노동부장관과 보건복지부장관은 장애인이 그 능력에 맞는 직업생활을 할 수 있도록 하기 위하여 장애인에게 적합한 직종 개발에 노력하여야 한다.

③ 고용노동부장관과 보건복지부장관이 제1항에 따른 직업지도를 할 때에 특별히 전문적 지식과 기술이 필요하다고 인정하면 이를 재활실시기관

등 관계 전문기관에 의뢰하고 그 비용을 지급할 수 있다.

④ 고용노동부장관과 보건복지부장관은 직업지도를 실시하거나 하려는 자에게 필요한 비용을 융자·지원할 수 있다.

⑤ 제3항과 제4항에 따른 비용 지급 및 융자·지원의 기준 등에 필요한 사항은 대통령령으로 정한다.

3. 직업적응훈련(제11조)

① 고용노동부장관과 보건복지부장관은 장애인이 그 희망·적성·능력 등에 맞는 직업생활을 할 수 있도록 하기 위하여 필요하다고 인정하면 직업 환경에 적응시키기 위한 직업적응훈련을 실시할 수 있다.

② 고용노동부장관과 보건복지부장관은 제1항에 따른 직업적응훈련의 효율적 실시를 위하여 필요하다고 인정하면 그 훈련 기준 등을 따로 정할 수 있다.

③ 고용노동부장관과 보건복지부장관은 장애인의 직업능력 개발·향상을 위하여 직업적응훈련 시설 또는 훈련 과정을 설치·운영하거나 하려는 자에게 필요한 비용(훈련비를 포함한다)을 융자·지원할 수 있다.

④ 고용노동부장관과 보건복지부장관은 직업적응훈련 시설에서 직업적응훈련을 받는 장애인에게 훈련수당을 지원할 수 있다.

⑤ 제3항과 제4항에 따른 융자·지원의 기준 및 훈련수당의 지급 기준 등에 필요한 사항은 대통령령으로 정한다.

4. 직업능력개발훈련(제12조)

① 고용노동부장관은 장애인이 그 희망·적성·능력 등에 맞는 직업생활을 할 수 있도록 하기 위하여 장애인에게 직업능력개발훈련을 실시하여야 한다.

② 고용노동부장관은 장애인의 직업능력 개발·향상을 위하여 직업능력개발훈련시설 또는 훈련 과정을 설치·운영하거나 하려는 자에게 필요한 비용(훈련비를 포함한다)을 융자·지원할 수 있다.

③ 고용노동부장관은 직업능력개발훈련시설에서 직업능력개발훈련을 받는 장애인에게 훈련수당을 지원할 수 있다.

④ 제2항과 제3항에 따른 융자·지원 기준 및 훈련수당의 지급 기준 등에 필요한 사항은 대통령령으로 정한다.

5. 지원고용(제13조)

① 고용노동부장관과 보건복지부장관은 중증장애인 중 사업주가 운영하는 사업장에서는 직무 수행이 어려운 장애인이 직무를 수행할 수 있도록 지원고용을 실시하고 필요한 지원을 하여야 한다.

② 제1항에 따른 지원의 내용 및 기준 등에 필요한 사항은 대통령령으로 정한다.

6. 보호고용(제14조)

국가와 지방자치단체는 장애인 중 정상적인 작업 조건에서 일하기 어려운 장애인을 위하여 특정한 근로 환경을 제공하고 그 근로 환경에서 일할 수 있도록 보호고용을 실시하여야 한다.

7. 취업알선 등(제15조)

① 고용노동부장관은 고용정보를 바탕으로 장애인의 희망·적성·능력과 직종 등을 고려하여 장애인에게 적합한 직업을 알선하여야 한다.

② 고용노동부장관은 장애인이 직업생활을 통하여 자립할 수 있도록 장애인의 고용촉진을 위한 시책을 강구하여야 한다.

③ 고용노동부장관은 제1항과 제2항에 따른 취업알선 및 고용촉진을 할 때에 필요한 경우에는 그 업무의 일부를 재활실시기관 등 관계 전문기관에 의뢰하고 그 비용을 지급할 수 있다.

④ 고용노동부장관은 취업알선 시설을 설치·운영하거나 하려는 자에게 필

요한 비용(취업알선을 위한 지원금을 포함한다)을 융자·지원할 수 있다.

⑤ 제3항과 제4항에 따른 비용 지급 및 융자·지원 기준 등에 필요한 사항은 대통령령으로 정한다.

8. 자영업장애인 지도(제17조)

① 고용노동부장관은 자영업을 영위하려는 장애인에게 창업에 필요한 자금 등을 융자하거나 영업장소를 임대할 수 있다.

② 제1항에 따른 영업장소의 연간 임대료는 「국유재산법」에도 불구하고 그 재산 가액(價額)에 1천분의 10 이상을 곱한 금액으로 고용노동부장관이 정하되, 월할(月割)이나 일할(日割)로 계산할 수 있다.

③ 제1항과 제2항에 따른 융자·임대의 기준 등에 필요한 사항은 고용노동부령으로 정한다.

9. 장애인 고용 사업주에 대한 지원(제21조)

① 고용노동부장관은 장애인을 고용하거나 고용하려는 사업주에게 장애인 고용에 드는 다음 각 호의 비용 또는 기기 등을 융자하거나 지원할 수 있다. 이 경우 중증장애인 및 여성장애인을 고용하거나 고용하려는 사업주를 우대하여야 한다.<개정 2016. 2. 3.>

  1. 장애인을 고용하는 데에 필요한 시설과 장비의 구입·설치·수리 등에 드는 비용

  2. 장애인의 직업생활에 필요한 작업 보조 공학기기 또는 장비 등

  3. 장애인의 적정한 고용관리를 위하여 장애인 직업생활 상담원, 작업지도원, 한국수어 통역사 또는 낭독자 등을 배치하는 데에 필요한 비용

  4. 그 밖에 제1호부터 제3호까지의 규정에 준하는 것으로서 장애인의 고용에 필요한 비용 또는 기기

② 고용노동부장관은 장애인인 사업주가 장애인을 고용하거나 고용하려는 경우에는 해당 사업주 자신의 직업생활에 필요한 작업 보조 공학기기

또는 장비 등을 지원할 수 있다.

③ 제1항 및 제2항에 따른 융자 또는 지원의 대상 및 기준 등에 필요한 사항은 대통령령으로 정한다.

10. 장애인 표준사업장 생산품의 우선구매 등(제22조의3)

① 「중소기업제품 구매촉진 및 판로지원에 관한 법률」 제2조 제2호에 따른 공공기관(이하 이 조에서 "공공기관"이라 한다)의 장은 물품·용역에 관한 계약을 체결하는 경우에는 장애인 표준사업장에서 생산한 물품과 제공하는 용역(이하 "장애인 표준사업장 생산품"이라 한다)을 우선 구매하여야 한다.

② 공공기관의 장은 장애인 표준사업장 생산품의 구매계획과 전년도 구매실적을 대통령령으로 정하는 바에 따라 고용노동부장관에게 제출하여야 한다. 이 경우 구매계획에는 공공기관별 총구매액(물품과 용역에 대한 총구매액을 말하되, 공사비용은 제외한다)의 100분의 1의 범위에서 고용노동부장관이 정하는 비율 이상에 해당하는 장애인 표준사업장 생산품의 구매목표를 제시하여야 한다.

③ 공공기관의 장은 장애인 표준사업장 생산품을 수의계약으로 구매할 수 있다. 이 경우 수의계약의 절차 및 방법 등에 관하여는 「국가를 당사자로 하는 계약에 관한 법률」 등 관계 법령에 따른다.

④ 공공기관의 장은 소속 기관 등에 대한 평가를 실시하는 경우에는 장애인 표준사업장 생산품의 구매실적을 포함하여야 한다.

⑤ 고용노동부장관은 구매계획의 이행 점검 등을 위하여 공공기관의 장에게 장애인 표준사업장 생산품의 구매실적의 제출을 요구할 수 있다. 이 경우 공공기관의 장은 특별한 사유가 없는 한 이에 따라야 한다.

⑥ 고용노동부장관은 제2항에 따라 공공기관의 장이 제출한 전년도 구매실적과 해당 연도의 구매계획을 대통령령으로 정하는 바에 따라 고용노동부 인터넷 홈페이지에 게시하여야 한다.<신설 2016. 12. 27.> [본조신설 2012. 12. 18.]

11. 장애인 고용 우수사업주에 대한 우대(제24조)

① 고용노동부장관은 장애인의 고용에 모범이 되는 사업주를 장애인 고용 우수사업주로 선정하여 사업을 지원하는 등의 조치(이하 "우대조치"라 한다)를 할 수 있다.

② 국가, 지방자치단체 또는 「공공기관의 운영에 관한 법률」 제4조에 따른 공공기관의 장은 공사·물품·용역 등의 계약을 체결하는 경우에는 장애인 고용 우수사업주를 우대할 수 있다.<신설 2017. 11. 28.>

③ 제1항 및 제2항에 따른 장애인 고용 우수사업주의 선정·우대조치 등에 필요한 사항은 대통령령으로 정한다.<개정 2017. 11. 28.>

12. 장애인 실태조사(제26조)

① 고용노동부장관은 장애인의 고용촉진 및 직업재활을 위하여 매년 1회 이상 장애인의 취업직종·근로형태·근속기간·임금수준 등 고용현황 및 장애인 근로자의 산업재해 현황에 대하여 전국적인 실태조사를 실시하여야 한다.<개정 2017. 11. 28.> ② 제1항에 따른 실태조사에 포함되어야 할 사항과 실태조사의 방법 및 절차 등은 고용노동부령으로 정한다.<신설 2017. 11. 28.>

 V. 장애 기능경기대회 개최 등

1. 장애인 기능경기대회 개최(제26조의2)

① 고용노동부장관 및 특별시장·광역시장·특별자치시장·도지사 또는 특별자치도지사는 사회와 기업의 장애인고용에 대한 관심을 촉구하고 장애인의 기능을 향상시키기 위하여 장애인 기능경기 대회를 개최할 수 있다.

② 고용노동부장관은 제1항에 따른 장애인 기능경기 대회의 개최에 필요한 비용의 일부를 지원할 수 있다.

③ 제1항에 따른 장애인 기능경기 대회의 참가자격 등 참가와 개최에 필요
한 사항은 대통령령으로 정한다. [본조신설 2017. 4. 18.]

2. 국제장애인기능올림픽대회 개최 등(제26조의3)

① 고용노동부장관은 장애인의 국제교류를 통하여 기능 수준을 향상시키
고 사회참여를 증진시키기 위하여 국제장애인기능올림픽대회에 선수단
을 파견하거나 국내에서 대회를 개최할 수 있다.

② 제1항에 따른 국제장애인기능올림픽대회에 참가할 선수의 선발기준 등
참가와 개최에 필요한 사항은 대통령령으로 정한다.

③ 고용노동부장관은 국내에서 개최되는 제1항에 따른 국제장애인기능올림
픽대회의 준비 및 운영을 위하여 필요한 경우 관계 중앙행정기관 및 지
방자치단체와 그 밖의 「공공기관의 운영에 관한 법률」에 따른 공공기관
등 법인·기관·단체에 행정적·재정적 지원을 요청할 수 있다. [본조신설
2017. 4. 18.]

 ## VI. 장애인고용 의무 및 부담금

1. 국가 및 지방자치단체의 장애인고용 의무(제27조)

① 국가와 지방자치단체의 장은 장애인을 소속 공무원 정원에 대하여 다음
각 호의 구분에 해당하는 비율 이상 고용하여야 한다.<개정 2016. 12.
27.>

　1. 2017년 1월 1일부터 2018년 12월 31일까지: 1천분의 32

　2. 2019년 이후: 1천분의 34

② 국가와 지방자치단체의 각 시험 실시 기관(이하 "각급 기관"이라 한다)의
장은 신규채용시험을 실시할 때 신규채용 인원에 대하여 장애인이 제1
항 각 호의 구분에 따른 해당 연도 비율(장애인 공무원의 수가 제1항 각 호
의 구분에 따른 해당 연도 비율 미만이면 그 비율의 2배) 이상 채용하도록 하

여야 한다.<개정 2016. 12. 27.>

③ 임용권을 위임받은 기관의 장이 공개채용을 하지 아니하고 공무원을 모집하는 경우에도 제2항을 준용한다.

④ 제1항과 제2항은 공안직군 공무원, 검사, 경찰 · 소방 · 경호 공무원 및 군인 등에 대하여는 적용하지 아니한다. 다만, 국가와 지방자치단체의 장은 본문에 규정된 공안직군 공무원 등에 대하여도 장애인이 고용될 수 있도록 노력하여야 한다.

⑤ 제2항과 제3항에 따른 채용시험 및 모집에 응시하는 장애인의 응시 상한 연령은 중증장애인인 경우에는 3세, 그 밖의 장애인인 경우에는 2세를 각각 연장한다.

⑥ 다음 각 호의 어느 하나에 해당하는 기관의 장은 소속 각급 기관의 공무원 채용계획을 포함한 장애인 공무원 채용계획과 그 실시 상황을 대통령령으로 정하는 바에 따라 고용노동부장관에게 제출하여야 한다.<개정 2012. 12. 18.>

  1. 국회사무총장, 법원행정처장, 헌법재판소사무처장, 중앙선거관리위원회사무총장, 중앙행정기관의 장 등 대통령령으로 정하는 국가기관의 장

  2. 「지방자치법」에 따른 지방자치단체의 장

  3. 「지방교육자치에 관한 법률」에 따른 교육감

⑦ 고용노동부장관은 제6항에 따른 장애인 공무원 채용계획이 적절하지 아니하다고 인정되면 장애인 공무원 채용계획을 제출한 자에게 그 계획의 변경을 요구할 수 있고, 제1항에 따른 고용 의무의 이행 실적이 현저히 부진한 때에는 그 내용을 공표할 수 있다.

2. 사업주의 장애인고용 의무(제28조)

① 상시 50명 이상의 근로자를 고용하는 사업주(건설업에서 근로자 수를 확인하기 곤란한 경우에는 공사 실적액이 고용노동부장관이 정하여 고시하는 금액 이상인 사업주)는 그 근로자의 총수(건설업에서 근로자 수를 확인하기 곤란한 경우에는 대통령령으로 정하는 바에 따라 공사 실적액을 근로자의 총수로

환산한다)의 100분의 5의 범위에서 대통령령으로 정하는 비율(이하 "의무고용률"이라 한다) 이상에 해당(그 수에서 소수점 이하는 버린다)하는 장애인을 고용하여야 한다.

② 제1항에도 불구하고 특정한 장애인의 능력에 적합하다고 인정되는 직종에 대하여는 장애인을 고용하여야 할 비율을 대통령령으로 따로 정할 수 있다. 이 경우 그 비율은 의무고용률로 보지 아니한다.

③ 의무고용률은 전체 인구 중 장애인의 비율, 전체 근로자 총수에 대한 장애인 근로자의 비율, 장애인 실업자 수 등을 고려하여 5년마다 정한다.

④ 제1항에 따른 상시 고용하는 근로자 수 및 건설업에서의 공사 실적액 산정에 필요한 사항은 대통령령으로 정한다.

동법 제28조의2(공공기관 장애인 의무고용률의 특례)

제28조에도 불구하고 「공공기관의 운영에 관한 법률」에 따른 공공기관, 「지방공기업법」에 따른 지방공사·지방공단과 「지방자치단체 출자·출연 기관의 운영에 관한 법률」에 따른 출자기관·출연기관은 상시 고용하고 있는 근로자 수에 대하여 장애인을 다음 각 호의 구분에 해당하는 비율 이상 고용하여야 한다. 이 경우 의무고용률에 해당하는 장애인 수를 계산할 때에 소수점 이하는 버린다.

1. 2017년 1월 1일부터 2018년 12월 31일까지: 1천분의 32
2. 2019년 이후: 1천분의 34 [전문개정 2016. 12. 27.]

동법 제29조(사업주의 장애인 고용 계획 수립 등)

① 고용노동부장관은 사업주에게 대통령령으로 정하는 바에 따라 장애인의 고용에 관한 계획과 그 실시 상황 기록을 작성하여 제출하도록 명할 수 있다.

② 고용노동부장관은 제1항에 따른 계획이 적절하지 아니하다고 인정하는 때에는 사업주에게 그 계획의 변경을 명할 수 있다.

③ 고용노동부장관은 제28조 제1항에 따른 사업주가 정당한 사유 없이 장애인 고용계획의 수립 의무 또는 장애인 고용 의무를 현저히 불이행하면 그 내용을 공표할 수 있다.

---

3. 장애인고용 장려금의 지급(제30조)

① 고용노동부장관은 장애인의 고용촉진과 직업 안정을 위하여 장애인을

고용한 사업주(제28조 제1항을 적용받지 아니하는 사업주를 포함한다)에게 고용장려금을 지급할 수 있다.

② 고용장려금은 매월 상시 고용하고 있는 장애인 수에서 의무고용률(제28조 제1항을 적용받지 아니하는 사업주에게 고용장려금을 지급할 때에도 같은 비율을 적용한다)에 따라 고용하여야 할 장애인 총수(그 수에서 소수점 이하는 올린다)를 뺀 수에 제3항에 따른 지급단가를 곱한 금액으로 한다. 다만, 제33조에 따라 낼 부담금이 있는 경우에는 그 금액을 뺀 금액으로 한다.

③ 고용장려금의 지급단가는 고용노동부장관이 「최저임금법」에 따라 월 단위로 환산한 최저임금액의 범위에서 제33조 제3항에 따른 부담기초액, 장애인 고용부담금 납부 의무의 적용 여부, 그 장애인 근로자에게 지급하는 임금액 등을 고려하여 다르게 정할 수 있다. 이 경우, 중증장애인과 여성장애인에 대하여는 우대하여 정한다.

④ 「고용보험법」과 「산업재해보상보험법」에 따른 지원금 및 장려금 지급 대상인 장애인 근로자 및 그 밖에 대통령령으로 정하는 장애인 근로자에 대하여는 대통령령으로 정하는 바에 따라 고용장려금의 지급을 제한할 수 있다.

⑤ 제1항에 따른 고용장려금의 지급 및 청구에 필요한 사항은 대통령령으로 정하고, 그 지급 시기차 등에 필요한 사항은 고용노동부장관이 정한다.

4. 사업주의 부담금 납부 등(제33조)

① 의무고용률에 못 미치는 장애인을 고용하는 사업주(상시 50명 이상 100명 미만의 근로자를 고용하는 사업주는 제외한다)는 대통령령으로 정하는 바에 따라 매년 고용노동부장관에게 부담금을 납부하여야 한다.<개정 2016. 12. 27.>

② 부담금은 사업주가 의무고용률에 따라 고용하여야 할 장애인 총수에서 매월 상시 고용하고 있는 장애인 수를 뺀 수에 제3항에 따른 부담기초액을 곱한 금액의 연간 합계액으로 한다.

③ 부담기초액은 장애인을 고용하는 경우에 매월 드는 다음 각 호의 비용

의 평균액을 기초로 하여 고용정책심의회의 심의를 거쳐 「최저임금법」에 따라 월 단위로 환산한 최저임금액의 100분의 60 이상의 범위에서 고용노동부장관이 정하여 고시하되, 장애인 고용률(매월 상시 고용하고 있는 근로자의 총수에 대한 고용하고 있는 장애인 총수의 비율)에 따라 부담기초액의 2분의 1 이내의 범위에서 가산할 수 있다. 다만, 장애인을 상시 1명 이상 고용하지 아니한 달이 있는 경우에는 그 달에 대한 사업주의 부담기초액은 「최저임금법」에 따라 월 단위로 환산한 최저임금액으로 한다.

1. 장애인을 고용하는 경우 필요한 시설·장비의 설치, 수리에 드는 비용
2. 장애인의 적정한 고용관리를 위한 조치에 필요한 비용
3. 그 밖에 장애인을 고용하기 위하여 특별히 드는 비용 등

④ 고용노동부장관은 제22조의4 제1항에 따라 인증을 받은 장애인 표준사업장 또는 「장애인복지법」 제58조 제1항 제3호의 장애인 직업재활시설에 도급을 주어 그 생산품을 납품받는 사업주에 대하여 부담금을 감면할 수 있다.<개정 2016. 12. 27.>

⑤ 사업주는 다음 연도 1월 31일(연도 중에 사업을 그만두거나 끝낸 경우에는 그 사업을 그만두거나 끝낸 날부터 60일)까지 고용노동부장관에게 부담금 산출에 필요한 사항으로서 대통령령으로 정하는 사항을 적어 신고하고 해당 연도의 부담금을 납부하여야 한다.<개정 2011. 7. 25.>

⑥ 고용노동부장관은 사업주가 제5항에서 정한 기간에 신고를 하지 아니하였을 때에는 이를 조사하여 부담금을 징수할 수 있다.<개정 2016. 12. 27.>

⑦ 고용노동부장관은 제5항에 따라 부담금을 신고(제8항에 따른 수정신고를 포함한다. 이하 이 조에서 같다) 또는 납부한 사업주가 다음 각 호의 어느 하나에 해당하는 경우에는 이를 조사하여 해당 사업주가 납부하여야 할 부담금을 징수할 수 있다.<개정 2016. 12. 27.>

1. 사업주가 신고한 부담금이 실제로 납부하여야 할 금액에 미치지 못하는 경우
2. 사업주가 납부한 부담금이 신고한 부담금에 미치지 못하는 경우
3. 사업주가 신고한 부담금을 납부하지 아니한 경우

⑧ 사업주는 제5항에 따라 신고한 부담금이 실제 납부하여야 하는 부담금에 미치지 못할 때에는 해당 연도 2월 말일까지 대통령령으로 정하는 바에 따라 수정 신고하고 그 부담금의 차액을 추가로 납부할 수 있다. <신설 2016. 12. 27.>

⑨ 고용노동부장관은 사업주가 납부한 부담금이 실제 납부하여야 할 부담금을 초과한 경우에는 대통령령으로 정하는 바에 따라 그 초과한 금액에 대통령령으로 정하는 이자율에 따라 산정한 금액을 가산하여 환급하여야 한다.<신설 2016. 12. 27.>

⑩ 부담금은 대통령령으로 정하는 대로 분할 납부를 하게 할 수 있다. 이 경우 분할 납부를 할 수 있는 부담금을 제5항에 따른 납부 기한에 모두 납부하는 경우에는 그 부담금액의 100분의 5 이내의 범위에서 대통령령으로 정하는 금액을 공제할 수 있다.<개정 2016. 12. 27.>

⑪ 제4항에 따른 도급의 기준, 그 밖에 부담금 감면의 요건·기준 등에 필요한 사항은 고용노동부장관이 정한다.<개정 2010. 6. 4., 2016. 12. 27.> [제목개정 2016. 12. 27.]

동법 제32조의2(국가와 지방자치단체 등의 장애인 고용부담금의 납부 등)

① 제27조 제6항 각 호에 따른 기관 중 같은 조 제1항에 따른 의무고용률에 못 미치는 장애인 공무원을 고용한 기관의 장은 매년 고용노동부장관에게 장애인 고용부담금(이하 "부담금"이라 한다)을 납부하여야 한다.

② 부담금 납부에 관하여는 제33조 제2항부터 제11항까지, 제33조의2, 제34조부터 제36조까지, 제38조부터 제40조까지, 제41조(같은 조 제1항 제6호 및 제2항 제5호는 제외한다) 및 제42조(같은 조 제1호는 제외한다)를 준용한다. 이 경우 "사업주"는 "제27조 제6항 각 호에 따른 기관의 장"으로, "의무고용률"은 "제27조 제1항에 따른 의무고용률"로, "근로자"는 "공무원"으로 본다. [본조신설 2016. 12. 27.]

---

1. 한국장애인고용촉진공단의 설립(제43조)

① 장애인이 직업생활을 통하여 자립할 수 있도록 지원하고, 사업주의 장애인 고용을 전문적으로 지원하기 위하여 한국장애인고용공단(이하 "공단"이라 한다)을 설립한다.

② 공단은 다음 각 호의 사업을 수행한다.

　　1. 장애인의 고용촉진 및 직업재활에 관한 정보의 수집 · 분석 · 제공 및 조사 · 연구

　　2. 장애인에 대한 직업상담, 직업적성 검사, 직업능력 평가 등 직업지도

　　3. 장애인에 대한 직업적응훈련, 직업능력개발훈련, 취업알선, 취업 후 적응지도

　　4. 장애인 직업생활 상담원 등 전문요원의 양성 · 연수

　　5. 사업주의 장애인 고용환경 개선 및 고용 의무 이행 지원

　　6. 사업주와 관계 기관에 대한 직업재활 및 고용관리에 관한 기술적 사항의 지도 · 지원

　　7. 장애인의 직업적응훈련 시설, 직업능력개발훈련시설 및 장애인 표준사업장 운영

　　8. 장애인의 고용촉진을 위한 취업알선 기관 사이의 취업알선전산망 구축 · 관리, 홍보 · 교육 및 장애인 기능경기 대회 등 관련 사업

　　9. 장애인 고용촉진 및 직업재활과 관련된 공공기관 및 민간 기관 사이의 업무 연계 및 지원

　　10. 장애인 고용에 관한 국제 협력

　　11. 그 밖에 장애인의 고용촉진 및 직업재활을 위하여 필요한 사업 및 고용노동부장관 또는 중앙행정기관의 장이 위탁하는 사업

　　12. 제1호부터 제11호까지의 사업에 딸린 사업

③ 공단은 제2항에 따른 사업을 효율적으로 수행하기 위하여 고용노동부장관의 승인을 받아 법인 또는 단체에 그 업무의 일부를 위탁할 수 있다.

Ⅷ. 장애인고용촉진 및 직업재활기금

1. 장애인고용촉진및직업재활기금의 설치(제68조)

고용노동부장관은 공단의 운영, 고용장려금의 지급 등 장애인의 고용촉진 및 직업재활을 위한 사업을 수행하기 위하여 장애인 고용촉진 및 직업재활 기금 (이하 "기금"이라 한다)을 설치한다.

2. 기금의 재원(제69조)

① 기금은 다음 각 호의 재원으로 조성한다.
   1. 정부 또는 정부 외의 자로부터의 출연금 또는 기부금
   2. 제33조와 제35조에 따른 부담금·가산금 및 연체금
   3. 기금의 운용에 따라 생기는 수익금과 그 밖의 공단 수입금
   4. 제57조에 따른 차입금
   5. 제70조에 따른 차입금
② 정부는 회계연도마다 제1항 제1호에 따른 출연금을 세출예산에 계상(計上)하여야 한다.

3. 차입금(제70조)

기금을 지출할 때 자금이 부족하거나 부족할 것으로 예상되면 기금의 부담으로 금융기관 및 다른 기금, 그 밖의 재원 등으로부터 차입을 할 수 있다.

4. 기금의 용도(제71조)

기금은 다음 각 호에 규정하는 비용의 지급에 사용한다.
   1. 공단에의 출연
   2. 제30조에 따른 고용장려금

3. 장애인 고용촉진 및 직업재활 정책에 관한 조사·연구에 필요한 경비
4. 직업지도, 직업적응훈련, 직업능력개발훈련, 취업알선 또는 장애인 고용을 위한 시설과 장비의 설치·수리에 필요한 비용의 융자·지원
5. 장애인을 고용하거나 고용하려는 사업주에 대한 비용·기기 등의 융자·지원
6. 장애인 표준사업장을 설립하여 운영하거나 설립·운영하려는 사업주에 대한 비용의 융자·지원
7. 직업지도, 취업알선, 취업 후 적응지도를 행하는 자에 대한 필요한 경비의 융자·지원
8. 장애인에 대한 직업적응훈련, 직업능력개발훈련을 행하는 자 및 그 장애인에 대한 훈련비·훈련수당
9. 자영업 장애인에 대한 창업자금 융자 및 영업장소 임대, 장애인 근로자에 대한 직업생활 안정 자금 등의 융자
10. 사업주의 장애인 고용관리를 위한 장애인 직업생활 상담원 등의 배치에 필요한 경비
11. 제70조에 따른 차입금의 상환금과 이자
12. 이 법에 따라 장애인과 사업주 등이 금융기관으로부터 대여받은 자금의 이차보전(利差補塡)
13. 제32조에 따른 포상금
14. 그 밖에 장애인 고용촉진 및 직업재활을 위하여 대통령령으로 정하는 사업에 필요한 비용과 제1호부터 제10호까지의 사업 수행에 따르는 경비

5. 기금의 운용·관리(제72조)

① 기금은 고용노동부장관이 운용·관리한다.
② 기금의 회계연도는 정부의 회계연도에 따른다.
③ 기금을 운용할 때에는 그 수익이 대통령령으로 정하는 수준 이상이 되도록 하여야 하고, 다음 각 호의 어느 하나에 해당되는 방법에 따라 운용하여야 한다.

가. 「은행법」이나 그 밖의 법률에 따른 금융기관 또는 체신관서에
　　의 예탁

나. 국가 또는 지방자치단체가 발행하는 채권의 매입

다. 「은행법」이나 그 밖의 법률에 따른 금융기관이나 그 밖에 대통
　　령령으로 정하는 자가 그 지급을 보증하는 채권의 매입

라. 「공공자금관리기금법」에 따른 공공자금관리기금으로의 예탁

마. 그 밖에 대통령령으로 정하는 방법

IX. 보칙

1. 장애인지원관의 지정 등(제74조의2)

① 제27조 제6항 각 호에 따른 기관의 장은 해당 기관의 장애인 공무원과
근로자에 대한 근로지원 등의 업무를 효율적으로 수행하기 위하여 그
기관의 소속 공무원 중에서 장애인지원관을 지정하여야 한다. 이 경우
「장애인복지법」 제12조 제1항에 따라 장애인정책책임관을 지정한 기관
은 장애인지원관을 지정한 것으로 본다.

② 제1항에 따른 장애인지원관의 지정 및 업무 등에 필요한 사항은 국회규칙,
대법원규칙, 헌법재판소규칙, 중앙선거관리위원회규칙 또는 대통령령으
로 정한다. [본조신설 2016. 12. 27.] [시행일: 2017. 6. 28.]

2. 장애인 직업생활 상담원 등(제75조)

① 고용노동부장관은 장애인의 직업지도, 직업적응훈련, 직업능력개발훈련,
취업 후 적응지도 등 장애인의 고용촉진 및 직업재활을 위한 업무를 담
당하는 장애인 직업생활 상담원 등 전문요원을 양성하여야 한다.

② 대통령령으로 정하는 일정 수 이상의 장애인 근로자를 고용하는 사업주
는 제1항에 따른 장애인 직업생활 상담원을 두어야 한다.

③ 고용노동부장관은 필요하다고 인정하면 제9조 제2항에 따른 재활실시기

관에서 제1항에 따른 전문요원에 대한 협조 요청이 있을 때에는 지원하여야 한다.

④ 제1항에 따른 전문요원의 종류·양성·배치·역할 및 자격 등에 필요한 사항은 고용노동부령으로 정한다.

3. 보고와 검사 등 (제76조)

① 고용노동부장관은 장애인 실태 조사, 장애인 고용 의무 이행 점검, 고용장려금 및 사업주에 대한 각종 지원, 부담금 징수 등의 업무 수행을 위하여 필요하다고 인정하면 관계 공무원으로 하여금 사업장에 출입하여 관계자에게 질문 또는 서류 검사를 하게 하거나 필요한 보고를 하게 할 수 있다.

② 제1항에 따라 사업장에 출입하는 공무원은 그 권한을 표시하는 증표를 지니고 이를 관계인에게 내보여야 한다. 이 경우 증표는 공무원증으로 대신할 수 있다.

4. 경비 보조(제78조)

국가 또는 지방자치단체는 장애인 고용촉진 사업을 수행하는 자에게는 그에 따른 비용의 전부 또는 일부를 대통령령으로 정하는 바에 따라 보조할 수 있다.

5. 국가와 지방자치단체의 의무고용률 등에 대한 특례(제79조)

① 제28조에도 불구하고 제27조 제6항 각 호에 따른 기관의 장이 공무원이 아닌 근로자를 상시 50명 이상 고용하는 경우에는 상시 고용하고 있는 근로자 수에 대하여 장애인을 다음 각 호의 구분에 해당하는 비율 이상 고용하여야 한다. 이 경우 의무고용률에 해당하는 장애인 수를 계산할 때에 소수점 이하는 버린다.

  1. 2017년 1월 1일부터 2018년 12월 31일까지: 1천분의 29

2. 2019년 이후: 1천분의 34

② 제1항에 따라 공무원이 아닌 근로자를 고용하는 경우에는 그 근로자에 대하여 제19조의2, 제21조, 제29조, 제33조, 제33조의2, 제34조부터 제36조까지, 제38조부터 제40조까지, 제41조(같은 조 제1항 제6호 및 제2항 제5호는 제외한다) 및 제42조(같은 조 제1호는 제외한다)를 준용한다.

③ 제1항에 따른 비율을 산정하는 경우 다음 각 호의 어느 하나에 해당하는 사람은 근로자 및 장애인 총수에서 제외한다.

1. 「국가공무원법」 제26조의4에 따른 수습근무 중인 사람

2. 「국가공무원법」 제50조 제1항 및 「지방공무원법」 제74조 제1항에 따른 교육훈련(실무수습을 포함한다)을 받고 있는 공무원 임용 예정자

3. 그 밖에 국가와 지방자치단체의 복지대책, 실업대책 등에 따라 고용하는 사람으로서 고용노동부령으로 정하는 사람 [전문개정 2016. 12. 27.]

6. 협조(제80조)

① 국가기관, 지방자치단체, 재활실시기관, 그 밖에 장애인과 관련된 기관 및 단체는 장애인의 고용촉진 및 직업재활을 위하여 고용노동부장관이 실시하는 시책에 협조하여야 한다.

② 고용노동부장관은 제1항에 따른 시책을 수행하는 자(국가기관과 지방자치단체는 제외한다)에게 필요한 지원을 할 수 있다.

제6절 고용상 연령차별금지 및 고령자고용촉진에 관한 법률

 I. 의의

　최근 생활수준의 향상 등으로 평균수명이 높아져 인구 구성에 있어 고령자가 차지하는 비율이 증가하고 있음에도 이들의 이른 퇴직으로 인한 실업률 상승 및 산업인력의 지속적인 부족현상 등을 타개하고, 고령자가 능력에 적합한 직업을 찾도록 지원·촉진함으로써 고령자의 삶의 질 향상은 물론 국민경제의 발전에 이바지하기 위해 제정되었다.

 II. 연혁

　1991년 12월 31일 고령자고용촉진법이 제정되었고, 1997년 12월 24일 고령자고용촉진법을 개정하여 민간자율에 의한 훈련을 권장하기 위하여 직업훈련의무제를 폐지하는 등 기존의 근로자의 직업훈련에 관한 규제를 완화하는 한편, 산업현장의 인력수요변화에 부응하여 근로자에게 다양한 직업능력개발기회를 부여하고 근로자의 직업훈련을 체계적으로 지원하기 위하여 종전의 직업훈련기본법을 폐지하고 근로자직업훈련촉진법을 제정하였다.

　1999년 2월 8일(법률 제5882호)은 직업훈련촉진기금법의 개정에 따른 일부 개정으로 종전 근로자의 직업능력향상을 위하여 직업훈련기본법에 의한 직업훈련의무를 부담하는 사업주가 그 의무를 이행하지 아니한 경우에는 직업훈련분담금을 납부하도록 하고, 직업훈련촉진기본법에서는 동 분담금을 재원으로 하여 직업훈련촉진기금을 설치·운용하는 한편, 동 사업주에 대하여는 고용보험사업 중 직업능력개발사업에 관한 고용보험법의 적용을 제한하였으나, 직업훈련의무 사업주에 대한 규제완화 등 직업훈련제도의 개선을 위하여 1999년 1월 1일부터 직업훈련의무제를 근간으로 하는 직업훈련기본법을 폐지(1997. 12. 24. 법률 제

5474호)하도록 하고, 직업훈련의무 사업주의 경우에도 직업능력개발사업에 관한 고용보험법의 적용을 받도록 함에 따라, 직업훈련촉진기금법을 폐지하고, 직업훈련촉진기금이 보유하고 있는 자산과 부채를 고용보험법에 의한 고용보험기금에 귀속시켰다.

2002년 12월 30일(법률 제6849호)은 우리 사회의 급속한 고령화로 인하여 고령인구의 경제활동 참여 확대와 이를 통한 산업인력의 안정적 확보가 사회·경제적 과제로 대두되고 있어 고령자의 고용촉진기반 구축이 긴요한 실정이므로, 고령자 등임을 이유로 정당한 이유없이 차별을 하지 못하도록 하고, 정년퇴직자의 고용안정에 필요한 조치를 하는 경우 장려금 지급 등 필요한 지원을 할 수 있도록 하는 등 고령자 고용기반 및 사업주 지원제도를 확대하여 고령자의 고용안정 및 고용촉진을 도모하기 위한 제도를 개선·보완하기 위해 일부 개정하였다.

2006년 12월 28일(법률 제8116호)은 고령사회에 대비한 고령인력의 활용 증진을 위하여 고령자고용촉진기본계획을 5년마다 수립하도록 하고, 고령자의 고용안정 및 고용확대를 위한 각종 지원제도를 도입하는 한편, 현행 제도의 운영상 나타난 일부 미비점을 개선·보완하기 위해 일부 개정하였다.

2007년 4월 11일(법률 제8372호)은 법치국가에서의 법 문장은 일반 국민이 쉽게 읽고 이해해서 잘 지킬 수 있도록 해야 함은 물론이고 국민의 올바른 언어생활을 위한 본보기가 되어야 하는데, 우리의 법 문장에는 용어 등이 어려워 이해하기 힘든 경우가 많고 문장 구조도 어문(語文) 규범에 맞지 않아 국민의 일상적인 언어생활과 거리가 있다는 지적이 많았다. 이에 따라 법적 간결성·함축성과 조화를 이루는 범위에서, 법 문장의 표기를 한글화하고 어려운 용어를 쉬운 우리말로 풀어쓰며 복잡한 문장은 체계를 정리하여 쉽고 간결하게 다듬었으며, 이렇게 함으로써 일반 국민이 쉽게 읽고 잘 이해할 수 있도록 하고, 국민의 언어생활에도 맞는 법률이 되도록 하여, 종래 공무원이나 법률 전문가 중심의 법률 문화를 국민 중심의 법률 문화로 바꾸려는 데에 기여하기 위해 일부 개정하였다.

2007년 5월 17일(법률 제8472호)은 고용노동부장관으로 하여금 고령자의 고용을 촉진하고 직업능력의 개발·향상을 위하여 고령자를 대상으로 대통령령이 정하는 바에 따라 직업능력개발훈련을 실시하도록 함으로써 고령자의 고용을 촉진시키고 안정된 직업생활을 영위할 수 있도록 하기 위해 일부 개정하였다.

2010년 2월 4일 일부 개정은 중앙과 지방의 협력체계 구축을 통하여 고령자 취업지원 관련 업무를 효율적으로 추진하기 위하여 고령자 구인·구직 정보 수집, 직업능력개발훈련 실시, 고용정보센터의 운영 등을 고용노동부장관 외에 시장·군수·구청장도 할 수 있도록 하고, 고령자인재은행의 기능을 직업능력개발훈련 및 이와 연계한 취업알선을 중심으로 강화하기 위하여 고령자인재은행 지정대상 기관의 범위를 「근로자직업능력 개발법」에 따라 직업능력개발훈련을 위탁받을 수 있는 시설 또는 기관까지 확대하며, 고령자인재은행의 기능에 직업 능력개발훈련에 관한 사항을 포함하도록 하는 한편, 현행 제도의 운영상 나타난 일부 미비점을 개선·보완하였다.

2013년 5월 22일 일부 개정은 현행법이 사업주가 근로자의 정년을 정하는 경우에는 그 정년이 60세 이상이 되도록 노력하여야 한다고 규정하고 있어 단일 정년제를 운영하는 근로자 300인 이상 사업장의 평균 정년은 57.2세에 그치고 있는바, 근로능력이 있는 근로자의 일할 기회를 보장하기 위하여 사업주로 하여금 정년을 60세 이상으로 정하도록 의무화하고, 정년 연장에 따른 임금체계 개편 등의 조치를 하도록 하되 사업장 규모에 따라 단계적으로 시행하였다.

2016년 1월 27일에 일부 개정은 현행법이 고용노동부장관이 고령자의 고용 촉진에 관한 기본계획을 5년마다 관계 중앙기관의 장과 협의하여 고용정책심의회의 심의를 거쳐 수립하도록 하고 있는바, 기본계획을 새롭게 수립할 경우, 지난 계획에 대한 평가를 수행하고, 기본계획 수립 시 국회에 보고하도록 하였다.

 III. 목적, 정의, 책무

1. 목적(제1조)

이 법은 합리적인 이유 없이 연령을 이유로 하는 고용차별을 금지하고, 고령자(高齡者)가 그 능력에 맞는 직업을 가질 수 있도록 지원하고 촉진함으로써, 고령자의 고용안정과 국민경제의 발전에 이바지하는 것을 목적으로 한다.

2. 용어(정의)(제2조)

이이 법에서 사용하는 용어의 뜻은 다음과 같다.

1. "고령자"란 인구와 취업자의 구성 등을 고려하여 대통령령으로 정하는 연령 이상인 자를 말한다.
2. "준고령자"란 대통령령으로 정하는 연령 이상인 자로서 고령자가 아닌 자를 말한다.
3. "사업주"란 근로자를 사용하여 사업을 하는 자를 말한다.
4. "근로자"란 「근로기준법」 제2조 제1항 제1호에 따른 근로자를 말한다.
5. "기준고용률"이란 사업장에서 상시 사용하는 근로자를 기준으로 하여 사업주가 고령자의 고용촉진을 위하여 고용하여야 할 고령자의 비율로서 고령자의 현황과 고용 실태 등을 고려하여 사업의 종류별로 대통령령으로 정하는 비율을 말한다.

3. 정부의 책무(제3조)

정부는 고용에서 연령을 이유로 차별하는 관행을 해소하기 위하여 연령차별금지정책을 수립·시행하며, 고령자의 고용에 관하여 사업주와 국민 일반의 이해를 높이고, 고령자의 고용촉진과 직업안정을 꾀하기 위하여 고령자 고용촉진 대책의 수립·시행, 직업능력개발훈련 등 필요한 시책을 종합적이고 효과적으로 추진하여야 한다.

4. 사업주의 책무(제4조)

사업주는 연령을 이유로 하는 고용차별을 해소하고, 고령자의 직업능력계발·향상과 작업시설·업무 등의 개선을 통하여 고령자에게 그 능력에 맞는 고용 기회를 제공함과 아울러 정년연장 등의 방법으로 고령자의 고용이 확대되도록 노력하여야 한다.

5. 고령자 고용촉진 기본계획의 수립(제4조의3)

① 고용노동부장관은 고령자의 고용촉진에 관한 기본계획(이하 "기본계획"이라 한다)을 관계 중앙기관의 장과 협의하여 5년마다 수립하여야 한다.

② 기본계획에는 다음 각 호의 사항이 포함되어야 한다.<개정 2016. 1. 27.>

    1. 직전 기본계획에 대한 평가

    2. 고령자의 현황과 전망

    3. 고령자의 직업능력개발

    4. 고령자의 취업알선, 재취업 및 전직(轉職) 지원 등 취업 가능성의 개선방안

    5. 그 밖에 고령자의 고용촉진에 관한 주요시책

③ 고용노동부장관은 기본계획을 수립할 때에는 「고용정책 기본법」 제10조에 따른 고용정책심의회(이하 "고용정책심의회"라 한다)의 심의를 거쳐야 한다.

④ 고용노동부장관이 기본계획을 수립한 때에는 지체 없이 국회 소관 상임위원회에 보고하여야 한다.<신설 2016. 1. 27.>

⑤ 고용노동부장관은 필요하다고 인정하면 관계 행정기관 또는 공공기관의 장에게 기본계획의 수립에 필요한 자료의 제출을 요청할 수 있다.<개정 2010. 6. 4., 2016. 1. 27.>

 Ⅳ. 정부의 고령자 취업지원

1. 구인·구직 정보수집(제5조)

고용노동부장관 및 특별시장·광역시장·도지사·특별자치도지사(이하 "고용노동부장관등"이라 한다)는 고령자의 고용을 촉진하기 위하여 고령자와 관련된 구인(求人)·구직(求職) 정보를 수집하고 구인·구직의 개척에 노력하여야 하며 관련 정보를 구직자·사업주 및 관련 단체 등에 제공하여야 한다.

2. 고령자에 대한 직업능력개발훈련(제6조)

① 고용노동부장관등은 고령자의 고용을 촉진하고 직업능력의 개발·향상을 위하여 고령자를 대상으로 대통령령으로 정하는 바에 따라 직업능력개발훈련을 실시하여야 한다.<개정 2010. 2. 4., 2010. 6. 4.>

② 고용노동부장관등은 고령자가 작업환경에 쉽게 적응할 수 있도록 하기 위하여 필요하다고 인정하면 취업 전에 안전·보건에 관한 내용을 포함하여 고용노동부령으로 정하는 적응훈련을 실시하도록 조치하여야 한다.<개정 2010. 2. 4., 2010. 6. 4.>

③ 고령자의 직업능력 개발훈련과 해당 훈련생의 보호에 관한 사항은 「근로자직업능력 개발법」을 준용하되 고령자의 신체적·정신적 조건 등을 고려하여 특별한 배려를 하여야 한다.
[전문개정 2008. 3. 21]

3. 기타

정부는 이외에도 ① 사업주에 대한 고용지도, ② 사업주의 고령자 강습·훈련 및 작업환경 개선에 대한 지원, ③ 고령자의 취업알선 기능강화, ④ 고령자 고용정보센터의 운영, ⑤ 고령자 인재은행의 지정 등을 통해 고령자의 취업을 지원한다.

V. 고령자의 고용촉진 및 고용안정

1. 사업주의 고령자고용 노력의무(제12조)

대통령령이 정하는 일정수 이상의 근로자를 사용하는 사업주는 기준고용률 이상의 고령자를 고용하도록 노력하여야 한다.

2. 사업주의 고령자기준 고용률 이행계획의 수립 등(제13조)

① 제12조에 따른 사업주는 고용노동부령으로 정하는 바에 따라 매년 고령
  자 고용현황을 고용노동부장관에게 제출하여야 한다.

② 고용노동부장관은 제12조에 따른 사업주로서 상시 고용하는 고령자의
  비율이 기준고용률에 미달하는 사업주에 대하여 고령자의 고용촉진 및
  안정을 위하여 필요한 조치의 시행을 권고할 수 있다.

③ 고용노동부장관은 제2항의 권고에 따른 조치를 시행하는 사업주에게 상
  담, 자문, 그 밖에 필요한 협조와 지원을 할 수 있다.

3. 고령자 고용촉진을 위한 세제지원 등(제14조)

① 사업주가 제12조의 규정에 의한 기준고용률을 초과하여 고령자를 추가
  로 고용하는 경우에는 「조세특례제한법」이 정하는 바에 따라 조세를 감
  면한다.<개정 2002. 12. 30., 2006. 12. 28.>

② 고용노동부장관은 예산의 범위 안에서 다음 각 호의 구분에 따른 고용
  지원금을 지급할 수 있다.<개정 2006. 12. 28.>

　　　　가. 고령자를 새로이 고용하거나 다수의 고령자를 고용한 사업주
　　　　　　또는 고령자의 고용안정을 위하여 필요한 조치를 취한 사업주
　　　　　　에게 일정 기간 동안 지급하는 고용지원금

　　　　나. 사업주가 근로자대표의 동의를 얻어 일정 연령 이상까지의 고
　　　　　　용을 보장하는 조건으로 일정 연령·근속시점 또는 임금액을
　　　　　　기준으로 임금을 감액하는 제도를 시행하는 경우에 그 제도의
　　　　　　적용을 받는 근로자에 대하여 일정 기간 동안 지급하는 고용지
　　　　　　원금이다. 이 경우 "근로자대표"라 함은 근로자의 과반수로 조
　　　　　　직된 노동조합이 있는 경우에는 그 노동조합의 대표자를 말하
　　　　　　며, 근로자의 과반수로 조직된 노동조합이 없는 경우에는 근로
　　　　　　자의 과반수를 대표하는 자를 말한다.

　　　　다. 고령자 및 준고령자의 고용안정 및 취업의 촉진 등을 목적으로
　　　　　　임금체계 개편, 직무재설계(고령자 또는 준고령자에게 적합한 직무

를 개발하고 설계하는 것을 말한다) 등에 관하여 전문기관의 진단을 받는 사업주에 대하여 지원하는 고용지원금

③ 제2항에 따른 고용지원금의 지급기준 등에 관한 사항은 대통령령으로 정한다.<개정 2006. 12. 28.>

4. 우선고용직종의 선정 등(제15조)

① 고용노동부장관은 고용정책심의회의 심의를 거쳐 고령자와 준고령자를 고용하기에 적합한 직종(이하 "우선고용직종"이라 한다)을 선정하고, 선정된 우선고용직종을 고시하여야 한다.

② 고용노동부장관은 우선고용직종의 개발 등 고령자와 준고령자의 고용촉진에 필요한 사항에 대하여 조사·연구하고 관련 자료를 정리·배포하여야 한다.

5. 우선고용직종의 고용(제16조)

① 국가 및 지방자치단체, 「공공기관의 운영에 관한 법률」 제4조에 따라 공공기관으로 지정받은 기관의 장은 그 기관의 우선고용직종에 대통령령으로 정하는 바에 따라서 고령자와 준고령자를 우선적으로 고용하여야 한다.

② 제1항에서 규정한 자 외의 사업주는 우선고용직종에 고령자와 준고령자를 우선적으로 고용하도록 노력하여야 한다.

6. 고용확대의 요청 등(제17조)

① 고용노동부장관은 제16조에 따라 고령자와 준고령자를 우선적으로 채용한 실적이 부진한 자에게 그 사유를 제출하게 할 수 있으며, 그 사유가 정당하지 아니한 자(사유를 제출하지 아니한 자를 포함한다)에게 고령자와 준고령자의 고용을 확대하여 줄 것을 요청할 수 있다.

② 고용노동부장관은 제13조 제2항에 따른 권고를 따르지 아니하는 사업주에게 그 사유를 제출하게 할 수 있으며, 그 사유가 정당하지 아니한 사업주(사유를 제출하지 아니한 사업주를 포함한다)에게 고령자의 고용을 확대하여 줄 것을 요청할 수 있다.

7. 내용공표 및 취업알선 중단(제18조)

고용노동부장관은 정당한 사유 없이 제17조에 따른 고용 확대 요청에 따르지 아니한 자에게 그 내용을 공표하거나 직업안정 업무를 하는 행정기관에서 제공하는 직업지도와 취업알선 등 고용 관련 서비스를 중단할 수 있다.

VI. 정년

1. 정년(제19조)

① 사업주는 근로자의 정년을 60세 이상으로 정하여야 한다.
② 사업주가 제1항에도 불구하고 근로자의 정년을 60세 미만으로 정한 경우에는 정년을 60세로 정한 것으로 본다. [전문개정 2013. 5. 22.] [시행일: 2016. 1. 1.] 제19조의 개정규정 중 상시 300명 이상의 근로자를 사용하는 사업 또는 사업장, 「공공기관의 운영에 관한 법률」 제4조에 따른 공공기관, 「지방공기업법」 제49조에 따른 지방공사 및 같은 법 제76조에 따른 지방공단 [시행일: 2017. 1. 1.] 제19조의 개정규정 중 상시 300명 미만의 근로자를 사용하는 사업 또는 사업장, 국가 및 지방자치단체

동법 제19조의2(정년연장에 따른 임금체계 개편 등)
① 제19조 제1항에 따라 정년을 연장하는 사업 또는 사업장의 사업주와 근로자의 과반수로 조직된 노동조합(근로자의 과반수로 조직된 노동조합이 없는 경우에는 근로자의 과반수를 대표하는 자를 말한다)은 그 사업 또는 사업장의 여건에

따라 임금체계 개편 등 필요한 조치를 하여야 한다.

② 고용노동부장관은 제1항에 따라 필요한 조치를 한 사업 또는 사업장의 사업주나 근로자에게 대통령령으로 정하는 바에 따라 고용지원금 등 필요한 지원을 할 수 있다.

③ 고용노동부장관은 정년을 60세 이상으로 연장하는 사업 또는 사업장의 사업주 또는 근로자에게 대통령령으로 정하는 바에 따라 임금체계 개편 등을 위한 컨설팅 등 필요한 지원을 할 수 있다. [본조신설 2013. 5. 22.] [시행일: 2016. 1. 1.] 제19조의2 제1항 및 제2항의 개정규정 중 상시 300명 이상의 근로자를 사용하는 사업 또는 사업장, 「공공기관의 운영에 관한 법률」 제4조에 따른 공공기관, 「지방공기업법」 제49조에 따른 지방공사 및 같은 법 제76조에 따른 지방공단 [시행일: 2017. 1. 1.] 제19조의2 제1항 및 제2항의 개정규정 중 상시 300명 미만의 근로자를 사용하는 사업 또는 사업장, 국가 및 지방자치단체

2. 정년제도 운영 현황의 제출 등(제20조)

① 대통령령으로 정하는 수 이상의 근로자를 사용하는 사업주는 고용노동부령으로 정하는 바에 따라 매년 정년 제도의 운영 현황을 고용노동부장관에게 제출하여야 한다.

② 고용노동부장관은 제1항에 따른 사업주로서 정년을 현저히 낮게 정한 사업주에게 정년의 연장을 권고할 수 있다.

③ 삭제<2010. 2. 4.>

④ 제2항에 따른 권고를 정당한 사유 없이 따르지 아니한 경우 그 내용을 공표할 수 있다.

3. 정년퇴직자의 재고용(제21조)

① 사업주는 정년에 도달한 자가 그 사업장에 다시 취업하기를 희망할 때 그 직무수행 능력에 맞는 직종에 재고용하도록 노력하여야 한다.

② 사업주는 고령자인 정년퇴직자를 재고용할 때 당사자 간의 합의에 의하여 「근로기준법」 제34조에 따른 퇴직금과 같은 법 제60조에 따른 연차유급(年次有給) 휴가일수 계산을 위한 계속근로기간을 산정할 때 종전의

근로기간을 제외할 수 있으며 임금의 결정을 종전과 달리할 수 있다.

동법 제21조의2(정년퇴직자의 재고용 지원)

고용노동부장관은 제21조에 따라 정년퇴직자를 재고용하거나 그 밖에 정년퇴직자의 고용안정에 필요한 조치를 하는 사업주에게 장려금 지급 등 필요한 지원을 할 수 있다.<개정 2010. 6. 4.> [전문개정 2008. 3. 21.]

동법 제21조의3(퇴직예정자 등에 대한 재취업지원서비스 지원)

① 사업주는 정년퇴직 등의 사유로 이직예정인 근로자에게 경력·적성 등의 진단 및 향후 진로설계, 취업알선, 재취업 또는 창업에 관한 교육 등 재취업에 필요한 서비스(이하 "재취업지원서비스"라 한다)를 제공하도록 노력하여야 한다.

② 제1항에도 불구하고 대통령령으로 정하는 수 이상의 근로자를 사용하는 사업주는 정년 등 대통령령으로 정하는 비자발적인 사유로 이직예정인 준고령자 및 고령자에게 재취업지원서비스를 제공하여야 한다.

③ 사업주는 재취업지원서비스를 대통령령으로 정하는 바에 따라 다음 각 호의 어느 하나에 해당하는 단체 또는 기관에 위탁하여 실시할 수 있다.

    1. 「직업안정법」 제18조에 따라 무료직업소개사업을 하는 비영리법인이나 공익단체

    2. 「직업안정법」 제19조에 따라 유료직업소개사업을 하는 법인

    3. 「근로자직업능력 개발법」 제16조 제1항에 따라 직업능력개발훈련을 위탁받을 수 있는 대상이 되는 기관

④ 고용노동부장관은 사업주가 소속 근로자에게 재취업지원서비스를 제공하는 경우에 예산의 범위에서 필요한 지원을 할 수 있다.

⑤ 제1항 및 제2항에 따른 재취업지원서비스의 대상, 내용 및 방법 등에 필요한 사항은 대통령령으로 정한다. [전문개정 2019. 4. 30.] [시행일: 2020. 5. 1.]

---

4. 정년연장에 대한 지원(제22조)

고용노동부장관은 정년연장에 따른 사업체의 인사 및 임금 등에 대하여 상담·자문 그 밖에 필요한 협조와 지원을 하여야 한다.

제7절 사회복지사업법

 Ⅰ. 의의

사회복지사업법은 사회복지사업에 관한 기본적 사항을 규정하여 사회복지를 필요로 하는 사람의 인간다운 생활을 할 권리를 보장하고 사회복지의 전문성의 증진과 사회복지사업의 공정·투명·적정을 기하여 지역사회복지체계의 구축을 통해 사회복지서비스의 확산과 실질적 보장을 구현하기 위해 제정되었다.

 Ⅱ. 연혁

사회복지사업법은 1970년 1월 1일 제정되어 사회복지사업에 관한 기본적인 사항을 규정하여 그 공정한 운영을 기함으로써 사회복지의 증진을 도모하고자 하였다. 기본적인 사항은 다음과 같다.

① 사회복지사업은 생활보호법·아동복리법·윤락행위등방지법등에 의한 보호사업·복지사업·선도사업·복지시설의 운영등을 목적으로 하는 사업으로 한다.
② 사회복지사업을 목적으로 하는 사회복지법인을 설립하고자 하는 자는 보건사회부장관의 인가를 받도록 한다.
③ 사회복지시설의 설치·운영은 국가·지방자치단체 및 시·도지사의 허가를 받은 사회복지법인 또는 보건사회부장관의 허가를 받은 기타의 법인에 한한다.
④ 보건사회부장관은 공동모금의 목적달성을 위하여 법인인 모금회의 설립을 허가할 수 있도록 한다.

1983년 5월 21일 일부 개정은 이 법의 제정 후 노인복지법·심신장애자복지법·아동복지법등 사회복지사업에 관한 각종 법률이 제정되었으므로 이에 맞추어 관련사항을 정비하고, 새로운 복지수요에 대처하기 위하여 필요한 사항을 보완하였다.

① 사회복지사업의 정의를 새로운 복지수요에 적합하도록 조정한다.
② 사회복지사업의 원활한 수행을 기할 수 있도록 하기 위하여 시장·군수는 읍·면·동에 복지위원을 위촉하여 두도록 한다.
③ 사회복지시설을 이용한 자가 비용부담능력이 있게 된 경우 그 수혜자 본인 또는 그 부양의무자로부터 당해 비용의 전부 또는 일부를 수납할 수 있는 근거규정을 마련한다.
④ 보건사회부장관 또는 도지사는 기존 사회복지시설이 더이상 존속할 필요가 없게 된 경우에는 그 시설에 대하여 그와 유사한 시설로의 전환이나 목적사업의 변경 또는 장소의 이전을 권고할 수 있도록 하고 이에 불응할 때에는 폐쇄를 명할 수 있도록 한다.
⑤ 한국사회복지협의회를 법정단체화하고, 이에 업무위탁을 할 수 있도록 한다.

1992년 12월 8일 일부 개정은 사회복지행정의 전문성과 효율성을 높이기 위하여 일선행정기관에 사회복지전담공무원을 두고 시·군·구에는 복지사무전담기구를 설치할 수 있도록 하며, 사회복지사업의 범위를 조정하였다.

① 사회복지사업의 정의에 최근 제정된 모자복지법 및 영유아보육법에 의한 사업과 재가복지 및 정신질환자의 사회복귀에 관한 사업을 추가하는 등 사회복지사업의 범위를 확대·조정한다.
② 읍·면·동에서 저소득층·노인·장애인등 요보호대상자의 선정과 상담·지원업무를 담당하고 있는 사회복지전담공무원에 관한 법적 근거를 마련한다.
③ 사회복지행정을 종합적이고 전문적으로 수행할 수 있도록 하기 위하여 필요한 경우 조례에 의하여 시·군·구에 복지사무전담기구를 설치할 수

있도록 한다.

④ 사회복지법인의 설립허가등에 관한 보건사회부장관 또는 시·도지사의 권한중 시·도지사 또는 시장·군수·구청장에게 위임된 사항을 이들의 권한으로 이양한다.

⑤ 사회복지법인의 임원에 관한 사항을 보완하고 설립허가취소사유, 잔여 재산의 처리방법, 보조금반환에 관한 근거조항을 신설하는 등 사회복지 법인의 운영을 합리화하도록 한다.

⑥ 행정처분시 처분의 상대방 또는 대리인에게 의견진술기회를 부여하도록 한다.

1997년 8월 22일은 전문개정을 통해 사회복지사의 전문성을 제고하기 위하 여 사회복지사 1급은 국가시험에 합격한 자로 하고, 현행 사회복지시설 설치· 운영에 대한 허가제를 신고제로 변경하여 동 시설의 설치·운영을 용이하게 하 며, 개인도 동 시설을 설치·운영할 수 있도록 하고, 사회복지법인과 시설운영의 투명성을 보장할 수 있도록 제도적 장치를 강화하며, 자원봉사활동을 지원할 수 있는 법적 근거를 마련하는 등 기타 미비한 사항을 정비·보완하여 사회복지사 업을 활성화하였다.

① 사회복지사업의 범위에 사회복지 자원봉사활동 및 정신보건법등 사회복 지관련 법률에 의한 사업을 포함한다.

② 누구든지 사회복지시설의 설치·운영을 방해할 수 없도록 하고, 복지업 무에 종사하는 사람은 보호를 받아야 할 사람을 위하여 차별없이 최대 한 봉사하도록 한다.

③ 보건복지부와 특별시·광역시·도 및 시·군·구에 사회복지위원회를 두 도록 규정하고 있으나, 사회보장기본법상 사회보장심의위원회와 기능이 중복되어 보건복지부에 두는 사회복지위원회는 폐지한다.

④ 사회복지 자원봉사활동을 지원·육성하기 위한 법적 근거를 신설한다.

⑤ 사회복지사 자격은 1·2·3등급으로 법에 규정하고, 사회복지사의 전문 성을 제고시키기 위하여 사회복지사 1급은 국가시험에 합격한 자로 하 며, 국가시험의 관리에 필요한 사항을 신설한다.

⑥ 임원의 결격사유에 미성년자를 추가하고, 사회복지법인의 이사는 시설 장 이외의 종사자 겸직을 금지하며, 감사는 업무상 공정한 검사를 위하 여 이사·시설장 또는 직원의 겸직을 금지하도록 하고, 임원 취소사유를 명확히 하며, 기본재산처분등에 관한 사항을 보강한다.

⑦ 사회복지사업의 활성화를 위하여 현행 사회복지시설의 설치·운영의 허 가제를 신고제로 전환하는 한편, 개인에게도 사회복지시설을 설치·운 영할 수 있도록 하고, 보건복지부령이 정하는 시설은 사회복지법인 또 는 비영리법인에 한하여 설치·운영하도록 한다.

⑧ 사회복지시설에 대한 평가제도를 도입하고 그 결과를 동 시설의 감독 또는 지원에 반영할 수 있도록 한다.

1999년 4월 30일 일부 개정은 행정규제기본법에 의한 규제정비계획에 따라 사회복지사업에 관한 각종 규제를 폐지 또는 완화하여 사회복지사업의 활성화 를 도모하고, 시·도지사의 허가로 설립되는 사회복지법인을 앞으로는 보건복지 부장관의 허가를 받아 설립할 수 있도록 하며, 기타 현행 제도의 운영상 나타난 일부 미비점을 개선·보완하였다.

2000년 1월 22일 일부 개정은 국민의 사회복지에 대한 이해를 증진하고 사 회복지사업 종사자의 활동을 장려하기 위하여 사회복지의 날을 제정하는 한편, 사회복지시설의 장은 화재로 인한 손해배상책임의 이행을 위하여 그 시설에 대 하여 화재보험에 가입하도록 하고, 국가 또는 지방자치단체는 예산의 범위안에 서 소요비용을 보조할 수 있도록 하는 등 현행 제도의 운영상 나타난 일부 미비 점을 개선·보완하였다.

2003년 7월 30일 일부 개정은 지역사회중심의 사회복지사업을 효율적으로 추진하기 위한 기반을 조성하고, 사회복지서비스의 제공절차를 구체적으로 정하 는 한편, 재가복지서비스를 활성화하도록 하는 등 현행 제도의 운영상 나타난 일부 미비점을 개선·보완하였다.

2007년 12월 14일 일부 개정은 사회복지업무를 효율적으로 처리하고, 사회 복지시설 종사자의 처우를 개선하며, 사회복지시설의 효율적인 운영과 지도·감 독을 실시하기 위하여 필요한 사항을 규정하는 등 현행 제도의 운영상 나타난 일부 미비점을 개선·보완하였다.

2009년 6월 9일 일부 개정은 국가 및 지방자치단체 등 공공부문과 민간부문 간 정보를 공유하는 통합전산망을 마련함으로써 사회복지서비스의 중복 제공 및 부정수급을 방지하여 공정하고 효율적인 사회복지행정을 구현하는 한편, 통합전산망의 구축 및 운영과정에서 발생할 수 있는 정보 유출, 오용 및 남용을 금지하고 이에 대한 벌칙을 마련함으로써 개인정보를 보호하고자 하였다.

2012년 1월 26일 일부 개정은 일부 사회복지법인 및 시설 대표자의 전횡, 시설 내 이용자 인권 침해, 사적이익 추구 등이 사회문제로 대두됨에 따라 시설 이용자의 인권보호와 사회복지법인 및 시설 운영의 투명성이 요구되고 있는바, 사회복지법인의 이사를 외부에서 추천하여 선임하도록 하는 등 임원의 자격요건을 강화하고, 성폭력범죄를 저지른 사람, 퇴직한 지 2년이 경과하지 아니한 사회복지공무원 등은 사회복지법인의 임원 또는 시설의 장 등이 될 수 없도록 하며, 사회복지법인 또는 시설에 대하여 행정처분을 한 경우에는 관련 정보를 공표할 수 있도록 하는 등 사회복지법인 및 시설에 대한 관리감독을 강화하고, 법인 이사회의 회의록을 공개하도록 하는 등 사회복지법인 및 시설의 운영을 개선하도록 하는 한편, 사회복지시설 서비스의 최저기준을 마련함으로써 사회복지서비스의 질적 수준을 제고하여 사회복지 서비스 이용자들의 인권과 복지를 증진하고자 하였다.

2016년 2월 3일 일부 개정은 사회복지사업의 정의에 「청소년복지 지원법」을 추가하고, 사회복지사 자격의 정지 및 취소요건에 대한 법적근거를 마련하며, 보조금의 부정수급에 대하여 환수명령을 의무화하도록 명시하는 등 현행 법률상 미흡한 점을 개선·보완하였다.

2017년 10월 24일 일부 개정은 복지업무에 종사하는 사람이 그 업무를 수행할 때에 사회복지를 필요로 하는 사람의 인권을 침해하는 행위를 한 경우에는 그 사실을 공표하는 등의 조치를 취하도록 하고, 사회복지서비스 제공은 현물(現物)로 제공하는 것을 원칙으로 하며, 사회복지사의 자격이 취소된 사람에게는 그 취소된 날부터 2년 이내에 자격을 재교부하지 못하도록 하고, 사회복지법인과 사회복지시설의 공공성을 강화하기 위하여 사회복지법인 임원 및 사회복지시설의 장의 결격사유를 추가하였다.

2018년 12월 11일 일부 개정은 현행법은 보건복지부장관 또는 지방자치단체의 장이 사회복지사업 업무에 관하여 지도·감독을 하도록 하고, 필요한 경우 보고·서류제출 요구, 검사 등을 할 수 있도록 규정하고 있다. 그러나 전담인력과 전문성 부족 등의 이유로 체계적인 관리·감독이 이루어지지 못하여 보조금 횡령, 후원금 부당사용, 법인재산 관리상의 전횡 등의 위법행위가 계속되고 있다. 이에 시·도지사 또는 시장·군수·구청장이 사회복지법인과 사회복지시설에 대하여 지방의회의 추천을 받아 공인회계사 또는 감사인을 선임하여 회계감사를 실시할 수 있도록 하여 사회복지법인 및 시설 운영의 투명성을 제고하고, 사회적 책임성을 강화할 수 있도록 하였다. 그 밖에 전문사회복지사 제도를 도입하여 다양화·전문화되는 사회복지 욕구에 능동적으로 대응할 수 있도록 하고, 사회복지 법인 등의 불합리한 채용관행을 개선할 수 있도록 종사자 채용절차를 규정하는 등 현행법의 미비점을 개선하였다.

2019년 1월 15일 일부 개정은 임원의 불법행위에도 불구하고 임원의 지위를 유지시키는 문제를 해결하기 위해 임원 해임결의를 위한 이사회 개최기한을 설정하며, 제18조 제2항·제3항 또는 제7항을 위반하여 해임명령을 받은 경우에는 해당 임원의 직무집행을 정지하도록 하고, 반복적·집단적으로 학대범죄가 발생한 경우 법인의 설립을 취소할 수 있도록 하는 등 시설 및 법인 운영의 공공성을 강화하며, 사회복지시설의 설치·운영중단·폐지 신고가 수리를 요하는 신고임을 명확히 하였다.

2019년 12월 3일 일부 개정은 보건복지부장관은 사회복지사 자격증 발급 신청일 기준으로 결격사유에 해당하는 사람에게 사회복지사 자격증을 발급하지 못하도록 규정함으로써 사회복지사 결격사유 판단 기준일을 명확히 하였다.

 ## Ⅲ. 총칙

1. 목적(제1조)

이 법은 근로복지정책의 수립 및 복지사업의 수행에 필요한 사항을 규정함으로써 근로자의 삶의 질을 향상시키고 국민경제의 균형 있는 발전에 이바지함을 목적으로 한다.

2. 기본이념 및 원칙

(1) 기본이념(제2조)

① 사회복지를 필요로 하는 사람은 누구든지 자신의 의사에 따라 서비스를 신청하고 제공받을 수 있다.

② 사회복지법인 및 사회복지시설은 공공성을 가지며 사회복지사업을 시행하는 데 있어서 공공성을 확보하여야 한다.

③ 사회복지사업을 시행하는 데 있어서 사회복지를 제공하는 자는 사회복지를 필요로 하는 사람의 인권을 보장하여야 한다.

④ 사회복지서비스를 제공하는 자는 필요한 정보를 제공하는 등 사회복지서비스를 이용하는 사람의 선택권을 보장하여야 한다.<신설 2017. 10. 24.>

(2) 인권존중 및 최대봉사의 원칙(제5조)

① 이 법에 따라 복지업무에 종사하는 사람은 그 업무를 수행할 때에 사회복지를 필요로 하는 사람을 위하여 인권을 존중하고 차별 없이 최대로 봉사하여야 한다.<개정 2017. 10. 24.>

② 국가와 지방자치단체는 복지업무에 종사하는 사람이 그 업무를 수행할 때에 사회복지를 필요로 하는 사람의 인권을 침해하는 행위를 한 경우에는 제2조 제1호 각 목의 법률이 정하는 바에 따라 처분하고 그 사실을 공표하는 등의 조치를 하여야 한다.<신설 2017. 10. 24.>

(3) 사회복지서비스 제공의 원칙(제5조의2)

① 사회복지서비스를 필요로 하는 사람(이하 "보호대상자"라 한다)에 대한 사회복지서비스 제공(이하 "서비스 제공"이라 한다)은 현물(現物)로 제공하는 것을 원칙으로 한다.

② 시장(「제주특별자치도 설치 및 국제자유도시 조성을 위한 특별법」 제11조 제2

항에 따른 행정시장을 포함한다. 이하 같다)·군수·구청장(자치구의 구청장을 말한다. 이하 같다)은 국가 또는 지방자치단체 외의 자로 하여금 제1항의 서비스 제공을 실시하게 하는 경우에는 보호대상자에게 사회복지서비스 이용권(이하 "이용권"이라 한다)을 지급하여 국가 또는 지방자치단체 외의 자로부터 그 이용권으로 서비스 제공을 받게 할 수 있다.

③ 국가와 지방자치단체는 사회복지서비스의 품질향상과 원활한 제공을 위하여 필요한 시책을 마련하여야 한다.

④ 국가와 지방자치단체는 사회복지서비스의 품질을 관리하기 위하여 사회복지서비스를 제공하는 기관·법인·시설·단체의 서비스 환경, 서비스 제공 인력의 전문성 등을 평가할 수 있다.

⑤ 보건복지부장관은 제4항에 따른 평가를 위하여 평가기관을 설치·운영하거나, 평가의 전부 또는 일부를 관계 기관 또는 단체에 위탁할 수 있다.

⑥ 보건복지부장관은 제5항에 따라 평가를 위탁한 기관 또는 단체에 대하여 그 운영에 필요한 비용을 지원할 수 있다. [본조신설 2017. 10. 24.]

3. 정의(제2조)

이 법에서 사용하는 용어의 뜻은 다음과 같다.<개정 2017. 10. 24.>

1. "사회복지사업"이란 다음 각 목의 법률에 따른 보호·선도(善導) 또는 복지에 관한 사업과 사회복지상담, 직업지원, 무료 숙박, 지역사회복지, 의료복지, 재가복지(在家福祉), 사회복지관 운영, 정신질환자 및 한센병력자의 사회복귀에 관한 사업 등 각종 복지사업과 이와 관련된 자원봉사활동 및 복지시설의 운영 또는 지원을 목적으로 하는 사업을 말한다.

　가. 「국민기초생활 보장법」

　나. 「아동복지법」

　다. 「노인복지법」

　라. 「장애인복지법」

　마. 「한부모가족지원법」

　바. 「영유아보육법」

사. 「성매매방지 및 피해자보호 등에 관한 법률」

아. 「정신건강증진 및 정신질환자 복지서비스 지원에 관한 법률」

자. 「성폭력방지 및 피해자보호 등에 관한 법률」

차. 「입양특례법」

카. 「일제하 일본군위안부 피해자에 대한 생활안정지원 및 기념사
업 등에 관한 법률」

타. 「사회복지공동모금회법」

파. 「장애인·노인·임산부 등의 편의증진 보장에 관한 법률」

하. 「가정폭력방지 및 피해자보호 등에 관한 법률」

거. 「농어촌주민의 보건복지증진을 위한 특별법」

너. 「식품등 기부 활성화에 관한 법률」

더. 「의료급여법」

러. 「기초연금법」

머. 「긴급복지지원법」

버. 「다문화가족지원법」

서. 「장애인연금법」

어. 「장애인활동 지원에 관한 법률」

저. 「노숙인 등의 복지 및 자립지원에 관한 법률」

처. 「보호관찰 등에 관한 법률」

커. 「장애아동 복지지원법」

터. 「발달장애인 권리보장 및 지원에 관한 법률」

퍼. 「청소년복지 지원법」

허. 그 밖에 대통령령으로 정하는 법률

2. "지역사회복지"란 주민의 복지증진과 삶의 질 향상을 위하여 지역
사회 차원에서 전개하는 사회복지를 말한다.

3. "사회복지법인"이란 사회복지사업을 할 목적으로 설립된 법인을 말
한다.

4. "사회복지시설"이란 사회복지사업을 할 목적으로 설치된 시설을 말
한다.

5. "사회복지관"이란 지역사회를 기반으로 일정한 시설과 전문인력을

갖추고 지역주민의 참여와 협력을 통하여 지역사회의 복지문제를 예방하고 해결하기 위하여 종합적인 복지서비스를 제공하는 시설을 말한다.

6. "사회복지서비스"란 국가·지방자치단체 및 민간부문의 도움을 필요로 하는 모든 국민에게 「사회보장기본법」 제3조 제4호에 따른 사회서비스 중 사회복지사업을 통한 서비스를 제공하여 삶의 질이 향상되도록 제도적으로 지원하는 것을 말한다.

7. "보건의료서비스"란 국민의 건강을 보호·증진하기 위하여 보건의료인이 하는 모든 활동을 말한다.

4. 시설 설치의 방해 금지(제6조)

① 누구든지 정당한 이유 없이 사회복지시설의 설치를 방해하여서는 아니 된다.

② 시장·군수·구청장은 정당한 이유 없이 사회복지시설의 설치를 지연시키거나 제한하는 조치를 하여서는 아니 된다.<개정 2015. 7. 24., 2017. 10. 24.>

5. 사회복지시설 업무의 전자화(제7조)

① 보건복지부장관은 사회복지법인 및 사회복지시설의 종사자, 거주자 및 이용자에 관한 자료 등 운영에 필요한 정보의 효율적 처리와 기록·관리 업무의 전자화를 위하여 정보시스템을 구축·운영할 수 있다.

② 보건복지부장관은 제1항에 따른 정보시스템을 구축·운영하는 데 필요한 자료를 수집·관리·보유할 수 있으며 관련 기관 및 단체에 필요한 자료의 제공을 요청할 수 있다. 이 경우 요청을 받은 기관 및 단체는 정당한 사유가 없으면 그 요청에 따라야 한다.

③ 지방자치단체의 장은 사회복지사업을 수행할 때 관할 복지행정시스템과 제1항에 따른 정보시스템을 전자적으로 연계하여 활용하여야 한다.

④ 사회복지법인의 대표이사와 사회복지시설의 장은 국가와 지방자치단체

가 실시하는 사회복지업무의 전자화 시책에 협력하여야 한다.

⑤ 보건복지부장관은 제1항에 따른 정보시스템을 효율적으로 운영하기 위하여 「사회보장기본법」 제37조 제7항에 따른 전담기구에 그 운영에 관한 업무를 위탁할 수 있다. [전문개정 2017. 10. 24.]

6. 사회복지 자원봉사활동의 지원·육성(제8조)

① 국가와 지방자치단체는 사회복지 자원봉사활동을 지원·육성하기 위하여 다음 각 호의 사항을 실시하여야 한다.
   1. 자원봉사활동의 홍보 및 교육
   2. 자원봉사활동 프로그램의 개발·보급
   3. 자원봉사활동 중의 재해에 대비한 시책의 개발
   4. 그 밖에 자원봉사활동의 지원에 필요한 사항
② 국가와 지방자치단체는 제1항 각 호의 사항을 효율적으로 수행하기 위하여 사회복지법인이나 그 밖의 비영리법인·단체에 이를 위탁할 수 있다.

7. 사회복지사 자격증의 발급 등(제11조)

① 보건복지부장관은 사회복지에 관한 전문지식과 기술을 가진 사람에게 사회복지사 자격증을 발급할 수 있다. 다만, 자격증 발급 신청일 기준으로 제11조의2에 따른 결격사유에 해당하는 사람에게 자격증을 발급해서는 아니 된다.<개정 2019. 12. 3.>
② 제1항에 따른 사회복지사의 등급은 1급·2급으로 하고 등급별 자격기준 및 자격증의 발급절차 등은 대통령령으로 정한다.<개정 2017. 10. 24.>
③ 사회복지사 1급 자격증을 받으려는 사람은 국가시험에 합격하여야 한다.
④ 보건복지부장관은 제2항에 따른 사회복지사 자격증을 발급받거나 재발급받으려는 사람에게 보건복지부령으로 정하는 바에 따라 수수료를 내게 할 수 있다.

동법 제11조(사회복지사 자격증의 발급 등)

① 보건복지부장관은 사회복지에 관한 전문지식과 기술을 가진 사람에게 사회복지사 자격증을 발급할 수 있다. 다만, 자격증 발급 신청일 기준으로 제11조의2에 따른 결격사유에 해당하는 사람에게 자격증을 발급해서는 아니 된다.<개정 2019. 12. 3.>

② 제1항에 따른 사회복지사의 등급은 1급·2급으로 하되, 정신건강·의료·학교 영역에 대해서는 영역별로 정신건강사회복지사·의료사회복지사·학교사회복지사의 자격을 부여할 수 있다.<개정 2017. 10. 24., 2018. 12. 11.>

③ 사회복지사 1급 자격은 국가시험에 합격한 사람에게 부여하고, 정신건강사회복지사·의료사회복지사·학교사회복지사의 자격은 1급 사회복지사의 자격이 있는 사람 중에서 보건복지부령으로 정하는 수련기관에서 수련을 받은 사람에게 부여한다.<개정 2018. 12. 11.>

④ 제2항에 따른 사회복지사의 등급별·영역별 자격기준 및 자격증의 발급절차 등은 대통령령으로 정한다.<신설 2018. 12. 11.>

⑤ 보건복지부장관은 제4항에 따른 사회복지사 자격증을 발급받거나 재발급받으려는 사람에게 보건복지부령으로 정하는 바에 따라 수수료를 내게 할 수 있다.<개정 2018. 12. 11.> [전문개정 2011. 8. 4.] [시행일: 2020. 12. 12.]

8. 국가시험(제12조)

① 제11조 제3항에 따른 국가시험은 보건복지부장관이 시행하되, 시험의 관리는 대통령령으로 정하는 바에 따라 시험관리능력이 있다고 인정되는 관계 전문기관에 위탁할 수 있다.

② 보건복지부장관은 제1항에 따라 국가시험의 관리를 위탁하였을 때에는 그에 드는 비용을 예산의 범위에서 보조할 수 있다.

③ 제1항에 따라 시험의 관리를 위탁받은 기관은 보건복지부장관의 승인을 받아 정한 금액을 응시수수료로 받을 수 있다.

④ 시험 과목, 응시자격 등 시험의 실시에 필요한 사항은 대통령령으로 정한다.

9. 사회복지사의 채용 및 교육 등(제13조)

① 사회복지법인 및 사회복지시설을 설치·운영하는 자는 대통령령으로 정하는 바에 따라 사회복지사를 그 종사자로 채용하고, 보고방법·보고주기 등 보건복지부령으로 정하는 바에 따라 특별시장·광역시장·특별자치시장·도지사·특별자치도지사(이하 "시·도지사"라 한다) 또는 시장·군수·구청장에게 사회복지사의 임면에 관한 사항을 보고하여야 한다. 다만, 대통령령으로 정하는 사회복지시설은 그러하지 아니하다.<개정 2016. 2. 3., 2017. 10. 24.>

② 보건복지부장관은 사회복지사의 자질 향상을 위하여 필요하다고 인정하면 사회복지사에게 교육을 받도록 명할 수 있다. 다만, 사회복지법인 또는 사회복지시설에 종사하는 사회복지사는 정기적으로 인권에 관한 내용이 포함된 보수교육(補修敎育)을 받아야 한다.<개정 2012. 1. 26.>

③ 사회복지법인 또는 사회복지시설을 운영하는 자는 그 법인 또는 시설에 종사하는 사회복지사에 대하여 제2항 단서에 따른 교육을 이유로 불리한 처분을 하여서는 아니 된다.

④ 보건복지부장관은 제2항에 따른 교육을 보건복지부령으로 정하는 기관 또는 단체에 위탁할 수 있다.

⑤ 제2항에 따른 교육의 기간·방법 및 내용과 제4항에 따른 위탁 등에 관하여 필요한 사항은 보건복지부령으로 정한다.

Ⅳ. 사회복지법인

1. 법인의 설립허가(제16조)

① 사회복지법인(이하 이 장에서 "법인"이라 한다)을 설립하려는 자는 대통령령으로 정하는 바에 따라 시·도지사의 허가를 받아야 한다.

② 제1항에 따라 허가를 받은 자는 법인의 주된 사무소의 소재지에서 설립등기를 하여야 한다.<개정 2012. 1. 26.>

2. 정관(제17조)

① 법인의 정관에는 다음 각 호의 사항이 포함되어야 한다.
  1. 목적
  2. 명칭
  3. 주된 사무소의 소재지
  4. 사업의 종류
  5. 자산 및 회계에 관한 사항
  6. 임원의 임면(任免) 등에 관한 사항
  7. 회의에 관한 사항
  8. 수익(收益)을 목적으로 하는 사업이 있는 경우 그에 관한 사항
  9. 정관의 변경에 관한 사항
  10. 존립시기와 해산 사유를 정한 경우에는 그 시기와 사유 및 남은 재산의 처리방법
  11. 공고 및 공고방법에 관한 사항
② 법인이 정관을 변경하려는 경우에는 시·도지사의 인가를 받아야 한다. 다만, 보건복지부령으로 정하는 경미한 사항의 경우에는 그러하지 아니하다.

3. 임원(제18조)

① 법인은 대표이사를 포함한 이사 7명 이상과 감사 2명 이상을 두어야 한다.
② 법인은 제1항에 따른 이사 정수의 3분의 1(소수점 이하는 버린다) 이상을 다음 각 호의 어느 하나에 해당하는 기관이 3배수로 추천한 사람 중에서 선임하여야 한다.<개정 2012. 1. 26., 2017. 10. 24.>
  1. 「사회보장급여의 이용·제공 및 수급권자 발굴에 관한 법률」제40조 제1항에 따른 시·도사회보장위원회
  2. 「사회보장급여의 이용·제공 및 수급권자 발굴에 관한 법률」제41조 제1항에 따른 지역사회보장협의체
③ 이사회의 구성에 있어서 대통령령으로 정하는 특별한 관계에 있는 사람

이 이사 현원(現員)의 5분의 1을 초과할 수 없다.<개정 2012. 1. 26.>

④ 이사의 임기는 3년으로 하고 감사의 임기는 2년으로 하며, 각각 연임할 수 있다.

⑤ 외국인인 이사는 이사 현원의 2분의 1 미만이어야 한다.

⑥ 법인은 임원을 임면하는 경우에는 보건복지부령으로 정하는 바에 따라 지체 없이 시·도지사에게 보고하여야 한다.<개정 2012. 1. 26.>

⑦ 감사는 이사와 제3항에 따른 특별한 관계에 있는 사람이 아니어야 하며, 감사 중 1명은 법률 또는 회계에 관한 지식이 있는 사람 중에서 선임하여야 한다. 다만, 대통령령으로 정하는 일정 규모 이상의 법인은 시·도지사의 추천을 받아 「주식회사 등의 외부감사에 관한 법률」 제2조 제7호에 따른 감사인에 속한 사람을 감사로 선임하여야 한다.<신설 2012. 1. 26., 2017. 10. 31.>

⑧ 제2항 각 호의 기관은 제2항에 따라 이사를 추천하기 위하여 매년 다음 각 호의 어느 하나에 해당하는 사람으로 이사 후보군을 구성하여 공고하여야 한다. 다만, 사회복지법인의 대표자, 사회복지사업을 하는 비영리법인 또는 단체의 대표자, 「사회보장급여의 이용·제공 및 수급권자 발굴에 관한 법률」 제41조에 따른 지역사회보장협의체의 대표자는 제외한다.<신설 2017. 10. 24.>

  1. 사회복지 또는 보건의료에 관한 학식과 경험이 풍부한 사람
  2. 사회복지를 필요로 하는 사람의 이익 등을 대표하는 사람
  3. 「비영리민간단체 지원법」 제2조에 따른 비영리민간단체에서 추천한 사람
  4. 「사회복지공동모금회법」 제14조에 따른 사회복지공동모금지회에서 추천한 사람. [전문개정 2011. 8. 4.] [시행일: 2013. 1. 27.]

동법 제19조(임원의 결격사유)

① 다음 각 호의 어느 하나에 해당하는 사람은 임원이 될 수 없다.<개정 2012. 1. 26., 2017. 9. 19., 2017. 10. 24., 2018. 12. 11.>

1. 미성년자
1의2. 피성년후견인 또는 피한정후견인

1의3. 파산선고를 받고 복권되지 아니한 사람

1의4. 법원의 판결에 따라 자격이 상실되거나 정지된 사람

1의5. 금고 이상의 실형을 선고받고 그 집행이 끝나거나(집행이 끝난 것으로 보는 경우를 포함한다) 집행이 면제된 날부터 3년이 지나지 아니한 사람

1의6. 금고 이상의 형의 집행유예를 선고받고 그 유예기간 중에 있는 사람

1의7. 제1호의5 및 제1호의6에도 불구하고 사회복지사업 또는 그 직무와 관련하여 「아동복지법」 제71조, 「보조금 관리에 관한 법률」 제40조부터 제42조까지 또는 「형법」 제28장·제40장(제360조는 제외한다)의 죄를 범하거나 이 법을 위반하여 다음 각 목의 어느 하나에 해당하는 사람

　가. 100만원 이상의 벌금형을 선고받고 그 형이 확정된 후 5년이 지나지 아니한 사람

　나. 형의 집행유예를 선고받고 그 형이 확정된 후 7년이 지나지 아니한 사람

　다. 징역형을 선고받고 그 집행이 끝나거나(집행이 끝난 것으로 보는 경우를 포함한다) 집행이 면제된 날부터 7년이 지나지 아니한 사람

1의8. 제1호의5부터 제1호의7까지의 규정에도 불구하고 「성폭력범죄의 처벌 등에 관한 특례법」 제2조의 성폭력범죄 또는 「아동·청소년의 성보호에 관한 법률」 제2조 제2호의 아동·청소년대상 성범죄를 저지른 사람으로서 형 또는 치료감호를 선고받고 확정된 후 그 형 또는 치료감호의 전부 또는 일부의 집행이 끝나거나(집행이 끝난 것으로 보는 경우를 포함한다) 집행이 유예·면제된 날부터 10년이 지나지 아니한 사람

2. 제22조에 따른 해임명령에 따라 해임된 날부터 5년이 지나지 아니한 사람

2의2. 제26조에 따라 설립허가가 취소된 사회복지법인의 임원이었던 사람(그 허가의 취소사유 발생에 관하여 직접적인 또는 이에 상응하는 책임이 있는 자로서 대통령령으로 정하는 사람으로 한정한다)으로서 그 설립허가가 취소된 날부터 5년이 지나지 아니한 사람

2의3. 제40조에 따라 시설의 장에서 해임된 사람으로서 해임된 날부터 5년이 지나지 아니한 사람

2의4. 제40조에 따라 폐쇄명령을 받고 3년이 지나지 아니한 사람

3. 사회복지분야의 6급 이상 공무원으로 재직하다 퇴직한 지 3년이 경과하지 아니한 사람 중에서 퇴직 전 5년 동안 소속하였던 기초자치단체가 관할하는 법인의 임원이 되고자 하는 사람

② 임원이 제1항 각 호의 어느 하나에 해당하게 되었을 때에는 그 자격을 상실한다.

동법 제21조(임원의 겸직 금지)

① 이사는 법인이 설치한 사회복지시설의 장을 제외한 그 시설의 직원을 겸할 수

없다.

② 감사는 법인의 이사, 법인이 설치한 사회복지시설의 장 또는 그 직원을 겸할 수 없다.

4. 재산 등(제23조)

① 법인은 사회복지사업의 운영에 필요한 재산을 소유하여야 한다.

② 법인의 재산은 보건복지부령으로 정하는 바에 따라 기본재산과 보통재산으로 구분하며, 기본재산은 그 목록과 가액(價額)을 정관에 적어야 한다.

③ 법인은 기본재산에 관하여 다음 각 호의 어느 하나에 해당하는 경우에는 시·도지사의 허가를 받아야 한다. 다만, 보건복지부령으로 정하는 사항에 대하여는 그러하지 아니하다.

  1. 매도·증여·교환·임대·담보제공 또는 용도변경을 하려는 경우

  2. 보건복지부령으로 정하는 금액 이상을 1년 이상 장기차입(長期借入) 하려는 경우

④ 제1항에 따른 재산과 그 회계에 관하여 필요한 사항은 보건복지부령으로 정한다.

5. 회의록의 작성 및 공개 등(제25조)

① 이사회는 다음 각 호의 사항을 기재한 회의록을 작성하여야 한다. 다만, 이사회 개최 당일에 회의록 작성이 어려운 사정이 있는 경우에는 안건별로 심의·의결 결과를 기록한 회의조서를 작성한 후 회의록을 작성할 수 있다.

  1. 개의, 회의 중지 및 산회 일시

  2. 안건

  3. 의사

  4. 출석한 임원의 성명

  5. 표결수

6. 그 밖에 대표이사가 작성할 필요가 있다고 인정하는 사항

② 회의록 및 회의조서에는 출석임원 전원이 날인하되 그 회의록 또는 회의조서가 2매 이상인 경우에는 간인(間印)하여야 한다.

③ 제1항 단서에 따라 회의조서를 작성한 경우에는 조속한 시일 내에 회의록을 작성하여야 한다.

④ 법인은 회의록을 공개하여야 한다. 다만, 대통령령으로 정하는 사항에 대하여는 이사회의 의결로 공개하지 아니할 수 있다.

⑤ 회의록의 공개에 관한 기간·절차, 그 밖에 필요한 사항은 대통령령으로 정한다.

6. 설립허가 취소 등(제26조)

① 시·도지사는 법인이 다음 각 호의 어느 하나에 해당할 때에는 기간을 정하여 시정명령을 하거나 설립허가를 취소할 수 있다. 다만, 제1호 또는 제7호에 해당할 때에는 설립허가를 취소하여야 한다.<개정 2012. 1. 26., 2019. 1. 15.>

1. 거짓이나 그 밖의 부정한 방법으로 설립허가를 받았을 때

2. 설립허가 조건을 위반하였을 때

3. 목적 달성이 불가능하게 되었을 때

4. 목적사업 외의 사업을 하였을 때

5. 정당한 사유 없이 설립허가를 받은 날부터 6개월 이내에 목적사업을 시작하지 아니하거나 1년 이상 사업실적이 없을 때

6. 법인이 운영하는 시설에서 반복적 또는 집단적 성폭력범죄 및 학대 관련범죄가 발생한 때

7. 법인 설립 후 기본재산을 출연하지 아니한 때

8. 제18조 제1항의 임원정수를 위반한 때

9. 제18조 제2항을 위반하여 이사를 선임한 때

10. 제22조에 따른 임원의 해임명령을 이행하지 아니한 때

11. 그 밖에 이 법 또는 이 법에 따른 명령이나 정관을 위반하였을 때

② 법인이 제1항 각 호(제1호 및 제7호는 제외한다)의 어느 하나에 해당하여

설립허가를 취소하는 경우는 다른 방법으로 감독 목적을 달성할 수 없 거나 시정을 명한 후 6개월 이내에 법인이 이를 이행하지 아니한 경우로 한정한다.

7. 수익사업(제28조)

① 법인은 목적사업의 경비에 충당하기 위하여 필요할 때에는 법인의 설립 목적 수행에 지장이 없는 범위에서 수익사업을 할 수 있다.
② 법인은 제1항에 따른 수익사업에서 생긴 수익을 법인 또는 법인이 설치 한 사회복지시설의 운영 외의 목적에 사용할 수 없다.
③ 제1항에 따른 수익사업에 관한 회계는 법인의 다른 회계와 구분하여 회 계처리하여야 한다.

8. 사회복지협의회(제33조)

① 사회복지에 관한 다음 각 호의 업무를 수행하기 위하여 전국 단위의 한 국사회복지협의회(이하 "중앙협의회"라 한다)와 시·도 단위의 시·도 사회 복지협의회(이하 "시·도협의회"라 한다)를 두며, 필요한 경우에는 시(「제 주특별자치도 설치 및 국제자유도시 조성을 위한 특별법」 제10조 제2항에 따른 행정시를 포함한다. 이하 같다)·군·구(자치구를 말한다. 이하 같다) 단위의 시·군·구 사회복지협의회(이하 "시·군·구협의회"라 한다)를 둘 수 있 다.<개정 2012. 1. 26., 2017. 10. 24.>
   1. 사회복지에 관한 조사·연구 및 정책 건의
   2. 사회복지 관련 기관·단체 간의 연계·협력·조정
   3. 사회복지 소외계층 발굴 및 민간사회복지자원과의 연계·협력
   4. 대통령령으로 정하는 사회복지사업의 조성 등
② 중앙협의회, 시·도협의회 및 시·군·구협의회는 이 법에 따른 사회복지 법인으로 하되, 제23조 제1항은 적용하지 아니한다.
③ 중앙협의회의 설립 및 운영 등에 관한 허가, 인가, 보고 등에 관하여 제 16조 제1항, 제17조 제2항, 제18조 제6항·제7항, 제22조, 제23조 제3

항, 제24조, 제26조 제1항 및 제30조 제1항을 적용할 때에는 "시·도지사"는 "보건복지부장관"으로 본다.

④ 중앙협의회, 시·도협의회 및 시·군·구협의회의 조직과 운영 등에 필요한 사항은 대통령령으로 정한다.

 ## V. 사회복지시설

1. 사회복지시설의 설치(제34조)

① 국가나 지방자치단체는 사회복지시설(이하 "시설"이라 한다)을 설치·운영할 수 있다.

② 국가 또는 지방자치단체 외의 자가 시설을 설치·운영하려는 경우에는 보건복지부령으로 정하는 바에 따라 시장·군수·구청장에게 신고하여야 한다. 다만, 다음 각 호의 어느 하나에 해당하는 자는 시설의 설치·운영 신고를 할 수 없다.<개정 2011. 8. 4., 2012. 1. 26., 2016. 2. 3., 2017. 10. 24.>

　　1. 제40조에 따라 폐쇄명령을 받고 3년이 지나지 아니한 자

　　2. 제19조 제1항 제1호 및 제1호의2부터 제1호의8까지의 어느 하나에 해당하는 개인 또는 그 개인이 임원인 법인

③ 시장·군수·구청장은 제2항에 따른 신고를 받은 경우 그 내용을 검토하여 이 법에 적합하면 신고를 수리하여야 한다.<신설 2019. 1. 15.>

④ 시설을 설치·운영하는 자는 보건복지부령으로 정하는 재무·회계에 관한 기준에 따라 시설을 투명하게 운영하여야 한다.<신설 2011. 8. 4., 2019. 1. 15.>

⑤ 제1항에 따라 국가나 지방자치단체가 설치한 시설은 필요한 경우 사회복지법인이나 비영리법인에 위탁하여 운영하게 할 수 있다.<개정 2011. 8. 4., 2012. 1. 26., 2019. 1. 15.>

⑥ 제5항에 따른 위탁운영의 기준·기간 및 방법 등에 관하여 필요한 사항은 보건복지부령으로 정한다.<개정 2011. 8. 4., 2012. 1. 26., 2019. 1. 15.>

동법 제34조의2(시설의 통합 설치·운영 등에 관한 특례)

① 이 법 또는 제2조 제1호 각 목의 법률에 따른 시설을 설치·운영하려는 경우에는 지역특성과 시설분포의 실태를 고려하여 이 법 또는 제2조 제1호 각 목의 법률에 따른 시설을 통합하여 하나의 시설로 설치·운영하거나 하나의 시설에서 둘 이상의 사회복지사업을 통합하여 수행할 수 있다. 이 경우 국가 또는 지방자치단체 외의 자는 통합하여 설치·운영하려는 각각의 시설이나 사회복지사업에 관하여 해당 관계 법령에 따라 신고하거나 허가 등을 받아야 한다.

② 제1항에 따라 둘 이상의 시설을 통합하여 하나의 시설로 설치·운영하거나 하나의 시설에서 둘 이상의 사회복지사업을 통합하여 수행하는 경우 해당 시설에서 공동으로 이용하거나 배치할 수 있는 시설 및 인력 기준 등은 보건복지부령으로 정한다.

동법 제34조의3(보험가입 의무)

① 시설의 운영자는 다음 각 호의 손해배상책임을 이행하기 위하여 손해보험회사의 책임보험에 가입하거나 「사회복지사 등의 처우 및 지위 향상을 위한 법률」 제4조에 따른 한국사회복지공제회의 책임공제에 가입하여야 한다.
   <개정 2012. 1. 26.~2013. 6. 4.>
   1. 화재로 인한 손해배상책임
   2. 화재 외의 안전사고로 인하여 생명·신체에 피해를 입은 보호대상자에 대한 손해배상책임

② 국가나 지방자치단체는 예산의 범위에서 제1항에 따른 책임보험 또는 책임공제의 가입에 드는 비용의 전부 또는 일부를 보조할 수 있다.

③ 제1항에 따라 책임보험이나 책임공제에 가입하여야 할 시설의 범위는 대통령령으로 정한다.

동법 제34조의4(시설의 안전점검 등)

① 시설의 장은 시설에 대하여 정기 및 수시 안전점검을 실시하여야 한다.

② 시설의 장은 제1항에 따라 정기 또는 수시 안전점검을 한 후 그 결과를 시장·군수·구청장에게 제출하여야 한다.

③ 시장·군수·구청장은 제2항에 따른 결과를 받은 후 필요한 경우에는 시설의 운영자에게 시설의 보완 또는 개수(改修)·보수를 요구할 수 있으며, 이 경우 시설의 운영자는 요구에 따라야 한다.

④ 국가나 지방자치단체는 예산의 범위에서 제1항부터 제3항까지의 규정에 따른 안전점검, 시설의 보완 및 개수·보수에 드는 비용의 전부 또는 일부를 보조할 수 있다.

⑤ 제1항부터 제4항까지의 규정에 따른 정기 또는 수시 안전점검을 받아야 하는 시설의 범위, 안전점검 시기, 안전점검기관 및 그 절차는 대통령령으로 정한다.

2. 사회복지관의 설치 등(제34조의5)

① 제34조 제1항과 제2항에 따른 시설 중 사회복지관은 지역사회의 특성과 지역주민의 복지욕구를 고려하여 서비스 제공 등 지역복지증진을 위한 사업을 실시할 수 있다.
② 사회복지관은 모든 지역주민을 대상으로 사회복지서비스를 실시하되, 다음 각 호의 지역주민에게 우선 제공하여야 한다.
　1. 「국민기초생활 보장법」에 따른 수급자 및 차상위계층
　2. 장애인, 노인, 한부모가족 및 다문화가족
　3. 직업 및 취업 알선이 필요한 사람
　4. 보호와 교육이 필요한 유아·아동 및 청소년
　5. 그 밖에 사회복지관의 사회복지서비스를 우선 제공할 필요가 있다고 인정되는 사람
③ 그 밖에 사회복지관의 설치·운영·사업 등에 필요한 사항은 보건복지부령으로 정한다.

3. 시설의 장(제35조)

① 시설의 장은 상근(常勤)하여야 한다.
② 다음 각 호의 어느 하나에 해당하는 사람은 시설의 장이 될 수 없다. <개정 2012. 1. 26., 2017. 9. 19., 2017. 10. 24.>
　1. 제19조 제1항 제1호, 제1호의2부터 제1호의8까지 및 제2호의2부터 제2호의4까지의 어느 하나에 해당하는 사람
　2. 제22조에 따른 해임명령에 따라 해임된 날부터 5년이 지나지 아니한 사람
　3. 사회복지분야의 6급 이상 공무원으로 재직하다 퇴직한 지 3년이 경

과하지 아니한 사람 중에서 퇴직 전 5년 동안 소속하였던 기초자치단체가 관할하는 시설의 장이 되고자 하는 사람

제35조 제2항 제1호(제19조 제1항 제2호의2부터 제2호의4까지의 개정규정에 해당하는 부분) [전문개정 2011. 8. 4.] [시행일: 2018. 10. 25.]

4. 종사자(제35조의2)

① 사회복지법인과 사회복지시설을 설치·운영하는 자는 시설에 근무할 종사자를 채용할 수 있다.

② 다음 각 호의 어느 하나에 해당하는 사람은 사회복지법인 또는 사회복지시설의 종사자가 될 수 없다.<개정 2017. 10. 24.>

1. 제19조 제1항 제1호의7 또는 제1호의8에 해당하는 사람
2. 제1호에도 불구하고 종사자로 재직하는 동안 시설이용자를 대상으로 「성폭력범죄의 처벌 등에 관한 특례법」 제2조에 따른 성폭력범죄 및 「아동·청소년의 성보호에 관한 법률」 제2조 제2호에 따른 아동·청소년대상 성범죄를 저질러 금고 이상의 형 또는 치료감호를 선고받고 그 형이 확정된 사람

동법 제35조의3(종사자 채용 시 준수사항)

① 사회복지법인과 사회복지시설을 설치·운영하는 자는 해당 법인 또는 시설의 종사자를 채용할 때 정당한 사유 없이 채용광고의 내용을 종사자가 되려는 사람에게 불리하게 변경하여 채용하여서는 아니 된다.

② 사회복지법인과 사회복지시설을 설치·운영하는 자는 종사자를 채용한 후에 정당한 사유 없이 채용광고에서 제시한 근로조건을 종사자에게 불리하게 변경하여 적용하여서는 아니 된다. [본조신설 2018. 12. 11.]

---

5. 운영위원회(제36조)

① 시설의 장은 시설의 운영에 관한 다음 각 호의 사항을 심의하기 위하여 시설에 운영위원회를 두어야 한다. 다만, 보건복지부령으로 정하는 경우

에는 복수의 시설에 공동으로 운영위원회를 둘 수 있다.<개정 2012. 1. 26.>

   1. 시설운영계획의 수립·평가에 관한 사항

   2. 사회복지 프로그램의 개발·평가에 관한 사항

   3. 시설 종사자의 근무환경 개선에 관한 사항

   4. 시설 거주자의 생활환경 개선 및 고충 처리 등에 관한 사항

   5. 시설 종사자와 거주자의 인권보호 및 권익증진에 관한 사항

   6. 시설과 지역사회의 협력에 관한 사항

   7. 그 밖에 시설의 장이 운영위원회의 회의에 부치는 사항

② 운영위원회의 위원은 다음 각 호의 어느 하나에 해당하는 사람 중에서 관할 시장·군수·구청장이 임명하거나 위촉한다.<신설 2012. 1. 26.>

   1. 시설의 장

   2. 시설 거주자 대표

   3. 시설 거주자의 보호자 대표

   4. 시설 종사자의 대표

   5. 해당 시·군·구 소속의 사회복지업무를 담당하는 공무원

   6. 후원자 대표 또는 지역주민

   7. 공익단체에서 추천한 사람

   8. 그 밖에 시설의 운영 또는 사회복지에 관하여 전문적인 지식과 경험
     이 풍부한 사람

③ 시설의 장은 다음 각 호의 사항을 제1항에 따른 운영위원회에 보고하여야 한다.<신설 2012. 1. 26.>

   1. 시설의 회계 및 예산·결산에 관한 사항

   2. 후원금 조성 및 집행에 관한 사항

   3. 그 밖에 시설운영과 관련된 사건·사고에 관한 사항

④ 그 밖에 운영위원회의 조직 및 운영에 관한 사항은 보건복지부령으로 정한다.

6. 시설의 휴지·재개·폐지 신고 등(제38조)

① 제34조 제2항에 따른 신고를 한 자는 지체 없이 시설의 운영을 시작하여야 한다.

② 시설의 운영자는 그 운영을 일정 기간 중단하거나 다시 시작하거나 시설을 폐지하려는 경우에는 보건복지부령으로 정하는 바에 따라 시장·군수·구청장에게 신고하여야 한다.

③ 시장·군수·구청장은 제2항에 따라 시설 운영이 중단되거나 시설이 폐지되는 경우에는 보건복지부령으로 정하는 바에 따라 시설 거주자의 권익을 보호하기 위하여 다음 각 호의 조치를 하고 신고를 수리하여야 한다.<개정 2012. 1. 26., 2019. 1. 15.>

1. 시설 거주자가 자립을 원하는 경우 자립을 할 수 있도록 지원하고 그 이행을 확인하는 조치

2. 시설 거주자가 다른 시설을 선택할 수 있도록 하고 그 이행을 확인하는 조치

3. 시설 거주자가 이용료·사용료 등의 비용을 부담하는 경우 납부한 비용 중 사용하지 아니한 금액을 반환하게 하고 그 이행을 확인하는 조치

4. 보조금·후원금 등의 사용 실태 확인과 이를 재원으로 조성한 재산 중 남은 재산의 회수조치

5. 그 밖에 시설 거주자의 권익 보호를 위하여 필요하다고 인정되는 조치

④ 시설 운영자가 제2항에 따라 시설운영을 재개하려고 할 때에는 보건복지부령으로 정하는 바에 따라 시설 거주자의 권익을 보호하기 위하여 다음 각 호의 조치를 하여야 한다. 이 경우 시장·군수·구청장은 그 조치 내용을 확인하고 제2항에 따른 신고를 수리하여야 한다.<신설 2012. 1. 26., 2019. 1. 15.>

1. 운영 중단 사유의 해소

2. 향후 안정적 운영계획의 수립

3. 그 밖에 시설 거주자의 권익 보호를 위하여 보건복지부장관이 필요하다고 인정하는 조치

⑤ 제1항과 제2항에 따른 시설 운영의 개시·중단·재개 및 시설 폐지의 신고 등에 관하여 필요한 사항은 보건복지부령으로 정한다<신설 2012. 1. 26.>

7. 시설의 개선, 사업의 정지, 시설의 폐쇄 등(제40조)

① 보건복지부장관, 시·도지사 또는 시장·군수·구청장은 시설이 다음 각 호의 어느 하나에 해당할 때에는 그 시설의 개선, 사업의 정지, 시설의 장의 교체를 명하거나 시설의 폐쇄를 명할 수 있다.<개정 2012. 1. 26., 2018. 12. 11., 2019. 1. 15.>

  1. 시설이 설치기준에 미달하게 되었을 때
  2. 사회복지법인 또는 비영리법인이 설치·운영하는 시설의 경우 그 사회복지법인 또는 비영리법인의 설립허가가 취소되었을 때
  3. 설치 목적이 달성되었거나 그 밖의 사유로 계속하여 운영될 필요가 없다고 인정할 때
  4. 회계부정이나 불법행위 또는 그 밖의 부당행위 등이 발견되었을 때
  5. 제34조 제2항에 따른 신고를 하지 아니하고 시설을 설치·운영하였을 때
  6. 제36조 제1항에 따른 운영위원회를 설치하지 아니하거나 운영하지 아니하였을 때
  7. 정당한 이유 없이 제51조 제1항에 따른 보고 또는 자료 제출을 하지 아니하거나 거짓으로 하였을 때
  8. 정당한 이유 없이 제51조 제1항 및 제2항에 따른 검사·질문·회계감사를 거부·방해하거나 기피하였을 때
  9. 시설에서 다음 각 목의 성폭력범죄 또는 학대관련범죄가 발생한 때
    가. 「성폭력범죄의 처벌 등에 관한 특례법」 제2조 제1항 제3호부터 제5호까지의 성폭력범죄
    나. 「아동·청소년의 성보호에 관한 법률」 제2조 제3호의 아동·청소년대상 성폭력범죄
    다. 「아동복지법」 제3조 제7호의2의 아동학대관련범죄

라.「노인복지법」제1조의2 제5호의 노인학대관련범죄

　　마. 그 밖에 대통령령으로 정하는 성폭력범죄 또는 학대관련범죄

　10. 1년 이상 시설이 휴지상태에 있어 시장·군수·구청장이 재개를 권
　　고하였음에도 불구하고 재개하지 아니한 때

② 제1항에 따른 사업의 정지 및 시설의 폐쇄 명령을 받은 경우에는 제38
조 제3항을 준용한다.

③ 제1항에 따른 행정처분의 세부적인 기준은 그 위반행위의 유형과 위반
정도 등을 고려하여 보건복지부령으로 정한다.

8. 시설 수용인원의 제한(제41조)

　각 시설의 수용인원은 300명을 초과할 수 없다. 다만, 대통령령으로 정하는
경우에는 그러하지 아니하다.

 ## Ⅵ. 재가복지

1. 재가복지서비스(제41조의2)

① 국가나 지방자치단체는 보호대상자가 다음 각 호의 어느 하나에 해당하
는 재가복지서비스를 제공받도록 할 수 있다.

　1. 가정봉사서비스: 가사 및 개인활동을 지원하거나 정서활동을 지원
　　하는 서비스이다.

　2. 주간·단기 보호서비스: 주간·단기 보호시설에서 급식 및 치료 등
　　일상생활의 편의를 낮 동안 또는 단기간 동안 제공하거나 가족에
　　대한 교육 및 상담을 지원하는 서비스이다.

② 시장·군수·구청장은「사회보장급여의 이용·제공 및 수급권자 발굴에
관한 법률」제15조에 따른 보호대상자별 서비스 제공 계획에 따라 보호
대상자에게 사회복지서비스를 제공하는 경우 시설 입소에 우선하여 제1
항 각 호의 재가복지서비스를 제공하도록 하여야 한다.<개정 2012. 1.

26., 2017. 10. 24.>

2. 가정봉사원의 양성(제41조의4)

국가나 지방자치단체는 재가복지서비스를 필요로 하는 가정 또는 시설에서
보호대상자가 일상생활을 하기 위하여 필요한 각종 편의를 제공하는 가정봉사
원을 양성하도록 노력하여야 한다.

 VII. 보칙

1. 보조금 등(제42조)

① 국가나 지방자치단체는 사회복지사업을 하는 자 중 대통령령으로 정하
   는 자에게 운영비 등 필요한 비용의 전부 또는 일부를 보조할 수 있
   다.<개정 2016. 2. 3.>
② 제1항에 따른 보조금은 그 목적 외의 용도에 사용할 수 없다.
③ 국가나 지방자치단체는 제1항에 따라 보조금을 받은 자가 다음 각 호의
   어느 하나에 해당할 때에는 이미 지급한 보조금의 전부 또는 일부의 반
   환을 명할 수 있다. 다만, 제1호 및 제2호의 경우에는 반환을 명하여야
   한다.<개정 2016. 2. 3.>
   1. 거짓이나 그 밖의 부정한 방법으로 보조금을 받았을 때
   2. 사업 목적 외의 용도에 보조금을 사용하였을 때
   3. 이 법 또는 이 법에 따른 명령을 위반하였을 때
④ 제1항에 따른 보조금과 관련하여 이 법에서 규정한 사항 외에는 「보조
   금 관리에 관한 법률」 및 「지방재정법」을 따른다.<신설 2016. 2. 3.>

2. 지방자치단체에 대한 지원금(제42조의3)

① 보건복지부장관은 시·도지사 및 시장·군수·구청장에게 사회복지사업의 수행에 필요한 비용을 지원할 수 있다.

② 보건복지부장관은 「사회보장급여의 이용·제공 및 수급권자 발굴에 관한 법률」 제39조에 따른 평가결과를 반영하여 제1항에 따른 지원을 할 수 있다.<개정 2008. 2. 29., 2010. 1. 18., 2014. 12. 30.>

③ 제1항에 따른 지원금의 지급기준·지급방법 등에 관하여 필요한 사항은 보건복지부령으로 정한다.

3. 시설의 서비스 최저기준(제43조)

① 보건복지부장관은 시설에서 제공하는 서비스의 최저기준을 마련하여야 한다.

② 시설 운영자는 제1항의 서비스 최저기준 이상으로 서비스 수준을 유지하여야 한다.

③ 제1항의 서비스 기준 대상시설과 서비스 내용 등에 관하여 필요한 사항은 보건복지부령으로 정한다.

4. 비용징수(제44조)

이 법에 따른 복지조치에 필요한 비용을 부담한 지방자치단체의 장이나 그 밖에 시설을 운영하는 자는 그 혜택을 받은 본인 또는 그 부양의무자로부터 대통령령으로 정하는 바에 따라 그가 부담한 비용의 전부 또는 일부를 징수할 수 있다.

5. 후원금의 관리(제45조)

① 사회복지법인의 대표이사와 시설의 장은 아무런 대가 없이 무상으로 받

은 금품이나 그 밖의 자산(이하 "후원금"이라 한다)의 수입·지출 내용을 공개하여야 하며 그 관리에 명확성이 확보되도록 하여야 한다.

② 후원금에 관한 영수증 발급, 수입 및 사용결과 보고, 그 밖에 후원금 관리 및 공개 절차 등 구체적인 사항은 보건복지부령으로 정한다.

6. 한국사회복지사협회(제46조)

① 사회복지사는 사회복지에 관한 전문지식과 기술을 개발·보급하고, 사회복지사의 자질 향상을 위한 교육훈련을 실시하며, 사회복지사의 복지증진을 도모하기 위하여 한국사회복지사협회(이하 "협회"라 한다)를 설립한다.

② 제1항에 따른 협회는 법인으로 하되, 협회의 조직과 운영 등에 필요한 사항은 대통령령으로 정한다.

③ 협회에 관하여 이 법에서 규정한 사항을 제외하고는 「민법」 중 사단법인에 관한 규정을 준용한다.

7. 지도·감독 등(제47조)

① 보건복지부장관, 시·도지사 또는 시장·군수·구청장은 사회복지사업을 운영하는 자의 소관 업무에 관하여 지도·감독을 하며, 필요한 경우 그 업무에 관하여 보고 또는 관계 서류의 제출을 명하거나, 소속 공무원으로 하여금 사회복지법인의 사무소 또는 시설에 출입하여 검사 또는 질문을 하게 할 수 있다.

② 시·도지사 또는 시장·군수·구청장은 사회복지법인과 사회복지시설에 대하여 지방의회의 추천을 받아 「공인회계사법」 제7조에 따라 등록한 공인회계사 또는 「주식회사 등의 외부감사에 관한 법률」 제2조 제7호에 따른 감사인을 선임하여 회계감사를 실시할 수 있다. 이 경우 공인회계사 또는 감사인의 추천, 회계감사의 대상 및 그 밖에 필요한 사항은 보건복지부령으로 정하는 기준에 따라 지방자치단체의 조례로 정한다. <신설 2018. 12. 11.>

③ 사회복지법인의 주된 사무소의 소재지와 시설의 소재지가 같은 시·도

또는 시·군·구에 있지 아니한 경우 그 시설의 업무에 관하여는 시설 소재지의 시·도지사 또는 시장·군수·구청장이 지도·감독·회계감사 등을 한다. 이 경우 지도·감독·회계감사 등을 위하여 필요할 때에는 사회복지법인의 업무에 대하여 사회복지법인의 주된 사무소 소재지의 시·도지사 또는 시장·군수·구청장에게 협조를 요청할 수 있다.<개정 2018. 12. 11.>

④ 제3항에 따른 지도·감독·회계감사 등에 관하여 따로 지방자치단체 간에 협약을 체결한 경우에는 제2항에도 불구하고 협약에서 정한 시·도지사 또는 시장·군수·구청장이 지도·감독·회계감사 등의 업무를 수행한다.<개정 2018. 12. 11.>

⑤ 제1항 및 제2항에 따라 검사·질문 또는 회계감사를 하는 관계 공무원 등은 그 권한을 표시하는 증표를 지니고 이를 관계인에게 보여주어야 한다.<개정 2018. 12. 11.>

⑥ 보건복지부장관, 시·도지사 또는 시장·군수·구청장은 지도·감독·회계감사를 실시한 후 제26조 및 제40조에 따른 행정처분 등을 한 경우에는 처분 대상인 법인 또는 시설의 명칭, 처분사유, 처분내용 등 처분과 관련된 정보를 대통령령으로 정하는 바에 따라 공표할 수 있다.<신설 2012. 1. 26., 2017. 10. 24., 2018. 12. 11.>

⑦ 지도·감독 기관은 사회복지 사업을 운영하는 자의 소관 업무에 대한 지도·감독에 있어 필요한 경우 촉탁할 수 있으며 촉탁받은 자의 업무범위와 권한은 대통령령으로 정한다.<신설 2012. 1. 26., 2018. 12. 11.>

[저자 약력]

백윤철
서울대학교 대학원(법학박사)

현) 대구사이버대학교 교수

경력) 경희대 교수, 동양대 교수, 대법원 조사위원, 한국공법학회 이사, 한국헌법학회 이사, 토지공
법학회 부회장, 각종 국가고시 출제위원, 국가기관 자문위원, 평가위원 등

저서) 프랑스 지방자치학, 헌법학, 헌법개론, 법률정보접근방법론, 대학필수한자, 최신판례헌법,
법학개론, 헌법재판, 헌법강의, 개인정보보호법, 인터넷법학, 인터넷과 전자상거래법, 헌법요
론 등 다수

이준복
동국대학교 대학원(법학박사)

현) 서경대학교 공공인적자원학부 법학전공 교수, 개인정보관리사(CPPG)

경력) 국민권익위원회 전임자문위원, 과학기술정책연구원 위촉연구원, 4차산업융합법학회 정보이사,
한국테러학회 상임이사, 한·독사회과학회 일반이사, 각종 공무원시험 출제위원·면접위원,
국가기관 자문위원·평가위원 등

저서) 인터넷 윤리, 인터넷과 개인정보보호법, 인터넷과 전자상거래법, 헌법요론 등

문재태
동국대학교 대학원(법학박사)

현) 동국대학교 강사, 동국대학교 비교법문화연구원 전문연구위원, 서울동부지방검찰청 형사조정위
원, 개인정보관리사(CPPG) 등

경력) 한국양성평등교육진흥원 교수, 동국대학교 강의초빙교수, 한국인터넷진흥원 선임연구원,
대통령소속 군의문사진상규명위원회 조사전문위원, 공공기관 징계위원회 심의위원 등

저서) 헌법요론(공저) 등

사회복지법제와 실천

초판발행	2020년 3월 30일
지은이	백윤철·이준복·문재태
펴낸이	안종만·안상준
편 집	최문용
기획/마케팅	장규식
표지디자인	조아라
제 작	우인도·고철민
펴낸곳	(주) **박영사**
	서울특별시 종로구 새문안로3길 36, 1601
	등록 1959. 3. 11. 제300-1959-1호(倫)
전 화	02)733-6771
f a x	02)736-4818
e-mail	pys@pybook.co.kr
homepage	www.pybook.co.kr
ISBN	979-11-303-3629-9 93360

* 잘못된 책은 바꿔드립니다. 본서의 무단복제행위를 금합니다.
* 저자와 협의하여 인지첩부를 생략합니다.

정 가   32,000원